R, r エッレ	ra ラ	re レ	ri リ	ro ロ	ru ル	舌の先を軽く震わせて
S, s エッセ	sa サ	se セ	si スィ	so ソ	su ス	日本語「シ」はsciの発音
	sa ザ	se ゼ	si ズィ	so ゾ	su ズ	母音間や語頭(s+b[d, g, l, m, n, r, v])で
	sca スカ	sche スケ	schi スキ	sco スコ	scu スク	
	scia シャ	sce[scie] シェ	sci シ	scio ショ	sciu シュ	
T, t ティ	ta タ	te テ	ti ティ	to ト	tu トゥ	ti, tuは「チ」「ツ」と区別
V, v ヴ	va ヴァ	ve ヴェ	vi ヴィ	vo ヴォ	vu ヴ	日本語の「バ行」にならないように
Z, z ゼータ	za ツァ	ze ツェ	zi ツィ	zo ツォ	zu ツ	
	za ザ	ze ゼ	zi ズィ	zo ゾ	zu ズ	語頭や-zz-の場合に「ヅァ」でなくてよい

名詞・形容詞の語尾変化

■名詞の性・数と語尾

	男性	女性	
単数	-o	-e	-a
複数	-i	-i	-e

■形容詞 [-o] の語尾

	男性	女性
単数	-o	-a
複数	-i	-e

■形容詞 [-e] の語尾

	男性・女性
単数	-e
複数	-i

Daily
Japanese-Italian-English
Dictionary

デイリー
日伊英
辞典 ［カジュアル版］

三省堂編修所［編］

三省堂

© Sanseido Co., Ltd. 2017
Printed in Japan

［装画］青山タルト
［装丁］三省堂デザイン室

まえがき

　近年，日本アニメのブームがわき起こったり，和食が世界遺産に登録されたりと，日本の文化・芸術が世界的に注目を集めています。それに伴い，海外からの観光客や日本での留学・就労をもとめる外国人が増えています。そして，2020年の東京オリンピック・パラリンピックをきっかけとして，多くの日本人がさまざまな言語や文化背景をもつ人たちをおもてなしの心で迎え入れようとしています。

　2002年より刊行を開始した「デイリー3か国語辞典」シリーズは，ハンディかつシンプルで使いやすいとのご好評をいただき，増刷を重ねてまいりました。このたび，より気軽にご利用いただけるよう，『デイリー日伊英辞典 カジュアル版』を刊行いたします。これは，同シリーズの『デイリー日伊英・伊日英辞典』より「日伊英部分」を独立させ内容を見直し，付録として「日常会話」や「分野別単語集」を盛りこんだものです。

　本書の構成は次の通りです。くわしくは「この辞書の使い方」をごらんください。

◇**日伊英辞典**…
　日本語に対応するイタリア語がひと目でわかります。分野別単語集と合わせ約1万3千項目収録しました。見出しの日本語には「ふりがな」に加え「ローマ字」も示し，語義が複数にわたるものには（　）で中見出しを設けました。イタリア語と英語にはシンプルなカタカナ発音を示しました。

◇**日常会話**…
　場面や状況別に，よく使われるごく基本的な表現をまとめました。イタリア語と英語の音声は無料ウェブサービスで聴くことができます。

◇**分野別単語集**…
　「職業」「病院」など，分野別に関連する基本的な単語をまとめました。

　おもてなしにもご旅行にも，シンプルで引きやすい『デイリー日伊英辞典 カジュアル版』が，読者のみなさまのコミュニケーションに役立つよう，心より願っています。

　2017年初夏

　　　　　　　　　　　　　　　　　　　　　　　　　三省堂編修所

この辞書の使い方

【日伊英辞典】
○日本語見出し
・日常よく使われる日本語を五十音順に配列した
・長音「ー」は直前の母音に置き換えて配列した

　　例：**アーチ** → ああち　　**チーム** → ちいむ
・見出し上部にふりがなを付け，常用漢字以外の漢字も用いた
・見出し下部にローマ字を付けた

　　例：**上達する** → joutatsusuru　　**長所** → chousho
・語義が複数あるものには（　　）で中見出しを設けた
・熟語見出しについては見出しを~で省略した

○イタリア語
・見出しの日本語に対応するイタリア語の代表的な語句を示した
・イタリア語にはシンプルなカタカナ発音を示し，アクセント位置は太字とした
・名詞の性数はつぎのように略語で示した

　　m. 男性名詞　　*f.* 女性名詞　　*pl.* 複数形
・可変要素（性数による語尾変化など）や前置詞をイタリックで示した

　　例：**きれいな**　　**bello(-*a*)**
　　　　　　　　　ベッロ(-ラ)

　　　　抗議する　　**protestare** *contro*
　　　　　　　　　プロテス**タ**ーレ **コ**ントロ
・動詞表現の目的語が入る位置は…で示したが，前置詞や他動詞の直後などでは省略した

○英語
・見出しの日本語に対応する英語の代表的な語句を示した
・原則的にアメリカ英語とし，イギリス英語には British の略記号 Ⓑ を付けた
・冠詞・複数形などの詳細な表記は原則的に割愛した
・英語にはシンプルなカタカナ発音を付し，アクセント位置は太字とした

【日常会話】
・「あいさつ」「食事」「買い物」「トラブル・緊急事態」の４つの場面別に，よく使われる日常会話表現をまとめた
・日伊英の順に配列し，同じ意味を表す別の表現は / で区切って併記した
・滑らかな音の連続を大切にするイタリア語会話の特徴を反映し，カタカナ発音は単語ごとではなく発話のまとまりごとに区切った

【分野別単語集】
・分野別によく使われる語句をまとめた
・日伊英の順に配列し，英語は 英 で示した

日	伊	英

あ, ア

アーモンド
aamondo

mandorla *f.*
マンドルラ

almond
アーモンド

愛
ai

amore *m.*
アモーレ

love
ラヴ

合い鍵
aikagi

duplicato della chiave *m.*
ドゥプリカート デッラ キアーヴェ

duplicate key
デュープリケト キー

相変わらず
aikawarazu

come al solito
コーメ アル ソーリト

as usual
アズ ユージュアル

愛嬌のある
aikyounoaru

amabile
アマービレ

charming
チャーミング

愛国心
aikokushin

patriottismo *m.*
パトリオッティズモ

patriotism
ペイトリオティズム

アイコン
aikon

icona *f.*
イコーナ

icon
アイカン

挨拶
aisatsu

saluto *m.*
サルート

greeting
グリーティング

～する

salutare
サルターレ

greet, salute
グリート, サルート

アイシャドー
aishadoo

ombretto *m.*
オンブレット

eye shadow
アイ シャドウ

愛称
aishou

soprannome *m.*
ソプランノーメ

nickname
ニクネイム

愛情
aijou

amore *m.*, **affetto** *m.*
アモーレ, アッフェット

love, affection
ラヴ, アフェクション

合図
aizu

segnale *m.*
セニャーレ

signal, sign
スィグナル, サイン

アイスクリーム
aisukuriimu

gelato *m.*
ジェラート

ice cream
アイス クリーム

日	伊	英
あいすこーひー **アイスコーヒー** aisukoohii	**caffè freddo** *m.* カッフェ フレッド	iced coffee **ア**イスト **コ**ーフィ
あいすてぃー **アイスティー** aisutii	**tè freddo** *m.* テ フレッド	iced tea **ア**イスト **ティ**ー
あいすほっけー **アイスホッケー** aisuhokkee	**hockey su ghiaccio** *m.* **オ**ケイ ス ギ**ア**ッチョ	ice hockey **ア**イス **ハ**キ
あいすらんど **アイスランド** aisurando	**Islanda** *f.* イズ**ラ**ンダ	Iceland **ア**イスランド
あいする **愛する** aisuru	**amare** ア**マ**ーレ	love **ラ**ヴ
あいそがつきる **愛想が尽きる** aisogatsukiru	**stancarsi** *di* スタン**カ**ルスィ ディ	(get) fed up with 〈ゲト〉**フェ**ド ア**プ** ウィズ
あいそのよい **愛想のよい** aisonoyoi	**affabile** アッ**ファ**ービレ	affable, approachable **ア**ファブル, アプ**ロ**ウチャブル
あいた **空いた** aita	**libero(-a)** **リ**ーベロ(-ラ)	empty, vacant **エ**ンプティ, **ヴェ**イカント
あいだ **間** (時間) aida	**intervallo** *m.* インテル**ヴァ**ッロ	interval **イ**ンタヴァル
(距離)	**distanza** *f.* ディス**タ**ンツァ	distance **ディ**スタンス
(空間)	**spazio** *m.* ス**パ**ーツィオ	space ス**ペ**イス
あいて **相手** aite	**altro(-a)** *m.(f.)* **ア**ルトロ(-ラ)	other person **ア**ザ **パ**ーソン
(敵)	**avversario(-a)** *m.(f.)* アッヴェル**サ**ーリオ(-ア)	opponent オ**ポ**ウネント
あいでぃあ **アイディア** aidia	**idea** *f.* イ**デ**ーア	idea アイ**ディ**ーア

日	伊	英
あいてぃー **IT** aitii	**informatica** *f.* インフォルマーティカ	information technology インフォメイション テクナロジ
あいている **開いている** aiteiru	**aperto(-a)** アペルト(-タ)	open オウプン
あいている **空いている** aiteiru	**libero(-a)** リーベロ(-ラ)	vacant ヴェイカント
(自由だ)	**libero(-a)** リーベロ(-ラ)	free フリー
あいどる **アイドル** aidoru	**idolo** *m.* イードロ	idol アイドル
あいま **合間** aima	**intervallo** *m.*, **pausa** *f.* インテルヴァッロ, パウザ	interval インタヴァル
あいまいな **曖昧な** aimaina	**vago(-a), ambiguo(-a)** ヴァーゴ(-ガ), アンビーグォ(-グァ)	vague, ambiguous ヴェイグ, アンビギュアス
あいるらんど **アイルランド** airurando	**Irlanda** *f.* イルランダ	Ireland アイアランド
あいろん **アイロン** airon	**ferro da stiro** *m.* フェッロ ダ スティーロ	iron アイアン
あう **会う** au	**vedere** ヴェデーレ	see, meet スィー, ミート
(約束して)	**incontrare** インコントラーレ	meet ミート
あう **合う** (一致する) au	**coincidere** *con*, **(essere) conforme** *a* コインチーデレ コン, (エッセレ) コンフォルメ ア	match with, conform to マチ ウィズ, コンフォーム トゥ
(正確)	**(essere) giusto(-a)** (エッセレ) ジュスト(-タ)	(be) correct (ビ) コレクト
あうとぷっと **アウトプット** autoputto	**output** *m.* アウトプット	output アウトプト

日	伊	英
あうとらいん **アウトライン** autorain	**schema** *m.*, **sommario** *m.* スケーマ, ソンマーリオ	outline **ア**ウトライン
あえる **和える** aeru	**condire ...** *con* コン**ディ**ーレ ... コン	dress with ドレス **ウィ**ズ
あお **青** ao	**blu** *m.* ブル	blue ブルー
あおい **青い** aoi	**blu** ブル	blue ブルー
（顔色などが）	**pallido(-a)** **パ**ッリド(-ダ)	pale **ペ**イル
あおぐ **扇ぐ** aogu	**sventolare** ズヴェント**ラ**ーレ	fan **ファ**ン
あおじろい **青白い** aojiroi	**pallido(-a)** **パ**ッリド(-ダ)	pale, wan **ペ**イル, **ワ**ン
あか **赤** aka	**rosso** *m.* **ロ**ッソ	red **レ**ド
あかい **赤い** akai	**rosso(-a)** **ロ**ッソ(-サ)	red **レ**ド
あかくなる **赤くなる** akakunaru	**arrossire, diventare rosso(-a)** アッロッス**ィ**ーレ, ディヴェン**タ**ーレ **ロ**ッソ(-サ)	turn red **ター**ン **レ**ド
あかじ **赤字** akaji	**deficit** *m.* **デー**フィチト	deficit **デ**フィスィト
あかちゃん **赤ちゃん** akachan	**bimbo(-a)** *m.* (*f.*) **ビ**ンボ(-バ)	baby **ベ**イビ
あかみ **赤身** （肉の） akami	**magro** *m.* **マー**グロ	lean **リー**ン
あかり **明かり** akari	**luce** *f.*, **lampada** *f.* **ルー**チェ, **ラ**ンパダ	light, lamp **ラ**イト, **ラ**ンプ

日	伊	英
あがる **上がる** （上に行く） agaru	**salire, andare su** サリーレ，アンダーレ ス	go up, rise ゴウ アプ，ライズ
（増加する）	**aumentare** アウメンターレ	increase, rise インクリース，ライズ
（興奮する・緊張する）	**innervosirsi** インネルヴォズィルスィ	(get) nervous (ゲト) ナーヴァス
あかるい **明るい** akarui	**chiaro(-a), luminoso(-a)** キアーロ(-ラ), ルミノーゾ(-ザ)	bright ブライト
（性格が）	**allegro(-a)** アッレーグロ(-ラ)	cheerful チアフル
あかわいん **赤ワイン** akawain	**vino rosso** *m.* ヴィーノ ロッソ	red wine レド ワイン
あき **空き** （透き間） aki	**apertura** *f.* アペルトゥーラ	opening, gap オウプニング，ギャプ
（余地）	**spazio** *m.*, **posto** *m.* スパーツィオ，ポスト	room, space ルーム，スペイス
あき **秋** aki	**autunno** *m.* アウトゥンノ	fall, ⓑautumn フォール，オータム
あきかん **空き缶** akikan	**lattina vuota** *f.* ラッティーナ ヴオータ	empty can エンプティ キャン
あきち **空き地** akichi	**terreno libero** *m.* テッレーノ リーベロ	vacant land ヴェイカント ランド
あきびん **空きびん** akibin	**bottiglia vuota** *f.* ボッティッリァ ヴオータ	empty bottle エンプティ バトル
あきべや **空き部屋** akibeya	**camera libera** *f.* カーメラ リーベラ	vacant room ヴェイカント ルーム
あきらかな **明らかな** akirakana	**chiaro(-a), evidente** キアーロ(-ラ), エヴィデンテ	clear, evident クリア，エヴィデント
あきらかに **明らかに** akirakani	**chiaramente** キアラメンテ	clearly クリアリ

日	伊	英
あきらめる 諦める akirameru	**rinunciare** *a* リヌンチャーレ ア	give up, abandon ギヴ アプ, アバンドン
あきる 飽きる akiru	**stancarsi** *di* スタンカルスィ ディ	(get) tired of (ゲト) タイアド オヴ
あきれすけん アキレス腱 akiresuken	**tendine di Achille** *m.* テンディネ ディ アキッレ	Achilles' tendon アキリーズ テンドン
あきれる 呆れる akireru	**sbalordirsi** *di* ズバロルディルスィ ディ	(be) bewildered by (ビ) ビウィルダド バイ
あく 悪 aku	**male** *m.* マーレ	evil, vice イーヴィル, ヴァイス
あく 開く aku	**aprirsi** アプリルスィ	open オウプン
あく 空く aku	**liberarsi** リベラルスィ	(become) vacant (ビカム) ヴェイカント
あくい 悪意 akui	**malizia** *f.* マリーツィア	malice マリス
あくじ 悪事 akuji	**cattiveria** *f.* カッティヴェーリア	evil deed イーヴィル ディード
あくしつな 悪質な akushitsuna	**malvagio(-a)** マルヴァージョ(-ジャ)	vicious, vile ヴィシャス, ヴァイル
あくしゅ 握手 akushu	**stretta di mano** *f.* ストレッタ ディ マーノ	handshake ハンドシェイク
あくせいの 悪性の akuseino	**maligno(-a)** マリーニョ(-ニャ)	malignant マリグナント
あくせさりー アクセサリー akusesarii	**accessori** *m.pl.* アッチェッソーリ	accessories アクセソリズ
あくせす アクセス akusesu	**accesso** *m.* アッチェッソ	access アクセス
あくせる アクセル akuseru	**acceleratore** *m.* アッチェレラトーレ	accelerator アクセレイタ

日	伊	英
あくせんと **アクセント** akusento	**accento** *m.* アッ**チェ**ント	accent **ア**クセント
あくび **あくび** akubi	**sbadiglio** *m.* ズバ**ディ**ッリォ	yawn **ヨ**ーン
あくま **悪魔** akuma	**diavolo** *m.* ディ**ア**ーヴォロ	devil **デ**ヴィル
あくむ **悪夢** akumu	**incubo** *m.* **イ**ンクボ	nightmare **ナ**イトメア
あくめい **悪名** akumei	**cattiva reputazione** *f.* カッ**ティ**ーヴァ レプタツィ**オ**ーネ	bad reputation バド レピュ**テ**イション
あくようする **悪用する** akuyousuru	**abusare** *di* アブ**ザ**ーレ ディ	abuse, misuse ア**ビュ**ース, ミス**ユ**ーズ
あくりょく **握力** akuryoku	**forza della presa** *f.* **フォ**ルツァ デッラ プ**レ**ーザ	grip strength グリプ スト**レ**ングス
あくりる **アクリル** akuriru	**acrilico** *m.* アク**リ**ーリコ	acrylic ア**ク**リリク
あけがた **明け方** akegata	**alba** *f.* **ア**ルバ	daybreak **デ**イブレイク
あける **開ける** akeru	**aprire** アプ**リ**ーレ	open **オ**ウプン
あける **空ける** akeru	**vuotare** ヴォ**タ**ーレ	empty **エ**ンプティ
あげる **上げる** ageru	**sollevare** ソッレ**ヴァ**ーレ	raise, lift **レ**イズ, **リ**フト
(与える)	**dare** **ダ**ーレ	give, offer **ギ**ヴ, **オ**ファ
あげる **揚げる** ageru	**friggere** フ**リ**ッジェレ	deep-fry **ディ**ープフライ
あご **顎** ago	**mento** *m.*, **mascella** *f.* **メ**ント, マ**シェ**ッラ	jaw, chin **チョ**ー, **チ**ン

日	伊	英
あこがれ **憧れ** akogare	**aspirazione** *f.*, **desiderio forte** *m.* アスピラツィオーネ, デズィデーリオ フォルテ	yearning ヤーニング
あこがれる **憧れる** akogareru	**aspirare** *a*, **desiderare** アスピラーレ ア, デズィデラーレ	aspire to, long for アスパイア トゥ, ロング フォ
あさ **朝** asa	**mattina** *f.*, **mattino** *m.* マッティーナ, マッティーノ	morning モーニング
あさ **麻** asa	**lino** *m.* リーノ	hemp ヘンプ
(布)	**lino** *m.* リーノ	linen リネン
あさい **浅い** asai	**poco profondo(-a)** ポーコ プロフォンド(-ダ)	shallow シャロウ
あさがお **朝顔** asagao	**ipomea violacea** *f.*, **campanella** *f.* イポメーア ヴィオラーチェア, カンパネッラ	morning glory モーニング グローリ
あさって **あさって** asatte	**dopodomani** ドポドマーニ	day after tomorrow デイ アフタ トモーロウ
あさひ **朝日** asahi	**sole del mattino** *m.* ソーレ デル マッティーノ	morning sun モーニング サン
あさましい **浅ましい** asamashii	**vergognoso(-a)** ヴェルゴニョーゾ(-ザ)	shameful シェイムフル
あざむく **欺く** azamuku	**ingannare** インガンナーレ	cheat チート
あざやかな **鮮やかな** azayakana	**vivido(-a)** ヴィーヴィド(-ダ)	vivid ヴィヴィド
(手際が)	**splendido(-a)** スプレンディド(-ダ)	splendid, masterful スプレンディド, マスタフル
あざらし **海豹** azarashi	**foca** *f.* フォーカ	seal スィール

日	伊	英
あざわらう **あざ笑う** azawarau	**deridere** デリーデレ	ridicule リディキュール
あし **足** （足首から先） ashi	**piede** *m.* ピエーデ	foot フト
～首	**caviglia** *f.* カヴィッリァ	ankle アンクル
あし **脚** ashi	**gamba** *f.* ガンバ	leg レグ
あじ **味** aji	**gusto** *m.* グスト	taste テイスト
（風味）	**sapore** *m.* サポーレ	flavor, ⓑflavour フレイヴァ, フレイヴァ
あじあ **アジア** ajia	**Asia** *f.* アーズィア	Asia エイジャ
～の	**asiatico(-a)** アズィアーティコ(-カ)	Asian エイジャン
あじけない **味気ない** ajikenai	**non interessante** ノンインテレッサンテ	uninteresting アニンタレスティング
あした **明日** ashita	**domani** ドマーニ	tomorrow トモーロウ
あじつけする **味付けする** ajitsukesuru	**condire ... con** コンディーレ ... コン	season with スィーズン ウィズ
あしば **足場** ashiba	**ponteggio** *m.*, **impalcatura** *f.* ポンテッジョ, インパルカトゥーラ	scaffold スキャフォルド
あじみする **味見する** ajimisuru	**assaggiare** アッサッジャーレ	taste テイスト
あじわう **味わう** ajiwau	**gustare, assaporare** グスターレ, アッサポラーレ	taste, relish テイスト, レリシュ

日	伊	英
あずかる 預かる azukaru	**prendere ... in custodia** プレンデレ ... イン クストーディア	look after ルク アフタ
あずき 小豆 azuki	**fagiolo rosso azuki** *m.* ファジョーロ ロッソ アッズーキ	red bean レド ビーン
あずける 預ける azukeru	**affidare** アッフィダーレ	leave, deposit リーヴ, ディパズィト
あすぱらがす アスパラガス asuparagasu	**asparago** *m.* アスパーラゴ	asparagus アスパラガス
あすぴりん アスピリン asupirin	**aspirina** *f.* アスピリーナ	aspirin ア**ス**ピリン
あせ 汗 ase	**sudore** *m.* スドーレ	sweat ス**ウェ**ト
あせも あせも asemo	**sudamina** *f.* スダーミナ	heat rash ヒート ラシュ
あせる 焦る aseru	**(essere) impaziente** (エッセレ) インパツィエンテ	(be) impatient (ビ) インペイシェント
あそこ あそこ asoko	**lì, laggiù** リ, ラッジュ	over there オウヴァ ゼア
あそび 遊び asobi	**gioco** *m.* ジョーコ	play プレイ
(娯楽)	**divertimento** *m.* ディヴェルティメント	amusement アミューズメント
(気晴らし)	**passatempo** *m.* パッサテンポ	diversion ディ**ヴァ**ージョン
あそぶ 遊ぶ asobu	**giocare** ジョカーレ	play プレイ
あたい 価 (価値) atai	**valore** *m.* ヴァローレ	value, worth **ヴァ**リュ, **ワ**ース
(値段)	**prezzo** *m.* プレッツォ	price, cost プライス, コスト

日	伊	英
あたえる **与える** ataeru	**dare** ダーレ	give, present ギヴ, プリゼント
（被害を）	**infliggere** インフリッジェレ	cause, inflict コーズ, インフリクト
あたたかい **暖かい** atatakai	**caldo(-a)** カルド(-ダ)	warm ウォーム
あたたかい **温かい** （心が） atatakai	**cordiale** コルディアーレ	genial ヂーニャル
あたたまる **暖まる** atatamaru	**riscaldarsi, scaldarsi** リスカルダルスィ, スカルダルスィ	(get) warm (ゲト) ウォーム
あたためる **暖める** atatameru	**riscaldare, scaldare** リスカルダーレ, スカルダーレ	warm (up), heat ウォーム (アプ), ヒート
あだな **あだ名** adana	**soprannome** *m.* ソプランノーメ	nickname ニクネイム
あたま **頭** atama	**testa** *f.*, **capo** *m.* テスタ, カーポ	head ヘド
（頭脳）	**intelligenza** *f.* インテッリジェンツァ	brains, intellect ブレインズ, インテレクト
あたらしい **新しい** atarashii	**nuovo(-a)** ヌオーヴォ(-ヴァ)	new ニュー
（最新の）	**recente** レチェンテ	recent リースント
（新鮮な）	**fresco(-a)** フレスコ(-カ)	fresh フレシュ
あたり **当たり** （球などの） atari	**colpo** *m.* コルポ	hit, strike ヒト, ストライク
（事業などの）	**successo** *m.* スッチェッソ	success サクセス
あたり **辺り** atari	**dintorni** *m.pl.* ディントルニ	vicinity ヴィスィニティ

日	伊	英
あたりまえの **当たり前の** atarimaeno	**comune** コムーネ	common, ordinary カモン, オーディネリ
あたる **当たる**（ボールなどが） ataru	**urtare** ウルターレ	hit, strike ヒト, ストライク
（事業などが）	**avere successo** アヴェーレ スッチェッソ	hit, succeed ヒト, サクスィード
あちこち **あちこち** achikochi	**qua e là** クァ エ ラ	here and there ヒア アンド ゼア
あちら **あちら** achira	**lì, laggiù** リ, ラッジュ	(over) there (オウヴァ) ゼア
あつい **熱[暑]い** atsui	**caldo(-a)** カルド(-ダ)	hot ハト
あつい **厚い** atsui	**spesso(-a)** スペッソ(-サ)	thick スィク
あつかい **扱い** atsukai	**trattamento** *m.* トラッタメント	treatment, handling トリートメント, ハンドリング
あつかう **扱う** atsukau	**maneggiare** マネッジャーレ	handle ハンドル
（担当する）	**gestire** ジェスティーレ	manage, deal with マニヂ, ディール ウィズ
（待遇する）	**trattare** トラッターレ	treat, deal with トリート, ディール ウィズ
あっかする **悪化する** akkasuru	**peggiorare, aggravarsi** ペッジョラーレ, アッグラヴァルスィ	grow worse グロウ ワース
あつかましい **厚かましい** atsukamashii	**sfacciato(-a)** スファッチャート(-タ)	impudent インピュデント
あつぎする **厚着する** atsugisuru	**coprirsi bene** コプリルスィ ベーネ	dress warmly ドレス ウォームリ

日	伊	英
あつくるしい **暑苦しい** atsukurushii	**afoso(-a)** アフォーゾ(-ザ)	sultry, stuffy サルトリ, スタフィ
あつさ **暑さ** atsusa	**caldo** *m.* カルド	heat ヒート
あつさ **厚さ** atsusa	**spessore** *m.* スペッソーレ	thickness スィクネス
あっさり **あっさり** assari	**semplicemente** センプリチェメンテ	simply, plainly スィンプリ, プレインリ
〜した	**semplice** センプリチェ	simple, plain スィンプル, プレイン
あっしゅくする **圧縮する** asshukusuru	**comprimere** コンプリーメレ	compress カンプレス
あつでの **厚手の** atsudeno	**spesso(-a)** スペッソ(-サ)	thick スィク
あっとうする **圧倒する** attousuru	**sopraffare** ソプラッファーレ	overwhelm オウヴァ(ホ)ウェルム
あっとまーく **アットマーク** attomaaku	**chiocciola** *f.* キオッチョラ	at sign, @ アト サイン
あっぱくする **圧迫する** appakusuru	**opprimere** オップリーメレ	oppress, press オプレス, プレス
あつまり **集まり** (会合) atsumari	**riunione** *f.,* **raduno** *m.* リウニオーネ, ラドゥーノ	gathering, meeting ギャザリング, ミーティング
(多数集まったもの)	**folla** *f.,* **ammasso** *m.* フォッラ, アンマッソ	crowd, gathering クラウド, ギャザリング
あつまる **集まる** (会合する) atsumaru	**riunirsi** リウニルスィ	meet, assemble ミート, アセンブル
(群がる)	**radunarsi** ラドゥナルスィ	gather ギャザ
あつみ **厚み** atsumi	**spessore** *m.* スペッソーレ	thickness スィクネス

日	伊	英
あつめる **集める** atsumeru	**raccogliere** ラッコッリェレ	gather, collect ギャザ, コレクト
あつらえる **誂える** atsuraeru	**ordinare** オルディナーレ	order オーダ
あつりょく **圧力** atsuryoku	**pressione** *f.* プレッスィオーネ	pressure プレシャ
あてさき **宛て先** atesaki	**indirizzo** *m.* インディリッツォ	address アドレス
あてな **宛て名** atena	**destinatario(-a)** *m.* (*f.*) デスティナターリオ(-ア)	addressee アドレスィー
あてはまる **当てはまる** atehamaru	**valere** *per* ヴァレーレ ペル	apply to, (be) true of アプライ トゥ, (ビ) トルー オヴ
あてる **充てる** ateru	**assegnare, destinare** アッセニャーレ, デスティナーレ	assign, allot アサイン, アラト
あてる **当てる** (ぶつける) ateru	**colpire** コルピーレ	hit, strike ヒト, ストライク
(推測する)	**indovinare** インドヴィナーレ	guess ゲス
(成功する)	**avere successo** アヴェーレ スッチェッソ	succeed サクスィード
あと **跡** ato	**traccia** *f.*, **segno** *m.* トラッチャ, セーニョ	mark, trace マーク, トレイス
あとあし **後足** atoashi	**zampa posteriore** *f.* ザンパ ポステリオーレ	hind leg ハインド レグ
あどけない **あどけない** adokenai	**innocente** インノチェンテ	innocent イノセント
あとしまつする **後始末する** atoshimatsusuru	**sistemare** スィステマーレ	settle セトル

日	伊	英
あとつぎ **跡継ぎ** atotsugi	**erede** *m.f.* エレーデ	successor サク**セ**サ
あとで **後で** atode	**dopo** ドーポ	later, after **レ**イタ, **ア**フタ
あとの **後の** atono	**seguente** セグ**エ**ンテ	next, latter **ネ**クスト, **ラ**タ
あどばいす **アドバイス** adobaisu	**consiglio** *m.* コン**スィ**ッリォ	advice アド**ヴァ**イス
あどれす **アドレス** adoresu	**indirizzo** *m.* インディ**リ**ッツォ	address ア**ド**レス
あな **穴** ana	**buco** *m.* **ブ**ーコ	hole, opening **ホ**ウル, **オ**ウプニング
あなうんさー **アナウンサー** anaunsaa	**annuncia*tore*(*-trice*)** *m.*(*f.*) アンヌンチャ**ト**ーレ(-**ト**リーチェ)	announcer ア**ナ**ウンサ
あなうんす **アナウンス** anaunsu	**annuncio** *m.* アン**ヌ**ンチョ	announcement ア**ナ**ウンスメント
あなた **あなた** anata	**Lei, tu** **レ**ーイ, **ト**ゥ	you **ユ**ー
あなどる **侮る** anadoru	**sottovalutare** ソットヴァル**タ**ーレ	underestimate, make light of アンダ**レ**スティメイト, **メ**イク **ラ**イト オヴ
あなろぐの **アナログの** anaroguno	**analogico(*-a*)** アナ**ロ**ージコ(-カ)	analog, ⒷAnalogue **ア**ナローグ, **ア**ナローグ
あに **兄** ani	**fratello maggiore** *m.* フラ**テ**ッロ マッ**ジョ**ーレ	(older) brother (**オ**ウルダ) ブ**ラ**ザ
あにめ **アニメ** anime	**cartoni animati** *m.pl.* カル**ト**ーニ アニ**マ**ーティ	animation アニ**メ**イション
あね **姉** ane	**sorella maggiore** *f.* ソ**レ**ッラ マッ**ジョ**ーレ	(older) sister (**オ**ウルダ) ス**ィ**スタ

日	伊	英
あの あの ano	**quello(-a)** クェッロ(-ラ)	that ザト
あのころ あの頃 anokoro	**in quel periodo** イン クェル ペリーオド	in those days イン ゾウズ デイズ
あぱーと アパート apaato	**appartamento** *m.* アッパルタメント	apartment, ⒷFlat アパートメント, フラト
あばく 暴く abaku	**svelare, rivelare** ズヴェラーレ, リヴェラーレ	disclose ディスクロウズ
あばれる 暴れる abareru	**agire violentemente** アジーレ ヴィオレンテメンテ	behave violently ビヘイヴ ヴァイオレントリ
あびせる 浴びせる abiseru	**versare** *su* ヴェルサーレ ス	pour on ポー オン
あひる 家鴨 ahiru	**anatra domestica** *f.* アーナトラ ドメスティカ	(domestic) duck (ドメスティク) ダク
あふがにすたん アフガニスタン afuganisutan	**Afghanistan** *m.* アフガーニスタン	Afghanistan アフギャニスタン
あふたーけあ アフターケア afutaakea	**assistenza postoperatoria** *f.* アッスィステンツァ ポストペラトーリア	aftercare アフタケア
あふたーさーびす アフターサービス afutaasaabisu	**assistenza tecnica** *f.* アッスィステンツァ テクニカ	after-sales service アフタセイルズ サーヴィス
あぶない 危ない abunai	**pericoloso(-a)** ペリコローゾ(-ザ)	dangerous, risky デインヂャラス, リスキ
あぶら 脂 abura	**grasso** *m.* グラッソ	grease, fat グリース, ファト
あぶら 油 abura	**olio** *m.* オーリオ	oil オイル
あぶらえ 油絵 aburae	**pittura a olio** *f.* ピットゥーラ ア オーリオ	oil painting オイル ペインティング

日	伊	英
あぶらっこい **油っこい** aburakkoi	**unto(-a)** ウント(-タ)	oily オイリ
あふりか **アフリカ** afurika	**Africa** *f.* アーフリカ	Africa アフリカ
～の	**africano(-a)** アフリカーノ(-ナ)	African アフリカン
あぶる **あぶる** aburu	**arrostire** アッロスティーレ	roast ロウスト
あふれる **あふれる** afureru	**straripare, traboccare** ストラリパーレ, トラボッカーレ	overflow, flood オウヴァフロウ, フラド
あべこべの **あべこべの** abekobeno	**contrario(-a)** コントラーリオ(-ア)	contrary, reverse カントレリ, リヴァース
あぼかど **アボカド** abokado	**avocado** *m.* アヴォカード	avocado アヴォカードウ
あまい **甘い** amai	**dolce** ドルチェ	sweet スウィート
(物事に対して)	**indulgente** インドゥルジェンテ	indulgent インダルチェント
あまえる **甘える** amaeru	**comportarsi in modo infantile** コンポルタルスィ イン モード インファンティーレ	behave like a baby ビヘイヴ ライクア ベイビ
あまくちの **甘口の** amakuchino	**dolce** ドルチェ	sweet スウィート
あまずっぱい **甘酸っぱい** amazuppai	**agrodolce** アグロドルチェ	bittersweet ビタスウィート
あまちゅあ **アマチュア** amachua	**dilettante** *m.f.* ディレッタンテ	amateur アマチャ
あまど **雨戸** amado	**imposta** *f.* インポスタ	(sliding) shutter (スライディング) シャタ

日	伊	英
あまやかす **甘やかす** amayakasu	**viziare** ヴィツィアーレ	spoil スポイル
あまり **余り** amari	**resto** *m.* レスト	rest, remainder レスト, リマインダ
あまる **余る** amaru	**rimanere, avanzare** リマネーレ, アヴァンツァーレ	remain リメイン
あまんじる **甘んじる** amanjiru	**accontentarsi** *di* アッコンテンタルスィ ディ	(be) contented with (ビ) コンテンテド ウィズ
あみ **網** ami	**rete** *f.* レーテ	net ネト
あみのさん **アミノ酸** aminosan	**amminoacido** *m.* アンミノアーチド	amino acid アミーノウ アスィド
あみもの **編物** amimono	**lavoro a maglia** *m.* ラヴォーロ ア マッリァ	knitting ニティング
あむ **編む** amu	**lavorare a maglia** ラヴォラーレ ア マッリァ	knit ニト
あめ **飴** ame	**caramella** *f.* カラメッラ	candy, ⒷSweets キャンディ, スウィーツ
あめ **雨** ame	**pioggia** *f.* ピオッジャ	rain レイン
あめりか **アメリカ** amerika	**America** *f.* アメーリカ	America アメリカ
～合衆国	**Stati Uniti d'America** *m.pl.* スターティ ウニーティ ダメーリカ	United States (of America) ユナイテッド ステイツ (オヴ アメリカ)
～人	**americano(-a)** *m.*(*f.*), **statunitense** *m.f.* アメリカーノ(-ナ), スタトゥニテンセ	American アメリカン
～の	**americano(-a)**, **statunitense** アメリカーノ(-ナ), スタトゥニテンセ	American アメリカン

日	伊	英
あやしい 怪しい ayashii	sospettoso(-a) ソスペットーゾ(-ザ)	doubtful, suspicious ダウトフル, サスピシャス
あやまち 過ち ayamachi	colpa *f.*, errore *m.* コルパ, エッローレ	fault, error フォルト, エラ
あやまり 誤り ayamari	errore *m.* エッローレ	mistake, error ミステイク, エラ
あやまる 誤る ayamaru	sbagliare ズバッリャーレ	mistake, fail in ミステイク, フェイル イン
あやまる 謝る ayamaru	chiedere scusa *a* キエーデレ スクーザ ア	apologize to アパロヂャイズ トゥ
あゆみ 歩み ayumi	passo *m.* パッソ	walking, step ウォーキング, ステプ
あゆむ 歩む ayumu	camminare カンミナーレ	walk ウォーク
あらあらしい 荒々しい araarashii	violento(-a), brutale ヴィオレント(-タ), ブルターレ	wild, brutal ワイルド, ブルートル
あらい 粗い arai	ruvido(-a) ルーヴィド(-ダ)	rough, coarse ラフ, コース
あらう 洗う arau	lavare ラヴァーレ	wash, cleanse ワシュ, クレンズ
あらかじめ あらかじめ arakajime	in anticipo イナンティーチポ	in advance, beforehand イン アドヴァンス, ビフォーハンド
あらし 嵐 arashi	temporale *m.*, tempesta *f.* テンポラーレ, テンペスタ	storm, tempest ストーム, テンペスト
あらす 荒らす arasu	danneggiare ダンネッジャーレ	damage ダミヂ
あらそい 争い arasoi	lite *f.* リーテ	quarrel クウォレル

日	伊	英
（口論）	**disputa** *f.* ディスプタ	dispute ディスピュート
あらそう 争う（けんかする） arasou	**litigare** リティガーレ	fight, quarrel ファイト, クウォレル
（口論する）	**discutere** *con* ディスクーテレ コン	dispute with ディスピュート ウィズ
あらたまる 改まる（新しくなる） aratamaru	**rinnovarsi** リンノヴァルスィ	(be) renewed (ビ) リニュード
（変わる）	**cambiare** カンビアーレ	change チェインヂ
（改善される）	**migliorare** ミッリォラーレ	reform, improve リフォーム, インプルーヴ
（儀式ばる）	**(essere) formale, fare cerimonie** (エッセレ) フォルマーレ, ファーレ チェリモーニエ	(be) formal (ビ) フォーマル
あらためる 改める（新しくする） aratameru	**rinnovare** リンノヴァーレ	renew, revise リニュー, リヴァイズ
（変える）	**cambiare** カンビアーレ	change チェインヂ
あらびあ アラビア arabia	**Arabia** *f.* アラービア	Arabia アレイビア
～語	**arabo** *m.* アーラボ	Arabic アラビク
～数字	**numeri arabi** *m.pl.* ヌーメリ アーラビ	Arabic numerals アラビク ヌメラルズ
あらぶしゅちょうこくれんぽう アラブ首長国連邦 arabushuchoukokurenpou	**Emirati Arabi Uniti** *m.pl.* エミラーティ アーラビ ウニーティ	UAE, United Arab Emirates ユーエイイー, ユナイテド アラブ イミレツ
あらぶの アラブの arabuno	**arabo(-a)** アーラボ(-バ)	Arabian アレイビアン

日	伊	英
あらゆる arayuru	**tutto(-a), ogni** トゥット(-タ), オーニ	all, every オール, エヴリ
表す arawasu	**mostrare, manifestare** モストラーレ, マニフェスターレ	show, manifest ショウ, マニフェスト
現れる arawareru	**comparire** コンパリーレ	come out, appear カム アウト, アピア
蟻 ari	**formica** *f.* フォルミーカ	ant アント
有り得る ariuru	**possibile** ポッスィービレ	possible パスィブル
有り得ない arienai	**impossibile** インポッスィービレ	impossible インパスィブル
有り難い arigatai	**riconoscente** リコノシェンテ	thankful サンクフル
ありのままの arinomamano	**franco(-a)** フランコ(-カ)	frank, plain フランク, プレイン
ありふれた arifureta	**comune** コムーネ	common, ordinary カモン, オーディネリ
ある (存在する) aru	**c'è, essere** チェ, エッセレ	there is, be ゼア イズ, ビー
(位置する)	**situarsi, trovarsi** スィトゥアルスィ, トロヴァルスィ	(be) situated (ビ) スィチュエイテド
(持っている)	**avere, possedere** アヴェーレ, ポッセデーレ	have, possess ハヴ, ポゼス
あるいは aruiwa	**o, oppure** オ, オップーレ	(either) or (イーザ) オー
アルカリ arukari	**alcali** *m.* アルカリ	alkali アルカライ
歩く aruku	**camminare** カンミナーレ	walk, go on foot ウォーク, ゴウ オン フト

日	伊	英
アルコール arukooru	**alcol** *m.* アルコル	alcohol アルコホール
アルジェリア arujeria	**Algeria** *f.* アルジェリーア	Algeria アルヂアリア
アルゼンチン aruzenchin	**Argentina** *f.* アルジェンティーナ	Argentina アーヂェンティーナ
アルツハイマー病 arutsuhaimaabyou	**morbo di Alzheimer** *m.* モルボ ディ アルツァイメル	Alzheimer's disease アーツハイマズ ディズィーズ
アルバイト arubaito	**lavoro a tempo parziale** *m.*, **lavoro part-time** *m.* ラヴォーロ ア テンポ パルツィアーレ, ラヴォーロ パルタイム	part-time job パートタイム ヂャブ
アルバム arubamu	**album** *m.* アルブム	album アルバム
アルミニウム aruminiumu	**alluminio** *m.* アッルミーニオ	aluminum アルーミナム
あれ are	**quello(-a)** クェッロ(-ラ)	that, it ザト, イト
あれから arekara	**da allora** ダ アッローラ	since then スィンス ゼン
あれほど arehodo	**tanto** タント	so (much) ソウ (マチ)
あれらの arerano	**quelli(-e)** クェッリ(-レ)	those ゾウズ
荒れる (天候が) areru	**peggiorare** ペッジョラーレ	(be) rough, deteriorate (ビ) ラフ, ディティアリオレイト
(肌が)	**screpolarsi** スクレポラルスィ	(get) rough (ゲト) ラフ
(荒廃する)	**deteriorarsi** デテリオラルスィ	(be) ruined (ビ) ルインド

日	伊	英
アレルギー arerugii	**allergia** *f.* アッレルジーア	allergy **ア**ラヂ
アレンジする arenjisuru	**arrangiare, ordinare** アッランジャーレ, オルディナーレ	arrange ア**レ**インヂ
泡 awa	**schiuma** *f.*, **spuma** *f.* スキウーマ, スプーマ	bubble, foam **バ**ブル, **フォ**ウム
合わせる awaseru	**unire** ウニーレ	put together, unite プト ト**ゲ**ザ, ユー**ナ**イト
（照合する）	**confrontare** コンフロン**タ**ーレ	compare コン**ペ**ア
（設定・調整する）	**impostare** インポス**タ**ーレ	set, adjust **セ**ト, ア**ヂャ**スト
慌ただしい awatadashii	**affrettato(-*a*), fatto(-*a*) in fretta** アッフレッタート(-タ), **ファ**ット(-タ) イン フレッタ	hurried **ハ**ーリド
泡立つ awadatsu	**spumare, schiumare** スプ**マ**ーレ, スキウ**マ**ーレ	bubble, foam **バ**ブル, **フォ**ウム
慌てる （急ぐ） awateru	**andare di fretta** アン**ダ**ーレ ディ フ**レ**ッタ	(be) hurried, (be) rushed (ビ) **ハ**ーリド, (ビ) **ラ**シュト
（動転する）	**(essere) turbato(-*a*)** (**エ**ッセレ) トゥル**バ**ート(-タ)	(be) upset (ビ) アプ**セ**ト
哀れな awarena	**triste, povero(-*a*)** ト**リ**ステ, ポー**ヴェ**ロ(-ラ)	sad, poor **サ**ド, **プ**ア
哀れむ awaremu	**compatire** コンパ**ティ**ーレ	pity, feel pity for **ピ**ティ, **フィ**ール **ピ**ティ フォ
案 （計画） an	**progetto** *m.*, **piano** *m.* プロ**ジェ**ット, ピ**ア**ーノ	plan プ**ラ**ン
（提案）	**proposta** *f.* プロ**ポ**スタ	suggestion サグ**チェ**スチョン

日	伊	英
あんいな **安易な** an-ina	**facile** ファーチレ	easy **イ**ーズィ
あんきする **暗記する** ankisuru	**imparare a memoria** インパ**ラ**ーレ ア メ**モ**ーリア	memorize, learn by heart **メ**モライズ, **ラ**ーン バイ **ハ**ート
あんけーと **アンケート** ankeeto	**questionario** *m.* クェスティオ**ナ**ーリオ	questionnaire クウェスチョ**ネ**ア
あんごう **暗号** angou	**codice** *m.*, **cifra** *f.* **コ**ーディチェ, **チ**ーフラ	cipher, code **サ**イファ, **コ**ウド
あんこーる **アンコール** ankooru	**bis** *m.* ビス	encore **ア**ーンコー
あんさつ **暗殺** ansatsu	**assassinio** *m.* アッサッ**スィ**ーニオ	assassination アサス**ィネ**イション
あんざん **暗算** anzan	**calcolo mentale** *m.* **カ**ルコロ メン**タ**ーレ	mental arithmetic **メ**ンタル アリス**メ**ティク
あんじ **暗示** anji	**allusione** *f.*, **suggerimento** *m.* アッルズィ**オ**ーネ, スッジェリ**メ**ント	hint, suggestion **ヒ**ント, サグ**チェ**スチョン
あんしょうする **暗唱する** anshousuru	**recitare** レチ**タ**ーレ	recite リ**サ**イト
あんしょうばんごう **暗証番号** anshoubangou	**codice numerico** *m.* **コ**ーディチェ ヌ**メ**ーリコ	code number **コ**ウド **ナ**ンバ
あんしんする **安心する** anshinsuru	**provare sollievo** プロ**ヴァ**ーレ ソッリ**エ**ーヴォ	feel relieved **フィ**ール リ**リ**ーヴド
あんず **杏** anzu	**albicocca** *f.* アルビ**コ**ッカ	apricot **ア**プリカト
あんせい **安静** ansei	**riposo** *m.* リ**ポ**ーゾ	rest **レ**スト
あんぜん **安全** anzen	**sicurezza** *f.* スィク**レ**ッツァ	security スィ**キュ**アリティ

日	伊	英
〜な	**sicuro(-a)** スィクーロ(-ラ)	safe, secure セイフ, スィキュア
あんてい **安定** antei	**stabilità** *f.* スタビリタ	stability, balance スタビリティ, バランス
あんてぃーく **アンティーク** antiiku	**pezzo d'antiquariato** *m.* ペッツォ ダンティクァリアート	antique アンティーク
あんてな **アンテナ** antena	**antenna** *f.* アンテンナ	antenna, aerial アンテナ, エアリアル
あんな **あんな** anna	**tale, simile** ターレ, スィーミレ	such, like that サチ, ライク ザト
あんない **案内** annai	**guida** *f.* グィーダ	guidance ガイダンス
〜する	**guidare** グィダーレ	guide, show ガイド, ショウ
（通知）	**avviso** *m.* アッヴィーゾ	information, notification インフォメイション, ノウティフィケイション
〜する	**informare, avvisare** インフォルマーレ, アッヴィザーレ	notify ノウティファイ
あんに **暗に** anni	**tacitamente** タチタメンテ	tacitly タスィトリ
あんばらんす **アンバランス** anbaransu	**squilibrio** *m.* スクィリーブリオ	imbalance インバランス
あんぺあ **アンペア** anpea	**ampere** *m.* アンペール	ampere アンピア
あんもくの **暗黙の** anmokuno	**tacito(-a)** ターチト(-タ)	tacit タスィト
あんもにあ **アンモニア** anmonia	**ammoniaca** *f.* アンモニーアカ	ammonia アモウニャ

日	伊	英

い, イ

胃 (i)
stomaco *m.*
ストーマコ
stomach
ス**タ**マク

いい (ii)
buono(-*a*), bello(-*a*)
ブ**オ**ーノ(-ナ), **ベ**ッロ(-ラ)
good, fine, nice
グド, **ファ**イン, **ナ**イス

言い争う (iiarasou)
litigare *con*
リティ**ガ**ーレ コン
quarrel with
ク**ウォ**レル ウィズ

いいえ (iie)
no
ノ
no
ノウ

言い返す (iikaesu)
replicare
レプリ**カ**ーレ
answer back
アンサ **バ**ク

いい加減な (iikagenna) (無計画な)
fatto(-*a*) a casaccio
ファット(-タ) ア カ**ザ**ッチョ
haphazard
ハプ**ハ**ザド

(無責任な)
irresponsabile
イッレスポン**サ**ービレ
irresponsible
イリス**パ**ンスィブル

言い過ぎ (iisugi)
esagerazione *f.*
エザジェラツィ**オ**ーネ
exaggeration
イグザジャ**レ**イション

言い付け (iitsuke)
ordine *m.*
オルディネ
order, instruction
オーダ, インスト**ラ**クション

言い伝え (iitsutae)
tradizione *f.*, leggenda *f.*
トラディツィ**オ**ーネ, レッ**ジェ**ンダ
tradition, legend
トラ**ディ**ション, **レ**ジェンド

言い逃れる (iinogareru)
giustificarsi
ジュスティフィ**カ**ルスィ
excuse oneself
イクス**キュ**ーズ

言いふらす (iifurasu)
spargere
ス**パ**ルジェレ
spread
スプ**レ**ド

言い分 (iibun)
opinione *f.*
オピニ**オ**ーネ
say, opinion
セイ, オ**ピ**ニオン

日	伊	英
いーゆー **EU** iiyuu	**Unione Europea** *f.*, **UE** *f.* ユニオン エウロペーア, ウエ	EU **イー**ユー
いいわけ **言い訳** iiwake	**scusa** *f.*, **pretesto** *m.* スクーザ, プレテスト	excuse, pretext イクス**キュ**ース, プリー**テ**クスト
いいん **委員** iin	**membro di un comitato** *m.* メンブロ ディ ウン コミタート	member of a committee **メ**ンバ オヴ ア コ**ミ**ティ
～会	**comitato** *m.* コミタート	committee コ**ミ**ティ
いう **言う** iu	**dire** ディーレ	say, tell セイ, テル
（称する）	**chiamare** キアマーレ	call, name コール, ネイム
いえ **家** （住居） ie	**casa** *f.* カーザ	house ハウス
（自宅）	**casa** *f.* カーザ	home ホウム
（家族）	**famiglia** *f.* ファミッリァ	family **ファ**ミリ
いえでする **家出する** iedesuru	**scappare di casa** スカッパーレ ディ カーザ	run away from home ラン ア**ウェ**イ フラム **ホ**ウム
いおう **硫黄** iou	**zolfo** *m.* ゾルフォ	sulfur **サ**ルファ
いおん **イオン** ion	**ione** *m.* イオーネ	ion **ア**イオン
いか **以下** （そこから後） ika	**seguente** セグェンテ	(the) following (ザ) **フォ**ロウイング
（それより少ない）	**meno** *di* メーノ ディ	less than, under レス ザン, **ア**ンダ

日	伊	英
いか **烏賊** ika	**calamaro** *m.*, **seppia** *f.* カラマーロ, セッピア	squid, cuttlefish スク**ウィ**ード, **カ**トルフィッシュ
いがい **以外** igai	**tranne** トランネ	except, excepting イク**セ**プト, イク**セ**プティング
いがいな **意外な** igaina	**imprevisto(-a)** インプレ**ヴィ**スト(-タ)	unexpected アニクス**ペ**クテド
いかいよう **胃潰瘍** ikaiyou	**ulcera gastrica** *f.* **ウ**ルチェラ **ガ**ストリカ	gastric ulcer, stomach ulcer **ギャ**ストリク **ア**ルサ, ス**タ**マク **ア**ルサ
いかがわしい **いかがわしい** （疑わしい） ikagawashii	**dubbioso(-a)** ドゥッビ**オ**ーゾ(-ザ)	doubtful **ダ**ウトフル
（わいせつな）	**indecente** インデ**チェ**ンテ	indecent イン**ディ**ーセント
いがく **医学** igaku	**medicina** *f.* メディ**チ**ーナ	medical science **メ**ディカル **サ**イエンス
いかす **生かす** （命を保つ） ikasu	**mantenere ... in vita** マンテ**ネ**ーレ ... イン **ヴィ**ータ	keep alive **キ**ープ ア**ラ**イヴ
（活用する）	**sfruttare, approfittare** *di* スフルッ**タ**ーレ, アップロフィッ**タ**ーレ ディ	put to good use **プ**ト トゥ **グ**ド **ユ**ース
いかすい **胃下垂** ikasui	**gastroptosi** *f.* ガストロプ**ト**ーズィ	gastroptosis ガストラプ**ト**ウスィス
いかめしい **厳めしい** ikameshii	**grave, solenne** グ**ラ**ーヴェ, ソ**レ**ンネ	solemn, stern **サ**レム, ス**タ**ーン
いかり **怒り** ikari	**rabbia** *f.* **ラ**ッビア	anger, rage **ア**ンガ, **レ**イヂ
いき **息** iki	**fiato** *m.*, **respiro** *m.* フィ**ア**ート, レス**ピ**ーロ	breath ブ**レ**ス
いぎ **意義** igi	**significato** *m.* スィニフィ**カ**ート	significance スィグ**ニ**フィカンス

日	伊	英
いぎ **異議** igi	**obiezione** *f.* オビエツィオーネ	objection オブ**ジェク**ション
いきいきした **生き生きした** ikikishita	**vivace** ヴィ**ヴァ**ーチェ	lively, fresh **ライ**ヴリ, フレシュ
いきおい **勢い** ikioi	**slancio** *m.* ズランチョ	momentum モウ**メ**ンタム
いきかえる **生き返る** ikikaeru	**tornare in vita** トル**ナ**ーレ イン **ヴィ**ータ	come back to life カム バク トゥ ライフ
いきかた **生き方** ikikata	**stile di vita** *m.* ス**ティ**ーレ ディ **ヴィ**ータ	lifestyle **ライ**フスタイル
いきさき **行き先** ikisaki	**destinazione** *f.* デスティナツィ**オ**ーネ	destination デスティ**ネ**イション
いきさつ　（事情） **いきさつ** ikisatsu	**circostanze** *f.pl.* チルコス**タ**ンツェ	circumstances **サ**ーカムスタンセズ
（詳細）	**dettagli** *m.pl.* デッ**タ**ッリ	details **ディ**ーテイルズ
いきている **生きている** ikiteiru	**vivente** ヴィ**ヴェ**ンテ	alive, living ア**ライ**ヴ, **リ**ヴィング
いきどまり **行き止まり** ikidomari	**vicolo cieco** *m.* **ヴィ**ーコロ **チェ**ーコ	dead end **デ**ド エンド
いきなり **いきなり** ikinari	**improvvisamente** インプロッヴィザメンテ	suddenly, abruptly **サ**ドンリ, ア**ブラ**プトリ
いきぬき **息抜き** ikinuki	**riposo** *m.* リ**ポ**ーゾ	rest, breather レスト, **ブリ**ーザ
いきのこる **生き残る** ikinokoru	**sopravvivere** ソプラッ**ヴィ**ーヴェレ	survive サ**ヴァ**イヴ
いきもの **生き物** ikimono	**essere vivente** *m.* **エ**ッセレ ヴィ**ヴェ**ンテ	living thing **リ**ヴィング **ス**ィング

日	伊	英
い いぎりす **イギリス** igirisu	**Inghilterra** *f.*, **Gran Bretagna** *f.* イン**ギル**テッラ, グラン ブレ**ター**ニャ	England, Great Britain **イング**ランド, グレイト ブリトン
～人	**inglese** *m.f.* イング**レー**ゼ	English (person) **イング**リッシュ (**パー**ソン)
いきる **生きる** ikiru	**vivere** **ヴィー**ヴェレ	live, (be) alive **ライ**ヴ, (ビ) ア**ライ**ヴ
いく **行く** iku	**andare** アン**ダー**レ	go **ゴ**ウ
(去る)	**andarsene** アン**ダル**セネ	leave **リー**ヴ
いくじ **育児** ikuji	**assistenza all'infanzia** *f.* アッスィス**テン**ツァ アッリン**ファン**ツィア	childcare **チャイルド**ケア
いくつ **いくつ** ikutsu	**quanti(-e)** ク**ァン**ティ(-テ)	how many **ハウ** メニ
(年齢が)	**quanti anni** ク**ァン**ティ **アン**ニ	how old **ハウ** オウルド
いくつか **いくつか** ikutsuka	**qualche, parecchi(-ie)** ク**ァル**ケ, パ**レッ**キ(-キエ)	some, several **サ**ム, **セ**ヴラル
いけ **池** ike	**stagno** *m.*, **laghetto** *m.* ス**ター**ニョ, ラ**ゲッ**ト	pond, pool **パ**ンド, **プー**ル
いけいれん **胃痙攣** ikeiren	**crampi allo stomaco** *m.pl.* ク**ラン**ピ **アッ**ロ ス**トー**マコ	stomach cramps ス**タ**マク ク**ラン**プス
いけない **いけない** (悪い) ikenai	**cattivo(-a)** カッ**ティー**ヴォ(-ヴァ)	bad, naughty **バ**ド, **ノー**ティ
(してはならない)	**non si deve** **ノン** スィ **デー**ヴェ	must not do **マ**スト **ナ**ト
いけん **意見** (考え) iken	**opinione** *f.* オピ二**オー**ネ	opinion, idea オ**ピ**ニオン, アイ**ディー**ア

日	伊	英
(忠告)	**consiglio** *m.* コンスィッリォ	advice アドヴァイス
いげん **威厳** igen	**dignità** *f.* ディニタ	dignity ディグニティ
いご **以後** (今後) igo	**d'ora in poi** ドーラ イン ポーイ	from now on フラム ナウ オン
(その後)	**dopo, da allora in poi** ドーポ, ダ アッローラ イン ポーイ	after, since アフタ, スィンス
いこう **意向** ikou	**intenzione** *f.* インテンツィオーネ	intention インテンション
いこうする **移行する** ikousuru	**passare, spostare** パッサーレ, スポスターレ	move, shift ムーヴ, シフト
いざかや **居酒屋** izakaya	**bar** *m.* バール	pub パブ
いざこざ **いざこざ** izakoza	**controversia** *f.* コントロヴェルスィア	dispute, quarrel ディスピュート, クウォレル
いさましい **勇ましい** isamashii	**coraggioso(-a)** コラッジョーゾ(-ザ)	brave, courageous ブレイヴ, カレイヂャス
いさめる **諫める** isameru	**ammonire** アンモニーレ	remonstrate. リマンストレイト
いさん **遺産** isan	**eredità** *f.* エレディタ	inheritance, legacy インヘリタンス, レガスィ
いし **意志** ishi	**volontà** *f.* ヴォロンタ	will, volition ウィル, ヴォウリション
いし **意思** ishi	**intenzione** *f.* インテンツィオーネ	intention インテンション
いし **石** ishi	**pietra** *f.* ピエートラ	stone ストウン
いじ **意地** iji	**ostinazione** *f.* オスティナツィオーネ	obstinacy アブスティナスィ

日	伊	英
いしき 意識 ishiki	**coscienza** *f.* コシェンツァ	consciousness **カ**ンシャスネス
～する	**(essere) consapevole** *di* (**エ**ッセレ) コンサペーヴォレ ディ	(be) conscious of (ビ) **カ**ンシャス オヴ
いしつの 異質の ishitsuno	**eterogeneo(-a)** エテロジェー**ネ**オ(-ア)	heterogeneous ヘテロ**チー**ニアス
いじめる いじめる ijimeru	**vessare** ヴェッ**サー**レ	bully, torment **ブ**リ, **トー**メント
いしゃ 医者 isha	**dottore(-essa)** *m.*(*f.*) ドッ**トー**レ(-ト**レッ**サ)	doctor **ダ**クタ
いしゃりょう 慰謝料 isharyou	**risarcimento** *m.* リザルチ**メ**ント	compensation カンペン**セ**イション
いじゅう 移住 (他国からの) ijuu	**immigrazione** *f.* インミグラツィ**オー**ネ	immigration イミグ**レ**イション
(他国への)	**emigrazione** *f.* エミグラツィ**オー**ネ	emigration エミグ**レ**イション
いしゅく 萎縮 ishuku	**atrofia** *f.* アトロ**フィー**ア	atrophy **ア**トロフィ
いしょ 遺書 isho	**testamento** *m.* テスタ**メ**ント	will, testament **ウィ**ル, **テ**スタメント
いしょう 衣装 ishou	**vestiti** *m.pl.* ヴェス**ティー**ティ	clothes, costume ク**ロ**ウズ, **カ**スチューム
いじょう 以上 ijou	**più** *di* ピ**ウ** ディ	more than, over **モー** ザン, **オ**ウヴァ
いじょうな 異常な ijouna	**anormale** アノル**マー**レ	abnormal アブ**ノー**マル
いしょく 移植 (植物の) ishoku	**trapianto** *m.* トラピ**ア**ント	transplantation トランスプラン**テ**イション
(生体の)	**trapianto** *m.* トラピ**ア**ント	transplant トランスプ**ラ**ント

日	伊	英
いしょくの **異色の** ishokuno	**unico(-a)** ウーニコ(-カ)	unique ユーニーク
いじる **いじる** ijiru	**giocherellare con le dita** ジョケレッラーレ コン レ ディータ	finger, fumble with フィンガ, ファンブル ウィズ
いじわるな **意地悪な** ijiwaruna	**dispettoso(-a)** ディスペットーゾ(-ザ)	ill-natured, nasty イルネイチャド, ナスティ
いじん **偉人** ijin	**gran persona** *f.* グラン ペルソーナ	great person グレイト パーソン
いす **椅子** isu	**sedia** *f.*, **sgabello** *m.* セーディア, ズガベッロ	chair, stool チェア, ストゥール
いすらえる **イスラエル** isuraeru	**Israele** *m.* イズラエーレ	Israel イズリエル
いすらむきょう **イスラム教** isuramukyou	**islam** *m.* イズラム	Islam イスラーム
～徒	**musulmano(-a)** *m.(f.)* ムスルマーノ(-ナ)	Muslim マズリム
いずれ　（そのうち） **いずれ** izure	**un giorno** ウン ジョルノ	someday サムデイ
いせい **異性** isei	**altro sesso** *m.* アルトロ セッソ	opposite sex アポズィト セクス
いせき **遺跡** iseki	**rovine** *f.pl.* ロヴィーネ	ruins ルーインズ
いぜん **以前** izen	**fa, prima** ファ, プリーマ	ago, before アゴウ, ビフォー
いぜんとして **依然として** izentoshite	**ancora** アンコーラ	still スティル
いそがしい **忙しい** isogashii	**(essere) occupato(-a)** (エッセレ) オックパート(-タ)	(be) busy (ビ) ビズィ
いそぐ **急ぐ** isogu	**affrettarsi** アッフレッタルスィ	hurry, hasten ハーリ, ヘイスン

日	伊	英
いぞく **遺族** izoku	**familiari del defunto** *m.pl.* ファミリアーリ デル デフント	bereaved family ビリーヴド ファミリ
いそんする **依存する** isonsuru	**dipendere** *da* ディペンデレ ダ	depend on ディペンド オン
いた **板** （木などの） ita	**tavola** *f.*, **asse** *f.* ターヴォラ, アッセ	board ボード
（金属の）	**lastra** *f.* ラストラ	plate プレイト
いたい **遺体** itai	**cadavere** *m.* カダーヴェレ	dead body デド バディ
いたい **痛い** itai	**doloroso(-a)** ドロローゾ(・ザ)	painful ペインフル
いだいな **偉大な** idaina	**grande** グランデ	great, grand グレイト, グランド
いだく **抱く** idaku	**avere, portare** アヴェーレ, ポルターレ	have, bear ハヴ, ベア
いたくする **委託する** itakusuru	**incaricare, affidare** インカリカーレ, アッフィダーレ	entrust, consign イントラスト, コンサイン
いたずら **いたずら** itazura	**malefatta** *f.* マレファッタ	mischief, trick ミスチフ, トリク
～な	**birichino(-a), cattivo(-a)** ビリキーノ(・ナ), カッティーヴォ(・ヴァ)	naughty ノーティ
いただく **頂く** （もらう） itadaku	**ricevere** リチェーヴェレ	receive リスィーヴ
いたみ **痛み** itami	**dolore** *m.* ドローレ	pain, ache ペイン, エイク
いたむ **痛む** itamu	**fare male** ファーレ マーレ	ache, hurt エイク, ハート
いたむ **傷む** （壊れる） itamu	**danneggiarsi** ダンネッジャルスィ	(become) damaged (ビカム) ダミヂド

日	伊	英
(腐る)	**andare a male** アンダーレ ア マーレ	rot, go bad ラト, ゴウ バド
いためる **炒める** itameru	**friggere, soffriggere** フリッジェレ, ソッフリッジェレ	fry フライ
いたりあ **イタリア** itaria	**Italia** *f.* イターリア	Italy イタリ
～語	**italiano** *m.* イタリアーノ	Italian イタリャン
いたりっく **イタリック** itarikku	**corsivo** *m.* コルスィーヴォ	italics イタリクス
いたる **至る** itaru	**arrivare** *a* アッリヴァーレ ア	arrive at アライヴ アト
いたるところに **至る所に** itarutokoroni	**dappertutto** ダッペルトゥット	everywhere エヴリ(ホ)ウェア
いたわる **労る** itawaru	**avere cura** *di* アヴェーレ クーラ ディ	take care of, show kindness to テイク ケア オヴ, ショウ カインドネス トゥ
いち **一** ichi	**uno** ウーノ	one ワン
いち **位置** ichi	**posizione** *f.* ポズィツィオーネ	position ポズィション
いち **市** ichi	**fiera** *f.*, **mercato** *m.* フィエーラ, メルカート	fair, market フェア, マーケト
いちおう **一応** ichiou	**in generale** イン ジェネラーレ	generally ヂェネラリ
いちおく **一億** ichioku	**cento milioni** チェント ミリオーニ	one hundred million ワン ハンドレド ミリョン
いちがつ **一月** ichigatsu	**gennaio** *m.* ジェンナイオ	January ヂャニュエリ

日	伊	英
いちげき **一撃** ichigeki	**colpo** *m.* コルポ	single strike スィングル ストライク
いちご **苺** ichigo	**fragola** *f.* フラーゴラ	strawberry ストローベリ
いちじく **無花果** ichijiku	**fico** *m.* フィーコ	fig フィグ
いちじの **一次の** ichijino	**primo(-a), primario(-a)** プリーモ(-マ), プリマーリオ(-ア)	primary, first プライメリ, ファースト
いちじるしい **著しい** ichijirushii	**notevole** ノテーヴォレ	remarkable, marked リマーカブル, マークト
いちど **一度** ichido	**una volta** ウナ ヴォルタ	once, one time ワンス, ワン タイム
いちどう **一同** ichidou	**tutt*i*(-e)** *m.pl.* (*f.pl.*) トゥッティ(-テ)	all, everyone オール, エヴリワン
いちどに **一度に** ichidoni	**insieme, contemporaneamente** インスィエーメ, コンテンポラネアメンテ	at the same time アト ザ セイム タイム
いちにち **一日** ichinichi	**un giorno** *m.* ウン ジョルノ	(a) day, one day (ア) デイ, ワン デイ
〜おきに	**ogni due giorni** オーニ ドゥーエ ジョルニ	every other day エヴリ アザ デイ
いちにちじゅう **一日中** ichinichijuu	**tutto il giorno** トゥット イル ジョルノ	all day (long) オール デイ (ローング)
いちねん **一年** ichinen	**un anno** *m.* ウナンノ	(a) year, one year (ア) イア, ワン イア
いちねんじゅう **一年中** ichinenjuu	**tutto l'anno, per tutto l'anno** トゥット ランノ, ペル トゥット ランノ	all (the) year オール (ザ) イア
いちば **市場** ichiba	**mercato** *m.* メルカート	market マーケト

日	伊	英
いちばん **一番** ichiban	**primo(-a)** *m.(f.)*, **numero uno** *m.* プリーモ(-マ), ヌーメロ ウーノ	first, No.1 ファースト, ナンバ ワン
(最も)	***il(la)* più** イル(ラ) ピウ	most, best モウスト, ベスト
いちぶ **一部** ichibu	**(una) parte** *f.* (ウナ) パルテ	(a) part (ア) パート
いちまん **一万** ichiman	**diecimila** ディエチミーラ	ten thousand テン サウザンド
いちめん **一面** (一つの面) ichimen	**un lato** *m.*, **una parte** *f.* ウン ラート, ウナ パルテ	one side ワン サイド
(全面)	**tutta la superficie** *f.* トゥッタ ラ スペルフィーチェ	whole surface ホウル サーフェス
いちょう **銀杏** ichou	**ginkgo** *m.* ジンコ	ginkgo ギンコウ
いちりゅうの **一流の** ichiryuuno	**di prima classe, di prima categoria** ディ プリーマ クラッセ, ディ プリーマ カテゴリーア	first-class ファーストクラス
いつ **いつ** itsu	**quando** クァンド	when (ホ)ウェン
いつう **胃痛** itsuu	**mal di stomaco** *m.* マル ディ ストーマコ	stomachache スタマケイク
いっか **一家** ikka	**famiglia** *f.* ファミッリャ	family ファミリ
いつか **いつか** itsuka	**un giorno** ウン ジョルノ	some time サム タイム
いっかい **一階** ikkai	**piano terra** *m.* ピアーノ テッラ	first floor, ⒷGround floor ファースト フロー, グラウンド フロー
いっきに **一気に** ikkini	**tutto d'un fiato, d'un fiato** トゥット ドゥン フィアート, ドゥン フィアート	in one try, ⒷIn one go イン ワン トライ, イン ワン ゴウ

日	伊	英
いっけん **一見** ikken	**apparentemente** アッパレンテメンテ	apparently アパレントリ
いっこ **一個** ikko	**uno(-a)** *m.* (*f.*) ウーノ(-ナ)	one, (a) piece ワン, (ア) ピース
いっこう **一行** ikkou	**gruppo** *m.*, **comitiva** *f.* グルッポ, コミティーヴァ	party, suite パーティ, スウィート
いっさんかたんそ **一酸化炭素** issankatanso	**monossido di carbonio** *m.* モノッスィド ディ カルボーニオ	carbon monoxide カーボン モナクサイド
いっしき **一式** isshiki	**un completo** *m.* ウン コンプレート	complete set コンプリート セト
いっしゅ **一種** isshu	**una specie** *f.* ウナ スペーチェ	a kind, a sort ア カインド, ア ソート
いっしゅん **一瞬** isshun	**(un) momento** *m.* (ウン) モメント	(a) moment (ア) モウメント
いっしょう **一生** isshou	**vita** *f.* ヴィータ	life, whole life ライフ, ホウル ライフ
いっしょうけんめい **一生懸命** isshoukenmei	**con tutte le forze** コン トゥッテ レ フォルツェ	with all one's might ウィズ オール マイト
いっしょに **一緒に** isshoni	**insieme, con** インスィエーメ, コン	together, with トゲザ, ウィズ
いっせいに **一斉に** isseini	**simultaneamente, tutti insieme** スィムルタネアメンテ, トゥッティ インスィエーメ	all at once オール アト ワンス
いっそう **一層** issou	**molto di più, ancora più** モルト ディ ピウ, アンコーラ ピウ	much more マチ モー
いったいとなって **一体となって** ittaitonatte	**tutt*i*(-e) insieme, essendo tutt'uno** トゥッティ(-テ) インスィエーメ, エッセンド トゥットゥーノ	together, as one トゲザ, アズ ワン
いっちする **一致する** icchisuru	**coincidere** *con* コインチーデレ コン	coincide with コウインサイド ウィズ

日	伊	英
いっちょくせんに **一直線に** icchokusenni	**in linea retta** イン リーネア レッタ	in a straight line イン ア ストレイト ライン
いっついの **一対の** ittsuino	**un paio** *di*, **una coppia** *di* ウン パイオ ディ, ウナ コッピア ディ	a pair of ア ペア オヴ
いっていの **一定の** itteino	**fisso(-a)** フィッソ(-サ)	fixed フィクスト
いつでも **いつでも** itsudemo	**sempre** センプレ	always オールウェイズ
いっとう **一等** (賞) ittou	**primo premio** *m.* プリーモ プレーミオ	first prize ファースト プライズ
(一番良い等級)	**prima classe** *f.* プリーマ クラッセ	first class ファースト クラス
いっぱい **一杯** (満杯) ippai	**pieno(-a)** *di* ピエーノ(-ナ) ディ	full of フル オヴ
～の	**pieno(-a)** ピエーノ(-ナ)	full フル
いっぱん **一般** ippan	**generalità** *f.* ジェネラリタ	generality ヂェネラリティ
～的な	**generale** ジェネラーレ	general, common ヂェネラル, カモン
～に	**in generale** イン ジェネラーレ	generally ヂェネラリ
いっぽう **一方** (一方面) ippou	**una direzione** *f.*, **una parte** *f.* ウナ ディレツィオーネ, ウナ パルテ	one side, direction ワン サイド, ディレクション
～通行	**senso unico di circolazione** *m.* センソ ウーニコ ディ チルコラツィオーネ	one-way traffic ワンウェイ トラフィク
～的な	**unilaterale** ウニラテラーレ	one-sided ワンサイデド

日	伊	英
(他方では)	**intanto, d'altra parte** インタント, ダルトラ パルテ	on the other hand, meanwhile オン ズィ アザ ハンド, ミーン(ホ)ワイル
いつまでも **いつまでも** itsumademo	**per sempre** ペル センプレ	forever フォレヴァ
いつも **いつも** itsumo	**sempre** センプレ	always オールウェイズ
いつわり **偽り** itsuwari	**falsità** *f.* ファルスィタ	lie, falsehood ライ, フォールスフド
いつわる **偽る** itsuwaru	**mentire** メンティーレ	lie, deceive ライ, ディスィーヴ
いてざ **射手座** iteza	**Sagittario** *m.* サジッターリオ	Archer, Sagittarius アーチャ, サヂテアリアス
いてん **移転** iten	**trasferimento** *m.* トラスフェリメント	relocation リーロウケイション
いでん **遺伝** iden	**ereditarietà** *f.* エレディタリエタ	heredity ヒレディティ
～子	**gene** *m.* ジェーネ	gene チーン
～子組み換え	**ricombinazione genetica** *f.* リコンビナツィオーネ ジェネーティカ	gene recombination チーン リーカンビネイション
いと **糸** ito	**filo** *m.* フィーロ	thread, yarn スレド, ヤーン
いど **井戸** ido	**pozzo** *m.* ポッツォ	well ウェル
いどう **移動** idou	**movimento** *m.* モヴィメント	movement ムーヴメント
～する	**spostarsi** スポスタルスィ	move ムーヴ

日	伊	英
いとこ **従兄弟・従姉妹** itoko	**cugino(-a)** *m.* (*f.*) クジーノ(-ナ)	cousin カズン
いどころ **居所** idokoro	**luogo** *m.* ルオーゴ	whereabouts (ホ)ウェラバウツ
いとなむ **営む** itonamu	**condurre** コンドゥッレ	conduct, carry on コンダクト, キャリ オン
いどむ **挑む** idomu	**sfidare** スフィダーレ	challenge チャレンヂ
いない **以内** inai	**entro, meno** *di* エントロ, メーノ ディ	within, less than ウィズィン, レス ザン
いなか **田舎** inaka	**campagna** *f.* カンパーニャ	countryside カントリサイド
いなずま **稲妻** inazuma	**lampo** *m.*, **fulmine** *m.* ランポ, フルミネ	lightning ライトニング
いにんする **委任する** ininsuru	**delegare ...** *a*, **affidare ...** *a* デレガーレ … ア, アッフィダーレ … ア	entrust, leave イントラスト, リーヴ
いぬ **犬** inu	**cane** *m.*, **cagna** *f.* カーネ, カーニャ	dog ドーグ
いね **稲** ine	**riso** *m.* リーゾ	rice ライス
いねむり **居眠り** inemuri	**pisolino** *m.* ピゾリーノ	nap, doze ナプ, ドウズ
いのち **命** inochi	**vita** *f.* ヴィータ	life ライフ
いのり **祈り** inori	**preghiera** *f.* プレギエーラ	prayer プレア
いのる **祈る** inoru	**pregare** プレガーレ	pray to プレイ トゥ
(望む)	**augurare** アウグラーレ	wish ウィシュ

日	伊	英
いばる **威張る** ibaru	**darsi delle arie** ダルスィ デッレ アーリエ	(be) haughty, swagger (ビ) ホーティ, スワガ
いはん **違反** ihan	**violazione** *f.* ヴィオラツィオーネ	violation ヴァイオレイション
いびき **いびき** ibiki	**russamento** *m.* ルッサメント	snore スノー
いびつな **歪な** ibitsuna	**distorto(-*a*)** ディストルト(-タ)	distorted ディストーテド
いべんと **イベント** ibento	**evento** *m.* エヴェント	event イヴェント
いほうの **違法の** ihouno	**illegale** イッレガーレ	illegal イリーガル
いま **今** ima	**ora** オーラ	now ナウ
いまいましい **忌々しい** imaimashii	**seccante** セッカンテ	annoying アノイング
いまごろ **今頃** imagoro	**a quest'ora** ア クエストーラ	at this time アト ズィス タイム
いまさら **今更** imasara	**ormai** オルマーイ	now, at this time ナウ, アト ズィス タイム
いみ **意味** imi	**significato** *m.*, **senso** *m.* スィニフィカート, センソ	meaning, sense ミーニング, センス
～する	**significare** スィニフィカーレ	mean, signify ミーン, スィグニファイ
いみてーしょん **イミテーション** imiteeshon	**imitazione** *f.* イミタツィオーネ	imitation イミテイション
いみん **移民** (他国からの) imin	**immigrante** *m.f.* インミグランテ	immigrant イミグラント

日	伊	英
(他国への)	**emigrante** *m.f.* エミグランテ	emigrant エミグラント
いめーじ **イメージ** imeeji	**immagine** *f.* インマージネ	image イミヂ
いもうと **妹** imouto	**sorella minore** *f.* ソレッラ ミノーレ	(younger) sister (ヤンガ) スィスタ
いやいや **いやいや** iyaiya	**a malincuore** ア マリンクォーレ	reluctantly, unwillingly リラクタントリ, アンウィリングリ
いやがらせ **嫌がらせ** iyagarase	**molestia** *f.* モレスティア	harassment, abuse ハラスメント, アビュース
いやくきん **違約金** iyakukin	**penale** *f.* ペナーレ	penalty ペナルティ
いやしい **卑しい** iyashii	**umile** ウーミレ	low, humble ロウ, ハンブル
いやす **癒す** iyasu	**curare** クラーレ	heal, cure ヒール, キュア
いやな **嫌な** iyana	**ripugnante** リプニャンテ	disgusting ディスガスティング
いやほん **イヤホン** iyahon	**auricolare** *m.* アウリコラーレ	earphone イアフォウン
いやらしい **いやらしい** iyarashii	**sgradevole** ズグラデーヴォレ	disagreeable ディサグリーアブル
いやりんぐ **イヤリング** iyaringu	**orecchino** *m.* オレッキーノ	earring イアリング
いよいよ **いよいよ** (ついに) iyoiyo	**finalmente** フィナルメンテ	at last アト ラスト
(ますます)	**sempre più** センプレ ピウ	more and more モー アンド モー

日	伊	英
いよく **意欲** iyoku	**voglia** *f.* ヴォッリァ	volition, desire ヴォウリション, ディザイア
いらい **以来** irai	**da quando, da allora** ダ クァンド, ダ アッローラ	since, after that スィンス, アフタ ザト
いらい **依頼** irai	**richiesta** *f.* リキエスタ	request リクウェスト
〜する	**chiedere** キエーデレ	ask, request アスク, リクウェスト
いらいらする **いらいらする** irairasuru	**avere il nervoso** アヴェーレ イル ネルヴォーゾ	(be) irritated (ビ) イリテイテド
いらく **イラク** iraku	**Iraq** *m.* イラク	Iraq イラーク
いらすと **イラスト** irasuto	**illustrazione** *f.* イッルストラツィオーネ	illustration イラストレイション
いらすとれーたー **イラストレーター** irasutoreetaa	**illustra*tore*(*-trice*)** *m.* (*f.*) イッルストラトーレ(-トリーチェ)	illustrator イラストレイタ
いらん **イラン** iran	**Iran** *m.* イラン	Iran イラン
いりぐち **入り口** iriguchi	**ingresso** *m.* イングレッソ	entrance エントランス
いりょう **医療** iryou	**cure mediche** *f.pl.* クーレ メーディケ	medical treatment メディカル トリートメント
いりょく **威力** iryoku	**potere** *m.*, **potenza** *f.* ポテーレ, ポテンツァ	power, might パウア, マイト
いる **居る** iru	**essere, esserci** エッセレ, エッセルチ	be, there is, there are ビー, ゼア イズ, ゼア アー
いる **要る** iru	**avere bisogno** *di* アヴェーレ ビゾーニョ ディ	need, want ニード, ワント

日	伊	英
いるか **海豚** iruka	**delfino** *m.* デル**フィ**ーノ	dolphin **ダ**ルフィン
いれいの **異例の** ireino	**eccezionale** エッチェツィオ**ナ**ーレ	exceptional イク**セ**プショナル
いれかえる **入れ替える** irekaeru	**sostituire** ソスティトゥ**イ**ーレ	replace リプ**レ**イス
いれずみ **入れ墨** irezumi	**tatuaggio** *m.* タトゥ**ア**ッジョ	tattoo タ**トゥ**ー
いれば **入れ歯** ireba	**dentiera** *f.* デンティ**エ**ーラ	false teeth **フォ**ールス **ティ**ース
いれもの **入れ物** iremono	**recipiente** *m.* レチピ**エ**ンテ	receptacle リ**セ**プタクル
いれる **入れる** (中に) ireru	**mettere ... in** **メ**ッテレ ... イン	put in **プ**ト **イ**ン
(人を)	**far entrare** **ファ**ール エント**ラ**ーレ	let into, admit into **レ**ト **イ**ントゥ, アド**ミ**ト **イ**ントゥ
(受け入れる)	**accettare** アッチェッ**タ**ーレ	accept, take アク**セ**プト, **テ**イク
いろ **色** iro	**colore** *m.* コ**ロ**ーレ	color, ⓑcolour **カ**ラ, **カ**ラ
いろいろな **色々な** iroirona	**vari(-ie)** **ヴァ**ーリ(-リエ)	various **ヴェ**アリアス
いろけ **色気** iroke	**sex appeal** *m.* セクサッ**ピ**ル	sex appeal **セ**クス ア**ピ**ール
いろん **異論** iron	**obiezione** *f.* オビエツィ**オ**ーネ	objection オブ**ジェ**クション
いわ **岩** iwa	**roccia** *f.* **ロ**ッチャ	rock **ラ**ク
いわう **祝う** iwau	**celebrare, festeggiare** チェレブ**ラ**ーレ, フェステッ**ジャ**ーレ	celebrate **セ**レブレイト

日	伊	英
いわし **鰯** iwashi	**sardina** *f.* サル**ディ**ーナ	sardine サー**ディ**ーン
いわゆる **いわゆる** iwayuru	**cosiddetto(-a)** コズィッ**デッ**ト(-タ)	so-called ソウ**コ**ールド
いわれ **いわれ** iware	**motivo** *m.*, **origine** *f.* モ**ティ**ーヴォ, オ**リ**ージネ	reason, origin **リ**ーズン, **オ**ーリヂン
いんかん **印鑑** inkan	**sigillo** *m.* スィ**ジッ**ロ	stamp, seal ス**タ**ンプ, ス**ィ**ール
いんきな **陰気な** inkina	**cupo(-a), triste** **ク**ーポ(-パ), ト**リ**ステ	gloomy グ**ル**ーミ
いんく **インク** inku	**inchiostro** *m.* インキ**オ**ストロ	ink **イ**ンク
いんけんな **陰険な** inkenna	**perfido(-a)** **ペ**ルフィド(-ダ)	crafty, insidious ク**ラ**フティ, インス**ィ**ディアス
いんこ **インコ** inko	**parrocchetto** *m.* パッロッ**ケッ**ト	parakeet **パ**ラキート
いんさつ **印刷** insatsu	**stampa** *f.* ス**タ**ンパ	printing プ**リ**ンティング
〜する	**stampare** スタン**パ**ーレ	print プ**リ**ント
いんし **印紙** inshi	**marca da bollo** *f.* **マ**ルカ ダ **ボッ**ロ	revenue stamp **レ**ヴェニュー ス**タ**ンプ
いんしゅりん **インシュリン** inshurin	**insulina** *f.* インス**リ**ーナ	insulin **イ**ンシュリン
いんしょう **印象** inshou	**impressione** *f.* インプレッスィ**オ**ーネ	impression インプ**レ**ション
いんすたんとの **インスタントの** insutantono	**istantaneo(-a)** イスタン**タ**ーネオ(-ア)	instant **イ**ンスタント
いんすとーるする **インストールする** insutoorusuru	**installare** インスタッ**ラ**ーレ	install インス**ト**ール

日	伊	英
いんすとらくたー **インストラクター** insutorakutaa	**istrut*tore*(*-trice*)** *m.* (*f.*) イストルットーレ(-トリーチェ)	instructor イン**ス**トラクタ
いんすぴれーしょん **インスピレーション** insupireeshon	**ispirazione** *f.* イスピラツィオーネ	inspiration インスピ**レ**イション
いんぜい **印税** inzei	**royalty** *f.* ロイアルティ	royalty **ロ**イアルティ
いんそつする **引率する** insotsusuru	**condurre** コンド**ゥ**ッレ	lead **リ**ード
いんたーちぇんじ **インターチェンジ** intaachenji	**svincolo autostradale** *m.* ズ**ヴィ**ンコロ アウトストラ**ダ**ーレ	(travel) interchange (ト**ラ**ヴル) **イ**ンタチェインヂ
いんたーねっと **インターネット** intaanetto	**internet** *f.* **イ**ンテルネット	Internet **イ**ンタネット
いんたーふぇろん **インターフェロン** intaaferon	**interferone** *m.* インテルフェ**ロ**ーネ	interferon インタ**フィ**ラン
いんたい **引退** intai	**ritiro** *m.* リ**ティ**ーロ	retirement リ**タ**イアメント
～する	**ritirarsi** リティ**ラ**ルスィ	retire リ**タ**イア
いんたびゅー **インタビュー** intabyuu	**intervista** *f.* インテル**ヴィ**スタ	interview **イ**ンタヴュー
いんち **インチ** inchi	**pollice** *m.* **ポ**ッリチェ	inch **イ**ンチ
いんてりあ **インテリア** interia	**arredamento di interni** *m.* アッレダ**メ**ント ディ イン**テ**ルニ	interior design イン**ティ**アリア ディ**ザ**イン
いんど **インド** indo	**India** *f.* **イ**ンディア	India **イ**ンディア
～の	**indiano**(*-a*) インディ**ア**ーノ(-ナ)	Indian **イ**ンディアン

日	伊	英
いんとねーしょん **イントネーション** intoneeshon	**intonazione** *f.* イントナツィオーネ	intonation イントネイション
いんどねしあ **インドネシア** indoneshia	**Indonesia** *f.* インドネーズィア	Indonesia インドニージャ
いんぷっと **インプット** inputto	**input** *m.* インプット	input インプト
いんふるえんざ **インフルエンザ** infuruenza	**influenza** *f.* インフルエンツァ	influenza インフルエンザ
いんふれ **インフレ** infure	**inflazione** *f.* インフラツィオーネ	inflation インフレイション
いんぼう **陰謀** inbou	**complotto** *m.* コンプロット	plot, intrigue プラト, イントリーグ
いんよう **引用** in-you	**citazione** *f.* チタツィオーネ	citation サイテイション
～する	**citare** チターレ	quote, cite クウォウト, サイト
いんりょく **引力** inryoku	**attrazione** *f.*, **gravità** *f.* アットラツィオーネ, グラヴィタ	attraction, gravitation アトラクション, グラヴィテイション

う, ウ

日	伊	英
ういすきー **ウイスキー** uisukii	**whisky** *m.* ウィスキ	whiskey, ⓑwhisky (ホ)ウィスキ, ウィスキ
ういるす **ウイルス** uirusu	**virus** *m.* ヴィールス	virus ヴァイアラス
うーる **ウール** uuru	**lana** *f.* ラーナ	wool ウル
うえ **上** (上方) ue	**parte superiore** *f.* パルテ スペリオーレ	upper part アパ パート

48

日	伊	英
(表面)	**superficie** *f.* スペルフィーチェ	surface サーフェス
～に	**su, sopra** ス, ソープラ	on アン
うえいたー **ウエイター** ueitaa	**cameriere** *m.* カメリエーレ	waiter ウェイタ
うえいとれす **ウエイトレス** ueitoresu	**cameriera** *f.* カメリエーラ	waitress ウェイトレス
うえすと **ウエスト** uesuto	**vita** *f.* ヴィータ	waist ウェイスト
うぇぶさいと **ウェブサイト** webusaito	**sito web** *m.* スィート ウェブ	website ウェブサイト
うえる **植える** ueru	**piantare** ピアンターレ	plant プラント
うえる **飢える** ueru	**patire la fame** パティーレ ラ ファーメ	go hungry, starve ゴウ ハングリ, スターヴ
うぉーみんぐあっぷ **ウォーミングアップ** woominguappu	**riscaldamento** *m.* リスカルダメント	warm-up ウォームアップ
うおざ **魚座** uoza	**Pesci** *m.pl.* ペッシ	Fishes, Pisces フィシェズ, パイスィーズ
うがい **うがい** ugai	**gargarismo** *m.* ガルガリズモ	gargling ガーグリング
うかいする **迂回する** ukaisuru	**fare una deviazione** ファーレ ウナ デヴィアツィオーネ	take a roundabout way テイク ア ラウンダバウト ウェイ
うかがう **伺う** (尋ねる) ukagau	**chiedere, domandare** キエーデレ, ドマンダーレ	ask アスク
(訪問する)	**visitare** ヴィズィターレ	visit ヴィズィト

日	伊	英
うかつな **迂闊な** ukatsuna	**sbadato(-a)** ズバダート(-タ)	careless ケアレス
うかぶ **浮かぶ** (水面に) ukabu	**galleggiare** ガッレッジャーレ	float フロウト
(心に)	**venire in mente** ヴェニーレ イン メンテ	come to カム トゥ
うかる **受かる** ukaru	**superare, passare** スペラーレ, パッサーレ	pass パス
うき **浮き** uki	**galleggiante** *m.* ガッレッジャンテ	float フロウト
うきぶくろ **浮き袋** ukibukuro	**ciambella** *f.*, **salvagente** *m.* チャンベッラ, サルヴァジェンテ	swimming ring スウィミング リング
(救命用の)	**salvagente** *m.* サルヴァジェンテ	life buoy ライフ ブーイ
うく **浮く** (水面に) uku	**galleggiare** ガッレッジャーレ	float フロウト
(余る)	**restare** レスターレ	(be) left, (be) not spent (ビ) レフト, (ビ) ナト スペント
うけいれる **受け入れる** ukeireru	**accettare** アッチェッターレ	receive, accept リスィーヴ, アクセプト
うけおう **請け負う** ukeou	**appaltare (un lavoro)** アッパルターレ (ウン ラヴォーロ)	contract, undertake コントラクト, アンダテイク
うけつぐ **受け継ぐ** (後を継ぐ) uketsugu	**succedere** *a* スッチェーデレ ア	succeed to サクスィード トゥ
(相続する)	**ereditare** エレディターレ	inherit インヘリト
うけつけ **受付** (受付所) uketsuke	**reception** *f.* レセプション	information office, reception インフォメイション オーフィス, リセプション

日	伊	英
（受領）	**accettazione** *f.*, **ricezione** *f.* アッチェッタツィオーネ, リチェツィオーネ	receipt, acceptance リスィート, アクセプタンス
うけつける **受け付ける** uketsukeru	**accettare** アッチェッターレ	receive, accept リスィーヴ, アクセプト
うけとりにん **受取人** uketorinin	**destinatario(-a)** *m.*(*f.*) デスティナターリオ(-ア)	receiver リスィーヴァ
（受給者・受益者）	**ricevente** *m.f.* リチェヴェンテ	recipient リスィピアント
うけとる **受け取る** uketoru	**ricevere** リチェーヴェレ	receive, get リスィーヴ, ゲト
うけみ **受け身** （受動態） ukemi	**voce passiva** *f.*, **passivo** *m.* ヴォーチェ パッスィーヴァ, パッスィーヴォ	passive voice パスィヴ ヴォイス
（受動的態度）	**atteggiamento passivo** *m.*, **passività** *f.* アッテッジャメント パッスィーヴォ, パッスィヴィタ	passivity パスィヴィティ
うけもつ **受け持つ** ukemotsu	**incaricarsi** *di* インカリカルスィ ディ	take charge of テイク チャーヂ オヴ
うける **受ける** （物などを） ukeru	**ricevere** リチェーヴェレ	receive, get リスィーヴ, ゲト
（損害などを）	**subire** スビーレ	suffer サファ
（試験を）	**dare (un esame)** ダーレ (ウネザーメ)	take テイク
うごかす **動かす** ugokasu	**muovere**, **spostare** ムオーヴェレ, スポスターレ	move ムーヴ
（機械を）	**manovrare** マノヴラーレ	run, work, operate ラン, ワーク, アペレイト
（心を）	**commuovere** コンムオーヴェレ	move, touch ムーヴ, タチ

日	伊	英
うごき **動き** ugoki	**movimento** *m.* モヴィメント	movement, motion ムーヴメント, モウション
(活動)	**attività** *f.* アッティヴィタ	activity アクティヴィティ
(動向)	**tendenza** *f.* テンデンツァ	trend トレンド
うごく **動く** ugoku	**muoversi** ムオーヴェルスィ	move ムーヴ
(作動する)	**funzionare** フンツィオナーレ	run, work ラン, ワーク
(心が)	**commuoversi** コンムオーヴェルスィ	(be) moved (ビ) ムーヴド
うさぎ **兎** usagi	**coniglio(-a)** *m.* (*f.*) コニッリオ(-リア)	rabbit ラビト
うし **牛** ushi	**bue** *m.* ブーエ	cattle キャトル
(子牛)	**vitello(-a)** *m.* (*f.*) ヴィテッロ(-ラ)	calf キャフ
(雄牛)	**toro** *m.*, **bue** *m.* トーロ, ブーエ	bull, ox ブル, アクス
(雌牛)	**mucca** *f.* ムッカ	cow カウ
うしなう **失う** ushinau	**perdere** ペルデレ	lose, miss ルーズ, ミス
うしろ **後ろ** ushiro	**dietro** *m.* ディエートロ	back, behind バク, ビハインド
うず **渦** uzu	**vortice** *m.* ヴォルティチェ	whirlpool (ホ)ワールプール
うすい **薄い** usui	(厚みが) **sottile** ソッティーレ	thin スィン

日	伊	英
（色が）	**chiaro(-a)** キアーロ(-ラ)	pale ペイル
（濃度が）	**debole** デーボレ	weak ウィーク
疼く uzuku	**fare male** ファーレ マーレ	ache, hurt エイク, ハート
薄暗い usugurai	**scuro(-a), cupo(-a)** スクーロ(-ラ), クーポ(-パ)	dim, dark, gloomy ディム, ダーク, グルーミ
渦巻き uzumaki	**vortice** *m.* ヴォルティチェ	whirlpool (ホ)ワールプール
薄める usumeru	**allungare, diluire** アッルンガーレ, ディルイーレ	thin, dilute スィン, ダイリュート
右折する usetsusuru	**girare a destra** ジラーレ ア デストラ	turn right ターン ライト
嘘 uso	**bugia** *f.*, **menzogna** *f.* ブジーア, メンツォーニャ	lie ライ
～つき	**bugiardo(-a)** *m.*(*f.*) ブジャルド(-ダ)	liar ライア
歌 uta	**canzone** *f.* カンツォーネ	song ソング
歌う utau	**cantare** カンターレ	sing スィング
疑い（疑念） utagai	**dubbio** *m.* ドゥッビオ	doubt ダウト
（不信）	**sfiducia** *f.*, **diffidenza** *f.* スフィドゥーチャ, ディッフィデンツァ	distrust ディストラスト
（容疑・嫌疑）	**sospetto** *m.* ソスペット	suspicion サスピション
疑う（疑念を抱く） utagau	**dubitare** ドゥビターレ	doubt ダウト

日	伊	英
(嫌疑をかける)	**sospettare** ソスペッターレ	suspect サスペクト
(不審に思う)	**diffidare** *di* ディッフィダーレ ディ	distrust ディストラスト
疑わしい utagawashii	**dubbio(-*a*), in dubbio** ドゥッビオ(-ア), イン ドゥッビオ	doubtful ダウトフル
(不審な)	**sospetto(-*a*)** ソスペット(-タ)	suspicious サスピシャス
家 (家屋) uchi	**casa** *f.* カーザ	house ハウス
(家庭)	**famiglia** *f.*, **nucleo familiare** *m.* ファミッリャ, ヌクレオ ファミリアーレ	family, household ファミリ, ハウスホウルド
内 uchi	**interno** *m.* インテルノ	inside, interior インサイド, インティアリア
打ち明ける uchiakeru	**confessare** コンフェッサーレ	confess, confide コンフェス, コンファイド
打ち合わせる uchiawaseru	**combinare, predisporre** コンビナーレ, プレディスポッレ	arrange アレインジ
内側 uchigawa	**interno** *m.* インテルノ	inside インサイド
内気な uchikina	**timido(-*a*)** ティーミド(-ダ)	shy, timid シャイ, ティミド
打ち消す uchikesu	**negare** ネガーレ	deny ディナイ
宇宙 uchuu	**universo** *m.*, **spazio** *m.* ウニヴェルソ, スパーツィオ	universe ユーニヴァース
～飛行士	**astronauta** *m.f.* アストロナウタ	astronaut アストロノート

日	伊	英
打つ utsu	**colpire** コルピーレ	strike, hit ストライク, ヒト
撃つ utsu	**sparare, tirare** スパラーレ, ティラーレ	fire, shoot ファイア, シュート
うっかりして ukkarishite	**distrattamente** ディストラッタメンテ	carelessly ケアレスリ
美しい utsukushii	**bello(-a)** ベッロ(-ラ)	beautiful ビューティフル
写す utsusu	**copiare** コピアーレ	copy カピ
(写真を)	**fare una foto** ファーレ ウナ フォート	take a photo テイク ア フォウトウ
移す utsusu	**spostare, trasferire** スポスターレ, トラスフェリーレ	move, transfer ムーヴ, トランスファー
(病気を)	**contagiare** コンタジャーレ	give, infect ギヴ, インフェクト
訴える (裁判に) uttaeru	**fare causa** *a* ファーレ カウザ ア	sue スー
(世論に)	**appellarsi** *a* アッペッラルスィ ア	appeal to アピール トゥ
(手段に)	**ricorrere** *a* リコッレレ ア	resort to リゾート トゥ
うっとうしい uttoushii	**fastidioso(-a)** ファスティディオーゾ(-ザ)	bothersome バザサム
うっとりする uttorisuru	**rimanere affascinato(-a)** リマネーレ アッファシナート(-タ)	(be) mesmerized (ビ) メズメライズド
うつむく utsumuku	**chinare il capo** キナーレ イル カーポ	hang one's head ハング ヘド
移る utsuru	**trasferirsi** トラスフェリルスィ	move ムーヴ

日	伊	英
（病気が）	**contagiarsi** コンダジャルスィ	catch キャチ
うつわ 器 utsuwa	**recipiente** *m.* レチピエンテ	vessel, container ヴェスル, コンテイナ
うで 腕 ude	**braccio** *m.* ブラッチョ	arm アーム
〜時計	**orologio da polso** *m.* オロロージョ ダ ポルソ	wristwatch リストワチ
（技能）	**capacità** *f.* カパチタ	ability, skill アビリティ, スキル
うなぎ 鰻 unagi	**anguilla** *f.* アングィッラ	eel イール
うなずく unazuku	**annuire** アンヌイーレ	nod ナド
うなる 唸る unaru	**gemere** ジェーメレ	groan グロウン
（動物が）	**grugnire** グルニーレ	growl グラウル
（機械や虫が）	**ronzare** ロンザーレ	roar, buzz ロー, バズ
うに 海胆 uni	**riccio di mare** *m.* リッチョ ディ マーレ	sea urchin スィー アーチン
うぬぼれる unuboreru	**montarsi la testa** モンタルスィ ラ テスタ	(become) conceited (ビカム) コンスィーテド
うは 右派 uha	**destra** *f.* デストラ	right wing ライト ウィング
うばう 奪う （取り上げる・盗む） ubau	**derubare ... di** デルバーレ ... ディ	take away, rob テイク アウェイ, ラブ

日	伊	英
(剥奪する)	**privare** プリ**ヴァ**ーレ	deprive ディ**プライ**ヴ
うばぐるま **乳母車** (箱形の) ubaguruma	**carrozzina** *f.* カッロッ**ツィ**ーナ	baby carriage, ⒷPram **ベ**イビ **キャ**リヂ, **プ**ラム
(椅子形の)	**passeggino** *m.* パッセッ**ジ**ーノ	stroller, Ⓑpush-chair スト**ロ**ウラ, **プ**シュチェア
うぶな **初な** ubuna	**ingenuo(-a)** インジェー**ヌ**オ(-ア)	innocent, naive **イ**ノセント, ナー**イ**ーヴ
うま **馬** uma	**cavallo(-a)** *m.* (*f.*) カ**ヴァ**ッロ(-ラ)	horse **ホ**ース
(子馬)	**puledro(-a)** *m.* (*f.*) プ**レ**ドロ(-ラ)	foal, colt **フォ**ウル, **コ**ウルト
うまい (おいしい) umai	**buono(-a)** ブ**オ**ーノ(-ナ)	good, delicious **グ**ド, ディ**リ**シャス
(上手だ)	**bravo(-a)** ブ**ラ**ーヴォ(-ヴァ)	good, skillful **グ**ド, ス**キ**ルフル
うまる **埋まる** umaru	**(essere) sepolto(-a)** (**エ**ッセレ) セ**ポ**ルト(-タ)	(be) buried (ビ) **ベ**リド
うまれる **生[産]まれる** umareru	**nascere** **ナ**ッシェレ	(be) born (ビ) **ボ**ーン
(生じる)	**nascere** **ナ**ッシェレ	come into existence **カ**ム **イ**ントゥ イグ**ズィ**ステンス
うみ **海** umi	**mare** *m.* **マ**ーレ	sea **スィ**ー
うみだす **生み出す** umidasu	**produrre** プロ**ドゥ**ッレ	produce プロ**デュ**ース
うみべ **海辺** umibe	**spiaggia** *f.* ス**ピア**ッジャ	beach **ビ**ーチ

日	伊	英
うむ **生[産]む** umu	**partorire** パルトリーレ	bear ベア
（生み出す）	**produrre** プロドゥッレ	produce プロデュース
うめく **うめく** umeku	**gemere** ジェーメレ	groan, moan グロウン, モウン
うめたてる **埋め立てる** umetateru	**riempire** リエンピーレ	fill up, reclaim フィル アプ, リクレイム
うめる **埋める** umeru	**seppellire** セッペッリーレ	bury ベリ
（損失などを）	**coprire** コプリーレ	cover カヴァ
（満たす）	**riempire** リエンピーレ	fill フィル
うもう **羽毛** umou	**piumaggio** *m.* ピウマッジョ	feathers, down フェザズ, ダウン
うやまう **敬う** uyamau	**rispettare** リスペッターレ	respect, honor, ⒝honour リスペクト, アナ, アナ
うら **裏** （表面・正面に対する） ura	**rovescio** *m.*, **retro** *m.* ロヴェッショ, レートロ	back バク
（反対側）	**rovescio** *m.*, **retro** *m.* ロヴェッショ, レートロ	reverse リヴァース
うらがえす **裏返す** uragaesu	**rivoltare** リヴォルターレ	turn over ターン オウヴァ
うらがわ **裏側** uragawa	**retro** *m.* レートロ	back, reverse side バク, リヴァース サイド
うらぎる **裏切る** uragiru	**tradire** トラディーレ	betray ビトレイ

日	伊	英
うらぐち **裏口** uraguchi	**porta di servizio** *f.* ポルタ ディ セルヴィーツィオ	back door バク ドー
うらごえ **裏声** uragoe	**falsetto** *m.* ファルセット	falsetto フォールセトウ
うらじ **裏地** uraji	**fodera** *f.* フォーデラ	lining ライニング
うらづける **裏付ける** urazukeru	**dimostrare** ディモストラーレ	prove, confirm プルーヴ, コンファーム
うらどおり **裏通り** uradoori	**vicolo** *m.*, **viuzza** *f.* ヴィーコロ, ヴィウッツァ	back street バク ストリート
うらない **占い** uranai	**predizione** *f.* プレディツィオーネ	fortune-telling フォーチュンテリング
うらなう **占う** uranau	**predire il futuro** プレディーレ イル フトゥーロ	tell a person's fortune テル フォーチュン
うらにうむ **ウラニウム** uraniumu	**uranio** *m.* ウラーニオ	uranium ユアレイニアム
うらむ **恨む** uramu	**mettere il broncio** *a* メッテレ イル ブロンチョ ア	bear a grudge ベア ア グラヂ
うらやましい **羨ましい** urayamashii	**invidiabile** インヴィディアービレ	enviable エンヴィアブル
うらやむ **羨む** urayamu	**invidiare** インヴィディアーレ	envy エンヴィ
うらん **ウラン** uran	**uranio** *m.* ウラーニオ	uranium ユアレイニアム
うりあげ **売り上げ** uriage	**vendita** *f.* ヴェンディタ	amount sold アマウント ソウルド
うりきれる **売り切れる** urikireru	**(essere) esaurito(-*a*)** (エッセレ) エザウリート(-タ)	(be) sold out (ビ) ソウルド アウト

日	伊	英
うりだし **売り出す** uridasu	**mettere ... in vendita** メッテレ … イン ヴェンディタ	put on sale プト オン セイル
うりば **売り場** uriba	**reparto** *m.* レパルト	department ディパートメント
うる **売る** uru	**vendere** ヴェンデレ	sell セル
うるうどし **閏年** uruudoshi	**anno bisestile** *m.* アンノ ビゼスティーレ	leap year リープ イア
うるおい **潤い** uruoi	**umidità** *f.* ウミディタ	moisture モイスチャ
うるおう **潤う** uruou	**inumidirsi** イヌミディルスィ	(be) moistured, (be) moistened (ビ) モイスチャド, (ビ) モイスンド
うるぐあい **ウルグアイ** uruguai	**Uruguay** *m.* ウルグァイ	Uruguay ユアラグワイ
うるさい **うるさい** urusai	**rumoroso(-a)** ルモローゾ(-ザ)	noisy ノイズィ
(しつこい)	**ostinato(-a)** オスティナート(-タ)	pesky, persistent ペスキ, パスィステント
うるし **漆** urushi	**lacca giapponese** *f.* ラッカ ジャッポネーゼ	(Japanese) lacquer ヂャパニーズ ラカ
うれしい **嬉しい** ureshii	**contento(-a), piacevole** コンテント(-タ), ピアチェーヴォレ	happy, delightful ハピ, ディライトフル
うれる **売れる** ureru	**vendersi bene** ヴェンデルスィ ベーネ	sell well セル ウェル
うろたえる **うろたえる** urotaeru	**(essere) turbato(-a)** (エッセレ) トゥルバート(-タ)	(be) upset (ビ) アプセト
うわき **浮気** uwaki	**flirt** *m.* フレルト	(love) affair (ラヴ) アフェア

日	伊	英
うわぎ **上着** uwagi	**giacca** *f.* ジャッカ	jacket, coat チャケト, コウト
うわごと **うわごと** uwagoto	**farneticazione** *f.*, **delirio** *m.* ファルネティカツィオーネ, デリーリオ	delirium ディリリアム
うわさ **噂** uwasa	**voce** *f.* ヴォーチェ	rumor, Ⓑrumour ルーマ, ルーマ
うわべ **上辺** uwabe	**apparenza** *f.*, **superficie** *f.* アッパレンツァ, スペルフィーチェ	surface サーフェス
うわまわる **上回る** uwamawaru	**superare** スペラーレ	exceed イクスィード
うわやく **上役** uwayaku	**superiore(-a)** *m.(f.)*, **capo** *m.* スペリオーレ(-ラ), カーポ	superior, boss スーピアリア, バス
うん **運** un	(運命) **destino** *m.* デスティーノ	fate, destiny フェイト, デスティニ
	(幸運) **fortuna** *f.* フォルトゥーナ	fortune, luck フォーチュン, ラク
うんえい **運営** un-ei	**gestione** *f.*, **amministrazione** *f.* ジェスティオーネ, アンミニストラツィオーネ	management マニデメント
うんが **運河** unga	**canale** *m.* カナーレ	canal カナル
うんこう **運行** unkou	**servizio** *m.* セルヴィーツィオ	service, operation サーヴィス, アペレイション
うんざりする **うんざりする** unzarisuru	**(essere) stufo(-a) di** (エッセレ) ストゥーフォ(-ファ) ディ	(be) sick of (ビ) スィク オヴ
うんせい **運勢** unsei	**destino** *m.*, **futuro** *m.* デスティーノ, フトゥーロ	fortune フォーチュン
うんそう **運送** unsou	**trasporto** *m.* トラスポルト	transportation トランスポーテイション

日	伊	英
うんちん **運賃** unchin	**tariffa** *f.* タリッファ	fare **フェ**ア
うんてん **運転** unten	**guida** *f.* グ**ィ**ーダ	driving ド**ラ**イヴィング
~手	**conducente** *m.f.* コンドゥ**チェ**ンテ	driver ド**ラ**イヴァ
~する	**guidare, manovrare** グィ**ダ**ーレ, マノヴ**ラ**ーレ	drive ド**ラ**イヴ
~免許証	**patente di guida** *f.* パ**テ**ンテ ディ グ**ィ**ーダ	driver's license ド**ラ**イヴァズ **ラ**イセンス
(機械の)	**manovra** *f.* マ**ノ**ーヴラ	operation ア**ペ**レイション
~する	**manovrare** マノヴ**ラ**ーレ	operate **ア**ペレイト
うんどう **運動** undou	**esercizio fisico** *m.* エゼル**チ**ーツィオ **フィ**ーズィコ	exercise **エ**クササイズ
~する	**fare esercizio fisico** **ファ**ーレ エゼル**チ**ーツィオ **フィ**ーズィコ	exercise **エ**クササイズ
(競技としての)	**sport** *m.* ス**ポ**ルト	sports ス**ポ**ーツ
(行動)	**campagna** *f.* カン**パ**ーニャ	campaign キャン**ペ**イン
うんめい **運命** unmei	**destino** *m.* デス**ティ**ーノ	fate, destiny **フェ**イト, **デ**スティニ
うんゆ **運輸** un-yu	**trasporto** *m.* トラス**ポ**ルト	transportation トランスポー**テ**イション
うんよく **運よく** un-yoku	**per fortuna** ペル フォル**トゥ**ーナ	fortunately **フォ**ーチュネトリ

日	伊	英

え, エ

絵 e	quadro *m.* クァードロ	picture ピクチャ
柄 e	maniglia *f.*, manico *m.* マニリャ, マーニコ	handle ハンドル
エアコン eakon	condizionatore d'aria *m.* コンディツィオナトーレ ダーリア	air conditioner エア コンディショナ
永遠の eienno	eterno(-*a*) エテルノ(-ナ)	eternal イターナル
映画 eiga	film *m.* フィルム	movie, film ムーヴィ, フィルム
～館	cinema *m.* チーネマ	(movie) theater, ⒷCinema (ムーヴィ) スィアタ, スィネマ
永久に eikyuuni	per sempre ペル センプレ	permanently パーマネントリ
影響 eikyou	influenza *f.*, effetto *m.* インフルエンツァ, エッフェット	influence インフルエンス
営業 eigyou	affari *m.pl.* アッファーリ	business, trade ビズネス, トレイド
～する	fare affari ファーレ アッファーリ	do business ドゥー ビズネス
英語 eigo	inglese *m.* イングレーゼ	English イングリシュ
栄光 eikou	gloria *f.* グローリア	glory グローリ
英国 eikoku	Inghilterra *f.*, Gran Bretagna *f.* インギルテッラ, グラン ブレターニャ	England, Great Britain イングランド, グレイト ブリトン

日	伊	英
えいじゅうする **永住する** eijuusuru	**risiedere stabilmente** リスィエーデレ スタビルメンテ	reside permanently リザイド パーマネントリ
えいず **エイズ** eizu	**AIDS** *m.* アイズ	AIDS エイヅ
えいせい **衛星** eisei	**satellite** *m.* サテッリテ	satellite サテライト
えいせいてきな **衛生的な** eiseitekina	**sanitario(-a), igienico(-a)** サニターリオ(-ア), イジェーニコ(-カ)	hygienic, sanitary ハイヂーニク, サニテリ
えいぞう **映像** eizou	**immagine** *f.* インマージネ	image イミヂ
えいてんする **栄転する** eitensuru	**(essere) promosso(-a)** (エッセレ) プロモッソ(-サ)	(be) promoted (ビ) プロモウテド
えいゆう **英雄** eiyuu	**eroe(-ina)** *m.(f.)* エローエ(-ロイーナ)	hero, heroine ヒアロウ, ヘロウイン
えいよ **栄誉** eiyo	**onore** *m.* オノーレ	honor, ⒷⒽhonour アナ, アナ
えいよう **栄養** eiyou	**nutrizione** *f.* ヌトリツィオーネ	nutrition ニュートリション
えーかー **エーカー** eekaa	**acro** *m.* アクロ	acre エイカ
えーじぇんと **エージェント** eejento	**agente** *m.f.* アジェンテ	agent エイヂェント
えーす **エース** eesu	**asso** *m.* アッソ	ace エイス
えがお **笑顔** egao	**volto sorridente** *m.* ヴォルト ソッリデンテ	smiling face スマイリング フェイス
えがく **描く** egaku	**disegnare, dipingere** ディゼニャーレ, ディピンジェレ	draw, paint ドロー, ペイント

日	伊	英
えき **駅** eki	**stazione** *f.* スタツィオーネ	station ステイション
えきしょう **液晶** ekishou	**cristallo liquido** *m.* クリスタッロ リークイド	liquid crystal リクウィド クリスタル
えきす **エキス** ekisu	**estratto** *m.* エストラット	extract イクストラクト
えきすとら **エキストラ** ekisutora	**comparsa** *f.* コンパルサ	extra エクストラ
えきぞちっくな **エキゾチックな** ekizochikkuna	**esotico(-a)** エゾーティコ(-カ)	exotic イグザティク
えきたい **液体** ekitai	**liquido** *m.* リークウィド	liquid, fluid リクウィド, フルーイド
えくすたしー **エクスタシー** ekusutashii	**estasi** *f.* エスタズィ	ecstasy エクスタスィ
えぐぜくてぃぶ **エグゼクティブ** eguzekutibu	**dirigente** ディリジェンテ	executive イグゼキュティヴ
えくぼ **えくぼ** ekubo	**fossetta** *f.* フォッセッタ	dimple ディンプル
えごいすと **エゴイスト** egoisuto	**egoista** *m.f.* エゴイスタ	egoist イーゴウイスト
えごいずむ **エゴイズム** egoizumu	**egoismo** *m.* エゴイズモ	egoism イーゴウイズム
えこのみーくらす **エコノミークラス** ekonomiikurasu	**classe economica** *f.* クラッセ エコノーミカ	economy class イカノミ クラス
えこのみすと **エコノミスト** ekonomisuto	**economista** *m.f.* エコノミスタ	economist イカノミスト
えころじー **エコロジー** ekorojii	**ecologia** *f.* エコロジーア	ecology イーカロディ
えさ **餌** esa	**cibo per animali** *m.* チーボ ペラニマーリ	pet food ペト フード

日	伊	英
(釣りなどの)	**esca** *f.* エスカ	bait ベイト
えじき **餌食** ejiki	**preda** *f.* プレーダ	prey, victim プレイ, ヴィクティム
えじぷと **エジプト** ejiputo	**Egitto** *m.* エジット	Egypt イーヂプト
えしゃくする **会釈する** eshakusuru	**fare un inchino** ファーレ ウニンキーノ	salute, bow サルート, バウ
えすえふ **SF** esuefu	**fantascienza** *f.* ファンタシェンツァ	science fiction サイエンス フィクション
えすかるご **エスカルゴ** esukarugo	**lumaca** *f.* ルマーカ	escargot エスカーゴウ
えすかれーたー **エスカレーター** esukareetaa	**scala mobile** *f.* スカーラ モービレ	escalator, ⒷMoving staircase エスカレイタ, ムーヴィング ステアケイス
えだ **枝** eda	**ramo** *m.* ラーモ	branch, bough ブランチ, バウ
えちおぴあ **エチオピア** echiopia	**Etiopia** *f.* エティオーピア	Ethiopia イースィオウピア
えっせい **エッセイ** essei	**saggio** *m.* サッジョ	essay エセイ
えつらんする **閲覧する** etsuransuru	**leggere, consultare** レッジェレ, コンスルターレ	read, inspect リード, インスペクト
えなめる **エナメル** enameru	**smalto** *m.* ズマルト	enamel イナメル
えねるぎー **エネルギー** enerugii	**energia** *f.* エネルジーア	energy エナヂ
えのぐ **絵の具** enogu	**colori** *m.pl.* コローリ	paints, colors, ⒷColours ペインツ, カラズ, カラズ

日	伊	英
えはがき **絵葉書** ehagaki	**cartolina** *f.* カルトリーナ	picture postcard **ピ**クチャ **ポ**ウストカード
えび **海老** ebi	**gambero** *m.*, **scampo** *m.* ガンベロ, スカンポ	shrimp, prawn シュリンプ, プローン
（アカザエビ）	**scampo** *m.* スカンポ	Japanese lobster ジャパニーズ **ラ**ブスタ
（ロブスター）	**astice** *m.* **ア**スティチェ	lobster **ラ**ブスタ
えぴそーど **エピソード** episoodo	**episodio** *m.* エピ**ゾ**ーディオ	episode **エ**ピソウド
えぴろーぐ **エピローグ** epiroogu	**epilogo** *m.* エ**ピ**ーロゴ	epilogue **エ**ピローグ
えぷろん **エプロン** epuron	**grembiule** *m.* グレンビ**ウ**ーレ	apron **エ**イプロン
えほん **絵本** ehon	**libro illustrato** *m.* リーブロ イッルスト**ラ**ート	picture book **ピ**クチャ **ブ**ク
えめらるど **エメラルド** emerarudo	**smeraldo** *m.* ズメ**ラ**ルド	emerald **エ**メラルド
えらー **エラー** eraa	**errore** *m.* エッ**ロ**ーレ	error **エ**ラ
えらい **偉い** erai	**grande** グ**ラ**ンデ	great グ**レ**イト
えらぶ **選ぶ** erabu	**scegliere** シェッ**リェ**レ	choose, select **チュ**ーズ, セ**レ**クト
（選出する）	**eleggere** エ**レッ**ジェレ	elect イ**レ**クト
えり **襟** eri	**colletto** *m.* コッ**レ**ット	collar **カ**ラ
えりーと **エリート** eriito	**élite** *f.* エ**リ**ト	elite エイ**リ**ート

日	伊	英
える **得る** eru	**ottenere** オッテネーレ	get, obtain ゲト, オブテイン
えれがんとな **エレガントな** eregantona	**elegante** エレガンテ	elegant エリガント
えれべーたー **エレベーター** erebeetaa	**ascensore** *m.* アシェンソーレ	elevator, ⒷIift エレヴェイタ, リフト
えん **円** (図形の) en	**cerchio** *m.* チェルキオ	circle サークル
(通貨の)	**yen** *m.* イェン	yen イェン
えんかい **宴会** enkai	**banchetto** *m.* バンケット	banquet バンクウェト
えんかくの **遠隔の** enkakuno	**remoto(-*a*)** レモート(-タ)	remote, distant リモウト, ディスタント
えんがん **沿岸** engan	**costa** *f.* コスタ	coast コウスト
えんき **延期** enki	**rinvio** *m.* リンヴィーオ	postponement ポウストポウンメント
～する	**rinviare** リンヴィアーレ	postpone ポウストポウン
えんぎ **演技** engi	**interpretazione** *f.* インテルプレタツィオーネ	performance, acting パフォーマンス, アクティング
～する	**recitare** レチターレ	act, perform アクト, パフォーム
えんきょくな **婉曲な** enkyokuna	**eufemistico(-*a*)** エウフェミスティコ(-カ)	euphemistic ユーフェミスティク
えんきんほう **遠近法** enkinhou	**prospettiva** *f.* プロスペッティーヴァ	perspective パスペクティヴ
えんげい **園芸** engei	**giardinaggio** *m.* ジャルディナッジョ	gardening ガードニング

日	伊	英
えんげき 演劇 engeki	**teatro** *m.*, **dramma** *m.* テアートロ, ドランマ	theater, drama, Ⓑtheatre スィアタ, ドラーマ, スィアタ
えんこ 縁故 enko	**relazione** *f.* レラツィオーネ	relation リレイション
えんし 遠視 enshi	**ipermetropia** *f.* イペルメトロピーア	farsightedness ファーサイテドネス
えんじにあ エンジニア enjinia	**ingegnere** *m.* インジェニェーレ	engineer エンヂニア
えんしゅう 円周 enshuu	**circonferenza** *f.* チルコンフェレンツァ	circumference サカムファレンス
えんしゅつ 演出 enshutsu	**regia** *f.* レジーア	direction ディレクション
〜家	**regista** *m.f.* レジスタ	director ディレクタ
〜する	**dirigere** ディリージェレ	direct ディレクト
えんじょ 援助 enjo	**aiuto** *m.* アユート	help, assistance ヘルプ, アスィスタンス
〜する	**aiutare** アユターレ	help, assist ヘルプ, アスィスト
えんしょう 炎症 enshou	**infiammazione** *f.* インフィアンマツィオーネ	inflammation インフラメイション
えんじる 演じる enjiru	**interpretare** インテルプレターレ	perform, play パフォーム, プレイ
えんじん エンジン enjin	**motore** *m.* モトーレ	engine エンヂン
えんしんりょく 遠心力 enshinryoku	**forza centrifuga** *f.* フォルツァ チェントリーフガ	centrifugal force セントリフュガル フォース

日	伊	英
えんすい **円錐** ensui	**cono** *m.* コーノ	cone コウン
えんすと **エンスト** ensuto	**arresto del motore** *m.* アッレスト デル モトーレ	engine stall エンヂン ストール
えんせいする **遠征する** enseisuru	**fare una spedizione** ファーレ ウナ スペディツィオーネ	make an expedition メイク アン エクスペディション
えんぜつ **演説** enzetsu	**discorso** *m.* ディスコルソ	speech スピーチ
えんそ **塩素** enso	**cloro** *m.* クローロ	chlorine クローリーン
えんそう **演奏** ensou	**esecuzione musicale** *f.* エゼクツィオーネ ムズィカーレ	musical performance ミューズィカル パフォーマンス
～する	**eseguire** エゼグィーレ	play, perform プレイ, パフォーム
えんそく **遠足** ensoku	**gita** *f.* ジータ	excursion, field trip イクスカージョン, フィールド トリプ
えんたい **延滞** entai	**ritardo** *m.* リタルド	delay ディレイ
えんだか **円高** endaka	**yen forte** *m.* イェン フォルテ	strong yen rate ストローング イェン レイト
えんちゅう **円柱** enchuu	**colonna** *f.* コロンナ	column カラム
えんちょう **延長** enchou	**estensione** *f.*, **prolungamento** *m.* エステンスィオーネ, プロルンガメント	extension イクステンション
～する	**prolungare** プロルンガーレ	prolong, extend プロローング, イクステンド
～戦	**tempi supplementari** *m.pl.* テンピ スップレメンターリ	overtime, ⒷÉextra time オウヴァタイム, エクストラ タイム

日	伊	英
えんどうまめ **えんどう豆** endoumame	**pisello** *m.* ピゼッロ	(green) pea (グリーン) ピー
えんとつ **煙突** entotsu	**camino** *m.* カミーノ	chimney チムニ
えんぴつ **鉛筆** enpitsu	**matita** *f.* マティータ	pencil ペンスル
えんぶん **塩分** enbun	**sale** *m.* サーレ	salt (content) ソールト (コンテント)
えんまんな **円満な** enmanna	**armonioso(-a)** アルモニオーゾ(-ザ)	harmonious ハーモウニアス
えんやす **円安** en-yasu	**yen debole** *m.* イェン デーボレ	weak yen rate ウィーク イェン レイト
えんよう **遠洋** en-you	**oceano** *m.* オチェーアノ	ocean オウシャン
えんりょ **遠慮** (ためらい) enryo	**esitazione** *f.* エズィタツィオーネ	hesitation ヘズィテイション
(謙虚さ)	**pudore** *m.* プドーレ	modesty マディスティ
～する	**(essere) riservato(-a)** (エッセレ) リゼルヴァート(-タ)	(be) reserved, hold back (ビ) リザーヴド, ホウルド バク

お, オ

日	伊	英
お **尾** o	**coda** *f.* コーダ	tail テイル
おい **甥** oi	**nipote** *m.* ニポーテ	nephew ネフュー
おいかえす **追い返す** oikaesu	**respingere** レスピンジェレ	send away センド アウェイ

日	伊	英
おいかける **追いかける** oikakeru	**inseguire, correre dietro** *a* インセグィーレ, コッレレ ディエートロ ア	run after, chase ラン アフタ, チェイス
おいこしきんし **追い越し禁止** oikoshikinshi	**divieto di sorpasso** *m.* ディヴィエート ディ ソルパッソ	no passing ノウ パスィング
おいこす **追い越す** oikosu	**sorpassare** ソルパッサーレ	overtake オウヴァテイク
おいしい **美味しい** oishii	**buono(-*a*), delizioso(-*a*)** ブオーノ(-ナ), デリツィオーゾ(-ザ)	nice, delicious ナイス, ディリシャス
おいだす **追い出す** oidasu	**scacciare** スカッチャーレ	drive out ドライヴ アウト
おいつく **追いつく** oitsuku	**raggiungere** ラッジュンジェレ	catch up キャチ アプ
おいつめる **追い詰める** oitsumeru	**spingere** スピンジェレ	drive into, corner ドライヴ イントゥ, コーナ
おいはらう **追い払う** oiharau	**scacciare** スカッチャーレ	drive away, chase off ドライヴ アウェイ, チェイス オーフ
おいる **オイル** oiru	**olio** *m.* オーリオ	oil オイル
おいる **老いる** oiru	**invecchiare** インヴェッキアーレ	grow old グロウ オウルド
おう **追う** ou	**inseguire** インセグィーレ	run after, chase ラン アフタ, チェイス
(流行を)	**seguire** セグィーレ	follow ファロウ
おう **負う** (背負う) ou	**portare ... sulle spalle** ポルターレ … スッレ スパッレ	bear on one's back ベア オン バク
(責任・義務を)	**farsi carico** *di* ファルスィ カーリコ ディ	take upon oneself テイク アパン

日	伊	英
おう **王** ou	**re** *m.* レ	king キング
おうえん **応援** (声援) ouen	**tifo** *m.* ティフォ	cheering, rooting チアリング, ルーティング
~する	**tifare** ティファーレ	cheer, root for チア, ルート フォ
おうかくまく **横隔膜** oukakumaku	**diaframma** *m.* ディアフランマ	diaphragm ダイアフラム
おうかん **王冠** oukan	**corona** *f.* コローナ	crown クラウン
おうきゅうてあて **応急手当** oukyuuteate	**primo soccorso** *m.* プリーモ ソッコルソ	first aid ファースト エイド
おうこく **王国** oukoku	**regno** *m.* レーニョ	kingdom キングダム
おうじ **王子** ouji	**principe** *m.* プリンチペ	prince プリンス
おうじ **皇子** ouji	**principe imperiale** *m.* プリンチペ インペリアーレ	Imperial prince インピアリアル プリンス
おうしざ **牡牛座** oushiza	**Toro** *m.* トーロ	Bull, Taurus ブル, トーラス
おうじて **応じて** oujite	**secondo** セコンド	according to アコーディング トゥ
おうしゅうする **押収する** oushuusuru	**sequestrare** セクェストラーレ	seize スィーズ
おうじょ **王女** oujo	**principessa** *f.* プリンチペッサ	princess プリンセス
おうじょ **皇女** oujo	**principessa imperiale** *f.* プリンチペッサ インペリアーレ	Imperial princess インピアリアル プリンセス
おうじる **応じる** (応える) oujiru	**rispondere** *a* リスポンデレ ア	answer, reply to アンサ, リプライ トゥ

日	伊	英
（受け入れる）	**acconsentire** *a* アッコンセンティーレ ア	comply with, accept コンプライ ウィズ, アクセプト
おうせつしつ **応接室** ousetsushitsu	**sala di ricevimento** *f.* サーラ ディ リチェヴィメント	reception room リセプション ルーム
おうだん **横断** oudan	**attraversamento** *m.*, **traversata** *f.* アットラヴェルサメント, トラヴェルサータ	crossing クロースィング
～する	**attraversare** アットラヴェルサーレ	cross クロース
～歩道	**strisce pedonali** *f.pl.* ストリッシェ ペドナーリ	crosswalk, Ⓑpedestrian crossing クロースウォーク, ペデストリアン クロースィング
おうとう **応答** outou	**risposta** *f.* リスポスタ	reply リプライ
おうねつびょう **黄熱病** ounetsubyou	**febbre gialla** *f.* フェッブレ ジャッラ	yellow fever イエロウ フィーヴァ
おうひ **王妃** ouhi	**regina** *f.* レジーナ	queen クウィーン
おうふく **往復** oufuku	**andata** *f.* **e ritorno** *m.* アンダータ エ リトルノ	round trip, to and from ラウンド トリプ, トゥー アンド フラム
～する	**andare e tornare** アンダーレ エ トルナーレ	go to and back ゴウ トゥ アンド バク
おうぼ **応募** oubo	**iscrizione** *f.* イスクリツィオーネ	application アプリケイション
～する	**fare domanda** *per* ファーレ ドマンダ ペル	apply, enter アプライ, エンタ
おうぼうな **横暴な** oubouna	**oppressivo(-a)** オップレッスィーヴォ(-ヴァ)	tyrannical, oppressive ティラニカル, オプレスィヴ
おうむ **鸚鵡** oumu	**pappagallo** *m.* パッパガッロ	parrot パロト

日	伊	英
おうよう **応用** ouyou	**applicazione** *f.* アップリカツィ**オ**ーネ	application, use アプリ**ケ**イション, **ユ**ース
〜する	**applicare** アップリ**カ**ーレ	apply アプ**ラ**イ
おうりょう **横領** ouryou	**appropriazione indebita** *f.* アップロプリアツィ**オ**ーネ インデ**ー**ビタ	embezzlement イン**ベ**ズルメント
おえる **終える** oeru	**finire** フィ**ニ**ーレ	finish, complete **フィ**ニシュ, コンプ**リ**ート
おおあめ **大雨** ooame	**acquazzone** *m.* アックァッツ**ォ**ーネ	heavy rain **ヘ**ヴィ **レ**イン
おおい **多い** ooi	**tanto(-a)** **タ**ント(-タ)	much **マ**チ
（回数が）	**frequente** フレク**ェ**ンテ	frequent フ**リ**ークウェント
（数が）	**molt*i*(-e)** **モ**ルティ(-テ)	many **メ**ニ
おおい **覆い** ooi	**copertura** *f.*, **coperta** *f.* コペル**トゥ**ーラ, コ**ペ**ルタ	cover **カ**ヴァ
おおいに **大いに** ooini	**molto** **モ**ルト	greatly, very much グ**レ**イトリ, **ヴェ**リ **マ**チ
おおう **覆う** （かぶせる） oou	**coprire** コプ**リ**ーレ	cover **カ**ヴァ
（隠す）	**nascondere** ナス**コ**ンデレ	disguise ディス**ガ**イズ
おおがたの **大型の** oogatano	**grande, grosso(-a)** グ**ラ**ンデ, グ**ロ**ッソ(-サ)	large-scale **ラ**ーデスケイル
おおかみ **狼** ookami	**lupo(-a)** *m.*(*f.*) **ル**ーポ(-パ)	wolf **ウ**ルフ
おおきい **大きい** ookii	**grande, grosso(-a)** グ**ラ**ンデ, グ**ロ**ッソ(-サ)	big, large **ビ**グ, **ラ**ーデ

日	伊	英
おおきくする **大きくする** ookikusuru	**ingrandire** イングランディーレ	enlarge インラーヂ
おおきくなる **大きくなる** ookikunaru	**ingrandirsi, ingrossare** イングランディルスィ, イングロッサーレ	(get) bigger, (get) larger (ゲト) ビガ, (ゲト) ラーヂャ
おおきさ **大きさ** ookisa	**grandezza** *f.*, **taglia** *f.* グランデッツァ, タッリャ	size サイズ
おおきな **大きな** ookina	**grande** グランデ	big, large ビグ, ラーヂ
（巨大な・莫大な）	**enorme** エノルメ	huge, enormous ヒューヂ, イノーマス
おーくしょん **オークション** ookushon	**asta** *f.* アスタ	auction オークション
おおぐまざ **大熊座** oogumaza	**Orsa Maggiore** *f.* オルサ マッジョーレ	Great Bear グレイト ベア
おおげさな **大袈裟な** oogesana	**esagerato(-a)** エザジェラート(-タ)	exaggerated イグザヂェレイテド
おーけすとら **オーケストラ** ookesutora	**orchestra** *f.* オルケストラ	orchestra オーケストラ
おおごえ **大声** oogoe	**voce alta** *f.* ヴォーチェ アルタ	loud voice ラウド ヴォイス
おおざら **大皿** oozara	**piatto da portata** *m.* ピアット ダ ポルタータ	platter プラタ
おーじー **OG** （卒業生） oojii	**laureata** *f.* ラウレアータ	graduate グラヂュエト
おーすとらりあ **オーストラリア** oosutoraria	**Australia** *f.* アウストラーリア	Australia オーストレイリャ
おーすとりあ **オーストリア** oosutoria	**Austria** *f.* アウストリア	Austria オーストリア

日	伊	英
おおぜいの **大勢の** oozeino	**un gran numero** *di* ウン グラン ヌーメロ ディ	(a) large number of (ア) ラーヂ ナンバ オヴ
おーそどっくすな **オーソドックスな** oosodokkusuna	**ortodosso(-a)** オルトドッソ(-サ)	orthodox オーソドクス
おーでぃおの **オーディオの** oodiono	**audio** *m.* アウディオ	audio オーディオウ
おーでぃしょん **オーディション** oodishon	**provino** *m.* プロヴィーノ	audition オーディション
おーでころん **オーデコロン** oodekoron	**colonia** *f.*, **acqua di Colonia** *f.* コローニア, アックァ ディ コローニア	eau de cologne オウ デ コロウン
おおての **大手の** ooteno	**grande** グランデ	big, major ビグ, メイヂャ
おおどおり **大通り** oodoori	**strada principale** *f.* ストラーダ プリンチパーレ	main road メイン ロウド
おーとばい **オートバイ** ootobai	**motocicletta** *f.*, **moto** *f.* モトチクレッタ, モート	motorcycle モウタサイクル
おーどぶる **オードブル** oodoburu	**antipasto** *m.* アンティパスト	hors d'oeuvre オーダーヴル
おーとまちっくの **オートマチックの** ootomachikkuno	**automatico(-a)** アウトマーティコ(-カ)	automatic オートマティク
おーとめーしょん **オートメーション** ootomeeshon	**automazione** *f.* アウトマツィオーネ	automation オートメイション
おーなー **オーナー** oonaa	**proprietario(-a)** *m.*(*f.*) プロプリエターリオ(-ア)	owner オウナ
おーばー **オーバー** oobaa	**cappotto** *m.* カッポット	overcoat オウヴァコウト
おーびー **OB** （卒業生） oobii	**laureato(-a)** *m.*(*f.*) ラウレアート(-タ)	graduate グラヂュエト

日	伊	英
オープニング oopuningu	apertura *f.* アペルトゥーラ	opening オウプニング
オーブン oobun	forno *m.* フォルノ	oven アヴン
オープンな oopunna	aperto(-*a*) アペルト(-タ)	open オウプン
オーボエ ooboe	oboe *m.* オーボエ	oboe オウボウ
大晦日 oomisoka	ultimo dell'anno *m.* ウルティモ デッランノ	New Year's Eve ニュー イアズ イーヴ
大文字 oomoji	lettera maiuscola *f.* レッテラ マユスコラ	capital letter キャピトル レタ
大家 ooya	proprietario(-*a*) *m.*(*f.*) プロプリエターリオ(-ア)	owner オウナ
公の (公共の) ooyakeno	pubblico(-*a*) プップリコ(-カ)	public パブリク
(公式の)	ufficiale ウッフィチャーレ	official オフィシャル
おおらかな oorakana	bonaccione(-*a*) ボナッチョーネ(-ナ)	bighearted, magnanimous ビグハーテド, マグナニマス
お母さん okaasan	madre *f.*, mamma *f.* マードレ, マンマ	mother マザ
おかしい (こっけいな) okashii	ridicolo(-*a*) リディーコロ(-ラ)	funny ファニ
(楽しい)	divertente ディヴェルテンテ	amusing アミューズィング
(奇妙な)	strano(-*a*) ストラーノ(-ナ)	strange ストレインヂ

日	伊	英
おかす **犯す** (罪などを) okasu	**commettere (un reato)** コンメッテレ (ウン レアート)	commit コミト
(法律などを)	**violare** ヴィオラーレ	violate ヴァイオレイト
(婦女を)	**violentare** ヴィオレンターレ	rape レイプ
おかす **侵す** okasu	**violare** ヴィオラーレ	violate, infringe on ヴァイオレイト, インフリンヂ オン
おかす **冒す** okasu	**rischiare** リスキアーレ	run ラン
おかず **おかず** okazu	**contorno** *m.* コントルノ	side dish, garnish サイド ディシュ, ガーニシュ
おかね **お金** okane	**soldi** *m.pl.* ソルディ	money マニ
おがわ **小川** ogawa	**ruscello** *m.* ルシェッロ	brook, stream ブルク, ストリーム
おかん **悪寒** okan	**brivido** *m.* ブリーヴィド	chill チル
おき **沖** oki	**mare aperto** *m.* マーレ アペルト	offing オーフィング
おきあがる **起き上がる** okiagaru	**alzarsi** アルツァルスィ	get up ゲト アプ
おきしだんと **オキシダント** okishidanto	**ossidante** *m.* オッスィダンテ	oxidant アクシダント
おぎなう **補う** oginau	**compensare** コンペンサーレ	make up for メイク アプ フォ
おきにいり **お気に入り** okiniiri	**preferito(-a)** *m.*(*f.*), **favorito(-a)** *m.*(*f.*) プレフェリート(-タ), ファヴォリート(-タ)	favorite, Ⓑfavourite フェイヴァリト, フェイヴァリト

日	伊	英
おきもの 置物 okimono	**soprammobile** *m.* ソプランモービレ	ornament オーナメント
起きる okiru	**alzarsi** アルツァルスィ	get up, rise ゲト アプ, ライズ
(目を覚ます)	**svegliarsi** ズヴェッリャルスィ	wake up ウェイク アプ
(発生する)	**succedere** スッチェーデレ	happen, occur ハプン, オカー
おきわすれる 置き忘れる okiwasureru	**dimenticare** ディメンティカーレ	forget, leave フォゲト, リーヴ
おく 奥 oku	**fondo** *m.* フォンド	innermost, far back イナモウスト, ファー バク
おく 億 oku	**cento milioni** チェント ミリオーニ	one hundred million ワン ハンドレド ミリョン
おく 置く oku	**mettere** メッテレ	put, place プト, プレイス
おくがいの 屋外の okugaino	**all'aria aperta** アッラーリア アペルタ	outdoor アウトドー
おくさん 奥さん okusan	**moglie** *f.*, **signora** *f.* モッリェ, スィニョーラ	Mrs, wife ミスィズ, ワイフ
おくじょう 屋上 okujou	**tetto** *m.* テット	roof ルーフ
おくそく 憶測 okusoku	**supposizione** *f.* スッポズィツィオーネ	supposition サポジション
おくないの 屋内の okunaino	**al coperto** アル コペルト	indoor インドー
おくびょうな 臆病な okubyouna	**pavido(-*a*)** パーヴィド(-ダ)	cowardly, timid カウアドリ, ティミド

日	伊	英
おくふかい **奥深い** okufukai	**profondo(-a)** プロフォンド(-ダ)	deep, profound ディープ, プロファウンド
おくゆき **奥行き** okuyuki	**profondità** *f.* プロフォンディタ	depth デプス
おくりさき **送り先** (届け先) okurisaki	**destinazione** *f.* デスティナツィオーネ	destination デスティネイション
おくりじょう **送り状** okurijou	**fattura** *f.* ファットゥーラ	invoice インヴォイス
おくりぬし **送り主** okurinushi	**mittente** *m.f.* ミッテンテ	sender センダ
おくりもの **贈り物** okurimono	**regalo** *m.* レガーロ	present, gift プレゼント, ギフト
おくる **送る** okuru	**mandare** マンダーレ	send センド
(見送る)	**salutare ... alla partenza** サルターレ ... アッラ パルテンツァ	see off スィー オーフ
おくる **贈る** okuru	**regalare** レガラーレ	present プリゼント
(賞などを)	**assegnare** アッセニャーレ	award アウォード
おくれる **遅れる** okureru	**(essere) in ritardo** *per* (エッセレ) イン リタルド ペル	(be) late for (ビ) レイト フォ
おくれる **後れる** (時代などに) okureru	**restare indietro** レスターレ インディエートロ	(be) behind (ビ) ビハインド
おこす **起こす** okosu	**alzare** アルツァーレ	raise, set up レイズ, セト アプ
(目覚めさせる)	**svegliare** ズヴェッリャーレ	wake up ウェイク アプ
(引き起こす)	**causare** カウザーレ	cause コーズ

日	伊	英
おこたる 怠る okotaru	**trascurare** トラスクラーレ	neglect ニグレクト
おこない 行い okonai	**atto** *m.*, **azione** *f.* アット, アツィオーネ	act, action アクト, アクション
（品行）	**condotta** *f.* コンドッタ	conduct カンダクト
おこなう 行う okonau	**fare** ファーレ	do, act ドゥー, アクト
（挙行する）	**tenere** テネーレ	hold, celebrate ホウルド, セレブレイト
（実施する）	**eseguire** エゼグィーレ	put in practice プト イン プラクティス
おこる 起こる okoru	**succedere** スッチェーデレ	happen, occur ハプン, オカー
（勃発する）	**scoppiare** スコッピアーレ	break out ブレイク アウト
おこる 怒る okoru	**arrabbiarsi** アッラッビアルスィ	(get) angry (ゲト) アングリ
おごる 奢る ogoru	**offrire, pagare** オッフリーレ, パガーレ	treat トリート
おごる 驕る ogoru	**(essere) arrogante** (エッセレ) アッロガンテ	(be) haughty (ビ) ホーティ
おさえる 押さえる osaeru	**trattenere** トラッテネーレ	hold down ホウルド ダウン
おさえる 抑える （制圧する） osaeru	**reprimere** レプリーメレ	suppress サプレス
（阻止する）	**trattenere** トラッテネーレ	check, inhibit チェク, インヒビト
（抑制・制御する）	**controllare** コントロッラーレ	control コントロウル

日	伊	英
おさない **幼い** osanai	**piccolo(-a), infantile** ピッコロ(-ラ), インファンティーレ	infant, juvenile インファント, チューヴェナイル
おさまる **治まる**（安定している） osamaru	**stabilizzarsi** スタビリッザルスィ	(be) settled, (be) stabilized (ビ) セトルド, (ビ) スタビライズド
（鎮まる）	**calmarsi** カルマルスィ	calm down, subside カーム ダウン, サブサイド
（元に戻る）	**(essere) ripristinato(-a)** (エッセレ) リプリスティナート(-タ)	(be) restored to (ビ) リストード トゥ
おさまる **納まる**（入っている） osamaru	**(essere) infilato(-a)** *in* (エッセレ) インフィラート(-タ) イン	(be) put in, fit in (ビ) プト イン, フィト イン
（落着する）	**risolversi** リゾルヴェルスィ	(be) settled (ビ) セトルド
おさめる **治める**（鎮圧する） osameru	**reprimere** レプリーメレ	suppress サプレス
（統治する）	**dominare, governare** ドミナーレ, ゴヴェルナーレ	rule, govern ルール, ガヴァン
おさめる **納める**（品物を） osameru	**consegnare** コンセニャーレ	deliver ディリヴァ
（金を）	**pagare** パガーレ	pay ペイ
おじ **伯[叔]父** oji	**zio** *m.* ズィーオ	uncle アンクル
おしい **惜しい** oshii	**spiacevole** スピアチェーヴォレ	regrettable リグレタブル
おじいさん **おじいさん**（祖父） ojiisan	**nonno** *m.* ノンノ	grandfather グランドファーザ
（老人）	**anziano** *m.* アンツィアーノ	old man オウルド マン

日	伊	英
おしえ **教え** oshie	**insegnamento** *m.* インセニャメント	lesson, teachings レスン, ティーチングズ
おしえる **教える** oshieru	**insegnare** インセニャーレ	teach, instruct ティーチ, インストラクト
（告げる）	**dire** ディーレ	tell テル
（知らせる）	**informare ...** *di* インフォルマーレ ... ディ	inform of インフォーム オヴ
おじぎ **お辞儀** ojigi	**inchino** *m.* インキーノ	bow バウ
おしこむ **押し込む** oshikomu	**stipare** スティパーレ	push in, stuff into プシュ イン, スタフ イントゥ
おしつける **押しつける**（強制する） oshitsukeru	**imporre** インポッレ	force フォース
おしべ **雄しべ** oshibe	**stame** *m.* スターメ	stamen ステイメン
おしむ **惜しむ**（残念がる） oshimu	**rimpiangere** リンピアンジェレ	regret リグレト
（出し惜しむ）	**risparmiare** リスパルミアーレ	spare スペア
（大切にする）	**apprezzare** アップレッツァーレ	value ヴァリュ
おしゃべりな **お喋りな** oshaberina	**chiacchierone(-a)** キアッキエローネ(-ナ)	talkative トーカティヴ
おしゃれする **お洒落する** osharesuru	**farsi bello(-a), agghindarsi** ファルスィ ベッロ(-ラ), アッギンダルスィ	dress up ドレス アプ
おしゃれな **お洒落な** osharena	**elegante** エレガンテ	stylish スタイリシュ

日	伊	英
お嬢さん ojousan	**signorina** *f.* スィニョリーナ	young lady ヤング レイディ
汚職 oshoku	**corruzione** *f.* コッルツィオーネ	corruption コラプション
押す osu	**spingere** スピンジェレ	push, press プシュ, プレス
雄 osu	**maschio** *m.* マスキオ	male メイル
お世辞 oseji	**lusinga** *f.* ルズィンガ	compliment, flattery カンプリメント, フラタリ
お節介な osekkaina	**ficcanaso** フィッカナーゾ	meddlesome メドルサム
汚染 osen	**inquinamento** *m.* インクィナメント	pollution ポリューション
遅い osoi	**tardi** タルディ	late レイト
（速度が）	**lento(-*a*)** レント(-タ)	slow スロウ
襲う osou	**attaccare** アッタッカーレ	attack アタク
（天災などが）	**colpire** コルピーレ	hit, strike ヒト, ストライク
恐らく osoraku	**probabilmente** プロバビルメンテ	perhaps パハプス
おそれ （懸念） osore	**apprensione** *f.* アップレンスィオーネ	apprehension アプリヘンション
（恐怖）	**paura** *f.* パウーラ	fear フィア

日	伊	英
おそれる 恐れる osoreru	temere テメーレ	fear, (be) afraid of フィア, (ビ) アフレイド オヴ
おそろしい 恐ろしい osoroshii	spaventoso(-a) スパヴェントーゾ(-ザ)	fearful, awful フィアフル, オーフル
おそわる 教わる osowaru	imparare インパラーレ	learn ラーン
おぞん オゾン ozon	ozono m. オゾーノ	ozone オウゾウン
おたがいに お互いに otagaini	l'un l'altro(-a), reciprocamente ルン ラルトロ(-ラ), レチプロカメンテ	each other イーチ アザ
おたふくかぜ おたふく風邪 otafukukaze	orecchioni m.pl. オレッキオーニ	mumps マンプス
おだやかな （平穏な） 穏やかな odayakana	sereno(-a) セレーノ(-ナ)	calm, tranquil カーム, トランクウィル
（温厚な）	garbato(-a) ガルバート(-タ)	gentle, kind チェントル, カインド
おちいる 陥る ochiiru	cadere in カデーレ イン	fall into フォール イントゥ
おちつく 落ち着く ochitsuku	calmarsi カルマルスィ	(become) calm, calm down (ビカム) カーム, カーム ダウン
（定住する）	stabilirsi スタビリルスィ	settle down セトル ダウン
おちる 落ちる ochiru	cadere カデーレ	fall, drop フォール, ドラプ
（汚れ・しみが）	venire via ヴェニーレ ヴィーア	come off カム オーフ
（試験に）	non superare ノン スペラーレ	fail フェイル

日	伊	英
おっと **夫** otto	**marito** *m.* マリート	husband ハズバンド
おつり **お釣り** otsuri	**resto** *m.* レスト	change チェインヂ
おでこ **おでこ** odeko	**fronte** *f.* フロンテ	forehead フォーレド
おと **音** oto	**suono** *m.* スオーノ	sound サウンド
おとうさん **お父さん** otousan	**padre** *m.*, **papà** *m.* パードレ, パパ	father ファーザ
おとうと **弟** otouto	**fratello minore** *m.* フラテッロ ミノーレ	(younger) brother (ヤンガ) ブラザ
おどかす **脅かす** odokasu	**minacciare** ミナッチャーレ	threaten, menace スレトン, メナス
おとこ **男** otoko	**uomo** *m.*, **maschio** *m.* ウオーモ, マスキオ	man, male マン, メイル
おとこのこ **男の子** otokonoko	**ragazzo** *m.* ラガッツォ	boy ボイ
おどし **脅し** odoshi	**minaccia** *f.* ミナッチャ	threat, menace スレト, メナス
おとしだま **お年玉** otoshidama	**strenna di Capodanno** *f.* ストレンナ ディ カポダンノ	New Year's gift ニュー イアズ ギフト
おとす **落とす** otosu	**far cadere** ファール カデーレ	drop, let fall ドラプ, レト フォール
(汚れを)	**togliere** トッリェレ	remove リムーヴ
(信用・人気を)	**perdere** ペルデレ	lose ルーズ
おどす **脅す** odosu	**minacciare** ミナッチャーレ	threaten, menace スレトン, メナス

日	伊	英
おとずれる 訪れる otozureru	visitare ヴィズィターレ	visit ヴィズィト
おととい 一昨日 ototoi	l'altro ieri ラルトロ イエーリ	day before yesterday デイ ビフォー イェスタディ
おととし 一昨年 ototoshi	due anni fa ドゥーエ アンニ ファ	year before last イア ビフォー ラスト
おとな 大人 otona	adulto(-a) *m.* (*f.*) アドゥルト(-タ)	adult, grown-up アダルト, グロウナプ
おとなしい おとなしい otonashii	tranquillo(-a) トランクィッロ(-ラ)	quiet, docile クワイエト, ダスィル
おとめざ 乙女座 otomeza	Vergine *f.* ヴェルジネ	Virgin, Virgo ヴァーデン, ヴァーゴウ
おどり 踊り odori	ballo *m.*, danza *f.* バッロ, ダンツァ	dance ダンス
おとる 劣る otoru	(essere) inferiore a (エッセレ) インフェリオーレ ア	(be) inferior to (ビ) インフィアリア トゥ
おどる 踊る odoru	ballare バッラーレ	dance ダンス
おとろえる 衰える （健康・人気が） otoroeru	deperire, indebolirsi デペリーレ, インデボリルスィ	decline ディクライン
（人などが）	indebolirsi インデボリルスィ	(become) weak (ビカム) ウィーク
おどろかす 驚かす odorokasu	sorprendere ソルプレンデレ	surprise, astonish サプライズ, アスタニシュ
おどろき 驚き odoroki	sorpresa *f.* ソルプレーザ	surprise サプライズ
おどろく 驚く odoroku	(essere) sorpreso(-a) (エッセレ) ソルプレーゾ(-ザ)	(be) surprised (ビ) サプライズド

日	伊	英
おなか **お腹** onaka	**pancia** *f.*, **ventre** *m.* パンチャ, ヴェントレ	stomach スタマク
おなじ **同じ** （同一） onaji	**stesso(-*a*)** ステッソ(-サ)	same セイム
（等しい）	**uguale** ウグァーレ	equal, equivalent イークワル, イクウィヴァレント
（同様）	**simile** スィーミレ	similar スィミラ
（共通）	**comune** コムーネ	common カモン
おに **鬼** oni	**orco** *m.*, **demonio** *m.* オルコ, デモーニオ	ogre, demon オウガ, ディーモン
（遊戯の）	**chi sta sotto** *m.f.* キ スタ ソット	it イト
～ごっこ	**acchiapparello** *m.* アッキアッパレッロ	(game of) tag (ゲイム オヴ) タグ
おの **斧** ono	**ascia** *f.*, **accetta** *f.* アッシャ, アッチェッタ	ax, hatchet, Ⓑaxe アクス, ハチト, アクス
おのおの **各々** onoono	**ognuno(-*a*), ciascuno(-*a*)** オニューノ(-ナ), チャスクーノ(-ナ)	each イーチ
おば **伯[叔]母** oba	**zia** *f.* ズィーア	aunt アント
おばあさん **おばあさん** （祖母） obaasan	**nonna** *f.* ノンナ	grandmother グランドマザ
（老女）	**anziana** *f.* アンツィアーナ	old woman オウルド ウマン
おぱーる **オパール** opaaru	**opale** *m.* オパーレ	opal オウパル
おばけ **お化け** obake	**fantasma** *m.* ファンタズマ	ghost ゴウスト

日	伊	英
おびえる **怯える** obieru	**spaventarsi** *per* スパヴェンタルスィ ペル	(be) frightened at (ビ) フライトンド アト
おひつじざ **牡羊座** ohitsujiza	**Ariete** *m.* アリエーテ	Ram, Aries ラム, エアリーズ
おぺら **オペラ** opera	**opera lirica** *f.* オーペラ リーリカ	opera アパラ
おぺれーたー **オペレーター** opereetaa	**opera*tore*(*-trice*)** *m.* (*f.*) オペラトーレ(-トリーチェ)	operator アパレイタ
おぼえている **覚えている** oboeteiru	**ricordare** リコルダーレ	remember リメンバ
おぼえる **覚える** oboeru	**ricordare** リコルダーレ	memorize メモライズ
(習得する)	**imparare** インパラーレ	learn ラーン
おぼれる **溺れる** oboreru	**annegare** アンネガーレ	(be) drowned (ビ) ドラウンド
おまけ **おまけ** (景品・割り増し) omake	**premio** *m.* プレーミオ	premium プリーミアム
(付け足し)	**bonus** *m.* ボーヌス	bonus, extra ボウナス, エクストラ
～する (割引)	**scontare** スコンターレ	discount ディスカウント
おまもり **お守り** omamori	**portafortuna** *m.*, **talismano** *m.* ポルタフォルトゥーナ, タリズマーノ	charm, talisman チャーム, タリズマン
おまわりさん **お巡りさん** omawarisan	**poliziotto**(*-a*) *m.* (*f.*) ポリツィオット(-ア)	police officer, cop, policeman ポリース オーフィサ, カプ, ポリースマン
おむつ **おむつ** omutsu	**pannolino** *m.* パンノリーノ	diaper, ⒝nappy ダイアパ, ナピ

日	伊	英
おもい **重い** omoi	**pesante** ペザンテ	heavy ヘヴィ
（役割・責任が）	**importante, grave** インポルタンテ, グラーヴェ	important, grave インポータント, グレイヴ
（病が）	**grave** グラーヴェ	serious スィアリアス
おもいがけない **思いがけない** omoigakenai	**imprevisto(-a)** インプレヴィスト(-タ)	unexpected アニクスペクテド
おもいきり **思い切り** omoikiri	**a volontà** ア ヴォロンタ	to one's heart's content トゥ ハーツ コンテント
おもいだす **思い出す** omoidasu	**ricordare, ricordarsi** *di* リコルダーレ, リコルダルスィ ディ	remember, recall リメンバ, リコール
おもいつく **思いつく** omoitsuku	**venire in mente** ヴェニーレ イン メンテ	think of スィンク オヴ
おもいで **思い出** omoide	**ricordi** *m.pl.* リコルディ	memories メモリズ
おもいやり **思いやり** omoiyari	**premura** *f.* プレムーラ	consideration コンスィダレイション
おもう **思う** omou	**pensare, credere** ペンサーレ, クレーデレ	think スィンク
（見なす）	**considerare ... come** コンスィデラーレ ... コーメ	consider as コンスィダ アズ
（推測する）	**supporre** スッポッレ	suppose サポウズ
おもさ **重さ** omosa	**peso** *m.* ペーゾ	weight ウェイト
おもしろい **面白い** omoshiroi	**interessante** インテレッサンテ	interesting インタレスティング

日	伊	英
(奇抜だ)	**curioso(-a)** クリオーゾ(-ザ)	odd, novel アド, ナヴェル
おもちゃ **玩具** omocha	**giocattolo** *m.* ジョカットロ	toy トイ
おもて **表** (前面) omote	**facciata** *f.*, **superficie** *f.* ファッチャータ, スペルフィーチェ	front, face フラント, フェイス
(表面・正面)	**facciata** *f.* ファッチャータ	face フェイス
(戸外)	**aria aperta** *f.* アーリア アペルタ	outdoors アウトドーズ
おもな **主な** omona	**principale** プリンチパーレ	main, principal メイン, プリンスィパル
おもに **主に** omoni	**principalmente** プリンチパルメンテ	mainly, mostly メインリ, モウストリ
おもむき **趣** omomuki	**gusto** *m.* グスト	taste, elegance テイスト, エリガンス
おもり **重り** omori	**peso** *m.*, **contrappeso** *m.* ペーゾ, コントラッペーゾ	weight, plumb ウェイト, プラム
おもわく **思惑** omowaku	**aspettativa** *f.*, **intenzione** *f.* アスペッタティーヴァ, インテンツィオーネ	intention, thought インテンション, ソート
おもんじる **重んじる** omonjiru	**dare importanza a** ダーレ インポルタンツァ ア	place importance upon プレイス インポータンス アポン
(尊重する)	**apprezzare** アップレッツァーレ	value ヴァリュ
おや **親** oya	**genitore(-trice)** *m.* (*f.*) ジェニトーレ(-トリーチェ)	parent ペアレント
(両親)	**genitori** *m.pl.* ジェニトーリ	parents ペアレンツ

日	伊	英
おやつ おやつ oyatsu	**merenda** *f.*, **spuntino** *m.* メレンダ, スプンティーノ	snack スナク
おやゆび 親指 oyayubi	**pollice** *m.* ポッリチェ	thumb サム
（足の）	**alluce** *m.* アッルチェ	big toe ビグ トウ
およぐ 泳ぐ oyogu	**nuotare** ヌオターレ	swim スウィム
およそ およそ oyoso	**circa, quasi** チルカ, クァーズィ	about, nearly アバウト, ニアリ
およぶ 及ぶ oyobu	**raggiungere** ラッジュンジェレ	reach, amount to リーチ, アマウント トゥ
おらんだ オランダ oranda	**Paesi Bassi** *m.pl.* パエーズィ バッスィ	Netherlands ネザランツ
おりーぶ オリーブ oriibu	**oliva** *f.* オリーヴァ	olive アリヴ
～油	**olio d'oliva** *m.* オーリオ ドリーヴァ	olive oil アリヴ オイル
おりおんざ オリオン座 orionza	**Orione** *f.* オリオーネ	Orion オライオン
おりじなるの オリジナルの orijinaruno	**originale** オリジナーレ	original オリヂナル
おりたたむ 折り畳む oritatamu	**piegare** ピエガーレ	fold up フォウルド アプ
おりめ 折り目 orime	**piega** *f.* ピエーガ	fold フォウルド
おりもの 織物 orimono	**tessuto** *m.* テッスート	textile, fabrics テクスタイル, ファブリクス
おりる 下りる oriru	**scendere** シェンデレ	come down カム ダウン

日	伊	英
おりる **降りる** oriru	**scendere** *da* シェンデレ ダ	get off, get out of ゲト オーフ, ゲト アウト オヴ
おりんぴっく **オリンピック** orinpikku	**Olimpiadi** *f.pl.* オリンピーアディ	Olympic Games オリンピク ゲイムズ
おる **折る** oru	**piegare** ピエガーレ	bend ベンド
(切り離す)	**spezzare** スペッツァーレ	break, snap ブレイク, スナプ
おる **織る** oru	**tessere** テッセレ	weave ウィーヴ
おるがん **オルガン** orugan	**organo** *m.* オルガノ	organ オーガン
おれがの **オレガノ** oregano	**origano** *m.* オリーガノ	oregano オレーガノウ
おれる **折れる** oreru	**rompersi** ロンペルスィ	break, snap ブレイク, スナプ
(譲歩する)	**cedere** *a* チェーデレ ア	give in ギヴ イン
おれんじ **オレンジ** orenji	**arancia** *f.* アランチャ	orange オリンヂ
おろかな **愚かな** orokana	**stupido(-a)** ストゥーピド(-ダ)	foolish, silly フーリシュ, スィリ
おろし **卸** oroshi	**vendita all'ingrosso** *f.* ヴェンディタ アッリングロッソ	wholesale ホウルセイル
～値	**prezzo all'ingrosso** *m.* プレッツォ アッリングロッソ	wholesale price ホウルセイル プライス
おろす **降ろす** orosu	**far scendere** ファール シェンデレ	drop off ドラプ オーフ
(積み荷を)	**scaricare** スカリカーレ	unload アンロウド

日	伊	英
おろす **下ろす** orosu	**mettere giù, tirare giù** メッテレ ジュ, ティラーレ ジュ	take down テイク ダウン
おわり **終わり** owari	**fine** *f.* フィーネ	end, close エンド, クロウズ
おわる **終わる** owaru	**finire** フィニーレ	end, close エンド, クロウズ
（完成する）	**finire** フィニーレ	finish フィニシュ
（完結する）	**concludere** コンクルーデレ	conclude コンクルード
おん **恩** on	**debito** *m.* デービト	obligation, debt of gratitude アブリゲイション, デト オヴ グラティテュード
おんかい **音階** onkai	**scala musicale** *f.* スカーラ ムズィカーレ	scale スケイル
おんがく **音楽** ongaku	**musica** *f.* ムーズィカ	music ミュージク
おんかん **音感** onkan	**sensibilità uditiva** *f.*, **orecchio** *m.* センスィビリタ ウディティーヴァ, オレッキオ	ear イア
おんきゅう **恩給** onkyuu	**pensione** *f.* ペンスィオーネ	pension パーンスィアン
おんけい **恩恵** onkei	**favore** *m.* ファヴォーレ	favor, benefit, Ⓑfavour フェイヴァ, ベニフィト, フェイヴァ
おんこうな **温厚な** onkouna	**garbato(-*a*)** ガルバート(-タ)	gentle ヂェントル
おんしつ **温室** onshitsu	**serra** *f.* セッラ	greenhouse グリーンハウス
〜効果	**effetto serra** *m.* エッフェット セッラ	greenhouse effect グリーンハウス イフェクト

日	伊	英
おんじん **恩人** onjin	**benefat*tore*(*-trice*)** *m.* (*f.*) ベネファットーレ(-トリーチェ)	benefactor ベネファクタ
おんす **オンス** onsu	**oncia** *f.* オンチャ	ounce アウンス
おんすい **温水** onsui	**acqua calda** *f.* アックァ カルダ	hot water ハト ウォータ
おんせい **音声** onsei	**voce** *f.* ヴォーチェ	voice ヴォイス
おんせつ **音節** onsetsu	**sillaba** *f.* スィッラバ	syllable スィラブル
おんせん **温泉** onsen	**sorgente termale** *f.* ソルジェンテ テルマーレ	hot spring, spa ハト スプリング, スパー
おんたい **温帯** ontai	**zona temperata** *f.* ゾーナ テンペラータ	temperate zone テンペレト ゾウン
おんだんな **温暖な** ondanna	**caldo(*-a*)** カルド(-ダ)	warm, mild ウォーム, マイルド
おんど **温度** ondo	**temperatura** *f.* テンペラトゥーラ	temperature テンパラチャ
～計	**termometro** *m.* テルモーメトロ	thermometer サマメタ
おんな **女** onna	**donna** *f.* ドンナ	woman ウマン
おんなのこ **女の子** onnanoko	**ragazza** *f.*, **figlia** *f.* ラガッツァ, フィッリャ	girl, daughter ガール, ドータ
おんぷ **音符** onpu	**nota musicale** *f.* ノータ ムズィカーレ	note ノウト
おんぶする **負んぶする** onbusuru	**portare ... sulla schiena** ポルターレ ... スッラ スキエーナ	carry on one's back キャリ オン バク
おんらいんの **オンラインの** onrainno	**in linea** イン リーネア	online アンライン

日	伊	英

か, カ

科 (学校・病院の) ka	**reparto** *m.* レパルト	department ディパートメント
(学習上の)	**corso** *m.* コルソ	course コース
課 (教科書などの) ka	**lezione** *f.* レツィオーネ	lesson レスン
(組織の区分の)	**sezione** *f.* セツィオーネ	section, division セクション, ディヴィジョン
蚊 ka	**zanzara** *f.* ザンザーラ	mosquito モスキートウ
蛾 ga	**falena** *f.* ファレーナ	moth モース
かーそる **カーソル** kaasoru	**cursore** *m.* クルソーレ	cursor カーサ
かーでぃがん **カーディガン** kaadigan	**cardigan** *m.* カルディガン	cardigan カーディガン
かーてん **カーテン** kaaten	**tenda** *f.* テンダ	curtain カートン
かーど **カード** kaado	**carta** *f.* カルタ	card カード
がーどまん **ガードマン** gaadoman	**guardia** *f.* グァルディア	guard ガード
かーとりっじ **カートリッジ** kaatorijji	**cartuccia** *f.* カルトゥッチャ	cartridge カートリヂ
がーな **ガーナ** gaana	**Ghana** *m.* ガーナ	Ghana ガーナ
かーねーしょん **カーネーション** kaaneeshon	**garofano** *m.* ガローファノ	carnation カーネイション

日	伊	英
ガーネット gaanetto	**granato** *m.* グラナート	garnet ガーネット
カーブ kaabu	**curva** *f.* クルヴァ	curve, turn カーヴ, ターン
カーペット kaapetto	**tappeto** *m.* タッペート	carpet カーペト
ガールフレンド gaarufurendo	**amica** *f.*, **ragazza** *f.* アミーカ, ラガッツァ	girlfriend ガールフレンド
回 (競技・ゲームの) kai	**turno** *m.*, **round** *m.* トゥルノ, ラウンド	round, inning ラウンド, イニング
(回数)	**volta** *f.* ヴォルタ	time タイム
会 (集まり) kai	**riunione** *f.*, **festa** *f.* リウニオーネ, フェスタ	meeting, party ミーティング, パーティ
(団体)	**società** *f.* ソチエタ	society ソサイエティ
貝 kai	**mollusco** *m.* モッルスコ	shellfish シェルフィシュ
害 gai	**danno** *m.* ダンノ	harm, damage ハーム, ダミヂ
会員 kaiin	**membro** *m.*, **appartenente** *m.f.* メンブロ, アッパルテネンテ	member, membership メンバ, メンバシプ
海王星 kaiousei	**Nettuno** *m.* ネットゥーノ	Neptune ネプテューン
外貨 gaika	**valuta estera** *f.* ヴァルータ エステラ	foreign money フォーリン マニ
海外 kaigai	**paesi stranieri** *m.pl.* パエーズィ ストラニエーリ	foreign countries フォーリン カントリズ

日	伊	英
かいかく **改革** kaikaku	**riforma** *f.* リフォルマ	reform, innovation リフォーム, イノヴェイション
〜する	**riformare** リフォルマーレ	reform, innovate リフォーム, イノヴェイト
かいかつな **快活な** kaikatsuna	**allegro(-a)** アッレーグロ(-ラ)	cheerful チアフル
かいがら **貝殻** kaigara	**conchiglia** *f.* コンキッリァ	shell シェル
かいがん **海岸** kaigan	**spiaggia** *f.*, **costa** *f.* スピアッジャ, コスタ	coast, seashore コウスト, スィーショー
がいかん **外観** gaikan	**aspetto** *m.* アスペット	appearance アピアランス
かいぎ **会議** kaigi	**riunione** *f.*, **congresso** *m.* リウニオーネ, コングレッソ	meeting, conference ミーティング, カンファレンス
かいきゅう **階級** kaikyuu	**classe** *f.*, **rango** *m.* クラッセ, ランゴ	class, rank クラス, ランク
かいきょう **海峡** kaikyou	**stretto** *m.* ストレット	strait, channel ストレイト, チャネル
かいぎょう **開業** kaigyou	**avvio di una impresa** *m.* アッヴィーオ ディ ウナ インプレーザ	starting a business スターティング ア ビズネス
かいぐん **海軍** kaigun	**marina militare** *f.* マリーナ ミリターレ	navy ネイヴィ
かいけい　（勘定） **会計** kaikei	**conto** *m.* コント	check, ⒷbiIl, cheque チェク, ビル, チェク
（経済状況）	**contabilità** *f.*, **finanza** *f.* コンタビリタ, フィナンツァ	accounting, finance アカウンティング, フィナンス
〜士	**ragioniere(-a)** *m.*(*f.*) ラジョニエーレ(-ラ)	accountant アカウンタント

99

か

日	伊	英
かいけつ **解決** kaiketsu	**risoluzione** *f.* リゾルツィオーネ	solution, settlement ソルーション, セトルメント
～する	**risolvere** リゾルヴェレ	solve, resolve サルヴ, リザルヴ
かいけん **会見** kaiken	**intervista** *f.*, **colloquio** *m.* インテルヴィスタ, コッロークィオ	interview インタヴュー
がいけん **外見** gaiken	**apparenza** *f.* アッパレンツァ	appearance アピアランス
かいげんれい **戒厳令** kaigenrei	**legge marziale** *f.* レッジェ マルツィアーレ	martial law マーシャル ロー
かいご **介護** kaigo	**assistenza** *f.* アッスィステンツァ	care ケア
かいごう **会合** kaigou	**riunione** *f.* リウニオーネ	meeting, gathering ミーティング, ギャザリング
がいこう **外交** gaikou	**diplomazia** *f.* ディプロマツィーア	diplomacy ディプロウマスィ
～官	**diplomatico(-a)** *m.* (*f.*) ディプロマーティコ(-カ)	diplomat ディプロマト
がいこく **外国** gaikoku	**paese straniero** *m.* パエーゼ ストラニエーロ	foreign country フォーリン カントリ
～人	**straniero(-a)** *m.* (*f.*) ストラニエーロ(-ラ)	foreigner フォーリナ
～の	**straniero(-a), estero(-a)** ストラニエーロ(-ラ), エステロ(-ラ)	foreign フォーリン
がいこつ **骸骨** gaikotsu	**scheletro** *m.* スケーレトロ	skeleton スケルトン
かいさいする **開催する** kaisaisuru	**tenere, organizzare** テネーレ, オルガニッザーレ	hold, open ホウルド, オウプン

日	伊	英
かいさつぐち **改札口** kaisatsuguchi	**controllo dei biglietti** *m.* コントロッロ デイ ビッリェッティ	ticket gate ティケト ゲイト
かいさん **解散** (議会などの) kaisan	**scioglimento** *m.* ショッリメント	dissolution ディソルーション
(集まりの)	**scioglimento** *m.* ショッリメント	breakup ブレイカプ
がいさん **概算** gaisan	**calcolo approssimativo** *m.* カルコロ アップロッスィマティーヴォ	rough estimate ラフ エスティメト
かいさんぶつ **海産物** kaisanbutsu	**prodotti di mare** *m.pl.* プロドッティ ディ マーレ	marine products マリーン プラダクツ
かいし **開始** kaishi	**inizio** *m.* イニーツィオ	start, beginning スタート, ビギニング
～する	**iniziare** イニツィアーレ	begin, start ビギン, スタート
かいしめる **買い占める** kaishimeru	**fare incetta** *di* ファーレ インチェッタ ディ	buy up, corner バイ アプ, コーナ
かいしゃ **会社** kaisha	**società** *f.*, **ditta** *f.* ソチエタ, ディッタ	company, firm カンパニ, ファーム
～員	**impiegato(-a)** *m.(f.)* インピエガート(-タ)	office worker, employee オーフィス ワーカ, インプロイイー
かいしゃく **解釈** kaishaku	**interpretazione** *f.* インテルプレタツィオーネ	interpretation インタープリテイション
～する	**interpretare** インテルプレターレ	interpret インターブリト
かいしゅう **回収** kaishuu	**raccolta** *f.* ラッコルタ	recovery, collection リカヴァリ, コレクション
かいしゅう **改宗** kaishuu	**conversione** *f.* コンヴェルスィオーネ	conversion コンヴァーション

日	伊	英
がいしゅつする **外出する** gaishutsusuru	**uscire** ウシーレ	go out ゴウ アウト
かいじょう **会場** kaijou	**luogo** *m.* ルオーゴ	site, venue サイト, ヴェニュー
かいじょうの **海上の** kaijouno	**marittimo(-a)** マリッティモ(-マ)	marine マリーン
がいしょくする **外食する** gaishokusuru	**mangiare fuori** マンジャーレ フオーリ	eat out イート アウト
かいじょする **解除する** kaijosuru	**annullare** アンヌッラーレ	cancel キャンセル
かいすい **海水** kaisui	**acqua di mare** *f.* アックァ ディ マーレ	seawater スィーウォータ
～浴	**bagno al mare** *m.* バーニョ アル マーレ	sea bathing スィー ベイズィング
かいすうけん **回数券** kaisuuken	**abbonamento** *m.*, **carnet di biglietti** *m.* アッボナメント, カルネ ディ ビッリェッティ	book of tickets, commutation tickets ブク オヴ ティケツ, カミュテイション ティケツ
がいする **害する** gaisuru	**nuocere, danneggiare** ヌオーチェレ, ダンネッジャーレ	injure インヂャ
かいせい **快晴** kaisei	**bel tempo** *m.* ベル テンポ	fine weather ファイン ウェザ
かいせいする **改正する** kaiseisuru	**rivedere, emendare** リヴェデーレ, エメンダーレ	revise, amend リヴァイズ, アメンド
かいせつ **解説** kaisetsu	**spiegazione** *f.* スピエガツィオーネ	explanation エクスプラネイション
～する	**spiegare** スピエガーレ	explain, comment イクスプレイン, カメント
かいぜん **改善する** kaizen	**migliorare** ミッリォラーレ	improve インプルーヴ

日	伊	英
かいそう **海草・海藻** kaisou	**alga** *f.* アルガ	seaweed スィーウィード
かいぞう **改造** kaizou	**riorganizzazione** *f.* リオルガニッツィオーネ	reconstruction リーコンストラクション
かいそうする **回送する** kaisousuru	**inoltrare** イノルトラーレ	send on, forward センド オン, フォーワド
かいぞく **海賊** kaizoku	**pirata(-*essa*)** *m.* (*f.*) ピラータ(-ラテッサ)	pirate パイアレト
〜版	**copia pirata** *f.* コーピア ピラータ	pirated edition パイアレイテド イディション
かいたくする **開拓する** kaitakusuru	**dissodare, sfruttare** ディッソダーレ, スフルッターレ	open up, develop オウプン アプ, ディヴェロプ
かいだん **会談** kaidan	**conferenza** *f.* コンフェレンツァ	talk, conference トーク, カンファレンス
かいだん **階段** kaidan	**scala** *f.* スカーラ	stairs ステアズ
かいちく **改築** kaichiku	**ricostruzione** *f.*, **ristrutturazione** *f.* リコストルツィオーネ, リストルットゥラツィオーネ	rebuilding リービルディング
がいちゅう **害虫** gaichuu	**insetto nocivo** *m.* インセット ノチーヴォ	harmful insect, vermin ハームフル インセクト, ヴァーミン
かいちゅうでんとう **懐中電灯** kaichuudentou	**torcia** *f.* トルチャ	flashlight, ⒷtorchR フラシュライト, トーチ
かいちょう **会長** kaichou	**presidente** *m.f.* プレズィデンテ	president, CEO, chairman プレズィデント, スィーイーオウ, チェアマン
かいつうする **開通する** kaitsuusuru	**(essere) aperto(-*a*) al traffico** (エッセレ) アペルト(-タ) アル トラッフィコ	(be) opened to traffic (ビ) オウプンド トゥ トラフィク
かいて **買い手** kaite	**acquirente** *m.f.* アックィレンテ	buyer バイア

日	伊	英
海底 (かいてい) kaitei	fondo del mare *m.* フォンド デル マーレ	bottom of the sea バトム オヴ ザ スィー
改定する (かいていする) kaiteisuru	rivedere リヴェデーレ	revise リヴァイズ
快適な (かいてきな) kaitekina	gradevole, comodo(-*a*) グラデーヴォレ, コーモド(-ダ)	agreeable, comfortable アグリーアブル, カンフォタブル
回転 (かいてん) kaiten	rotazione *f.* ロタツィオーネ	turning, rotation ターニング, ロウテイション
～する	ruotare ルオターレ	turn, rotate ターン, ロウテイト
開店 (かいてん) kaiten	apertura *f.* アペルトゥーラ	opening オウプニング
ガイド (がいど) gaido	guida *f.* グィーダ	guide ガイド
～ブック	guida *f.* グィーダ	guidebook ガイドブク
～ライン	direttive *f.pl.* ディレッティーヴェ	guidelines ガイドラインズ
解答 (かいとう) kaitou	soluzione *f.* ソルツィオーネ	answer, solution アンサ, ソルーション
～する	risolvere リゾルヴェレ	answer, solve アンサ, サルヴ
回答 (かいとう) kaitou	risposta *f.* リスポスタ	reply リプライ
～する	rispondere *a* リスポンデレ ア	reply to リプライ トゥ
解読する (かいどくする) kaidokusuru	decifrare デチフラーレ	decipher, decode ディサイファ, ディコウド

日	伊	英
かいなんきゅうじょ **海難救助** kainankyuujo	**salvataggio in mare** *m.* サルヴァタッジョ イン マーレ	sea rescue, salvage スィー レスキュー, サルヴィヂ
かいにゅう **介入** kainyuu	**intervento** *m.* インテルヴェント	intervention インタヴェンション
～する	**intervenire** インテルヴェニーレ	intervene インタヴィーン
がいねん **概念** gainen	**concetto** *m.* コンチェット	notion, concept ノウション, カンセプト
かいはつ **開発**　(商業的な) kaihatsu	**sfruttamento economico** *m.* スフルッタメント エコノーミコ	(business) exploitation (ビズネス) エクスプロイテイション
(新製品などの)	**sviluppo** *m.*, **produzione** *f.* ズヴィルッポ, プロドゥツィオーネ	development ディヴェロプメント
～する	**sviluppare, sfruttare** ズヴィルッパーレ, スフルッターレ	develop, exploit ディヴェロプ, イクスプロイト
～途上国	**paese in via di sviluppo** *m.* パエーゼ イン ヴィーア ディ ズヴィルッポ	developing country ディヴェロピング カントリ
かいばつ **海抜** kaibatsu	**sul livello del mare** スル リヴェッロ デル マーレ	above the sea アバヴ ザ スィー
かいひ **会費** kaihi	**quota** *f.* クォータ	fee, membership fee フィー, メンバシプ フィー
がいぶ **外部** gaibu	**parte esterna** *f.* パルテ エステルナ	outer section, outer part アウタ セクション, アウタ パート
かいふくする **回復する** kaifukusuru	**riprendersi** リプレンデルスィ	recover, restore リカヴァ, リストー
かいほうする **解放する** kaihousuru	**liberare** リベラーレ	release, liberate リリース, リバレイト
かいぼう **解剖** kaibou	**dissezione** *f.* ディッセツィオーネ	dissection ディセクション

日	伊	英
かいほうする **開放する** kaihousuru	**aprire** アプリーレ	keep open キープ オウプン
かいまく **開幕** kaimaku	**apertura** *f.* アペルトゥーラ	opening オウプニング
がいむ **外務** gaimu	**affari esteri** *m.pl.* アッファーリ エステリ	foreign affairs フォーリン アフェアズ
かいもの **買い物** kaimono	**spesa** *f.* スペーザ	shopping シャピング
かいやく **解約** kaiyaku	**rescissione** *f.* レシッシォーネ	cancellation キャンセレイション
がいらいご **外来語** gairaigo	**parola d'origine straniera** *f.* パローラ ドリージネ ストラニエーラ	loanword ロウンワード
かいりつ **戒律** kairitsu	**precetto religioso** *m.* プレチェット レリジョーゾ	commandment コマンドメント
がいりゃく **概略** gairyaku	**riassunto** *m.* リアッスント	outline, summary アウトライン, サマリ
かいりゅう **海流** kairyuu	**corrente marina** *f.* コッレンテ マリーナ	sea current スィー カーレント
かいりょう **改良** kairyou	**miglioramento** *m.* ミリョラメント	improvement インプルーヴメント
かいろ **回路** kairo	**circuito** *m.* チルクーイト	(electronic) circuit (イレクトラニク) サーキト
かいわ **会話** kaiwa	**conversazione** *f.* コンヴェルサツィオーネ	conversation カンヴァセイション
かいん **下院** kain	**Camera dei Deputati** *f.* カーメラ デイ デプターティ	House of Representatives ハウス オヴ レプリゼンタティヴズ
かう **飼う** kau	**allevare, crescere** アッレヴァーレ, クレッシェレ	keep, raise キープ, レイズ

日	伊	英
かう **買う** kau	**comprare** コンプラーレ	buy, purchase バイ, パーチェス
がうん **ガウン** gaun	**vestaglia** *f.*, **veste da camera** *f.* ヴェスタッリャ, ヴェステ ダ カーメラ	gown ガウン
かうんせらー **カウンセラー** kaunseraa	**consigliere(-a)** *m.* (*f.*) コンスィッリエーレ(-ラ)	counselor カウンセラ
かうんせりんぐ **カウンセリング** kaunseringu	**consulenza** *f.* コンスレンツァ	counseling カウンセリング
かうんたー **カウンター** kauntaa	**bancone** *m.* バンコーネ	counter カウンタ
かえす **返す** kaesu	**restituire, rimandare** レスティトゥイーレ, リマンダーレ	return, send back リターン, センド バク
かえり **帰り** kaeri	**ritorno** *m.* リトルノ	way home ウェイ ホウム
かえりみる **顧みる** kaerimiru	**guardare indietro** グァルダーレ インディエートロ	look back, reflect on ルク バク, リフレクト オン
かえる **替[換]える** kaeru	**cambiare ... con** カンビアーレ ... コン	exchange for イクスチェインヂ フォ
かえる **蛙** kaeru	**rana** *f.* ラーナ	frog フローグ
かえる **帰る** kaeru	**tornare a casa** トルナーレ ア カーザ	come home, go home カム ホウム, ゴウ ホウム
(去る)	**andarsene** アンダルセネ	leave リーヴ
かえる **変える** kaeru	**cambiare** カンビアーレ	change チェインヂ
かえる **返る** kaeru	**tornare** トルナーレ	return, come back リターン, カム バク

日	伊	英
かお 顔 kao	**faccia** *f.* ファッチャ	face, look フェイス, ルク
かおり 香り kaori	**profumo** *m.*, **odore** *m.* プロフーモ, オドーレ	smell, fragrance スメル, フレイグランス
がか 画家 gaka	**pit*tore*(-*trice*)** *m.* (*f.*) ピットーレ(-トリーチェ)	painter ペインタ
かがいしゃ 加害者 kagaisha	**assali*tore*(-*trice*)** *m.* (*f.*) アッサリトーレ(-トリーチェ)	assailant アセイラント
かかえる 抱える kakaeru	**tenere ... in braccio** テネーレ ... イン ブラッチョ	hold in one's arms ホウルド イン アームズ
かかく 価格 kakaku	**prezzo** *m.* プレッツォ	price, value プライス, ヴァリュ
かがく 化学 kagaku	**chimica** *f.* キーミカ	chemistry ケミストリ
かがく 科学 kagaku	**scienza** *f.* シェンツァ	science サイエンス
～者	**scienziato(-a)** *m.* (*f.*) シェンツィアート(-タ)	scientist サイエンティスト
かかげる 掲げる kakageru	**issare** イッサーレ	hoist, hold up ホイスト, ホウルド アプ
かかと 踵 kakato	**tallone** *m.* タッローネ	heel ヒール
かがみ 鏡 kagami	**specchio** *m.* スペッキオ	mirror, glass ミラ, グラス
かがむ かがむ kagamu	**chinarsi** キナルスィ	stoop ストゥープ
かがやかしい 輝かしい kagayakashii	**brillante** ブリッランテ	brilliant ブリリアント
かがやき 輝き kagayaki	**splendore** *m.* スプレンドーレ	brilliance ブリリャンス

日	伊	英
かがやく **輝く** kagayaku	**brillare** ブリッラーレ	shine, glitter シャイン, グリタ
かかりいん **係員** kakariin	**addetto(-a)** *m.* (*f.*) アッデット(-タ)	person in charge of パーソン イン チャーヂ オヴ
かかる　　（物が） **掛かる** kakaru	**(essere) appeso(-a)** *a* (エッセレ) アッペーゾ(-ザ) ア	hang from ハング フラム
（金が）	**costare** コスターレ	cost コスト
（時間が）	**volerci, richiedere** ヴォレルチ, リキエーデレ	take テイク
かかわる **かかわる** kakawaru	**riguardare** リグァルダーレ	(be) concerned in (ビ) コンサーンド イン
かき **牡蠣** kaki	**ostrica** *f.* オストリカ	oyster オイスタ
かき **柿** kaki	**kaki** *m.* カーキ	persimmon パースィモン
かぎ **鍵** kagi	**chiave** *f.* キアーヴェ	key キー
かきかえる **書き換える** kakikaeru	**riscrivere** リスクリーヴェレ	rewrite リーライト
かきとめる **書き留める** kakitomeru	**prendere nota** *di* プレンデレ ノータ ディ	write down ライト ダウン
かきとり **書き取り** kakitori	**dettato** *m.* デッタート	dictation ディクテイション
かきとる **書き取る** kakitoru	**prendere nota** *di* プレンデレ ノータ ディ	write down, jot down ライト ダウン, チャト ダウン
かきなおす **書き直す** kakinaosu	**riscrivere** リスクリーヴェレ	rewrite リーライト

日	伊	英
かきまぜる **掻き混ぜる** kakimazeru	**mescolare** メスコラーレ	mix up ミクス アプ
かきまわす **掻き回す** kakimawasu	**mescolare** メスコラーレ	stir スター
かきゅう **下級** kakyuu	**classe inferiore** *f.*, **grado inferiore** *m.* クラッセ インフェリオーレ, グラード インフェリオーレ	lower class ロウア クラス
かぎょう **家業** kagyou	**impresa a conduzione familiare** *f.* インプレーザ ア コンドゥツィオーネ ファミリアーレ	family business ファミリ ビズネス
かぎる **限る** kagiru	**limitare** リミターレ	limit, restrict リミト, リストリクト
かく **核** kaku	**nucleo** *m.* ヌークレオ	core コー
（原子核）	**nucleo atomico** *m.* ヌークレオ アトーミコ	nucleus ニュークリアス
～兵器	**arma nucleare** *f.* アルマ ヌクレアーレ	nuclear weapon ニュークリア ウェポン
かく **書く** kaku	**scrivere** スクリーヴェレ	write ライト
かく **掻く** kaku	**grattare** グラッターレ	scratch スクラチ
かぐ **家具** kagu	**mobili** *m.pl.* モービリ	furniture ファーニチャ
かぐ **嗅ぐ** kagu	**sentire, annusare** センティーレ, アンヌザーレ	smell, sniff スメル, スニフ
がく **額** gaku	**cornice** *f.* コルニーチェ	frame フレイム
がくい **学位** gakui	**titolo di studio** *m.* ティートロ ディ ストゥーディオ	(university) degree (ユーニヴァースィティ) ディグリー

日	伊	英
かくうの **架空の** kakuuno	**immaginario(-a)** インマジナーリオ(-ア)	imaginary イマヂネリ
かくえきていしゃ **各駅停車** kakuekiteisha	**treno locale** *m.* トレーノ ロカーレ	local train ロウカル トレイン
がくげい **学芸** gakugei	**arti** *f.pl.* **e scienze** *f.pl.* アルティ エ シェンツェ	arts and sciences アーツ アンド サイエンセズ
かくげん **格言** kakugen	**massima** *f.*, **proverbio** *m.* マッスィマ, プロヴェルビオ	maxim マクスィム
かくご **覚悟** kakugo	**preparazione** *f.* プレパラツィオーネ	preparedness プリペアドネス
〜する	**(essere) preparato(-a) a** (エッセレ) プレパラート(-タ) ア	(be) prepared for (ビ) プリペアド フォ
かくさ **格差** kakusa	**divario** *m.* ディヴァーリオ	difference, gap ディファレンス, ギャプ
かくじつな **確実な** kakujitsuna	**sicuro(-a)** スィクーロ(-ラ)	sure, certain シュア, サートン
がくしゃ **学者** gakusha	**studioso(-a)** *m.* (*f.*) ストゥディオーゾ(-ザ)	scholar スカラ
がくしゅう **学習** gakushuu	**apprendimento** *m.* アップレンディメント	learning ラーニング
〜する	**studiare** ストゥディアーレ	study, learn スタディ, ラーン
がくじゅつ **学術** gakujutsu	**scienze** *f.pl.* シェンツェ	learning, science ラーニング, サイエンス
かくしん **確信** kakushin	**convinzione** *f.* コンヴィンツィオーネ	conviction コンヴィクション
〜する	**convincersi** *di* コンヴィンチェルスィ ディ	(be) convinced of (ビ) コンヴィンスト オヴ
かくす **隠す** kakusu	**nascondere** ナスコンデレ	hide, conceal ハイド, コンスィール

日	伊	英
がくせい **学生** gakusei	**studente(-essa)** *m.*(*f.*) ストゥ**デ**ンテ(-デン**テ**ッサ)	student ステューデント
～証	**tessera studentesca** *f.* **テ**ッセラ ストゥデン**テ**スカ	student ID card ステューデント アイ**ディ**ー **カ**ード
かくせいざい **覚醒剤** kakuseizai	**stimolante** *m.* スティモ**ラ**ンテ	stimulant ス**ティ**ミュラント
がくせつ **学説** gakusetsu	**dottrina** *f.*, **teoria** *f.* ドット**リ**ーナ, テオ**リ**ーア	doctrine, theory **ダ**クトリン, ス**ィ**オリ
かくだいする **拡大する** kakudaisuru	**ingrandire** イングラン**ディ**ーレ	magnify, enlarge **マ**グニファイ, イン**ラ**ーヂ
かくちょう **拡張** kakuchou	**estensione** *f.*, **prolungamento** *m.* エステンス**ィオ**ーネ, プロルンガメント	extension イクス**テ**ンション
～する	**estendere, prolungare** エス**テ**ンデレ, プロルン**ガ**ーレ	extend イクス**テ**ンド
がくちょう **学長** gakuchou	**ret*tore*(*-trice*)** *m.*(*f.*) レット**ー**レ(-ト**リ**ーチェ)	president プ**レ**ズィデント
かくづけ **格付け** kakuzuke	**classificazione** *f.* クラッスィフィカツィ**オ**ーネ	rating **レ**イティング
かくていする **確定する** kakuteisuru	**fissare** フィッ**サ**ーレ	decide ディ**サ**イド
かくてる **カクテル** kakuteru	**cocktail** *m.* コクテル	cocktail **カ**クテイル
かくど **角度** kakudo	**angolo** *m.* **ア**ンゴロ	angle **ア**ングル
かくとう **格闘** kakutou	**lotta** *f.* **ロ**ッタ	fight **ファ**イト
かくとくする **獲得する** kakutokusuru	**ottenere** オッテ**ネ**ーレ	acquire, obtain アク**ワ**イア, オブ**テ**イン

113

日	伊	英
かくにんする **確認する** kakuninsuru	**confermare** コンフェル**マー**レ	confirm コン**ファー**ム
がくねん **学年** gakunen	**anno scolastico** *m.* アンノ スコ**ラ**スティコ	school year ス**クー**ル **イ**ア
がくひ **学費** gakuhi	**tasse scolastiche** *f.pl.* **タ**ッセ スコ**ラ**スティケ	tuition, school expenses テュー**イ**ション, ス**クー**ル イク**ス**ペンセズ
がくふ **楽譜** (総譜) gakufu	**partitura** *f.* パルティ**トゥー**ラ	score ス**コー**
(譜面)	**musica** *f.* **ムー**ズィカ	music **ミュー**ズィク
がくぶ **学部** gakubu	**facoltà** *f.* ファコル**タ**	faculty, department **ファ**カルティ, ディ**パー**トメント
かくほする **確保する** kakuhosuru	**riservare** リゼル**ヴァー**レ	secure スィ**キュ**ア
かくまく **角膜** kakumaku	**cornea** *f.* **コ**ルネア	cornea **コー**ニア
かくめい **革命** kakumei	**rivoluzione** *f.* リヴォルツィ**オー**ネ	revolution レヴォ**ルー**ション
がくもん **学問** gakumon	**studi** *m.pl.* ス**トゥー**ディ	learning, study **ラー**ニング, ス**タ**ディ
がくや **楽屋** gakuya	**camerino** *m.* カメ**リー**ノ	dressing room ド**レ**スィング **ルー**ム
かくりつ **確率** kakuritsu	**stabilimento** *m.* スタビリ**メ**ント	probability プラバ**ビ**リティ
かくりつする **確立する** kakuritsusuru	**stabilire** スタビ**リー**レ	establish イス**タ**ブリシュ
かくりょう **閣僚** kakuryou	**membro del Gabinetto** *m.* **メ**ンブロ デル ガビ**ネ**ット	cabinet minister **キャ**ビネット **ミ**ニスタ

日	伊	英
がくりょく **学力** gakuryoku	**conoscenza scolastica** *f.* コノシェンツァ スコラスティカ	scholarship スカラシプ
がくれき **学歴** gakureki	**carriera accademica** *f.* カッリエーラ アッカデーミカ	academic background アカデミク バクグラウンド
かくれる **隠れる** kakureru	**nascondersi** ナスコンデルスィ	hide oneself ハイド
がくわり **学割** gakuwari	**sconto per studenti** *m.* スコント ペル ストゥデンティ	student discount ステューデント ディスカウント
かけ **賭け** kake	**scommessa** *f.* スコンメッサ	gambling ギャンブリング
かげ **陰** kage	**ombra** *f.* オンブラ	shade シェイド
かげ **影** kage	**ombra** *f.*, **sagoma** *f.* オンブラ, サーゴマ	shadow, silhouette シャドウ, スィルエト
がけ **崖** gake	**precipizio** *m.* プレチピーツィオ	cliff クリフ
かけい **家計** kakei	**bilancio familiare** *m.* ビランチョ ファミリアーレ	household budget ハウスホウルド バデェト
かけざん **掛け算** kakezan	**moltiplicazione** *f.* モルティプリカツィオーネ	multiplication マルティプリケイション
かけつする **可決する** kaketsusuru	**approvare** アップロヴァーレ	approve アプルーヴ
かけひき **駆け引き** kakehiki	**tattica** *f.* タッティカ	tactics タクティクス
かけぶとん **掛け布団** kakebuton	**trapunta** *f.* トラプンタ	quilt, comforter クウィルト, カンフォタ
かけら **かけら** kakera	**frammento** *m.* フランメント	fragment フラグメント

日	伊	英
かける **掛ける** kakeru	**appendere** アッペンデレ	hang, suspend ハング, サスペンド
(時間・金を)	**spendere, passare** スペンデレ, パッサーレ	spend スペンド
(電話を)	**telefonare, chiamare** テレフォナーレ, キアマーレ	call コール
(CD・レコードを)	**mettere** メッテレ	play プレイ
(ラジオなどを)	**accendere** アッチェンデレ	turn on ターン オン
かける **掛ける** (掛け算する) kakeru	**moltiplicare** モルティプリカーレ	multiply マルティプライ
かける **架ける** kakeru	**costruire ... su** コストルイーレ ... ス	build over ビルド オウヴァ
かける **駆ける** kakeru	**correre** コッレレ	run ラン
かける **欠ける** (一部が取れる) kakeru	**rompersi** ロンペルスィ	break off ブレイク オーフ
(不足している)	**mancare** マンカーレ	lack ラク
かける **賭ける** kakeru	**scommettere ... su** スコンメッテレ ... ス	bet on ベト オン
かげる **陰る** kageru	**oscurarsi** オスクラルスィ	darken ダークン
かこ **過去** kako	**passato** *m.* パッサート	past パスト
かご **籠** kago	**cesto** *m.* チェスト	basket, cage バスケト, ケイヂ

日	伊	英
かこう **加工** kakou	**lavorazione** *f.* ラヴォラツィオーネ	processing プラセスィング
～する	**lavorare** ラヴォラーレ	process プラセス
かごう **化合** kagou	**combinazione** *f.* コンビナツィオーネ	combination カンビネイション
～する	**combinarsi** コンビナルスィ	combine コンバイン
かこむ **囲む** kakomu	**circondare** チルコンダーレ	surround, enclose サラウンド, インクロウズ
かさ **傘** kasa	**ombrello** *m.* オンブレッロ	umbrella アンブレラ
かさい **火災** kasai	**incendio** *m.* インチェンディオ	fire ファイア
～報知機	**allarme antincendio** *m.* アッラルメ アンティンチェンディオ	fire alarm ファイア アラーム
～保険	**assicurazione contro gli incendi** *f.* アッスィクラツィオーネ コントロ リ インチェンディ	fire insurance ファイア インシュアランス
かさなる **重なる** kasanaru	**accumularsi, sovrapporsi** アックムラルスィ, ソヴラッポルスィ	(be) piled up, overlap (ビ) パイルド アプ, オウヴァラプ
（繰り返される）	**ripetersi** リペーテルスィ	(be) repeated (ビ) リピーテド
（同じ時に起こる）	**coincidere** *con*, **accadere contemporaneamente** コインチーデレ コン, アッカデーレ コンテンポラネアメンテ	fall on, overlap フォール オン, オウヴァラプ
かさねる **重ねる** （上に置く） kasaneru	**accumulare** アックムラーレ	pile up パイル アプ
（繰り返す）	**ripetere** リペーテレ	repeat リピート

日	伊	英
かさばる **かさ張る** kasabaru	**(essere) ingombrante** (エッセレ) インゴンブランテ	(be) bulky (ビ) バルキ
かざり **飾り** kazari	**decorazione** *f.* デコラツィオーネ	decoration, ornament デコレイション, オーナメント
かざる **飾る** (装飾する) kazaru	**decorare** デコラーレ	decorate, adorn デコレイト, アドーン
(陳列する)	**esporre** エスポッレ	put on show, display プト オン ショウ, ディスプレイ
かざん **火山** kazan	**vulcano** *m.* ヴルカーノ	volcano ヴァルケイノウ
かし **華氏** kashi	**grado Fahrenheit** *m.* グラード ファレナイト	Fahrenheit ファレンハイト
かし **歌詞** kashi	**parole** *f.pl.* パローレ	words, lyrics ワーヅ, リリクス
かし **菓子** kashi	**dolce** *m.*, **pasticceria** *f.* ドルチェ, パスティッチェリーア	sweets, confectionery スウィーツ, コンフェクショネリ
かし **樫** kashi	**quercia** *f.* クェルチャ	oak オウク
かし **貸し** kashi	**prestito** *m.* プレスティト	loan ロウン
かじ **家事** kaji	**faccende domestiche** *f.pl.* ファッチェンデ ドメスティケ	housework ハウスワーク
かじ **火事** kaji	**incendio** *m.* インチェンディオ	fire ファイア
かしきりの **貸し切りの** kashikirino	**a noleggio** ア ノレッジョ	chartered チャータド
かしこい **賢い** kashikoi	**intelligente** インテッリジェンテ	wise, clever ワイズ, クレヴァ

日	伊	英
かしだし **貸し出し** kashidashi	**prestito** *m.* プレスティト	lending レンディング
かしつ **過失** kashitsu	**colpa** *f.*, **errore** *m.* コルパ, エッローレ	fault, error フォルト, エラ
かしつけ **貸し付け** kashitsuke	**prestito** *m.*, **credito** *m.* プレスティト, クレーディト	loan, credit ロウン, クレディト
かじの **カジノ** kajino	**casinò** *m.* カズィノ	casino カズィーノウ
かしみや **カシミヤ** kashimiya	**cashmere** *m.*, **cachemire** *m.* カシュミル, カシュミル	cashmere キャジュミア
かしや **貸家** kashiya	**casa in affitto** *f.* カーザ イナッフィット	house for rent ハウス フォ レント
かしゃ **貨車** kasha	**vagone merci** *m.* ヴァゴーネ メルチ	freight car フレイト カー
かしゅ **歌手** kashu	**cantante** *m.f.* カンタンテ	singer スィンガ
かじゅあるな **カジュアルな** kajuaruna	**casual, informale** ケジュアル, インフォルマーレ	casual キャジュアル
かじゅう **果汁** kajuu	**succo di frutta** *m.* スッコ ディ フルッタ	fruit juice フルート チュース
かじょう **過剰** kajou	**eccesso** *m.* エッチェッソ	excess, surplus イクセス, サープラス
かしょくしょう **過食症** kashokushou	**bulimia** *f.* ブリミーア	bulimia ビュリーミア
かしらもじ **頭文字** kashiramoji	**lettera iniziale** *f.*, **iniziali** *f.pl.* レッテラ イニツィアーレ, イニツィアーリ	initial letter, initials イニシャル レタ, イニシャルズ
かじる **かじる** kajiru	**rosicchiare** ロズィッキアーレ	gnaw at, nibble at ノー アト, ニブル アト

日	伊	英
貸す kasu	prestare プレスターレ	lend レンド
（家などを）	dare ... in affitto ダーレ … イナッフィット	rent レント
（土地などを）	dare ... in affitto ダーレ … イナッフィット	lease リース
滓 kasu	feccia *f.* フェッチャ	dregs ドレグズ
数 kazu	numero *m.* ヌーメロ	number, figure ナンバ, フィギャ
ガス gasu	gas *m.* ガス	gas ギャス
かすかな kasukana	debole デーボレ	faint, slight フェイント, スライト
霞む kasumu	(essere) nebbioso(-*a*), offuscarsi (エッセレ) ネッビオーゾ(-ザ), オッフスカルスィ	(be) hazy (ビ) ヘイズィ
掠れる （声などが） kasureru	(diventare) rauco(-*a*) (ディヴェンターレ) ラウコ(-カ)	(get) hoarse (ゲト) ホース
風 kaze	vento *m.* ヴェント	wind, breeze ウィンド, ブリーズ
風邪 kaze	raffreddore *m.* ラッフレッドーレ	cold, flu コウルド, フルー
火星 kasei	Marte *m.* マルテ	Mars マーズ
課税 kazei	tassazione *f.* タッサツィオーネ	taxation タクセイション
化石 kaseki	fossile *m.* フォッスィレ	fossil ファスィル

日	伊	英
<ruby>稼<rt>かせ</rt></ruby>ぐ kasegu	**guadagnare** グァダニャーレ	earn アーン
（時間を）	**guadagnare** グァダニャーレ	gain ゲイン
<ruby>仮説<rt>かせつ</rt></ruby> kasetsu	**ipotesi** *f.* イポーテズィ	hypothesis ハイパセスィス
<ruby>仮設<rt>かせつ</rt></ruby>（一時的な） kasetsu	**provvisorio(-a)** プロッヴィゾーリオ	temporary テンポレリ
〜住宅	**baracca** *f.* バラッカ	temporary houses テンポレリ ハウゼズ
〜する	**costruire** コストルイーレ	build temporarily ビルド テンポレリリ
<ruby>仮装<rt>かそう</rt></ruby> kasou	**travestimento** *m.* トラヴェスティメント	disguise ディスガイズ
<ruby>画像<rt>がぞう</rt></ruby> gazou	**immagine** *f.* インマージネ	picture, image ピクチャ, イミヂ
<ruby>数<rt>かぞ</rt></ruby>える kazoeru	**contare, calcolare** コンターレ, カルコラーレ	count, calculate カウント, キャルキュレイト
<ruby>家族<rt>かぞく</rt></ruby> kazoku	**famiglia** *f.* ファミッリァ	family ファミリ
<ruby>加速<rt>かそく</rt></ruby>する kasokusuru	**accelerare** アッチェレラーレ	accelerate アクセラレイト
<ruby>ガソリン<rt>がそりん</rt></ruby> gasorin	**benzina** *f.* ベンズィーナ	gasoline, gas, ⓑpetrol ギャソリーン, ギャス, ペトロル
〜スタンド	**stazione di rifornimento** *f.* スタツィオーネ ディ リフォルニメント	gas station, filling station ギャス ステイション, フィリング ステイション
<ruby>型<rt>かた</rt></ruby>（鋳型） kata	**stampo** *m.* スタンポ	mold, cast モウルド, キャスト

日	伊	英
(様式)	**stile** *m.* スティーレ	style, mode, type スタイル, モウド, タイプ
かた 形 (パターン) kata	**modello** *m.* モデッロ	pattern パタン
(形式・形状)	**forma** *f.* フォルマ	form, shape フォーム, シェイプ
かた 肩 kata	**spalla** *f.* スパッラ	shoulder ショウルダ
かたい 固[堅・硬]い katai	**duro(-a)** ドゥーロ(-ラ)	hard, solid ハード, サリド
(態度・状態が)	**rigido(-a)** リージド(-ダ)	strong, firm ストロング, ファーム
かだい 課題 (任務) kadai	**carica** *f.*, **incarico** *m.* カーリカ, インカーリコ	task タスク
(主題)	**tema** *m.* テーマ	subject, theme サブジェクト, スィーム
かたがき 肩書 katagaki	**titolo** *m.* ティートロ	title タイトル
かたがみ 型紙 katagami	**cartamodello** *m.* カルタモデッロ	paper pattern ペイパ パタン
かたき 敵 kataki	**nemico(-a)** *m.(f.)*, **avversario(-a)** *m.(f.)* ネミーコ(-カ), アッヴェルサーリオ(-ア)	enemy, opponent エネミ, オポウネント
かたくちいわし 片口鰯 katakuchiiwashi	**acciuga** *f.* アッチューガ	anchovy アンチョウヴィ
かたち 形 katachi	**forma** *f.* フォルマ	shape, form シェイプ, フォーム
かたづく 片づく (決着している) katazuku	**(essere) sistemato(-a)** (エッセレ) スィステマート(-タ)	(be) settled (ビ) セトルド

日	伊	英
(終了している)	(essere) concluso(-a) (エッセレ) コンクルーソ(-ザ)	(be) finished, (be) done (ビ) フィニシュト, (ビ) ダン
(整理される)	(essere) messo(-a) in ordine (エッセレ) メッソ(-サ) イノルディネ	(be) put in order (ビ) プト イン オーダ
かたづける 片づける katazukeru	mettere ... in ordine メッテレ … イノルディネ	put in order プト イン オーダ
(決着する)	sistemare スィステマーレ	settle セトル
(終了する)	finire フィニーレ	finish フィニシュ
かたな 刀 katana	spada *f.* スパーダ	sword ソード
かたはば 肩幅 katahaba	larghezza delle spalle *f.* ラルゲッツァ デッレ スパッレ	shoulder length ショウルダ レングス
かたほう 片方 (もう一方) katahou	uno(-a) in una coppia *m.(f.)* ウーノ(-ナ) イヌナ コッピア	one of a pair ワン オヴ ア ペア
(片側)	una parte *f.*, un lato *m.* ウナ パルテ, ウン ラート	one side ワン サイド
かたまり 塊 katamari	massa *f.* マッサ	lump, mass ランプ, マス
かたまる 固まる (凝固する) katamaru	coagularsi コアグラルスィ	congeal, coagulate コンチール, コウアギュレイト
(固くなる)	indurirsi インドゥリルスィ	harden ハードン
かたみち 片道 katamichi	sola andata *f.*, andata *f.* ソーラ アンダータ, アンダータ	one way ワン ウェイ
かたむく 傾く katamuku	inclinarsi インクリナルスィ	lean, incline リーン, インクライン

日	伊	英
かたむける **傾ける** katamukeru	**inclinare** インクリナーレ	tilt, bend ティルト, ベンド
かためる **固める**（凝固させる） katameru	**coagulare** コアグラーレ	make congeal メイク コンチール
（固くする）	**indurire** インドゥリーレ	harden ハードン
（強くする）	**rafforzare** ラッフォルツァーレ	strengthen, fortify ストレングスン, フォーティファイ
かたよる **偏る** katayoru	**deviare, inclinare** デヴィアーレ, インクリナーレ	lean to, (be) biased リーン トゥ, (ビ) バイアスト
かたる **語る** kataru	**parlare** パルラーレ	talk, speak トーク, スピーク
かたろぐ **カタログ** katarogu	**catalogo** *m.* カターロゴ	catalog, Ⓑcatalogue キャタローグ, キャタログ
かだん **花壇** kadan	**aiuola** *f.* アイウォーラ	flowerbed フラウアベド
かち **価値** kachi	**valore** *m.* ヴァローレ	value, worth ヴァリュ, ワース
かち **勝ち** kachi	**vittoria** *f.* ヴィットーリア	victory, win ヴィクトリ, ウィン
かちく **家畜** kachiku	**bestiame** *m.* ベスティアーメ	livestock ライヴスタク
かちょう **課長** kachou	**caposezione** *m.f.* カポセツィオーネ	section manager セクション マニヂャ
かつ **勝つ** katsu	**vincere** ヴィンチェレ	win ウィン
かつお **鰹** katsuo	**palamita sarda** *f.* パラミータ サルダ	bonito ボニートゥ

日	伊	英
がっか **学科** (大学の) gakka	**dipartimento** *m.* ディパルティメント	department ディパートメント
がっか **学課** gakka	**lezione** *f.* レツィオーネ	lesson レスン
がっかい **学会** gakkai	**società accademica** *f.* ソチエタ アッカデーミカ	academic society アカデミク ソサイエティ
がっかりする **がっかりする** gakkarisuru	**(essere) deluso(-a)** (エッセレ) デルーゾ(-ザ)	(be) disappointed (ビ) ディサポインテド
かっき **活気** kakki	**vivacità** *f.* ヴィヴァチタ	liveliness, animation ライヴリネス, アニメイション
がっき **学期** gakki	**trimestre** *m.*, **semestre** *m.* トリメストレ, セメストレ	term, semester ターム, セメスタ
がっき **楽器** gakki	**strumento musicale** *m.* ストルメント ムズィカーレ	musical instrument ミューズィカル インストルメント
かっきてきな **画期的な** kakkitekina	**che fa epoca** ケ ファ エーポカ	epochmaking エポクメイキング
がっきゅう **学級** gakkyuu	**classe** *f.* クラッセ	(school) class (スクール) クラス
かつぐ **担ぐ** katsugu	**mettersi ... sulle spalle** メッテルスィ ... スッレ スパッレ	shoulder ショウルダ
(だます)	**ingannare** インガンナーレ	deceive ディスィーヴ
かっこいい **かっこいい** kakkoii	**bello(-a)** ベッロ(-ラ)	neat, cool ニート, クール
かっこう **格好** kakkou	**forma** *f.* フォルマ	shape, form シェイプ, フォーム
かっこう **郭公** kakkou	**cuculo** *m.* クークロ	cuckoo ククー

日	伊	英
がっこう **学校** gakkou	**scuola** *f.* スク**ォ**ーラ	school ス**ク**ール
かっさい **喝采** kassai	**applauso** *m.* アップ**ラ**ウゾ	cheers, applause **チ**アズ, ア**プ**ローズ
がっしょう **合唱** gasshou	**coro** *m.* **コ**ーロ	chorus **コ**ーラス
かっしょくの **褐色の** kasshokuno	**marrone** マッ**ロ**ーネ	brown ブ**ラ**ウン
がっそう **合奏** gassou	**complesso musicale** *m.* コンプ**レ**ッソ ムズィ**カ**ーレ	ensemble アーン**サ**ーンブル
かっそうろ **滑走路** kassouro	**pista** *f.* **ピ**スタ	runway **ラ**ンウェイ
かつて **かつて** katsute	**una volta, prima** ウナ **ヴォ**ルタ, プ**リ**ーマ	once, before **ワ**ンス, ビ**フォ**ー
かってな **勝手な** kattena	**egoistico(-a)** エゴ**イ**スティコ(-カ)	selfish **セ**ルフィシュ
かってに **勝手に** katteni	**arbitrariamente** アルビトラリア**メ**ンテ	arbitrarily **ア**ービトレリリ
かっとう **葛藤** kattou	**conflitto** *m.*, **complicazione** *f.* コンフ**リ**ット, コンプリカツィ**オ**ーネ	discord, conflict **ディ**スコード, **カ**ンフリクト
かつどう **活動** katsudou	**attività** *f.* アッティヴィ**タ**	activity ア**ク**ティヴィティ
かっとなる **かっとなる** kattonaru	**infuriarsi** インフリ**ア**ルスィ	fly into a rage フ**ラ**イ イン**トゥ** ア **レ**イヂ
かっぱつな **活発な** kappatsuna	**attivo(-a)** アッ**ティ**ーヴォ(-ヴァ)	active, lively **ア**クティヴ, **ラ**イヴリ
かっぷ **カップ** kappu	**tazza** *f.* **タ**ッツァ	cup **カ**プ

日	伊	英
かっぷる **カップル** kappuru	**coppia** *f.* コッピア	couple カプル
がっぺいする **合併する** gappeisuru	**fondere, fondersi** フォンデレ, フォンデルスィ	merge マーヂ
かつやくする **活躍する** katsuyakusuru	**(essere) attivo(-a)** *in* (エッセレ) アッティーヴォ(-ヴァ) イン	(be) active in (ビ) アクティヴ イン
かつよう **活用** katsuyou	**buon uso** *m.* ブオヌーゾ	practical use, application プラクティカル ユース, アプリケイション
～する	**utilizzare** ウティリッザーレ	put to practical use プト トゥ プラクティカル ユース
（文法の）	**coniugazione** *f.* コニウガツィオーネ	conjugation カンヂュゲイション
かつら **かつら** katsura	**parrucca** *f.* パッルッカ	wig ウィグ
かてい **仮定** katei	**supposizione** *f.* スッポズィツィオーネ	supposition, hypothesis サポズイション, ハイパセスィス
～する	**supporre** スッポッレ	assume, suppose アスューム, サポウズ
かてい **家庭** katei	**famiglia** *f.* ファミッリァ	home, family ホウム, ファミリ
かど **角** kado	**angolo** *m.* アンゴロ	corner, turn コーナ, ターン
かどう **稼動** kadou	**funzionamento** *m.* フンツィオナメント	operation アペレイション
かとうな **下等な** katouna	**inferiore, basso(-a)** インフェリオーレ, バッソ(-サ)	inferior, low インフィアリア, ロウ
かとりっく **カトリック** katorikku	**cattolicesimo** *m.* カットリチェーズィモ	Catholicism カサリスィズム

日	伊	英
かなあみ **金網** kanaami	**rete metallica** *f.* レーテ メタッリカ	wire netting ワイア ネティング
かなしい **悲しい** kanashii	**triste** トリステ	sad, sorrowful サド, サロウフル
かなしみ **悲しみ** kanashimi	**tristezza** *f.* トリステッツァ	sorrow, sadness サロウ, サドネス
かなだ **カナダ** kanada	**Canada** *m.* カーナダ	Canada キャナダ
かなづち **金槌** kanazuchi	**martello** *m.* マルテッロ	hammer ハマ
かなめ **要** kaname	**punto principale** *m.* プント プリンチパーレ	(essential) point (イセンシャル) ポイント
からなず **必ず** (ぜひとも) kanarazu	**a tutti i costi** ア トゥッティ イ コスティ	by all means バイ オール ミーンズ
(間違いなく)	**senz'altro** センツァルトロ	without fail ウィザウト フェイル
(常に)	**sempre** センプレ	always オールウェイズ
かなり **かなり** kanari	**abbastanza** アッバスタンツァ	fairly, pretty フェアリ, プリティ
かなりあ **カナリア** kanaria	**canarino(-a)** *m.* (*f.*) カナリーノ(-ナ)	canary カネアリ
かなりの **かなりの** kanarino	**notevole** ノテーヴォレ	considerable コンスィダラブル
かに **蟹** kani	**granchio** *m.* グランキオ	crab クラブ
〜座	**Cancro** *m.* カンクロ	Crab, Cancer クラブ, キャンサ
かにゅうする **加入する** kanyuusuru	**iscriversi** *a*, **unirsi** *a* イスクリーヴェルスィ ア, ウニルスィ ア	join, enter ヂョイン, エンタ

日	伊	英
カヌー kanuu	**canoa** *f.* カノーア	canoe カヌー
金 kane	**soldi** *m.pl.* ソルディ	money マニ
鐘 kane	**campana** *f.* カンパーナ	bell ベル
加熱 kanetsu	**riscaldamento** *m.* リスカルダメント	heating ヒーティング
過熱 kanetsu	**surriscaldamento** *m.* スッリスカルダメント	overheating オウヴァヒーティング
金儲け kanemouke	**lucro** *m.* ルークロ	moneymaking マニメイキング
〜する	**fare soldi, guadagnare** ファーレ ソルディ, グアダニャーレ	make money メイク マニ
金持ち kanemochi	**ricco(-a)** *m.*(*f.*) リッコ(-カ)	rich person リチ パーソン
兼ねる (兼ね備える) kaneru	**unire ... a** ウニーレ ... ア	combine with コンバイン ウィズ
(兼務する)	**tenere ... contemporaneamente** テネーレ ... コンテンポラネアメンテ	hold concurrently ホウルド コンカーレントリ
可能性 kanousei	**possibilità** *f.* ポッスィビリタ	possibility パスィビリティ
可能な kanouna	**possibile** ポッスィービレ	possible パスィブル
彼女 kanojo	**lei, ella** レーイ, エッラ	she シー
(恋人)	**ragazza** *f.* ラガッツァ	girlfriend ガールフレンド

日	伊	英
かば 河馬 kaba	**ippopotamo** *m.* イッポポータモ	hippopotamus ヒポパタマス
かばー カバー kabaa	**copertura** *f.*, **coperta** *f.* コペルトゥーラ, コペルタ	cover カヴァ
〜する	**coprire** コプリーレ	cover カヴァ
かばう かばう kabau	**proteggere** プロテッジェレ	protect プロテクト
かばん 鞄 kaban	**borsa** *f.* ボルサ	bag バグ
かはんすう 過半数 kahansuu	**maggioranza** *f.* マッジョランツァ	majority マヂョーリティ
かび かび kabi	**muffa** *f.* ムッファ	mold, mildew モウルド, ミルデュー
かびん 花瓶 kabin	**vaso da fiori** *m.* ヴァーゾ ダ フィオーリ	vase ヴェイス
かぶ 蕪 kabu	**rapa** *f.* ラーパ	turnip ターニプ
かふぇ カフェ kafe	**bar** *m.*, **caffè** *m.* バール, カッフェ	café, coffeehouse キャフェイ, コーフィハウス
かふぇいん カフェイン kafein	**caffeina** *f.* カッフェイーナ	caffeine キャフィーン
かふぇおれ カフェオレ kafeore	**caffellatte** *m.* カッフェッラッテ	café au lait キャフェイ オウ レイ
かぶけん 株券 kabuken	**azione** *f.* アツィオーネ	stock certificate スタク サティフィケト
かぶしき 株式 kabushiki	**azioni** *f.pl.* アツィオーニ	stocks スタクス

日	伊	英
～会社	**società per azioni** *f.* ソチエタ ペラツィオーニ	joint-stock corporation ヂョイントスタク コーポレイション
～市場	**mercato azionario** *m.* メルカート アツィオナーリオ	stock market スタク マーケト
カフスボタン kafusubotan	**gemelli** *m.pl.* ジェメッリ	cuff link カフ リンクス
かぶせる 被せる kabuseru	**coprire ... con** コプリーレ … コン	cover with カヴァ ウィズ
（罪などを）	**accusare ... di** アックザーレ … ディ	charge with チャーヂ ウィズ
かぷせる カプセル kapuseru	**capsula** *f.* カプスラ	capsule キャプスル
かぶぬし 株主 kabunushi	**azionista** *m.f.* アツィオニスタ	stockholder スタクホウルダ
かぶる 被る kaburu	**mettersi** メッテルスィ	put on, wear プト オン，ウェア
かぶれ かぶれ kabure	**eruzione cutanea** *f.* エルツィオーネ クターネア	rash ラシュ
かふん 花粉 kafun	**polline** *m.* ポッリネ	pollen パルン
～症	**pollinosi** *f.* ポッリノーズィ	hay fever ヘイ フィーヴァ
かべ 壁 kabe	**muro** *m.* ムーロ	wall, partition ウォール，パーティション
～紙	**carta da parati** *f.* カルタ ダ パラーティ	wallpaper ウォールペイパ
かぼちゃ 南瓜 kabocha	**zucca** *f.* ズッカ	pumpkin パンプキン

日	伊	英
かま 釜 kama	**pentola** *f.* ペントラ	iron pot **ア**イアン **パ**ト
かま 窯 kama	**forno** *m.* **フォ**ルノ	kiln **キ**ルン
かまう （干渉する） 構う kamau	**immischiarsi** *in* インミスキ**ア**ルスィ イン	meddle in **メ**ドル **イ**ン
（気にかける）	**preoccuparsi** *di* プレオック**パ**ルスィ ディ	care about, mind **ケ**ア ア**バ**ウト，**マ**インド
（世話する）	**avere cura** *di* ア**ヴェ**ーレ **ク**ーラ ディ	care for **ケ**ア **フォ**
がまんする 我慢する gamansuru	**avere pazienza** ア**ヴェ**ーレ パツィ**エ**ンツァ	(be) patient (ビ) **ペ**イシェント
かみ 紙 kami	**carta** *f.* **カ**ルタ	paper **ペ**イパ
かみ 神 kami	**dio** *m.* **ディ**ーオ	god **ガ**ド
（女神）	**dea** *f.* **デ**ーア	goddess **ガ**デス
かみ 髪 kami	**capello** *m.*, **capelli** *m.pl.* カ**ペ**ッロ，カ**ペ**ッリ	hair **ヘ**ア
かみそり かみそり kamisori	**rasoio** *m.* ラ**ゾ**イオ	razor **レ**イザ
かみつな 過密な （人口が） kamitsuna	**sovrappopolato(-a)** ソヴラッポポ**ラ**ート(-タ)	overpopulated オウヴァパ**ピュ**レイテド
（余裕がない）	**sovraccarico(-a)** ソヴラッ**カ**ーリコ(-カ)	tight, heavy **タ**イト，**ヘ**ヴィ
かみなり 雷 kaminari	**tuono** *m.* トゥ**オ**ーノ	thunder **サ**ンダ
かみん 仮眠 kamin	**dormitina** *f.* ドルミ**ティ**ーナ	doze **ド**ウズ

日	伊	英
噛む kamu	**masticare, mordere** マスティカーレ, モルデレ	bite, chew バイト, チュー
ガム gamu	**gomma da masticare** *f.* ゴンマ ダ マスティカーレ	chewing gum チューイング ガム
亀 kame	**tartaruga** *f.* タルタルーガ	tortoise, turtle トータス, タートル
加盟する kameisuru	**affiliarsi a** アッフィリアルスィ ア	(be) affiliated (ビ) アフィリエイテド
カメラ kamera	**macchina fotografica** *f.* マッキナ フォトグラーフィカ	camera キャメラ
〜マン (写真家)	**fotografo(-a)** *m.* (*f.*) フォトーグラフォ(-ファ)	photographer フォタグラファ
〜マン (映画・テレビなどの)	**cineoperatore(-trice)** *m.* (*f.*) チネオペラトーレ(-トリーチェ)	cameraman キャメラマン
仮面 kamen	**maschera** *f.* マスケラ	mask マスク
画面 gamen	**schermo** *m.* スケルモ	screen, display スクリーン, ディスプレイ
鴨 kamo	**anatra** *f.* アーナトラ	duck ダク
科目 kamoku	**materia** *f.* マテーリア	subject サブヂェクト
貨物 kamotsu	**merci** *f.pl.* メルチ	freight, goods フレイト, グヅ
〜船	**nave da carico** *f.* ナーヴェ ダ カーリコ	freighter フレイタ
〜列車	**treno merci** *m.* トレーノ メルチ	freight train フレイト トレイン

日	伊	英
かもめ **鴎** kamome	**gabbiano** *m.* ガッビアーノ	seagull スィーガル
かやく **火薬** kayaku	**polvere** *f.* ポルヴェレ	gunpowder ガンパウダ
かゆい **痒い** kayui	**pruriginoso(-a)** プルリジノーゾ(-ザ)	itchy イチ
かよう **通う** (定期的に) kayou	**frequentare** フレクェンターレ	commute to, attend コミュート トゥ, アテンド
(頻繁に)	**frequentare** フレクェンターレ	visit frequently ヴィズィト フリークウェントリ
かようび **火曜日** kayoubi	**martedì** *m.* マルテディ	Tuesday テューズデイ
から **殻** (貝の) kara	**conchiglia** *f.* コンキッリァ	shell シェル
(木の実の)	**guscio** *m.* グッショ	shell シェル
(卵の)	**guscio** *m.* グッショ	eggshell エグシェル
がら **柄** gara	**motivo** *m.* モティーヴォ	pattern, design パタン, ディザイン
からー **カラー** karaa	**colore** *m.* コローレ	color, ⒷColour カラ, カラ
～フィルム	**pellicola a colori** *f.* ペッリーコラ ア コローリ	color film カラ フィルム
からい **辛い** karai	**piccante** ピッカンテ	hot, spicy ハト, スパイスィ
(塩辛い)	**salato(-a)** サラート(-タ)	salty ソールティ

日	伊	英
からかう からかう karakau	**prendere ... in giro** プレンデレ ... イン ジーロ	make fun of メイク ファン オヴ
がらくた **がらくた** garakuta	**cianfrusaglie** *f.pl.* チャンフルザッリェ	trash, garbage, Ⓑrubbish トラシュ, ガービヂ, ラビシュ
からくちの **辛口の** (酒など) karakuchino	**secco(-*a*)** セッコ(-カ)	dry ドライ
(批評などが)	**severo(-*a*)** セヴェーロ(-ラ)	harsh, sharp ハーシュ, シャープ
からす **カラス** karasu	**corvo** *m.* コルヴォ	crow クロウ
がらす **ガラス** garasu	**vetro** *m.* ヴェートロ	glass グラス
からだ **体** karada	**corpo** *m.* コルポ	body バディ
(体格)	**fisico** *m.* フィーズィコ	physique フィズィーク
からふるな **カラフルな** karafuruna	**multicolore** ムルティコローレ	colorful カラフル
かり **借り** kari	**debito** *m.*, **prestito** *m.* デービト, プレスティト	debt, loan デト, ロウン
かりいれ **借り入れ** kariire	**prestito** *m.* プレスティト	borrowing バロウイング
かりうむ **カリウム** kariumu	**potassio** *m.* ポタッスィオ	potassium ポタスィアム
かりきゅらむ **カリキュラム** karikyuramu	**programma di studi** *m.* プログランマ ディ ストゥーディ	curriculum カリキュラム
かりすま **カリスマ** karisuma	**carisma** *m.* カリズマ	charisma カリズマ

日	伊	英
かりの **仮の** karino	**temporaneo(-a)** テンポラーネオ(-ア)	temporary テンポレリ
かりふらわー **カリフラワー** karifurawaa	**cavolfiore** *m.* カヴォルフィオーレ	cauliflower コーリフラウア
かりゅう **下流** karyuu	**tratto a valle** *m.* トラット ア ヴァッレ	downstream ダウンストリーム
かりる **借りる** kariru	**prendere ... in prestito** プレンデレ ... イン プレスティト	borrow, rent バロウ, レント
かる **刈る** (作物を) karu	**mietere** ミエーテレ	reap, harvest リープ, ハーヴェスト
(髪を)	**tagliare** タッリャーレ	cut, trim カト, トリム
かるい **軽い** karui	**leggero(-a)** レッジェーロ(-ラ)	light, slight ライト, スライト
(気楽な)	**facile** ファーチレ	easy イーズィ
かるしうむ **カルシウム** karushiumu	**calcio** *m.* カルチョ	calcium キャルスィアム
かるて **カルテ** karute	**cartella clinica** *f.* カルテッラ クリーニカ	(medical) chart (メディカル) チャート
かるてっと **カルテット** karutetto	**quartetto** *m.* クァルテット	quartet クウォーテト
かれ **彼** kare	**lui, egli** ルーイ, エッリ	he ヒー
(恋人)	**ragazzo** *m.* ラガッツォ	boyfriend ボイフレンド
かれいな **華麗な** kareina	**magnifico(-a)** マニーフィコ(-カ)	splendid, gorgeous スプレンディド, ゴーヂャス
かれー **カレー** karee	**curry** *m.* カッリ	curry カーリ

日	伊	英
ガレージ gareeji	**garage** *m.* ガラージュ	garage ガラージ
かれら 彼ら karera	**loro** ロー口	they ゼイ
かれる 枯れる kareru	**appassire, morire** アッパッスィーレ, モリーレ	wither, die ウィザ, ダイ
かれんだー カレンダー karendaa	**calendario** *m.* カレンダーリオ	calendar キャレンダ
かろう 過労 karou	**eccesso di lavoro** *m.* エッチェッソ ディ ラヴォーロ	overwork オウヴァワーク
がろう 画廊 garou	**galleria d'arte** *f.* ガッレリーア ダルテ	art gallery アート ギャラリ
かろうじて 辛うじて karoujite	**appena** アッペーナ	barely ベアリ
かろりー カロリー karorii	**caloria** *f.* カロリーア	calorie キャロリ
かわ 川 kawa	**fiume** *m.* フィウーメ	river リヴァ
かわ 皮 (果皮) kawa	**buccia** *f.* ブッチャ	peel ピール
(樹皮)	**corteccia** *f.* コルテッチャ	bark バーク
(皮膚)	**pelle** *f.* ペッレ	skin スキン
(毛皮)	**pelliccia** *f.* ペッリッチャ	fur ファー
かわ 革 kawa	**pelle** *f.* ペッレ	leather レザ
がわ 側 gawa	**lato** *m.*, **parte** *f.* ラート, パルテ	side サイド

日	伊	英
かわいい **可愛い** kawaii	**carino(-a)** カリーノ(-ナ)	cute キュート
かわいがる **可愛がる** kawaigaru	**coccolare** コッコラーレ	love, cherish ラヴ, チェリシュ
かわいそうな **可哀相な** kawaisouna	**povero(-a)** ポーヴェロ(-ラ)	poor, pitiable プア, ピティアブル
かわかす **乾かす** kawakasu	**asciugare** アシュガーレ	dry ドライ
かわく **乾く** kawaku	**asciugarsi** アシュガルスィ	dry (up) ドライ (アプ)
かわく **渇く** (喉が) kawaku	**avere sete** アヴェーレ セーテ	(become) thirsty (ビカム) サースティ
かわせ **為替** kawase	**vaglia** m., **cambio** m. ヴァッリァ, カンビオ	money order マニ オーダ
〜レート	**tasso di cambio** m., **cambio** m. タッソ ディ カンビオ, カンビオ	exchange rate イクスチェインヂ レイト
かわりに **代わりに** kawarini	**invece** di インヴェーチェ ディ	instead of, for インステド オヴ, フォー
かわる **代わる** kawaru	**sostituire** ソスティトゥイーレ	replace リプレイス
かわる **変わる** kawaru	**cambiare, diventare** カンビアーレ, ディヴェンターレ	change, turn into チェインヂ, ターン イントゥ
かん **勘** kan	**intuizione** f., **intuito** m. イントゥイツィオーネ, イントゥーイト	intuition インテュイション
かん **缶** kan	**lattina** f., **scatoletta** f. ラッティーナ, スカトレッタ	can, tin キャン, ティン
がん **癌** gan	**cancro** m. カンクロ	cancer キャンサ

日	伊	英
かんえん **肝炎** kan-en	**epatite** *f.* エパ**ティ**ーテ	hepatitis ヘパ**タイ**ティス
がんか **眼科** ganka	**oculistica** *f.* オク**リ**スティカ	ophthalmology アフサル**マ**ロヂ
かんがえ **考え** kangae	**pensiero** *m.* ペンスィ**エ**ーロ	thought, thinking **ソ**ート, **スィ**ンキング
（アイディア）	**idea** *f.* イ**デ**ーア	idea アイ**ディ**ーア
（意見）	**opinione** *f.* オピニ**オ**ーネ	opinion オ**ピ**ニョン
かんがえる **考える** kangaeru	**pensare** ペン**サ**ーレ	think **スィ**ンク
かんかく **感覚** kankaku	**sensazione** *f.* センサツィ**オ**ーネ	sense, feeling **セ**ンス, **フィ**ーリング
かんかく **間隔** kankaku	**intervallo** *m.*, **spazio** *m.* インテル**ヴァ**ッロ, ス**パ**ーツィオ	space, interval ス**ペ**イス, **イ**ンタヴァル
かんかつ **管轄** kankatsu	**giurisdizione** *di f.* ジュリズディツィ**オ**ーネ ディ	jurisdiction of デュアリス**ディ**クション オヴ
かんがっき **管楽器** kangakki	**strumento a fiato** *m.* ストル**メ**ント ア フィ**ア**ート	wind instrument **ウィ**ンド **イ**ンストルメント
かんきする **換気する** kankisuru	**ventilare** ヴェンティ**ラ**ーレ	ventilate **ヴェ**ンティレイト
かんきつるい **柑橘類** kankitsurui	**agrume** *m.* アグ**ル**ーメ	citrus fruit **スィ**トラス フ**ル**ート
かんきゃく **観客** kankyaku	**spetta*tore*(*-trice*)** *m.* (*f.*) スペッタ**ト**ーレ(-**ト**リーチェ)	spectator ス**ペ**クテイタ
～席	**posto** *m.*, **tribuna** *f.* **ポ**スト, トリ**ブ**ーナ	seat, stand **スィ**ート, ス**タ**ンド
かんきょう **環境** kankyou	**ambiente** *m.* アンビ**エ**ンテ	environment イン**ヴァ**イアロンメント

日	伊	英
かんきり **缶切り** kankiri	**apriscatole** *m.* アプリスカートレ	can opener キャン オウプナ
かんきん **監禁** kankin	**reclusione** *f.* レクルズィオーネ	confinement コンファインメント
がんきん **元金** gankin	**capitale** *m.* カピターレ	principal, capital プリンスィパル, キャピタル
かんけい **関係** kankei	**relazione** *f.*, **rapporto** *m.* レラツィオーネ, ラッポルト	relation, relationship リレイション, リレイションシプ
～する	**riferirsi** *a* リフェリルスィ ア	(be) related to (ビ) リレイテド トゥ
～する (かかわる)	**(essere) coinvolto(-a)** *in* (エッセレ) コインヴォルト(-タ) イン	(be) involved in (ビ) インヴァルヴド イン
かんげいする **歓迎する** kangeisuru	**dare il benvenuto** *a* ダーレ イル ベンヴェヌート ア	welcome ウェルカム
かんげきする **感激する** kangekisuru	**commuoversi** コンムオーヴェルスィ	(be) deeply moved by (ビ) ディープリ ムーヴド バイ
かんけつする **完結する** kanketsusuru	**finire** フィニーレ	finish フィニシュ
かんけつな **簡潔な** kanketsuna	**conciso(-a)** コンチーゾ(-ザ)	brief, concise ブリーフ, コンサイス
かんげんがく **管弦楽** kangengaku	**musica orchestrale** *f.* ムーズィカ オルケストラーレ	orchestral music オーケストラル ミューズィク
かんご **看護** kango	**assistenza infermieristica** *f.* アッスィステンツァ インフェルミエリスティカ	nursing ナースィング
～師	**infermiere(-a)** *m.* (*f.*) インフェルミエーレ(-ラ)	nurse ナース
～する	**assistere** アッスィステレ	nurse ナース

日	伊	英
かんこう 観光 kankou	**turismo** *m.* トゥリズモ	sightseeing サイトスィーイング
～客	**turista** *m.f.* トゥリスタ	tourist トゥアリスト
かんこうちょう 官公庁 kankouchou	**uffici governativi** *m.pl.* ウッフィーチ ゴヴェルナティーヴィ	government offices ガヴァンメント オーフィセズ
かんこうへん 肝硬変 kankouhen	**cirrosi epatica** *f.* チッローズィ エパーティカ	cirrhosis スィロウスィス
かんこく 韓国 kankoku	**Corea del Sud** *f.* コレーア デル スド	South Korea サウス コリーア
～語	**coreano** *m.* コレアーノ	Korean コリーアン
がんこな 頑固な gankona	**testardo(-*a*)** テスタルド(-ダ)	stubborn, obstinate スタボン, アブスティネト
かんさ 監査 kansa	**ispezione** *f.* イスペツィオーネ	inspection インスペクション
かんさつ 観察 kansatsu	**osservazione** *f.* オッセルヴァツィオーネ	observation アブザヴェイション
～する	**osservare** オッセルヴァーレ	observe オブザーヴ
かんさんする 換算する kansansuru	**convertire** コンヴェルティーレ	convert コンヴァート
かんし 冠詞 kanshi	**articolo** *m.* アルティーコロ	article アーティクル
かんし 監視 kanshi	**sorveglianza** *f.* ソルヴェッリァンツァ	surveillance サヴェイランス
かんじ 感じ kanji	**sensazione** *f.* センサツィオーネ	feeling フィーリング
(印象)	**impressione** *f.* インプレッスィオーネ	impression インプレション

日	伊	英
かんじ 漢字 kanji	**carattere cinese** *m.* カラッテレ チネーゼ	Chinese character チャイニーズ キャラクタ
かんしゃ 感謝 kansha	**ringraziamento** *m.* リングラツィアメント	thanks, appreciation サンクス, アプリーシエイション
〜する	**ringraziare** リングラツィアーレ	thank サンク
かんじゃ 患者 kanja	**paziente** *m.f.* パツィエンテ	patient, case ペイシェント, ケイス
かんしゅう 観衆 kanshuu	**pubblico** *m.* プップリコ	spectators, audience スペクテイタズ, オーディエンス
かんじゅせい 感受性 kanjusei	**sensibilità** *f.* センスィビリタ	sensibility センスィビリティ
がんしょ 願書 gansho	**domanda di** *f.* ドマンダ ディ	application form アプリケイション フォーム
かんしょう 感傷 kanshou	**sentimentalismo** *m.* センティメンタリズモ	sentiment センティメント
かんじょう 感情 kanjou	**sentimento** *m.*, **emozione** *f.* センティメント, エモツィオーネ	feeling, emotion フィーリング, イモウション
（情熱）	**passione** *f.* パッスィオーネ	passion パション
かんじょう 勘定　（計算） kanjou	**calcolo** *m.* カルコロ	calculation キャルキュレイション
（支払い）	**pagamento** *m.* パガメント	payment ペイメント
（請求書）	**conto** *m.* コント	bill, check, ⒷCheque ビル, チェク, チェク
かんしょうする 干渉する kanshousuru	**interferire, intervenire** インテルフェリーレ, インテルヴェニーレ	interfere インタフィア

日	伊	英
かんしょうする 鑑賞する kanshousuru	**apprezzare** アップレッツァーレ	appreciate アプリーシエイト
がんじょうな 頑丈な ganjouna	**robusto(-a)** ロブスト(-タ)	strong, stout ストロング, スタウト
かんじる 感じる kanjiru	**sentire** センティーレ	feel フィール
かんしん 関心 kanshin	**interesse** *m.* インテレッセ	concern, interest コンサーン, インタレスト
かんしんする 感心する kanshinsuru	**ammirare** アンミラーレ	admire アドマイア
かんしんな 感心な kanshinna	**ammirevole** アンミレーヴォレ	admirable アドミラブル
かんじんな 肝心な kanjinna	**importante, essenziale** インポルタンテ, エッセンツィアーレ	important, essential インポータント, イセンシャル
かんすう 関数 kansuu	**funzione** *f.* フンツィオーネ	function ファンクション
かんせい 完成 kansei	**completamento** *m.* コンプレタメント	completion コンプリーション
～する	**compiere** コンピエレ	complete, accomplish コンプリート, アカンプリシュ
かんせい 歓声 kansei	**grida di gioia** *f.pl.* グリーダ ディ ジョイア	shout of joy シャウト オヴ ヂョイ
かんぜい 関税 kanzei	**dogana** *f.* ドガーナ	customs, duty カスタムズ, デューティ
かんせつ 関節 kansetsu	**articolazione** *f.* アルティコラツィオーネ	joint ヂョイント
かんせつの 間接の kansetsuno	**indiretto(-a)** インディレット(-タ)	indirect インディレクト

日	伊	英
かんせん **感染** kansen	**infezione** *f.*, **contagio** *m.* インフェツィオーネ, コンタージョ	infection, contagion インフェクション, コンテイヂョン
かんせんする **観戦する** kansensuru	**guardare una partita** グヴァルダーレ ウナ パルティータ	watch a game ワチ ア ゲイム
かんせんどうろ **幹線道路** kansendouro	**arteria stradale** *f.* アルテーリア ストラダーレ	highway ハイウェイ
かんぜんな **完全な** kanzenna	**perfetto**(*-a*) ペルフェット(-タ)	perfect パーフェクト
かんそう **感想** kansou	**opinione** *f.* オピニオーネ	thoughts, impressions ソーツ, インプレションズ
かんぞう **肝臓** kanzou	**fegato** *m.* フェーガト	liver リヴァ
かんそうき **乾燥機** kansouki	**asciugatrice** *f.* アシュガトリーチェ	dryer ドライア
かんそうきょく **間奏曲** kansoukyoku	**intermezzo** *m.* インテルメッゾ	intermezzo インタメッツォウ
かんそうする **乾燥する** kansousuru	**asciugare** アシュガーレ	dry ドライ
かんそく **観測** kansoku	**osservazione** *f.* オッセルヴァツィオーネ	observation アブザヴェイション
〜する	**osservare** オッセルヴァーレ	observe オブザーヴ
かんそな **簡素な** kansona	**semplice** センプリチェ	simple スィンプル
かんだいな **寛大な** kandaina	**generoso**(*-a*) ジェネローゾ(-ザ)	generous ヂェネラス
がんたん **元旦** gantan	**Capodanno** *m.* カポダンノ	New Year's Day ニュー イアズ デイ

日	伊	英
かんたんする **感嘆する** kantansuru	**ammirare** アンミラーレ	admire アド**マ**イア
かんたんな **簡単な** kantanna	**semplice, facile** セン**プ**リチェ, **ファ**ーチレ	simple, easy ス**ィ**ンプル, **イ**ーズィ
かんちがいする **勘違いする** kanchigaisuru	**confondere** コン**フォ**ンデレ	mistake ミス**テ**イク
かんちょう **官庁** kanchou	**uffici governativi** *m.pl.* ウッ**フィ**ーチ ゴヴェルナ**ティ**ーヴィ	government offices **ガ**ヴァンメント **オ**ーフィセズ
かんちょう **干潮** kanchou	**bassa marea** *f.* **バ**ッサ マ**レ**ーア	low tide **ロ**ウ **タ**イド
かんづめ **缶詰** kanzume	**cibo in scatola** *m.* **チ**ーボ イン ス**カ**ートラ	canned food, ⓑtinned food **キャ**ンド **フ**ード, **ティ**ンド **フ**ード
かんてい **官邸** kantei	**residenza ufficiale** *f.* レズィ**デ**ンツァ ウッフィ**チャ**ーレ	official residence オ**フィ**シャル **レ**ズィデンス
かんてい **鑑定** kantei	**perizia** *f.* ペ**リ**ーツィア	expert opinion **エ**クスパート オ**ピ**ニョン
かんてん **観点** kanten	**punto di vista** *m.* **プ**ント ディ **ヴィ**スタ	viewpoint **ヴュ**ーポイント
かんでんち **乾電池** kandenchi	**pila a secco** *f.*, **batteria** *f.* **ピ**ーラ ア **セ**ッコ, バッテ**リ**ーア	dry cell, battery **ド**ライ **セ**ル, **バ**タリ
かんどう **感動** kandou	**impressione** *f.*, **emozione** *f.* インプレッス**ィオ**ーネ, エモツ**ィオ**ーネ	impression, emotion イン**プレ**ション, イ**モ**ウション
～する	**commuoversi** *per* コンム**オ**ーヴェルスィ ペル	(be) moved by (ビ) **ム**ーヴド バイ
～的な	**commovente, emozionante** コンモ**ヴェ**ンテ, エモツィオ**ナ**ンテ	impressive イン**プレ**スィヴ
かんとうし **間投詞** kantoushi	**interiezione** *f.* インテリエツ**ィオ**ーネ	interjection インタ**チェ**クション

日	伊	英
かんとく **監督** （スポーツの） kantoku	**allena*tore*(*-trice*)** *m.*(*f.*) アッレナ**ト**ーレ(-ト**リ**ーチェ)	manager マ**ニ**ジャ
（映画の）	**regista** *m.f.* レ**ジ**スタ	director ディ**レ**クタ
（取り締まること）	**supervisione** *f.* スペルヴィズィ**オ**ーネ	supervision スーパ**ヴィ**ジャン
～する	**supervisionare** スペルヴィズィオ**ナ**ーレ	supervise **ス**ーパヴァイズ
かんな **鉋** kanna	**pialla** *f.* ピ**ア**ッラ	plane プ**レ**イン
かんにんぐ **カンニング** kanningu	**imbroglio** *m.* イン**ブ**ロッリォ	cheating **チ**ーティング
かんぬし **神主** kannushi	**sacerdote scintoista** *m.* サチェル**ド**ーテ シント**イ**スタ	Shinto priest **シ**ントウ プ**リ**ースト
かんねん **観念** kannen	**concetto** *m.* コン**チェ**ット	idea, conception アイ**ディ**ーア, コン**セ**プション
かんぱ **寒波** kanpa	**ondata di freddo** *f.* オン**ダ**ータ ディ フ**レ**ッド	cold wave **コ**ウルド **ウェ**イヴ
かんぱい **乾杯** kanpai	**brindisi** *m.* ブ**リ**ンディズィ	toast **ト**ウスト
かんばつ **干ばつ** kanbatsu	**siccità** *f.* スィッチ**タ**	drought ド**ラ**ウト
がんばる **頑張る** ganbaru	**lavorare sodo** ラヴォ**ラ**ーレ **ソ**ード	work hard **ワ**ーク **ハ**ード
（持ちこたえる）	**tenere duro** テ**ネ**ーレ **ドゥ**ーロ	hold out **ホ**ウルド **ア**ウト
（主張する）	**insistere** *su* イン**ス**ィステレ ス	insist on イン**ス**ィスト **オ**ン

日	伊	英
かんばん **看板** kanban	**insegna** *f.*, **cartello** *m.* インセーニャ, カルテッロ	billboard, sign-board ビルボード, サインボード
かんびょうする **看病する** kanbyousuru	**assistere** アッスィステレ	nurse, look after ナース, ルク アフタ
かんぶ **幹部** kanbu	**dirigenza** *f.* ディリジェンツァ	management マニヂメント
かんぺきな **完璧な** kanpekina	**perfetto(-a)** ペルフェット(-タ)	flawless, perfect フローレス, パーフェクト
がんぼう **願望** ganbou	**desiderio** *m.* デズィデーリオ	wish, desire ウィシュ, ディザイア
かんぼじあ **カンボジア** kanbojia	**Cambogia** *f.* カンボージャ	Cambodia キャンボウディア
かんゆうする **勧誘する** kan-yuusuru	**invitare** インヴィターレ	solicit, canvass ソリスィト, キャンヴァス
かんようく **慣用句** kan-youku	**frase idiomatica** *f.* フラーゼ イディオマーティカ	idiom イディオム
かんような **寛容な** kan-youna	**tollerante, generoso(-a)** トッレランテ, ジェネローゾ(-ザ)	tolerant, generous タララント, チェネラス
かんよする **関与する** kan-yosuru	**partecipare** *a* パルテチパーレ ア	participate パーティスィペイト
かんりする **管理する** (運営する) kanrisuru	**gestire** ジェスティーレ	manage マニヂ
(統制する)	**controllare** コントロッラーレ	control コントロウル
(保管する)	**custodire** クストディーレ	take charge of テイク チャーヂ オヴ
かんりゅう **寒流** kanryuu	**corrente fredda** *f.* コッレンテ フレッダ	cold current コウルド カーレント

日	伊	英
かんりょう 完了 kanryou	**compimento** *m.* コンピメント	completion コンプリーション
～する	**finire** フィニーレ	finish, complete フィニシュ, コンプリート
(文法上の)	**perfetto** *m.* ペルフェット	perfect form パーフェクト フォーム
かんりょうしゅぎ 官僚主義 kanryoushugi	**burocratismo** *m.* ブロクラティズモ	bureaucratism ビュアロクラティズム
かんれい 慣例 kanrei	**consuetudine** *f.* コンスエトゥーディネ	custom, convention カスタム, コンヴェンション
かんれん 関連 kanren	**rapporto** *m.* ラッポルト	relation, connection リレイション, コネクション
～する	**riferirsi** *a* リフェリルスィ ア	(be) related to (ビ) リレイテド トゥ
かんろく 貫禄 kanroku	**dignità** *f.* ディニタ	dignity ディグニティ
かんわする 緩和する kanwasuru	**ridurre** リドゥッレ	ease, relieve イーズ, リリーヴ

き, キ

日	伊	英
き 木 ki	**albero** *m.* アルベロ	tree トリー
(木材)	**legno** *m.* レーニョ	wood ウド
ぎあ ギア gia	**marcia** *f.* マルチャ	gear ギア
きあつ 気圧 kiatsu	**pressione atmosferica** *f.* プレッスィオーネ アトモスフェーリカ	atmospheric pressure アトモスフェリク プレシャ

日	伊	英
キー kii	**chiave** *f.* キアーヴェ	key キー
キーボード kiiboodo	**tastiera** *f.* タスティエーラ	keyboard キーボード
キーホルダー kiihorudaa	**portachiavi** *m.* ポルタキアーヴィ	key ring キー リング
黄色 kiiro	**giallo** *m.* ジャッロ	yellow イェロウ
キーワード kiiwaado	**parola chiave** *f.* パローラ キアーヴェ	key word キー ワード
議員 giin	**parlamentare** *m.f.*, **consigliere(-a)** *m.* (*f.*) パルラメンターレ, コンスィッリエーレ(-ラ)	member of an assembly メンバ オヴ アン アセンブリ
消える （消滅する） kieru	**scomparire** スコンパリーレ	vanish, disappear ヴァニシュ, ディサピア
（火や明かりが）	**spegnersi** スペーニェルスィ	go out ゴウ アウト
義援金 gienkin	**contributo** *m.*, **donazione** *f.* コントリブート, ドナツィオーネ	donation, contribution ドウネイション, カントリビューション
記憶 kioku	**memoria** *f.* メモーリア	memory メモリ
～する	**imparare a memoria** インパラーレ ア メモーリア	memorize, remember メモライズ, リメンバ
気温 kion	**temperatura** *f.* テンペラトゥーラ	temperature テンパラチャ
幾何 kika	**geometria** *f.* ジェオメトリーア	geometry ヂーアメトリ
機会 kikai	**occasione** *f.* オッカズィオーネ	opportunity, chance アポテューニティ, チャンス

日	伊	英
きかい **機械** kikai	**macchina** *f.* マッキナ	machine, apparatus マシーン, アパラタス
〜工学	**ingegneria meccanica** *f.* インジェニェリーア メッカーニカ	mechanical engineering ミキャニカル エンヂニアリング
ぎかい **議会** gikai	**parlamento** *m.*, **consiglio** *m.* パルラメント, コンスィッリョ	Congress, ⒷParliament カングレス, パーラメント
きがえ **着替え** kigae	**cambio d'abito** *m.* カンビオ ダービト	change of clothes チェインヂ オヴ クロウズ
きかく **企画** kikaku	**piano** *m.*, **progetto** *m.* ピアーノ, プロジェット	plan, project プラン, プラヂェクト
〜する	**progettare** プロジェッターレ	make a plan メイク ア プラン
きかざる **着飾る** kikazaru	**mettersi in ghingheri** メッテルスィ イン ギンゲリ	dress up ドレス アップ
きがつく **気が付く** (わかる) kigatsuku	**notare** ノターレ	notice, become aware ノウティス, ビカム アウェア
(意識が戻る)	**rinvenire** リンヴェニーレ	come to oneself, regain consciousness カム トゥ, リゲイン カンシャスネス
(注意が行き届く)	**(essere) premuroso(-a)** (エッセレ) プレムローゾ(- ザ)	(be) attentive (ビ) アテンティヴ
きがるな **気軽な** kigaruna	**spensierato(-a)**, **leggero(-a)** スペンスィエラート(-タ), レッジェーロ(-ラ)	lighthearted ライトハーテド
きかん **期間** kikan	**periodo** *m.* ペリーオド	period, term ピアリオド, ターム
きかん **機関** (機械・装置) kikan	**motore** *m.*, **macchina** *f.* モトーレ, マッキナ	engine, machine エンヂン, マシーン
(組織・機構)	**organizzazione** *f.*, **organo** *m.* オルガニッザツィオーネ, オルガノ	organ, institution オーガン, インスティテューション

日	伊	英
きかんし **気管支** kikanshi	**bronco** *m.* ブロンコ	bronchus ブラン**カ**ス
〜炎	**bronchite** *f.* ブロン**キ**ーテ	bronc**hi**tis ブラン**カ**イティス
きかんしゃ **機関車** kikansha	**locomotiva** *f.* ロコモ**ティ**ーヴァ	locomotive ロウコ**モ**ウティヴ
きかんじゅう **機関銃** kikanjuu	**mitragliatrice** *f.* ミトラッリャト**リ**ーチェ	machine gun マ**シ**ーン ガン
きき **危機** kiki	**crisi** *f.* ク**リ**ーズィ	crisis ク**ラ**イスィス
ききめ **効き目** kikime	**efficacia** *f.*, **effetto** *m.* エッフィ**カ**ーチャ, エッ**フェ**ット	effect, efficacy イ**フェ**クト, **エ**フィカスィ
ききゅう **気球** kikyuu	**pallone** *m.*, **mongolfiera** *f.* パッ**ロ**ーネ, モンゴルフィ**エ**ーラ	balloon バ**ル**ーン
きぎょう **企業** kigyou	**impresa** *f.* イン**プレ**ーザ	enterprise **エ**ンタプライズ
きぎょうか **起業家** kigyouka	**imprendi*tore*(*-trice*)** *m.*(*f.*) インプレンディ**ト**ーレ(-**ト**リーチェ)	entrepreneur アーントレプレ**ナ**ー
ぎきょく **戯曲** gikyoku	**dramma** *m.* ド**ラ**ンマ	drama, play ド**ラ**ーマ, プ**レ**イ
ききん **基金** kikin	**fondo** *m.* **フォ**ンド	fund **ファ**ンド
ききん **飢饉** kikin	**carestia** *f.* カレス**ティ**ーア	famine **ファ**ミン
ききんぞく **貴金属** kikinzoku	**metalli preziosi** *m.pl.* メ**タ**ッリ プレツィ**オ**ーズィ	precious metals プ**レ**シャス **メ**トルズ
きく **効く** kiku	**avere effetto** *su* ア**ヴェ**ーレ エッ**フェ**ット ス	have an effect on **ハ**ヴ アン イ**フェ**クト オン
きく **聞く** kiku	**sentire** セン**ティ**ーレ	hear **ヒ**ア

日	伊	英
(尋ねる)	**chiedere** キエーデレ	ask, inquire ア**スク**, イン**クワ**イア
きく **聴く** kiku	**ascoltare** アスコル**ター**レ	listen to **リ**スントゥ
きくばり **気配り** kikubari	**attenzioni** *f.pl.* アッテンツィ**オー**ニ	care, consideration **ケ**ア, コンスィ**ダ**レイション
きげき **喜劇** kigeki	**commedia** *f.* コン**メー**ディア	comedy **カ**メディ
きけん **危険** kiken	**rischio** *m.*, **pericolo** *m.* **リ**スキオ, ペ**リー**コロ	danger, risk **デ**インヂャ, **リ**スク
～な	**pericoloso(-a)** ペリコ**ロー**ゾ(-ザ)	dangerous, risky **デ**インヂャラス, **リ**スキ
きげん **期限** kigen	**scadenza** *f.* スカ**デ**ンツァ	term, deadline **ター**ム, **デ**ドライン
きげん **機嫌** kigen	**umore** *m.* ウ**モー**レ	humor, mood, Ⓑhumour **ヒュー**マ, **ムー**ド, **ヒュー**マ
きげん **紀元** kigen	**era** *f.* **エー**ラ	era **イ**アラ
きげん **起源** kigen	**origine** *f.* オ**リー**ジネ	origin **オー**リヂン
きこう **気候** kikou	**clima** *m.* ク**リー**マ	climate, weather ク**ラ**イメト, **ウェ**ザ
きごう **記号** kigou	**segno** *m.* **セー**ニョ	mark, sign **マー**ク, **サ**イン
きこえる **聞こえる** kikoeru	**sentire** セン**ティー**レ	hear **ヒ**ア
きこく **帰国** kikoku	**rimpatrio** *m.* リン**パー**トリオ	homecoming **ホ**ウムカミング

日	伊	英
～する	**tornare a casa, tornare in patria** トルナーレ ア カーザ, トルナーレ イン パートリア	return home リターン ホウム
ぎこちない **ぎこちない** gikochinai	**goff*o*(-*a*)** ゴッフォ(-ファ)	awkward, clumsy オークワド, クラムズィ
きこんの **既婚の** kikonno	**sposat*o*(-*a*)** スポザート(-タ)	married マリド
ぎざぎざの **ぎざぎざの** gizagizano	**dentellat*o*(-*a*)** デンテッラート(-タ)	serrated サレイテド
きさくな **気さくな** kisakuna	**franc*o*(-*a*)** フランコ(-カ)	frank フランク
きざし **兆し** kizashi	**segnale** *m.* セニャーレ	sign, indication サイン, インディケイション
きざな **きざな** kizana	**affettat*o*(-*a*)** アッフェッタート(-タ)	affected アフェクテド
きざむ **刻む** kizamu	**tagliare** タッリャーレ	cut カト
(肉・野菜を)	**tritare** トリターレ	grind, mince グラインド, ミンス
きし **岸** kishi	**riva** *f.*, **sponda** *f.* リーヴァ, スポンダ	bank, shore バンク, ショー
きじ **雉** kiji	**fagian*o*(-*a*)** *m.*(*f.*) ファジャーノ(-ナ)	pheasant フェザント
きじ **記事** kiji	**articolo** *m.* アルティーコロ	article アーティクル
ぎし **技師** gishi	**ingegnere** *m.* インジェニェーレ	engineer エンヂニア
ぎじ **議事** giji	**dibattito** *m.* ディバッティト	proceedings プロスィーディングズ

日	伊	英
ぎしき **儀式** gishiki	**cerimonia** *f.* チェリモーニア	ceremony, rites セレモウニ, ライツ
きじつ **期日** kijitsu	**data** *f.*, **scadenza** *f.* ダータ, スカデンツァ	date, time limit デイト, タイム リミト
きしゃ **汽車** kisha	**treno** *m.* トレーノ	train トレイン
きしゅ **騎手** kishu	**fantino(-a)** *m.* (*f.*) ファンティーノ(-ナ)	rider, jockey ライダ, ヂャキ
きじゅつ **記述** kijutsu	**descrizione** *f.* デスクリツィオーネ	description ディスクリプション
～する	**descrivere** デスクリーヴェレ	describe ディスクライブ
ぎじゅつ **技術** gijutsu	**tecnica** *f.*, **tecnologia** *f.* テクニカ, テクノロジーア	technique, technology テクニーク, テクナロヂ
～提携	**cooperazione tecnica** *f.* コオペラツィオーネ テクニカ	technical cooperation テクニカル コウアペレイション
きじゅん **基準** kijun	**standard** *m.*, **criterio** *m.* スタンダルド, クリテーリオ	standard, basis スタンダド, ベイスィス
きじゅん **規準** kijun	**norma** *f.* ノルマ	standard スタンダド
きしょう **気象** kishou	**tempo** *m.* テンポ	weather, meteorology ウェザ, ミーティアラロヂ
きす **キス** kisu	**bacio** *m.* バーチョ	kiss キス
きず **傷** kizu	**ferita** *f.* フェリータ	wound, injury ウーンド, インヂャリ
(心の)	**trauma** *m.* トラウマ	trauma トラウマ

日	伊	英
(品物の)	**difetto** *m.* ディフェット	flaw フロー
きすう **奇数** kisuu	**numero dispari** *m.* ヌーメロ ディスパリ	odd number アド ナンバ
きずく **築く** kizuku	**costruire** コストルイーレ	build, construct ビルド, コンストラクト
きずつく **傷付く** kizutsuku	**ferirsi** フェリルスィ	(be) wounded (ビ) ウーンデド
きずつける **傷付ける** kizutsukeru	**ferire** フェリーレ	wound, injure ウーンド, インヂャ
(心を)	**offendere** オッフェンデレ	hurt ハート
きずな **絆** kizuna	**legame** *m.* レガーメ	bond, tie バンド, タイ
ぎせい **犠牲** gisei	**sacrificio** *m.* サクリフィーチョ	sacrifice サクリファイス
～者	**vittima** *f.* ヴィッティマ	victim ヴィクティム
きせいちゅう **寄生虫** kiseichuu	**parassita** *m.* パラッスィータ	parasite パラサイト
きせいの **既成の** kiseino	**compiuto(-a)** コンピウート(-タ)	accomplished アカンプリシュト
きせき **奇跡** kiseki	**miracolo** *m.* ミラーコロ	miracle ミラクル
～的な	**miracoloso(-a)** ミラコローゾ(-ザ)	miraculous ミラキュラス
きせつ **季節** kisetsu	**stagione** *f.* スタジョーネ	season スィーズン
きぜつする **気絶する** kizetsusuru	**svenire** ズヴェニーレ	faint, swoon フェイント, スウーン

日	伊	英
きせる **着せる** kiseru	**vestire** ヴェスティーレ	dress ドレス
（罪を）	**dare la colpa** *a* ダーレ ラ コルパ ア	lay on, accuse レイ オン, アキューズ
ぎぜん **偽善** gizen	**ipocrisia** *f.* イポクリズィーア	hypocrisy ヒポクリスィ
〜的な	**ipocrita** イポークリタ	hypocritical ヒポクリティカル
きそ **基礎** kiso	**base** *f.* バーゼ	base, foundation ベイス, ファウンデイション
〜的な	**fondamentale** フォンダメンターレ	fundamental, basic ファンダメントル, ベイスィク
きそ **起訴** kiso	**accusa** *f.* アックーザ	prosecution プラスィキューション
〜する	**accusare** アックザーレ	prosecute プラスィキュート
きそう **競う** kisou	**competere** コンペーテレ	compete コンピート
きぞう **寄贈** kizou	**donazione** *f.* ドナツィオーネ	donation ドウネイション
ぎそう **偽装** gisou	**mimetizzazione** *f.* ミメティッツァツィオーネ	camouflage キャモフラージュ
ぎぞうする **偽造する** gizousuru	**contraffare** コントラッファーレ	forge フォーヂ
きそく **規則** kisoku	**regola** *f.*, **regolamento** *m.* レーゴラ, レゴラメント	rule, regulations ルール, レギュレイションズ
〜的な	**regolare** レゴラーレ	regular, orderly レギュラ, オーダリ
きぞく **貴族** kizoku	**nobile** *m.f.* ノービレ	noble, aristocrat ノウブル, アリストクラト

日	伊	英
ぎそく 義足 gisoku	**gamba artificiale** *f.* ガンバ アルティフィチャーレ	artificial leg アーティフィシャル レグ
きた 北 kita	**nord** *m.* ノルド	north ノース
～側	**lato nord** *m.* ラート ノルド	north side ノース サイド
ぎたー ギター gitaa	**chitarra** *f.* キタッラ	guitar ギター
きたあめりか 北アメリカ kitaamerika	**America del Nord** *f.* アメーリカ デル ノルド	North America ノース アメリカ
きたい 期待 kitai	**aspettativa** *f.* アスペッタティーヴァ	expectation エクスペクテイション
～する	**aspettarsi** アスペッタルスィ	expect イクスペクト
きたい 気体 kitai	**gas** *m.* ガス	gas, vapor ギャス, ヴェイパ
ぎだい 議題 gidai	**ordine del giorno** *m.* オルディネ デル ジョルノ	agenda アチェンダ
きたえる 鍛える kitaeru	**allenare** アッレナーレ	train (oneself) トレイン
きたくする 帰宅する kitakusuru	**tornare a casa** トルナーレ ア カーザ	return home, get home リターン ホウム, ゲト ホウム
きたちょうせん 北朝鮮 kitachousen	**Corea del Nord** *f.* コレーア デル ノルド	North Korea ノース コリーア
きたない 汚い kitanai	**sporco(-a)** スポルコ(-カ)	dirty, soiled ダーティ, ソイルド
（金銭に）	**tirchio(-a)** ティルキオ(-ア)	stingy スティンヂ

日	伊	英
きたはんきゅう **北半球** kitahankyuu	**emisfero boreale** *m.* エミス**フェ**ーロ ボレ**アー**レ	Northern Hemisphere ノーザン ヘミスフィア
きち **基地** kichi	**base** *f.* バーゼ	base ベイス
きちょう **機長** kichou	**comandante** *m.f.* コマン**ダ**ンテ	captain **キャ**プテン
ぎちょう **議長** gichou	**presidente** *m.f.* プレズィ**デ**ンテ	chairperson チェア**パ**ースン
きちょうな **貴重な** kichouna	**prezioso(-a)** プレツィ**オ**ーゾ(-ザ)	precious, valuable プレシャス, **ヴァ**リュアブル
きちょうひん **貴重品** kichouhin	**valori** *m.pl.* ヴァ**ロ**ーリ	valuables **ヴァ**リュアブルズ
きちょうめんな **几帳面な** kichoumenna	**metodico(-a)** メ**ト**ーディコ(-カ)	exact, methodical イグ**ザ**クト, メ**サ**ディカル
きちんと **きちんと** kichinto	**precisamente** プレチザ**メ**ンテ	exactly, accurately イグ**ザ**クトリ, **ア**キュレトリ
きつい **きつい** (窮屈な) kitsui	**stretto(-a)** スト**レ**ット(-タ)	tight タイト
(厳しい・激しい)	**duro(-a)** ドゥーロ(-ラ)	strong, hard スト**ロ**ング, ハード
きつえん **喫煙** kitsuen	**fumo** *m.* フーモ	smoking ス**モ**ウキング
きづかう **気遣う** kizukau	**preoccuparsi** *per* プレオック**パ**ルスィ ペル	mind, worry **マ**インド, **ワ**ーリ
きっかけ **きっかけ** (機会) kikkake	**occasione** *f.* オッカズィ**オ**ーネ	chance, opportunity **チャ**ンス, アパ**テュ**ーニティ
(手がかり)	**indizio** *m.* イン**ディ**ーツィオ	clue, trail ク**ル**ー, ト**レ**イル

日	伊	英
きづく **気付く** kizuku	**notare** ノターレ	notice ノウティス
きっさてん **喫茶店** kissaten	**bar** *m.*, **sala da tè** *f.* バール, サーラ ダ テ	coffee shop, tea-room コーフィ シャプ, ティールーム
きっちん **キッチン** kicchin	**cucina** *f.* クチーナ	kitchen キチン
きって **切手** kitte	**francobollo** *m.* フランコボッロ	(postage) stamp, ⒷB(postal) stamp (ポウスティヂ) スタンプ, (ポウストル) スタンプ
きっと **きっと** kitto	**certamente** チェルタメンテ	surely, certainly シュアリ, サートンリ
きつね **狐** kitsune	**volpe** *f.* ヴォルペ	fox ファクス
きっぷ **切符** kippu	**biglietto** *m.* ビリェット	ticket ティケト
きてい **規定** kitei	**regola** *f.*, **regolamento** *m.* レーゴラ, レゴラメント	regulations レギュレイションズ
きどう **軌道** kidou	**orbita** *f.* オルビタ	orbit オービト
きとくの **危篤の** kitokuno	**critico(-a)** クリーティコ(-カ)	critical クリティクル
きどる **気取る** kidoru	**darsi delle arie** ダルスィ デッレ アーリエ	(be) affected (ビ) アフェクテド
きにいる **気に入る** kiniiru	**piacere** *a* ピアチェーレ ア	(be) pleased with (ビ) プリーズド ウィズ
きにする **気にする** kinisuru	**preoccuparsi** *di* プレオックパルスィ ディ	worry about ワーリ アバウト
きにゅうする **記入する** kinyuusuru	**riempire** リエンピーレ	fill out, write in フィル アウト, ライト イン

日	伊	英
きぬ **絹** kinu	**seta** *f.* セータ	silk ス**ィ**ルク
きねん **記念** kinen	**commemorazione** *f.* コンメモラツィ**オ**ーネ	commemoration コメモ**レ**イション
～碑	**monumento** *m.* モヌ**メ**ント	monument **マ**ニュメント
～日	**anniversario** *m.* アンニヴェル**サ**ーリオ	memorial day, anniversary メ**モ**ーリアル **デ**イ, アニ**ヴァ**ーサリ
きのう **機能** kinou	**funzione** *f.* フンツィ**オ**ーネ	function **ファ**ンクション
きのう **昨日** kinou	**ieri** イ**エ**ーリ	yesterday **イェ**スタディ
ぎのう **技能** ginou	**abilità** *f.* アビリ**タ**	skill ス**キ**ル
きのこ **茸** kinoko	**fungo** *m.* **フ**ンゴ	mushroom **マ**シュルーム
きのどくな **気の毒な** kinodokuna	**povero(-a)** **ポ**ーヴェロ(-ラ)	pitiable, poor **ピ**ティアブル, **プ**ア
きばつな **奇抜な** kibatsuna	**originale** オリジ**ナ**ーレ	novel, original **ナ**ヴェル, オリ**ヂ**ナル
きばらし **気晴らし** kibarashi	**passatempo** *m.*, **svago** *m.* パッサ**テ**ンポ, ズ**ヴァ**ーゴ	pastime, diversion **パ**スタイム, ディ**ヴァ**ージョン
きばん **基盤** kiban	**base** *f.* **バ**ーゼ	base, foundation **ベ**イス, ファウン**デ**イション
きびしい **厳しい** kibishii	**severo(-a)** セ**ヴェ**ーロ(-ラ)	severe, strict ス**ィ**ヴィア, スト**リ**クト
きひん **気品** kihin	**grazia** *f.* グ**ラ**ーツィア	grace, dignity グ**レ**イス, **デ**ィグニティ

日	伊	英
きびんな **機敏な** kibinna	**svelto(-a)** ズヴェルト(-タ)	smart, quick スマート, クウィク
きふ **寄付** kifu	**donazione** f. ドナツィオーネ	donation ドウネイション
～する	**donare** ドナーレ	donate, contribute ドウネイト, コントリビュート
ぎふ **義父** gifu	**suocero** m. スオーチェロ	father-in-law ファーザリンロー
きぶん **気分** kibun	**umore** m. ウモーレ	mood, feeling ムード, フィーリング
きぼ **規模** kibo	**scala** f. スカーラ	scale, size スケイル, サイズ
ぎぼ **義母** gibo	**suocera** f. スオーチェラ	mother-in-law マザリンロー
きぼう **希望** kibou	**speranza** f. スペランツァ	hope, wish ホウプ, ウィシュ
～する	**sperare** スペラーレ	hope, wish ホウプ, ウィシュ
きぼりの **木彫りの** kiborino	**scolpito(-a) in legno** スコルピート(-タ) イン レーニョ	wood carved ウド カーヴド
きほん **基本** kihon	**base** f. バーゼ	basis, standard ベイスィス, スタンダド
～的な	**fondamentale** フォンダメンターレ	basic, fundamental ベイスィク, ファンダメントル
きまえのよい **気前のよい** kimaenoyoi	**generoso(-a)** ジェネローゾ(-ザ)	generous チェネラス
きまぐれな **気まぐれな** kimagurena	**capriccioso(-a)** カプリッチョーゾ(-ザ)	capricious カプリシャス
きままな **気ままな** kimamana	**spensierato(-a)** スペンスィエラート(-タ)	carefree ケアフリー

日	伊	英
きまり **決まり** kimari	**regola** *f.*, **regolamento** *m.* レーゴラ, レゴラメント	rule, regulation ルール, レギュレイション
きまる **決まる** kimaru	**(essere) deciso(-a)** (エッセレ) デチーゾ(-ザ)	(be) decided (ビ) ディサイデド
きみつ **機密** kimitsu	**segreto** *m.* セグレート	secrecy, secret スィークレスィ, スィークレト
きみどりいろ **黄緑色** kimidoriiro	**giallo-verde** *m.* ジャッロ ヴェルデ	pea green ピー グリーン
きみょうな **奇妙な** kimyouna	**strano(-a)** ストラーノ(-ナ)	strange ストレインヂ
ぎむ **義務** gimu	**dovere** *m.* ドヴェーレ	duty, obligation デューティ, アブリゲイション
〜教育	**istruzione obbligatoria** *f.* イストルツィオーネ オブブリガトーリア	compulsory education コンパルソリ エデュケイション
きむずかしい **気難しい** kimuzukashii	**scontroso(-a)** スコントローゾ(-ザ)	hard to please ハード トゥ プリーズ
ぎめい **偽名** gimei	**nome falso** *m.* ノーメ ファルソ	pseudonym スューダニム
きめる **決める** kimeru	**decidere, fissare** デチーデレ, フィッサーレ	fix, decide on フィクス, ディサイド オン
きもち **気持ち** kimochi	**sentimento** *m.*, **sensazione** *f.* センティメント, センサツィオーネ	feeling フィーリング
ぎもん **疑問** gimon	**dubbio** *m.*, **domanda** *f.* ドゥッビオ, ドマンダ	question, doubt クウェスチョン, ダウト
きゃく **客** (顧客) kyaku	**cliente** *m.f.* クリエンテ	customer カスタマ
(招待客)	**invitato(-a)** *m.*(*f.*) インヴィタート(-タ)	guest ゲスト

日	伊	英
(訪問者)	**visita*tore*(*-trice*)** *m.*(*f.*) ヴィズィタトーレ(-トリーチェ)	caller, visitor コーラ, **ヴィ**ズィタ
きやく **規約** kiyaku	**statuto** *m.* スタトゥート	agreement, contract ア**グリ**ーメント, **カ**ントラクト
ぎゃく **逆** gyaku	**contrario** *m.* コントラーリオ	(the) contrary (ザ) **カ**ントレリ
ぎゃぐ **ギャグ** gyagu	**battuta comica** *f.* バットゥータ コーミカ	gag, joke **ギャ**グ, **チョ**ウク
ぎゃくさつ **虐殺** gyakusatsu	**massacro** *m.* マッサークロ	massacre **マ**サカ
きゃくしつじょうむいん **客室乗務員** kyakushitsujoumuin	**assistente di volo** *m.f.* アッスィステンテ ディ ヴォーロ	flight attendant フ**ラ**イト ア**テ**ンダント
ぎゃくしゅう **逆襲** gyakushuu	**contrattacco** *m.* コントラッタッコ	counterattack **カ**ウンタラタク
きゃくせん **客船** kyakusen	**nave passeggeri** *f.* ナーヴェ パッセッジェーリ	passenger boat **パ**センチャ **ボ**ウト
ぎゃくたい **虐待** gyakutai	**maltrattamento** *m.* マルトラッタメント	abuse ア**ビュ**ース
ぎゃくてんする **逆転する** gyakutensuru	**(essere) invertito(*-a*)**, **(essere) rovesciato(*-a*)** (エッセレ) インヴェルティート(-タ), (エッセレ) ロヴェシャート(-タ)	(be) reversed (ビ) リ**ヴァ**ースト
ぎゃくの **逆の** gyakuno	**contrario(*-a*)** コントラーリオ(-ア)	reverse, contrary リ**ヴァ**ース, **カ**ントレリ
きゃくほん **脚本** kyakuhon	**sceneggiatura** *f.* シェネッジャトゥーラ	play, drama, scenario プ**レ**イ, ド**ラ**ーマ, スィ**ネ**アリオウ
きゃしゃな **華奢な** kyashana	**delicato(*-a*)** デリカート(-タ)	delicate **デ**リケト
きゃすと **キャスト** kyasuto	**cast** *m.* カスト	cast **キャ**スト

日	伊	英
きゃっかんてきな **客観的な** kyakkantekina	**oggettivo(-a)** オッジェッティーヴォ(-ヴァ)	objective オブ**チェ**クティヴ
きゃっしゅかーど **キャッシュカード** kyasshukaado	**bancomat** *m.* バンコマット	bank card バンク **カ**ード
きゃっちふれーず **キャッチフレーズ** kyacchifureezu	**slogan** *m.* ズ**ロ**ーガン	catchphrase **キャ**チフレイズ
ぎゃっぷ **ギャップ** gyappu	**gap** *m.* ガプ	gap **ギャ**プ
きゃばれー **キャバレー** kyabaree	**cabaret** *m.* カバ**レ**	cabaret **キャ**バ**レ**イ
きゃびあ **キャビア** kyabia	**caviale** *m.* カヴィ**アー**レ	caviar **キャ**ヴィア
きゃべつ **キャベツ** kyabetsu	**cavolo** *m.* **カー**ヴォロ	cabbage **キャ**ビヂ
ぎゃら **ギャラ** gyara	**cachet** *m.* カ**シェ**	guarantee ギャラン**ティ**ー
きゃらくたー **キャラクター** kyarakutaa	**personaggio** *m.* ペルソ**ナ**ッジョ	character **キャ**ラクタ
ぎゃらりー **ギャラリー** gyararii	**galleria** *f.* ガッ**リー**ア	gallery **ギャ**ラリ
きゃりあ **キャリア** （経歴） kyaria	**carriera** *f.* カッリ**エー**ラ	career カ**リ**ア
ぎゃんぐ **ギャング** gyangu	**gang** *f.*, **gangster** *m.f.* ガング, **ガ**ングステル	gang, gangster **ギャ**ング, **ギャ**ングスタ
きゃんせるする **キャンセルする** kyanserusuru	**annullare** アンヌッ**ラー**レ	cancel **キャ**ンセル
きゃんせるまち **キャンセル待ち** kyanserumachi	**lista d'attesa** *f.* **リ**スタ ダッ**テー**ザ	standby ス**タ**ンドバイ
きゃんぷ **キャンプ** kyanpu	**campeggio** *m.* カン**ペ**ッジョ	camp **キャ**ンプ

日	伊	英
ぎゃんぶる **ギャンブル** gyanburu	**gioco d'azzardo** *m.* ジョーコ ダッザルド	gambling **ギャンブリング**
きゃんぺーん **キャンペーン** kyanpeen	**campagna** *f.* カンパーニャ	campaign **キャンペイン**
きゅう **九** kyuu	**nove** ノーヴェ	nine **ナイン**
きゅう **級** kyuu	**classe** *f.* クラッセ	class, grade **クラス, グレイド**
きゅうえん **救援** kyuuen	**soccorso** *m.* ソッコルソ	rescue, relief **レスキュー, リリーフ**
～物資	**aiuti** *m.pl*, **soccorsi** *m.pl.* アユーティ, ソッコルスィ	relief supplies **リリーフ サプライズ**
きゅうか **休暇** kyuuka	**vacanze** *f.pl.* ヴァカンツェ	holiday **ハリデイ**
きゅうかん **急患** kyuukan	**paziente urgente** *m.f.* パツィエンテ ウルジェンテ	emergency case **イマーヂェンスィ ケイス**
きゅうぎ **球技** kyuugi	**sport con la palla** *m.* スポルト コン ラ パッラ	ball game **ボール ゲイム**
きゅうきゅうしゃ **救急車** kyuukyuusha	**ambulanza** *f.* アンブランツァ	ambulance **アンビュランス**
きゅうぎょう **休業** kyuugyou	**chiusura** *f.* キウズーラ	closure **クロウジャ**
きゅうくつな **窮屈な** kyuukutsuna	**stretto(-a)** ストレット(-タ)	narrow, tight **ナロウ, タイト**
（気詰まりな）	**scomodo(-a), costretto(-a)** スコーモド(-ダ), コストレット(-タ)	uncomfortable, constrained **アンカンフォタブル, コンストレインド**
きゅうけい **休憩** kyuukei	**ricreazione** *f.* リクレアツィオーネ	break **ブレイク**

日	伊	英
～する	**riposare** リポザーレ	take a break テイク ア ブレイク
きゅうげきな **急激な** kyuugekina	**improvviso(-a)** インプロッヴィーゾ(-ザ)	sudden, abrupt サドン, アブラプト
きゅうこうれっしゃ **急行列車** kyuukouressha	**espresso** *m.*, **direttissimo** *m.* エスプレッソ, ディレッティッスィモ	express train エクスプレス トレイン
きゅうさい **救済** kyuusai	**salvezza** *f.*, **assistenza** *f.* サルヴェッツァ, アッスィステンツァ	relief, aid リリーフ, エイド
きゅうしきの **旧式の** kyuushikino	**fuori moda, antiquato(-a)** フオーリ モーダ, アンティクアート(-タ)	old-fashioned オウルド ファションド
きゅうじつ **休日** kyuujitsu	**giorno festivo** *m.* ジョルノ フェスティーヴォ	holiday, day off ハリデイ, デイ オーフ
きゅうじゅう **九十** kyuujuu	**novanta** ノヴァンタ	ninety ナインティ
きゅうしゅうする **吸収する** kyuushuusuru	**assorbire** アッソルビーレ	absorb アブソーブ
きゅうじょ **救助** kyuujo	**soccorso** *m.* ソッコルソ	rescue, help レスキュー, ヘルプ
きゅうじん **求人** kyuujin	**offerta di lavoro** *f.* オッフェルタ ディ ラヴォーロ	job offer ヂャブ オーファ
きゅうしんてきな **急進的な** kyuushintekina	**radicale** ラディカーレ	radical ラディカル
きゅうすい **給水** kyuusui	**approvvigionamento idrico** *m.* アップロッヴィジョナメント イードリコ	water supply ウォータ サプライ
きゅうせい **旧姓** （既婚女性の） kyuusei	**cognome da nubile** *m.* コニョーメ ダ ヌービレ	maiden name メイドン ネイム
きゅうせいの **急性の** kyuuseino	**acuto(-a)** アクート(-タ)	acute アキュート

日	伊	英
きゅうせん **休戦** kyuusen	**armistizio** *m.* アルミス**ティー**ツィオ	armistice **アー**ミスティス
きゅうそくな **急速な** kyuusokuna	**rapido(-a)** ラーピド(-ダ)	rapid, prompt **ラ**ピド, **プ**ランプト
きゅうち **窮地** kyuuchi	**situazione difficile** *f.* スィトゥアツィ**オー**ネ ディッ**フィー**チレ	difficult situation **ディ**フィカルト スィチュ**エイ**ション
きゅうてい **宮廷** kyuutei	**corte** *f.* コルテ	court **コー**ト
きゅうでん **宮殿** kyuuden	**palazzo** *m.* パ**ラ**ッツォ	palace **パ**レス
きゅうとうする **急騰する** kyuutousuru	**impennarsi** インペン**ナ**ルスィ	sharply rise **シャー**プリ **ラ**イズ
ぎゅうにく **牛肉** gyuuniku	**manzo** *m.* **マ**ンゾ	beef **ビー**フ
ぎゅうにゅう **牛乳** gyuunyuu	**latte** *m.* **ラ**ッテ	milk **ミ**ルク
きゅうびょう **急病** kyuubyou	**malattia improvvisa** *f.* マラッ**ティー**ア インプロッ**ヴィー**ザ	sudden illness **サ**ドン **イ**ルネス
きゅうふ **給付** kyuufu	**indennità** *f.*, **sussidio** *m.* インデン二**タ**, スッ**スィー**ディオ	benefit **ベ**ネフィト
きゅうめい **救命** kyuumei	**salvataggio** *m.* サルヴァ**タ**ッジョ	lifesaving **ラ**イフセイヴィング
～胴衣	**giubbotto di salvataggio** *m.* ジュッ**ボ**ット ディ サルヴァ**タ**ッジョ	life jacket **ラ**イフ **チャ**ケット
きゅうやくせいしょ **旧約聖書** kyuuyakuseisho	**Vecchio Testamento** *m.* **ヴェ**ッキオ テスタ**メ**ント	Old Testament **オ**ウルド **テ**スタメント
きゅうゆ **給油** kyuuyu	**rifornimento di carburante** *m.* リフォルニ**メ**ント ディ カルブ**ラ**ンテ	refueling リー**フュー**アリング

日	伊	英
きゅうゆう **旧友** kyuuyuu	**vecchio(-a) amico(-a)** *m.* (*f.*) ヴェッキオ(-ア) アミーコ(-カ)	old friend オウルド フレンド
きゅうよう **急用** kyuuyou	**affare urgente** *m.* アッファーレ ウルジェンテ	urgent business アージェント ビズネス
きゅうようする **休養する** kyuuyousuru	**riposare** リポザーレ	take a rest テイク ア レスト
きゅうり **胡瓜** kyuuri	**cetriolo** *m.* チェトリオーロ	cucumber キューカンバ
きゅうりょう **給料** kyuuryou	**stipendio** *m.* スティペンディオ	pay, salary ペイ, サラリ
きよい **清い** kiyoi	**pulito(-a), puro(-a)** プリート(-タ), プーロ(-ラ)	clean, pure クリーン, ピュア
きょう **今日** kyou	**oggi** オッジ	today トゥデイ
きょうい **驚異** kyoui	**meraviglia** *f.* メラヴィリア	wonder ワンダ
きょういく **教育** kyouiku	**educazione** *f.*, **istruzione** *f.* エドゥカツィオーネ, イストルツィオーネ	education エデュケイション
～する	**istruire, educare** イストルイーレ, エドゥカーレ	educate エデュケイト
きょういん **教員** kyouin	**insegnante** *m.f.* インセニャンテ	teacher ティーチャ
きょうか **強化** kyouka	**rafforzamento** *m.* ラッフォルツァメント	strengthening ストレングスニイング
～する	**rafforzare** ラッフォルツァーレ	strengthen ストレングスン
きょうか **教科** kyouka	**materia** *f.* マテーリア	subject サブヂクト

日	伊	英
きょうかい 協会 kyoukai	**associazione** *f.* アッソチャツィオーネ	association, society アソウスィエイション, ソサイエティ
きょうかい 教会 kyoukai	**chiesa** *f.* キエーザ	church チャーチ
ぎょうかい 業界 gyoukai	**settore** *m.* セットーレ	industry インダストリ
きょうがく 共学 kyougaku	**coeducazione** *f.* コエドゥカツィオーネ	coeducation コウエデュケイション
きょうかしょ 教科書 kyoukasho	**libro di testo** *m.*, **testo** *m.* リーブロ ディ テスト, テスト	textbook テクストブク
きょうかつ 恐喝 kyoukatsu	**ricatto** *m.* リカット	threat, blackmail スレト, ブラクメイル
きょうかん 共感 kyoukan	**simpatia** *f.* スィンパティーア	sympathy スィンパスィ
きょうき 凶器 kyouki	**arma** *f.* アルマ	weapon ウェポン
きょうぎ 競技 kyougi	**competizione** *f.* コンペティツィオーネ	competition カンペティション
ぎょうぎ 行儀 gyougi	**maniere** *f.pl.* マニエーレ	behavior, manners ビヘイヴァ, マナズ
きょうきゅう 供給 kyoukyuu	**rifornimento** *m.* リフォルニメント	supply サプライ
～する	**fornire, rifornire** フォルニーレ, リフォルニーレ	supply サプライ
きょうぐう 境遇 kyouguu	**circostanze** *f.pl.* チルコスタンツェ	circumstances サーカムスタンセズ
きょうくん 教訓 kyoukun	**lezione** *f.* レツィオーネ	lesson レスン

日	伊	英
きょうこう **恐慌** kyoukou	**panico** *m.*, **crisi economica** *f.* パーニコ, クリーズィ エコノーミカ	panic パニク
きょうこう **教皇** kyoukou	**Papa** *m.* パーパ	Pope ポウプ
きょうごうする **競合する** kyougousuru	**competere** *con* コンペーテレ コン	compete with コンピート ウィズ
きょうこく **峡谷** kyoukoku	**canyon** *m.* ケニョン	canyon キャニョン
きょうこな **強固な** kyoukona	**solido(-a)** ソーリド(-ダ)	firm, solid ファーム, サリド
きょうざい **教材** kyouzai	**materiale didattico** *m.* マテリアーレ ディダッティコ	teaching material ティーチング マティアリアル
きょうさんしゅぎ **共産主義** kyousanshugi	**comunismo** *m.* コムニズモ	communism カミュニズム
きょうし **教師** kyoushi	**insegnante** *m.f.* インセニャンテ	teacher, professor ティーチャ, プロフェサ
ぎょうじ **行事** gyouji	**cerimonia pubblica** *f.* チェリモーニア プップリカ	event, function イヴェント, ファンクション
きょうしつ **教室** kyoushitsu	**aula** *f.* アウラ	classroom クラスルーム
ぎょうしゃ **業者** gyousha	**commerciante** *m.f.* コンメルチャンテ	vendor, trader ヴェンダ, トレイダ
きょうじゅ **教授** kyouju	**professore(-essa)** *m.* (*f.*) プロフェッソーレ(-ソレッサ)	professor プロフェサ
きょうしゅう **郷愁** kyoushuu	**nostalgia** *f.* ノスタルジーア	nostalgia ナスタルヂャ
きょうせい **強制** kyousei	**costrizione** *f.* コストリツィオーネ	compulsion コンパルション

日	伊	英
～する	**costringere** コストリンジェレ	compel, force コンペル, フォース
ぎょうせい 行政 gyousei	**amministrazione** *f.* アンミニストラツィオーネ	administration アドミニストレイション
～機関	**organo amministrativo** *m.* オルガノ アンミニストラティーヴォ	administrative organ アドミニストレイティヴ オーガン
ぎょうせき 業績 gyouseki	**risultati** *m.pl.*, **rendimento** *m.* リズルターティ, レンディメント	achievement, results アチーヴメント, リザルツ
きょうそう 競争 kyousou	**competizione** *f.* コンペティツィオーネ	competition, contest カンペティション, カンテスト
～する	**competere** コンペーテレ	compete コンピート
～力	**competitività** *f.* コンペティティヴィタ	competitiveness コンペティティヴネス
きょうそう 競走 kyousou	**corsa** *f.* コルサ	race レイス
きょうそうきょく 協奏曲 kyousoukyoku	**concerto** *m.* コンチェルト	concerto コンチェアトウ
きょうそん 共存 kyouson	**coesistenza** *f.* コエズィステンツァ	coexistence コウイグズィステンス
～する	**coesistere** コエズィステレ	coexist コウイグズィスト
きょうだい 兄弟 kyoudai	**fratelli** *m.pl.* **e sorelle** *f.pl.* フラテッリ エ ソレッレ	siblings スィブリングズ
きょうちょうする 強調する kyouchousuru	**sottolineare** ソットリネアーレ	emphasize, stress エンファサイズ, ストレス
きょうつうの 共通の kyoutsuuno	**comune** コムーネ	common カモン

日	伊	英
きょうてい **協定** kyoutei	**accordo** *m.* アッコルド	agreement, convention アグリーメント, コンヴェンション
きょうど **郷土** kyoudo	**paese nativo** *m.* パエーゼ ナティーヴォ	native district ネイティヴ ディストリクト
きょうとう **教頭** kyoutou	**vicediret*tore*(*-trice*)** *m.*(*f.*) ヴィチェディレット**ー**レ(-トリーチェ)	vice-principal, ⒷDeputy-head-teacher ヴァイスプリンスィパル, デピュティヘドティーチャ
きょうどうくみあい **協同組合** kyoudoukumiai	**cooperativa** *f.* コオペラティーヴァ	cooperative コウア**ペ**ラティヴ
きょうどうの **共同の** kyoudouno	**comune** コムーネ	common, joint カモン, **チョ**イント
きような **器用な** kiyouna	**abile** ア**ー**ビレ	skillful ス**キ**ルフル
きょうばい **競売** kyoubai	**asta** *f.* **ア**スタ	auction **オ**ークション
きょうはくする **脅迫する** kyouhakusuru	**minacciare** ミナッ**チャ**ーレ	threaten, menace ス**レ**トン, **メ**ナス
きょうはん **共犯** kyouhan	**complicità** *f.* コンプリチ**タ**	complicity コンプ**リ**スィティ
〜者	**complice** *m.f.* **コ**ンプリチェ	accomplice ア**カ**ンプリス
きょうふ **恐怖** kyoufu	**paura** *f.* パ**ウ**ーラ	fear, fright, terror **フィ**ア, フ**ラ**イト, **テ**ラ
きょうみ **興味** kyoumi	**interesse** *m.* インテ**レ**ッセ	interest **イ**ンタレスト
ぎょうむ **業務** gyoumu	**affari** *m.pl.* アッ**ファ**ーリ	business matter, task ビズネス **マ**タ, **タ**スク
きょうゆう **共有** kyouyuu	**comproprietà** *f.* コンプロプリエ**タ**	joint-ownership **チョ**イントオウナシプ

日	伊	英
きょうよう 教養 kyouyou	**cultura** *f.* クルトゥーラ	culture, education カルチャ, エデュケイション
きょうりゅう 恐竜 kyouryuu	**dinosauro** *m.* ディノサウロ	dinosaur ダイナソー
きょうりょく 協力 kyouryoku	**collaborazione** *f.* コッラボラツィオーネ	cooperation コウアペレイション
〜する	**collaborare** *con* コッラボラーレ コン	cooperate with コウアペレイト ウィズ
きょうりょくな 強力な kyouryokuna	**forte, potente** フォルテ, ポテンテ	strong, powerful ストロング, パウアフル
ぎょうれつ 行列 gyouretsu	**fila** *f.* フィーラ	line, ⒷQueue ライン, キュー
(行進)	**corteo** *m.* コルテーオ	procession, parade プロセション, パレイド
きょうれつな 強烈な kyouretsuna	**intenso(-a)** インテンソ(-サ)	intense インテンス
きょえいしん 虚栄心 kyoeishin	**vanità** *f.* ヴァニタ	vanity ヴァニティ
きょか 許可 kyoka	**permesso** *m.*, **licenza** *f.* ペルメッソ, リチェンツァ	permission パミション
〜する	**permettere** ペルメッテレ	permit パミト
ぎょぎょう 漁業 gyogyou	**pesca** *f.* ペスカ	fishery フィシャリ
きょく 曲 kyoku	**brano** *m.* ブラーノ	tune, piece テューン, ピース
きょくげん 極限 kyokugen	**limite** *m.* リーミテ	limit リミト
きょくせん 曲線 kyokusen	**curva** *f.* クルヴァ	curve カーヴ

日	伊	英
きょくたんな **極端な** kyokutanna	**estremo(-a), eccessivo(-a)** エストレーモ(-マ), エッチェッスィーヴォ(-ヴァ)	extreme, excessive イクストリーム, イクセスィヴ
きょくとう **極東** kyokutou	**Estremo Oriente** *m.* エストレーモ オリエンテ	Far East ファー イースト
きょこう **虚構** kyokou	**finzione** *f.* フィンツィオーネ	fiction フィクション
ぎょこう **漁港** gyokou	**porto peschereccio** *m.* ポルト ペスケレッチョ	fishing port フィシング ポート
きょじゃくな **虚弱な** kyojakuna	**fragile** フラージレ	weak, delicate ウィーク, デリケト
きょじゅうしゃ **居住者** kyojuusha	**residente** *m.f.*, **abitante** *m.f.* レズィデンテ, アビタンテ	resident, inhabitant レズィデント, インハビタント
きょしょう **巨匠** kyoshou	**gran maestro** *m.* グラン マエストロ	great master, maestro グレイト マスタ, マイストロウ
きょしょくしょう **拒食症** kyoshokushou	**anoressia** *f.* アノレッスィーア	anorexia アノレクスィア
きょぜつする **拒絶する** kyozetsusuru	**rifiutare** リフィウターレ	refuse, reject リフューズ, リチェクト
ぎょせん **漁船** gyosen	**peschereccio** *m.* ペスケレッチョ	fishing boat フィシング ボウト
ぎょそん **漁村** gyoson	**villaggio di pescatori** *m.* ヴィッラッジョ ディ ペスカトーリ	fishing village フィシング ヴィリヂ
きょだいな **巨大な** kyodaina	**gigantesco(-a)** ジガンテスコ(-カ)	huge, gigantic ヒューヂ, ヂャイギャンティク
きょっかいする **曲解する** kyokkaisuru	**distorcere** ディストルチェレ	distort, misconstrue ディストート, ミスコンストルー
きょてん **拠点** kyoten	**base** *f.*, **roccaforte** *f.* バーゼ, ロッカフォルテ	base, stronghold ベイス, ストローングホウルド

き

日	伊	英
きょねん **去年** kyonen	**l'anno scorso** *m.* ランノ スコルソ	last year ラスト イア
きょひ **拒否** kyohi	**rifiuto** *m.* リフィウート	denial, rejection ディナイアル, リ**ヂェ**クション
～する	**rifiutare** リフィウ**ター**レ	deny, reject ディ**ナ**イ, リ**ヂェ**クト
ぎょみん **漁民** gyomin	**pesca*tore*(*-trice*)** *m.*(*f.*) ペスカ**トー**レ(-**トリー**チェ)	fisherman **フィ**シャマン
ぎょらい **魚雷** gyorai	**siluro** *m.* スィ**ルー**ロ	torpedo **トー**ピードウ
きょり **距離** kyori	**distanza** *f.* ディス**タン**ツァ	distance **ディ**スタンス
きらいな **嫌いな** kiraina	**malvisto(-a), sgradito(-a)** マル**ヴィ**スト(-タ), ズグラ**ディー**ト(-タ)	disliked ディス**ラ**イクト
きらきらする **きらきらする** kirakirasuru	**brillare** ブリッ**ラー**レ	glitter **グリ**タ
きらくな **気楽な** kirakuna	**ottimistico(-a)** オッティ**ミ**スティコ(-カ)	optimistic, easy アプティ**ミ**スティク, **イー**ズィ
きらめく **きらめく** kirameku	**brillare** ブリッ**ラー**レ	glitter, sparkle **グリ**タ, ス**パー**クル
きり **錐** kiri	**trapano** *m.*, **punteruolo** *m.* ト**ラー**パノ, プンテル**オー**ロ	drill, gimlet ドリル, **ギ**ムレト
きり **霧** kiri	**nebbia** *f.* **ネッ**ピア	fog, mist **フォー**グ, **ミ**スト
ぎり **義理** giri	**dovere** *m.* ド**ヴェー**レ	duty, obligation **デュー**ティ, アブリ**ゲ**イション
きりあげる **切り上げる** （端数を） kiriageru	**arrotondare per eccesso** アッロトン**ダー**レ ペレッ**チェ**ッソ	round up **ラ**ウンド **ア**プ

日	伊	英
きりかえる **切り替える** kirikaeru	**cambiare** カンビアーレ	change チェインヂ
きりさめ **霧雨** kirisame	**pioggerella** *f.* ピオッジェレッラ	drizzle ドリズル
ぎりしゃ **ギリシャ** girisha	**Grecia** *f.* グレーチャ	Greece グリース
～語	**greco** *m.* グレーコ	Greek グリーク
きりすてる **切り捨てる** （端数を） kirisuteru	**arrotondare per difetto** アッロトンダーレ ペル ディフェット	round down ラウンド ダウン
（不要な物を）	**tagliare via, recidere** タッリャーレ ヴィーア, レチーデレ	cut away カト アウェイ
きりすと **キリスト** kirisuto	**Cristo** *m.* クリスト	Christ クライスト
～教	**cristianesimo** *m.* クリスティアネーズィモ	Christianity クリスチアニティ
きりつ **規律** kiritsu	**disciplina** *f.* ディシプリーナ	discipline ディスィプリン
きりつめる **切り詰める** kiritsumeru	**ridurre** リドゥッレ	reduce, cut down リデュース, カト ダウン
きりぬき **切り抜き** kirinuki	**ritaglio** *m.* リタッリォ	clipping クリピング
きりぬける **切り抜ける** kirinukeru	**cavarsela** カヴァルセラ	get through ゲト スルー
きりはなす **切り離す** kirihanasu	**tagliare via, separare** タッリャーレ ヴィーア, セパラーレ	cut off, separate カト オーフ, セパレイト
きりひらく **切り開く** kirihiraku	**tagliare** タッリャーレ	cut open, cut out カト オウプン, カト アウト

日	伊	英
きりふだ 切り札 kirifuda	**briscola** *f.*, **carta vincente** *f.* ブリスコラ, カルタ ヴィンチェンテ	trump トランプ
きりみ 切り身 kirimi	**filetto** *m.* フィレット	slice, fillet スライス, フィレット
きりゅう 気流 kiryuu	**corrente atmosferica** *f.* コッレンテ アトモスフェーリカ	air current エア カーレント
きりょく 気力 kiryoku	**forza di volontà** *f.* フォルツァ ディ ヴォロンタ	energy, vigor エナヂ, ヴィガ
きりん 麒麟 kirin	**giraffa** *f.* ジラッファ	giraffe ヂラフ
きる 切る kiru	**tagliare** タッリアーレ	cut カト
(薄く)	**affettare** アッフェッターレ	slice スライス
(鋸で)	**segare** セガーレ	saw ソー
(スイッチを)	**spegnere** スペーニェレ	turn off ターン オーフ
(電話を)	**riattaccare** リアッタッカーレ	hang up ハング アプ
きる 着る kiru	**mettersi, indossare** メッテルスィ, インドッサーレ	put on プト オン
きれ 切れ kire (布)	**stoffa** *f.*, **pezza** *f.* ストッファ, ペッツァ	cloth クロース
(個・枚・片)	**pezzo** *m.* ペッツォ	piece, cut ピース, カト
きれいな きれいな kireina	**bello(-a)** ベッロ(-ラ)	pretty, beautiful プリティ, ビューティフル

日	伊	英
(清潔な)	**pulito**(-*a*) プリート(-タ)	clean クリーン
きれいに (完全に) kireini	**completamente** コンプレタメンテ	completely コンプリートリ
(美しく)	**meravigliosamente** メラヴィッリオザメンテ	beautifully ビューティフリ
きれつ **亀裂** kiretsu	**fessura** *f.* フェッスーラ	crack, fissure クラク, フィシャ
きれる **切れる** (物が) kireru	**tagliare bene** タッリャーレ ベーネ	cut well カト ウェル
(電話が)	**cadere** カデーレ	(be) cut off (ビ) カト オフ
(なくなる)	**(essere) esaurito**(-*a*), **mancare** (エッセレ) エザウリート(-タ), マンカーレ	(be) out of (ビ) アウト オヴ
(頭が)	**intelligente** インテッリジェンテ	brilliant, sharp ブリリアント, シャープ
きろく **記録** kiroku	**registrazione** *f.* レジストラツィオーネ	record レコド
～する	**registrare** レジストラーレ	record レコード
きろぐらむ **キログラム** kiroguramu	**chilo** *m.*, **chilogrammo** *m.* キーロ, キログランモ	kilogram キログラム
きろめーとる **キロメートル** kiromeetoru	**chilometro** *m.* キローメトロ	kilometer キラミタ
きろりっとる **キロリットル** kirorittoru	**chilolitro** *m.* キローリトロ	kiloliter キロリータ
きろわっと **キロワット** kirowatto	**chilowatt** *m.* キーロヴァット	kilowatt キロワト

日	伊	英
ぎろん **議論** giron	**discussione** *f.* ディスクッスィオーネ	argument アーギュメント
ぎわく **疑惑** giwaku	**sospetto** *m.*, **dubbio** *m.* ソスペット, ドゥッビオ	doubt, suspicion ダウト, サスピション
きわだつ **際立つ** kiwadatsu	**distinguersi, spiccare** ディスティングェルスィ, スピッカーレ	stand out スタンド アウト
きわどい **際どい** kiwadoi	**pericoloso(-*a*)** ペリコローゾ(-ザ)	dangerous, risky デインヂャラス, リスキ
きわめて **極めて** kiwamete	**molto, estremamente** モルト, エストレマメンテ	very, extremely ヴェリ, イクストリームリ
きん **金** kin	**oro** *m.* オーロ	gold ゴウルド
～色の	**dorato(-*a*)** ドラート(-タ)	gold ゴウルド
ぎん **銀** gin	**argento** *m.* アルジェント	silver スィルヴァ
～色の	**argentato(-*a*)** アルジェンタート(-タ)	silver スィルヴァ
きんいつの **均一の** kin-itsuno	**uniforme** ウニフォルメ	uniform ユーニフォーム
きんえん **禁煙** kin-en	**Vietato fumare.** ヴィエタート フマーレ	No Smoking. ノウ スモウキング
きんか **金貨** kinka	**moneta d'oro** *f.* モネータ ドーロ	gold coin ゴウルド コイン
ぎんか **銀貨** ginka	**moneta d'argento** *f.* モネータ ダルジェント	silver coin スィルヴァ コイン
ぎんが **銀河** ginga	**galassia** *f.*, **Via Lattea** *f.* ガラッスィア, ヴィーア ラッテア	Galaxy ギャラクスィ
きんかい **近海** kinkai	**mare costiero** *m.* マーレ コスティエーロ	coastal waters コウスタル ウォーターズ

日	伊	英
きんがく **金額** kingaku	**somma di denaro** *f.* ソンマ ディ デナーロ	sum, amount of money サム, アマウント オヴ マニ
きんがん **近眼** kingan	**miopia** *f.* ミオピーア	near-sightedness ニアサイテドネス
きんかんがっき **金管楽器** kinkangakki	**ottoni** *m.pl.* オットーニ	brass instrument ブラス インストルメント
きんきゅうの **緊急の** kinkyuuno	**urgente** ウルジェンテ	urgent アージェント
きんこ **金庫** kinko	**cassaforte** *f.* カッサフォルテ	safe, vault セイフ, ヴォールト
きんこう **均衡** kinkou	**equilibrio** *m.* エクィリーブリオ	balance バランス
ぎんこう **銀行** ginkou	**banca** *f.* バンカ	bank バンク
～員	**impiegato(-a) di banca** *m.* (*f.*) インピエガート(-タ) ディ バンカ	bank clerk バンク クラーク
きんし **禁止** kinshi	**proibizione** *f.*, **divieto** *m.* プロイビツィオーネ, ディヴィエート	prohibition, ban プロウヒビション, バン
～する	**vietare** ヴィエターレ	forbid, prohibit フォビド, プロヒビト
きんしゅ **禁酒** kinshu	**astinenza dall'alcol** *f.* アスティネンツァ ダッラルコル	abstinence from alcohol アプスティネンス フラム アルコホール
きんしゅく **緊縮** kinshuku	**riduzione delle spese** *f.* リドゥツィオーネ デッレ スペーゼ	retrenchment リトレンチメント
きんじょ **近所** kinjo	**vicinato** *m.*, **dintorni** *m.pl.* ヴィチナート, ディントルニ	neighborhood ネイバフド
きんじる **禁じる** kinjiru	**vietare** ヴィエターレ	forbid, prohibit フォビド, プロヒビト

日	伊	英
きんせい 近世 kinsei	**prima età moderna** *f.* プリーマ エタ モデルナ	early modern ages アーリ マダン エイヂズ
きんせい 金星 kinsei	**Venere** *f.* ヴェーネレ	Venus ヴィーナス
きんぞく 金属 kinzoku	**metallo** *m.* メタッロ	metal メトル
きんだい 近代 kindai	**età moderna** *f.* エタ モデルナ	modern ages マダン エイヂズ
きんちょうする 緊張する kinchousuru	**(essere) teso(-a)** (エッセレ) テーゾ(・ザ)	(be) tense (ビ) テンス
きんとう 近東 kintou	**Vicino Oriente** *m.* ヴィチーノ オリエンテ	Near East ニア イースト
きんにく 筋肉 kinniku	**muscoli** *m.pl.* ムスコリ	muscles マスルズ
きんぱつ 金髪 kinpatsu	**capelli biondi** *m.pl.* カペッリ ビオンディ	blonde hair, fair hair ブランド ヘア，フェア ヘア
きんべんな 勤勉な kinbenna	**diligente** ディリジェンテ	industrious インダストリアス
ぎんみする 吟味する ginmisuru	**esaminare** エザミナーレ	scrutinize スクルーティナイズ
きんむ 勤務 kinmu	**servizio** *m.*, **turno** *m.* セルヴィーツィオ，トゥルノ	service, duty サーヴィス，デューティ
～する	**lavorare** ラヴォラーレ	serve, work サーヴ，ワーク
きんめだる 金メダル kinmedaru	**medaglia d'oro** *f.* メダッリァ ドーロ	gold medal ゴゥルド メドル
ぎんめだる 銀メダル ginmedaru	**medaglia d'argento** *f.* メダッリァ ダルジェント	silver medal スィルヴァ メドル

181

日	伊	英
きんゆう **金融** kin-yuu	**finanza** *f.* フィナンツァ	finance フィナンス
きんようび **金曜日** kin-youbi	**venerdì** *m.* ヴェネルディ	Friday フライデイ
きんよくてきな **禁欲的な** kin-yokutekina	**austero(-a)** アウステーロ(-ラ)	ascetic, austere アセティク, オースティア
きんり **金利** kinri	**tassi d'interesse** *m.pl.* タッスィ ディンテレッセ	interest rates インタレスト レイツ
きんりょく **筋力** kinryoku	**forza muscolare** *f.* フォルツァ ムスコラーレ	muscular power マスキュラ パウア
きんろう **勤労** kinrou	**lavoro** *m.* ラヴォーロ	labor, work, Ⓑlabour レイバ, ワーク, レイバ

く, ク

く **区** ku	**circoscrizione comunale** *f.* チルコスクリツィオーネ コムナーレ	ward, district ウォード, ディストリクト
ぐあい **具合** guai	**stato** *m.* スタート	condition, state コンディション, ステイト
ぐあむ **グアム** guamu	**Guam** *f.* グアム	Guam グワーム
くい **悔い** kui	**rimpianto** *m.* リンピアント	regret, remorse リグレト, リモース
くい **杭** kui	**palo** *m.* パーロ	stake, pile ステイク, パイル
くいき **区域** kuiki	**zona** *f.* ゾーナ	area, zone エアリア, ゾウン
くいず **クイズ** kuizu	**quiz** *m.* クイツ	quiz クウィズ

日	伊	英
くいちがう **食い違う** kuichigau	**divergere** *da*, **contrastare** *con* ディヴェルジェレ ダ, コントラスターレ コン	conflict with カンフリクト ウィズ
くいんてっと **クインテット** kuintetto	**quintetto** *m.* クィンテット	quintet クウィンテト
くうぇーと **クウェート** kuweeto	**Kuwait** *m.* クウェイト	Kuwait クウェイト
くうかん **空間** kuukan	**spazio** *m.* スパーツィオ	space, room スペイス, ルーム
くうき **空気** kuuki	**aria** *f.* アーリア	air エア
くうきょ **空虚** kuukyo	**vuoto** *m.*, **vanità** *f.* ヴオート, ヴァニタ	emptiness エンプティネス
くうぐん **空軍** kuugun	**aeronautica** *f.* アエロナウティカ	air force エア フォース
くうこう **空港** kuukou	**aeroporto** *m.* アエロポルト	airport エアポート
くうしゅう **空襲** kuushuu	**incursione aerea** *f.* インクルズィオーネ アエーレア	air raid エア レイド
ぐうすう **偶数** guusuu	**numero pari** *m.* ヌーメロ パーリ	even number イーヴン ナンバ
くうせき **空席** kuuseki	**posto libero** *m.* ポスト リーベロ	vacant seat ヴェイカント スィート
(ポストの)	**posto vacante** *m.* ポスト ヴァカンテ	vacant position ヴェイカント ポズィション
ぐうぜん **偶然** guuzen	**caso** *m.* カーゾ	chance, accident チャンス, アクスィデント
～に	**per caso** ペル カーゾ	by chance バイ チャンス

日	伊	英
くうぜんの **空前の** kuuzenno	**senza precedenti** センツァ プレチェデンティ	unprecedented アンプレセデンテド
くうそう **空想** kuusou	**fantasia** *f.* ファンタズィーア	fantasy, daydream ファンタスィ, デイドリーム
～する	**fantasticare** ファンタスティカーレ	imagine, fantasize イマヂン, ファンタサイズ
ぐうぞう **偶像** guuzou	**idolo** *m.* イードロ	idol アイドル
くーでたー **クーデター** kuudetaa	**colpo di stato** *m.* コルポ ディ スタート	coup (d'état) クー (デイター)
くうはく **空白** kuuhaku	**spazio bianco** *m.*, **vuoto** *m.* スパーツィオ ビアンコ, ヴオート	blank ブランク
くうふくである **空腹である** kuufukudearu	**avere fame** アヴェーレ ファーメ	(be) hungry (ビ) ハングリ
くうゆ **空輸** kuuyu	**trasporto aereo** *m.* トラスポルト アエーレオ	air transport エア トランスポート
くーらー **クーラー** kuuraa	**condizionatore d'aria** *m.* コンディツィオナトーレ ダーリア	air conditioner エア コンディショナ
くぉーつ **クオーツ** kuootsu	**quarzo** *m.* クァルツォ	quartz クウォーツ
くかく **区画** kukaku	**divisione** *f.* ディヴィズィオーネ	division ディヴィジョン
くがつ **九月** kugatsu	**settembre** *m.* セッテンブレ	September セプテンバ
くかん **区間** kukan	**tratto** *m.* トラット	section セクション
くき **茎** kuki	**stelo** *m.* ステーロ	stalk, stem ストーク, ステム

日	伊	英
くぎ 釘 kugi	**chiodo** *m.* キオード	nail ネイル
くきょう 苦境 kukyou	**situazione difficile** *f.*, **avversità** *f.* スィトゥアツィオーネ ディッフィーチレ, アッヴェルスィタ	difficult situation ディフィカルト スィチュエイション
くぎり 区切り kugiri	**pausa** *f.* パウザ	pause ポーズ
(終わり)	**fine** *f.* フィーネ	end エンド
くぎる 区切る kugiru	**dividere** ディヴィーデレ	divide ディヴァイド
くさ 草 kusa	**erba** *f.* エルバ	grass グラス
くさい 臭い kusai	**puzzolente** プッツォレンテ	smelly, stinking スメリ, スティンキング
くさり 鎖 kusari	**catena** *f.* カテーナ	chain チェイン
くさる 腐る kusaru	**andare a male** アンダーレ ア マーレ	rot, go bad ラト, ゴウ バド
くし 櫛 kushi	**pettine** *m.* ペッティネ	comb コウム
くじ くじ kuji	**lotteria** *f.* ロッテリーア	lot, lottery ラト, ラタリ
くじく 挫く kujiku	**storcersi** ストルチェルスィ	sprain, wrench スプレイン, レンチ
(落胆させる)	**scoraggiare** スコラッジャーレ	discourage ディスカーリヂ
くじける 挫ける kujikeru	**abbattersi** アッバッテルスィ	(be) discouraged (ビ) ディスカーリヂド

日	伊	英
くじゃく **孔雀** kujaku	**pavone(-a)** *m.(f.)* パヴォーネ(-ナ)	peacock ピーカク
くしゃみ **くしゃみ** kushami	**starnuto** *m.* スタルヌート	sneeze スニーズ
くじょう **苦情** kujou	**lamentela** *f.* ラメンテーラ	complaint コンプレイント
くしょうする **苦笑する** kushousuru	**fare un sorriso di circostanza** ファーレ ウン ソッリーゾ ディ チルコスタンツァ	force a smile フォース ア スマイル
くじら **鯨** kujira	**balena** *f.* バレーナ	whale (ホ)ウェイル
くしんする **苦心する** kushinsuru	**affannarsi** アッファンナルスィ	take pains テイク ペインズ
くず **屑** kuzu	**rifiuti** *m.pl.* リフィウーティ	waste, rubbish ウェイスト, ラビシュ
ぐずぐずする **ぐずぐずする** guzuguzusuru	**attardarsi, indugiare** アッタルダルスィ, インドゥジャーレ	(be) slow, hesitate (ビ) スロウ, ヘズィテイト
くすぐったい **くすぐったい** kusuguttai	**soffrire il solletico** ソッフリーレ イル ソッレーティコ	ticklish ティクリシュ
くずす **崩す** kuzusu	**demolire** デモリーレ	pull down, break プル ダウン, ブレイク
	(お金を) **cambiare** カンビアーレ	change チェインヂ
くすり **薬** kusuri	**medicina** *f.* メディチーナ	medicine, drug メディスィン, ドラグ
	〜屋 **farmacia** *f.* ファルマチーア	pharmacy, drugstore ファーマスィ, ドラグストー
くすりゆび **薬指** kusuriyubi	**anulare** *m.* アヌラーレ	ring finger リング フィンガ

日	伊	英
<ruby>崩<rt>くず</rt></ruby>れる (形が) kuzureru	**deformarsi** デフォルマルスィ	get out of shape ゲト アウト オヴ シェイプ
(崩れ落ちる)	**crollare** クロッラーレ	crumble, collapse クランブル, コラプス
くすんだ kusunda	**cupo(-a)** クーポ(-パ)	somber サンバ
<ruby>癖<rt>くせ</rt></ruby> kuse	**abitudine** *f.* アビトゥーディネ	habit ハビト
<ruby>具体的<rt>ぐたいてき</rt></ruby>な gutaitekina	**concreto(-a)** コンクレート(-タ)	concrete カンクリート
<ruby>砕<rt>くだ</rt></ruby>く kudaku	**rompere** ロンペレ	break, smash ブレイク, スマシュ
<ruby>砕<rt>くだ</rt></ruby>ける kudakeru	**rompersi** ロンペルスィ	break, (be) broken ブレイク, (ビ) ブロウクン
<ruby>果物<rt>くだもの</rt></ruby> kudamono	**frutta** *f.* フルッタ	fruit フルート
～店	**fruttivendolo(-a)** *m.* (*f.*) フルッティヴェンドロ(-ラ)	fruit store フルート ストー
<ruby>下<rt>くだ</rt></ruby>らない kudaranai	**futile** フーティレ	trifling, trivial トライフリング, トリヴィアル
<ruby>下<rt>くだ</rt></ruby>り kudari	**discesa** *f.* ディシェーザ	descent ディセント
(下り列車)	**treno diretto in provincia** *m.* トレーノ ディレット イン プロヴィンチャ	down train ダウン トレイン
<ruby>下<rt>くだ</rt></ruby>る kudaru	**scendere** シェンデレ	go down, descend ゴウ ダウン, ディセンド
<ruby>口<rt>くち</rt></ruby> kuchi	**bocca** *f.* ボッカ	mouth マウス

187

日	伊	英
ぐち **愚痴** guchi	**brontolio** *m.* ブロントリーオ	gripe, idle complaint グライプ, **ア**イドル コンプレイント
くちげんか **口喧嘩** kuchigenka	**litigio** *m.* リ**ティ**ージョ	quarrel ク**ウォ**レル
くちばし **嘴** kuchibashi	**becco** *m.* ベッコ	beak, bill ビーク, ビル
くちびる **唇** kuchibiru	**labbro** *m.* **ラ**ッブロ	lip リプ
くちぶえ **口笛** kuchibue	**fischio** *m.* **フィ**スキオ	whistle (ホ)**ウィ**スル
くちべに **口紅** kuchibeni	**rossetto** *m.* ロッ**セ**ット	rouge, lipstick ルージュ, **リ**プスティク
くちょう **口調** kuchou	**tono** *m.* **ト**ーノ	tone ト**ウ**ン
くつ **靴** kutsu	**scarpe** *f.pl.* ス**カ**ルペ	shoes, boots シューズ, **ブ**ーツ
～ひも	**laccio da scarpe** *m.* **ラ**ッチョ ダ ス**カ**ルペ	shoestring **シュ**ーストリング
くつう **苦痛** kutsuu	**dolore** *m.* ド**ロ**ーレ	pain, agony ペイン, **ア**ゴニ
くつがえす **覆す** kutsugaesu	**rovesciare, sconvolgere** ロヴェ**シャ**ーレ, スコン**ヴォ**ルジェレ	upset, overthrow アプ**セ**ト, オウヴァス**ロ**ウ
くっきー **クッキー** kukkii	**biscotto** *m.* ビス**コ**ット	cookie, ⓑbiscuit **ク**キ, **ビ**スキト
くつした **靴下** kutsushita	**calze** *f.pl.* **カ**ルツェ	socks, stockings **サ**クス, ス**タ**キングズ
くっしょん **クッション** kusshon	**cuscino** *m.* ク**シ**ーノ	cushion **ク**ション

日	伊	英
くっせつ 屈折 kussetsu	**rifrazione** *f.* リフラツィオーネ	refraction リーフラクション
くっつく くっつく kuttsuku	**attaccarsi** *a* アッタッカルスィ ア	cling to, stick to クリング トゥ, スティク トゥ
くっつける くっつける kuttsukeru	**attaccare** アッタッカーレ	join, stick ヂョイン, スティク
くつろぐ 寛ぐ kutsurogu	**mettersi a proprio agio** メッテルスィ ア プローブリオ アージョ	relax, make oneself at home リラクス, メイク アト ホウム
くどい (味が) kudoi	**pesante** ペザンテ	heavy, oily ヘヴィ, オイリ
(話が)	**prolisso(-*a*)** プロリッソ(-サ)	verbose ヴァーボウス
くとうてん 句読点 kutouten	**segni d'interpunzione** *m.pl.* セーニ ディンテルプンツィオーネ	punctuation marks パンクチュエイション マークス
くどく 口説く (言い寄る) kudoku	**corteggiare** コルテッジャーレ	chat up チャト アプ
(説得する)	**persuadere** ペルスアデーレ	persuade パスウェイド
くに 国 kuni	**paese** *m.* パエーゼ	country カントリ
(祖国)	**patria** *f.* パートリア	home country, homeland, ⓑfatherland ホウム カントリ, ホウムランド, ファーザランド
(政治機構としての)	**stato** *m.* スタート	state ステイト
くばる 配る (配達する) kubaru	**consegnare, distribuire** コンセニャーレ, ディストリブイーレ	deliver ディリヴァ
(配布する)	**distribuire** ディストリブイーレ	distribute ディストリビュート

日	伊	英
<ruby>首<rt>くび</rt></ruby> kubi	**collo** *m.* コッロ	neck ネク
（頭部）	**testa** *f.* テスタ	head ヘド
（免職）	**licenziamento** *m.* リチェンツィアメント	dismissal ディスミサル
<ruby>工夫<rt>くふう</rt></ruby> kufuu	**idea** *f.*, **invenzione** *f.* イデーア, インヴェンツィオーネ	device, idea ディヴァイス, アイディーア
～する	**ideare, escogitare** イデアーレ, エスコジターレ	devise, contrive ディヴァイズ, コントライヴ
<ruby>区分<rt>くぶん</rt></ruby> kubun	（分割） **divisione** *f.* ディヴィズィオーネ	division ディヴィジョン
	（分類） **classificazione** *f.* クラッスィフィカツィオーネ	classification クラスィフィケイション
<ruby>区別<rt>くべつ</rt></ruby> kubetsu	**distinzione** *f.* ディスティンツィオーネ	distinction ディスティンクション
<ruby>窪み<rt>くぼみ</rt></ruby> kubomi	**cavità** *f.* カヴィタ	dent, hollow デント, ハロウ
<ruby>熊<rt>くま</rt></ruby> kuma	**orso(-a)** *m.* (*f.*) オルソ(-サ)	bear ベア
<ruby>組<rt>くみ</rt></ruby> kumi	（一対） **paio** *m.* パイオ	pair ペア
	（一揃い） **serie** *f.* セーリエ	set セト
	（グループ） **gruppo** *m.* グルッポ	group, team グループ, ティーム
	（学級） **classe** *f.* クラッセ	class クラス
<ruby>組合<rt>くみあい</rt></ruby> kumiai	**associazione** *f.* アッソチャツィオーネ	association, union アソウスィエイション, ユーニョン

日	伊	英
くみあわせ **組み合わせ** kumiawase	**combinazione** *f.* コンビナツィオーネ	combination カンビネイション
くみたてる **組み立てる** kumitateru	**montare** モンターレ	put together, assemble プト トゲザ, アセンブル
くむ **汲む** kumu	**attingere** アッティンジェレ	draw ドロー
くむ **組む** kumu	**unire** ウニーレ	unite with ユーナイト ウィズ
くも **雲** kumo	**nuvola** *f.* ヌーヴォラ	cloud クラウド
くも **蜘蛛** kumo	**ragno** *m.* ラーニョ	spider スパイダ
くもり **曇り** kumori	**tempo nuvoloso** *m.* テンポ ヌヴォローゾ	cloudy weather クラウディ ウェザ
～の	**nuvoloso(-a)** ヌヴォローゾ(-ザ)	cloudy クラウディ
くもる **曇る** kumoru	**annuvolarsi** アンヌヴォラルスィ	(become) cloudy (ビカム) クラウディ
くやしい **悔しい** kuyashii	**mortificante, irritante** モルティフィカンテ, イッリタンテ	mortifying, frustrating モーティファイング, フラストレイティング
くやむ **悔やむ** kuyamu	**pentirsi** *di* ペンティルスィ ディ	repent, regret リペント, リグレト
くらい **暗い** kurai	**cupo(-a)** クーポ(-パ)	dark, gloomy ダーク, グルーミ
ぐらいだー **グライダー** guraidaa	**aliante** *m.* アリアンテ	glider グライダ
くらいまっくす **クライマックス** kuraimakkusu	**apice** *m.*, **punto culminante** *m.* アーピチェ, プント クルミナンテ	climax クライマクス

日	伊	英
ぐらうんど **グラウンド** guraundo	**campo da gioco** *m.* カンポ ダ ジョーコ	ground, field グラウンド, **フィールド**
くらし **暮らし** kurashi	**vita** *f.* ヴィータ	life, living ライフ, リヴィング
くらしっく **クラシック** kurashikku	**musica classica** *f.* ムーズィカ クラッスィカ	classic クラスィク
くらす **暮らす** kurasu	**vivere** ヴィーヴェレ	live, make a living ライヴ, メイク ア リヴィング
ぐらす **グラス** gurasu	**bicchiere** *m.* ビッキエーレ	glass グラス
ぐらすふぁいばー **グラスファイバー** gurasufaibaa	**fibra di vetro** *f.* フィーブラ ディ ヴェートロ	glass fiber グラス **ファイバ**
くらっち **クラッチ** kuracchi	**frizione** *f.* フリツィオーネ	clutch クラチ
ぐらびあ **グラビア** gurabia	**fotoincisione** *f.*, **pin-up** *f.* フォトインチズィオーネ, ピナプ	photogravure **フォウト**グラヴュア
くらぶ **クラブ** (同好会・集会所) kurabu	**circolo** *m.*, **club** *m.* チルコロ, クレブ	club クラブ
(ゴルフの)	**mazza** *f.*, **mazza da golf** *f.* マッツァ, マッツァ ダ ゴルフ	club クラブ
ぐらふ **グラフ** gurafu	**grafico** *m.* グラーフィコ	graph グラフ
くらべる **比べる** kuraberu	**confrontare** コンフロンターレ	compare コンペア
ぐらむ **グラム** guramu	**grammo** *m.* グランモ	gram, ⒷGramme グラム, グラム
くらやみ **暗闇** kurayami	**buio** *m.*, **oscurità** *f.* ブイオ, オスクリタ	darkness, (the) dark ダークネス, (ザ) ダーク

日	伊	英
くらりねっと **クラリネット** kurarinetto	**clarinetto** *m.* クラリネット	clarinet クラリネト
ぐらんどぴあの **グランドピアノ** gurandopiano	**pianoforte a coda** *m.* ピアノフォルテ ア コーダ	grand piano グランド ピアーノウ
くり **栗** kuri	**castagna** *f.* カスターニャ	chestnut チェスナト
くりーにんぐ **クリーニング** kuriiningu	**lavaggio** *m.* ラヴァッジョ	cleaning クリーニング
～店	**lavanderia** *f.* ラヴァンデリーア	dry cleaner, laundry service ドライ クリーナ, ローンドリ サーヴィス
くりーむ **クリーム** kuriimu	**crema** *f.* クレーマ	cream クリーム
くりかえし **繰り返し** kurikaeshi	**ripetizione** *f.* リペティツィオーネ	repetition, refrain レペティション, リフレイン
くりかえす **繰り返す** kurikaesu	**ripetere** リペーテレ	repeat リピート
くりこす **繰り越す** kurikosu	**riportare** リポルターレ	carry forward キャリ フォーワド
くりすたる **クリスタル** kurisutaru	**cristallo** *m.* クリスタッロ	crystal クリスタル
くりすちゃん **クリスチャン** kurisuchan	**cristiano(-a)** *m.*(*f.*) クリスティアーノ(-ナ)	Christian クリスチャン
くりすます **クリスマス** kurisumasu	**Natale** *m.* ナターレ	Christmas クリスマス
～イブ	**vigilia di Natale** *f.* ヴィジーリア ディ ナターレ	Christmas Eve クリスマス イーヴ
くりっくする **クリックする** kurikkusuru	**cliccare, fare clic** クリッカーレ, ファーレ クリク	click クリク

日	伊	英
<ruby>クリップ</ruby> kurippu	**clip** *f.*, **fermaglio** *m.* クリプ, フェル**マ**ッリォ	clip ク**リ**プ
<ruby>クリニック</ruby> kurinikku	**clinica** *f.* ク**リ**ーニカ	clinic ク**リ**ニク
来る kuru	**venire** ヴェ**ニ**ーレ	come, arrive **カ**ム, ア**ラ**イヴ
狂う kuruu	**impazzire** インパッ**ツィ**ーレ	go insane **ゴ**ウ イン**セ**イン
（調子が）	**guastarsi** グァス**タ**ルスィ	go wrong, go out of order **ゴ**ウ **ロ**ーング, **ゴ**ウ **ア**ウト オヴ **オ**ーダ
（計画などが）	**(essere) turbato(-a)** (**エ**ッセレ) トゥル**バ**ート(-タ)	(be) upset (ビ) アプ**セ**ト
<ruby>グループ</ruby> guruupu	**gruppo** *m.* グ**ル**ッポ	group グ**ル**ープ
苦しい (苦痛である) kurushii	**doloroso(-a)** ドロ**ロ**ーゾ(-ザ)	painful, hard **ペ**インフル, **ハ**ード
（困難な）	**difficile** ディッ**フィ**ーチレ	hard, difficult **ハ**ード, **ディ**フィカルト
苦しみ kurushimi	**sofferenza** *f.* ソッフェ**レ**ンツァ	pain, suffering **ペ**イン, **サ**ファリング
苦しむ (困る) kurushimu	**(essere) tormentato(-a)** (**エ**ッセレ) トルメン**タ**ート(-タ)	(be) troubled with (ビ) ト**ラ**ブルド ウィズ
（悩む）	**soffrire** *per* ソッフ**リ**ーレ ペル	suffer from **サ**ファ フラム
苦しめる kurushimeru	**tormentare** トルメン**タ**ーレ	torment ト**ー**メント
くるぶし kurubushi	**caviglia** *f.* カ**ヴィ**ッリァ	ankle **ア**ンクル

日	伊	英
<ruby>車<rt>くるま</rt></ruby> kuruma	**automobile** *f.* アウトモービレ	car カー
(車輪)	**ruota** *f.* ルオータ	wheel (ホ)**ウィ**ール
<ruby>車いす<rt>くるまいす</rt></ruby> kurumaisu	**sedia a rottelle** *f.* セーディア ア ロテッレ	wheelchair (ホ)**ウィ**ールチェア
<ruby>車海老<rt>くるまえび</rt></ruby> kurumaebi	**gambero** *m.* ガンベロ	tiger prawn **タ**イガ プ**ロ**ーン
<ruby>胡桃<rt>くるみ</rt></ruby> kurumi	**noce** *f.* ノーチェ	walnut **ウォ**ールナト
<ruby>くるむ<rt>くるむ</rt></ruby> kurumu	**avvolgere** アッヴォルジェレ	wrap up ラプ **ア**プ
<ruby>暮れ<rt>くれ</rt></ruby> kure	**fine anno** *f.* フィーネ アンノ	year-end **イ**アレンド
(夕暮れ)	**crepuscolo** *m.* クレプスコロ	nightfall **ナ**イトフォール
<ruby>グレープフルーツ<rt>ぐれーぷふるーつ</rt></ruby> gureepufuruutsu	**pompelmo** *m.* ポンペルモ	grapefruit グ**レ**イプフルート
<ruby>クレーム<rt>くれーむ</rt></ruby> kureemu	**reclamo** *m.* レクラーモ	claim, complaint ク**レ**イム, コンプ**レ**イント
<ruby>クレーン<rt>くれーん</rt></ruby> kureen	**gru** *f.* グル	crane ク**レ**イン
<ruby>クレジット<rt>くれじっと</rt></ruby> kurejitto	**credito** *m.* クレーディト	credit ク**レ**ディト
～カード	**carta di credito** *f.* カルタ ディ クレーディト	credit card ク**レ**ディト **カ**ード
<ruby>クレソン<rt>くれそん</rt></ruby> kureson	**crescione** *m.* クレショーネ	watercress **ウォ**ータクレス
<ruby>クレヨン<rt>くれよん</rt></ruby> kureyon	**pastello** *m.* パステッロ	crayon ク**レ**イアン

日	伊	英
くれる **くれる** kureru	**dare** ダーレ	give, present ギヴ, プリゼント
くれんざー **クレンザー** kurenzaa	**detergente** *m.* デテル**ジェ**ンテ	cleanser ク**レ**ンザ
くろ **黒** kuro	**nero** *m.* **ネ**ーロ	black ブ**ラ**ク
くろい **黒い** kuroi	**nero(-a)** **ネ**ーロ(-ラ)	black ブ**ラ**ク
(日焼けして)	**abbronzato(-a)** アッブロン**ザ**ート(-タ)	suntanned **サ**ンタンド
くろうする **苦労する** kurousuru	**soffrire, lavorare sodo** ソッフ**リ**ーレ, ラヴォ**ラ**ーレ **ソ**ード	suffer, work hard **サ**ファ, **ワ**ーク **ハ**ード
くろうと **玄人** kurouto	**esperto(-a)** *m.*(*f.*)**, professionista** *m.f.* エス**ペ**ルト(-タ), プロフェッスィオ**ニ**スタ	expert, professional **エ**クスパート, プロ**フェ**ショナル
くろーく **クローク** kurooku	**guardaroba** *m.* グァルダ**ロ**ーバ	cloakroom ク**ロ**ウクルーム
くろーぜっと **クローゼット** kuroozetto	**armadio** *m.* アル**マ**ーディオ	closet, wardrobe ク**ラ**ーゼト, **ウォ**ードロウブ
くろーる **クロール** kurooru	**crawl** *m.* ク**ロ**ル	crawl ク**ロ**ール
くろじ **黒字** kuroji	**avanzo** *m.* ア**ヴァ**ンツォ	surplus, (the) black **サ**ープラス, (ザ) ブ**ラ**ク
くろすわーど **クロスワード** kurosuwaado	**cruciverba** *m.* クルチ**ヴェ**ルバ	crossword ク**ロ**ースワード
ぐろてすくな **グロテスクな** gurotesukuna	**grottesco(-a)** グロッ**テ**スコ(-カ)	grotesque グロウ**テ**スク
くろの **黒の** kurono	**nero(-a)** **ネ**ーロ(-ラ)	black ブ**ラ**ク

日	伊	英
くろまく **黒幕** kuromaku	**eminenza grigia** *f.* エミネンツァ グリージャ	wirepuller ワイアプラ
くわえる **加える** kuwaeru	**aggiungere** *a* アッジュンジェレ ア	add to アド トゥ
くわしい **詳しい** kuwashii	**dettagliato(-a)** デッタリアート(-タ)	detailed ディテイルド
（よく知っている）	**avere familiarità** *con* アヴェーレ ファミリアリタ コン	(become) acquainted with (ビカム) アクウェインテド ウィズ
くわだてる **企てる** kuwadateru	**progettare, tramare** プロジェッターレ, トラマーレ	plan, plot プラン, プラト
くわわる **加わる** kuwawaru	**partecipare** *a*, **unirsi** *a* パルテチパーレ ア, ウニルスィ ア	join, enter チョイン, エンタ
ぐん **軍** gun	**esercito** *m.*, **forze armate** *f.pl.* エゼルチト, フォルツェ アルマーテ	army, forces アーミ, フォーセズ
ぐん **郡** gun	**distretto** *m.* ディストレット	county カウンティ
ぐんかん **軍艦** gunkan	**nave da guerra** *f.* ナーヴェ ダ グェッラ	warship ウォーシプ
ぐんじ **軍事** gunji	**affari militari** *m.pl.* アッファーリ ミリターリ	military affairs ミリテリ アフェアズ
ぐんしゅう **群衆** gunshuu	**folla** *f.* フォッラ	crowd クラウド
ぐんしゅく **軍縮** gunshuku	**riduzione degli armamenti** *f.* リドゥツィオーネ デッリ アルマメンティ	armaments reduction アーマメンツ リダクション
くんしょう **勲章** kunshou	**decorazione** *f.*, **medaglia** *f.* デコラツィオーネ, メダッリァ	decoration デコレイション
ぐんじん **軍人** gunjin	**militare** *m.* ミリターレ	soldier, serviceman ソウルヂャ, サーヴィスマン

日	伊	英
<ruby>燻製の<rt>くんせいの</rt></ruby> kunseino	**affumicato(-*a*)** アッフミカート(-タ)	smoked スモウクト
<ruby>軍隊<rt>ぐんたい</rt></ruby> guntai	**esercito** *m.*, **truppe** *f.pl.* エゼルチト, トルッペ	army, troops アーミ, トループス
<ruby>軍備<rt>ぐんび</rt></ruby> gunbi	**armamenti** *m.pl.* アルマメンティ	armaments アーマメンツ
<ruby>訓練<rt>くんれん</rt></ruby> kunren	**addestramento** *m.*, **allenamento** *m.* アッデストラメント, アッレナメント	training トレイニング
〜する	**esercitare, allenare** エゼルチターレ, アッレナーレ	train, drill トレイン, ドリル

け, ケ

日	伊	英
<ruby>毛<rt>け</rt></ruby> ke	**pelo** *m.* ペーロ	hair ヘア
(獣毛)	**pelo** *m.* ペーロ	fur ファー
(羊毛)	**lana** *f.* ラーナ	wool ウル
<ruby>刑<rt>けい</rt></ruby> kei	**condanna** *f.* コンダンナ	penalty, sentence ペナルティ, センテンス
<ruby>芸<rt>げい</rt></ruby> gei	**arte** *f.* アルテ	art, accomplishments アート, アカンプリシュメンツ
<ruby>経営<rt>けいえい</rt></ruby> keiei	**gestione** *f.* ジェスティオーネ	management マニヂメント
〜者	**dirigente** *m.f.*, **ges*to*re(-*trice*)** *m.*(*f.*) ディリジェンテ, ジェストーレ(-トリーチェ)	manager マニヂャ
〜する	**dirigere, gestire** ディリージェレ, ジェスティーレ	manage, run マニヂ, ラン

日	伊	英
けいか 経過 keika	**corso** *m.* コルソ	progress プラグレス
けいかい 警戒 keikai	**precauzione** *f.* プレカウツィオーネ	caution, precaution コーション, プリコーション
～する	**guardarsi** *da* グァルダルスィ ダ	guard against ガード アゲンスト
けいかいな 軽快な keikaina	**leggero(-a), agile** レッジェーロ(-ラ), アージレ	light, nimble ライト, ニンブル
けいかく 計画 keikaku	**piano** *m.*, **progetto** *m.* ピアーノ, プロジェット	plan, project プラン, プラヂェクト
～する	**pianificare** ピアニフィカーレ	plan, project プラン, プロチェクト
けいかん 警官 keikan	**poliziotto(-a)** *m.*(*f.*) ポリツィオット(-タ)	police officer ポリース オーフィサ
けいき 景気 (業績) keiki	**situazione economica** *f.* スィトゥアツィオーネ エコノーミカ	economic state イーコナミク ステイト
(市況)	**mercato** *m.* メルカート	market マーケト
けいけん 経験 keiken	**esperienza** *f.* エスペリエンツァ	experience イクスピアリアンス
～する	**provare** プロヴァーレ	experience イクスピアリアンス
けいこ 稽古 (リハーサル) keiko	**prova** *f.* プローヴァ	rehearsal リハーサル
(練習・訓練)	**esercizio** *m.* エゼルチーツィオ	practice, exercise プラクティス, エクササイズ
けいご 敬語 keigo	**forma di cortesia** *f.* フォルマ ディ コルテズィーア	honorific アナリフィク

日	伊	英
けいこう **傾向** keikou	**tendenza** *f.*, **trend** *m.* テンデンツァ, トレンド	tendency テンデンスィ
けいこうぎょう **軽工業** keikougyou	**industria leggera** *f.* インドゥストリア レッジェーラ	light industries ライト インダストリズ
けいこうとう **蛍光灯** keikoutou	**lampada fluorescente** *f.* ランパダ フルオレシェンテ	fluorescent lamp フルーオレスント ランプ
けいこく **警告** keikoku	**avvertenza** *f.* アッヴェルテンツァ	warning, caution ウォーニング, コーション
〜する	**ammonire, avvertire** アンモニーレ, アッヴェルティーレ	warn ウォーン
けいざい **経済** keizai	**economia** *f.* エコノミーア	economy, finance イカノミ, フィナンス
〜学	**economia** *f.* エコノミーア	economics イーコナミクス
〜的な	**economico(-a)** エコノーミコ(-カ)	economical イーコナミカル
けいさいする **掲載する** keisaisuru	**pubblicare** プッブリカーレ	publish パブリシュ
けいさつ **警察** keisatsu	**polizia** *f.* ポリツィーア	police ポリース
〜官	**poliziotto(-a)** *m.*(*f.*) ポリツィオット(-タ)	police officer ポリース オーフィサ
〜署	**commissariato** *m.* コンミッサリアート	police station ポリース ステイション
けいさん **計算** keisan	**calcolo** *m.* カルコロ	calculation キャルキュレイション
〜機	**calcolatrice** *f.* カルコラトリーチェ	calculator キャルキュレイタ
〜する	**calcolare, contare** カルコラーレ, コンターレ	calculate, count キャルキュレイト, カウント

日	伊	英
けいじ **刑事** keiji	**agente investigativo** *m.* アジェンテ インヴェスティガティーヴォ	detective ディテクティヴ
けいじ **掲示** keiji	**annuncio** *m.*, **avviso** *m.* アンヌンチョ, アッヴィーゾ	notice, bulletin ノウティス, ブレティン
～板	**bacheca** *f.* バケーカ	bulletin board ブレティン ボード
けいしき **形式** keishiki	**forma** *f.*, **formalità** *f.* フォルマ, フォルマリタ	form, formality フォーム, フォーマリティ
～的な	**formale** フォルマーレ	formal フォーマル
げいじゅつ **芸術** geijutsu	**arte** *f.* アルテ	art アート
～家	**artista** *m.f.* アルティスタ	artist アーティスト
けいしょうする **継承する** keishousuru	**succedere** *a* スッチェーデレ ア	succeed to サクスィード トゥ
けいしょく **軽食** keishoku	**spuntino** *m.* スプンティーノ	light meal ライト ミール
けいず **系図** keizu	**genealogia** *f.* ジェネアロジーア	genealogy ヂーニアロヂ
けいせい **形成** keisei	**formazione** *f.* フォルマツィオーネ	formation フォーメイション
けいぞくする **継続する** keizokusuru	**continuare** コンティヌアーレ	continue コンティニュー
けいそつな **軽率な** keisotsuna	**imprudente** インプルデンテ	careless, rash ケアレス, ラシュ
けいたい **形態** keitai	**forma** *f.* フォルマ	form, shape フォーム, シェイプ

日	伊	英
けいたいでんわ **携帯電話** keitaidenwa	**cellulare** *m.*, **telefonino** *m.* チェッルラーレ, テレフォニーノ	cellphone, Ⓑmobile phone セルフォウン, モウバイル フォウン
けいと **毛糸** keito	**filato di lana** *m.* フィラート ディ ラーナ	(woolen) yarn (ウルン) ヤーン
けいとう **系統** keitou	**sistema** *m.* スィステーマ	system スィステム
げいにん **芸人** geinin	**artista di varietà** *m.f.* アルティスタ ディ ヴェリエタ	variety entertainer ヴァライエティ エンタテイナ
げいのう **芸能** geinou	**spettacolo** *m.* スペッターコロ	arts and entertainment アーツ アンド エンタテインメント
～人	**celebrità** *f.* チェレブリタ	entertainer エンタテイナ
けいば **競馬** keiba	**gara ippica** *f.* ガーラ イッピカ	horse racing ホース レイスィング
～場	**ippodromo** *m.* イッポードロモ	race track レイス トラク
けいはくな **軽薄な** keihakuna	**frivolo(-a)** フリーヴォロ(-ラ)	frivolous フリヴォラス
けいはつ **啓発** keihatsu	**delucidazione** *f.* デルチダツィオーネ	enlightenment インライトンメント
～する	**illuminare** イッルミナーレ	enlighten インライトン
けいばつ **刑罰** keibatsu	**pena** *f.*, **punizione** *f.* ペーナ, プニツィオーネ	punishment パニシュメント
けいはんざい **軽犯罪** keihanzai	**reato minore** *m.* レアート ミノーレ	minor offense マイナ オフェンス
けいひ **経費** keihi	**spese** *f.pl.* スペーゼ	expenses イクスペンセズ

日	伊	英
けいび **警備** keibi	**guardia** *f.*, **vigilanza** *f.* グァルディア, ヴィジランツァ	defense, guard ディフェンス, ガード
〜する	**sorvegliare, vigilare** ソルヴェッリャーレ, ヴィジラーレ	defend, guard ディフェンド, ガード
けいひん **景品** keihin	**premio** *m.* プレーミオ	premium プリーミアム
けいべつする **軽蔑する** keibetsusuru	**disprezzare** ディスプレッツァーレ	despise, scorn ディスパイズ, スコーン
けいほう **警報** keihou	**allarme** *m.* アッラルメ	warning, alarm ウォーニング, アラーム
けいむしょ **刑務所** keimusho	**prigione** *f.* プリジョーネ	prison プリズン
けいやく **契約** keiyaku	**contratto** *m.* コントラット	contract カントラクト
〜書	**contratto** *m.* コントラット	contract カントラクト
〜する	**fare un contratto** ファーレ ウン コントラット	contract, sign a contract (with) コントラクト, サイン ア カントラクト (ウィズ)
けいゆ **経由** keiyu	**via** ヴィーア	by way of, via バイ ウェイ オヴ, ヴァイア
けいようし **形容詞** keiyoushi	**aggettivo** *m.* アッジェッティーヴォ	adjective アデクティヴ
けいり **経理** keiri	**contabilità** *f.* コンタビリタ	accounting アカウンティング
けいりゃく **計略** keiryaku	**stratagemma** *m.* ストラタジェンマ	stratagem ストラタヂャム
けいりゅう **渓流** keiryuu	**torrente di montagna** *m.* トッレンテ ディ モンターニャ	mountain stream マウンテン ストリーム

日	伊	英
けいりょう **計量** keiryou	**misurazione** *f.* ミズラツィオーネ	measurement メジャメント
けいれき **経歴** keireki	**carriera** *f.* カッリエーラ	one's career カリア
けいれん **痙攣** keiren	**crampo** *m.* クランポ	spasm, cramp スパズム, クランプ
けいろ **経路** keiro	**itinerario** *m.*, **percorso** *m.* イティネラーリオ, ペルコルソ	course, route コース, ルート
けーき **ケーキ** keeki	**dolce** *m.*, **torta** *f.* ドルチェ, トルタ	cake ケイク
けーす **ケース**（場合・事件） keesu	**caso** *m.* カーゾ	case ケイス
（箱）	**cassetta** *f.*, **scatola** *f.* カッセッタ, スカートラ	case ケイス
げーと **ゲート** geeto	**uscita** *f.*, **gate** *m.* ウシータ, ゲイト	gate ゲイト
げーむ **ゲーム** geemu	**gioco** *m.* ジョーコ	game ゲイム
けおりもの **毛織物** keorimono	**tessuto di lana** *m.* テッスート ディ ラーナ	woolen goods ウルン グヅ
けが **怪我** kega	**ferita** *f.* フェリータ	wound, injury ウーンド, インヂャリ
～する	**ferirsi, farsi male** フェリルスィ, ファルスィ マーレ	(get) hurt (ゲト) ハート
～人	**ferito(-a)** *m.* (*f.*) フェリート(-タ)	injured person インヂャド パースン
げか **外科** geka	**chirurgia** *f.* キルルジーア	surgery サーヂャリ
～医	**chirurgo(-a)** *m.* (*f.*) キルルゴ(-ガ)	surgeon サーヂョン

日	伊	英
けがす **汚す** kegasu	**disonorare** ディゾノラーレ	disgrace ディスグレイス
けがれ **汚れ** kegare	**impurità** *f.* インプリタ	impurity インピュアリティ
けがわ **毛皮** kegawa	**pelliccia** *f.* ペッリッチャ	fur ファー
げき **劇** geki	**teatro** *m.*, **opera teatrale** *f.* テアートロ, オーペラ テアトラーレ	play プレイ
げきじょう **劇場** gekijou	**teatro** *m.* テアトロ	theater, ⓑtheatre スィアタ, スィアタ
げきだん **劇団** gekidan	**compagnia teatrale** *f.* コンパニーア テアトラーレ	theatrical company スィアトリカル カンパニ
げきれいする **激励する** gekireisuru	**incoraggiare** インコラッジャーレ	encourage インカーリヂ
けさ **今朝** kesa	**stamattina** スタマッティーナ	this morning ズィス モーニング
げざい **下剤** gezai	**purgante** *m.*, **lassativo** *m.* プルガンテ, ラッサティーヴォ	laxative, purgative ラクサティヴ, パーガティヴ
げし **夏至** geshi	**solstizio d'estate** *m.* ソルスティーツィオ デスターテ	summer solstice サマ サルスティス
けしいん **消印** keshiin	**timbro postale** *m.* ティンブロ ポスターレ	postmark ポウストマーク
けしき **景色** keshiki	**panorama** *m.* パノラーマ	scenery, view スィーナリ, ヴュー
けしごむ **消しゴム** keshigomu	**gomma da cancellare** *f.* ゴンマ ダ カンチェッラーレ	eraser, ⓑrubber イレイサ, ラバ
けじめ **けじめ** kejime	**distinzione** *f.* ディスティンツィオーネ	distinction ディスティンクション

日	伊	英
～をつける	**distinguere** *fra* ディスティングェレ フラ	distinguish between ディスティングウィシュ ビトウィーン
げしゃする **下車する** geshasuru	**scendere** シェンデレ	get off ゲト オーフ
げじゅん **下旬** gejun	**ultima decade del mese** *f.* ウルティマ デーカデ デル メーゼ	end of the month エンド オヴ ザ マンス
けしょう **化粧** keshou	**trucco** *m.* トルッコ	makeup メイカプ
～室	**bagno** *m.* バーニョ	dressing room, bathroom ドレスィング ルーム, バスルーム
～水	**lozione idratante** *f.* ロツィオーネ イドラタンテ	skin lotion スキン ロウション
～する	**truccarsi** トルッカルスィ	put on makeup プト オン メイカプ
～品	**cosmetici** *m.pl.* コズメーティチ	cosmetics カズメティクス
けす **消す** (文字などを) kesu	**cancellare** カンチェッラーレ	erase イレイス
(明かり・火を)	**spegnere** スペーニェレ	put out プト アウト
(スイッチを)	**spegnere** スペーニェレ	turn off, switch off ターン オーフ, スウィチ オーフ
げすい **下水** gesui	**acque di scolo** *f.pl.* アックェ ディ スコーロ	sewage water スーイヂ ウォータ
～道	**fogna** *f.* フォーニャ	drainage ドレイニヂ
けずる **削る** kezuru	**grattare** グラッターレ	shave, whittle シェイヴ, (ホ)ウィトル

日	伊	英
(削減する)	**ridurre** リドゥッレ	curtail カーテイル
けた 桁 (数の) keta	**cifra** *f.* チーフラ	figure, digit フィギャ, ディヂト
けちな けちな kechina	**tirchio(-a)** ティルキオ(-ア)	stingy スティンヂ
けちゃっぷ ケチャップ kechappu	**ketchup** *m.* ケチャプ	catsup, ketchup ケチャプ, ケチャプ
けつあつ 血圧 ketsuatsu	**pressione del sangue** *f.* プレッスィオーネ デル サングェ	blood pressure ブラド プレシャ
けつい 決意 ketsui	**risoluzione** *f.* リゾルツィオーネ	resolution レゾルーション
～する	**prendere una decisione** プレンデレ ウナ デチズィオーネ	make up one's mind メイク アプ マインド
けつえき 血液 ketsueki	**sangue** *m.* サングェ	blood ブラド
けつえん 血縁 ketsuen	**legame di sangue** *m.* レガーメ ディ サングェ	blood relation ブラド リレイション
けっか 結果 kekka	**risultato** *m.* リズルタート	result リザルト
けっかく 結核 kekkaku	**tubercolosi** *f.* トゥベルコローズィ	tuberculosis テュバーキュロウスィス
けっかん 欠陥 kekkan	**difetto** *m.* ディフェット	defect, fault ディフェクト, フォールト
けっかん 血管 kekkan	**vaso sanguigno** *m.* ヴァーゾ サングィーニョ	blood vessel ブラド ヴェスル
げっかんし 月刊誌 gekkanshi	**mensile** *m.* メンスィーレ	monthly (magazine) マンスリ (マガズィーン)

日	伊	英
げっきゅう **月給** gekkyuu	**stipendio** *m.* スティペンディオ	(monthly) salary (マンスリ) サラリ
けっきょく **結局** kekkyoku	**dopotutto** ドポトゥット	after all, in the end アフタ オール, イン ズィ エンド
けっきん **欠勤** kekkin	**assenza** *f.* アッセンツァ	absence アプセンス
けつごう **結合** ketsugou	**unione** *f.* ウニオーネ	union, combination ユーニョン, カンビネイション
～する	**unire, unirsi** ウニーレ, ウニルスィ	unite, combine ユーナイト, コンバイン
けっこうな **結構な** kekkouna	**eccellente** エッチェッレンテ	excellent, nice エクセレント, ナイス
けっこん **結婚** kekkon	**matrimonio** *m.* マトリモーニオ	marriage マリヂ
～式	**cerimonia nuziale** *f.* チェリモーニア ヌツィアーレ	wedding ウェディング
～する	**sposarsi** *con* スポザルスィ コン	(get) married (ゲト) マリド
けっさく **傑作** kessaku	**capolavoro** *m.* カポラヴォーロ	masterpiece マスタピース
けっさん **決算** kessan	**chiusura dei conti** *f.* キウズーラ デイ コンティ	settlement of accounts セトルメント オヴ アカウンツ
けっして **決して** kesshite	**mai** マーイ	never ネヴァ
げっしゃ **月謝** gessha	**tariffa mensile** *f.* タリッファ メンスィーレ	monthly fee マンスリ フィー
げっしゅう **月収** gesshuu	**reddito mensile** *m.* レッディト メンスィーレ	monthly income マンスリ インカム

日	伊	英
けっしょう **決勝** kesshou	**finale** *f.* フィナーレ	final **ファ**イナル
けっしょう **結晶** kesshou	**cristallo** *m.* クリス**タ**ッロ	crystal ク**リ**スタル
げっしょく **月食** gesshoku	**eclissi lunare** *f.* エク**リ**ッスィ ル**ナ**ーレ	eclipse of the moon イ**ク**リプス オヴ ザ **ム**ーン
けっしん **決心** kesshin	**decisione** *f.* デチズィ**オ**ーネ	determination ディターミ**ネ**イション
〜する	**prendere una decisione** プ**レ**ンデレ ウナ デチズィ**オ**ーネ	make up one's mind メイク **ア**プ マインド
けっせい **血清** kessei	**siero** *m.* スィ**エ**ーロ	serum ス**ィ**アラム
けっせき **欠席** kesseki	**assenza** *f.* アッ**セ**ンツァ	absence **ア**プセンス
〜する	**(essere) assente a** (**エ**ッセレ) アッ**セ**ンテ ア	(be) absent from (ビ) **ア**プセント フラム
けつだん **決断** ketsudan	**decisione** *f.* デチズィ**オ**ーネ	decision ディ**ス**ィジョン
〜する	**decidere** デ**チ**ーデレ	decide ディ**サ**イド
けってい **決定** kettei	**decisione** *f.* デチズィ**オ**ーネ	decision ディ**ス**ィジョン
〜する	**decidere** デ**チ**ーデレ	decide ディ**サ**イド
けってん **欠点** ketten	**difetto** *m.*, **punto debole** *m.* ディ**フェ**ット, **プ**ント **デ**ーボレ	fault, weak point **フォ**ールト, **ウ**ィーク ポイント
けっとう **血統** kettou	**sangue** *m.* **サ**ングェ	blood, lineage ブラド, **リ**ニイヂ

日	伊	英
(動物の)	**pedigree** *m.* ペディグリ	pedigree ペディグリー
けっぱく **潔白** keppaku	**innocenza** *f.* インノ**チェ**ンツァ	innocence **イ**ノセンス
げっぷ **げっぷ** geppu	**rutto** *m.* ルット	burp バープ
けっぺきな **潔癖な** keppekina	**puro(-a), pulito(-a)** **プ**ーロ(-ラ), プ**リ**ート(-タ)	fastidious, clean ファス**ティ**ディアス, ク**リ**ーン
けつぼう **欠乏** ketsubou	**carenza** *f.* カ**レ**ンツァ	lack, shortage **ラ**ク, **ショ**ーティヂ
～する	**scarseggiare** スカルセッ**ジャ**ーレ	lack **ラ**ク
けつまつ **結末** ketsumatsu	**fine** *f.*, **risultato** *m.* **フィ**ーネ, リズル**タ**ート	end, result **エ**ンド, リ**ザ**ルト
げつまつ **月末** getsumatsu	**fine del mese** *f.* **フィ**ーネ デル **メ**ーゼ	end of the month **エ**ンド オヴ ザ **マ**ンス
げつようび **月曜日** getsuyoubi	**lunedì** *m.* ルネ**ディ**	Monday **マ**ンデイ
けつれつ **決裂** ketsuretsu	**rottura** *f.* ロット**ゥ**ーラ	rupture **ラ**プチャ
けつろん **結論** ketsuron	**conclusione** *f.* コンクルズィ**オ**ーネ	conclusion コンク**ル**ージョン
けなす **けなす** kenasu	**sparlare** *di* スパル**ラ**ーレ ディ	speak ill of ス**ピ**ーク **イル** オヴ
けにあ **ケニア** kenia	**Kenya** *m.* **ケ**ーニア	Kenya **ケ**ニャ
げねつざい **解熱剤** genetsuzai	**antipiretico** *m.* アンティピ**レ**ーティコ	antipyretic アンティパイ**レ**ティク
けはい **気配** kehai	**segnale** *m.* セ**ニャ**ーレ	sign, indication **サ**イン, インディ**ケ**イション

日	伊	英
けびょう **仮病** kebyou	**finta malattia** *f.* フィンタ マラッティーア	feigned illness **フェ**インド **イ**ルネス
げひんな **下品な** gehinna	**volgare** ヴォル**ガ**ーレ	vulgar, coarse **ヴァ**ルガ, **コ**ース
けむい **煙い** kemui	**fumoso(-a)** フ**モ**ーゾ(-ザ)	smoky ス**モ**ウキ
けむし **毛虫** kemushi	**bruco** *m.* ブ**ル**ーコ	caterpillar **キャ**タピラ
けむり **煙** kemuri	**fumo** *m.* **フ**ーモ	smoke ス**モ**ウク
げり **下痢** geri	**diarrea** *f.* ディアッ**レ**ーア	diarrhea ダイア**リ**ア
げりら **ゲリラ** gerira	**guerrigliero(-a)** *m.(f.)* グェッリッ**リ**ェーロ(-ラ)	guerrilla ゲ**リ**ラ
ける **蹴る** keru	**calciare, dare un calcio a** カル**チャ**ーレ, **ダ**ーレ ウン **カ**ルチョ ア	kick **キ**ク
げるまにうむ **ゲルマニウム** gerumaniumu	**germanio** *m.* ジェル**マ**ーニオ	germanium ヂャー**メ**イニアム
げれつな **下劣な** geretsuna	**meschino(-a)** メス**キ**ーノ(-ナ)	mean, base **ミ**ーン, **ベ**イス
げれんで **ゲレンデ** gerende	**pista (da sci)** *f.* **ピ**スタ (ダ **シ**)	(ski) slope (ス**キ**ー) ス**ロ**ウプ
けわしい **険しい** kewashii	**ripido(-a)** **リ**ーピド(-ダ)	steep ス**ティ**ープ
(顔つきが)	**duro(-a), severo(-a)** **ドゥ**ーロ(-ラ), セ**ヴェ**ーロ(-ラ)	severe スィ**ヴィ**ア
けん **券** ken	**biglietto** *m.* ビッ**リ**ェット	ticket, coupon **ティ**ケト, **ク**ーパン

日	伊	英
県 (日本の) ken	**prefettura** *f.* プレフェット**ゥ**ーラ	prefecture プリーフェクチャ
弦 (楽器の) gen	**corda** *f.* コルダ	string スト**リ**ング
(弓の)	**corda** *f.* コルダ	bowstring ボウスト**リ**ング
険悪な ken-akuna	**minaccioso(-*a*)** ミナッチョーゾ(·ザ)	threatening スレ**ト**ニング
原案 gen-an	**prima bozza** *f.* プリーマ ボッツァ	first draft **ファ**ースト ド**ラ**フト
権威 ken-i	**autorità** *f.* アウトリ**タ**	authority, prestige ア**ソ**ーリティ, プレス**ティ**ージ
原因 gen-in	**causa** *f.* カウザ	cause, origin **コ**ーズ, **オ**ーリヂン
幻影 gen-ei	**illusione** *f.* イッルズィ**オ**ーネ	illusion イ**ル**ージョン
検疫 ken-eki	**quarantena** *f.* クァラン**テ**ーナ	quarantine ク**ウォ**ランティーン
現役 gen-eki	**servizio attivo** *m.* セル**ヴィ**ーツィオ アッ**ティ**ーヴォ	active service **ア**クティヴ **サ**ーヴィス
検閲 ken-etsu	**censura** *f.* チェン**ス**ーラ	inspection, censorship インス**ペ**クション, **セ**ンサシプ
喧嘩 (殴り合い) kenka	**rissa** *f.* リッサ	fight **ファ**イト
(口論)	**lite** *f.* **リ**ーテ	quarrel, dispute ク**ウォ**レル, ディス**ピュ**ート
〜する	**litigare** *con* リティ**ガ**ーレ コン	quarrel with ク**ウォ**レル ウィズ

日	伊	英
げんか **原価** genka	**prezzo di costo** *m.* プレッツォ ディ コスト	cost price コースト プライス
けんかい **見解** kenkai	**opinione** *f.* オピニオーネ	opinion, view オピニオン, ヴュー
げんかい **限界** genkai	**limite** *m.* リーミテ	limit, bounds リミト, バウンヅ
けんがくする **見学する** kengakusuru	**visitare** ヴィズィターレ	inspect, visit インスペクト, ヴィズィト
げんかくな **厳格な** genkakuna	**rigoroso(-a)** リゴローゾ(-ザ)	strict, rigorous ストリクト, リガラス
げんかしょうきゃく **減価償却** genkashoukyaku	**ammortamento** *m.* アンモルタメント	depreciation ディプリーシエイション
げんがっき **弦楽器** gengakki	**archi** *m.pl.* アルキ	stringed instruments ストリングド インストルメンツ
げんかん **玄関** genkan	**ingresso** *m.* イングレッソ	entrance エントランス
げんきな **元気な** genkina	**energico(-a), vivace** エネルジコ(-カ), ヴィヴァーチェ	spirited, lively スピリテド, ライヴリ
けんきゅう **研究** kenkyuu	**studio** *m.* ストゥーディオ	study, research スタディ, リサーチ
～者	**studioso(-a)** *m.(f.)* ストゥディオーゾ(-ザ)	student, scholar ステューデント, スカラ
～所	**laboratorio** *m.* ラボラトーリオ	laboratory ラボラトーリ
～する	**studiare, fare ricerche** *su* ストゥディアーレ, ファーレ リチェルケ ス	research, study リサーチ, スタディ
けんきょな **謙虚な** kenkyona	**modesto(-a)** モデスト(-タ)	modest マデスト

日	伊	英
けんきん 献金 kenkin	**donazione** *f.* ドナツィオーネ	donation ドウネイション
げんきん 現金 genkin	**contanti** *m.pl.* コンタンティ	cash キャシュ
げんきんする 厳禁する genkinsuru	**vietare rigorosamente** ヴィエターレ リゴロザメンテ	forbid strictly フォビド ストリクトリ
げんけい 原型 genkei	**prototipo** *m.* プロトーティポ	prototype プロウトタイプ
げんけい 原形 genkei	**forma originale** *f.* フォルマ オリジナーレ	original form オリヂナル フォーム
けんけつ 献血 kenketsu	**donazione di sangue** *f.* ドナツィオーネ ディ サングェ	blood donation ブラド ドウネイション
けんげん 権限 kengen	**competenza** *f.* コンペテンツァ	competence カンピテンス
げんご 言語 gengo	**lingua** *f.* リングァ	language ラングウィヂ
～学	**linguistica** *f.* リングィスティカ	linguistics リングウィスティクス
けんこう 健康 kenkou	**salute** *f.* サルーテ	health ヘルス
～な	**sano(-a)** サーノ(-ナ)	healthy, sound ヘルスィ, サウンド
げんこう 原稿 genkou	**manoscritto** *m.* マノスクリット	manuscript, draft マニュスクリプト, ドラフト
げんこうはん 現行犯 genkouhan	**reato flagrante** *m.* レアート フラグランテ	red-handed レドハンデド
げんこく 原告 genkoku	**querelante** *m.f.* クェレランテ	plaintiff プレインティフ
けんさ 検査 kensa	**ispezione** *f.* イスペツィオーネ	inspection インスペクション

日	伊	英
〜する	**esaminare** エザミナーレ	inspect, examine インスペクト, イグザミン
げんざいの **現在の** genzaino	**presente, attuale** プレゼンテ, アットゥアーレ	present プレズント
げんざいりょう **原材料** genzairyou	**materia prima** *f.* マテーリア プリーマ	raw material ロー マティアリアル
けんさく **検索** kensaku	**ricerca** *f.*, **reperimento** *m.* リチェルカ, レペリメント	search, retrieval サーチ, リトリーヴァル
〜する	**ricercare, reperire** リチェルカーレ, レペリーレ	search, retrieve サーチ, リトリーヴ
げんさく **原作** gensaku	**originale** *m.* オリジナーレ	original オリヂナル
げんさんち **原産地** gensanchi	**luogo d'origine** *m.*, **provenienza** *f.* ルオーゴ ドリージネ, プロヴェニエンツァ	place of origin プレイス オヴ オリヂン
けんじ **検事** kenji	**procura*tore*(*-trice*)** *m.* (*f.*) プロクラトーレ(-トリーチェ)	public prosecutor パブリク プラスィキュータ
げんし **原子** genshi	**atomo** *m.* アートモ	atom アトム
〜爆弾	**bomba atomica** *f.* ボンバ アトーミカ	atomic bomb アタミク バム
〜力	**energia atomica** *f.* エネルジーア アトーミカ	nuclear power ニュークリア パウア
〜炉	**reattore nucleare** *m.* レアットーレ ヌクレアーレ	nuclear reactor ニュークリア リアクタ
げんじつ **現実** genjitsu	**realtà** *f.* レアルタ	reality, actuality リアリティ, アクチュアリティ
〜の	**reale** レアーレ	real, actual リーアル, アクチュアル

215

日	伊	英
けんじつな **堅実な** kenjitsuna	**stabile, solido(-a)** スタービレ，ソーリド(-ダ)	steady ステディ
げんしの **原始の** genshino	**primitivo(-a)** プリミティーヴォ(-ヴァ)	primitive プリミティヴ
げんしゅ **元首** genshu	**capo di Stato** *m.*, **sovrano(-a)** *m.*(*f.*) カーポ ディ スタート，ソヴラーノ(-ナ)	sovereign サヴレン
けんしゅう **研修** kenshuu	**addestramento** *m.*, **tirocinio** *m.* アッデストラメント，ティロチーニオ	study スタディ
〜生	**tirocinante** *m.f.*, **apprendista** *m.f.* ティロチナンテ，アップレンディスタ	trainee トレイニー
けんじゅう **拳銃** kenjuu	**pistola** *f.* ピストーラ	handgun, pistol ハンドガン，ピストル
げんじゅうしょ **現住所** genjuusho	**indirizzo attuale** *m.* インディリッツォ アットゥアーレ	present address プレゼント アドレス
げんじゅうな **厳重な** genjuuna	**severo(-a)** セヴェーロ(-ラ)	strict, severe ストリクト，スィヴィア
げんしゅくな **厳粛な** genshukuna	**solenne** ソレンネ	grave, solemn グレイヴ，サレム
けんしょう **懸賞** kenshou	**premio** *m.* プレーミオ	prize プライズ
げんしょう **現象** genshou	**fenomeno** *m.* フェノーメノ	phenomenon フィナメノン
げんじょう **現状** genjou	**stato attuale** *m.*, **status quo** *m.* スタート アットゥアーレ，スタートゥス クォ	present condition プレゼント コンディション
げんしょうする **減少する** genshousuru	**diminuire** ディミヌイーレ	decrease, decline ディークリース，ディクライン
げんしょく **原色** genshoku	**colore primario** *m.* コローレ プリマーリオ	primary color プライメリ カラ

け

日	伊	英
けんしん **検診** kenshin	**visita medica** *f.* ヴィーズィタ メーディカ	medical examination メディカル イグザミネイション
けんしんてきに **献身的に** kenshintekini	**devotamente** デヴォタメンテ	devotedly ディヴォウテドリ
げんぜい **減税** genzei	**riduzione delle imposte** *f.* リドゥツィオーネ デッレ インポステ	tax reduction タクス リダクション
げんせいりん **原生林** genseirin	**foresta vergine** *f.* フォレスタ ヴェルジネ	primeval forest プライミーヴァル フォーレスト
けんせつ **建設** kensetsu	**costruzione** *f.* コストルツィオーネ	construction コンストラクション
～する	**costruire** コストルイーレ	construct コンストラクト
けんぜんな **健全な** kenzenna	**sano(-a)** サーノ(-ナ)	sound サウンド
げんそ **元素** genso	**elemento** *m.* エレメント	element エレメント
げんそう **幻想** gensou	**illusione** *f.* イッルズィオーネ	illusion, vision イルージョン, ヴィジョン
げんそく **原則** gensoku	**principio** *m.* プリンチーピオ	principle プリンスィプル
げんそくする **減速する** gensokusuru	**rallentare** ラッレンターレ	slow down スロウ ダウン
けんそん **謙遜** kenson	**modestia** *f.* モデスティア	modesty, humility マデスティ, ヒューミリティ
～する	**(essere) modesto(-a)** (エッセレ) モデスト(-タ)	(be) modest (ビ) マデスト
げんだいの **現代の** gendaino	**moderno(-a)** モデルノ(-ナ)	modern マダン

日	伊	英
げんち **現地** genchi	**posto** *m.* ポスト	spot スパト
けんちく **建築** (建物) kenchiku	**costruzione** *f.* コストルツィオーネ	building ビルディング
(建築術)	**architettura** *f.* アルキテットゥーラ	architecture アーキテクチャ
～家	**architetto(-a)** *m.* (*f.*) アルキテット(-タ)	architect アーキテクト
けんちょな **顕著な** kenchona	**notevole** ノテーヴォレ	remarkable リマーカブル
げんてい **限定** gentei	**limitazione** *f.* リミタツィオーネ	limitation リミテイション
～する	**limitare ...** *a* リミターレ ... ア	limit to リミト トゥ
げんてん **原典** genten	**testo originale** *m.*, **originale** *m.* テスト オリジナーレ, オリジナーレ	original text オリヂナル テクスト
げんてん **原点** genten	**punto di partenza** *m.* プント ディ パルテンツァ	starting point スターティング ポイント
げんてん **減点** genten	**punti di penalizzazione** *m.pl.* プンティ ディ ペナリッザツィオーネ	demerit mark ディーメリト マーク
げんど **限度** gendo	**limite** *m.* リーミテ	limit リミト
けんとう **検討** kentou	**esame** *m.* エザーメ	examination, discussion イグザミネイション, ディスカション
～する	**esaminare** エザミナーレ	examine イグザミン
けんとう **見当**(推測) kentou	**supposizione** *f.* スッポズィツィオーネ	guess ゲス

日	伊	英
（目標）	**obiettivo** *m.*, **scopo** *m.* オビエッティーヴォ, スコーポ	aim エイム
けんどうりょく **原動力** gendouryoku	**forza motrice** *f.* フォルツァ モトリーチェ	motive power モウティヴ パウア
げんば **現場** genba	**posto** *m.* ポスト	site, scene サイト, スィーン
けんびきょう **顕微鏡** kenbikyou	**microscopio** *m.* ミクロスコーピオ	microscope マイクロスコウプ
けんぶつ **見物** kenbutsu	**visita turistica** *f.* ヴィーズィタ トゥリスティカ	sightseeing サイトスィーイング
〜する	**visitare** ヴィズィターレ	see, visit スィー, ヴィズィット
げんぶん **原文** genbun	**testo originale** *m.*, **originale** *m.* テスト オリジナーレ, オリジナーレ	original text オリヂナル テクスト
けんぽう **憲法** kenpou	**costituzione** *f.* コスティトゥツィオーネ	constitution カンスティテューション
げんぽん **原本** genpon	**originale** *m.* オリジナーレ	original オリヂナル
げんみつな **厳密な** genmitsuna	**rigoroso(-a)** リゴローゾ(-ザ)	strict, close ストリクト, クロウス
けんめいな **賢明な** kenmeina	**assennato(-a)** アッセンナート(-タ)	wise, prudent ワイズ, プルーデント
けんめいに **懸命に** kenmeini	**con zelo** コン ゼーロ	eagerly, hard イーガリ, ハード
けんもん **検問** kenmon	**controllo** *m.* コントロッロ	inspection, examination インスペクション, イグザミネイション
けんやくする **倹約する** ken-yakusuru	**risparmiare** リスパルミアーレ	economize イカノマイズ

日	伊	英
げんゆ **原油** gen-yu	**petrolio greggio** *m.* ペトローリオ グレッジョ	crude oil クルード オイル
けんり **権利** kenri	**diritto** *m.* ディリット	right ライト
げんり **原理** genri	**principio** *m.* プリンチーピオ	principle, theory プリンスィプル, スィオリ
げんりょう **原料** genryou	**materia prima** *f.* マテーリア プリーマ	raw materials ロー マティアリアルズ
けんりょく **権力** kenryoku	**potere** *m.* ポテーレ	power, authority パウア, オサリティ

こ, コ

日	伊	英
こ **子** ko	**bambino(-a)** *m.(f.)*, **figlio(-a)** *m.(f.)* バンビーノ(-ナ), フィッリョ(-リャ)	child, infant チャイルド, インファント
ご **五** go	**cinque** チンクェ	five ファイヴ
ご **語** go	**parola** *f.*, **termine** *m.* パローラ, テルミネ	word, term ワード, ターム
こい **濃い** (色が) koi	**scuro(-a)** スクーロ(-ラ)	dark, deep ダーク, ディープ
(味が)	**forte** フォルテ	strong ストロング
(密度が)	**denso(-a)** デンソ(-サ)	dense デンス
こい **恋** koi	**amore** *m.* アモーレ	love ラヴ
～する	**innamorarsi** *di* インナモラルスィ ディ	fall in love (with) フォール イン ラヴ (ウィズ)

日	伊	英
ごい 語彙 goi	**vocabolario** *m.* ヴォカボラーリオ	vocabulary ヴォウキャビュレリ
こいしい 恋しい koishii	**sentire la mancanza** *di* センティーレ ラ マンカンツァ ディ	miss, long for ミス, ローング フォ
こいぬ 子犬 koinu	**cucciolo(-a)** *m.* (*f.*) クッチョロ(-ラ)	puppy パピ
こいびと 恋人 koibito	**ragazzo(-a)** *m.* (*f.*), **compagno(-a)** *m.* (*f.*) ラガッツォ(-ツァ), コンパーニョ(-ニャ)	sweetheart, lover スウィートハート, ラヴァ
こいん コイン koin	**moneta** *f.* モネータ	coin コイン
～ロッカー	**armadietto a gettone** *m.* アルマディエット ア ジェットーネ	coin locker コイン ラカ
こうい 好意 koui	**favore** *m.* ファヴォーレ	goodwill グドウィル
こうい 行為 koui	**azione** *f.*, **fatto** *m.* アツィオーネ, ファット	act, action, deed アクト, アクション, ディード
ごうい 合意 goui	**accordo** *m.* アッコルド	agreement アグリーメント
こういしつ 更衣室 kouishitsu	**spogliatoio** *m.* スポリァトイオ	changing room チェインヂング ルーム
こういしょう 後遺症 kouishou	**postumi** *m.pl.* ポストゥミ	aftereffect アフタリフェクト
ごうう 豪雨 gouu	**acquazzone** *m.* アックアッツォーネ	heavy rain ヘヴィ レイン
こううん 幸運 kouun	**fortuna** *f.* フォルトゥーナ	fortune, luck フォーチュン, ラク
こうえい 光栄 kouei	**onore** *m.*, **gloria** *f.* オノーレ, グローリア	honor, glory アナ, グローリ

日	伊	英
こうえん **公園** kouen	**parco** *m.*, **giardino pubblico** *m.* パルコ, ジャル**ディー**ノ **プ**ッブリコ	park パーク
こうえん **講演** kouen	**conferenza** *f.* コンフェ**レ**ンツァ	lecture **レ**クチャ
～する	**tenere una conferenza** *su* テ**ネー**レ ウナ コンフェ**レ**ンツァ ス	lecture on **レ**クチャ オン
こうおん **高音** kouon	**tono alto** *m.* **トー**ノ **ア**ルト	high tone ハイ **ト**ウン
ごうおん **轟音** gouon	**fragore** *m.* フラ**ゴー**レ	roar **ロ**ー
こうか **効果** kouka	**effetto** *m.*, **efficacia** *f.* エッ**フェ**ット, エッフィ**カー**チャ	effect, efficacy イ**フェ**クト, **エ**フィカスィ
こうかい **後悔** koukai	**rimpianto** *m.*, **rimorso** *m.* リンピ**ア**ント, リ**モ**ルソ	regret, remorse リ**グ**レト, リ**モ**ース
～する	**pentirsi** *di* ペン**ティ**ルスィ ディ	regret リ**グ**レト
こうかい **航海** koukai	**navigazione** *f.* ナヴィガツィ**オ**ーネ	navigation ナヴィ**ゲ**イション
こうがい **公害** kougai	**inquinamento** *m.* インクィナ**メ**ント	pollution ポ**リュ**ーション
こうがい **郊外** kougai	**periferia** *f.* ペリフェ**リ**ーア	suburbs **サ**バーブス
こうかいする **公開する** koukaisuru	**aprire ... al pubblico** アプ**リ**ーレ ... アル **プ**ッブリコ	open to the public **オ**ウプン トゥ ザ **パ**ブリク
こうがく **光学** kougaku	**ottica** *f.* **オ**ッティカ	optics **ア**プティクス
ごうかく **合格** goukaku	**superamento** *m.* スペラ**メ**ント	pass, success パス, サク**セ**ス

日	伊	英
~する	**superare** スペラーレ	pass パス
こうかな **高価な** koukana	**caro(-a)** カーロ(-ラ)	expensive, costly イクスペンスィヴ, コストリ
ごうかな **豪華な** goukana	**sfarzoso(-a), di lusso** スファルツォーゾ(-ザ), ディ ルッソ	gorgeous, deluxe ゴーヂャス, デルクス
こうかん **交換** koukan	**scambio** *m.* スカンビオ	exchange イクスチェインヂ
~する	**scambiare** スカンビアーレ	exchange イクスチェインヂ
こうがんざい **抗癌剤** kouganzai	**agente anticancerogeno** *m.* アジェンテ アンティカンチェロージェノ	anticancer agent アンティキャンサ エイヂェント
こうき (2学期制の) **後期** kouki	**secondo semestre** *m.* セコンド セメストレ	second semester セカンド セメスタ
こうぎ **抗議** kougi	**protesta** *f.* プロテスタ	protest プロテスト
~する	**protestare** *contro* プロテスターレ コントロ	protest against プロテスト アゲンスト
こうぎ **講義** kougi	**lezione** *f.* レツィオーネ	lecture レクチャ
~する	**tenere una lezione** テネーレ ウナ レツィオーネ	lecture レクチャ
こうきあつ **高気圧** koukiatsu	**alta pressione** *f.* アルタ プレッスィオーネ	high atmospheric pressure ハイ アトモスフェリク プレシャ
こうきしん **好奇心** koukishin	**curiosità** *f.* クリオズィタ	curiosity キュアリアスィティ
こうきな **高貴な** koukina	**nobile** ノービレ	noble ノウブル

日	伊	英
こうきゅうな **高級な** koukyuuna	**di alta classe, di lusso** ディ アルタ クラッセ, ディ ルッソ	high-end, luxury ハイエンド, ラクシャリ
こうきょ **皇居** koukyo	**Palazzo Imperiale** *m.* パラッツォ インペリアーレ	Imperial Palace インピアリアル パレス
こうぎょう **工業** kougyou	**industria** *f.* インドゥストリア	industry インダストリ
~地帯	**zona industriale** *f.* ゾーナ インドゥストリアーレ	industrial area インダストリアル エアリア
こうぎょう **鉱業** kougyou	**industria mineraria** *f.* インドゥストリア ミネラーリア	mining マイニング
こうきょうきょく **交響曲** koukyoukyoku	**sinfonia** *f.* スィンフォニーア	symphony スィンフォニ
こうきょうの **公共の** koukyouno	**pubblico(-a)** プップリコ(-カ)	public, common パブリク, カモン
ごうきん **合金** goukin	**lega** *f.* レーガ	alloy アロイ
こうぐ **工具** kougu	**attrezzo** *m.* アットレッツォ	tool, implement トゥール, インプレメント
こうくうがいしゃ **航空会社** koukuugaisha	**compagnia aerea** *f.* コンパニーア アエーレア	airline エアライン
こうくうき **航空機** koukuuki	**aereo** *m.* アエーレオ	aircraft エアクラフト
こうくうけん **航空券** koukuuken	**biglietto aereo** *m.* ビッリェット アエーレオ	airline ticket エアライン ティケト
こうくうびん **航空便** koukuubin	**posta aerea** *f.* ポスタ アエーレア	airmail エアメイル
こうけい **光景** koukei	**spettacolo** *m.*, **scena** *f.* スペッターコロ, シェーナ	spectacle, scene スペクタクル, スィーン
こうげい **工芸** kougei	**artigianato** *m.* アルティジャナート	craft クラフト

日	伊	英
ごうけい **合計** goukei	**somma** *f.* ソンマ	sum, total サム, トウタル
～する	**fare la somma, sommare** ファーレ ラ ソンマ, ソンマーレ	total, sum up トウタル, サム アプ
こうけいき **好景気** koukeiki	**prosperità** *f.* プロスペリタ	prosperity, boom プラスペリティ, ブーム
こうけいしゃ **後継者** koukeisha	**successore** *m.* スッチェッソーレ	successor サクセサ
こうげき **攻撃** kougeki	**attacco** *m.* アッタッコ	attack, assault アタク, アソールト
～する	**attaccare** アッタッカーレ	attack, charge アタク, チャーヂ
こうけつあつ **高血圧** kouketsuatsu	**ipertensione** *f.* イペルテンスィオーネ	high blood pressure ハイ ブラド プレシャ
こうげん **高原** kougen	**altopiano** *m.* アルトピアーノ	plateau プラトウ
こうけんする **貢献する** koukensuru	**contribuire** *a* コントリブイーレ ア	contribute to コントリビュト
こうこう **高校** koukou	**liceo** *m.* リチェーオ	high school ハイ スクール
～生	**studente(-essa) di liceo** *m. (f.)* ストゥデンテ(-デンテッサ) ディ リチェーオ	high school student ハイ スクール ステューデント
こうごう **皇后** kougou	**imperatrice** *f.* インペラトリーチェ	empress エンプレス
こうこうする **孝行する** koukousuru	**dimostrare amore filiale** ディモストラーレ アモーレ フィリアーレ	(be) good to one's parents (ビ) グド トゥ ペアレンツ
こうこがく **考古学** koukogaku	**archeologia** *f.* アルケオロジーア	archaeology アーキアロヂ

日	伊	英
こうこく **広告** koukoku	**pubblicità** *f.* プップリチタ	advertisement アドヴァタイズメント
こうごに **交互に** kougoni	**alternativamente** アルテルナティヴァメンテ	alternately オールタネトリ
こうさ **交差** kousa	**incrocio** *m.* インクローチョ	crossing クロースィング
～する	**incrociarsi** インクロチャルスィ	cross, intersect クロース，インタセクト
～点	**incrocio** *m.* インクローチョ	crossing, cross-roads クロースィング，クロースロウヅ
こうざ **講座** kouza	**corso** *m.* コルソ	course コース
こうざ **口座** kouza	**conto** *m.* コント	account アカウント
こうさい **交際** kousai	**relazioni** *f.pl.*, **rapporti** *m.pl.* レラツィオーニ，ラッポルティ	company, association カンパニ，アソウスィエイション
～する	**avere relazioni** *con* アヴェーレ レラツィオーニ コン	associate with アソウシエイト ウィズ
こうさく **工作** kousaku	**artigianato** *m.* アルティジャナート	handicraft ハンディクラフト
～機械	**macchina utensile** *f.* マッキナ ウテンスィレ	machine tool マシーン トゥール
～する	**costruire** コストルイーレ	engineer, make エンヂニア，メイク
こうざん **鉱山** kouzan	**miniera** *f.* ミニエーラ	mine マイン
こうさんする **降参する** kousansuru	**arrendersi** *a* アッレンデルスィ ア	surrender to サレンダ トゥ

日	伊	英
こうし **講師** koushi	**conferenziere(-a)** *m.(f.)*, **docente a contratto** *m.f.* コンフェレンツィエーレ(-ラ), ドチェンテ ア コントラット	lecturer レクチャラ
こうじ **工事** kouji	**lavori** *m.pl.* ラヴォーリ	work, construction ワーク, コンストラクション
こうしきの **公式の** koushikino	**ufficiale** ウッフィチャーレ	official, formal オフィシャル, フォーマル
こうじつ **口実** koujitsu	**scusa** *f.* スクーザ	pretext, excuse プリーテクスト, イクスキュース
こうしゃ **後者** kousha	**ultimo(-a)** *m.(f.)*, **questo(-a)** *m.(f.)* ウルティモ(-マ), クエスト(-タ)	latter ラタ
こうしゃ **校舎** kousha	**edificio scolastico** *m.* エディフィーチョ スコラスティコ	schoolhouse スクールハウス
こうしゅう **講習** koushuu	**corso** *m.* コルソ	course コース
こうしゅうの **公衆の** koushuuno	**pubblico(-a)** プッブリコ(-カ)	public パブリク
こうじゅつ **口述** koujutsu	**dettato** *m.* デッタート	dictation ディクテイション
〜する	**dettare** デッターレ	dictate ディクテイト
こうじょ **控除** koujo	**detrazione** *f.* デトラツィオーネ	deduction ディダクション
〜する	**detrarre** デトラッレ	deduct ディダクト
こうしょう **交渉** koushou	**trattativa** *f.* トラッタティーヴァ	negotiations ニゴウシエイションズ
〜する	**negoziare ...** *con* ネゴツィアーレ ... コン	negotiate with ニゴウシエイト ウィズ

日	伊	英
こうじょう **工場** koujou	**fabbrica** *f.* ファップリカ	factory, plant ファクトリ, プラント
こうしょうな **高尚な** koushouna	**raffinato(-a)** ラッフィナート(-タ)	noble, refined ノウブル, リファインド
ごうじょうな **強情な** goujouna	**testardo(-a)** テスタルド(-ダ)	obstinate アブスティネト
こうしょうにん **公証人** koushounin	**notaio(-a)** *m.(f.)* ノタイオ(-ア)	notary ノウタリ
こうしょきょうふしょう **高所恐怖症** koushokyoufushou	**acrofobia** *f.* アクロフォビーア	acrophobia, fear of heights アクロフォウビア, フィア オヴ ハイツ
こうしん **行進** koushin	**marcia** *f.* マルチャ	march, parade マーチ, パレイド
～する	**marciare** マルチャーレ	march マーチ
こうしんりょう **香辛料** koushinryou	**spezie** *f.pl.* スペーツィエ	spices スパイセズ
こうすい **香水** kousui	**profumo** *m.* プロフーモ	perfume パーフューム
こうずい **洪水** kouzui	**alluvione** *f.* アッルヴィオーネ	flood, inundation フラド, イナンデイション
こうせい **恒星** kousei	**stella fissa** *f.* ステッラ フィッサ	fixed star フィクスト スター
こうせい **構成** kousei	**composizione** *f.* コンポズィツィオーネ	composition カンポズィション
～する	**comporre** コンポッレ	compose コンポウズ
ごうせい **合成** gousei	**sintesi** *f.* スィンテズィ	synthesis スィンセスィス

日	伊	英
～樹脂	**resina sintetica** *f.* レーズィナ スィンテーティカ	synthetic resin スィンセティク レズィン
～する	**sintetizzare** スィンテティッザーレ	synthesize スィンセサイズ
こうせいな **公正な** kouseina	**giusto(-a)** ジュスト(-タ)	just, fair ヂャスト, フェア
こうせいぶっしつ **抗生物質** kouseibusshitsu	**antibiotico** *m.* アンティビオーティコ	antibiotic アンティバイアティク
こうせき **鉱石** kouseki	**minerale** *m.* ミネラーレ	ore オー
こうせん **光線** kousen	**raggio** *m.* ラッジョ	ray, beam レイ, ビーム
こうぜんと **公然と** kouzento	**apertamente, pubblicamente** アペルタメンテ, プッブリカメンテ	openly, publicly オウプンリ, パブリクリ
こうそ **控訴** kouso	**appello** *m.* アッペッロ	appeal アピール
こうそう **構想** kousou	**piano** *m.*, **ideazione** *f.* ピアーノ, イデアツィオーネ	plan, conception プラン, コンセプション
こうそう **香草** kousou	**erbette** *f.pl.*, **odori** *m.pl.* エルベッテ, オドーリ	herb アーブ
こうぞう **構造** kouzou	**struttura** *f.* ストルットゥーラ	structure ストラクチャ
こうそうけんちく **高層建築** kousoukenchiku	**edificio alto** *m.* エディフィーチョ アルト	high-rise ハイライズ
こうそく **高速** kousoku	**alta velocità** *f.* アルタ ヴェロチタ	high speed ハイ スピード
～道路	**autostrada** *f.* アウトストラーダ	expressway, freeway, ®motorway イクスプレスウェイ, フリーウェイ, モウタウェイ

日	伊	英
こうたいし **皇太子** koutaishi	**principe ereditario** *m.* プリンチペ エレディターリオ	Crown Prince クラウン プリンス
こうたいする **交替[代]する** koutaisuru	**dare il cambio** *a* ダーレ イル カンビオ ア	take turns テイク ターンズ
こうだいな **広大な** koudaina	**vasto(-a), immenso(-a)** ヴァスト(-タ), インメンソ(-サ)	vast, immense ヴァスト, イメンス
こうたく **光沢** koutaku	**lucentezza** *f.* ルチェンテッツァ	luster, gloss ラスタ, グロス
こうちゃ **紅茶** koucha	**tè** *m.* テ	(black) tea (ブラク) ティー
こうちょう **校長** kouchou	**preside** *m.f.* プレーズィデ	principal, Ⓑhead-master プリンスィパル, ヘドマスタ
こうちょうな **好調な** kouchouna	**in buone condizioni** イン ブオーネ コンディツィオーニ	in good condition イン グド コンディション
こうつう (往来) **交通** koutsuu	**traffico** *m.* トラッフィコ	traffic トラフィク
(輸送)	**trasporto** *m.* トラスポルト	transport トランスポート
～事故	**incidente stradale** *m.* インチデンテ ストラダーレ	traffic accident トラフィク アクスィデント
こうてい **皇帝** koutei	**imperatore** *m.* インペラトーレ	emperor エンペラ
こうていする **肯定する** kouteisuru	**affermare** アッフェルマーレ	affirm アファーム
こうていぶあい **公定歩合** kouteibuai	**tasso ufficiale di sconto** *m.* タッソ ウッフィチャーレ ディ スコント	bank rate バンク レイト
こうてきな **公的な** koutekina	**ufficiale, pubblico(-a)** ウッフィチャーレ, プブリコ(-カ)	official, public オフィシャル, パブリク

日	伊	英
こうてつ 鋼鉄 koutetsu	**acciaio** *m.* アッチャイオ	steel スティール
こうてんする 好転する koutensuru	**migliorare** ミリョラーレ	turn for the better ターン フォ ザ ベター
こうど 高度 koudo	**altitudine** *f.* アルティトゥーディネ	altitude アルティテュード
こうとう 高騰 koutou	**rincaro** *m.* リンカーロ	sudden rise サドン ライズ
～する	**impennarsi** インペンナルスィ	rise sharply ライズ シャープリ
こうどう 行動 koudou	**azione** *f.* アツィオーネ	action, conduct アクション, カンダクト
～する	**agire** アジーレ	act アクト
こうどう 講堂 koudou	**aula magna** *f.* アウラ マーニャ	hall, auditorium ホール, オーディトーリアム
ごうとう 強盗 goutou	**rapina*tore*(*-trice*)** *m.*(*f.*) ラピナトーレ(-トリーチェ)	robber, burglar ラバ, バーグラ
ごうどう 合同 goudou	**unione** *f.* ウニオーネ	union ユーニョン
こうとうな 高等な koutouna	**superiore, alto(-*a*)** スペリオーレ, アルト(-タ)	advanced, high-grade アドヴァンスト, ハイグレイド
こうとうがっこう 高等学校 koutougakkou	**liceo** *m.*, **scuola superiore** *f.* リチェーオ, スクォーラ スペリオーレ	high school ハイ スクール
こうとうさいばんしょ 高等裁判所 koutousaibansho	**corte d'appello** *f.* コルテ ダッペッロ	high court ハイ コート
こうとうの 口頭の koutouno	**orale** オラーレ	oral, verbal オーラル, ヴァーバル

日	伊	英
こうどくりょう **購読料** koudokuryou	**abbonamento** *m.* アッボナメント	subscription charge サブスクリプション **チャ**ーヂ
こうないえん **口内炎** kounaien	**stomatite** *f.* ストマ**ティ**ーテ	mouth ulcer, stomatitis **マ**ウス **ア**ルサ, ストウマ**タ**イティス
こうにゅうする **購入する** kounyuusuru	**comprare** コンプ**ラ**ーレ	purchase, buy **パ**ーチェス, **バ**イ
こうにん **後任** kounin	**successore** *m.* スッチェッ**ソ**ーレ	successor サク**セ**サ
こうにんの **公認の** kouninno	**ufficiale** ウッフィ**チャ**ーレ	official, approved オ**フィ**シャル, アプ**ル**ーヴド
こうねん **光年** kounen	**anno luce** *m.* **ア**ンノ **ル**ーチェ	light-year **ラ**イトイヤー
こうはい **後輩** kouhai	**compagno(-a) più giovane** *m.* (*f.*) コン**パ**ーニョ(-ニャ) ピ**ウ** ジョー**ヴァ**ネ	junior **ヂュ**ーニア
こうばしい **香ばしい** koubashii	**profumato(-a)** プロフ**マ**ート(-タ)	fragrant フ**レ**イグラント
こうはん **後半** kouhan	**seconda metà** *f.*, **secondo tempo** *m.* セ**コ**ンダ メ**タ**, セ**コ**ンド **テ**ンポ	latter half **ラ**タ **ハ**フ
こうばん **交番** kouban	**posto di polizia** *m.* **ポ**スト ディ ポリ**ツィ**ーア	(small) police station, Ⓑpolice box (ス**モ**ール) ポ**リ**ース ス**テ**イション, ポ**リ**ース **ボ**ックス
こうひょうの **好評の** kouhyouno	**popolare** ポポ**ラ**ーレ	popular **パ**ピュラ
こうふく **幸福** koufuku	**felicità** *f.* フェリチ**タ**	happiness **ハ**ピネス
〜な	**felice** フェ**リ**ーチェ	happy **ハ**ピ
こうぶつ **好物** koubutsu	**piatto preferito** *m.* **ピ**アット プレフェ**リ**ート	favorite food **フェ**イヴァリト **フ**ード

日	伊	英
こうぶつ **鉱物** koubutsu	**minerale** *m.* ミネラーレ	mineral ミネラル
こうふん **興奮** koufun	**eccitazione** *f.* エッチタツィオーネ	excitement イクサイトメント
～する	**eccitarsi** エッチタルスィ	(be) excited (ビ) イクサイテド
こうぶん **構文** koubun	**costruzione** *f.* コストルツィオーネ	construction コンストラクション
こうぶんしょ **公文書** koubunsho	**atto pubblico** *m.* アット プップリコ	official document オフィシャル ダキュメント
こうへいな **公平な** kouheina	**imparziale** インパルツィアーレ	fair, impartial フェア, インパーシャル
ごうべんじぎょう **合弁事業** goubenjigyou	**joint venture** *f.* ジョイント ヴェンチュル	joint venture ヂョイント ヴェンチャ
こうほ **候補** kouho	**candidato(-a)** *m.(f.)* カンディダート(-タ)	candidate キャンディデイト
～者	**candidato(-a)** *m.(f.)* カンディダート(-タ)	candidate キャンディデイト
こうぼ **酵母** koubo	**lievito** *m.* リエーヴィト	yeast, leaven イースト, レヴン
こうほう **広報** kouhou	**informazioni pubbliche** *f.pl.* インフォルマツィオーニ プップリケ	public information パブリク インフォメイション
ごうほうてきな **合法的な** gouhoutekina	**legale** レガーレ	legal リーガル
ごうまんな **傲慢な** goumanna	**altezzoso(-a)** アルテッツォーゾ(-ザ)	haughty ホーティ
こうみゃく **鉱脈** koumyaku	**filone minerario** *m.* フィローネ ミネラーリオ	vein of ore ヴェイン オヴ オー

日	伊	英
こうみょうな **巧妙な** koumyouna	**abile, ingegnoso(-a)** アービレ, インジェニョーゾ(-ザ)	skillful, dexterous ス**キ**ルフル, **デ**クストラス
こうむ **公務** koumu	**funzione pubblica** *f.* フンツィオーネ **プ**ップリカ	official duties オ**フィ**シャル **デュ**ーティズ
〜員	**funzionario(-a) pubblico(-a)** *m.(f.)* フンツィオ**ナ**ーリオ(-ア) **プ**ップリコ(-カ)	public official **パ**ブリク オ**フィ**シャル
こうむる **被る** koumuru	**subire** ス**ビ**ーレ	receive, incur リ**スィ**ーヴ, イン**カ**ー
こうもく **項目** koumoku	**articolo** *m.*, **voce** *f.* アル**ティ**ーコロ, **ヴォ**ーチェ	item, clause **ア**イテム, ク**ロ**ーズ
こうもん **校門** koumon	**portone di scuola** *m.* ポル**ト**ーネ ディ ス**クォ**ーラ	school gate ス**クー**ル **ゲ**イト
ごうもん **拷問** goumon	**tortura** *f.* トル**トゥ**ーラ	torture **ト**ーチャ
こうや **荒野** kouya	**landa** *f.*, **deserto** *m.* **ラ**ンダ, デ**ゼ**ルト	wilds **ワ**イルヅ
こうらく **行楽** kouraku	**gita** *f.* **ジ**ータ	outing **ア**ウティング
〜客	**turista** *m.f.*, **escursionista** *m.f.* トゥ**リ**スタ, エスクルス**ィ**オ**ニ**スタ	vacationer, Ⓑholidaymaker ヴェイ**ケ**イショナ, **ホ**リデイ**メ**イカ
こうり **小売り** kouri	**vendita al dettaglio** *f.* **ヴェ**ンディタ アル デッ**タ**ッリォ	retail リー**テ**イル
〜する	**vendere al dettaglio** **ヴェ**ンデレ アル デッ**タ**ッリォ	retail リー**テ**イル
ごうりか **合理化** gourika	**razionalizzazione** *f.* ラツィオナリッザツィ**オ**ーネ	rationalization ラショナリ**ゼ**イション
こうりつ **効率** kouritsu	**efficienza** *f.* エッフィ**チェ**ンツァ	efficiency イ**フィ**シェンスィ

日	伊	英
〜的な	**efficiente** エッフィチェンテ	efficient イフィシェント
ごうりてきな 合理的な gouritekina	**razionale** ラツィオナーレ	rational ラショナル
こうりゅう 交流 kouryuu	**scambio** *m.* スカンビオ	exchange イクスチェインヂ
〜する	**scambiare** スカンビアーレ	exchange イクスチェインヂ
（電流の）	**corrente alternata** *f.* コルレンテ アルテルナータ	alternating current オールタネイティング カーレント
ごうりゅう 合流 gouryuu	**confluenza** *f.* コンフルエンツァ	confluence カンフルーエンス
〜点	**punto di confluenza** *m.* プント ディ コンフルエンツァ	point of confluence, meeting point ポイント オヴ カンフルーエンス, ミーティング ポイント
こうりょうとした 荒涼とした kouryoutoshita	**desolato(-a)** デゾラート(-タ)	desolate デソルト
こうりょく 効力 （効果・効能） kouryoku	**effetto** *m.*, **efficacia** *f.* エッフェット, エッフィカーチャ	effect, efficacy イフェクト, エフィカスィ
こうりょする 考慮する kouryosuru	**considerare** コンスィデラーレ	consider コンスィダ
こうれい 高齢 kourei	**età avanzata** *f.* エタ アヴァンツァータ	advanced age アドヴァンスト エイヂ
〜化社会	**invecchiamento demografico** *m.* インヴェッキアメント デモグラーフィコ	aging society エイヂング ソサイエティ
こえ 声 koe	**voce** *f.* ヴォーチェ	voice ヴォイス
こえる 越える koeru	**attraversare** アットラヴェルサーレ	go over, cross ゴウ オウヴァ, クロース

日	伊	英
こえる **超える** koeru	**superare** スペラーレ	exceed, pass イク**スィ**ード, **パ**ス
ご-ぐる **ゴーグル** googuru	**occhiali protettivi** *m.pl.* オッキ**ア**ーリ プロテッ**ティ**ーヴィ	goggles **ガ**グルズ
こーち **コーチ** koochi	**allena*tore*(*-trice*)** *m.* (*f.*), **coach** *m.* アッレナ**ト**ーレ(-**ト**リーチェ), **コ**チ	coach, trainer **コ**ウチ, ト**レ**イナ
こーと **コート** (球技の)	**campo da gioco** *m.* **カ**ンポ ダ **ジョ**ーコ	court **コ**ート
kooto		
(洋服の)	**cappotto** *m.* カッ**ポ**ット	coat **コ**ウト
こーど **コード** (暗号) koodo	**codice** *m.* **コ**ーディチェ	code **コ**ウド
(電線)	**cavo** *m.* **カ**ーヴォ	cord **コ**ード
こーなー **コーナー** koonaa	**angolo** *m.* **ア**ンゴロ	corner **コ**ーナ
こーひー **コーヒー** koohii	**caffè** *m.* カッ**フェ**	coffee **コ**ーフィ
〜ショップ	**bar** *m.*, **caffè** *m.* **バ**ール, カッ**フェ**	coffee shop **コ**ーフィ **シャ**プ
こーら **コーラ** koora	**Còca-Còla** *f.*, **cola** *f.* コカ**コ**ーラ, **コ**ーラ	Coke, cola **コ**ウク, **コ**ウラ
こーらす **コーラス** koorasu	**coro** *m.* **コ**ーロ	chorus **コ**ーラス
こおり **氷** koori	**ghiaccio** *m.* **ギ**アッチョ	ice **ア**イス
こおる **凍る** kooru	**ghiacciare, congelarsi** ギアッ**チャ**ーレ, コンジェ**ラ**ルスィ	freeze フ**リ**ーズ

日	伊	英
ごーる **ゴール** gooru	**traguardo** *m.*, **gol** *m.* トラグァルド、ゴル	goal ゴウル
〜キーパー	**portiere** *m.* ポルティエーレ	goalkeeper ゴウルキーパ
〜キック	**calcio di rinvio** *m.* カルチョ ディ リンヴィーオ	goal kick ゴウル キク
ごかい **誤解** gokai	**fraintendimento** *m.* フラインテンディメント	misunderstanding ミスアンダスタンディング
〜する	**fraintendere** フラインテンデレ	misunderstand ミスアンダスタンド
こがいしゃ **子会社** kogaisha	**affiliata** *f.* アッフィリアータ	subsidiary サブスィディエリ
こかいん **コカイン** kokain	**cocaina** *f.* コカイーナ	cocaine コウケイン
ごがく **語学** gogaku	**studio delle lingue** *m.* ストゥーディオ デッレ リングェ	language study ラングウィヂ スタディ
ごかくけい **五角形** gokakukei	**pentagono** *m.* ペンターゴノ	pentagon ペンタガン
こがす **焦がす** kogasu	**bruciare** ブルチャーレ	burn, scorch バーン、スコーチ
こがたの **小型の** kogatano	**piccolo(-*a*)**, **compatto(-*a*)** ピッコロ(-ラ)、コンパット(-タ)	small, compact スモール、コンパクト
ごがつ **五月** gogatsu	**maggio** *m.* マッジョ	May メイ
ごかん **五感** gokan	**(i) cinque sensi** *m.pl.* (イ) チンクェ センスィ	(the) five senses (ザ) ファイヴ センセズ
ごかんせいのある **互換性のある** gokanseinoaru	**compatibile** コンパティービレ	compatible コンパティブル
こぎって **小切手** kogitte	**assegno** *m.* アッセーニョ	check, ⒷCheque チェク、チェク

日	伊	英
ごきぶり **ゴキブリ** gokiburi	**scarafaggio** *m.* スカラファッジョ	cockroach カクロウチ
こきゃく **顧客** kokyaku	**cliente** *m.f.* クリエンテ	customer, client カスタマ, クライエント
こきゅう **呼吸** kokyuu	**respirazione** *f.* レスピラツィオーネ	respiration レスピレイション
〜する	**respirare** レスピラーレ	breathe ブリーズ
こきょう **故郷** kokyou	**città natale** *f.*, **casa** *f.* チッタ ナターレ, カーザ	home town, home ホウム タウン, ホウム
こぐ **漕ぐ** kogu	**remare** レマーレ	row ラウ
ごく **語句** goku	**parole** *f.pl.* パローレ	words ワーヅ
こくえいの **国営の** kokueino	**statale** スタターレ	state-run, ⒷGovernment-run ステイトラン, ガヴァメントラン
こくおう **国王** kokuou	**re** *m.*, **monarca** *m.* レ, モナルカ	king, monarch キング, マナク
こくがいに **国外に** kokugaini	**all'estero** アッレステロ	abroad アブロード
こくぎ **国技** kokugi	**sport nazionale** *m.* スポルト ナツィオナーレ	national sport ナショナル スポート
こくさいけっこん **国際結婚** kokusaikekkon	**matrimonio internazionale** *m.* マトリモーニオ インテルナツィオナーレ	international marriage インタナショナル マリヂ
こくさいせん **国際線** kokusaisen	**linea aerea internazionale** *f.* リーネア アエーレア インテルナツィオナーレ	international airline インタナショナル エアライン
こくさいてきな **国際的な** kokusaitekina	**internazionale** インテルナツィオナーレ	international インタナショナル

日	伊	英
こくさいでんわ **国際電話** kokusaidenwa	**chiamata all'estero** *f.* キアマータ アッレステロ	international telephone call インタナショナル テレフォウン コール
こくさいほう **国際法** kokusaihou	**diritto internazionale** *m.* ディリット インテルナツィオナーレ	international law インタナショナル ロー
こくさんの **国産の** kokusanno	**nazionale** ナツィオナーレ	domestically produced ドメスティカリ プロデュースト
こくせき **国籍** kokuseki	**nazionalità** *f.* ナツィオナリタ	nationality ナショナリティ
こくそする **告訴する** kokusosuru	**accusare** アックザーレ	accuse アキューズ
こくちする **告知する** kokuchisuru	**notificare** ノティフィカーレ	notify ノウティファイ
こくどう **国道** kokudou	**strada statale** *f.*, **statale** *f.* ストラーダ スタターレ, スタターレ	national highway ナショナル ハイウェイ
こくないせん **国内線** kokunaisen	**linea aerea nazionale** *f.* リーネア アエーレア ナツィオナーレ	domestic ドメスティク
こくないの **国内の** kokunaino	**domestico(-a), interno(-a)** ドメスティコ(-カ), インテルノ(-ナ)	domestic ドメスティク
こくはくする **告白する** kokuhakusuru	**confessare** コンフェッサーレ	confess コンフェス
こくはつする **告発する** kokuhatsusuru	**denunciare, accusare** デヌンチャーレ, アックザーレ	accuse アキューズ
こくふくする **克服する** kokufukusuru	**superare, vincere** スペラーレ, ヴィンチェレ	conquer, overcome カンカ, オウヴァカム
こくべつしき **告別式** kokubetsushiki	**cerimonia funebre** *f.* チェリモーニア フーネブレ	farewell service フェアウェル サーヴィス
こくほう **国宝** kokuhou	**tesoro nazionale** *m.* テゾーロ ナツィオナーレ	national treasure ナショナル トレジャ

日	伊	英
こくぼう **国防** kokubou	**difesa nazionale** *f.* ディフェーザ ナツィオナーレ	national defense **ナ**ショナル ディ**フェ**ンス
こくみん **国民** kokumin	**nazione** *f.*, **popolo** *m.* ナツィオーネ, ポーポロ	nation, people **ネ**イション, **ピ**ープル
～の	**nazionale** ナツィオナーレ	national **ナ**ショナル
こくもつ **穀物** kokumotsu	**cereali** *m.pl.* チェレアーリ	grain, corn グ**レ**イン, **コ**ーン
こくゆうの **国有の** kokuyuuno	**nazionale** ナツィオナーレ	national **ナ**ショナル
こくりつの **国立の** kokuritsuno	**statale** スタターレ	national, state **ナ**ショナル, ス**テ**イト
こくれん **国連** kokuren	**ONU** *f.*, **Organizzazione delle Nazioni Unite** *f.* オーヌ, オルガニッザツィオーネ デッレ ナツィオーニ ウニーテ	UN, United Nations ユー**エ**ン, ユー**ナ**イテド **ネ**イションズ
こけ **苔** koke	**muschio** *m.* ムスキオ	moss **モ**ス
こげる **焦げる** kogeru	**bruciare** ブルチャーレ	burn **バ**ーン
ここ **ここ** koko	**qui** クィ	here, this place **ヒ**ア, **ズ**ィス プ**レ**イス
こご **古語** kogo	**arcaismo** *m.* アルカイズモ	archaic words アー**ケ**イイク **ワ**ーヅ
ごご **午後** gogo	**pomeriggio** *m.* ポメリッジョ	afternoon アフタ**ヌ**ーン
ここあ **ココア** kokoa	**cacao** *m.*, **cioccolata** *f.* カカーオ, チョッコラータ	cocoa **コ**ウコウ
こごえる **凍える** kogoeru	**congelarsi** コンジェ**ラ**ルスィ	freeze フ**リ**ーズ

日	伊	英
ここちよい **心地よい** kokochiyoi	**comodo(-a)** コーモド(-ダ)	comfortable カンフォタブル
こごと **小言** kogoto	**rimprovero** *m.* リンプローヴェロ	scolding スコウルディング
ここなつ **ココナツ** kokonatsu	**cocco** *m.*, **noce di cocco** *f.* コッコ, ノーチェ ディ コッコ	coconut コウコナト
こころ **心** (意向) kokoro	**intenzione** *f.*, **volontà** *f.* インテンツィオーネ, ヴォロンタ	intention, will インテンション, ウィル
(感情)	**sentimento** *m.* センティメント	feeling フィーリング
(心情)	**cuore** *m.* クォーレ	mind, heart マインド, ハート
(精神)	**spirito** *m.* スピーリト	spirit スピリト
こころえる **心得る** kokoroeru	**capire** カピーレ	know, understand ノウ, アンダスタンド
こころがける **心がける** kokorogakeru	**tenere a mente, cercare di** テネーレ ア メンテ, チェルカーレ ディ	bear in mind ベア イン マインド
こころがまえ **心構え** kokorogamae	**preparazione** *f.* プレパラツィオーネ	preparation プレパレイション
こころざし **志** kokorozashi	**volontà** *f.*, **intenzione** *f.* ヴォロンタ, インテンツィオーネ	will, intention ウィル, インテンション
こころざす **志す** kokorozasu	**proporsi** *di* プロポルスィ ディ	intend, aim インテンド, エイム
こころぼそい **心細い** kokorobosoi	**inquieto(-a)** インクィエート(-タ)	forlorn, disheartening フォローン, ディスハートニング
こころみる **試みる** kokoromiru	**provare** プロヴァーレ	try, attempt トライ, アテンプト

日	伊	英
こころよい **快い** kokoroyoi	**piacevole, gradevole** ピア**チェー**ヴォレ, グラ**デー**ヴォレ	pleasant, agreeable プレザント, アグリーアブル
こころよく **快く** kokoroyoku	**volentieri** ヴォレンティ**エー**リ	with pleasure ウィズ プレジャ
こさめ **小雨** kosame	**pioggerella** *f.* ピオッジェ**レッ**ラ	light rain ライト レイン
こざら **小皿** kozara	**piattino** *m.* ピアッ**ティー**ノ	small plate スモール プレイト
ごさん **誤算** gosan	**calcolo sbagliato** *m.*, **giudizio erroneo** *m.* カルコロ ズバッリャート, ジュ**ディー**ツィオ エッ**ロー**ネオ	misjudgment ミスヂャヂメント
こし **腰** koshi	**vita** *f.* **ヴィー**タ	waist ウェイスト
こじ **孤児** koji	**orfano(-a)** *m.* (*f.*) **オ**ルファノ(-ナ)	orphan **オー**ファン
こしかける **腰掛ける** koshikakeru	**sedersi** セ**デ**ルスィ	sit, sit down スィト, スィト ダウン
こしつ **個室** koshitsu	**camera privata** *f.* **カー**メラ プリ**ヴァー**タ	private room プライヴェト ルーム
ごしっくようしき **ゴシック様式** goshikkuyoushiki	**gotico** *m.* **ゴー**ティコ	Gothic **ガ**スィク
こしつする **固執する** koshitsusuru	**persistere** *in* ペル**スィ**ステレ イン	persist パ**スィ**スト
ごじゅう **五十** gojuu	**cinquanta** チン**クァン**タ	fifty **フィ**フティ
こしょう **胡椒** koshou	**pepe** *m.* **ペー**ペ	pepper **ペ**パ
こしょうする **故障する** koshousuru	**guastarsi** グアス**タ**ルスィ	break down ブレイク ダウン

日	伊	英
こじん **個人** kojin	**individuo** m. インディヴィードゥオ	individual インディヴィデュアル
～主義	**individualismo** m. インディヴィドゥアリズモ	individualism インディヴィデュアリズム
～的な	**individuale** インディヴィドゥアーレ	individual, personal インディヴィデュアル, パーソナル
こす **越[超]す** kosu	**superare** スペラーレ	exceed, pass イクスィード, パス
こすと **コスト** kosuto	**costo** m. コスト	cost コースト
こする **擦る** kosuru	**fregare, strofinare** フレガーレ, ストロフィナーレ	rub ラブ
こせい **個性** kosei	**personalità** f. ペルソナリタ	individuality, characteristics インディヴィデュアリティ, キャラクタリスティク
～的な	**originale, unico(-a)** オリジナーレ, ウーニコ(-カ)	unique, distinctive ユーニーク, ディスティンクティヴ
こせき **戸籍** koseki	**stato civile** m. スタート チヴィーレ	family register ファミリ レヂスタ
こぜに **小銭** kozeni	**spiccioli** m.pl. スピッチョリ	change, coins チェインヂ, コインズ
～入れ	**portamonete** m. ポルタモネーテ	coin purse, ⒷpurseG コイン パース, パース
ごぜん **午前** gozen	**mattina** f., **mattinata** f. マッティーナ, マッティナータ	morning モーニング
～中	**di mattina** ディ マッティーナ	during the morning デュアリング ザ モーニング
こたい **固体** kotai	**solido** m. ソーリド	solid サリド

日	伊	英
こだい **古代** kodai	**antichità** *f.* アンティキ**タ**	antiquity アン**ティ**クウィティ
〜の	**antico(-*a*)** アン**ティ**ーコ(-*カ*)	ancient **エ**インシェント
こたえ **答え** (解答) kotae	**soluzione** *f.* ソルツィ**オ**ーネ	solution ソ**ルー**ション
(回答・返事)	**risposta** *f.* リス**ポ**スタ	answer, reply **ア**ンサ, リプ**ラ**イ
こたえる **応える** (応じる) kotaeru	**rispondere** *a* リス**ポ**ンデレ ア	respond to, meet リス**パ**ンド トゥ, **ミー**ト
(反応する)	**rispondere** *a* リス**ポ**ンデレ ア	respond リス**パ**ンド
こたえる **答える** kotaeru	**rispondere** リス**ポ**ンデレ	answer, reply **ア**ンサ, リプ**ラ**イ
こだわる **こだわる** kodawaru	**insistere** *in* イン**スィ**ステレ イン	(be) particular about (ビ) パ**ティ**キュラ ア**バ**ウト
こちょう **誇張** kochou	**esagerazione** *f.* エザジェラツィ**オ**ーネ	exaggeration イグザジャ**レ**イション
〜する	**esagerare** エザジェ**ラ**ーレ	exaggerate イグ**ザ**ジャレイト
こつ **こつ** (要領) kotsu	**tecnica** *f.*, **destrezza** *f.* **テ**クニカ, デスト**レ**ッツァ	knack **ナ**ク
こっか **国家** kokka	**stato** *m.*, **nazione** *f.* ス**タ**ート, ナツィ**オ**ーネ	state ス**テ**イト
こっか **国歌** kokka	**inno nazionale** *m.* **イ**ンノ ナツィオ**ナ**ーレ	national anthem **ナ**ショナル **ア**ンセム
こっかい **国会** kokkai	**Parlamento** *m.*, **Dieta** *f.* パルラ**メ**ント, ディ**エ**ータ	Parliament, Diet **パ**ーラメント, **ダ**イエット

日	伊	英
こづかい **小遣い** kozukai	**paghetta** *f.* パゲッタ	pocket money パケト マニ
こっかく **骨格** kokkaku	**corporatura** *f.* コルポラトゥーラ	frame, build フレイム, ビルド
こっき **国旗** kokki	**bandiera nazionale** *f.* バンディエーラ ナツィオナーレ	national flag ナショナル フラグ
こっきょう **国境** kokkyou	**frontiera** *f.* フロンティエーラ	frontier フランティア
こっく **コック** kokku	**cuoco(-a)** *m.* (*f.*) クオーコ(-カ)	cook クク
こっこう **国交** kokkou	**relazioni diplomatiche** *f.pl.* レラツィオーニ ディプロマーティケ	diplomatic relations ディプロマティク リレイションズ
ごつごつした **ごつごつした** gotsugotsushita	**irregolare, accidentato(-a)** イッレゴラーレ, アッチデンタート(-タ)	rugged, rough ラゲド, ラフ
こつずい **骨髄** kotsuzui	**midollo** *m.* ミドッロ	bone marrow ボウン マロウ
こっせつ **骨折** kossetsu	**frattura** *f.* フラットゥーラ	fracture フラクチャ
～する	**rompersi, fratturarsi** ロンペルスィ, フラットゥラルスィ	break a bone, fracture a bone ブレイク ア ボウン, フラクチャ ア ボウン
こっそり **こっそり** kossori	**in segreto** イン セグレート	quietly, in secret クワイエトリ, イン スィークレト
こづつみ **小包** kozutsumi	**pacco** *m.*, **pacchetto** *m.* パッコ, パッケット	parcel パースル
こっとうひん **骨とう品** kottouhin	**oggetti d'antiquariato** *m.pl.* オッジェッティ ダンティクァリアート	curio, antique キュアリオウ, アンティーク
こっぷ **コップ** koppu	**bicchiere** *m.* ビッキエーレ	glass グラス

日	伊	英
こていする **固定する** koteisuru	**fissare** フィッサーレ	fix フィクス
こてん **古典** koten	**classico** *m.* クラッスィコ	classic クラスィク
〜的な	**classico(-a)** クラッスィコ(-カ)	classic クラスィク
こと **事** koto	**cosa** *f.* コーザ	matter, thing, affair マタ, スィング, アフェア
こどく **孤独** kodoku	**solitudine** *f.* ソリトゥーディネ	solitude サリテュード
〜な	**solitario(-a)** ソリタ―リオ(-ア)	solitary サリテリ
ことし **今年** kotoshi	**quest'anno** *m.* クェスタンノ	this year ズィス イア
ことづけ **言付け** kotozuke	**messaggio** *m.* メッサッジョ	message メスィヂ
ことなる **異なる** kotonaru	**(essere) diverso(-a)** *da* (エッセレ) ディヴェルソ(-サ) ダ	differ from ディファ フラム
ことば **言葉** kotoba	**lingua** *f.*, **linguaggio** *m.* リングァ, リングァッジョ	speech スピーチ
（言語）	**lingua** *f.* リングァ	language ラングウィヂ
（単語）	**parola** *f.* パローラ	word ワード
こども **子供** kodomo	**bambino(-a)** *m.(f.)*, **figlio(-a)** *m.(f.)* バンビーノ(-ナ), フィッリオ(-リァ)	child チャイルド
ことわざ **ことわざ** kotowaza	**proverbio** *m.* プロヴェルビオ	proverb プラヴァブ

日	伊	英
ことわる **断る** kotowaru	**rifiutare** リフィウターレ	refuse レフューズ
こな **粉** kona	**polvere** *f.* ポルヴェレ	powder パウダ
(穀類の)	**farina** *f.* ファリーナ	flour フラウア
こなごなに **粉々に** konagonani	**a pezzi** ア ペッツィ	to pieces トゥ ピーセズ
こにゃっく **コニャック** konyakku	**cognac** *m.* コニャク	cognac コウニャク
こね **コネ** kone	**agganci** *m.pl.* アッガンチ	connections コネクションズ
こねこ **子猫** koneko	**gattino(-a)** *m.* (*f.*) ガッティーノ(-ナ)	kitten キトン
こねる **こねる** koneru	**impastare** インパスターレ	knead ニード
この **この** kono	**questo(-a)** クエスト(-タ)	this ズィス
このあいだ **この間** konoaida	**l'altro giorno** *m.* ラルトロ ジョルノ	(the) other day (ズィ) アザ デイ
このごろ **このごろ** konogoro	**in questi giorni** イン クエスティ ジョルニ	now, these days ナウ, ズィーズ デイズ
このましい **好ましい** (よりよい) konomashii	**preferibile** プレフェリービレ	preferable プレファラブル
(感じのよい)	**piacevole, simpatico(-a)** ピアチェーヴォレ, スィンパーティコ(-カ)	agreeable アグリーアブル
(望ましい)	**desiderabile** デズィデラービレ	desirable ディザイアラブル
このみ **好み** konomi	**gusto personale** *m.* グスト ペルソナーレ	preference, taste プレファランス, テイスト

日	伊	英
<ruby>琥珀<rt>こはく</rt></ruby> kohaku	**ambra** *f.* アンブラ	amber アンバ
<ruby>拒む<rt>こばむ</rt></ruby> kobamu	**rifiutare** リフィウターレ	refuse レフューズ
<ruby>湖畔<rt>こはん</rt></ruby> kohan	**sponda del lago** *f.* スポンダ デル ラーゴ	lakeside レイクサイド
<ruby>御飯<rt>ごはん</rt></ruby> gohan	**pasto** *m.* パスト	meal ミール
（米飯）	**riso** *m.* リーゾ	rice ライス
<ruby>コピー<rt>こぴー</rt></ruby> kopii	**fotocopia** *f.* フォトコーピア	photocopy, copy フォウトカピ, カピ
～機	**fotocopiatrice** *f.* フォトコピアトリーチェ	copier カピア
～する	**fotocopiare** フォトコピアーレ	copy カピ
<ruby>子羊<rt>こひつじ</rt></ruby> kohitsuji	**agnello(-a)** *m.* (*f.*) アニェッロ(-ラ)	lamb ラム
<ruby>こぶ<rt>こぶ</rt></ruby> kobu	**bernoccolo** *m.* ベルノッコロ	lump, bump ランプ, バンプ
（木の）	**nodo** *m.* ノード	(tree) knot (トリー) ナト
<ruby>拳<rt>こぶし</rt></ruby> kobushi	**pugno** *m.* プーニョ	fist フィスト
<ruby>古墳<rt>こふん</rt></ruby> kofun	**tumulo** *m.* トゥームロ	tumulus テューミュラス
<ruby>子分<rt>こぶん</rt></ruby> kobun	**seguace** *m.f.* セグァーチェ	follower, henchman ファロウア, ヘンチマン

日	伊	英
ごぼう **牛蒡** gobou	**bardana** *f.* バルダーナ	burdock バーダーク
こぼす **こぼす** kobosu	**versare** ヴェルサーレ	spill スピル
こぼれる **こぼれる** koboreru	**versarsi** ヴェルサルスィ	fall, drop, spill フォール, ドラプ, スピル
こま **独楽** koma	**trottola** *f.* トロットラ	top タプ
ごま **胡麻** goma	**sesamo** *m.* セーザモ	sesame セサミ
こまーしゃる **コマーシャル** komaasharu	**pubblicità** *f.* プッブリチタ	commercial コマーシャル
こまかい　　(小さい) **細かい** komakai	**piccolo(-a), fine** ピッコロ(-ラ), フィーネ	small, fine スモール, ファイン
(詳細だ)	**dettagliato(-a)** デッタッリアート(-タ)	detailed ディテイルド
ごまかす **ごまかす** gomakasu	**imbrogliare** インブロッリャーレ	cheat, swindle チート, スウィンドル
こまく **鼓膜** komaku	**timpano** *m.* ティンパノ	eardrum イアドラム
こまらせる **困らせる** komaraseru	**imbarazzare** インバラッツァーレ	embarrass, annoy インバラス, アノイ
こまる **困る** komaru	**(essere) in imbarazzo** (エッセレ) イニンバラッツォ	(be) embarrassed (ビ) インバラスト
(悩む)	**avere problemi** アヴェーレ プロブレーミ	have trouble ハヴ トラブル
ごみ **ごみ** gomi	**rifiuti** *m.pl.* リフィウーティ	garbage, trash, ®rubbish ガービヂ, トラシュ, ラビシュ

249

日	伊	英
〜箱	**pattumiera** *f.*, **cestino dei rifiuti** *m.* パットゥミエーラ, チェスティーノ デイ リフィウーティ	garbage can, trash can, Ⓑdustbin ガービヂ キャン, トラシュ キャン, ダストビン
こみゅにけーしょん **コミュニケーション** komyunikeeshon	**comunicazione** *f.* コムニカツィオーネ	communication コミューニケイション
こむ **込む** komu	**(essere) affollato(-a)** (エッセレ) アッフォッラート(-タ)	(be) jammed, (be) crowded (ビ) ヂャムド, (ビ) クラウデド
ごむ **ゴム** gomu	**gomma** *f.* ゴンマ	rubber ラバ
こむぎ **小麦** komugi	**grano** *m.* グラーノ	wheat (ホ)ウィート
〜粉	**farina** *f.* ファリーナ	flour フラウア
こめ **米** kome	**riso** *m.* リーゾ	rice ライス
こめでぃ **コメディ** komedi	**commedia** *f.* コンメーディア	comedy カメディ
こめる **込める** komeru	**caricare** カリカーレ	charge, load チャーヂ, ロウド
こめんと **コメント** komento	**commento** *m.* コンメント	comment カメント
こもじ **小文字** komoji	**minuscola** *f.* ミヌスコラ	lowercase letter ロウアケイス レタ
こもり **子守** komori	**baby-sitter** *m.f.* ベビスィッテル	babysitter ベイビスィタ
こもん **顧問** komon	**consigliere(-a)** *m.*(*f.*) コンスィッリエーレ(-ラ)	adviser, consultant アドヴァイザ, コンサルタント
こや **小屋** koya	**capanna** *f.* カパンナ	hut, shed ハト, シード

こ

日	伊	英
ごやく **誤訳** goyaku	**traduzione sbagliata** *f.* トラドゥツィオーネ ズバッリァータ	mistranslation ミストランスレイション
こゆうの **固有の** koyuuno	**proprio(-a)** プロープリオ(-ア)	peculiar to ピキューリア トゥ
こゆうめいし **固有名詞** koyuumeishi	**nome proprio** *m.* ノーメ プロープリオ	proper noun プラパ ナウン
こゆび **小指** (手の) koyubi	**mignolo** *m.* ミーニョロ	little finger リトル フィンガ
(足の)	**mignolo** *m.* ミーニョロ	little toe リトル トゥ
こよう **雇用** koyou	**impiego** *m.* インピエーゴ	employment インプロイメント
～する	**assumere, impiegare** アッスーメレ, インピエガーレ	employ インプロイ
こらえる **こらえる** (耐える) koraeru	**sopportare** ソッポルターレ	bear, endure ベア, インデュア
(抑える)	**trattenere, contenere** トラッテネーレ, コンテネーレ	control, suppress コントロウル, サプレス
ごらく **娯楽** goraku	**divertimento** *m.*, **svago** *m.* ディヴェルティメント, ズヴァーゴ	amusement アミューズメント
こらむ **コラム** koramu	**rubrica** *f.* ルブリーカ	column カラム
こりつする **孤立する** koritsusuru	**isolarsi** イゾラルスィ	(be) isolated (ビ) アイソレイテド
ごりら **ゴリラ** gorira	**gorilla** *m.f.* ゴリッラ	gorilla ゴリラ
こりる **懲りる** koriru	**averne abbastanza** *di* アヴェルネ アッパスタンツァ ディ	have had enough of ハヴ ハド イナフ オヴ

日	伊	英
こる 凝る (硬直する) koru	**indolenzirsi** インドレンツィルスィ	grow stiff グロウ スティフ
(熱中する)	**(essere) assorto(-a) in** (エッセレ) アッソルト(-タ) イン	(be) absorbed in (ビ) アブソーブド イン
こるく コルク koruku	**sughero** *m.* スーゲロ	cork コーク
～抜き	**cavatappi** *m.* カヴァタッピ	corkscrew コークスクルー
ごるふ ゴルフ gorufu	**golf** *m.* ゴルフ	golf ガルフ
～場	**campo da golf** *m.* カンポ ダ ゴルフ	golf links ガルフ リンクス
これ これ kore	**questo(-a)** クェスト(-タ)	this ズィス
これから これから korekara	**d'ora in poi** ドーラ イン ポーイ	after this, hereafter アフタ ズィス, ヒアラフタ
これくしょん コレクション korekushon	**collezione** *f.* コッレツィオーネ	collection コレクション
これくとこーる コレクトコール korekutokooru	**chiamata a carico del destinatario** *f.* キアマータ ア カーリコ デル デスティナターリオ	collect call コレクト コール
これすてろーる コレステロール koresuterooru	**colesterolo** *m.* コレステローロ	cholesterol コレスタロウル
これら コレラ korera	**colera** *m.* コレーラ	cholera カレラ
これらの これらの korerano	**questi(-e)** クェスティ(-テ)	these ズィーズ
ころがる 転がる (回る) korogaru	**rotolare** ロトラーレ	roll ロウル

日	伊	英
(倒れる)	cadere カデーレ	fall over フォール オウヴァ
ころす **殺す** korosu	uccidere ウッチーデレ	kill, murder キル, マーダ
ころぶ **転ぶ** korobu	cadere カデーレ	tumble down タンブル ダウン
こわい **怖い** kowai	terribile テッリービレ	terrible, fearful テリブル, フィアフル
こわがる **怖がる** kowagaru	avere paura *di* アヴェーレ パウーラ ディ	fear, (be) afraid フィア, (ビ) アフレイド
こわす **壊す** kowasu	rompere, distruggere ロンペレ, ディストルッジェレ	break, destroy ブレイク, ディストロイ
こわれる **壊れる** kowareru	rompersi ロンペルスィ	break, (be) broken ブレイク, (ビ) ブロウクン
こんいろ **紺色** kon-iro	blu scuro *m.* ブル スクーロ	dark blue ダーク ブルー
こんき **根気** konki	pazienza *f.*, perseveranza *f.* パツィエンツァ, ペルセヴェランツァ	perseverance, patience パースィヴィアランス, ペイシェンス
こんきょ **根拠** konkyo	fondamento *m.* フォンダメント	ground グラウンド
こんくーる **コンクール** konkuuru	concorso *m.* コンコルソ	contest カンテスト
こんくりーと **コンクリート** konkuriito	cemento *m.* チェメント	concrete カンクリート
こんげつ **今月** kongetsu	questo mese *m.* クェスト メーゼ	this month ズィス マンス
こんご **今後** kongo	d'ora in poi ドーラ イン ポーイ	from now on フラム ナウ オン

日	伊	英
こんごうする **混合する** kongousuru	**mescolare** メスコラーレ	mix, blend ミクス, ブレンド
こんごきょうわこく **コンゴ共和国** kongokyouwakoku	**Repubblica del Congo** *f.* レプッブリカ デル コンゴ	Republic of Congo リパブリク オヴ カンゴウ
こんさーと **コンサート** konsaato	**concerto** *m.* コンチェルト	concert カンサト
こんざつする **混雑する** konzatsusuru	**(essere) pieno(-a) di** (エッセレ) ピエーノ(-ナ) ディ	(be) congested with (ビ) コンチェステド ウィズ
こんさるたんと **コンサルタント** konsarutanto	**consulente** *m.f.* コンスレンテ	consultant コンサルタント
こんしゅう **今週** konshuu	**questa settimana** *f.* クェスタ セッティマーナ	this week ズィス ウィーク
こんじょう **根性** (気概) konjou	**fegato** *m.* フェーガト	spirit, grit スピリト, グリト
(性質)	**natura** *f.* ナトゥーラ	nature ネイチャ
こんぜつする **根絶する** konzetsusuru	**sradicare, estirpare** ズラディカーレ, エスティルパーレ	eradicate イラディケイト
こんせぷと **コンセプト** konseputo	**concetto** *m.* コンチェット	concept カンセプト
こんせんさす **コンセンサス** konsensasu	**consenso** *m.* コンセンソ	consensus コンセンサス
こんせんと **コンセント** konsento	**presa** *f.* プレーザ	outlet, socket アウトレト, サケト
こんそめ **コンソメ** konsome	**consommé** *m.* コンソメ	consommé コンソメイ
こんたくとれんず **コンタクトレンズ** kontakutorenzu	**lenti a contatto** *f.pl.* レンティ ア コンタット	contact lenses カンタクト レンゼズ

日	伊	英
こんだんかい **懇談会** kondankai	**riunione** *f.* リウニオーネ	round-table conference ラウンドテーブル カンファレンス
こんちゅう **昆虫** konchuu	**insetto** *m.* インセット	insect インセクト
こんでぃしょん **コンディション** kondishon	**condizione** *f.* コンディツィオーネ	condition コンディション
こんてすと **コンテスト** kontesuto	**concorso** *m.* コンコルソ	contest コンテスト
こんてな **コンテナ** kontena	**container** *m.* コンテイネル	container コンテイナ
こんでんさー **コンデンサー** kondensaa	**condensatore** *m.* コンデンサトーレ	condenser コンデンサ
こんど **今度** kondo	**stavolta** スタヴォルタ	this time ズィス タイム
こんどうする **混同する** kondousuru	**confondere ... con** コンフォンデレ ... コン	confuse コンフューズ
こんどーむ **コンドーム** kondoomu	**preservativo** *m.* プレセルヴァティーヴォ	condom カンドム
こんどみにあむ **コンドミニアム** kondominiamu	**condominio** *m.* コンドミーニオ	condominium コンドミニアム
ごんどら **ゴンドラ** gondora	**gondola** *f.* ゴンドラ	gondola ガンドラ
こんとらすと **コントラスト** kontorasuto	**contrasto** *m.* コントラスト	contrast カントラスト
こんとろーる **コントロール** kontorooru	**controllo** *m.* コントロッロ	control コントロウル
～する	**controllare** コントロッラーレ	control コントロウル

日	伊	英
こんとん **混沌** konton	**caos** *m.* カオス	chaos ケイアス
こんな **こんな** konna	**tale** ターレ	such サチ
こんなん **困難** konnan	**difficoltà** *f.* ディッフィコル**タ**	difficulty ディフィカルティ
～な	**difficile** ディッ**フィー**チレ	difficult, hard ディ**フィ**カルト，ハード
こんにち **今日** konnichi	**oggi** **オ**ッジ	today トゥ**デ**イ
こんぱーとめんと **コンパートメント** konpaatomento	**scompartimento** *m.* スコンパルティ**メ**ント	compartment コン**パ**ートメント
こんぱくとな **コンパクトな** konpakutona	**compatto(-a)** コン**パ**ット(-タ)	compact コン**パ**クト
こんばん **今晩** konban	**stasera** スタ**セ**ーラ	this evening ズィス **イ**ーヴニング
こんび **コンビ** konbi	**combinazione** *f.* コンビナツィ**オ**ーネ	combination コンビ**ネ**イション
こんびーふ **コンビーフ** konbiifu	**carne di manzo in scatola** *f.* カルネ ディ **マ**ンゾ イン ス**カ**ートラ	corned beef **コ**ーンド **ビ**ーフ
こんびなーと **コンビナート** konbinaato	**complesso industriale** *m.* コン**プ**レッソ インドゥストリ**ア**ーレ	industrial complex インダストリアル **カ**ンプレクス
こんびに **コンビニ** konbini	**negozio aperto 24 ore su 24** *m.* ネ**ゴ**ーツィオ ア**ペ**ルト ヴェンティク**ァ**ットロ レ ス ヴェンティク**ァ**ットロ	convenience store カン**ヴィ**ーニェンス ス**ト**ー
こんびねーしょん **コンビネーション** konbineeshon	**combinazione** *f.* コンビナツィ**オ**ーネ	combination コンビ**ネ**イション
こんぴゅーたー **コンピューター** konpyuutaa	**computer** *m.* コン**ピュ**ーテル	computer コン**ピュ**ータ

日	伊	英
こんぶ **昆布** konbu	**laminaria** *f.* ラミナーリア	kelp, seaweed ケルプ, スィーウィード
こんぷれっくす **コンプレックス** konpurekkusu	**complesso** *m.* コンプレッソ	complex カンプレクス
こんぽう **梱包** konpou	**imballaggio** *m.* インバッラッジョ	packing パキング
〜する	**imballare** インバッラーレ	pack up パクアプ
こんぽん **根本** konpon	**fondamento** *m.* フォンダメント	foundation ファウンデイション
こんま **コンマ** konma	**virgola** *f.* ヴィルゴラ	comma カマ
こんや **今夜** kon-ya	**stasera, stanotte** スタセーラ, スタノッテ	tonight トゥナイト
こんやく **婚約** kon-yaku	**fidanzamento** *m.* フィダンツァメント	engagement インゲイヂメント
〜者	**fidanzato(-a)** *m.* (*f.*) フィダンツァート(-タ)	fiancé, fiancée フィーアーンセイ, フィーアーンセイ
〜する	**fidanzarsi** フィダンツァルスィ	(be) engaged to (ビ) インゲイヂド トゥ
こんらん **混乱** konran	**confusione** *f.* コンフズィオーネ	confusion コンフュージョン
〜する	**confondersi** コンフォンデルスィ	(be) confused (ビ) コンフューズド
こんわく **困惑** konwaku	**imbarazzo** *m.*, **impaccio** *m.* インバラッツォ, インパッチョ	embarrassment インバラスメント

日	伊	英

さ, サ

さ **差** sa	**differenza** *f.* ディッフェレンツァ	difference ディファレンス
さーかす **サーカス** saakasu	**circo** *m.* チルコ	circus サーカス
さーきっと **サーキット** saakitto	**circuito** *m.* チルクーイト	circuit サーキト
さーちえんじん **サーチエンジン** saachienjin	**motore di ricerca** *m.* モトーレ ディ リチェルカ	search engine サーチ エンヂン
さーちらいと **サーチライト** saachiraito	**riflettore** *m.* リフレットーレ	searchlight サーチライト
さーばー **サーバー** saabaa	**server** *m.* セルヴェル	server サーヴァ
さーびす **サービス** saabisu	**servizio** *m.* セルヴィーツィオ	service サーヴィス
～料	**servizio** *m.* セルヴィーツィオ	service charge サーヴィス チャーヂ
さーぶ **サーブ** saabu	**servizio** *m.* セルヴィーツィオ	serve, service サーヴ, サーヴィス
さーふぁー **サーファー** saafaa	**surfista** *m.f.* セルフィスタ	surfer サーファ
さーふぃん **サーフィン** saafin	**surf** *m.* セルフ	surfing サーフィング
さーもん **サーモン** saamon	**salmone** *m.* サルモーネ	salmon サモン
さいあくの **最悪の** saiakuno	***il*(*la*) peggiore** イル(ラ) ペッジョーレ	worst ワースト
さいがい **災害** saigai	**calamità** *f.*, **disastro** *m.* カラミタ, ディザストロ	calamity, disaster カラミティ, ディザスタ

日	伊	英
ざいかい **財界** zaikai	**mondo finanziario** *m.* モンド フィナンツィアーリオ	financial world フィナンシャル ワールド
さいかいする **再開する** saikaisuru	**riaprire, riprendere** リアプリーレ, リプレンデレ	reopen リーオウプン
さいきん **最近** saikin	**recentemente** レチェンテメンテ	recently リーセントリ
さいきん **細菌** saikin	**batteri** *m.pl.*, **germe** *m.* バッテーリ, ジェルメ	bacteria, germs バクティアリア, チャームズ
さいく **細工** saiku	**lavorazione** *f.*, **lavoro** *m.* ラヴォラツィオーネ, ラヴォーロ	work, workmanship ワーク, ワークマンシプ
さいくつする **採掘する** saikutsusuru	**estrarre** エストラッレ	mine マイン
さいくりんぐ **サイクリング** saikuringu	**ciclismo** *m.* チクリズモ	cycling サイクリング
さいくる **サイクル** saikuru	**ciclo** *m.* チークロ	cycle サイクル
さいけつ **採決** saiketsu	**voto** *m.* ヴォート	vote ヴォウト
さいけつ **採血** saiketsu	**prelievo di sangue** *m.* プレリエーヴォ ディ サングェ	drawing blood ドローイング ブラド
さいけん **債券** saiken	**obbligazione** *f.* オッブリガツィオーネ	bond バンド
ざいげん **財源** zaigen	**risorse finanziarie** *f.pl.* リゾルセ フィナンツィアーリエ	funds ファンヅ
さいけんとうする **再検討する** saikentousuru	**riesaminare** リエザミナーレ	reexamine リーイグザミン
さいご **最期** saigo	**morte** *f.* モルテ	death, last moment デス, ラスト モウメント

日	伊	英
さいご 最後 saigo	fine *f.* フィーネ	last, end ラスト, エンド
〜の	ultim**o**(**-a**), finale ウルティモ(-マ), フィナーレ	last, final ラスト, ファイナル
ざいこ 在庫 zaiko	scorte *f.pl.* スコルテ	stocks スタクス
さいこうの 最高の saikouno	*il*(*la*) migliore イル(ラ) ミッリオーレ	best ベスト
さいころ さいころ saikoro	dado *m.* ダード	dice ダイス
さいさん 採算 saisan	profitto *m.* プロフィット	profit, gain プラフィット, ゲイン
ざいさん 財産 zaisan	beni *m.pl.*, patrimonio *m.* ベーニ, パトリモーニオ	estate, fortune イステイト, フォーチュン
さいじつ 祭日 saijitsu	giorno festivo *m.* ジョルノ フェスティーヴォ	festival day フェスティヴァル デイ
ざいしつ 材質 zaishitsu	qualità dei materiali *f.* クァリタ デイ マテリアーリ	quality of materials クワリティ オヴ マティアリアルズ
さいしゅうする 採集する saishuusuru	raccogliere ラッコッリエレ	collect, gather コレクト, ギャザ
さいしゅうの 最終の saishuuno	ultim**o**(**-a**) ウルティモ(-マ)	last ラスト
さいしゅつ 歳出 saishutsu	uscite annuali *f.pl.* ウシーテ アンヌアーリ	annual expenditure アニュアル イクスペンディチャ
さいしょ 最初 saisho	inizio *m.* イニーツィオ	beginning ビギニング
〜の	primo(**-a**) プリーモ(-マ)	first, initial ファースト, イニシャル

日	伊	英
さいしょうげん **最小限** saishougen	**minimo** *m.* ミーニモ	minimum ミニマム
さいじょうの **最上の** saijouno	*il(la)* **migliore** イル(ラ) ミッリオーレ	best ベスト
さいしょくしゅぎしゃ **菜食主義者** saishokushugisha	**vegetariano(-a)** *m.(f.)* ヴェジェタリアーノ(-ナ)	vegetarian ヴェデテアリアン
さいしんの **最新の** saishinno	**ultimo(-a), aggiornato(-a)** ウルティモ(-マ), アッジョルナート(-タ)	latest, up-to-date レイテスト, アプトゥデイト
さいしんの **細心の** saishinno	**scrupoloso(-a)** スクルポローゾ(-ザ)	careful, prudent ケアフル, プルーデント
さいず **サイズ** saizu	**misura** *f.*, **taglia** *f.* ミズーラ, タッリア	size サイズ
ざいせい **財政** zaisei	**finanze** *f.pl.* フィナンツェ	finances フィナンセズ
さいせいき **最盛期** saiseiki	**culmine** *m.* クルミネ	prime プライム
さいせいする **再生する** saiseisuru	**rigenerare** リジェネラーレ	regenerate リチェネレイト
(録音したものを)	**riprodurre** リプロドゥッレ	play back プレイ バク
さいぜんせん **最前線** saizensen	**avanguardia** *f.* アヴァングァルディア	cutting edge, fore-front カティング エヂ, フォーフラント
さいそくする **催促する** saisokusuru	**sollecitare** ソッレチターレ	press, urge プレス, アーヂ
さいだいげん **最大限** saidaigen	**massimo** *m.* マッスィモ	maximum マクスィマム
さいだいの **最大の** saidaino	*il(la)* **massimo(-a)** イル(ラ) マッスィモ(-マ)	maximum マクスィマム

日	伊	英
さいたく **採択** saitaku	**adozione** *f.* アドツィオーネ	adoption, choice ア**ダ**プション，**チョ**イス
ざいだん **財団** zaidan	**fondazione** *f.* フォンダツィ**オ**ーネ	foundation ファウン**デ**イション
さいていの **最低の** saiteino	*il*(*la*) **minimo(-a)** イル(ラ) **ミ**ーニモ(-マ)	minimum **ミ**ニマム
さいてきな **最適な** saitekina	**ideale** イデ**ア**ーレ	most suitable **モ**ウスト ス**ー**タブル
さいてんする **採点する** saitensuru	**dare un voto** **ダ**ーレ ウン **ヴォ**ート	mark, grade **マ**ーク，グ**レ**イド
さいと **サイト** saito	**sito** *m.* ス**ィ**ート	site **サ**イト
さいど **サイド** saido	**lato** *m.*, **parte** *f.* **ラ**ート，**パ**ルテ	side **サ**イド
さいなん **災難** sainan	**disgrazia** *f.*, **calamità** *f.* ディズグ**ラ**ーツィア，カラミ**タ**	misfortune, calamity ミス**フォ**ーチュン，カラ**ミ**ティ
さいのう **才能** sainou	**talento** *m.*, **abilità** *f.* タ**レ**ント，アビリ**タ**	talent, ability **タ**レント，ア**ビ**リティ
さいばい **栽培** saibai	**coltivazione** *f.* コルティヴァツィ**オ**ーネ	cultivation, culture カルティ**ヴェ**イション，**カ**ルチャ
～する	**coltivare** コルティ**ヴァ**ーレ	cultivate, grow **カ**ルティヴェイト，グ**ロ**ウ
さいはつする **再発する** saihatsusuru	**ripresentarsi** リプレゼン**タ**ルスィ	relapse リ**ラ**プス
さいばん **裁判** saiban	**processo** *m.* プロ**チェ**ッソ	justice, trial **チャ**スティス，ト**ラ**イアル
～官	**giudice** *m.f.* **ジュ**ーディチェ	judge **チャ**ヂ

日	伊	英
～所	**tribunale** *m.* トリブナーレ	court of justice コート オヴ **ヂャ**スティス
さいふ **財布** saifu	**portamonete** *m.*, **portafoglio** *m.* ポルタモ**ネ**ーテ, ポルタ**フォ**ッリョ	purse, wallet **パ**ース, **ワ**レト
さいほう **裁縫** saihou	**cucito** *m.* ク**チ**ート	needlework **ニ**ードルワーク
さいぼう **細胞** saibou	**cellula** *f.* **チェ**ッルラ	cell **セ**ル
さいみんじゅつ **催眠術** saiminjutsu	**ipnotismo** *m.* イプノ**ティ**ズモ	hypnotism **ヒ**プノティズム
さいむ **債務** saimu	**debito** *m.* **デ**ービト	debt **デ**ト
ざいむ **財務** zaimu	**affari finanziari** *m.pl.* アッ**ファ**ーリ フィナンツィ**ア**ーリ	financial affairs ファイ**ナ**ンシャル ア**フェ**アズ
ざいもく **材木** zaimoku	**legname** *m.* レ**ニャ**ーメ	wood, lumber **ウ**ド, **ラ**ンバ
さいようする　(案を) saiyousuru	**adottare** アドッ**タ**ーレ	adopt ア**ダ**プト
(従業員を)	**assumere, impiegare** アッ**ス**ーメレ, インピエ**ガ**ーレ	employ イン**プロ**イ
ざいりゅうほうじん **在留邦人** zairyuuhoujin	**residenti giapponesi** *m.f.pl.* レズィ**デ**ンティ ジャッポ**ネ**ーズィ	Japanese residents ヂャパ**ニ**ーズ **レ**ズィデンツ
さいりょう **裁量** sairyou	**discrezione** *f.* ディスクレツィ**オ**ーネ	judgment **ヂャ**ヂメント
さいりょう **再利用** sairiyou	**riciclaggio** *m.* リチ**クラ**ッジョ	recycling リー**サ**イクリング
ざいりょう **材料** zairyou	**materiale** *m.* マテリ**ア**ーレ	materials マ**ティ**アリアルズ

日	伊	英
さいりょうの **最良の** sairyouno	*il(la)* **migliore** イル(ラ) ミッリオーレ	best ベスト
ざいりょく **財力** zairyoku	**potere finanziario** *m.* ポテーレ フィナンツィアーリオ	financial power フィナンシャル パウア
さいれん **サイレン** sairen	**sirena** *f.* スィレーナ	siren サイアレン
さいわい **幸い** saiwai	**felicità** *f.* フェリチタ	happiness ハピネス
〜な	**fortunato(-a), felice** フォルトゥナート(-タ), フェリーチェ	happy, fortunate ハピ, フォーチュネト
さいん **サイン** sain	**firma** *f.* フィルマ	signature スィグナチャ
さうじあらびあ **サウジアラビア** saujiarabia	**Arabia Saudita** *f.* アラービア サウディータ	Saudi Arabia サウディ アレイビア
さうな **サウナ** sauna	**sauna** *f.* サウナ	sauna サウナ
さえぎる **遮る** saegiru	**interrompere** インテッロンペレ	interrupt, obstruct インタラプト, オブストラクト
さえる **冴える** saeru	**(essere) intelligente, (essere) in gamba** (エッセレ) インテッリジェンテ, (エッセレ) イン ガンバ	(be) bright (ビ) ブライト
さか **坂** saka	**salita** *f.*, **discesa** *f.* サリータ, ディシェーザ	slope, hill スロウプ, ヒル
さかい **境** sakai	**confine** *m.* コンフィーネ	boundary, border バウンダリ, ボーダ
さかえる **栄える** sakaeru	**prosperare** プロスペラーレ	prosper プラスパ
さがす **探[捜]す** sagasu	**cercare** チェルカーレ	seek for, look for スィーク フォ, ルク フォ

日	伊	英
(辞書などで)	**cercare** チェル**カー**レ	look up **ル**ク **ア**プ
(捜し出す)	**trovare** トロ**ヴァー**レ	look out **ル**ク **ア**ウト
さかずき **杯** sakazuki	**bicchiere** *m.*, **calice** *m.* ビッキ**エー**レ, **カー**リチェ	cup, glass **カ**プ, **グ**ラス
さかだちする **逆立ちする** sakadachisuru	**fare la verticale** **ファー**レ ラ ヴェルティ**カー**レ	do a handstand **ドゥー** ア **ハ**ンドスタンド
さかな **魚** sakana	**pesce** *m.* **ペッ**シェ	fish **フィ**シュ
～屋	**pescheria** *f.* ペスケ**リー**ア	fish shop **フィ**シュ **シャ**プ
さかのぼる **遡る** sakanoboru	**risalire** リサ**リー**レ	go back **ゴ**ウ **バ**ク
さかや **酒屋** sakaya	**bottiglieria** *f.*, **enoteca** *f.* ボッティッリェ**リー**ア, エノ**テー**カ	liquor store, Ⓑoff-licence **リ**カ ス**トー**, **オ**フライセンス
さからう **逆らう** sakarau	**opporsi** *a* オッ**ポル**スィ ア	oppose, go against オ**ポウ**ズ, **ゴ**ウ ア**ゲ**ンスト
さかり **盛り** (全盛期) sakari	**fiore degli anni** *m.* フィ**オー**レ デッリ **ア**ンニ	prime **プ**ライム
(頂点)	**culmine** *m.* **ク**ルミネ	height **ハ**イト
さがる **下がる** (下へ動く) sagaru	**scendere** **シェ**ンデレ	fall, drop **フォー**ル, **ド**ラプ
(垂れ下がる)	**pendere** **ペ**ンデレ	hang down **ハ**ング **ダ**ウン
さかんな **盛んな** (活発な) sakanna	**attivo(-a)** アッ**ティー**ヴォ(-**ヴァ**)	active **ア**クティヴ

日	伊	英
(繁栄している)	**prospero(-a)** プロスペロ(-ラ)	prosperous プラスペラス
<ruby>先<rt>さき</rt></ruby> (先端) saki	**punta** *f.* プンタ	point, tip ポイント, ティプ
(先頭)	**testa** *f.*, **cima** *f.* テスタ, チーマ	head, top ヘド, タプ
(続き)	**seguito** *m.* セーグィト	sequel スィークウェル
(未来)	**futuro** *m.* フトゥーロ	future フューチャ
<ruby>詐欺<rt>さぎ</rt></ruby> sagi	**frode** *f.* フローデ	fraud フロード
～師	**imbroglione(-a)** *m.* (*f.*) インブロッリオーネ(-ナ)	swindler スウィンドラ
<ruby>一昨々日<rt>さきおととい</rt></ruby> sakiototoi	**tre giorni fa** トレ ジョルニ ファ	three days ago スリー デイズ アゴウ
<ruby>サキソフォン<rt>さきそふぉん</rt></ruby> sakisofon	**sassofono** *m.* サッソーフォノ	saxophone サクソフォウン
<ruby>先物取引<rt>さきものとりひき</rt></ruby> sakimonotorihiki	**operazione a termine** *f.* オペラツィオーネ ア テルミネ	futures trading フューチャズ トレイディング
<ruby>作業<rt>さぎょう</rt></ruby> sagyou	**lavoro** *m.*, **operazione** *f.* ラヴォーロ, オペラツィオーネ	work, operations ワーク, アペレイションズ
～する	**lavorare** ラヴォラーレ	work, operate ワーク, アペレイト
<ruby>柵<rt>さく</rt></ruby> saku	**recinto** *m.* レチント	fence フェンス
<ruby>割く<rt>さく</rt></ruby> saku	**dedicare** デディカーレ	spare スペア
<ruby>咲く<rt>さく</rt></ruby> saku	**fiorire** フィオリーレ	bloom, come out ブルーム, カム アウト

日	伊	英
さく 裂く saku	**strappare** ストラッパーレ	rend, tear, sever レンド, テア, セヴァ
さくいん 索引 sakuin	**indice** *m.* インディチェ	index インデクス
さくげん 削減 sakugen	**riduzione** *f.* リドゥツィオーネ	reduction, cut リダクション, カト
さくしする 作詞する sakushisuru	**scrivere le parole** スクリーヴェレ レ パローレ	write the lyrics ライト ザ リリクス
さくじつ 昨日 sakujitsu	**ieri** イエーリ	yesterday イェスタディ
さくしゃ 作者 sakusha	**aut*ore*(-*trice*)** *m.*(*f.*) アウトーレ(-トリーチェ)	writer, author ライタ, オーサ
さくしゅする 搾取する sakushusuru	**sfruttare** スフルッターレ	squeeze スクウィーズ
さくじょする 削除する sakujosuru	**cancellare** カンチェッラーレ	delete ディリート
さくせいする 作成する sakuseisuru	**redigere** レディージェレ	draw up, make out ドロー アプ, メイク アウト
さくせん 作戦 sakusen	**operazioni** *f.pl.* オペラツィオーニ	operations アペレイションズ
さくねん 昨年 sakunen	**l'anno scorso** *m.* ランノ スコルソ	last year ラスト イア
さくひん 作品 sakuhin	**opera** *f.* オーペラ	work, piece ワーク, ピース
さくぶん 作文 sakubun	**componimento** *m.* コンポニメント	essay エセイ
さくもつ 作物 sakumotsu	**prodotti agricoli** *m.pl.* プロドッティ アグリーコリ	crops クラプス
さくや 昨夜 sakuya	**ieri sera** イエーリ セーラ	last night ラスト ナイト

日	伊	英
さくら 桜 sakura	**fiori di ciliegio** *m.pl.* フィオーリ ディ チリエージョ	cherry blossoms **チェリ ブラソムズ**
（の木）	**ciliegio** *m.* チリエージョ	cherry tree **チェリ トリー**
さくらそう 桜草 sakurasou	**primula** *f.* プリームラ	primrose プリムロウズ
さくらんぼ 桜桃 sakuranbo	**ciliegia** *f.* チリエージャ	cherry **チェリ**
さぐりだす 探り出す saguridasu	**scoprire** スコプリーレ	find out **ファインド アウト**
さくりゃく 策略 sakuryaku	**complotto** *m.* コンプロット	plan, plot プラン，プラト
さぐる 探る　（手探りで） saguru	**cercare a tentoni** チェルカーレ ア テントーニ	feel for **フィール フォ**
（物や場所などを）	**cercare** チェルカーレ	search, look for **サーチ，ルク フォ**
（動向を）	**spiare** スピアーレ	spy スパイ
ざくろ 石榴 zakuro	**melagrana** *f.*, **melograno** *m.* メラグラーナ，メログラーノ	pomegranate パムグラネト
さけ 鮭 sake	**salmone** *m.* サルモーネ	salmon **サモン**
さけ 酒 sake	**alcolico** *m.* アルコーリコ	alcohol **ア**ルコホール
（日本酒）	**sakè** *m.*, **sake** *m.* サケ，サーケ	sake, rice wine **サ**キー，**ライス ワイン**
さけぶ 叫ぶ sakebu	**gridare** グリダーレ	shout, cry シャウト，クライ

日	伊	英
さける **避ける** sakeru	**evitare, eludere** エヴィターレ, エルーデレ	avoid アヴォイド
さける **裂ける** sakeru	**strapparsi** ストラッパルスィ	split スプリト
さげる **下げる** sageru	**abbassare** アッバッサーレ	lower, drop ラウア, ドラプ
さこつ **鎖骨** sakotsu	**clavicola** *f.* クラヴィーコラ	collarbone, clavicle カラボウン, クラヴィクル
ささいな **些細な** sasaina	**insignificante** インスィニフィカンテ	trifling, trivial トライフリング, トリヴィアル
ささえる **支える** sasaeru	**mantenere, sostenere** マンテネーレ, ソステネーレ	support, maintain サポート, メインテイン
ささげる **捧げる** sasageru	**dedicarsi** *a* デディカルスィ ア	devote oneself to ディヴォウト トゥ
さざなみ **さざ波** sazanami	**increspatura** *f.* インクレスパトゥーラ	ripples リプルズ
ささやく **ささやく** sasayaku	**sussurrare** ススッスッラーレ	whisper (ホ)**ウィ**スパ
ささる **刺さる** sasaru	**conficcarsi** *in* コンフィッカルスィ イン	stick スティク
さしえ **挿絵** sashie	**illustrazione** *f.* イッルストラツィオーネ	illustration イラストレイション
さしこむ **差し込む**（プラグを） sashikomu	**inserire la spina in** インセリーレ ラ スピーナ イン	plug in プラグ イン
（光が）	**penetrare** ペネトラーレ	shine in シャイン イン
（挿入する）	**inserire** インセリーレ	insert インサート

日	伊	英
さしずする **指図する** sashizusuru	**dare istruzioni** *a* ダーレ イストルツィオーニ ア	direct, instruct ディレクト, インストラクト
さしだしにん **差出人** sashidashinin	**mittente** *m.f.* ミッテンテ	sender, remitter センダ, リミタ
さしひく **差し引く** sashihiku	**sottrarre ...** *da* ソットラッレ ... ダ	deduct from ディダクト フラム
さしょう **査証** sashou	**visto** *m.* ヴィスト	visa ヴィーザ
ざしょうする **座礁する** zashousuru	**incagliarsi, arenarsi** インカッリャルスィ, アレナルスィ	go aground ゴウ アグラウンド
さす **さす** (光が) sasu	**splendere** スプレンデレ	shine シャイン
(水を)	**versare** ヴェルサーレ	pour ポー
さす **刺す** (蚊・蜂が) sasu	**pungere** プンジェレ	bite, sting バイト, スティング
(尖ったもので)	**trafiggere, accoltellare** トラフィッジェレ, アッコルテッラーレ	pierce, stab ピアス, スタブ
さす **差す** sasu	**inserire** インセリーレ	insert インサート
(傘を)	**aprire l'ombrello** アプリーレ ロンブレッロ	put up an umbrella プト アプ アン アンブレラ
さす **指す** sasu	**indicare** インディカーレ	point to ポイント トゥ
(指名する)	**nominare** ノミナーレ	nominate, name ナミネイト, ネイム
さすぺんす **サスペンス** sasupensu	**suspense** *f.* サスペンス	suspense サスペンス
さすらう **さすらう** sasurau	**vagare** ヴァガーレ	wander ワンダ

日	伊	英
擦る sasuru	**sfregare, strofinare** スフレガーレ, ストロフィナーレ	rub ラブ
座席 zaseki	**posto** *m.* ポスト	seat スィート
挫折する zasetsusuru	**(essere) frustrato(-*a*)** (エッセレ) フルストラート(-タ)	(be) frustrated (ビ) フラストレイテド
させる (してもらう) saseru	**farsi** *fare* ファルスィ ファーレ	have a person do ハヴ
(やらせておく)	**lasciare** *fare* ラシャーレ ファーレ	let a person do レト
(やらせる)	**far** *fare* ファール ファーレ	make a person do メイク
誘い (招待) sasoi	**invito** *m.* インヴィート	invitation インヴィテイション
(誘惑)	**tentazione** *f.* テンタツィオーネ	temptation テンプテイション
誘う (招く) sasou	**invitare** インヴィターレ	invite インヴァイト
(誘惑する)	**tentare** テンターレ	tempt テンプト
蠍 sasori	**scorpione** *m.* スコルピオーネ	scorpion スコーピアン
～座	**Scorpione** *m.* スコルピオーネ	Scorpion, Scorpio スコーピアン, スコーピオウ
定める sadameru	**stabilire** スタビリーレ	decide on, fix ディサイド オン, フィクス
冊 satsu	**volume** *m.*, **copia** *f.* ヴォルーメ, コーピア	volume, copy ヴァリュム, カピ

日	伊	英
さつ **札** satsu	**banconota** *f.* バンコノータ	bill, paper money, ⒷNote ビル, ペイパ マニ, ノウト
〜入れ	**portafogli** *m.* ポルタフォッリ	wallet ワレト
さつえい **撮影** satsuei	**fotografia** *f.*, **ripresa** *f.* フォトグラフィーア, リプレーザ	photographing フォウトグラフィング
〜する	**fotografare, filmare** フォトグラファーレ, フィルマーレ	photograph, film フォウトグラフ, フィルム
ざつおん **雑音** zatsuon	**rumore** *m.* ルモーレ	noise ノイズ
さっか **作家** sakka	**scrittore(-trice)** *m.*(*f.*) スクリットーレ(・トリーチェ)	writer, author ライタ, オーサ
さっかー **サッカー** sakkaa	**calcio** *m.* カルチョ	soccer, Ⓑfootball サカ, フトボール
さっかく **錯覚** sakkaku	**illusione** *f.* イッルズィオーネ	illusion イルージョン
さっき **さっき** sakki	**poco fa** ポーコ ファ	now, just now ナウ, チャスト ナウ
さっきょく **作曲** sakkyoku	**composizione** *f.* コンポズィツィオーネ	composition カンポズィション
〜する	**comporre** コンポッレ	compose コンポウズ
さっきん **殺菌** sakkin	**sterilizzazione** *f.* ステリリッザツィオーネ	sterilization ステリリゼイション
ざっし **雑誌** zasshi	**rivista** *f.* リヴィスタ	magazine マガズィーン
ざっしゅ **雑種** zasshu	**incrocio** *m.*, **ibrido** *m.* インクローチョ, イーブリド	crossbreed, hybrid クロースブリード, ハイブリド

日	伊	英
さつじん 殺人 satsujin	**omicidio** *m.* オミチーディオ	homicide, murder ハミサイド, マーダ
〜犯	**assassino(-a)** *m.*(*f.*) アッサッスィーノ(-ナ)	murderer, killer マーダラ, キラ
さっする 察する sassuru	**supporre, immaginare** スッポッレ, インマジナーレ	guess, imagine ゲス, イマヂン
ざっそう 雑草 zassou	**erbaccia** *f.* エルバッチャ	weeds ウィーヅ
さっそく 早速 sassoku	**subito** スービト	immediately イミーディエトリ
ざつだん 雑談 zatsudan	**chiacchierata** *f.*, **chiacchiere** *f.pl.* キアッキエラータ, キアッキエレ	gossip, chat ガスィプ, チャト
さっちゅうざい 殺虫剤 sacchuuzai	**insetticida** *m.* インセッティチーダ	insecticide インセクティサイド
さっとうする 殺到する sattousuru	**precipitarsi** プレチピタルスィ	rush ラシュ
ざつな 雑な zatsuna	**rozzo(-a)** ロッゾ(-ザ)	rough, rude ラフ, ルード
ざっぴ 雑費 zappi	**spese minute** *f.pl.* スペーゼ ミヌーテ	miscellaneous expenses ミセレイニアス イクスペンスィズ
さつまいも さつま芋 satsumaimo	**patata dolce** *f.* パタータ ドルチェ	sweet potato スウィート ポテイトウ
ざつむ 雑務 zatsumu	**lavoretti** *m.pl.* ラヴォレッティ	small jobs スモール チャブズ
さてい 査定 satei	**valutazione** *f.* ヴァルタツィオーネ	assessment アセスメント
さとう 砂糖 satou	**zucchero** *m.* ズッケロ	sugar シュガ

日	伊	英
さどう **茶道** sadou	**cerimonia del tè** *f.* チェリモーニア デル テ	tea ceremony ティー セレモウニ
さとる **悟る** satoru	**rendersi conto** *di* レンデルスィ コント ディ	realize, notice リーアライズ, ノウティス
さは **左派** saha	**sinistra** *f.* スィニストラ	left wing レフト ウィング
さば **鯖** saba	**scombro** *m.* スコンブロ	mackerel マクレル
さばいばる **サバイバル** sabaibaru	**sopravvivenza** *f.* ソプラッヴィヴェンツァ	survival サヴァイヴァル
さばく **砂漠** sabaku	**deserto** *m.* デゼルト	desert デザト
さび **錆** sabi	**ruggine** *f.* ルッジネ	rust ラスト
さびしい **寂しい** sabishii	**solo(-a), desolato(-a)** ソーロ(-ラ), デゾラート(-タ)	lonely, desolate ロウンリ, デゾレト
さびる **錆びる** sabiru	**arrugginirsi** アッルッジニルスィ	rust ラスト
さふぁいあ **サファイア** safaia	**zaffiro** *m.* ザッフィーロ	sapphire サファイア
さべつ **差別** sabetsu	**discriminazione** *f.* ディスクリミナツィオーネ	discrimination ディスクリミネイション
～する	**discriminare** ディスクリミナーレ	discriminate ディスクリミネイト
さほう **作法** sahou	**maniere** *f.pl.* マニエーレ	manners マナズ
さぽーたー **サポーター** （サッカーなどの） sapootaa	**tifoso(-a)** *m.*(*f.*) ティフォーゾ(-ザ)	supporter サポータ

日	伊	英
さまざまな **様々な** samazamana	**vario(-a)** ヴァーリオ(-ア)	various, diverse ヴェアリアス, ダイヴァース
さます **冷ます** samasu	**raffreddare** ラッフレッダーレ	cool クール
（気持ちを）	**rovinare la festa, calmarsi** ロヴィナーレ ラ フェスタ, カルマルスィ	spoil one's pleasure スポイル プレジャ
さます **覚ます** samasu	**svegliare** ズヴェッリャーレ	awaken アウェイクン
さまたげる **妨げる** samatageru	**disturbare, ostacolare** ディストゥルバーレ, オスタコラーレ	disturb, interfere with ディスターブ, インタフィアウィズ
さまよう **さまよう** samayou	**vagare** ヴァガーレ	wander around ワンダ アラウンド
さみっと **サミット** samitto	**vertice** *m.*, **summit** *m.* ヴェルティチェ, サンミット	summit サミト
さむい **寒い** samui	**freddo(-a)** フレッド(-ダ)	cold, chilly コウルド, チリ
さむさ **寒さ** samusa	**freddo** *m.* フレッド	cold コウルド
さめ **鮫** same	**squalo** *m.* スクァーロ	shark シャーク
さめる **冷める** sameru	**raffreddarsi** ラッフレッダルスィ	cool down クール ダウン
（気持ちが）	**raffreddarsi** ラッフレッダルスィ	cool down クール ダウン
ざやく **座薬** zayaku	**supposta** *f.* スッポスタ	suppository サパズィトーリ
さよう **作用** sayou	**azione** *f.*, **funzione** *f.* アツィオーネ, フンツィオーネ	action, function アクション, ファンクション

日	伊	英
〜する	**agire** *su*, **influire** *su* アジーレ ス, インフルイーレ ス	act upon, affect アクト アポン, アフェクト
さら 皿 sara	**piatto** *m.* ピアット	plate, dish プレイト, ディシュ
さらいしゅう 再来週 saraishuu	**fra due settimane** フラ ドゥーエ セッティマーネ	week after next ウィーク アフタ ネクスト
さらいねん 再来年 sarainen	**fra due anni** フラ ドゥーエ アンニ	year after next イア アフタ ネクスト
さらう さらう sarau	**rapire** ラピーレ	kidnap キドナプ
ざらざらの ざらざらの zarazarano	**ruvido(-a)** ルーヴィド(-ダ)	rough, coarse ラフ, コース
さらす さらす sarasu	**esporre** エスポッレ	expose イクスポウズ
さらだ サラダ sarada	**insalata** *f.* インサラータ	salad サラド
さらに 更に sarani	**ancora, inoltre** アンコーラ, イノルトレ	still more, further スティル モー, ファーザ
さらりーまん サラリーマン sarariiman	**impiegato(-a)** *m.* (*f.*) インピエガート(-ダ)	office worker オーフィス ワーカ
さりげない さりげない sarigenai	**naturale** ナトゥラーレ	natural, casual ナチュラル, キャジュアル
さる 猿 saru	**scimmia** *f.* シンミア	monkey, ape マンキ, エイプ
さる 去る saru	**andarsene, lasciare** アンダルセネ, ラシャーレ	quit, leave クウィト, リーヴ
さるもねらきん サルモネラ菌 sarumonerakin	**salmonella** *f.* サルモネッラ	salmonella サルモネラ
さわ 沢 sawa	**palude** *f.*, **ruscello** *m.* パルーデ, ルシェッロ	swamp, marsh スワンプ, マーシュ

日	伊	英
さわがしい **騒がしい** sawagashii	**rumoroso(-a)** ルモローゾ(-ザ)	noisy ノイズィ
さわぎ **騒ぎ** sawagi	**chiasso** *m.* キアッソ	clamor クラマ
(騒動)	**disordini** *m.pl.* ディゾルディニ	disturbance ディス**ター**バンス
さわぐ **騒ぐ** sawagu	**fare rumore** ファーレ ルモーレ	make noise メイク ノイズ
(騒動を起こす)	**creare disordini** クレアーレ ディゾルディニ	make a disturbance メイク ア ディス**ター**バンス
さわやかな **爽やかな** sawayakana	**rinfrescante** リンフレス**カ**ンテ	refreshing リフ**レ**シング
さわる **触る** sawaru	**toccare** トッ**カー**レ	touch, feel **タ**チ, **フィ**ール
さん **三** san	**tre** ト**レ**	three ス**リ**ー
さん **酸** san	**acido** *m.* **アー**チド	acid **ア**スィド
さんおいる **サンオイル** san-oiru	**olio abbronzante** *m.*, **abbronzante** *m.* **オー**リオ アッブロン**ザ**ンテ, アッブロン**ザ**ンテ	suntan oil **サ**ンタン **オ**イル
ざんがい **残骸** zangai	**resti** *m.pl.* **レ**スティ	remains, wreckage リ**メ**インズ, **レ**キヂ
さんかく **三角** sankaku	**triangolo** *m.* トリ**ア**ンゴロ	triangle ト**ラ**イアングル
さんかする **参加する** sankasuru	**partecipare** *a* パルテチ**パー**レ ア	participate, join パー**ティ**スィペイト, **チョ**イン
さんがつ **三月** sangatsu	**marzo** *m.* **マ**ルツォ	March **マ**ーチ

日	伊	英
さんかんする **参観する** sankansuru	**visitare** ヴィズィターレ	visit, inspect ヴィズィト, インスペクト
さんきゃく **三脚** sankyaku	**treppiede** *m.* トレッピエーデ	tripod トライパド
ざんぎゃくな **残虐な** zangyakuna	**feroce** フェローチェ	atrocious, brutal アトロウシャス, ブルートル
さんぎょう **産業** sangyou	**industria** *f.* インドゥストリア	industry インダストリ
ざんぎょう **残業** zangyou	**straordinario** *m.* ストラオルディナーリオ	overtime work オウヴァタイム ワーク
さんぐらす **サングラス** sangurasu	**occhiali da sole** *m.pl.* オッキアーリ ダ ソーレ	sunglasses サングラセズ
ざんげ **懺悔** zange	**confessione** *f.* コンフェッスィオーネ	confession, repentance コンフェション, リペンタンス
さんご **珊瑚** sango	**corallo** *m.* コラッロ	coral カラル
〜礁	**barriera corallina** *f.* バッリエーラ コラッリーナ	coral reef カラル リーフ
さんこう **参考** sankou	**riferimento** *m.* リフェリメント	reference レファレンス
ざんこくな **残酷な** zankokuna	**crudele** クルデーレ	cruel, merciless クルエル, マースィレス
さんじゅう **三十** sanjuu	**trenta** トレンタ	thirty サーティ
さんしょう **参照** sanshou	**riferimento** *m.*, **consultazione** *f.* リフェリメント, コンスルタツィオーネ	reference レファレンス
〜する	**consultare** コンスルターレ	refer to リファートゥ

日	伊	英
ざんしんな **斬新な** zanshinna	**nuovo(-*a*)** ヌオーヴォ(-ヴァ)	new, novel ニュー, ナヴェル
さんすう **算数** sansuu	**aritmetica** *f.* アリトメーティカ	arithmetic アリスメティク
さんする **産する** sansuru	**produrre** プロドゥッレ	produce プロデュース
さんせい **賛成** sansei	**approvazione** *f.* アップロヴァツィオーネ	approval アプルーヴァル
～する	**approvare** アップロヴァーレ	approve of アプルーヴ オヴ
さんせい **酸性** sansei	**acidità** *f.* アチディタ	acidity アスィディティ
～雨	**pioggia acida** *f.* ピオッジャ アーチダ	acid rain アスィド レイン
さんそ **酸素** sanso	**ossigeno** *m.* オッスィージェノ	oxygen アクスィヂェン
～マスク	**maschera d'ossigeno** *f.* マスケラ ドッスィージェノ	oxygen mask アクスィヂェン マスク
ざんだか **残高** zandaka	**saldo** *m.* サルド	balance バランス
さんたくろーす **サンタクロース** santakuroosu	**Babbo Natale** *m.* バッボ ナターレ	Santa Claus, ®Father Christmas サンタ クローズ, ファーザ クリスマス
さんだる **サンダル** sandaru	**sandali** *m.pl.* サンダリ	sandals サンダルズ
さんだんとび **三段跳び** sandantobi	**salto triplo** *m.* サルト トリープロ	triple jump トリプル チャンプ
さんち **産地** sanchi	**centro di produzione** *m.* チェントロ ディ プロドゥツィオーネ	place of production プレイス オヴ プロダクション

日	伊	英
さんちょう **山頂** sanchou	**cima** *f.*, **vetta** *f.* チーマ, ヴェッタ	summit サミト
ざんねんな **残念な** zannenna	**deplorevole** デプロレーヴォレ	regrettable リグレタブル
さんばい **三倍** sanbai	**triplo** トリープロ	triple トリプル
さんばし **桟橋** sanbashi	**molo** *m.* モーロ	pier ピア
さんぱつ **散髪** sanpatsu	**taglio di capelli** *m.* タッリォ ディ カペッリ	haircut ヘアカト
さんびか **賛美歌** sanbika	**inno** *m.* インノ	hymn ヒム
さんふじんか **産婦人科** sanfujinka	**ostetricia** *f.* **e ginecologia** *f.* オステトリーチャ エ ジネコロジーア	obstetrics and gynecology オブステトリクス アンド ガイナカロディ
さんぶつ **産物** sanbutsu	**prodotto** *m.* プロドット	product, produce プラダクト, プロデュース
さんぷる **サンプル** sanpuru	**campione** *m.* カンピオーネ	sample サンプル
さんぶん **散文** sanbun	**prosa** *f.* プローザ	prose プロウズ
さんぽ **散歩** sanpo	**passeggiata** *f.* パッセッジャータ	walk ウォーク
～する	**fare una passeggiata** ファーレ ウナ パッセッジャータ	take a walk テイク ア ウォーク
さんまんな **散漫な** sanmanna	**distratto(-a)** ディストラット(-タ)	loose, slipshod ルース, スリプシャド
さんみ **酸味** sanmi	**acidità** *f.* アチディタ	acidity アスィディティ

日	伊	英
さんみゃく **山脈** sanmyaku	**catena di montagne** *f.* カテーナ ディ モンターニェ	mountain range マウンテン レインヂ
さんらんする **散乱する** sanransuru	**spargersi** スパルジェルスィ	(be) dispersed (ビ) ディスパースト
さんらんする **産卵する** sanransuru	**deporre le uova** デポッレ レ ウオーヴァ	lay eggs レイ エグズ
さんりゅうの **三流の** sanryuuno	**di terza classe** ディ テルツァ クラッセ	third-class, third-rate サードクラス, サードレイト
さんれつする **参列する** sanretsusuru	**assistere** *a* アッスィステレ	attend アテンド

し, シ

日	伊	英
し **四** shi	**quattro** クァットロ	four フォー
し **市** shi	**città** *f.*, **comune** *m.* チッタ, コムーネ	city, town スィティ, タウン
し **死** shi	**morte** *f.* モルテ	death デス
し **詩** shi	**poesia** *f.* ポエズィーア	poetry, poem ポウイトリ, ポウイム
じ **字** ji	**lettera** *f.* レッテラ	letter, character レタ, キャラクタ
じ **時** ji	**ora** *f.* オーラ	hour, time アウア, タイム
じ **痔** ji	**emorroidi** *f.pl.* エモッロイディ	hemorrhoids, piles ヘモロイヅ, パイルズ
しあい **試合** shiai	**partita** *f.* パルティータ	game, match ゲイム, マチ

281

日	伊	英
しあがる **仕上がる** shiagaru	**(essere) completato(-a)** (エッセレ) コンプレタート(-タ)	(be) completed (ビ) コンプリーテド
しあげる **仕上げる** shiageru	**finire** フィニーレ	finish, complete フィニシュ, コンプリート
しあさって **しあさって** shiasatte	**fra tre giorni** フラ トレ ジョルニ	two days after tomorrow トゥー デイズ アフタ トモーロウ
しあわせ **幸せ** shiawase	**felicità** *f.* フェリチタ	happiness ハピネス
～な	**fortunato(-a), felice** フォルトゥナート(-タ), フェリーチェ	happy, fortunate ハピ, フォーチュネト
しいく **飼育** shiiku	**allevamento** *m.* アッレヴァメント	breeding ブリーディング
じいしき **自意識** jiishiki	**autocoscienza** *f.* アウトコシェンツァ	self-consciousness セルフカンシャスネス
しーずん **シーズン** shiizun	**stagione** *f.* スタジョーネ	season スィーズン
しーつ **シーツ** shiitsu	**lenzuolo** *m.* レンツオーロ	sheet, bedsheet シート, ベドシート
しーでぃー **CD** shiidii	**CD** *m.* チッディ	compact disk カンパクト ディスク
しーてぃーすきゃん **CT スキャン** shiitiisukyan	**TAC** *f.*, **tomografia computerizzata** *f.* タク, トモグラフィーア コンプテリッザータ	CT scanning スィーティー スキャニング
じーでぃーぴー **GDP** jiidiipii	**PIL** *m.*, **Prodotto Interno Lordo** *m.* ピル, プロドット インテルノ ロルド	gross domestic product グロウス ドメスティク プラダクト
しーと **シート** shiito	**posto** *m.* ポスト	seat スィート
～ベルト	**cintura di sicurezza** *f.* チントゥーラ ディ スィクレッツァ	seatbelt スィートベルト

日	伊	英
しーふーど **シーフード** shiifuudo	**frutti di mare** *m.pl.* フルッティ ディ マーレ	seafood スィーフード
しいる **強いる** shiiru	**costringere** コストリンジェレ	force, compel フォース, コンペル
しーる **シール** shiiru	**etichetta** *f.*, **adesivo** *m.* エティケッタ, アデズィーヴォ	seal, sticker スィール, スティカ
しいれ **仕入れ** shiire	**acquisto (di scorte)** *m.* アックィスト (ディ スコルテ)	stocking スタキング
しいん **子音** shiin	**consonante** *f.* コンソナンテ	consonant カンソナント
しーん **シーン** shiin	**scena** *f.* シェーナ	scene スィーン
じいん **寺院** jiin	**tempio buddista** *m.* テンピオ ブッディスタ	Buddhist temple ブディスト テンプル
じーんず **ジーンズ** jiinzu	**jeans** *m.pl.* ジンス	jeans ヂーンズ
しぇあ **シェア** shea	**quota di mercato** *f.* クォータ ディ メルカート	share シェア
じえい **自衛** jiei	**autodifesa** *f.* アウトディフェーザ	self-defense セルフディフェンス
しえいの **市営の** shieino	**municipale** ムニチパーレ	municipal ミューニスィパル
しぇーびんぐくりーむ **シェービングクリーム** sheebingukuriimu	**crema da barba** *f.* クレーマ ダ バルバ	shaving cream シェイヴィング クリーム
じぇすちゃー **ジェスチャー** jesuchaa	**gesto** *m.* ジェスト	gesture ヂェスチャ
じぇっとき **ジェット機** jettoki	**jet** *m.* ジェト	jet plane ヂェト プレイン

日	伊	英
しぇふ **シェフ** shefu	**chef** *m.*, **capocuoco(-a)** *m.* (*f.*) シェフ, カポク**ォ**ーコ(-カ)	chef シェフ
しぇるたー **シェルター** sherutaa	**rifugio** *m.* リフ**ー**ジョ	shelter シェルタ
しえん **支援** shien	**supporto** *m.* スッ**ポ**ルト	support サ**ポ**ート
しお **塩** shio	**sale** *m.* **サ**ーレ	salt ソ**ー**ルト
しお **潮** shio	**marea** *f.* マ**レ**ーア	tide **タ**イド
～風	**brezza marina** *f.* ブ**レ**ッザ マ**リ**ーナ	sea breeze ス**ィ**ー ブ**リ**ーズ
しおからい **塩辛い** shiokarai	**salato(-a)** サ**ラ**ート(-タ)	salty **ソ**ールティ
しおづけ **塩漬け** shiozuke	**alimenti sotto sale** *m.pl.* アリ**メ**ンティ **ソ**ット **サ**ーレ	salt pickling **ソ**ールト **ピ**クリング
しおどき **潮時** shiodoki	**momento giusto** *m.* モ**メ**ント **ジ**ュスト	right time, opportune time **ラ**イト **タ**イム, ア**パ**テューン **タ**イム
しおみず **塩水** shiomizu	**acqua salata** *f.* **ア**ックァ サ**ラ**ータ	saltwater **ソ**ールトウォータ
しおり **しおり** shiori	**segnalibro** *m.* セニャ**リ**ーブロ	bookmark **ブ**クマーク
しおれる **萎れる** shioreru	**appassire** アッパッス**ィ**ーレ	droop, wither ド**ル**ープ, **ウ**ィザ
しか **歯科** shika	**odontoiatria** *f.* オドントイアト**リ**ーア	dentistry **デ**ンティストリ
～医	**dentista** *m.f.* デン**ティ**スタ	dentist デン**ティ**スト

日	伊	英
しか 鹿 shika	**cervo(-a)** *m.(f.)* チェルヴォ(-ヴァ)	deer ディア
じか 時価 jika	**prezzo corrente** *m.* プレッツォ コッレンテ	current price カーレント プライス
じが 自我 jiga	**ego** *m.* エーゴ	self, ego セルフ, エゴウ
しかい 視界 shikai	**visibilità** *f.*, **visuale** *f.* ヴィズィビリタ, ヴィズアーレ	sight, field of vision サイト, フィールド オヴ ヴィジョン
しがい 市外 shigai	**periferia** *f.* ペリフェリーア	suburbs サバーブズ
しかいしゃ 司会者 shikaisha	**presidente** *m.f.* プレズィデンテ	chairperson チェアパースン
(テレビ・イベントの)	**present*atore*(-*trice*)** *m.(f.)* プレゼンタトーレ(-トリーチェ)	MC エムスィー
しかいする 司会する shikaisuru	**presiedere** プレスィエーデレ	preside at プリザイド アト
しがいせん 紫外線 shigaisen	**raggi ultravioletti** *m.pl.* ラッジ ウルトラヴィオレッティ	ultraviolet rays アルトラヴァイオレト レイズ
しかえしする 仕返しする shikaeshisuru	**vendicarsi** *di* ヴェンディカルスィ ディ	avenge oneself アヴェンヂ
しかく 四角 shikaku	**quadrangolo** *m.* クアドランゴロ	square スクウェア
しかく 資格 shikaku	**titolo** *m.*, **qualifica** *f.* ティートロ, クアリーフィカ	qualification クワリフィケイション
しかく 視覚 shikaku	**vista** *f.* ヴィスタ	sight サイト
じかく 自覚 jikaku	**coscienza** *f.* コシェンツァ	consciousness カンシャスネス

日	伊	英
～する	(essere) cosciente di (エッセレ) コシェンテ ディ	(be) conscious of (ビ) カンシャス オヴ
しかけ **仕掛け** shikake	dispositivo m. ディスポズィティーヴォ	device, mechanism ディヴァイス, メカニズム
しかし **しかし** shikashi	ma マ	but, however バト, ハウエヴァ
じかせいの **自家製の** jikaseino	fatto(-a) in casa ファット(-タ) イン カーザ	homemade ホウムメイド
じがぞう **自画像** jigazou	autoritratto m. アウトリトラット	self-portrait セルフポートレト
しかたがない **仕方がない** shikataganai	(essere) inevitabile (エッセレ) イネヴィターピレ	it can't be helped イト キャント ビ ヘルプト
しがつ **四月** shigatsu	aprile m. アプリーレ	April エイプリル
じかつする **自活する** jikatsusuru	(essere) indipendente economicamente (エッセレ) インディペンデンテ エコノミカメンテ	support oneself サポート
しがみつく **しがみつく** shigamitsuku	aggrapparsi a アッグラッパルスィ ア	cling to クリング トゥ
しかも **しかも** shikamo	inoltre イノルトレ	moreover, besides モーロウヴァ, ビサイヅ
しかる **叱る** shikaru	rimproverare リンプロヴェラーレ	scold, reprove スコウルド, リプルーヴ
じかん **時間** jikan	tempo m., ora f. テンポ, オーラ	time, hour タイム, アウア
しがんする **志願する** （願い出る） shigansuru	desiderare, aspirare a デズィデラーレ, アスピラーレ ア	desire, aspire to ディザイア, アスパイア トゥ
（申し込む）	fare domanda di ファーレ ドマンダ ディ	apply for アプライ フォ

日	伊	英
指揮 shiki	**comando** *m.*, **direzione** *f.* コマンド, ディレツィオーネ	command コマンド
～者	**direttore(-trice) d'orchestra** *m.(f.)* ディレットーレ(-トリーチェ) ドルケストラ	conductor コンダクタ
式 (儀式・式典) shiki	**cerimonia** *f.* チェリモーニア	ceremony セレモウニ
（形式）	**stile** *m.*, **forma** *f.* スティーレ, フォルマ	style, form スタイル, フォーム
（数式）	**formula** *f.*, **espressione** *f.* フォルムラ, エスプレッスィオーネ	formula, expression フォーミュラ, イクスプレション
（方式）	**metodo** *m.* メートド	method, system メソド, スィステム
時期 jiki	**periodo** *m.*, **stagione** *f.* ペリーオド, スタジョーネ	time, season タイム, スィーズン
磁気 jiki	**magnetismo** *m.* マニェティズモ	magnetism マグネティズム
敷石 shikiishi	**selciato** *m.* セルチャート	pavement ペイヴメント
敷金 shikikin	**deposito** *m.*, **cauzione** *f.* デポーズィト, カウツィオーネ	deposit ディパズィト
色彩 shikisai	**colore** *m.* コローレ	color, tint, ⒷCOLOUR カラ, ティント, カラ
式場 shikijou	**sala per cerimonie** *f.* サーラ ペル チェリモーニエ	ceremonial hall セレモウニアル ホール
色素 shikiso	**pigmento** *m.* ピグメント	pigment ピグメント
色調 shikichou	**tono** *m.*, **tonalità** *f.* トーノ, トナリタ	tone, hue トウン, ヒュー

日	伊	英
じきひつ **直筆** jikihitsu	**autografo** *m.* アウトーグラフォ	autograph オートグラフ
しきべつする **識別する** shikibetsusuru	**distinguere** ディスティングェレ	discern, distinguish ディサーン, ディスティングウィシュ
しきもの **敷物** shikimono	**tappeto** *m.* タッペート	carpet, rug カーペト, ラグ
しきゅう **子宮** shikyuu	**utero** *m.* ウーテロ	uterus, womb ユーテラス, ウーム
じきゅう **時給** jikyuu	**paga oraria** *f.* パーガ オラーリア	hourly wage アウアリ ウェイヂ
じきゅうじそく **自給自足** jikyuujisoku	**autosufficienza** *f.* アウトスッフィチェンツァ	self-sufficiency セルフサフィシェンスィ
しきょう **司教** shikyou	**vescovo** *m.* ヴェスコヴォ	bishop ビショプ
しきょう **市況** shikyou	**mercato** *m.* メルカート	market マーケト
じきょう **自供** jikyou	**confessione** *f.* コンフェッスィオーネ	confession コンフェション
じぎょう **事業** jigyou	**impresa** *f.* インプレーザ	enterprise, undertaking エンタプライズ, アンダテイキング
しきり **仕切り** shikiri	**tramezzo** *m.* トラメッゾ	partition パーティション
しきん **資金** shikin	**capitale** *m.* カピターレ	capital, funds キャピタル, ファンヅ
しく **敷く** shiku	**stendere** ステンデレ	lay, spread レイ, スプレド
じく **軸** jiku	**asse** *m.* アッセ	axis, shaft アクスィス, シャフト

日	伊	英
ジグザグ jiguzagu	**zigzag** *m.* ズィグザグ	zigzag ズィグザグ
仕組み shikumi	**meccanismo** *m.* メッカニズモ	mechanism メカニズム
時化 shike	**burrasca** *f.* ブッラスカ	stormy weather ストーミ ウェザ
死刑 shikei	**pena di morte** *f.* ペーナ ディ モルテ	capital punishment キャピタル パニシュメント
刺激 shigeki	**stimolo** *m.* スティーモロ	stimulus, impulse スティミュラス, インパルス
～する	**stimolare** スティモラーレ	stimulate, excite スティミュレイト, イクサイト
茂る shigeru	**crescere rigoglioso(-a)** クレッシェレ リゴッリオーゾ(-サ)	grow thick グロウ スィク
試験 shiken	**esame** *m.*, **prova** *f.* エザーメ, プローヴァ	examination, test イグザミネイション, テスト
資源 shigen	**risorse** *f.pl.* リゾルセ	resources リソースィズ
事件 jiken	**caso** *m.*, **avvenimento** *m.* カーゾ, アッヴェニメント	event, incident, case イヴェント, インスィデント, ケイス
次元 jigen	**dimensione** *f.* ディメンスィオーネ	dimension ディメンション
事故 jiko	**incidente** *m.* インチデンテ	accident アクスィデント
自己 jiko	**sé** *m.f.*, **sé stesso(-a)** *m.(f.)* セ, セ ステッソ(-サ)	self, ego セルフ, エゴウ
時効 jikou	**prescrizione** *f.* プレスクリツィオーネ	prescription プリスクリプション

日	伊	英
じこく **時刻** jikoku	**ora** *f.*, **tempo** *m.* オーラ, テンポ	time, hour タイム, アウア
～表	**orario** *m.* オラーリオ	timetable タイムテイブル
じごく **地獄** jigoku	**inferno** *m.* インフェルノ	hell, inferno ヘル, インファーノウ
しごと **仕事** shigoto	**lavoro** *m.* ラヴォーロ	work, business, task ワーク, ビズネス, タスク
しこむ　(教える) **仕込む** shikomu	**formare, addestrare** フォルマーレ, アッデストラーレ	train, teach トレイン, ティーチ
(仕入れておく)	**rifornire** リフォルニーレ	stock, prepare スタク, プリペア
しさ **示唆** shisa	**suggerimento** *m.* スッジェリメント	suggestion サグチェスチョン
～する	**suggerire** スッジェリーレ	suggest サグチェスト
じさ **時差** jisa	**fuso orario** *m.*, **differenza di ore** *f.* フーゾ オラーリオ, ディッフェレンツァ ディ オーレ	difference in time ディファレンス イン タイム
～ぼけ	**jetlag** *m.* ジェトレグ	jet lag チェト ラグ
しさい **司祭** shisai	**prete** *m.*, **sacerdote** *m.* プレーテ, サチェルドーテ	priest プリースト
しさつ **視察** shisatsu	**ispezione** *f.* イスペツィオーネ	inspection インスペクション
～する	**ispezionare** イスペツィオナーレ	inspect, visit インスペクト, ヴィズィト
じさつする **自殺する** jisatsusuru	**suicidarsi** スイチダルスィ	commit suicide コミト スーイサイド

日	伊	英
しさん **資産** shisan	**patrimonio** *m.* パトリモーニオ	property, fortune プラパティ, フォーチュン
じさんする **持参する** jisansuru	**portare ... con sé** ポルターレ ... コン セ	take with oneself テイク ウィズ
しじ **指示** shiji	**indicazione** *f.* インディカツィオーネ	indication インディケイション
〜する	**indicare** インディカーレ	indicate インディケイト
しじ **支持** shiji	**appoggio** *m.* アッポッジョ	support, backing サポート, バキング
〜する	**appoggiare** アッポッジャーレ	support, back up サポート, バク アプ
じじ **時事** jiji	**attualità** *f.* アットゥアリタ	current events カーレント イヴェンツ
ししざ **獅子座** shishiza	**Leone** *m.* レオーネ	Lion, Leo ライオン, レオ
ししつ **資質** shishitsu	**indole** *f.* インドレ	nature, temperament ネイチャ, テンペラメント
じじつ **事実** jijitsu	**fatto** *m.* ファット	fact ファクト
ししゃ **支社** shisha	**filiale** *f.*, **succursale** *f.* フィリアーレ, スックルサーレ	branch ブランチ
ししゃ **死者** shisha	**morto(-a)** *m.* (*f.*) モルト(-タ)	dead person, (the) dead デド パースン, (ザ) デド
じしゃく **磁石** jishaku	**calamita** *f.* カラミータ	magnet マグネト
ししゃごにゅうする **四捨五入する** shishagonyuusuru	**arrotondare** アッロトンダーレ	round up ラウンド アプ

日	伊	英
ししゅう **刺繍** shishuu	**ricamo** *m.* リカーモ	embroidery インブロイダリ
しじゅう **四十** shijuu	**quaranta** クァランタ	forty フォーティ
じしゅする **自首する** jishusuru	**consegnarsi alla polizia** コンセニャルスィ アッラ ポリツィーア	turn oneself in to the police ターン イン トゥ ザ ポリース
ししゅつ **支出** shishutsu	**spese** *f.pl.* スペーゼ	expenses, expenditure イクスペンセズ, イクスペンディチャ
じしゅてきな **自主的な** jishutekina	**volontario(-*a*)** ヴォロンターリオ(-ア)	voluntary **ヴァ**ランテリ
ししゅんき **思春期** shishunki	**adolescenza** *f.*, **pubertà** *f.* アドレシェンツァ, プベルタ	adolescence, puberty アドレセンス, ピューパティ
ししょ **司書** shisho	**bibliotecario(-*a*)** *m.* (*f.*) ビブリオテカーリオ(-ア)	librarian ライブレアリアン
じしょ **辞書** jisho	**dizionario** *m.*, **vocabolario** *m.* ディツィオナーリオ, ヴォカボラーリオ	dictionary ディクショネリ
じじょ **次女** jijo	**seconda figlia** *f.*, **secondogenita** *f.* セコンダ フィッリャ, セコンドジェーニタ	second daughter セコンド ドータ
しじょう **市場** shijou	**mercato** *m.* メルカート	market マーケト
じじょう **事情** (状況) jijou	**circostanze** *f.pl.* チルコスタンツェ	circumstances サーカムスタンセズ
(理由・背景)	**motivi** *m.pl.* モティーヴィ	reasons リーズンズ
ししょく **試食** shishoku	**degustazione** *f.* デグスタツィオーネ	tasting, sampling テイスティング, サンプリング
じしょくする **辞職する** jishokusuru	**dimettersi** ディメッテルスィ	resign リザイン

日	伊	英
じじょでん **自叙伝** jijoden	**autobiografia** *f.* アウトビオグラ**フィ**ーア	autobiography オートバイア**グ**ラフィ
ししょばこ **私書箱** shishobako	**casella postale** *f.* カゼッラ ポス**タ**ーレ	post-office box, PO box **ポ**ウストオーフィス **パ**クス, **ピ**ーオウ **パ**クス
しじん **詩人** shijin	**poeta(-essa)** *m.*(*f.*) ポ**エ**ータ(- エ**テ**ッサ)	poet, poetess **ポ**ウイト, **ポ**ウイテス
じしん **自信** jishin	**fiducia** *f.*, **sicurezza** *f.* フィド**ゥ**ーチャ, スィク**レ**ッツァ	confidence **カ**ンフィデンス
じしん **自身** jishin	**sé stesso(-a)** *m.*(*f.*) セ ス**テ**ッソ(- サ)	self, oneself **セ**ルフ, ワン**セ**ルフ
じしん **地震** jishin	**terremoto** *m.* テッレ**モ**ート	earthquake **ア**ースクウェイク
じすいする **自炊する** jisuisuru	**prepararsi da mangiare** プレパ**ラ**ルスィ ダ マン**ジャ**ーレ	cook for oneself **ク**ク フォ
しすう **指数** shisuu	**indice** *m.* **イ**ンディチェ	index number **イ**ンデクス **ナ**ンバ
しずかな **静かな** shizukana	**tranquillo(-a)** トラン**ク**ィッロ(- ラ)	silent, still, calm **サ**イレント, ス**ティ**ル, **カ**ーム
しずく **滴** shizuku	**goccia** *f.* **ゴ**ッチャ	drop **ド**ラプ
しずけさ **静けさ** shizukesa	**quiete** *f.* クィ**エ**ーテ	silence, stillness **サ**イレンス, ス**ティ**ルネス
しすてむ **システム** shisutemu	**sistema** *m.* スィス**テ**ーマ	system ス**ィ**ステム
じすべり **地滑り** jisuberi	**frana** *f.* フ**ラ**ーナ	landslide **ラ**ンドスライド
しずまる **静まる** shizumaru	**calmarsi** カル**マ**ルスィ	(become) quiet, calm down (ビ**カ**ム) ク**ワ**イエト, **カ**ーム ダ**ウ**ン

日	伊	英
しずむ **沈む** shizumu	**affondare** アッフォンダーレ	sink, go down ス**ィ**ンク, **ゴ**ウ **ダ**ウン
（太陽などが）	**tramontare, calare** トラモン**ター**レ, カ**ラー**レ	set **セ**ト
しずめる **鎮める** shizumeru	**calmare, placare, quietare** カル**マー**レ, プラ**カー**レ, クィエ**ター**レ	quell ク**ウェ**ル
しせい **姿勢** shisei	**postura** *f.*, **posa** *f.* ポス**トゥー**ラ, **ポー**ザ	posture, pose **パ**スチャ, **ポ**ウズ
じせいする **自制する** jiseisuru	**controllarsi** コントロッ**ラ**ルスィ	control oneself コント**ロ**ウル
しせき **史跡** shiseki	**sito storico** *m.* ス**ィー**ト ス**トー**リコ	historic site ヒス**ト**リク **サ**イト
しせつ **施設** shisetsu	**istituzione** *f.* イスティトゥツィ**オー**ネ	facility, institution ファス**ィ**リティ, インスティ**テュー**ション
しせん **視線** shisen	**sguardo** *m.* ズ**グァ**ルド	glance, gaze グ**ラ**ンス, **ゲ**イズ
しぜん **自然** shizen	**natura** *f.* ナ**トゥー**ラ	nature **ネ**イチャ
～科学	**scienze naturali** *f.pl.* シ**ェ**ンツェ ナトゥ**ラー**リ	natural science **ナ**チュラル **サ**イエンス
～に	**naturalmente** ナトゥラル**メ**ンテ	naturally **ナ**チュラリ
じぜん **慈善** jizen	**carità** *f.*, **beneficenza** *f.* カリ**タ**, ベネフィ**チェ**ンツァ	charity, benevolence **チャ**リティ, ベ**ネ**ヴォレンス
しそう **思想** shisou	**pensiero** *m.*, **idea** *f.* ペンスィ**エー**ロ, イ**デー**ア	thought, idea **ソ**ート, アイ**ディー**ア
じそく **時速** jisoku	**velocità oraria** *f.* ヴェロチ**タ** オ**ラー**リア	miles per hour, speed per hour **マ**イルズ パー **ア**ウア, ス**ピー**ド パー **ア**ウア

日	伊	英
じぞくする **持続する** jizokusuru	**continuare** コンティヌアーレ	continue コンティニュー
しそん **子孫** shison	**discendente** *m.f.*, **posteri** *m.pl.* ディシェンデンテ, ポステリ	descendant, posterity ディセンダント, パステリティ
じそんしん **自尊心** jisonshin	**amor proprio** *m.* アモール プロープリオ	pride, self-respect プライド, セルフリスペクト
した **下** shita	**parte inferiore** *f.* パルテ インフェリオーレ	lower part ロウア パート
(低い所)	**bassopiano** *m.*, **basso** *m.* バッソピアーノ, バッソ	below ビロウ
した **舌** shita	**lingua** *f.* リングァ	tongue タング
じたい **事態** jitai	**situazione** *f.* スィトゥアツィオーネ	situation スィチュエイション
じだい **時代** jidai	**periodo** *m.*, **epoca** *f.* ペリーオド, エーポカ	time, period, era タイム, ピアリオド, イアラ
じたいする **辞退する** jitaisuru	**rifiutare** リフィウターレ	decline, refuse ディクライン, レフューズ
しだいに **次第に** shidaini	**gradualmente** グラドゥアルメンテ	gradually グラデュアリ
したう **慕う** shitau	**amare teneramente**, **adorare** アマーレ テネラメンテ, アドラーレ	yearn after, long for ヤーン アフタ, ローング フォ
したうけ **下請け** shitauke	**subappalto** *m.* スバッパルト	subcontract サブカントラクト
したがう **従う** (ついて行く) shitagau	**seguire**, **accompagnare** セグィーレ, アッコンパニャーレ	follow, accompany ファロウ, アカンパニ
(逆らわない)	**obbedire** *a* オッベディーレ ア	obey オベイ

日	伊	英
したがき **下書き** shitagaki	**bozza** *m.* ボッツァ	draft ドラフト
したぎ **下着** shitagi	**biancheria intima** *f.* ビアンケリーア インティマ	underwear アンダウェア
したくする **支度する** shitakusuru	**prepararsi** *per* プレパラルスィ ペル	prepare for プリペア フォ
したじ **下地** shitaji	**base** *f.* バーゼ	groundwork グラウンドワーク
したしい **親しい** shitashii	**intimo(-a)** インティモ(-マ)	close, familiar クロウス，ファミリア
したしらべ **下調べ** shitashirabe	**indagine preliminare** *f.* インダージネ プレリミナーレ	preliminary inquiry プリリミネリ インクワイアリ
したたる **滴る** shitataru	**gocciolare** ゴッチョラーレ	drop, drip ドラプ，ドリプ
したっぱ **下っ端** shitappa	**subalterno(-a)** *m.*(*f.*) スバルテルノ(-ナ)	underling アンダリング
したどり **下取り** shitadori	**permuta** *f.* ペルムタ	trade-in トレイディン
したぬり **下塗り** shitanuri	**prima mano** *f.* プリーマ マーノ	undercoating アンダコウティング
したびらめ **舌平目** shitabirame	**sogliola** *f.* ソッリョラ	sole ソウル
したみ **下見** shitami	**ispezione preliminare** *f.* イスペツィオーネ プレリミナーレ	preliminary inspection プリリミネリ インスペクション
じだん **示談** jidan	**compromesso** *m.* コンプロメッソ	private settlement プライヴェト セトルメント
しち **七** shichi	**sette** セッテ	seven セヴン

日	伊	英
じち **自治** jichi	**autonomia** *f.* アウトノミーア	autonomy オータノミ
しちがつ **七月** shichigatsu	**luglio** *m.* ルッリォ	July デュライ
しちじゅう **七十** shichijuu	**settanta** セッタンタ	seventy セヴンティ
しちめんちょう **七面鳥** shichimenchou	**tacchino(-a)** *m.* (*f.*) タッキーノ(-ナ)	turkey ターキ
しちや **質屋** shichiya	**monte dei pegni** *m.* モンテ デイ ペーニ	pawnshop ポーンシャプ
しちゃくする **試着する** shichakusuru	**provare** プロヴァーレ	try on トライ オン
しちゅー **シチュー** shichuu	**stufato** *m.* ストゥファート	stew ステュー
しちょう **市長** shichou	**sindaco(-a)** *m.* (*f.*) スィンダコ(-カ)	mayor メイア
しちょうしゃ **視聴者** shichousha	**telespetta*tore*(*-trice*)** *m.* (*f.*) テレスペッタトーレ(-トリーチェ)	TV audience ティーヴィー オーディエンス
しつ **質** shitsu	**qualità** *f.* クァリタ	quality クワリティ
しつう **歯痛** shitsuu	**mal di denti** *m.* マル ディ デンティ	toothache トゥーセイク
じっか **実家** jikka	**casa dei genitori** *f.* カーザ デイ ジェニトーリ	parents' home ペアレンツ ホウム
しっかくする **失格する** shikkakusuru	**(essere) squalificato(-a)** (エッセレ) スクァリフィカート(-タ)	(be) disqualified (ビ) ディスクワリファイド
しっかりする **しっかりする** (頑丈になる) shikkarisuru	**rafforzarsi** ラッフォルツァルスィ	(become) strong (ビカム) ストローング

日	伊	英
(元気を出す)	**prendere coraggio** プレンデレ コラッジョ	take courage テイク カーリヂ
しつぎおうとう **質疑応答** shitsugioutou	**domande** *f.pl.* **e risposte** *f.pl.* ドマンデ エ リスポステ	questions and answers クウェスチョンズ アンド アンサズ
しつぎょう **失業** shitsugyou	**disoccupazione** *f.* ディゾックパツィオーネ	unemployment アニンプロイメント
～者	**disoccupato(-a)** *m.* (*f.*) ディゾックパート(-タ)	unemployed アニンプロイド
～する	**perdere il lavoro** ペルデレ イル ラヴォーロ	lose one's job ルーズ チャブ
じつぎょうか **実業家** jitsugyouka	**uomo d'affari** *m.* ウオーモ ダッファーリ	businessman ビズネスマン
じっきょうちゅうけい **実況中継** jikkyouchuukei	**diretta** *f.* ディレッタ	live broadcast ライヴ ブロードキャスト
しっけ **湿気** shikke	**umidità** *f.* ウミディタ	moisture モイスチャ
しつけ **躾** shitsuke	**educazione** *f.*, **addestramento** *m.* エドゥカツィオーネ, アッデストラメント	training, discipline トレイニング, ディシプリン
じっけん **実験** jikken	**esperimento** *m.* エスペリメント	experiment イクスペリメント
じつげんする **実現する** jitsugensuru	**realizzarsi, realizzare** レアリッザルスィ, レアリッザーレ	realize, come true リーアライズ, カム トルー
しつこい **しつこい** (執念深い) shitsukoi	**tenace** テナーチェ	obstinate, persistent アブスティネト, パスィステント
(味などがきつい)	**pesante** ペザンテ	heavy ヘヴィ
しっこう **失効** shikkou	**scadenza** *f.* スカデンツァ	lapse, expiry ラプス, イクスパイアリ

日	伊	英
じっこうする **実行する** jikkousuru	**eseguire, mettere in pratica** エゼグィーレ, メッテレ イン プラーティカ	carry out, practice キャリ アウト, プラクティス
じつざい **実在** jitsuzai	**esistenza** *f.* エズィステンツァ	actual existence アクチュアル イグズィステンス
じっさいに **実際に** jissaini	**in realtà** イン レアルタ	actually, really アクチュアリ, リーアリ
じっしする **実施する** jisshisuru	**attuare** アットゥアーレ	enforce インフォース
じっしつ **実質** jisshitsu	**sostanza** *f.* ソスタンツァ	substance サブスタンス
じっしゅう **実習** jisshuu	**pratica** *f.*, **tirocinio** *m.* プラーティカ, ティロチーニオ	practice, training プラクティス, トレイニング
～生	**tirocinante** *m.f.* ティロチナンテ	trainee トレイニー
じつじょう **実情** jitsujou	**situazione reale** *f.* スィトゥアツィオーネ レアーレ	actual circumstance, state of affairs アクチュアル サーカムスタンス, ステイト オヴ アフェアズ
しっしん **湿疹** shisshin	**eczema** *m.* エクゼーマ	eczema エクセマ
しっしんする **失神する** shisshinsuru	**svenire** ズヴェニーレ	faint, swoon フェイント, スウーン
じっせき **実績** jisseki	**risultati** *m.pl.* リズルターティ	results, achievements リザルツ, アチーヴメンツ
しっそうする **失踪する** shissousuru	**scomparire** スコンパリーレ	disappear ディサピア
しっそな **質素な** shissona	**semplice** センプリチェ	plain, simple プレイン, スィンプル
じったい **実態** jittai	**realtà** *f.* レアルタ	actual condition, (the) realities アクチュアル コンディション, (ザ) リアリティーズ

日	伊	英
しっと **嫉妬** shitto	**gelosia** *f.* ジェロズィーア	jealousy **チェ**ラスィ
〜する	**invidiare** インヴィディアーレ	(be) jealous of, envy (ビ) **チェ**ラス オヴ, **エ**ンヴィ
しつど **湿度** shitsudo	**umidità** *f.* ウミディ**タ**	humidity ヒュー**ミ**ディティ
しつないで **室内で** shitsunaide	**all'interno** アッリン**テ**ルノ	indoors イン**ド**ーズ
しっぱい **失敗** shippai	**fallimento** *m.*, **insuccesso** *m.* ファッリ**メ**ント, インスッ**チェ**ッソ	failure **フェ**イリュア
〜する	**fallire** *in*, **non superare** ファッ**リ**ーレ イン, ノン スペ**ラ**ーレ	fail in **フェ**イル イン
しっぷ **湿布** shippu	**compressa** *f.* コン**プ**レッサ	compress **カ**ンプレス
じつぶつ **実物** jitsubutsu	**oggetto stesso** *m.* オッ**ジェ**ット ス**テ**ッソ	real thing **リ**ーアル ス**ィ**ング
しっぽ **尻尾** shippo	**coda** *f.* **コ**ーダ	tail **テ**イル
しつぼうする **失望する** shitsubousuru	**(essere) deluso(-a)** (**エ**ッセレ) デ**ル**ーゾ(-・**ザ**)	(be) disappointed (ビ) ディサ**ポ**インテド
じつむ **実務** jitsumu	**pratica** *f.* プ**ラ**ーティカ	practical business プ**ラ**クティカル **ビ**ズネス
しつもん **質問** shitsumon	**domanda** *f.* ド**マ**ンダ	question ク**ウェ**スチョン
〜する	**fare una domanda** **ファ**ーレ ウナ ド**マ**ンダ	ask a question **ア**ースク ア ク**ウェ**スチョン
じつりょく **実力** jitsuryoku	**capacità** *f.* カパチ**タ**	ability ア**ビ**リティ

日	伊	英
じつれい **実例** jitsurei	**esempio** *m.* エゼンピオ	example イグ**ザ**ンプル
しつれいな **失礼な** shitsureina	**maleducato(-*a*)** マレドゥカート(-タ)	rude, impolite **ル**ード, イン**ポ**ライト
しつれんする **失恋する** shitsurensuru	**avere una delusione amorosa** ア**ヴェ**ーレ ウナ デルズィ**オ**ーネ アモ**ロ**ーザ	(be) disappointed in love (ビ) ディサ**ポ**インテド イン **ラ**ヴ
じつわ **実話** jitsuwa	**storia vera** *f.* ス**ト**ーリア **ヴェ**ーラ	true story ト**ル**ー ス**ト**ーリー
してい **指定** shitei	**designazione** *f.* デズィニャツィ**オ**ーネ	designation デズィグ**ネ**イション
～する	**designare** デズィ**ニャ**ーレ	appoint, designate ア**ポ**イント, **デ**ズィグネイト
～席	**posto prenotato** *m.* **ポ**スト プレノ**タ**ート	reserved seat リ**ザ**ーヴド ス**ィ**ート
してきする **指摘する** shitekisuru	**indicare** インディ**カ**ーレ	point out, indicate **ポ**イント **ア**ウト, **イ**ンディケイト
してきな **私的な** shitekina	**privato(-*a*)** プリ**ヴァ**ート(-タ)	private, personal プ**ラ**イヴェト, **パ**ーソナル
してつ **私鉄** shitetsu	**ferrovia privata** *f.* フェッロ**ヴィ**ーア プリ**ヴァ**ータ	private railroad プ**ラ**イヴェト **レ**イルロウド
してん **支店** shiten	**succursale** *f.*, **filiale** *f.* スックル**サ**ーレ, フィリ**ア**ーレ	branch ブ**ラ**ンチ
じてん **辞典** jiten	**dizionario** *m.*, **vocabolario** *m.* ディツィオ**ナ**ーリオ, ヴォカボ**ラ**ーリオ	dictionary **ディ**クショネリ
じてんしゃ **自転車** jitensha	**bicicletta** *f.* ビチク**レ**ッタ	bicycle **バ**イスィクル
しどう **指導** shidou	**direzione** *f.* ディレツィ**オ**ーネ	guidance, direction **ガ**イダンス, ディ**レ**クション

日	伊	英
～する	**guidare, dirigere** グィダーレ, ディリージェレ	guide, lead, coach ガイド, リード, コウチ
じどう **児童** jidou	**infanzia** *f.* インファンツィア	child チャイルド
じどうし **自動詞** jidoushi	**verbo intransitivo** *m.* ヴェルボ イントランスィティーヴォ	intransitive verb イントランスィティヴ ヴァーブ
じどうしゃ **自動車** jidousha	**automobile** *f.* アウトモービレ	car, automobile カー, オートモビール
～事故	**incidente stradale** *m.* インチデンテ ストラダーレ	car accident カー アクスィデント
じどうてきに **自動的に** jidoutekini	**automaticamente** アウトマティカメンテ	automatically オートマティカリ
じどうどあ **自動ドア** jidoudoa	**porta automatica** *f.* ポルタ アウトマーティカ	automatic door オートマティク ドー
じどうはんばいき **自動販売機** jidouhanbaiki	**distributore automatico** *m.* ディストリブトーレ アウトマーティコ	vending machine ヴェンディング マシーン
しなぎれ **品切れ** shinagire	**esaurito(-a)** エザウリート(-タ)	sold out ソウルド アウト
しなびる **しなびる** shinabiru	**appassire, sfiorire** アッパッスィーレ, スフィオリーレ	wither ウィザ
しなもの **品物** shinamono	**articolo** *m.*, **merce** *f.* アルティーコロ, メルチェ	article, goods アーティクル, グヅ
しなやかな **しなやかな** shinayakana	**flessibile** フレッスィービレ	flexible フレクスィブル
しなりお **シナリオ** shinario	**sceneggiatura** *f.* シェネッジャトゥーラ	scenario, script スィネアリオウ, スクリプト
じなん **次男** jinan	**secondo figlio** *m.*, **secondogenito** *m.* セコンド フィッリョ, セコンドジェーニト	second son セカンド サン

日	伊	英
辞任する (じにんする) jininsuru	**dimettersi** ディメッテルスィ	resign リザイン
死ぬ (しぬ) shinu	**morire** モリーレ	die ダイ
地主 (じぬし) jinushi	**proprietario(-a) terriero(-a)** *m.* (*f.*) プロプリエターリオ(-ア) テッリエーロ(-ラ)	landowner ランドオウナ
しのぐ (勝る) shinogu	**superare** スペラーレ	exceed, surpass イクスィード, サーパス
(切り抜ける)	**cavarsela** カヴァルセラ	tide over タイド オウヴァ
(耐える)	**sopportare** ソッポルターレ	endure, bear インデュア, ベア
支配 (しはい) shihai	**dominio** *m.* ドミーニオ	management, control マニヂメント, コントロウル
～する	**dominare** ドミナーレ	manage, control マニヂ, コントロウル
～人	**responsabile** *m.f.* レスポンサービレ	manager マニヂャ
芝居 (しばい) shibai	**teatro** *m.* テアートロ	play, drama プレイ, ドラーマ
自白 (じはく) jihaku	**confessione** *f.* コンフェッスィオーネ	self confession セルフ コンフェション
地場産業 (じばさんぎょう) jibasangyou	**industria locale** *f.* インドゥストリア ロカーレ	local industry ロウカル インダストリ
しばしば shibashiba	**spesso** スペッソ	often オーフン
自発的な (じはつてきな) jihatsutekina	**spontaneo(-a), volontario(-a)** スポンターネオ(-ア), ヴォロンターリオ(-ア)	spontaneous, voluntary スパンテイニアス, ヴァランテリ

日	伊	英
始発電車 shihatsudensha	**primo treno** *m.* プリーモ トレーノ	first train ファースト トレイン
芝生 shibafu	**prato** *m.* プラート	lawn ローン
支払い shiharai	**pagamento** *m.* パガメント	payment ペイメント
支払う shiharau	**pagare** パガーレ	pay ペイ
しばらく (ある程度長く) shibaraku	**per tanto tempo, da tanto tempo** ペル タント テンポ, ダ タント テンポ	for a long time フォア ローング タイム
(長くない)	**per un po', da un po'** ペルン ポ, ダ ウン ポ	for a while フォア (ホ)ワイル
縛る shibaru	**legare** レガーレ	bind バインド
地盤 (地面) jiban	**terra** *f.*, **terreno** *m.* テッラ, テッレーノ	ground グラウンド
(土台・基礎)	**fondamenta** *f.pl.* フォンダメンタ	foundation, base ファウンデイション, ベイス
市販の shihanno	**in vendita** イン ヴェンディタ	on the market オン ザ マーケト
耳鼻咽喉科 jibiinkouka	**otorinolaringoiatria** *f.* オトリノラリンゴイアトリーア	otorhinolaryngology オウトウライノウラリンガロヂ
私費で shihide	**a proprie spese** ア プロープリエ スペーゼ	at one's own expense アト オウン イクスペンス
指標 shihyou	**indice** *m.* インディチェ	index インデクス
辞表 jihyou	**dimissioni** *f.pl.* ディミッスィオーニ	resignation レズィグネイション

日	伊	英
じびょう **持病** jibyou	**malattia cronica** *f.* マラッティーア クローニカ	chronic disease ク**ラ**ニク ディ**ズィ**ーズ
しびれる **痺れる** shibireru	**intorpidirsi, addormentarsi** イントルピ**ディ**ルスィ, アッドルメン**タ**ルスィ	(become) numb (ビ**カ**ム) **ナ**ム
しぶい **渋い** (好みが) shibui	**sobrio(-*a*)** **ソ**ーブリオ(-ア)	tasteful, sober **テ**イストフル, **ソ**ウバ
(味が)	**aspro(-*a*)** **ア**スプロ(-ラ)	astringent, bitter アスト**リ**ンジェント, **ビ**タ
しぶき **しぶき** shibuki	**spruzzo** *m.*, **schizzo** *m.* スプ**ル**ッツォ, ス**キ**ッツォ	spray, splash スプ**レ**イ, スプ**ラ**シュ
しぶしぶ **しぶしぶ** shibushibu	**con riluttanza** コン リルッ**タ**ンツァ	reluctantly リ**ラ**クタントリ
しぶとい **しぶとい** shibutoi	**tenace** テ**ナ**ーチェ	tenacious, obstinate ティ**ネ**イシャス, **ア**ブスティネト
しぶる **渋る** shiburu	**esitare, (essere) riluttante** *a* エズィ**タ**ーレ, (**エ**ッセレ) リルッ**タ**ンテ ア	hesitate, show reluctance ヘ**ズ**イテイト, **ショ**ウ リラ**ク**タンス
じぶん **自分** jibun	**sé** *m.f.*, **sé stesso(-*a*)** *m.(f.)* **セ**, セ ス**テ**ッソ(-サ)	self **セ**ルフ
しへい **紙幣** shihei	**banconota** *f.* バンコ**ノ**ータ	bill, note **ビ**ル, **ノ**ウト
しほう **四方** shihou	**tutti i lati** *m.pl.* **トゥ**ッティ イ **ラ**ーティ	every direction **エ**ヴリ ディ**レ**クション
しぼう **脂肪** shibou	**grasso** *m.* グ**ラ**ッソ	fat, grease **ファ**ト, グ**リ**ース
じほう **時報** jihou	**segnale orario** *m.* セ**ニャ**ーレ オ**ラ**ーリオ	time signal **タ**イム ス**ィ**グナル
しほうけん **司法権** shihouken	**potere giudiziario** *m.* ポ**テ**ーレ ジュディツィ**ア**ーリオ	jurisdiction ヂュアリス**ディ**クション

日	伊	英
しぼうする **志望する** shibousuru	**desiderare** デズィデラーレ	wish, desire ウィシュ, ディザイア
しぼむ **しぼむ** shibomu	**appassire, sgonfiarsi** アッパッスィーレ, ズゴンフィアルスィ	wither, fade ウィザ, フェイド
しぼる **搾る** shiboru	**strizzare, spremere** ストリッツァーレ, スプレーメレ	press, wring, squeeze プレス, リング, スクウィーズ
しほん **資本** shihon	**capitale** *m.* カピターレ	capital キャピタル
～家	**capitalista** *m.f.* カピタリスタ	capitalist キャピタリスト
～金	**capitale sociale** *m.* カピターレ ソチャーレ	capital キャピタル
～主義	**capitalismo** *m.* カピタリズモ	capitalism キャピタリズム
しま **縞** shima	**strisce** *f.pl.* ストリッシェ	stripes ストライプス
しま **島** shima	**isola** *f.* イーゾラ	island アイランド
しまい **姉妹** shimai	**sorelle** *f.pl.* ソレッレ	sisters スィスタズ
しまう **しまう** shimau	**riporre, custodire** リポッレ, クストディーレ	put away プト アウェイ
じまく **字幕** jimaku	**sottotitoli** *m.pl.* ソットティートリ	subtitles サブタイトルズ
しまつ **始末** （結果） shimatsu	**risultato** *m.* リズルタート	result リザルト
（処分）	**eliminazione** *f.*, **disposizione** *f.* エリミナツィオーネ, ディスポズィツィオーネ	disposal ディスポウザル

305

日	伊	英
しまる 閉まる shimaru	**chiudere** キウーデレ	shut, (be) closed シャト, (ビ) クロウズド
じまん 自慢 jiman	**ostentazione** *f.*, **vanto** *m.* オステンタツィオーネ, ヴァント	boast, vanity ボウスト, ヴァニティ
～する	**vantarsi** *di* ヴァンタルスィ ディ	boast of, (be) proud of ボウスト オヴ, (ビ) プラウド オヴ
じみな 地味な jimina	**sobrio(-a)** ソーブリオ(-ア)	plain, quiet プレイン, クワイアト
しみゅれーしょん シミュレーション shimyureeshon	**simulazione** *f.* スィムラツィオーネ	simulation スィミュレイション
しみる 染みる shimiru	**permeare, penetrare** ペルメアーレ, ペネトラーレ	penetrate, soak ペネトレイト, ソウク
しみん 市民 shimin	**cittadino(-a)** *m.(f.)* チッタディーノ(-ナ)	citizen スィティズン
じむ 事務 jimu	**lavoro d'ufficio** *m.* ラヴォーロ ドゥッフィーチョ	business, affairs ビズネス, アフェアズ
～員	**impiegato(-a)** *m.(f.)* インピエガート(-タ)	clerk, office worker クラーク, オーフィス ワーカ
～的な	**pratico(-a)** プラーティコ(-カ)	businesslike ビズネスライク
しめい 氏名 shimei	**nome** *m.* **e cognome** *m.* ノーメ エ コニョーメ	name ネイム
しめい 使命 shimei	**missione** *f.* ミッスィオーネ	mission ミション
しめいする 指名する shimeisuru	**nominare** ノミナーレ	name, nominate ネイム, ナミネイト
しめきり 締め切り shimekiri	**scadenza** *f.* スカデンツァ	deadline デドライン

日	伊	英
しめきる **締め切る** shimekiru	**chiudere** キウーデレ	close クロウズ
じめじめした **じめじめした** jimejimeshita	**umido(-a)** ウーミド(-ダ)	damp, moist ダンプ, モイスト
しめす **示す** shimesu	**mostrare** モストラーレ	show, indicate ショウ, インディケイト
しめだす **締め出す** shimedasu	**escludere** エスクルーデレ	shut out シャト アウト
じめつする **自滅する** jimetsusuru	**rovinarsi** ロヴィナルスィ	ruin oneself ルーイン
しめる **絞める** shimeru	**stringere, strangolare** ストリンジェレ, ストランゴラーレ	tighten タイトン
しめる **湿る** shimeru	**inumidirsi** イヌミディルスィ	dampen ダンプン
しめる **占める** shimeru	**occupare** オックパーレ	occupy アキュパイ
しめる **閉める** shimeru	**chiudere** キウーデレ	shut, close シャト, クロウズ
じめん **地面** jimen	**terra** *f.* テッラ	earth, ground アース, グラウンド
しも **霜** shimo	**gelo** *m.*, **brina** *f.* ジェーロ, ブリーナ	frost フロースト
じもとの **地元の** jimotono	**locale, del posto** ロカーレ, デル ポスト	local ロウカル
しもん **指紋** shimon	**impronta digitale** *f.* インプロンタ ディジターレ	fingerprint フィンガプリント
しや **視野** shiya	**campo visivo** *m.* カンポ ヴィズィーヴォ	field of vision フィールド オヴ ヴィジョン
じゃーじ **ジャージ** jaaji	**tuta sportiva** *f.* トゥータ スポルティーヴァ	tracksuit トラクスート

日	伊	英
じゃーなりすと **ジャーナリスト** jaanarisuto	**giornalista** *m.f.* ジョルナリスタ	journalist チャーナリスト
じゃーなりずむ **ジャーナリズム** jaanarizumu	**giornalismo** *m.* ジョルナリズモ	journalism チャーナリズム
しゃーぷぺんしる **シャープペンシル** shaapupenshiru	**portamina** *m.* ポルタミーナ	mechanical pencil メキャニカル ペンスル
しゃーべっと **シャーベット** shaabetto	**sorbetto** *m.* ソルベット	sherbet シャーベット
しゃいん **社員** shain	**dipendente** *m.f.*, **personale** *m.* ディペンデンテ, ペルソナーレ	employee, staff インプロイイー, スタフ
しゃかい **社会** shakai	**società** *f.* ソチエタ	society ソサイエティ
～学	**sociologia** *f.* ソチョロジーア	sociology ソウスィアロディ
～主義	**socialismo** *m.* ソチャリズモ	socialism ソウシャリズム
じゃがいも **じゃが芋** jagaimo	**patata** *f.* パタータ	potato ポテイトウ
しゃがむ **しゃがむ** shagamu	**accovacciarsi** アッコヴァッチャルスィ	squat down スクワト ダウン
しやくしょ **市役所** shiyakusho	**municipio** *m.* ムニチーピオ	city hall スィティ ホール
じゃぐち **蛇口** jaguchi	**rubinetto** *m.* ルビネット	faucet, Ⓑtap フォーセト, タプ
じゃくてん **弱点** jakuten	**punto debole** *m.* プント デーボレ	weak point ウィーク ポイント
しゃくど **尺度** shakudo	**misura** *f.* ミズーラ	measure, scale メジャ, スケイル

日	伊	英
しゃくほうする **釈放する** shakuhousuru	**rilasciare, liberare** リラシャーレ, リベラーレ	set free セト フリー
しゃくめいする **釈明する** shakumeisuru	**spiegare, giustificare** スピエガーレ, ジュスティフィカーレ	explain, vindicate イクスプレイン, **ヴィ**ンディケイト
しゃくや **借家** shakuya	**casa in affitto** *f.* カーザ イナッフィット	rented house レンテド ハウス
しゃげき **射撃** shageki	**sparo** *m.* スパーロ	shooting, firing シューティング, **ファ**イアリング
じゃけっと **ジャケット** jaketto	**giacca** *f.* ジャッカ	jacket **ジャ**ケト
しゃこ **車庫** shako	**garage** *m.* ガラージュ	garage ガ**ラ**ージ
しゃこうかい **社交界** shakoukai	**alta società** *f.* アルタ ソチエ**タ**	high society ハイ ソ**サ**イエティ
しゃこうだんす **社交ダンス** shakoudansu	**ballo da sala** *m.* バッロ ダ **サ**ーラ	social dance **ソ**ウシャル **ダ**ンス
しゃざい **謝罪** shazai	**scuse** *f.pl.* ス**ク**ーゼ	apology ア**パ**ロヂ
〜する	**chiedere scusa, fare le scuse** キ**エ**ーデレ ス**ク**ーザ, **ファ**ーレ レ ス**ク**ーゼ	apologize ア**パ**ロヂャイズ
しゃじつしゅぎ **写実主義** shajitsushugi	**realismo** *m.* レア**リ**ズモ	realism **リ**ーアリズム
しゃしょう **車掌** shashou	**controllore** *m.* コントロッ**ロ**ーレ	conductor コン**ダ**クタ
しゃしん **写真** shashin	**fotografia** *f.* フォトグラ**フィ**ーア	photograph **フォ**ウトグラフ
〜家	**fotografo(-a)** *m.*(*f.*) フォ**ト**ーグラフォ(-ファ)	photographer フォ**タ**グラファ

日	伊	英
じゃず **ジャズ** jazu	**jazz** *m.* ジェズ	jazz チャズ
しゃせい **写生** shasei	**schizzo** *m.* スキッツォ	sketch スケチ
しゃせつ **社説** shasetsu	**editoriale** *m.* エディトリアーレ	editorial エディトーリアル
しゃせん **車線** shasen	**corsia** *f.* コルスィーア	lane レイン
しゃたく **社宅** shataku	**alloggio per i dipendenti** *m.* アッロッジョ ペリ ディペンデンティ	company house カンパニ ハウス
しゃだんする **遮断する** shadansuru	**intercettare, interrompere** インテルチェッターレ, インテッロンペレ	block, intercept ブラク, インタセプト
しゃちょう **社長** shachou	**presidente** *m.f.* プレズィデンテ	president プレズィデント
しゃつ **シャツ** （下着の） shatsu	**canottiera** *f.* カノッティエーラ	undershirt, ⒷVest アンダシャート, ヴェスト
（洋服の）	**camicia** *f.* カミーチャ	(dress) shirt (ドレス) シャート
しゃっかん **借款** shakkan	**prestito** *m.* プレスティト	loan ロウン
じゃっき **ジャッキ** jakki	**cric** *m.* クリク	jack チャク
しゃっきん **借金** shakkin	**debito** *m.*, **prestito** *m.* デービト, プレスティト	debt, loan デト, ロウン
しゃっくり **しゃっくり** shakkuri	**singhiozzo** *m.* スィンギオッツォ	hiccup ヒカプ
しゃったー **シャッター** （カメラの） shattaa	**otturatore** *m.* オットゥラトーレ	shutter シャタ

日	伊	英
(玄関・窓の)	**serranda** *f.*, **persiana** *f.* セッランダ, ペルスィアーナ	shutter シャタ
しゃどう **車道** shadou	**carreggiata** *f.* カッレッジャータ	roadway ロウドウェイ
しゃぶる **しゃぶる** shaburu	**succhiare** スッキアーレ	suck, suckle サク, サクル
しゃべる **シャベル** shaberu	**pala** *f.*, **badile** *m.* パーラ, バディーレ	shovel シャヴル
しゃほん **写本** shahon	**manoscritto** *m.* マノスクリット	manuscript マニュスクリプト
じゃま **邪魔** jama	**ostacolo** *m.* オスタ―コロ	hindrance, obstacle ヒンドランス, アブスタクル
〜する	**disturbare, ostacolare** ディストゥルバーレ, オスタコラーレ	disturb, hinder ディスターブ, ハインダ
〜な	**d'intralcio** ディントラルチョ	obstructive オブストラクティヴ
じゃむ **ジャム** jamu	**marmellata** *f.* マルメッラータ	jam ヂャム
しゃめん **斜面** shamen	**pendio** *m.* ペンディーオ	slope スロウプ
しゃもじ **杓文字** shamoji	**mestolo** *m.* メストロ	rice paddle ライス パドル
じゃり **砂利** jari	**ghiaia** *f.* ギアイア	gravel グラヴェル
しゃりょう **車両** sharyou	**veicoli** *m.pl.* ヴェイーコリ	vehicles, cars ヴィーイクルズ, カーズ
しゃりん **車輪** sharin	**ruota** *f.* ルオータ	wheel (ホ)ウィール

日	伊	英
しゃれ share	**gioco di parole** *m.* ジョーコ ディ パローレ	joke, witticism **ヂョ**ウク, **ウィ**ティスィズム
しゃれい 謝礼 sharei	**remunerazione** *f.* レムネラツィ**オ**ーネ	remuneration リミュー**ナ**レイション
しゃれた しゃれた（おしゃれな） shareta	**elegante** エレ**ガ**ンテ	chic, elegant シーク, **エ**リガント
（気の利いた）	**spiritoso(-a), arguto(-a)** スピリト**ー**ゾ(-ザ), アル**グ**ート(-タ)	witty, smart **ウィ**ティ, ス**マ**ート
しゃわー シャワー shawaa	**doccia** *f.* **ド**ッチャ	shower **シャ**ウア
じゃんぱー ジャンパー janpaa	**giubbotto** *m.* ジュ**ッ**ボット	windbreaker **ウィ**ンドブレイカ
しゃんぱん シャンパン shanpan	**champagne** *m.* シャン**パ**ーニュ	champagne シャン**ペ**イン
しゃんぷー シャンプー shanpuu	**shampoo** *m.* シャン**ポ**	shampoo シャン**プ**ー
じゃんる ジャンル janru	**genere** *m.* **ジェ**ーネレ	genre **ジャ**ーンル
しゅい 首位 shui	**primo posto** *m.* プ**リ**ーモ **ポ**スト	leading position **リ**ーディング ポ**ズィ**ション
しゅう 州 shuu	**regione** *f.*, **stato** *m.* レ**ジョ**ーネ, ス**タ**ート	state, province ス**テ**イト, プ**ラ**ヴィンス
しゅう 週 shuu	**settimana** *f.* セッティ**マ**ーナ	week **ウィ**ーク
じゅう 十 juu	**dieci** ディ**エ**ーチ	ten **テ**ン
じゅう 銃 juu	**fucile** *m.* フ**チ**ーレ	gun **ガ**ン

日	伊	英
じゆう **自由** jiyuu	**libertà** *f.* リベル**タ**	freedom, liberty フ**リ**ーダム, **リ**パティ
しゅうい **周囲** （円周・外周） shuui	**circonferenza** *f.*, **periferia** *f.* チルコンフェ**レ**ンツァ, ペリフェ**リ**ーア	circumference サー**カ**ムフェレンス
（環境・状況）	**dintorni** *m.pl.*, **ambiente** *m.* ディン**ト**ルニ, アンビ**エ**ンテ	surroundings サ**ラ**ウンディングズ
じゅうい **獣医** juui	**veterinario(-a)** *m.(f.)* ヴェテリ**ナ**ーリオ(-ア)	veterinarian ヴェテリ**ネ**アリアン
じゅういち **十一** juuichi	**undici** **ウ**ンディチ	eleven イ**レ**ヴン
じゅういちがつ **十一月** juuichigatsu	**novembre** *m.* ノ**ヴェ**ンブレ	November ノウ**ヴェ**ンバ
しゅうえき **収益** shuueki	**profitto** *m.* プロ**フィ**ット	profits, gains プ**ラ**フィツ, **ゲ**インズ
じゅうおく **十億** juuoku	**miliardo** *m.* ミリ**ア**ルド	billion **ビ**リョン
しゅうかい **集会** shuukai	**riunione** *f.* リウニ**オ**ーネ	meeting, gathering **ミ**ーティング, **ギャ**ザリング
しゅうかく **収穫** shuukaku	**raccolta** *f.* ラッ**コ**ルタ	crop, harvest ク**ラ**プ, **ハ**ーヴェスト
～する	**raccogliere** ラッ**コ**ッリェレ	harvest, reap **ハ**ーヴェスト, **リ**ープ
しゅうがくりょこう **修学旅行** shuugakuryokou	**gita scolastica** *f.* **ジ**ータ スコ**ラ**スティカ	school trip ス**クー**ル ト**リ**ップ
じゆうがた **自由形** jiyuugata	**stile libero** *m.* ス**ティ**ーレ **リ**ーベロ	freestyle swimming フ**リ**ースタイル ス**ウィ**ミング
じゅうがつ **十月** juugatsu	**ottobre** *m.* オッ**ト**ーブレ	October アク**ト**ウバ

日	伊	英
しゅうかん **習慣** shuukan	**abitudine** *f.* アビトゥーディネ	habit, custom ハビト, カスタム
しゅうかんし **週刊誌** shuukanshi	**settimanale** *m.* セッティマナーレ	weekly ウィークリ
しゅうき **周期** shuuki	**ciclo** *m.*, **periodo** *m.* チークロ, ペリーオド	cycle, period サイクル, ピアリオド
しゅうきゅう **週休** shuukyuu	**giorno di riposo settimanale** *m.* ジョルノ ディ リポーゾ セッティマナーレ	weekly holiday ウィークリ ハリデイ
しゅうきゅう **週給** shuukyuu	**paga settimanale** *f.* パーガ セッティマナーレ	weekly pay ウィークリ ペイ
じゅうきゅう **十九** juukyuu	**diciannove** ディチャンノーヴェ	nineteen ナインティーン
じゅうきょ **住居** juukyo	**abitazione** *f.* アビタツィオーネ	dwelling ドウェリング
しゅうきょう **宗教** shuukyou	**religione** *f.* レリジョーネ	religion リリヂョン
じゅうぎょういん **従業員** juugyouin	**dipendente** *m.f.*, **lavoratore(-trice)** *m.*(*f.*) ディペンデンテ, ラヴォラトーレ(-トリーチェ)	employee, worker インプロイイー, ワーカ
じゅうきんぞく **重金属** juukinzoku	**metallo pesante** *m.* メタッロ ペザンテ	heavy metal ヘヴィ メトル
しゅーくりーむ **シュークリーム** shuukuriimu	**bignè** *m.* ビニェ	cream puff クリーム パフ
しゅうけいする **集計する** shuukeisuru	**sommare** ソンマーレ	total トウトル
しゅうげき **襲撃** shuugeki	**attacco** *m.* アッタッコ	attack, assault アタク, アソールト
じゅうご **十五** juugo	**quindici** クィンディチ	fifteen フィフティーン

日	伊	英
じゅうこうぎょう **重工業** juukougyou	**industria pesante** *f.* インドゥストリア ペザンテ	heavy industries ヘヴィ インダストリズ
じゅーさー **ジューサー** juusaa	**spremifrutta** *m.* スプレミフルッタ	juicer ヂューサ
しゅうさい **秀才** shuusai	**studente(-*essa*) brillante** *m.* (*f.*) ストゥデンテ(-デンテッサ) ブリッランテ	brilliant scholar ブリリャント スカラ
しゆうざいさん **私有財産** shiyuuzaisan	**proprietà privata** *f.* プロプリエタ プリヴァータ	private property プライヴェト プラパティ
じゅうさつする **銃殺する** juusatsusuru	**fucilare** フチラーレ	shoot dead, gun down シュート デド, ガン ダウン
じゅうさん **十三** juusan	**tredici** トレーディチ	thirteen サーティーン
しゅうし **修士** shuushi	**master** *m.* マステル	master マスタ
〜課程	**corso di master** *m.* コルソ ディ マステル	master's course マスタズ コース
〜号	**master** *m.* マステル	master's degree マスタズ ディグリー
じゅうし **十四** juushi	**quattordici** クァットルディチ	fourteen フォーティーン
じゅうじ **十字** juuji	**croce** *f.* クローチェ	cross クロース
じゅうじか **十字架** juujika	**croce** *f.* クローチェ	cross クロース
しゅうじがく **修辞学** shuujigaku	**retorica** *f.* レトーリカ	rhetoric レトリク
じゅうしする **重視する** juushisuru	**dare importanza** *a* ダーレ インポルタンツァ ア	attach importance to アタチ インポータンス トゥ

日	伊	英
じゅうしち **十七** juushichi	**diciassette** ディチャッセッテ	seventeen セヴンティーン
じゅうじつする **充実する** juujitsusuru	**completare, arricchire** コンプレターレ, アッリッキーレ	fulfill, complete フルフィル, コンプリート
しゅうしふ **終止符** shuushifu	**punto** *m.* プント	period, ⓑfull stop ピアリオド, フル スタプ
しゅうしゅう **収集** shuushuu	**collezione** *f.* コッレツィオーネ	collection コレクション
～する	**collezionare** コッレツィオナーレ	collect コレクト
しゅうしゅく **収縮** shuushuku	**contrazione** *f.* コントラツィオーネ	contraction コントラクション
じゅうじゅんな **従順な** juujunna	**ubbidiente** ウッビディエンテ	obedient オビーディエント
じゅうしょ **住所** juusho	**indirizzo** *m.* インディリッツォ	address アドレス
じゅうしょう **重傷** juushou	**ferita grave** *f.* フェリータ グラーヴェ	serious wound スィアリアス ウーンド
しゅうしょくする **就職する** shuushokusuru	**trovare lavoro** トロヴァーレ ラヴォーロ	find employment ファインド インプロイメント
じゅうじろ **十字路** juujiro	**incrocio** *m.* インクローチョ	crossroads クロースロウヅ
じゅうしん **重心** juushin	**centro di gravità** *m.* チェントロ ディ グラヴィタ	center of gravity センタ オヴ グラヴィティ
しゅうしんけい **終身刑** shuushinkei	**ergastolo** *m.* エルガストロ	life imprisonment ライフ インプリズンメント
じゅーす **ジュース** juusu	**succo** *m.*, **spremuta** *f.* スッコ, スプレムータ	juice チュース
しゅうせい **習性** shuusei	**abitudine** *f.* アビトゥーディネ	habit ハビト

日	伊	英
しゅうせいする **修正する** shuuseisuru	**correggere, modificare** コッレッジェレ, モディフィカーレ	amend, revise アメンド, リヴァイズ
じゆうせき **自由席** jiyuuseki	**posto non prenotato** *m.* ポスト ノン プレノタート	nonreserved seat ナンリザーヴド スィート
しゅうせん **終戦** shuusen	**fine della guerra** *f.* フィーネ デッラ グェッラ	end of war エンド オヴ ウォー
しゅうぜんする **修繕する** shuuzensuru	**riparare** リパラーレ	repair, mend リペア, メンド
じゅうたい **渋滞** juutai	**ingorgo** *m.* インゴルゴ	(traffic) jam (トラフィク) ヂャム
じゅうたい **重体** juutai	**condizioni gravi** *f.pl.* コンディツィオーニ グラーヴィ	serious condition スィアリアス コンディション
じゅうだい **十代** juudai	**adolescente** *m.f.* アドレシェンテ	teens ティーンズ
しゅうたいせい **集大成** shuutaisei	**raccolta** *f.* ラッコルタ	compilation コンピレイション
じゅうだいな **重大な** juudaina	**grave, serio(-a)** グラーヴェ, セーリオ(-ア)	grave, serious グレイヴ, スィアリアス
じゅうたく **住宅** juutaku	**abitazione** *f.* アビタツィオーネ	house, housing ハウス, ハウズィング
しゅうだん **集団** shuudan	**gruppo** *m.* グルッポ	group, body グループ, バディ
じゅうだんする **縦断する** juudansuru	**attraversare** アットラヴェルサーレ	traverse トラヴァース
しゅうちしん **羞恥心** shuuchishin	**pudore** *m.* プドーレ	sense of shame センス オヴ シェイム
しゅうちゃくえき **終着駅** shuuchakueki	**capolinea** *m.* カポリーネア	terminus, terminal ターミナス, ターミナル

日	伊	英
しゅうちゃくする **執着する** shuuchakusuru	**(essere) attaccato(-a) a** (エッセレ) アッタッカート(-タ) ア	(be) fixated on, adhere to (ビ) **フィ**クセイテド オン, アド**ヒ**ア トゥ
しゅうちゅうする **集中する** shuuchuusuru	**concentrare, concentrarsi** *su* コンチェント**ラ**ーレ, コンチェント**ラ**ルシ ス	concentrate **カ**ンセントレイト
しゅうてん **終点** shuuten	**capolinea** *m.* カポリ**ー**ネア	end of a line **エ**ンド オヴ ア **ラ**イン
しゅうでん **終電** shuuden	**ultimo treno** *m.* **ウ**ルティモ ト**レ**ーノ	last train (of the day) **ラ**スト ト**レ**イン (オヴ ザ **デ**イ)
じゅうてん **重点** juuten	**essenziale** *m.*, **importanza** *f.* エッセンツィ**ア**ーレ, インポル**タ**ンツァ	emphasis, importance **エ**ンファスィス, イン**ポ**ータンス
じゅうでんする **充電する** juudensuru	**ricaricare** リカリ**カ**ーレ	charge **チャ**ーヂ
しゅーと **シュート** shuuto	**tiro** *m.* **ティ**ーロ	shot **シャ**ト
しゅうどういん **修道院** shuudouin	**monastero** *m.*, **convento** *m.* モナス**テ**ーロ, コン**ヴェ**ント	monastery, convent **マ**ナステリ, **カ**ンヴェント
しゅうどうし **修道士** shuudoushi	**monaco** *m.* **モ**ーナコ	monk **マ**ンク
しゅうどうじょ **修道女** shuudoujo	**monaca** *f.* **モ**ーナカ	nun, sister **ナ**ン, ス**ィ**スタ
じゆうな **自由な** jiyuuna	**libero(-a), liberale** **リ**ーベロ(-ラ), リベ**ラ**ーレ	free, liberal フ**リ**ー, **リ**ベラル
じゅうなんな **柔軟な** juunanna	**flessibile** フレッス**ィ**ービレ	flexible, supple フ**レ**クスィブル, **サ**プル
じゅうに **十二** juuni	**dodici** **ド**ーディチ	twelve トゥ**ェ**ルヴ
じゅうにがつ **十二月** juunigatsu	**dicembre** *m.* ディ**チェ**ンブレ	December ディ**セ**ンバ

日	伊	英
じゅうにしちょう **十二指腸** juunishichou	**duodeno** *m.* ドゥオデーノ	duodenum デューアディーナム
しゅうにゅう **収入** shuunyuu	**entrate** *f.pl.* エントラーテ	income インカム
しゅうにん **就任** shuunin	**insediamento** *m.* インセディアメント	inauguration イノーギュレイション
しゅうのう **収納** shuunou	**immagazzinamento** *m.* インマガッズィナメント	storage ストーリデ
しゅうは **宗派** shuuha	**setta** *f.* セッタ	sect セクト
しゅうはすう **周波数** shuuhasuu	**frequenza** *f.* フレクェンツァ	frequency フリークウェンスィ
じゅうはち **十八** juuhachi	**diciotto** ディチョット	eighteen エイティーン
じゅうびょう **重病** juubyou	**malattia grave** *f.* マラッティーア グラーヴェ	serious illness スィアリアス イルネス
しゅうふくする **修復する** shuufukusuru	**restaurare** レスタウラーレ	restore リストー
しゅうぶん **秋分** shuubun	**equinozio d'autunno** *m.* エクィノーツィオ ダウトゥンノ	autumnal equinox オータムナル イークウィナス
じゅうぶんな **十分な** juubunna	**sufficiente** スッフィチェンテ	sufficient, enough サフィシェント, イナフ
しゅうへん **周辺** shuuhen	**dintorni** *m.pl.* ディントルニ	vicinity (of), area (of) ヴィスィニティ (オヴ), エアリア (オヴ)
〜機器	**periferica** *f.* ペリフェーリカ	peripherals プリフェラルズ
じゆうぼうえき **自由貿易** jiyuuboueki	**libero scambio** *m.* リーベロ スカンビオ	free trade フリー トレイド

日	伊	英
しゅうまつ 週末 shuumatsu	**fine settimana** *m.* フィーネ セッティマーナ	weekend ウィーケンド
じゅうまん 十万 juuman	**centomila** チェントミーラ	one hundred thousand ワン ハンドレト サウザンド
じゅうみん 住民 juumin	**abitante** *m.f.* アビタンテ	inhabitants, residents インハビタンツ, レズィデンツ
じゅうやく 重役 juuyaku	**diret*tore*(*-trice*)** *m.* (*f.*) ディレットーレ(-トリーチェ)	executive, director イグゼキュティヴ, ディレクタ
じゅうゆ 重油 juuyu	**olio pesante** *m.* オーリオ ペザンテ	heavy oil ヘヴィ オイル
しゅうゆう 周遊 shuuyuu	**giro** *m.*, **crociera** *f.* ジーロ, クロチェーラ	tour, round trip トゥア, ラウンド トリプ
しゅうようする 収容する shuuyousuru	**accogliere** アッコッリエレ	admit, accommodate アドミト, アカモデイト
じゅうような 重要な juuyouna	**importante, essenziale** インポルタンテ, エッセンツィアーレ	important, principal インポータント, プリンスィパル
しゅうり 修理 shuuri	**riparazione** *f.* リパラツィオーネ	repair, mend リペア, メンド
〜する	**riparare** リパラーレ	repair, mend リペア, メンド
じゅうりょう 重量 juuryou	**peso** *m.* ペーゾ	weight ウェイト
〜挙げ	**sollevamento pesi** *m.* ソッレヴァメント ペーズィ	weightlifting ウェイトリフティング
しゅうりょうする 終了する shuuryousuru	**finire** フィニーレ	finish, end, close フィニシュ, エンド, クロウズ
じゅうりょく 重力 juuryoku	**gravità** *f.* グラヴィタ	gravity, gravitation グラヴィティ, グラヴィテイション

日	伊	英
収録 shuuroku	**registrazione** *f.* レジストラツィオーネ	recording リコーディング
十六 juuroku	**sedici** セーディチ	sixteen スィクスティーン
収賄 shuuwai	**corruzione** *f.* コッルツィオーネ	bribery, corruption ブライバリ, コラプション
守衛 shuei	**guardia** *f.*, **custode** *m.f.* グァルディア, クストーデ	guard ガード
主演 shuen	**parte di protagonista** *f.* パルテ ディ プロタゴニスタ	leading role リーディング ロウル
〜俳優	**protagonista** *m.f.* プロタゴニスタ	leading actor リーディング アクタ
主観 shukan	**soggettività** *f.* ソッジェッティヴィタ	subjectivity サブヂェクティヴィティ
〜的な	**soggettivo(-a)** ソッジェッティーヴォ(-ヴァ)	subjective サブヂェクティヴ
主義 shugi	**principio** *m.*, **dottrina** *f.* プリンチーピオ, ドットリーナ	principle, doctrine プリンスィプル, ダクトリン
修行 shugyou	**apprendistato** *m.*, **ascetismo** *m.* アップレンディスタート, アシェティズモ	apprenticeship アプレンティスシプ
儒教 jukyou	**confucianesimo** *m.* コンフチャネーズィモ	Confucianism コンフューシャニズム
授業 jugyou	**lezione** *f.* レツィオーネ	class, lesson クラス, レスン
塾 juku	**doposcuola** *m.* ドポスクオーラ	juku, private after-school class ヂュク, プライヴェット アフタスクール クラス
祝賀会 shukugakai	**festeggiamenti** *m.pl.* フェステッジャメンティ	formal celebration フォーマル セレブレイション

日	伊	英
じゅくご **熟語** jukugo	**frase idiomatica** *f.* フラーゼ イディオマーティカ	idiom, phrase **イ**ディオム, フ**レ**イズ
しゅくじつ **祝日** shukujitsu	**giorno festivo** *m.* ジョルノ フェス**ティ**ーヴォ	public holiday, festival **パ**ブリク **ハ**リデイ, **フェ**スティヴァル
しゅくしゃ **宿舎** shukusha	**alloggio** *m.* アッ**ロ**ッジョ	lodging **ラ**ヂング
しゅくしょうする **縮小する** shukushousuru	**ridurre** リ**ドゥ**ッレ	reduce, curtail リ**デュ**ース, カー**テ**イル
じゅくする **熟する** jukusuru	**maturare** マトゥ**ラ**ーレ	(become) ripe, mature (ビ**カ**ム) **ラ**イプ, マ**チュ**ア
しゅくだい **宿題** shukudai	**compiti per casa** *m.pl.* コン**ピ**ティ ペル **カ**ーザ	homework **ホ**ウムワーク
じゅくねん **熟年** jukunen	**mezza età** *f.* **メ**ッザ エ**タ**	mature aged マ**チュ**ア **エ**イヂド
しゅくはくする **宿泊する** shukuhakusuru	**alloggiare** アッロッ**ジャ**ーレ	lodge, stay **ラ**ヂ, ス**テ**イ
じゅくれん **熟練** jukuren	**abilità** *f.* アビリ**タ**	skill ス**キ**ル
～する	**padroneggiare, specializzarsi** in パドロネッ**ジャ**ーレ, スペチャリッ**ザ**ルスィ イン	(become) skilled (ビ**カ**ム) ス**キ**ルド
しゅげい **手芸** shugei	**artigianato** *m.* アルティジャ**ナ**ート	handicraft **ハ**ンディクラフト
しゅけん **主権** shuken	**sovranità** *f.* ソヴラニ**タ**	sovereignty **サ**ヴレンティ
じゅけんする **受験する** jukensuru	**sostenere un esame, dare un esame** ソステ**ネ**ーレ ウネ**ザ**ーメ, **ダ**ーレ ウネ**ザ**ーメ	take an examination **テ**イク アン エグザミ**ネ**イション
しゅご **主語** shugo	**soggetto** *m.* ソッ**ジェ**ット	subject **サ**ブヂェクト

日	伊	英
しゅさいする **主催する** shusaisuru	**organizzare** オルガニッザーレ	host, organize ホウスト, オーガナイズ
しゅざいする **取材する** shuzaisuru	**raccogliere informazioni** ラッコッリェレ インフォルマツィオーニ	gather information ギャザ インフォメイション
しゅじゅつ **手術** shujutsu	**operazione** *f.* オペラツィオーネ	operation アペレイション
〜する	**operare** オペラーレ	operate, perform surgery アペレイト, パフォーム サージャリ
しゅしょう **主将** shushou	**capitano** *m.* カピターノ	captain キャプテン
しゅしょう **首相** shushou	**primo ministro** *m.*, **premier** *m.f.* プリーモ ミニストロ, プレミエル	prime minister プライム ミニスタ
じゅしょうしゃ **受賞者** jushousha	**premiato(-a)** *m.*(*f.*) プレミアート(-タ)	prize winner プライズ ウィナ
じゅしょうする **受賞する** jushousuru	**vincere un premio** ヴィンチェレ ウン プレーミオ	win a prize ウィン ア プライズ
じゅしょうする **授賞する** jushousuru	**conferire un premio** *a* コンフェリーレ ウン プレーミオ ア	award a prize to アウォード ア プライズ トゥ
しゅしょく **主食** shushoku	**alimento base** *m.* アリメント バーゼ	staple food ステイプル フード
しゅじん （一家の主） shujin	**capofamiglia** *m.f.* カポファミッリャ	head of a family ヘド オヴ ア ファミリ
（所有者）	**proprietario(-a)** *m.*(*f.*) プロプリエターリオ(-ア)	proprietor プロプライアタ
（夫）	**marito** *m.* マリート	husband ハズバンド
じゅしん **受信** jushin	**ricezione** *f.* リチェツィオーネ	reception リセプション

日	伊	英
～する	**ricevere** リチェーヴェレ	receive リスィーヴ
しゅじんこう **主人公** shujinkou	**protagonista** *m.f.* プロタゴニスタ	protagonist プロウタガニスト
しゅせき **首席** shuseki	**primo(-a)** *m.(f.)* プリーモ(-マ)	head, top of the class ヘド, タプ オヴ ザ クラス
しゅだい **主題** shudai	**tema** *m.* テーマ	subject, theme サブデクト, スィーム
しゅだん **手段** shudan	**mezzo** *m.* メッゾ	means, way ミーンズ, ウェイ
しゅちょう **主張** shuchou	**pretesa** *f.*, **opinione** *f.* プレテーザ, オピニオーネ	assertion, claim アサーション, クレイム
～する	**pretendere, insistere** プレテンデレ, インスィステレ	assert, claim アサート, クレイム
しゅつえんする **出演する** shutsuensuru	**entrare in scena** エントラーレ イン シェーナ	appear on stage アピア オン ステイヂ
しゅっか **出荷** shukka	**spedizione** *f.* スペディツィオーネ	shipment, forwarding シプメント, フォーワディング
しゅっきんする **出勤する** shukkinsuru	**andare al lavoro** アンダーレ アル ラヴォーロ	go to work ゴウ トゥ ワーク
しゅっけつ **出血** shukketsu	**emorragia** *f.* エモッラジーア	hemorrhage ヘモリヂ
～する	**sanguinare** サングィナーレ	bleed ブリード
しゅつげん **出現** shutsugen	**comparsa** *f.* コンパルサ	appearance アピアランス
～する	**apparire** アッパリーレ	appear アピア

日	伊	英
じゅつご **述語** jutsugo	**predicato** *m.* プレディカート	predicate プレディケト
しゅっこくする **出国する** shukkokusuru	**lasciare un paese** ラシャーレ ウン パエーゼ	leave a country リーヴ ア カントリ
しゅっさん **出産** shussan	**parto** *m.* パルト	birth, delivery バース, ディリヴァリ
～する	**partorire, dare ... al mondo** パルトリーレ, ダーレ ... アル モンド	give birth to ギヴ バース トゥ
しゅっし **出資** shusshi	**investimento** *m.* インヴェスティメント	investment インヴェストメント
しゅつじょう **出場** shutsujou	**partecipazione** *f.* パルテチパツィオーネ	participation パーティスィペイション
～する	**partecipare** *a* パルテチパーレ ア	participate in パーティスィペイト イン
しゅっしんち **出身地** shusshinchi	**paese nativo** *m.* パエーゼ ナティーヴォ	home town ホウム タウン
しゅっせいりつ **出生率** shusseiritsu	**tasso di natalità** *m.* タッソ ディ ナタリタ	birthrate バースレイト
しゅっせき **出席** shusseki	**presenza** *f.* プレゼンツァ	attendance, presence アテンダンス, プレズンス
～者	**presente** *m.f.* プレゼンテ	attendee アテンディー
～する	**partecipare** *a*, **assistere** *a* パルテチパーレ ア, アッスィステレ ア	attend, (be) present at アテンド, (ビ) プレズント アト
しゅっせする **出世する** shussesuru	**fare carriera** ファーレ カッリエーラ	make a career メイク ア カリア
しゅっちょう **出張** shucchou	**viaggio d'affari** *m.* ヴィアッジョ ダッファーリ	business trip ビズネス トリプ

日	伊	英
しゅっぱつ **出発** shuppatsu	**partenza** *f.* パル**テ**ンツァ	departure ディ**パ**ーチャ
～する	**partire** パル**ティ**ーレ	start, depart ス**タ**ート, ディ**パ**ート
しゅっぱん **出版** shuppan	**pubblicazione** *f.* プップリカツィ**オ**ーネ	publication パブリ**ケ**イション
～社	**casa editrice** *f.* **カ**ーザ エディト**リ**ーチェ	publishing company パブ**リ**シング **カ**ンパニ
～する	**pubblicare** プップリ**カ**ーレ	publish, issue **パ**ブリシュ, **イ**シュー
～物	**pubblicazione** *f.* プップリカツィ**オ**ーネ	publication パブリ**ケ**イション
しゅっぴ **出費** shuppi	**spese** *f.pl.* ス**ペ**ーゼ	expenses イク**ス**ペンセズ
しゅつりょくする **出力する** shutsuryokusuru	**estrarre (dati)** エスト**ラ**ッレ (**ダ**ーティ)	output **ア**ウトプト
しゅと **首都** shuto	**capitale** *f.* カピ**タ**ーレ	capital city **キャ**ピトル ス**ィ**ティ
しゅどうけん **主導権** shudouken	**iniziativa** *f.* イニツィア**ティ**ーヴァ	initiative イ**ニ**シャティヴ
じゅどうたい **受動態** judoutai	**voce passiva** *f.*, **passivo** *m.* **ヴォ**ーチェ パッス**ィ**ーヴァ, パッス**ィ**ーヴォ	passive voice **パ**スィヴ **ヴォ**イス
しゅどうの **手動の** shudouno	**manuale** マヌ**ア**ーレ	hand-operated, manual **ハ**ンドアパレイテド, **マ**ニュアル
しゅとくする **取得する** shutokusuru	**ottenere** オッテ**ネ**ーレ	acquire, obtain アク**ワ**イア, オブ**テ**イン
じゅなん **受難** junan	**sofferenze** *f.pl.* ソッフェ**レ**ンツェ	sufferings **サ**ファリングズ

日	伊	英
じゅにゅうする **授乳する** junyuusuru	**allattare** アッラッターレ	nurse, feed ナース, フィード
しゅにん **主任** shunin	**capo** *m.* カーポ	chief, head チーフ, ヘド
しゅのう **首脳** shunou	**capo** *m.* カーポ	head, leader ヘド, リーダ
しゅのーける **シュノーケル** shunookeru	**boccaglio** *m.* ボッカッリォ	snorkel スノーケル
しゅび **守備** shubi	**difesa** *f.* ディフェーザ	defense, Ⓑdefence ディフェンス, ディフェンス
しゅひん **主賓** shuhin	**ospite d'onore** *m.f.* オスピテ ドノーレ	guest of honor ゲスト オヴ アナ
しゅふ **主婦** shufu	**casalinga** *f.* カザリンガ	housewife ハウスワイフ
しゅみ **趣味** shumi	**gusto** *m.*, **hobby** *m.* グスト, オッビ	taste, hobby テイスト, ハビ
じゅみょう **寿命** jumyou	**durata della vita** *f.* ドゥラータ デッラ ヴィータ	life span ライフ スパン
しゅもく **種目** (競技の) shumoku	**gara** *f.*, **specialità** *f.* ガーラ, スペチャリタ	event イヴェント
(項目)	**voce** *f.*, **articolo** *m.* ヴォーチェ, アルティーコロ	item アイテム
しゅやく **主役** shuyaku	**parte principale** *f.* パルテ プリンチパーレ	leading part リーディング パート
しゅよう **腫瘍** shuyou	**tumore** *m.* トゥモーレ	tumor テューマ
じゅよう **需要** juyou	**domanda** *f.*, **richiesta** *f.* ドマンダ, リキエスタ	demand ディマンド
しゅような **主要な** shuyouna	**principale** プリンチパーレ	principal, main プリンスィパル, メイン

日	伊	英
じゅりつする **樹立する** juritsusuru	**stabilire** スタビリーレ	establish イスタブリシュ
しゅりゅうだん **手榴弾** shuryuudan	**bomba a mano** *f.* ボンバ ア マーノ	hand grenade ハンド グリネイド
しゅりょう **狩猟** shuryou	**caccia** *f.* カッチャ	hunting ハンティング
じゅりょうしょう **受領証** juryoushou	**ricevuta** *f.* リチェヴータ	receipt リスィート
しゅりょく **主力** shuryoku	**forza principale** *f.* フォルツァ プリンチパーレ	main force メイン フォース
しゅるい **種類** shurui	**tipo** *m.*, **specie** *f.* ティーポ, スペーチェ	kind, sort カインド, ソート
しゅわ **手話** shuwa	**linguaggio dei segni** *m.* リングァッジョ デイ セーニ	sign language サイン ラングウィヂ
じゅわき **受話器** juwaki	**cornetta** *f.* コルネッタ	receiver リスィーヴァ
じゅん **順** jun	**ordine** *m.*, **turno** *m.* オルディネ, トゥルノ	order, turn オーダ, ターン
じゅんい **順位** jun-i	**classifica** *f.* クラッスィーフィカ	grade, ranking グレイド, ランキング
じゅんえき **純益** jun-eki	**utile netto** *m.* ウーティレ ネット	net profit ネト プラフィト
しゅんかん **瞬間** shunkan	**momento** *m.* モメント	moment モウメント
じゅんかんする **循環する** junkansuru	**circolare** チルコラーレ	circulate, rotate サーキュレイト, ロウテイト
じゅんきょうしゃ **殉教者** junkyousha	**martire** *m.f.* マルティレ	martyr マータ

日	伊	英
じゅんきょうじゅ 准教授 junkyouju	**professore(-*essa*) asso-ciato(-*a*)** *m.*(*f.*) プロフェッソーレ(-ソレッサ) アッソチャート(-タ)	associate professor アソウシエイト プロフェサ
じゅんきん 純金 junkin	**oro zecchino** *m.* オーロ ゼッキーノ	pure gold ピュア ゴウルド
じゅんけつ 純潔 junketsu	**castità** *f.* カスティタ	purity, chastity ピュアリティ, チャスティティ
じゅんけっしょう 準決勝 junkesshou	**semifinale** *f.* セミフィナーレ	semifinals セミファイナルズ
じゅんじゅんけっしょう 準々決勝 junjunkesshou	**quarti di finale** *m.pl.* クァルティ ディ フィナーレ	quarterfinals クウォータファイナルズ
じゅんしんな 純真な junshinna	**ingenuo(-*a*)** インジェーヌオ(-ア)	naive, innocent ナーイーヴ, イノセント
じゅんすいな 純粋な junsuina	**puro(-*a*)** プーロ(-ラ)	pure, genuine ピュア, チェニュイン
じゅんちょうな 順調な junchouna	**favorevole** ファヴォレーヴォレ	smooth, favorable, favourable スムーズ, フェイヴァラブル, フェイヴァラブル
じゅんのうする 順応する junnousuru	**adattarsi** *a* アダッタルスィ ア	adapt oneself アダプト
じゅんばん 順番 junban	**ordine** *m.*, **turno** *m.* オルディネ, トゥルノ	order, turn オーダ, ターン
じゅんび 準備 junbi	**preparazione** *f.* プレパラツィオーネ	preparation プレパレイション
〜する	**preparare** プレパラーレ	prepare プリペア
しゅんぶん 春分 shunbun	**equinozio di primavera** *m.* エクィノーツィオ ディ プリマヴェーラ	spring equinox スプリング イークウィナクス
じゅんれい 巡礼 junrei	**pellegrinaggio** *m.* ペッレグリナッジョ	pilgrimage ピルグリミヂ

日	伊	英
～者	**pellegrino(-a)** *m.* (*f.*) ペッレグリーノ(-ナ)	pilgrim ピルグリム
じゅんろ **順路** junro	**itinerario** *m.* イティネラーリオ	route ルート
しよう **使用** shiyou	**uso** *m.* ウーゾ	use ユース
～料	**noleggio** *m.*, **tassa per l'uso** *f.* ノレッジョ, タッサ ペル ルーゾ	fee フィー
しよう **私用** shiyou	**affare privato** *m.* アッファーレ プリヴァート	private business プライヴェト ビズネス
しょう **省** shou	**ministero** *m.* ミニステーロ	ministry ミニストリ
しょう **章** shou	**capitolo** *m.* カピートロ	chapter チャプタ
しょう **賞** shou	**premio** *m.* プレーミオ	prize, award プライズ, アウォード
じょういん **上院** jouin	**Senato** *m.* セナート	upper house, Senate アパ ハウス, セナト
じょうえいする **上映する** joueisuru	**dare, proiettare** ダーレ, プロイエッターレ	put on, show プト オン, ショウ
しょうエネ **省エネ** shouene	**risparmio energetico** *m.* リスパルミオ エネルジェーティコ	energy conservation エナヂ コンサヴェイション
じょうえんする **上演する** jouensuru	**rappresentare** ラップレゼンターレ	perform パフォーム
しょうか **消化** shouka	**digestione** *f.* ディジェスティオーネ	digestion ディヂェスチョン
～する	**digerire** ディジェリーレ	digest ダイヂェスト

日	伊	英
しょうか **消火** shouka	**estinzione di un incendio** f. エスティンツィオーネ ディ ウニンチェンディオ	fire fighting **ファイア ファ**イティング
〜器	**estintore** m. エスティン**ト**ーレ	extinguisher イクス**ティ**ングウィシャ
しょうが **生姜** shouga	**zenzero** m. ゼンゼロ	ginger **ヂ**ンヂャ
しょうがい **傷害** shougai	**lesione** f., **ferita** f. レズィ**オ**ーネ, フェ**リ**ータ	injury **イ**ンヂャリ
しょうがい **障害** shougai	**ostacolo** m., **invalidità** f. オス**タ**ーコロ, インヴァリディ**タ**	obstacle **ア**ブスタクル
〜物競走	**corsa a ostacoli** f. コルサ ア オス**タ**ーコリ	obstacle race **ア**ブスタクル **レ**イス
しょうがい **生涯** shougai	**vita** f. **ヴィ**ータ	lifetime **ラ**イフタイム
しょうかいする **紹介する** shoukaisuru	**presentare** プレゼン**タ**ーレ	introduce イントロ**デュ**ース
しょうがくきん **奨学金** shougakukin	**borsa di studio** f. **ボ**ルサ ディ ス**トゥ**ーディオ	scholarship ス**カ**ラシプ
しょうがくせい **奨学生** shougakusei	**borsista** m.f. ボル**スィ**スタ	scholarship student, scholar ス**カ**ラシプ ス**テュ**ーデント, ス**カ**ラ
しょうがくせい **小学生** shougakusei	**scolaro(-a)** m. (f.) スコ**ラ**ーロ(-ラ)	schoolchild ス**クー**ルチャイルド
しょうがつ **正月** shougatsu	**capodanno** m. カポ**ダ**ンノ	New Year **ニュー イ**ア
しょうがっこう **小学校** shougakkou	**scuola elementare** f. ス**クォ**ーラ エレメン**タ**ーレ	elementary school エレメンタリ ス**クー**ル
じょうき **蒸気** jouki	**vapore** m. ヴァ**ポ**ーレ	vapor, steam **ヴェ**イパ, ス**テ**ィーム

日	伊	英
じょうぎ **定規** jougi	**riga** *f.* リーガ	ruler ルーラ
じょうきゃく **乗客** joukyaku	**passeggero(-a)** *m.* (*f.*) パッセッジェーロ(-ラ)	passenger パセンヂャ
じょうきゅうの **上級の** joukyuuno	**superiore** スペリオーレ	higher, advanced ハイヤ, アドヴァンスト
しょうぎょう **商業** shougyou	**commercio** *m.* コンメルチョ	commerce カマス
じょうきょう **状況** joukyou	**situazione** *f.*, **circostanze** *f.pl.* スィトゥアツィオーネ, チルコスタンツェ	situation スィチュエイション
しょうきょくてきな **消極的な** shoukyokutekina	**negativo(-a)**, **passivo(-a)** ネガティーヴォ(-ヴァ), パッスィーヴォ(-ヴァ)	negative, passive ネガティヴ, パスィヴ
しょうぐん **将軍** shougun	**generale(-essa)** *m.* (*f.*) ジェネラーレ(-ラレッサ)	general チェネラル
じょうけい **情景** joukei	**scena** *f.* シェーナ	spectacle, sight スペクタクル, サイト
しょうげき **衝撃** shougeki	**impatto** *m.* インパット	shock, impact シャク, インパクト
じょうげする **上下する** jougesuru	**salire e scendere** サリーレ エ シェンデレ	rise and fall ライズ アンド フォール
しょうけん **証券** shouken	**titolo** *m.* ティートロ	bond, securities バンド, スィキュアリティズ
しょうげん **証言** shougen	**testimonianza** *f.* テスティモニアンツァ	testimony テスティモウニ
〜する	**testimoniare** テスティモニアーレ	testify テスティファイ
じょうけん **条件** jouken	**condizione** *f.* コンディツィオーネ	condition, terms コンディション, タームズ

日	伊	英
しょうこ **証拠** shouko	**prova** *f.* プローヴァ	proof, evidence プルーフ, エヴィデンス
しょうご **正午** shougo	**mezzogiorno** *m.* メッゾジョルノ	noon ヌーン
じょうこく **上告** joukoku	**ricorso** *m.* リコルソ	(final) appeal (ファイナル) アピール
しょうさい **詳細** shousai	**dettagli** *m.pl.* デッタッリ	details ディーテイルズ
じょうざい **錠剤** jouzai	**compressa** *f.* コンプレッサ	pill, tablet ピル, タブレト
しょうさいな **詳細な** shousaina	**dettagliato(-*a*)** デッタッリアート(-タ)	detailed ディテイルド
じょうし **上司** joushi	**superiore** *m.* スペリオーレ	superior, boss スーピアリア, バス
じょうしき **常識** joushiki	**senso comune** *m.* センソ コムーネ	common sense カモン センス
しょうじきな **正直な** shoujikina	**onesto(-*a*)** オネスト(-タ)	honest アネスト
じょうしつの **上質の** joushitsuno	**di qualità** ディ クァリタ	of fine quality オヴ ファイン クワリティ
しょうしゃ **商社** shousha	**società commerciale** *f.* ソチエタ コンメルチャーレ	trading company トレイディング カンパニー
じょうしゃけん **乗車券** joushaken	**biglietto** *m.* ビッリェット	ticket ティケト
じょうしゃする **乗車する** joushasuru	**salire** *su*, **prendere** サリーレ ス, プレンデレ	board, take, get in ボード, テイク, ゲト イン
しょうしゅうする **召集する** （会議などを） shoushuusuru	**convocare** コンヴォカーレ	convene, call コンヴィーン, コール

日	伊	英
（兵隊を）	**reclutare, radunare** レクル**タ**ーレ, ラドゥ**ナ**ーレ	muster, call out **マ**スタ, **コ**ール **ア**ウト
じょうじゅん **上旬** joujun	**prima decade del mese** *f.* プ**リ**ーマ **デ**ーカデ デル **メ**ーゼ	first ten days of a month **ファ**ースト **テ**ン **デ**イズ オヴ ア **マ**ンス
しょうしょ **証書** shousho	**titolo** *m.*, **attestato** *m.* **ティ**ートロ, アッテス**タ**ート	bond, deed **バ**ンド, **ディ**ード
しょうじょ **少女** shoujo	**ragazza** *f.*, **bambina** *f.* ラ**ガ**ッツァ, バン**ビ**ーナ	girl **ガ**ール
しょうじょう **症状** shoujou	**sintomo** *m.* **ス**ィントモ	symptom **ス**ィンプトム
しょうじょう **賞状** shoujou	**attestato di benemerenza** *m.* アッテス**タ**ート ディ ベネメ**レ**ンツァ	certificate of merit サ**ティ**フィケト オヴ **メ**リト
じょうしょうする **上昇する** joushousuru	**salire** サ**リ**ーレ	rise, go up **ラ**イズ, **ゴ**ウ **ア**プ
しょうじる **生じる** shoujiru	**succedere** スッ**チェ**ーデレ	happen, take place **ハ**プン, **テ**イク プ**レ**イス
しょうしんする **昇進する** shoushinsuru	**(essere) promosso(-a)** (**エ**ッセレ) プロ**モ**ッソ(-サ)	(be) promoted (ビ) プロ**モ**ウテド
しょうすう **小数** shousuu	**decimale** *m.* デチ**マ**ーレ	decimal **デ**スィマル
しょうすう **少数** shousuu	**minoranza** *f.* ミノ**ラ**ンツァ	minority ミ**ノ**ーリティ
じょうずな **上手な** jouzuna	**abile** **ア**ービレ	skillful ス**キ**ルフル
しようする **使用する** shiyousuru	**usare** ウ**ザ**ーレ	use **ユ**ーズ
じょうせい **情勢** jousei	**situazione** *f.* スィトゥアツィ**オ**ーネ	situation スィチュ**エ**イション

日	伊	英
しょうせつ **小説** shousetsu	**romanzo** *m.* ロ**マ**ンゾ	novel **ナ**ヴェル
〜家	**romanziere(-a)** *m.*(*f.*) ロマンズィ**エ**ーレ(-ラ)	novelist **ナ**ヴェリスト
じょうせつの **常設の** jousetsuno	**permanente** ペルマ**ネ**ンテ	standing, permanent ス**タ**ンディング, **パ**ーマネント
しょうぞう **肖像** shouzou	**ritratto** *m.* リト**ラ**ット	portrait **ポ**ートレイト
じょうぞう **醸造** jouzou	**fermentazione** *f.* フェルメンタツィ**オ**ーネ	brewing **ブ**ルーイング
しょうそく **消息** shousoku	**notizie** *f.pl.* ノ**ティ**ーツィエ	news **ニ**ューズ
しょうたい **招待** shoutai	**invito** *m.* イン**ヴィ**ート	invitation インヴィ**テ**イション
〜する	**invitare** インヴィ**タ**ーレ	invite イン**ヴァ**イト
じょうたい **状態** joutai	**stato** *m.* ス**タ**ート	state, situation ス**テ**イト, スィチュ**エ**イション
しょうだくする **承諾する** shoudakusuru	**acconsentire** *a* アッコンセン**ティ**ーレ ア	consent, accept コン**セ**ント, アク**セ**プト
じょうたつする **上達する** joutatsusuru	**fare progressi** **ファ**ーレ プログ**レ**ッスィ	make progress, improve メイク プ**ラ**グレス, インプ**ル**ーヴ
しょうだん **商談** shoudan	**contrattazione** *f.* コントラッタツィ**オ**ーネ	business talk **ビ**ズネス **ト**ーク
じょうだん **冗談** joudan	**scherzo** *m.* ス**ケ**ルツォ	joke, jest **ヂョ**ウク, **ヂェ**スト
しょうちする **承知する** shouchisuru	**acconsentire** *a* アッコンセン**ティ**ーレ ア	agree, consent アグ**リ**ー, コン**セ**ント

日	伊	英
しょうちゅう 焼酎 shouchuu	**shochu** *m.*, **distillato giapponese** *m.* ショーチュ, ディスティッラート ジャッポネーゼ	shochu, spirits ショウチュウ, スピリツ
しょうちょう 小腸 shouchou	**intestino tenue** *m.* インテスティーノ テーヌエ	small intestine スモール インテスティン
しょうちょう 象徴 shouchou	**simbolo** *m.* スィンボロ	symbol スィンボル
〜する	**simboleggiare** スィンボレッジャーレ	symbolize スィンボライズ
しょうてん 焦点 shouten	**fuoco** *m.* フオーコ	focus フォウカス
しょうどうてきな 衝動的な shoudoutekina	**impulsivo(-a)** インプルスィーヴォ(-ヴァ)	impulsive インパルスィヴ
じょうとうの 上等の joutouno	**di ottima qualità** ディ オッティマ クァリタ	good, superior グド, スーピアリア
しょうどく 消毒 shoudoku	**disinfezione** *f.* ディズィンフェツィオーネ	disinfection ディスインフェクション
〜する	**disinfettare** ディズィンフェッターレ	disinfect ディスインフェクト
〜薬	**disinfettante** *m.* ディズィンフェッタンテ	disinfectant ディスインフェクタント
じょうとする 譲渡する joutosuru	**cedere, trasmettere** チェーデレ, トラズメッテレ	transfer トランスファ
しょうとつする 衝突する shoutotsusuru	**scontrarsi** *con* スコントラルスィ コン	collide with コライド ウィズ
しょうにか 小児科 shounika	**pediatria** *f.* ペディアトリーア	pediatrics ピーディアトリクス
〜医	**pediatra** *m.f.* ペディアートラ	pediatrician ピーディアトリシャン

日	伊	英
しょうにん **商人** shounin	**commerciante** *m.f.* コンメルチャンテ	merchant マーチャント
しょうにん **証人** shounin	**testimone** *m.f.* テスティモーネ	witness ウィトネス
しようにん **使用人** shiyounin	**dipendente** *m.f.* ディペンデンテ	employee インプロイイー
しょうにんする **承認する** shouninsuru	**approvare** アップロヴァーレ	approve アプルーヴ
じょうにんの **常任の** jouninno	**permanente** ペルマネンテ	standing, regular スタンディング, レギュラ
じょうねつ **情熱** jounetsu	**passione** *f.* パッスィオーネ	passion パション
しょうねん **少年** shounen	**ragazzo** *m.*, **bambino** *m.* ラガッツォ, バンビーノ	boy ボイ
じょうば **乗馬** jouba	**equitazione** *f.* エクィタツィオーネ	(horse) riding (ホース) ライディング
しょうはい **勝敗** shouhai	**vittoria** *f.* **o sconfitta** *f.* ヴィットーリア オ スコンフィッタ	victory or defeat ヴィクトリ オ ディフィート
しょうばい **商売** shoubai	**commercio** *m.* コンメルチョ	trade, business トレイド, ビズネス
じょうはつする **蒸発する** jouhatsusuru	**evaporare** エヴァポラーレ	evaporate イヴァポレイト
じょうはんしん **上半身** jouhanshin	**torso** *m.* トルソ	upper half of body アパ ハフ オヴ バディ
しょうひ **消費** shouhi	**consumo** *m.* コンスーモ	consumption コンサンプション
～者	**consuma*tore*(*-trice*)** *m.*(*f.*) コンスマトーレ(-トリーチェ)	consumer コンシューマ
～する	**consumare, spendere** コンスマーレ, スペンデレ	consume, spend コンシューム, スペンド

日	伊	英
～税	**imposta sui consumi** *f.*, **Imposta sul Valore Aggiunto** *f.*, **IVA** *f.* インポスタ スイ コンスーミ, インポスタ スル ヴァローレ アッジュント, イーヴァ	consumption tax コンサンプション タクス
しょうひょう **商標** shouhyou	**marca** *f.*, **marchio** *m.* マルカ, マルキオ	trademark, brand トレイドマーク, ブランド
しょうひん **商品** shouhin	**merce** *f.* メルチェ	commodity, goods コマディティ, グヅ
しょうひん **賞品** shouhin	**premio** *m.* プレーミオ	prize プライズ
じょうひんな **上品な** jouhinna	**elegante, raffinato(-a)** エレガンテ, ラッフィナート(-タ)	elegant, refined エリガント, リファインド
しょうぶ **勝負** shoubu	**partita** *f.*, **gara** *f.* パルティータ, ガーラ	game, match ゲイム, マチ
～する	**gareggiare, lottare** ガレッジャーレ, ロッターレ	contest, fight コンテスト, ファイト
じょうぶな **丈夫な** joubuna	**robusto(-a)** ロブスト(-タ)	strong, robust ストロング, ロウバスト
しょうほう **商法** shouhou	**diritto commerciale** *m.* ディリット コンメルチャーレ	commercial law, ⒷCommercial code コマーシャル ロー, コマーシャル コウド
しょうぼう **消防** shoubou	**lotta contro gli incendi** *f.* ロッタ コントロ リ インチェンディ	fire fighting ファイア ファイティング
～士	**vigile del fuoco** *m.f.* ヴィージレ デル フオーコ	fire fighter ファイア ファイタ
～車	**autopompa** *f.* アウトポンパ	fire engine ファイア エンヂン
～署	**caserma dei pompieri** *f.* カゼルマ デイ ポンピエーリ	fire station ファイア ステイション
じょうほう **情報** jouhou	**informazione** *f.* インフォルマツィオーネ	information インフォメイション

日	伊	英
じょうほする **譲歩する** jouhosuru	**concedere** コンチェーデレ	concede コンスィード
しょうみの **正味の** shoumino	**netto(-a)** ネット(-タ)	net ネト
じょうみゃく **静脈** joumyaku	**vena** *f.* ヴェーナ	vein ヴェイン
じょうむいん **乗務員** joumuin	**membro dell'equipaggio** *m.* メンブロ デッレクィパッジョ	crew member クルー メンバ
しょうめい **照明** shoumei	**illuminazione** *f.* イッルミナツィオーネ	lighting ライティング
しょうめい **証明** shoumei	**prova** *f.* プローヴァ	proof, evidence プルーフ, エヴィデンス
〜書	**certificato** *m.* チェルティフィカート	certificate サティフィケト
〜する	**provare, certificare** プロヴァーレ, チェルティフィカーレ	prove, verify プルーヴ, ヴェリファイ
しょうめん **正面** shoumen	**fronte** *f.*, **facciata** *f.* フロンテ, ファッチャータ	front フラント
じょうやく **条約** jouyaku	**trattato** *m.*, **patto** *m.* トラッタート, パット	treaty, pact トリーティ, パクト
しょうゆ **醤油** shouyu	**salsa di soia** *f.* サルサ ディ ソイア	soy sauce ソイ ソース
しょうよ **賞与** shouyo	**gratifica** *f.* グラティーフィカ	bonus ボウナス
じょうようする **常用する** jouyousuru	**usare abitualmente** ウザーレ アビトゥアルメンテ	use habitually ユーズ ハビチュアリ
しょうらい **将来** shourai	**futuro** *m.* フトゥーロ	future フューチャ

日	伊	英
しょうり **勝利** shouri	**vittoria** *f.* ヴィットーリア	victory **ヴィ**クトリ
じょうりく **上陸** jouriku	**sbarco** *m.* ズバルコ	landing **ラ**ンディング
しょうりつ **勝率** shouritsu	**percentuale delle vittorie** *f.* ペルチェントゥ**ア**ーレ デッレ ヴィット**ー**リエ	winning percentage **ウィ**ニング パ**セ**ンティヂ
しょうりゃくする **省略する** shouryakusuru	**omettere, abbreviare** オ**メ**ッテレ, アッブレヴィ**ア**ーレ	omit, abridge オウ**ミ**ト, アブ**リ**ヂ
じょうりゅう **上流** jouryuu	**tratto a monte** *m.* ト**ラ**ット ア **モ**ンテ	upstream, ⓑupper stream **ア**プストリーム, **ア**パ スト**リ**ーム
じょうりゅう **蒸留** jouryuu	**distillazione** *f.* ディスティッラツィ**オ**ーネ	distillation ディスティ**レ**イション
～酒	**distillato** *m.* ディスティッ**ラ**ート	distilled liquor ディス**ティ**ルド **リ**カ
しょうりょうの **少量の** shouryouno	**un po'** *di* ウン **ポ** ディ	(a) little (ア) **リ**トル
じょうれい **条例** jourei	**regolamento** *m.* レゴラ**メ**ント	regulations, rules レギュ**レ**イションズ, **ル**ールズ
しょうれいする **奨励する** shoureisuru	**incoraggiare** インコラッ**ジャ**ーレ	encourage イン**カ**ーリヂ
じょうれん **常連** jouren	**cliente abituale** *m.f.* クリ**エ**ンテ アビトゥ**ア**ーレ	regular **レ**ギュラ
しょー **ショー** shoo	**spettacolo** *m.* スペッ**タ**ーコロ	show **ショ**ウ
じょおう **女王** joou	**regina** *f.* レ**ジ**ーナ	queen ク**ウィ**ーン
しょーういんどー **ショーウインドー** shoouindoo	**vetrina** *f.* ヴェト**リ**ーナ	display window ディスプ**レ**イ **ウィ**ンドウ

日	伊	英
しょーつ **ショーツ** shootsu	**mutandine** *f.pl.* ムタンディーネ	shorts ショーツ
しょーとぱんつ **ショートパンツ** shootopantsu	**pantaloncini** *m.pl.* パンタロンチーニ	short pants, shorts ショート パンツ, ショーツ
しょーる **ショール** shooru	**scialle** *m.* シャッレ	shawl ショール
しょか **初夏** shoka	**inizio dell'estate** *m.* イニーツィオ デッレスターテ	early summer アーリ サマ
じょがいする **除外する** jogaisuru	**escludere** エスクルーデレ	exclude, except イクスクルード, イクセプト
しょがくしゃ **初学者** shogakusha	**principiante** *m.f.* プリンチピアンテ	beginner ビギナ
しょき **初期** shoki	**prima fase** *f.* プリーマ ファーゼ	initial stage イニシャル ステイヂ
しょき **書記** shoki	**segretario(-a)** *m.*(*f.*) セグレターリオ(-ア)	clerk, secretary クラーク, セクレタリ
しょきゅう **初級** shokyuu	**corso per principianti** *m.* コルソ ペル プリンチピアンティ	beginners' class ビギナズ クラス
じょきょ **除去** jokyo	**eliminazione** *f.* エリミナツィオーネ	removal リムーヴァル
〜する	**eliminare** エリミナーレ	remove, eliminate リムーヴ, イリミネイト
じょぎんぐ **ジョギング** jogingu	**jogging** *m.* ジョッギング	jogging ヂャギング
しょく **職** shoku	**lavoro** *m.* ラヴォーロ	job, work, position ヂャブ, ワーク, ポズィション
しょくいん **職員** shokuin	**personale** *m.*, **dipendente** *m.f.* ペルソナーレ, ディペンデンテ	staff スタフ

日	伊	英
しょくぎょう **職業** shokugyou	**mestiere** *m.* メスティエーレ	occupation アキュペイション
しょくご **食後** shokugo	**dopo i pasti** ドーポ イ パスティ	after a meal アフタ ア ミール
しょくじ **食事** shokuji	**pasto** *m.* パスト	meal ミール
しょくぜん **食前** shokuzen	**prima dei pasti** プリーマ デイ パスティ	before a meal ビフォ ア ミール
しょくちゅうどく **食中毒** shokuchuudoku	**intossicazione alimentare** *f.* イントッスィカツィオーネ アリメンターレ	food poisoning フード ポイズニング
しょくつう **食通** shokutsuu	**buongustaio(-a)** *m.*(*f.*), **gourmet** *m.f.* ブオングスタイオ(-ア), グルメ	gourmet グアメイ
しょくどう **食堂** shokudou	**tavola calda** *f.*, **trattoria** *f.* ターヴォラ カルダ, トラットリーア	restaurant レストラント
～車	**vagone ristorante** *m.* ヴァゴーネ リストランテ	dining car ダイニング カー
しょくどう **食道** shokudou	**esofago** *m.* エゾーファゴ	esophagus, gullet イサファガス, ガレット
しょくにん **職人** shokunin	**artigiano(-a)** *m.*(*f.*) アルティジャーノ(-ナ)	workman, artisan ワークマン, アーティザン
しょくば **職場** shokuba	**posto di lavoro** *m.*, **ufficio** *m.* ポスト ディ ラヴォーロ, ウッフィーチョ	place of work プレイス オヴ ワーク
しょくひ **食費** shokuhi	**spese per il vitto** *f.pl.* スペーゼ ペリル ヴィット	food expenses フード イクスペンセズ
しょくひん **食品** shokuhin	**cibo** *m.* チーボ	food フード
～添加物	**additivi alimentari** *m.pl.* アッディティーヴィ アリメンターリ	food additives フード アディティヴズ

日	伊	英
しょくぶつ 植物 shokubutsu	**pianta** *f.*, **vegetazione** *f.* ピアンタ, ヴェジェタツィオーネ	plant, vegetation プラント, ヴェヂテイション
～園	**orto botanico** *m.* オルト ボターニコ	botanical garden ボタニカル ガードン
しょくみんち 植民地 shokuminchi	**colonia** *f.* コローニア	colony カロニ
しょくむ 職務 shokumu	**dovere** *m.* ドヴェーレ	duty, work デューティ, ワーク
しょくもつ 食物 shokumotsu	**cibo** *m.* チーボ	food フード
しょくようの 食用の shokuyouno	**commestibile** コンメスティービレ	edible エディブル
しょくよく 食欲 shokuyoku	**appetito** *m.* アッペティート	appetite アペタイト
しょくりょう 食糧 shokuryou	**viveri** *m.pl.* ヴィーヴェリ	food, provisions フード, プロヴィジョンズ
しょくりょうひんてん 食料品店 shokuryouhinten	**negozio di alimentari** *m.* ネゴーツィオ ディ アリメンターリ	grocery, ⒷGreen-grocer's グロウサリ, グリーングロウサズ
じょげん 助言 jogen	**consiglio** *m.* コンスィッリォ	advice, counsel アドヴァイス, カウンスル
～する	**consigliare** コンスィッリァーレ	advise, counsel アドヴァイズ, カウンスル
じょこうする 徐行する jokousuru	**andare piano** アンダーレ ピアーノ	go slow ゴウ スロウ
しょざいち 所在地 shozaichi	**sede** *f.* セーデ	location ロウケイション
しょしき 書式 shoshiki	**forma** *f.*, **modulo** *m.* フォルマ, モードゥロ	form, format フォーム, フォーマト

日	伊	英
じょしゅ **助手** joshu	**assistente** *m.f.* アッスィステンテ	assistant アスィスタント
しょじょ **処女** shojo	**vergine** *f.* ヴェルジネ	virgin, maiden ヴァーデン, メイドン
じょじょに **徐々に** jojoni	**a poco a poco** ア ポーコ ア ポーコ	gradually, slowly グラデュアリ, スロウリ
しょしんしゃ **初心者** shoshinsha	**principiante** *m.f.* プリンチピアンテ	beginner ビギナ
じょすう **序数** josuu	**numero ordinale** *m.* ヌーメロ オルディナーレ	ordinal オーディナル
じょせい **女性** josei	**donna** *f.*, **signora** *f.* ドンナ, スィニョーラ	woman, lady ウマン, レイディ
じょそう **助走** josou	**rincorsa** *f.* リンコルサ	run up ラン アプ
しょぞくする **所属する** shozokusuru	**appartenere** *a* アッパルテネーレ ア	belong to ビローング トゥ
しょたい **所帯** shotai	**nucleo familiare** *m.* ヌークレオ ファミリアーレ	household, family ハウスホウルド, ファミリ
じょたいする **除隊する** jotaisuru	**andare in congedo** アンダーレ イン コンジェード	(be) discharged from military service (ビ) ディスチャーヂド フラム ミリテリ サーヴィス
しょたいめん **初対面** shotaimen	**primo incontro** *m.* プリーモ インコントロ	first meeting ファースト ミーティング
しょち **処置** (治療) shochi	**cura** *f.* クーラ	treatment トリートメント
(措置・対策)	**provvedimento** *m.* プロッヴェディメント	disposition, measure ディスポズィション, メジャ
〜する (治療する)	**curare, trattare** クラーレ, トラッターレ	treat トリート

日	伊	英
(処理する)	**prendere provvedimenti per** プレンデレ プロッヴェディメンティ ペル	take measure, administer テイク メジャ, アドミニスタ
しょちょう **所長** shochou	**direttore(-trice)** *m.* (*f.*) ディレットーレ(-トリーチェ)	head, director ヘド, ディレクタ
しょちょう **署長** shochou	**capo** *m.*, **commissario(-a)** *m.* (*f.*) カーポ, コンミッサーリオ(-ア)	head ヘド
しょっかく **触覚** shokkaku	**tatto** *m.* タット	sense of touch センス オヴ タチ
しょっき **食器** shokki	**servizio da tavola** *m.* セルヴィーツィオ ダ ターヴォラ	tableware テイブルウェア
～洗い機	**lavastoviglie** *f.* ラヴァストヴィッリェ	dishwasher ディシュウォシャ
～棚	**credenza** *f.* クレデンツァ	cupboard カパド
じょっき **ジョッキ** jokki	**boccale** *m.* ボッカーレ	jug, mug チャグ, マグ
しょっく **ショック** shokku	**shock** *m.*, **choc** *m.* ショク, ショク	shock シャク
しょっぱい **しょっぱい** shoppai	**salato(-a)** サラート(-タ)	salty ソールティ
しょてん **書店** shoten	**libreria** *f.* リブレリーア	bookstore ブクストー
しょとうきょういく **初等教育** shotoukyouiku	**istruzione primaria** *f.* イストルツィオーネ プリマーリア	elementary education エレメンタリ エデュケイション
しょとく **所得** shotoku	**reddito** *m.* レッディト	income インカム
～税	**imposta sul reddito** *f.* インポスタ スル レッディト	income tax インカム タクス

日	伊	英
しょばつする **処罰する** shobatsusuru	**punire** プニーレ	punish パニシュ
じょばん **序盤** joban	**prima fase** *f.* プリーマ ファーゼ	early stage アーリ ステイヂ
しょひょう **書評** shohyou	**recensione** *f.* レチェンスィオーネ	book review ブク リヴュー
しょぶん **処分** shobun	**scarto** *m.* スカルト	disposal ディスポウザル
～する	**disfarsi** *di*, **buttare via** ディスファルスィ ディ, ブッターレ ヴィーア	dispose of ディスポウズ オヴ
じょぶん **序文** jobun	**prefazione** *f.* プレファツィオーネ	preface プレファス
しょほ **初歩** shoho	**rudimenti** *m.pl.* ルディメンティ	rudiments ルーディメンツ
しょほうせん **処方箋** shohousen	**ricetta** *f.* リチェッタ	prescription プリスクリプション
しょみんてきな **庶民的な** shomintekina	**popolare** ポポラーレ	popular パピュラ
しょめい **署名** shomei	**firma** *f.* フィルマ	signature スィグナチャ
～する	**firmare** フィルマーレ	sign サイン
じょめいする **除名する** jomeisuru	**espellere** エスペッレレ	strike off a list ストライク オフ ア リスト
しょゆう **所有** shoyuu	**possesso** *m.* ポッセッソ	possession, ownership ポゼション, オウナシプ
～権	**proprietà** *f.* プロプリエタ	ownership, title オウナシプ, タイトル

日	伊	英
〜者	**proprietario(-a)** *m.(f.)* プロプリエターリオ(-ア)	owner, proprietor オウナ, プロプライアタ
〜する	**possedere, avere** ポッセデーレ, アヴェーレ	have, possess, own ハヴ, ポゼス, オウン
じょゆう **女優** joyuu	**attrice** *f.* アットリーチェ	actress アクトレス
しょり **処理** shori	**trattamento** *m.*, **disposizione** *f.* トラッタメント, ディスポズィツィオーネ	disposition ディスポズィション
〜する	**trattare, sistemare** トラッターレ, スィステマーレ	dispose of, treat ディスポウズ オヴ, トリート
じょりょく **助力** joryoku	**assistenza** *f.*, **aiuto** *m.* アッスィステンツァ, アユート	help, aid ヘルプ, エイド
しょるい **書類** shorui	**documento** *m.*, **carte** *f.pl.* ドクメント, カルテ	documents, papers ダキュメンツ, ペイパズ
しょるだーばっぐ **ショルダーバッグ** shorudaabaggu	**borsa a tracolla** *f.* ボルサ ア トラコッラ	shoulder bag ショウルダ バグ
じらい **地雷** jirai	**mina** *f.* ミーナ	(land) mine (ランド) マイン
しらが **白髪** shiraga	**capelli bianchi** *m.pl.* カペッリ ビアンキ	gray hair グレイ ヘア
しらけさせる **白けさせる** shirakesaseru	**raffreddare gli entusiasmi, raggelare** ラッフレッダーレ リ エントゥズィアズミ, ラッジェラーレ	chill チル
しらじらしい **白々しい** shirajirashii	**trasparente** トラスパレンテ	transparent トランスペアレント
しらせ **知らせ** (案内) shirase	**avviso** *m.* アッヴィーゾ	notice, information ノウティス, インフォメイション
(前兆)	**segno** *m.*, **presentimento** *m.* セーニョ, プレゼンティメント	omen, sign オウメン, サイン

日	伊	英
しらせる 知らせる shiraseru	informare ... *di* インフォル**マ**ーレ … ディ	inform, tell, report イン**フォ**ーム, **テ**ル, リ**ポ**ート
しらばくれる しらばくれる shirabakureru	fare *il(la)* finto(-*a*) tonto(-*a*) **ファ**ーレ イル(ラ) **フィ**ント(-タ) **ト**ント(-タ)	feign ignorance **フェ**イン **イ**グノランス
しらふ しらふ shirafu	sobrietà *f.* ソブリエ**タ**	soberness **ソ**ウバネス
しらべる 調べる shiraberu	esaminare エザミ**ナ**ーレ	examine, check up イグ**ザ**ミン, **チェ**ク **ア**プ
しらみ 虱 shirami	pidocchio *m.* ピ**ド**ッキオ	louse **ラ**ウス
しり 尻 shiri	sedere *m.* セ**デ**ーレ	buttocks, behind **バ**トクス, ビ**ハ**インド
しりあ シリア shiria	Siria *f.* ス**ィ**ーリア	Syria ス**ィ**リア
しりあい 知り合い shiriai	conoscente *m.f.* コノ**シェ**ンテ	acquaintance アク**ウェ**インタンス
しりあう 知り合う shiriau	fare conoscenza *con* **ファ**ーレ コノ**シェ**ンツァ コン	get to know **ゲ**ト トゥ **ノ**ウ
しりある シリアル shiriaru	cereali *m.pl.* チェレ**ア**ーリ	cereal ス**ィ**アリアル
しりーず シリーズ shiriizu	serie *f.* **セ**ーリエ	series ス**ィ**リーズ
しりこん シリコン shirikon	silicone *m.* スィリ**コ**ーネ	silicon ス**ィ**リコン
しりぞく 退く shirizoku	retrocedere レトロ**チェ**ーデレ	retreat, go back リト**リ**ート, **ゴ**ウ **バ**ク
しりぞける 退ける（下がらせる） shirizokeru	respingere レス**ピ**ンジェレ	drive back ド**ラ**イヴ **バ**ク

日	伊	英
（受け入れない）	**rifiutare** リフィウ**タ**ーレ	reject, refuse リ**チェ**クト, レ**フュ**ーズ
じりつ **自立** jiritsu	**indipendenza** *f.* インディペン**デ**ンツァ	independence インディ**ペ**ンデンス
～する	**rendersi indipendente** **レ**ンデルスィ インディペン**デ**ンテ	(become) independent (ビカム) インディ**ペ**ンデント
しりつの **市立の** shiritsuno	**municipale** ムニチ**パ**ーレ	municipal ミュー**ニ**スィパル
しりつの **私立の** shiritsuno	**privato(-a)** プリ**ヴァ**ート(-タ)	private **プラ**イヴェト
しりゅう **支流** shiryuu	**affluente** *m.* アッフル**エ**ンテ	tributary, branch ト**リ**ビュテリ, ブ**ラ**ンチ
しりょ **思慮** shiryo	**riflessione** *f.*, **considerazione** *f.* リフレッスィ**オ**ーネ, コンスィデラツィ**オ**ーネ	consideration, discretion コンスィダ**レ**イション, ディスク**レ**ション
～深い	**prudente** プル**デ**ンテ	prudent プ**ル**ーデント
しりょう **資料** shiryou	**materiali** *m.pl.*, **dati** *m.pl.* マテリ**ア**ーリ, **ダ**ーティ	materials, data マ**ティ**アリアルズ, **デ**イタ
しりょく **視力** shiryoku	**vista** *f.* **ヴィ**スタ	sight, vision **サ**イト, **ヴィ**ジョン
じりょく **磁力** jiryoku	**magnetismo** *m.* マニェ**ティ**ズモ	magnetism **マ**グネティズム
しる **知る** shiru	（学ぶ）**apprendere** アップ**レ**ンデレ	learn **ラ**ーン
	（気づく）**rendersi conto** *di* **レ**ンデルスィ **コ**ント ディ	(be) aware of (ビ) ア**ウェ**ア オヴ
（認識する・理解する）	**sapere, conoscere** サ**ペ**ーレ, コ**ノ**ッシェレ	know **ノ**ウ

日	伊	英
シルク shiruku	**seta** *f.* セータ	silk スィルク
印 shirushi	**segno** *m.* セーニョ	mark, sign マーク, サイン
記す shirusu	**prendere nota** *di*, **scrivere** プレンデレ ノータ ディ, スクリーヴェレ	write down ライト ダウン
司令 shirei	**ordine** *m.* オルディネ	command コマンド
〜官	**comandante** *m.f.* コマンダンテ	commander コマンダ
〜塔 (チームの中心選手)	**regista** *m.f.* レジスタ	playmaker プレイメイカ
〜部	**quartiere generale** *m.*, **sede centrale** *f.* クァルティエーレ ジェネラーレ, セーデ チェントラーレ	headquarters ヘドクウォータズ
辞令 jirei	**decreto di nomina** *m.* デクレート ディ ノーミナ	written appointment リトン アポイントメント
知れ渡る shirewataru	**(essere) risaputo(-*a*)** (エッセレ) リサプート(-タ)	(be) known to all (ビ) ノウン トゥ オール
試練 shiren	**dura prova** *f.* ドゥーラ プローヴァ	trial, ordeal トライアル, オーディール
ジレンマ jirenma	**dilemma** *m.* ディレンマ	dilemma ディレマ
城 shiro	**castello** *m.* カステッロ	castle キャスル
白 shiro	**bianco** *m.* ビアンコ	white (ホ)ワイト
素人 shirouto	**dilettante** *m.f.* ディレッタンテ	amateur アマチャ

日	伊	英
シロップ shiroppu	**sciroppo** *m.* シロッポ	syrup スィラプ
白ワイン shirowain	**vino bianco** *m.* ヴィーノ ビアンコ	white wine (ホ)ワイト ワイン
しわ (皮膚の) shiwa	**rughe** *f.pl.* ルーゲ	wrinkles リンクルズ
(物の)	**grinze** *f.pl.*, **pieghe** *f.pl.* グリンツェ, ピエーゲ	creases クリーセズ
仕分ける shiwakeru	**classificare** クラッスィフィカーレ	classify, sort クラスィファイ, ソート
仕業 shiwaza	**atto** *m.* アット	act, deed アクト, ディード
芯 (鉛筆の) shin	**mina di matita** *f.* ミーナ ディ マティータ	pencil lead ペンスル リード
真意 shin-i	**vera intenzione** *f.* ヴェーラ インテンツィオーネ	real intention リーアル インテンション
人為的な jin-itekina	**artificiale** アルティフィチャーレ	artificial アーティフィシャル
人員 jin-in	**personale** *m.* ペルソナーレ	staff スタフ
進化 shinka	**evoluzione** *f.* エヴォルツィオーネ	evolution エヴォルーション
侵害する shingaisuru	**violare** ヴィオラーレ	infringe インフリンヂ
人格 jinkaku	**carattere** *m.*, **personalità** *f.* カラッテレ, ペルソナリタ	personality, individuality パーソナリティ, インディヴィデュアリティ
進学する shingakusuru	**iscriversi** *a*, **accedere** *a* イスクリーヴェルスィ ア, アッチェーデレ ア	academic advancement アカデミク アドヴァンスメント

351

日	伊	英
しんかする **進化する** shinkasuru	**evolversi** エヴォルヴェルスィ	evolve イヴァルヴ
しんがた **新型** shingata	**nuovo modello** *m.* ヌオーヴォ モデッロ	new model ニュー マドル
しんがっき **新学期** shingakki	**nuovo periodo scolastico** *m.* ヌオーヴォ ペリーオド スコラスティコ	new school term ニュー スクール ターム
しんがぽーる **シンガポール** shingapooru	**Singapore** *f.* スィンガポーレ	Singapore スィンガポー
しんかん **新刊** shinkan	**nuova pubblicazione** *f.* ヌオーヴァ プッブリカツィオーネ	new publication ニュー パブリケイション
しんぎ **審議** shingi	**discussione** *f.* ディスクッスィオーネ	discussion, deliberation ディスカション, ディリバレイション
～する	**discutere** ディスクーテレ	discuss ディスカス
しんきの **新規の** shinkino	**nuovo(-a)** ヌオーヴォ(-ヴァ)	new, fresh ニュー, フレシュ
しんきょう **心境** shinkyou	**stato d'animo** *m.* スタート ダーニモ	frame of mind フレイム オヴ マインド
しんきろう **蜃気楼** shinkirou	**miraggio** *m.* ミラッジョ	mirage ミラージュ
しんきろく **新記録** shinkiroku	**nuovo record** *m.*, **primato** *m.* ヌオーヴォ レーコルド, プリマート	new record ニュー レコド
しんきんかん **親近感** shinkinkan	**affinità** *f.* アッフィニタ	affinity アフィニティ
しんぐ **寝具** shingu	**biancheria da letto** *f.* ビアンケリーア ダ レット	bedding ベディング
しんくう **真空** shinkuu	**vuoto** *m.* ヴオート	vacuum ヴァキュアム

日	伊	英
じんくす **ジンクス** jinkusu	**previsione nefasta** *f.*, **malaugurio** *m.* プレヴィズィオーネ ネファスタ, マラウグーリオ	jinx ヂンクス
しんくたんく **シンクタンク** shinkutanku	**istituto di ricerca** *m.* イスティトゥート ディ リチェルカ	think tank スィンク タンク
しんぐるす **シングルス** shingurusu	**singolare** *m.* スィンゴラーレ	singles スィングルズ
しんぐるるーむ **シングルルーム** shingururuumu	**camera singola** *f.* カーメラ スィンゴラ	single room スィングル (ルーム)
しんくろないずどすいみんぐ **シンクロナイズドスイミング** shinkuronaizudosuimingu	**nuoto sincronizzato** *m.* ヌオート スィンクロニッザート	synchronized swimming スィンクラナイズド スウィミング
しんけい **神経** shinkei	**nervo** *m.* ネルヴォ	nerve ナーヴ
～痛	**nevralgia** *f.* ネヴラルジーア	neuralgia ニュアラルヂャ
しんげつ **新月** shingetsu	**luna nuova** *f.* ルーナ ヌオーヴァ	new moon ニュー ムーン
しんげん **震源** shingen	**ipocentro** *m.* イポチェントロ	seismic center, hypocenter サイズミク センタ, ハイポセンタ
じんけん **人権** jinken	**diritti umani** *m.pl.* ディリッティ ウマーニ	human rights ヒューマン ライツ
しんけんな **真剣な** shinkenna	**serio(-a)** セーリオ(-ア)	serious, earnest スィアリアス, アーネスト
じんけんひ **人件費** jinkenhi	**costo del lavoro** *m.* コスト デル ラヴォーロ	personnel expenses パーソネル イクスペンセズ
しんこう **信仰** shinkou	**fede** *f.* フェーデ	faith, belief フェイス, ビリーフ
～する	**credere** *in* クレーデレ イン	believe in ビリーヴ イン

日	伊	英
しんこう **進行** shinkou	**progresso** *m.* プログレッソ	progress プラグレス
~する	**avanzare** アヴァンツァーレ	progress, advance プラグレス, アドヴァンス
しんごう **信号** shingou	**semaforo** *m.* セマーフォロ	signal スィグナル
じんこう **人口** jinkou	**popolazione** *f.* ポポラツィオーネ	population パピュレイション
じんこうえいせい **人工衛星** jinkoueisei	**satellite artificiale** *m.* サテッリテ アルティフィチャーレ	artificial satellite アーティフィシャル サテライト
じんこうこきゅう **人工呼吸** jinkoukokyuu	**respirazione artificiale** *f.* レスピラツィオーネ アルティフィチャーレ	artificial respiration アーティフィシャル レスピレイション
じんこうてきな **人工的な** jinkoutekina	**artificiale** アルティフィチャーレ	artificial アーティフィシャル
しんこきゅう **深呼吸** shinkokyuu	**respirazione profonda** *f.* レスピラツィオーネ プロフォンダ	deep breathing ディープ ブリーズィング
しんこく **申告** shinkoku	**dichiarazione** *f.* ディキアラツィオーネ	report リポート
~する	**dichiarare** ディキアラーレ	report, declare リポート, ディクレア
しんこくな **深刻な** shinkokuna	**grave** グラーヴェ	serious, grave スィアリアス, グレイヴ
しんこん **新婚** shinkon	**sposi novelli** *m.pl.* スポーズィ ノヴェッリ	newlyweds ニューリウェヅ
~旅行	**luna di miele** *f.* ルーナ ディ ミエーレ	honeymoon ハニムーン
しんさ **審査** shinsa	**esame** *m.* エザーメ	inspection, examination インスペクション, イグザミネイション

日	伊	英
しんさい **震災** shinsai	**calamità sismica** *f.* カラミタ スィスミカ	earthquake, disaster アースクウェイク, ディザスタ
じんざい **人材** jinzai	**persona di talento** *f.* ペルソーナ ディ タレント	talented person タレンテド パーソン
しんさつ **診察** shinsatsu	**visita medica** *f.* ヴィーズィタ メーディカ	medical examination メディカル イグザミネイション
～室	**sala visita** *f.* サーラ ヴィーズィタ	consulting room コンサルティング ルーム
～する	**visitare** ヴィズィターレ	examine イグザミン
しんし **紳士** shinshi	**gentiluomo** *m.* ジェンティルオーモ	gentleman ヂェントルマン
じんじ **人事** jinji	**amministrazione del personale** *f.* アンミニストラツィオーネ デル ペルソナーレ	personnel matters パーソネル マタズ
しんじけーと **シンジケート** shinjikeeto	**sindacato** *m.*, **organizzazione criminale** *f.* スィンダカート, オルガニッザツィオーネ クリミナーレ	syndicate スィンディケト
しんしつ **寝室** shinshitsu	**camera da letto** *f.* カーメラ ダ レット	bedroom ベドルーム
しんじつ **真実** shinjitsu	**verità** *f.* ヴェリタ	truth トルース
～の	**vero(a)** ヴェーロ(・ラ)	true, real トルー, リーアル
しんじゃ **信者** shinja	**credente** *m.f.* クレデンテ	believer ビリーヴァ
じんじゃ **神社** jinja	**tempio scintoista** *m.* テンピオ シントイスタ	Shinto shrine シントウ シュライン
しんじゅ **真珠** shinju	**perla** *f.* ペルラ	pearl パール

日	伊	英
じんしゅ **人種** jinshu	**razza** *f.* ラッツァ	race レイス
〜差別	**discriminazione razziale** *f.* ディスクリミナツィオーネ ラッツィアーレ	racial discrimination レイシャル ディスクリミネイション
しんしゅつ **進出** shinshutsu	**avanzamento** *m.* アヴァンツァメント	advancement, foray アドヴァンスメント, フォーレイ
〜する	**avanzare** アヴァンツァーレ	advance アドヴァンス
しんじょう **信条** shinjou	**credo** *m.*, **principio** *m.* クレード, プリンチーピオ	belief, principle ビリーフ, プリンスィプル
しんしょくする **侵食する** shinshokusuru	**erodere, corrodere** エローデレ, コッローデレ	erode イロウド
しんじる **信じる** shinjiru	**credere** クレーデレ	believe ビリーヴ
（信頼する）	**fidarsi** *di* フィダルスィ ディ	trust トラスト
しんじん **新人** shinjin	**volto nuovo** *m.*, **esordiente** *m.f.* ヴォルト ヌオーヴォ, エゾルディエンテ	new face ニュー フェイス
しんすいする **浸水する** shinsuisuru	**allagarsi** アッラガルスィ	(be) flooded (ビ) フラデド
じんせい **人生** jinsei	**vita** *f.* ヴィータ	life ライフ
しんせいじ **新生児** shinseiji	**neonato(-a)** *m.* (*f.*) ネオナート(-タ)	newborn baby ニューボーン ベイビ
しんせいする **申請する** shinseisuru	**fare domanda** *di* ファーレ ドマンダ ディ	apply for アプライ フォ
しんせいな **神聖な** shinseina	**sacro(-a)** サークロ(-ラ)	holy, sacred ホウリ, セイクレド

日	伊	英
シンセサイザー shinsesaizaa	**sintetizzatore** *m.* スィンテティッザトーレ	synthesizer スィンセサイザ
親切な shinsetsuna	**gentile** ジェンティーレ	kind カインド
親善 shinzen	**amicizia** *f.* アミチーツィア	friendship フレンドシプ
新鮮な shinsenna	**fresco(-a), nuovo(-a)** フレスコ(-カ), ヌオーヴォ(-ヴァ)	fresh, new フレシュ, ニュー
真相 shinsou	**verità** *f.* ヴェリタ	truth トルース
心臓 shinzou	**cuore** *m.* クオーレ	heart ハート
～病	**cardiopatia** *f.* カルディオパティーア	heart disease ハート ディズィーズ
～発作	**attacco cardiaco** *m.*, **infarto cardiaco** *m.* アッタッコ カルディーアコ, インファルト カルディーアコ	heart attack ハート アタク
～麻痺	**infarto cardiaco** *m.* インファルト カルディーアコ	heart failure ハート フェイリャ
腎臓 jinzou	**rene** *m.* レーネ	kidney キドニ
親族 shinzoku	**parente** *m.f.* パレンテ	relative レラティヴ
迅速な jinsokuna	**rapido(-a)** ラーピド(-ダ)	rapid, prompt ラピド, プランプト
人体 jintai	**corpo umano** *m.* コルポ ウマーノ	human body ヒューマン バディ
身体障がい者 shintaishougaisha	**disabile** *m.f.* ディザービレ	disabled (person) ディセイブルド (パースン)

日	伊	英
しんたいそう **新体操** shintaisou	**ginnastica ritmica** *f.* ジンナスティカ リトミカ	rhythmic gymnastics リズミク ヂムナスティクス
しんたく **信託** shintaku	**trust** *m.* トラスト	trust トラスト
しんだん **診断** shindan	**diagnosi** *f.* ディアーニョズィ	diagnosis ダイアグノウスィス
〜書	**certificato medico** *m.* チェルティフィカート メーディコ	medical certificate メディカル サティフィケト
じんち **陣地** jinchi	**posizione** *f.* ポズィツィオーネ	(military) position (ミリテリ) ポズィション
しんちゅう **真鍮** shinchuu	**ottone** *m.* オットーネ	brass ブラス
しんちょう **身長** shinchou	**statura** *f.* スタトゥーラ	stature スタチャ
しんちょうな **慎重な** shinchouna	**cauto(-a), prudente** カウト(-タ), プルデンテ	cautious, prudent コーシャス, プルーデント
しんちんたいしゃ **新陳代謝** shinchintaisha	**metabolismo** *m.* メタボリズモ	metabolism メタボリズム
しんつう **心痛** shintsuu	**angoscia** *f.* アンゴッシャ	anguish アングウィシュ
じんつう **陣痛** jintsuu	**doglie** *f.pl.* ドッリェ	labor (pains) レイバ (ペインズ)
しんてん **進展** shinten	**sviluppo** *m.* ズヴィルッポ	development, progress ディヴェロプメント, プラグレス
〜する	**svilupparsi** ズヴィルッパルスィ	develop, progress ディヴェロプ, プラグレス
しんでん **神殿** shinden	**santuario** *m.* サントゥアーリオ	shrine シュライン

359

日	伊	英
しんでんず **心電図** shindenzu	**elettrocardiogramma** *m.* エレットロカルディオグランマ	electrocardiogram イレクトロウカーディオグラム
しんど **震度** shindo	**intensità sismica** *f.* インテンスィタ スィズミカ	seismic intensity サイズミク インテンスィティ
しんとう **神道** shintou	**scintoismo** *m.* シントイズモ	Shinto シントウ
しんどう **振動** shindou	**vibrazione** *f.* ヴィブラツィオーネ	vibration ヴァイブレイション
～する	**vibrare** ヴィブラーレ	vibrate ヴァイブレイト
じんどう **人道** jindou	**umanità** *f.* ウマニタ	humanity ヒューマニティ
～主義	**umanitarismo** *m.* ウマニタリズモ	humanitarianism ヒューマニテアリアニズム
～的な	**umanitario(-a), umano(-a)** ウマニターリオ(-ア), ウマーノ(-ナ)	humane ヒューメイン
しんどろーむ **シンドローム** shindoroomu	**sindrome** *f.* スィンドロメ	syndrome スィンドロウム
しんなー **シンナー** shinnaa	**diluente** *m.* ディルエンテ	(paint) thinner (ペイント) スィナ
しんにゅう **侵入** shinnyuu	**invasione** *f.* インヴァズィオーネ	invasion インヴェイジョン
～する	**invadere** インヴァーデレ	invade インヴェイド
しんにゅうせい **新入生** shinnyuusei	**matricola** *f.*, **nuovo(-a) studente(-essa)** *m.* (*f.*) マトリーコラ, ヌオーヴォ(-ヴァ) ストゥデンテ(-デンテッサ)	new student ニュー ステューデント
しんにん **信任** shinnin	**fiducia** *f.* フィドゥーチャ	confidence カンフィデンス

し

日	伊	英
～投票	**voto di fiducia** *m.* ヴォート ディ フィドゥーチャ	vote of confidence ヴォウト オヴ カンフィデンス
しんねん **新年** shinnen	**nuovo anno** *m.* ヌオーヴォ アンノ	new year ニュー イア
しんぱい **心配** shinpai	**apprensione** *f.* アップレンスィオーネ	anxiety, worry アングザイエティ, ワーリ
～する	**preoccuparsi** *di* プレオックパルスィ ディ	(be) anxious about (ビ) アンクシャス アバウト
しんばる **シンバル** shinbaru	**piatti** *m.pl.* ピアッティ	cymbals スィンバルズ
しんぱん **審判**（判断・判定） shinpan	**giudizio** *m.* ジュディーツィオ	judgment ヂャヂメント
（人）	**arbitro(-a)** *m.(f.)* アルビトロ(-ラ)	umpire, referee アンパイア, レフェリー
しんぴてきな **神秘的な** shinpitekina	**misterioso(-a)** ミステリオーゾ(-ザ)	mysterious ミスティアリアス
しんぴょうせい **信憑性** shinpyousei	**autenticità** *f.* アウテンチチタ	authenticity オーセンティスィティ
しんぴん **新品** shinpin	**articolo nuovo** *m.* アルティーコロ ヌオーヴォ	new article ニュー アーティクル
しんぷ **新婦** shinpu	**sposa** *f.* スポーザ	bride ブライド
しんぷ **神父** shinpu	**prete** *m.*, **padre** *m.* プレーテ, パードレ	father ファーザ
じんぶつ **人物** jinbutsu	**persona** *f.* ペルソーナ	person パースン
（性格・人柄）	**carattere** *m.*, **personalità** *f.* カラッテレ, ペルソナリタ	character, personality キャラクタ, パーソナリティ

361

日	伊	英
しんぶん **新聞** shinbun	**giornale** *m.*, **quotidiano** *m.* ジョル**ナ**ーレ, クォティディ**アー**ノ	newspaper, (the) press **ニュー**ズペイパ, (ザ) プ**レ**ス
～記者	**giornalista** *m.f.* ジョルナ**リ**スタ	reporter, ⓑpress-man リ**ポ**ータ, プ**レ**スマン
～社	**giornale** *m.* ジョル**ナ**ーレ	newspaper publishing company **ニュー**ズペイパ パブ**リ**シング **カ**ンパニ
じんぶんかがく **人文科学** jinbunkagaku	**scienze umane** *f.pl.* シ**ェ**ンツェ ウ**マ**ーネ	humanities ヒュー**マ**ニティズ
しんぽ **進歩** shinpo	**progresso** *m.* プログ**レ**ッソ	progress, advance プ**ラ**グレス, アド**ヴァ**ンス
～する	**fare progressi, avanzare** **ファ**ーレ プログ**レ**ッスィ, アヴァン**ツァ**ーレ	make progress, advance **メ**イク プ**ラ**グレス, アド**ヴァ**ンス
～的な	**progressista, progressivo(-a)** プログレッ**スィ**スタ, プログレッ**スィー**ヴォ (·ヴァ)	advanced, progressive アド**ヴァ**ンスト, プログ**レ**スィヴ
じんぼう **人望** jinbou	**popolarità** *f.* ポポラリ**タ**	popularity パピュ**ラ**リティ
しんぽうしゃ **信奉者** shinpousha	**fedele** *m.f.* フェ**デ**ーレ	believer, follower ビ**リ**ーヴァ, **ファ**ロウア
しんぼうする **辛抱する** shinbousuru	**sopportare** ソッポル**ター**レ	endure, bear イン**デュ**ア, **ベ**ア
しんぼく **親睦** shinboku	**amicizia** *f.* アミ**チ**ーツィア	friendship フ**レ**ンドシプ
しんぽじうむ **シンポジウム** shinpojiumu	**simposio** *m.* スィン**ポ**ーズィオ	symposium スィン**ポ**ウズィアム
しんぼる **シンボル** shinboru	**simbolo** *m.* **スィ**ンボロ	symbol **スィ**ンボル
しんまい **新米** shinmai	**nuovo riso** *m.* ヌ**オ**ーヴォ **リ**ーゾ	new rice **ニュー** **ラ**イス

し

日	伊	英
(初心者)	**novellino(-a)** *m.(f.)*, **principiante** *m.f.* ノヴェッリーノ(-ナ), プリンチピアンテ	novice, newcomer ナヴィス, ニューカマ
じんましん **じんましん** jinmashin	**orticaria** *f.* オルティカーリア	nettle rash, hives ネトル ラシュ, ハイヴズ
しんみつな **親密な** shinmitsuna	**intimo(-a)** インティモ(-マ)	close, intimate クロウス, インティメト
じんみゃく **人脈** jinmyaku	**agganci** *m.pl.* アッガンチ	connections コネクションズ
じんめい **人名** jinmei	**nome di persona** *m.* ノーメ ディ ペルソーナ	name of a person ネイム オヴ ア パースン
じんもん **尋問** jinmon	**interrogatorio** *m.* インテッロガトーリオ	interrogation インテロゲイション
しんや **深夜** shin-ya	**notte fonda** *f.*, **mezzanotte** *f.* ノッテ フォンダ, メッザノッテ	midnight ミドナイト
しんやくせいしょ **新約聖書** shin-yakuseisho	**Nuovo Testamento** *m.* ヌオーヴォ テスタメント	New Testament ニュー テスタメント
しんゆう **親友** shin-yuu	**amico(-a) intimo(-a)** *m.(f.)* アミーコ(-カ) インティモ(-マ)	close friend クロウス フレンド
しんよう **信用** shin-you	**fiducia** *f.* フィドゥーチャ	reliance, trust リライアンス, トラスト
〜する	**fidarsi** *di* フィダルスィ ディ	trust, believe in トラスト, ビリーヴ イン
しんようじゅ **針葉樹** shin-youju	**conifera** *f.* コニーフェラ	conifer カニファ
しんらいする **信頼する** shinraisuru	**fidarsi** *di* フィダルスィ ディ	trust, rely トラスト, リライ
しんらつな **辛辣な** shinratsuna	**pungente** プンジェンテ	biting バイティング

日	伊	英
しんり **心理** shinri	**stato mentale** *m.*, **psicologia** *f.* スタート メンターレ，プスィコロジーア	mental state メンタル ステイト
～学	**psicologia** *f.* プスィコロジーア	psychology サイカロディ
～学者	**psicologo(-a)** *m.*(*f.*) プスィコーロゴ(-ガ)	psychologist サイカロデスト
しんりゃく **侵略** shinryaku	**invasione** *f.* インヴァズィオーネ	invasion インヴェイジョン
～する	**invadere** インヴァーデレ	invade, raid インヴェイド，レイド
しんりょうじょ **診療所** shinryoujo	**clinica** *f.* クリーニカ	clinic クリニク
しんりん **森林** shinrin	**bosco** *m.*, **foresta** *f.* ボスコ，フォレスタ	forest, woods フォーレスト，ウヅ
しんるい **親類** shinrui	**parente** *m.f.* パレンテ	relative レラティヴ
じんるい **人類** jinrui	**umanità** *f.* ウマニタ	mankind マンカインド
～学	**antropologia** *f.* アントロポロジーア	anthropology アンスロパロヂ
しんろ **進路** shinro	**corso** *m.* コルソ	course, way コース，ウェイ
しんろう **新郎** shinrou	**sposo** *m.* スポーゾ	bridegroom ブライドグルーム
しんわ **神話** shinwa	**mito** *m.*, **mitologia** *f.* ミート，ミトロジーア	myth, mythology ミス，ミサロヂ

日	伊	英

す, ス

巣 su	(蜘蛛の)	**ragnatela** *f.* ラニャテーラ	cobweb カブウェブ
	(鳥・昆虫の)	**nido** *m.* ニード	nest ネスト
	(蜂の)	**alveare** *m.* アルヴェアーレ	beehive ビーハイヴ
酢 su		**aceto** *m.* アチェート	vinegar ヴィニガ
図 zu		**figura** *f.* フィグーラ	picture, figure ピクチャ, フィギャ
図案 zuan		**disegno** *m.* ディゼーニョ	design, sketch ディザイン, スケチ
推移 suii		**cambiamento** *m.* カンビアメント	change チェインヂ
水位 suii		**livello dell'acqua** *m.* リヴェッロ デッラックァ	water level ウォータ レヴル
スイートピー suiitopii		**pisello odoroso** *m.* ピゼッロ オドローゾ	sweet pea スウィート ピー
水泳 suiei		**nuoto** *m.* ヌオート	swimming スウィミング
水温 suion		**temperatura dell'acqua** *f.* テンペラトゥーラ デッラックァ	water temperature ウォータ テンパラチャ
西瓜 suika		**anguria** *f.* アングーリア	watermelon ウォータメロン
水害 suigai		**danni dell'alluvione** *m.pl.* ダンニ デッラッルヴィオーネ	flood, flood disaster フラド, フラド ディザスタ

365

日	伊	英
すいぎん **水銀** suigin	**mercurio** *m.* メルクーリオ	mercury マーキュリ
すいさいが **水彩画** suisaiga	**acquerello** *m.* アックェレッロ	watercolor ウォータカラ
すいさんぎょう **水産業** suisangyou	**industria ittica** *f.* インドゥストリア イッティカ	fisheries フィシャリズ
すいさんぶつ **水産物** suisanbutsu	**prodotti di mare** *m.pl.* プロドッティ ディ マーレ	marine products マリーン プラダクツ
すいしつ **水質** suishitsu	**qualità dell'acqua** *f.* クァリタ デッラックァ	water quality ウォータ クワリティ
すいしゃ **水車** suisha	**mulino** *m.* ムリーノ	water mill ウォータ ミル
すいじゃくする **衰弱する** suijakusuru	**indebolirsi** インデボリルスィ	grow weak グロウ ウィーク
すいじゅん **水準** suijun	**livello** *m.*, **standard** *m.* リヴェッロ, スタンダルド	level, standard レヴル, スタンダド
すいしょう **水晶** suishou	**cristallo** *m.* クリスタッロ	crystal クリスタル
すいじょうき **水蒸気** suijouki	**vapore** *m.* ヴァポーレ	steam スティーム
すいしんする **推進する** suishinsuru	**spingere, dare propulsione** *a* スピンジェレ, ダーレ プロプルスィオーネ ア	drive forward ドライヴ フォーワド
すいす **スイス** suisu	**Svizzera** *f.* ズヴィッツェラ	Switzerland スウィツァランド
すいせい **水星** suisei	**Mercurio** *m.* メルクーリオ	Mercury マーキュリ
すいせん **推薦** suisen	**raccomandazione** *f.* ラッコマンダツィオーネ	recommendation レコメンデイション

日	伊	英
～する	**raccomandare** ラッコマンダーレ	recommend レコメンド
すいせん **水仙** suisen	**narciso** *m.* ナルチーゾ	narcissus, daffodil ナースィサス, ダフォディル
すいそ **水素** suiso	**idrogeno** *m.* イドロージェノ	hydrogen ハイドロヂェン
すいそう **水槽** suisou	**vasca** *f.*, **cisterna** *f.* ヴァスカ, チステルナ	water tank, cistern ウォータ タンク, スィスタン
(熱帯魚などの)	**acquario** *m.* アックァーリオ	aquarium アクウェアリアム
すいぞう **膵臓** suizou	**pancreas** *m.* パンクレアス	pancreas パンクリアス
すいそうがく **吹奏楽** suisougaku	**musica per strumenti a fiato** *f.* ムーズィカ ペル ストルメンティ ア フィアート	wind music ウィンド ミューズィク
すいそく **推測** suisoku	**supposizione** *f.* スッポズィツィオーネ	guess, conjecture ゲス, コンヂェクチャ
～する	**supporre** スッポッレ	guess, conjecture ゲス, コンヂェクチャ
すいぞくかん **水族館** suizokukan	**acquario** *m.* アックァーリオ	aquarium アクウェアリアム
すいたいする **衰退する** suitaisuru	**declinare, decadere** デクリナーレ, デカデーレ	decline ディクライン
すいちょくな **垂直な** suichokuna	**verticale** ヴェルティカーレ	vertical ヴァーティカル
すいっち **スイッチ** suicchi	**interruttore** *m.*, **pulsante** *m.* インテッルットーレ, プルサンテ	switch スウィチ
すいていする **推定する** suiteisuru	**presumere** プレズーメレ	presume プリジューム

日	伊	英
すいでん **水田** suiden	**risaia** *f.* リザイア	rice paddy ライス パディ
すいとう **水筒** suitou	**borraccia** *f.* ボッラッチャ	water bottle, canteen ウォータ バトル, キャンティーン
すいどう **水道** suidou	**approvvigionamento idrico** *m.* アップロッヴィジョナメント イードリコ	water service ウォータ サーヴィス
すいはんき **炊飯器** suihanki	**pentola elettrica per il riso** *f.* ペントラ エレットリカ ペリル リーゾ	rice cooker ライス クカ
ずいひつ **随筆** zuihitsu	**saggio** *m.* サッジョ	essay エセイ
〜家	**saggista** *m.f.* サッジスタ	essayist エセイイスト
すいぶん **水分** suibun	**acqua** *f.*, **umidità** *f.* アックァ, ウミディタ	water, moisture ウォータ, モイスチャ
ずいぶん **随分** zuibun	**molto** モルト	fairly, extremely フェアリ, イクストリームリ
すいへいせん **水平線** suiheisen	**orizzonte** *m.* オリッゾンテ	horizon ホライズン
すいへいの **水平の** suiheino	**orizzontale** オリッゾンターレ	level, horizontal レヴル, ホーリザントル
すいみん **睡眠** suimin	**sonno** *m.*, **dormita** *f.* ソンノ, ドルミータ	sleep スリープ
〜薬	**sonnifero** *m.* ソンニーフェロ	sleeping drug スリーピング ドラグ
すいめん **水面** suimen	**superficie dell'acqua** *f.* スペルフィーチェ デッラックァ	surface of the water サーフェス オヴ ザ ウォータ
すいようび **水曜日** suiyoubi	**mercoledì** *m.* メルコレディ	Wednesday ウェンズデイ

日	伊	英
すいり **推理** suiri	**ragionamento** *m.* ラジョナメント	reasoning, inference リーズニング, イン**フェ**レンス
～小説	**romanzo giallo** *m.* ロ**マ**ンゾ **ジャ**ッロ	detective story ディ**テ**クティヴ ス**ト**ーリ
～する	**ragionare, dedurre** ラジョ**ナ**ーレ, デ**ドゥ**ッレ	reason, infer **リ**ーズン, イン**ファ**ー
すいれん **睡蓮** suiren	**ninfea** *f.* ニン**フェ**ーア	water lily **ウォ**タ **リ**リ
すう **吸う** (液体を) suu	**succhiare** スッキ**ア**ーレ	sip, suck ス**イ**プ, **サ**ク
(煙草を)	**fumare** フ**マ**ーレ	smoke ス**モ**ウク
(息を)	**inspirare** インスピ**ラ**ーレ	breathe in, inhale ブリーズ **イ**ン, イン**ヘ**イル
すうぇーでん **スウェーデン** suweeden	**Svezia** *f.* ズ**ヴェ**ーツィア	Sweden ス**ウィ**ードン
すうがく **数学** suugaku	**matematica** *f.* マテ**マ**ーティカ	mathematics マセ**マ**ティクス
すうこうな **崇高な** suukouna	**sublime** スブ**リ**ーメ	sublime サブ**ラ**イム
すうじ **数字** suuji	**numero** *m.*, **cifra** *f.* **ヌ**ーメロ, **チ**ーフラ	figure, numeral **フィ**ギャ, **ニュ**ーメラル
すうしき **数式** suushiki	**formula** *f.*, **espressione** *f.* **フォ**ルムラ, エスプレッスィ**オ**ーネ	formula, expression **フォ**ーミュラ, イクスプ**レ**ション
ずうずうしい **図々しい** zuuzuushii	**sfacciato(-a)** スファッ**チャ**ート(-タ)	impudent, audacious イン**ピュ**デント, オー**デ**イシャス
すーつ **スーツ** suutsu	**completo** *m.* コンプ**レ**ート	suit **ス**ート

日	伊	英
すーつけーす **スーツケース** suutsukeesu	**valigia** *f.* ヴァリージャ	suitcase スートケイス
すうにん **数人** suunin	**varie persone** *f.pl.* ヴァーリエ ペルソーネ	several people セヴラル ピープル
すうねん **数年** suunen	**vari anni** *m.pl.* ヴァーリ アンニ	several years セヴラル イアズ
すーぱーまーけっと **スーパーマーケット** suupaamaaketto	**supermercato** *m.* スペルメルカート	supermarket スーパマーケト
すうはいする **崇拝する** suuhaisuru	**adorare** アドラーレ	worship, adore ワーシプ, アドー
すーぷ **スープ** suupu	**zuppa** *f.*, **minestra** *f.* ズッパ, ミネストラ	soup スープ
すえーど **スエード** sueedo	**pelle scamosciata** *f.* ペッレ スカモシャータ	suede スウェイド
すえっこ **末っ子** suekko	**ultimogenito(-a)** *m.* (*f.*) ウルティモジェーニト(-タ)	youngest child ヤンゲスト チャイルド
すえる **据える** sueru	**collocare** コッロカーレ	place, lay, set プレイス, レイ, セト
すかーと **スカート** sukaato	**gonna** *f.* ゴンナ	skirt スカート
すかーふ **スカーフ** sukaafu	**sciarpa** *f.* シャルパ	scarf スカーフ
ずがいこつ **頭蓋骨** zugaikotsu	**cranio** *m.*, **teschio** *m.* クラーニオ, テスキオ	skull スカル
すかいだいびんぐ **スカイダイビング** sukaidaibingu	**paracadutismo sportivo** *m.* パラカドゥティズモ スポルティーヴォ	skydiving スカイダイヴィング
すかうと **スカウト** sukauto	**talent scout** *m.f.* タレントスカウト	scout スカウト

日	伊	英
すがお **素顔** sugao	**volto senza trucco** *m.* ヴォルト センツァ トルッコ	face without makeup フェイス ウィザウト メイカプ
すがすがしい **清々しい** sugasugashii	**rinfrescante** リンフレス**カ**ンテ	refreshing, fresh リフ**レ**シング, フ**レ**シュ
すがた **姿** sugata	**figura** *f.* フィ**グ**ーラ	figure, shape **フィ**ギャ, **シェ**イプ
ずかん **図鑑** zukan	**libro illustrato** *m.* **リ**ーブロ イッルスト**ラ**ート	illustrated book **イ**ラストレイテド **ブ**ク
すぎ **杉** sugi	**cedro giapponese** *m.* **チェ**ードロ ジャッポ**ネ**ーゼ	Japanese cedar ヂャパ**ニ**ーズ **スィ**ーダ
すきー **スキー** sukii	**sci** *m.* シ	skiing, ski ス**キ**ーイング, ス**キ**ー
すききらい **好き嫌い** sukikirai	**gusti personali** *m.pl.* **グ**スティ ペルソ**ナ**ーリ	likes and dislikes **ラ**イクス アンド ディス**ラ**イクス
すきとおった **透き通った** sukitootta	**trasparente** トラスパ**レ**ンテ	transparent, clear トランス**ペ**アレント, ク**リ**ア
すきな **好きな** sukina	**preferito(-a)** プレフェ**リ**ート(-タ)	favorite, ⓑfavourite **フェ**イヴァリト, **フェ**イヴァリト
すきま **透き間** sukima	**apertura** *f.* アペル**トゥ**ーラ	opening, gap **オ**ウプニング, **ギャ**プ
すきむみるく **スキムミルク** sukimumiruku	**latte scremato** *m.* **ラ**ッテ スクレ**マ**ート	skim milk ス**キ**ム **ミ**ルク
すきゃなー **スキャナー** sukyanaa	**scanner** *m.* ス**カ**ンネル	scanner ス**キャ**ナ
すきゃんだる **スキャンダル** sukyandaru	**scandalo** *m.* ス**カ**ンダロ	scandal ス**キャ**ンダル
すきゅーばだいびんぐ **スキューバダイビング** sukyuubadaibingu	**immersione subacquea** *f.* インメルスィ**オ**ーネ スバック**ェ**ア	scuba diving ス**キュ**ーバ **ダ**イヴィング

日	伊	英
すぎる **過ぎる** （期限が） sugiru	**scadere** スカデーレ	(be) out, expire (ビ) **ア**ウト, イク**スパ**イア
（更に先へ）	**superare** スペ**ラ**ーレ	pass, go past パス, **ゴ**ウ パスト
（時が）	**passare** パッ**サ**ーレ	pass, elapse パス, イ**ラ**プス
（数量などが）	**superare** スペ**ラ**ーレ	(be) over, exceed (ビ) **オ**ウヴァ, イク**スィ**ード
（程度を）	**eccedere** エッ**チェ**ーデレ	go too far **ゴ**ウ **トゥ**ー **ファ**ー
すきんしっぷ **スキンシップ** sukinshippu	**contatto fisico** *m.* コン**タ**ット **フィ**ーズィコ	physical contact **フィ**ズィカル **カ**ンタクト
すきんだいびんぐ **スキンダイビング** sukindaibingu	**nuoto subacqueo** *m.* ヌ**オ**ート スバッ**ク**エオ	skin diving ス**キ**ン **ダ**イヴィング
すく **空く** （人が） suku	**vuotarsi, liberarsi** ヴオ**タ**ルスィ, リベ**ラ**ルスィ	(become) less crowded (ビ**カ**ム) レス ク**ラ**ウデド
（手が）	**(essere) disponibile** (**エ**ッセレ) ディスポ**ニ**ービレ	(be) free (ビ) フ**リ**ー
（腹が）	**avere fame** ア**ヴェ**ーレ **ファ**ーメ	feel hungry **フィ**ール **ハ**ングリ
すくう **掬う** sukuu	**prendere** プ**レ**ンデレ	scoop, ladle ス**ク**ープ, **レ**イドル
すくう **救う** sukuu	**soccorrere** ソッ**コ**ッレレ	rescue, save **レ**スキュー, **セ**イヴ
すくーたー **スクーター** sukuutaa	**scooter** *m.* ス**ク**ーテル	scooter ス**ク**ータ
すくない **少ない** sukunai	**poco(-a)** **ポ**ーコ(-カ)	few, little **フュ**ー, **リ**トル

日	伊	英
すくなくとも **少なくとも** sukunakutomo	**almeno** アルメーノ	at least アト リースト
すぐに **直ぐに** suguni	**subito** スービト	at once, immediately アト ワンス, イミーディエトリ
すくむ **すくむ** sukumu	**irrigidirsi** イッリジディルスィ	cower, cringe カウア, クリンヂ
すくらんぶるえっぐ **スクランブルエッグ** sukuranburueggu	**uova strapazzate** *f.pl.* ウオーヴァ ストラパッツァーテ	scrambled eggs スクランブルド エグズ
すくりーん **スクリーン** sukuriin	**schermo** *m.* スケルモ	screen スクリーン
すくりゅー **スクリュー** sukuryuu	**elica** *f.* エーリカ	screw スクルー
すぐれた **優れた** sugureta	**eccellente** エッチェッレンテ	excellent, fine エクセレント, ファイン
すぐれる **優れる** sugureru	**(essere) superiore** *a* (エッセレ) スペリオーレ ア	(be) better, (be) superior to (ビ) ベタ, (ビ) スピアリア トゥ
すくろーる **スクロール** sukurooru	**scorrimento** *m.* スコッリメント	scroll スクロウル
ずけい **図形** zukei	**figura** *f.* フィグーラ	figure, diagram フィギャ, ダイアグラム
すけーと **スケート** sukeeto	**pattinaggio** *m.* パッティナッジョ	skating スケイティング
~靴	**pattini** *m.pl.* パッティニ	skates スケイツ
すけーる **スケール** (規模) sukeeru	**scala** *f.* スカーラ	scale スケイル
(尺度)	**scala** *f.*, **misura** *f.* スカーラ, ミズーラ	scale スケイル

日	伊	英
すけじゅーる **スケジュール** sukejuuru	**programma** *m.* プログランマ	schedule スケヂュル
すけっち **スケッチ** sukecchi	**schizzo** *m.* スキッツォ	sketch スケチ
すける **透ける** sukeru	**(essere) trasparente** (エッセレ) トラスパレンテ	(be) transparent (ビ) トランスペアラント
すこあ **スコア** sukoa	**punteggio** *m.* プンテッジョ	score スコー
～ボード	**tabellone** *m.* タベッローネ	scoreboard スコーボード
すごい **すごい** sugoi	**meraviglioso(-a)** メラヴィッリオーゾ(-ザ)	wonderful, great ワンダフル, グレイト
すこし **少し** sukoshi	**qualche, un po'** *di* クァルケ, ウン ポ ディ	a few, a little ア フュー, ア リトル
すごす **過ごす** sugosu	**passare** パッサーレ	pass, spend パス, スペンド
すこっぷ **スコップ** sukoppu	**pala** *f.*, **paletta** *f.* パーラ, パレッタ	scoop, shovel スクープ, シャヴル
すこやかな **健やかな** sukoyakana	**sano(-a)** サーノ(-ナ)	healthy ヘルスィ
すさまじい **すさまじい** susamajii	**terribile** テッリービレ	dreadful, terrible ドレドフル, テリブル
ずさんな **杜撰な** zusanna	**trascurato(-a)** トラスクラート(-タ)	careless, slipshod ケアレス, スリプシャド
すじ **筋** suji	**striscia** *f.* ストリッシャ	line ライン
（物事の道理）	**ragione** *f.*, **logica** *f.* ラジョーネ, ロージカ	reason, logic リーズン, ラヂク
（話のあらすじ）	**trama** *f.* トラーマ	plot プラト

日	伊	英
すじょう 素性 sujou	**nascita** *f.*, **origine** *f.* ナッシタ, オリージネ	birth, origin バース, オーリヂン
すず 錫 suzu	**stagno** *m.* スターニョ	tin ティン
すず 鈴 suzu	**sonaglio** *m.* ソナッリォ	bell ベル
すすぐ すすぐ susugu	**sciacquare** シャックァーレ	rinse リンス
すずしい 涼しい suzushii	**fresco(-a)** フレスコ(-カ)	cool クール
すすむ 進む susumu	**andare avanti, avanzare** アンダーレ アヴァンティ, アヴァンツァーレ	go forward ゴウ フォーワド
(物事が)	**progredire** プログレディーレ	progress プラグレス
すずむ 涼む suzumu	**godersi il fresco** ゴデルスィ イル フレスコ	enjoy the cool air インヂョイ ザ クール エア
すずめ 雀 suzume	**passero** *m.* パッセロ	sparrow スパロウ
すすめる 勧める susumeru	**consigliare** コンスィッリャーレ	advise アドヴァイズ
すすめる 進める susumeru	**portare avanti** ポルターレ アヴァンティ	advance, push on アドヴァンス, プシュ オン
すすめる 薦める susumeru	**raccomandare** ラッコマンダーレ	recommend レコメンド
すずらん 鈴蘭 suzuran	**mughetto** *m.* ムゲット	lily of the valley リリ オヴ ザ ヴァリ
すする 啜る susuru	**sorseggiare** ソルセッジャーレ	sip, slurp スィプ, スラープ
(鼻水を)	**tirare su col naso** ティラーレ ス コル ナーゾ	sniff スニフ

日	伊	英
すそ **裾** suso	**orlo** *m.* オルロ	skirt, train スカート，トレイン
すたー **スター** sutaa	**stella** *f.* ステッラ	star スター
すたーと **スタート** sutaato	**partenza** *f.* パルテンツァ	start スタート
〜ライン	**linea di partenza** *f.* リーネア ディ パルテンツァ	starting line スターティング ライン
すたいる **スタイル** sutairu	**figura** *f.* フィグーラ	figure フィギャ
（様式・やり方）	**stile** *m.* スティーレ	style スタイル
すたじあむ **スタジアム** sutajiamu	**stadio** *m.* スターディオ	stadium ステイディアム
すたじお **スタジオ** sutajio	**studio** *m.* ストゥーディオ	studio ステューディオウ
すたっふ **スタッフ** sutaffu	**staff** *m.*, **personale** *m.* スタフ，ペルソナーレ	staff スタフ
すたれる **廃れる** sutareru	**cadere in disuso** カデーレ イン ディズーゾ	go out of use ゴウ アウト オヴ ユース
すたんど **スタンド**（観覧席） sutando	**tribuna** *f.* トリブーナ	grandstand グランドスタンド
（照明器具）	**lampada da tavolo** *f.* ランパダ ダ ターヴォロ	desk lamp デスク ランプ
すたんぷ **スタンプ** sutanpu	**timbro** *m.* ティンブロ	stamp, postmark スタンプ，ポウストマーク
すちーむ **スチーム** suchiimu	**vapore** *m.* ヴァポーレ	steam スティーム
ずつう **頭痛** zutsuu	**mal di testa** *m.* マル ディ テスタ	headache ヘデイク

日	伊	英
すっかり **すっかり** sukkari	**tutto(-*a*), completamente** トゥット(-タ), コンプレタメンテ	all, entirely **オ**ール, インタイアリ
すづけ **酢漬け** suzuke	**sottaceti** *m.pl.* ソッタ**チェ**ーティ	pickling **ピ**クリング
すっぱい **酸っぱい** suppai	**acido(-*a*), aspro(-*a*)** **ア**ーチド(-ダ), **ア**スプロ(-ラ)	sour, acid **サ**ウア, **ア**スィド
すてーじ **ステージ** suteeji	**palcoscenico** *m.* パルコ**シェ**ーニコ	stage ス**テ**イヂ
すてきな **素敵な** sutekina	**magnifico(-*a*)** マ**ニ**ーフィコ(-カ)	great, fine グ**レ**イト, **ファ**イン
すてっぷ **ステップ** suteppu	**passo** *m.* **パ**ッソ	step ス**テ**プ
すでに **既に** sudeni	**già** **ジャ**	already オール**レ**ディ
すてる **捨てる** suteru	**buttare via** ブッ**タ**ーレ **ヴィ**ーア	throw away, dump ス**ロ**ウ ア**ウェ**イ, **ダ**ンプ
すてれお **ステレオ** sutereo	**stereo** *m.* ス**テ**ーレオ	stereo ス**ティ**アリオウ
すてんどぐらす **ステンドグラス** sutendogurasu	**vetro colorato** *m.* **ヴェ**ートロ コロ**ラ**ート	stained glass ス**テ**インド グ**ラ**ス
すとーかー **ストーカー** sutookaa	**molestatore(-*trice*) assillante** *m.* (*f.*) モレスタ**ト**ーレ(-ト**リ**ーチェ) アッスィッ**ラ**ンテ	stalker ス**ト**ーカ
すとーぶ **ストーブ** sutoobu	**stufa** *f.* ス**トゥ**ーファ	heater, stove **ヒ**ータ, ス**ト**ウヴ
すとーりー **ストーリー** sutoorii	**storia** *f.* ス**ト**ーリア	story ス**ト**ーリ
すとーる **ストール** sutooru	**stola** *f.* ス**ト**ーラ	stole ス**ト**ウル

日	伊	英
すとっきんぐ **ストッキング** sutokkingu	**calze** *f.pl.* カルツェ	stockings スタキングズ
すとっく **ストック**（スキーの） sutokku	**bastone da sci** *m.* バストーネ ダ シ	ski pole スキー ポウル
すとっぷうぉっち **ストップウォッチ** sutoppuwocchi	**cronometro** *m.* クロノーメトロ	stopwatch スタプウチ
すとらいき **ストライキ** sutoraiki	**sciopero** *m.* ショーペロ	strike ストライク
すとらいぷ **ストライプ** sutoraipu	**strisce** *f.pl.* ストリッシェ	stripes ストライプス
すとれす **ストレス** sutoresu	**stress** *m.* ストレス	stress ストレス
すとれっち **ストレッチ** sutorecchi	**stretching** *m.* ストレッチング	stretch ストレチ
すとろー **ストロー** sutoroo	**cannuccia** *f.* カンヌッチャ	straw ストロー
すとろーく **ストローク** sutorooku	**bracciata** *f.*, **colpo** *m.* ブラッチャータ, コルポ	stroke ストロウク
すな **砂** suna	**sabbia** *f.* サッビア	sand サンド
すなおな **素直な** sunaona	**ubbidiente, docile** ウッビディエンテ, ドーチレ	docile, obedient ダスィル, オビーディエント
すなっぷ **スナップ** sunappu	**bottone a pressione** *m.* ボットーネ ア プレッスィオーネ	snap スナプ
すなわち **すなわち** sunawachi	**cioè** チョエ	namely, that is ネイムリ, ザト イズ
すにーかー **スニーカー** suniikaa	**scarpe da ginnastica** *f.pl.* スカルペ ダ ジンナスティカ	sneakers, ⑧trainers スニーカズ, トレイナズ

日	伊	英
すね **脛** sune	**stinco** *m.* スティンコ	shin シン
すねる **すねる** suneru	**mettere il broncio** メッテレ イル ブロンチョ	sulk サルク
ずのう **頭脳** zunou	**cervello** *m.* チェルヴェッロ	brains, head ブレインズ, ヘド
すのーぼーど **スノーボード** sunooboodo	**snowboard** *m.* ズノボルド	snowboard スノウボード
すぱーくりんぐわいん **スパークリングワイン** supaakuringuwain	**spumante** *m.* スプマンテ	sparkling wine スパークリング ワイン
すぱい **スパイ** supai	**spia** *f.* スピーア	spy, secret agent スパイ, スィークレト エイヂェント
すぱいす **スパイス** supaisu	**spezie** *f.pl.* スペーツィエ	spice スパイス
すぱげってぃ **スパゲッティ** supagetti	**spaghetti** *m.pl.* スパゲッティ	spaghetti スパゲティ
すばしこい **すばしこい** subashikoi	**agile** アージレ	nimble, agile ニンブル, アヂル
すはだ **素肌** suhada	**pelle nuda** *f.* ペッレ ヌーダ	bare skin ベア スキン
すぱな **スパナ** supana	**chiave** *f.* キアーヴェ	wrench, spanner レンチ, スパナ
ずばぬけて **ずば抜けて** zubanukete	**straordinariamente** ストラオルディナリアメンテ	by far, exceptionally バイ ファー, イクセプショナリ
すばやい **素早い** subayai	**svelto(-a)** ズヴェルト(-タ)	nimble, quick ニンブル, クウィク
すばらしい **素晴らしい** subarashii	**meraviglioso(-a)** メラヴィッリオーゾ(-ザ)	wonderful, splendid ワンダフル, スプレンディド

日	伊	英
すぴーかー **スピーカー** supiikaa	**altoparlante** *m.* アルトパルランテ	speaker スピーカ
すぴーち **スピーチ** supiichi	**discorso** *m.* ディスコルソ	speech スピーチ
すぴーど **スピード** supiido	**velocità** *f.* ヴェロチタ	speed スピード
ずひょう **図表** zuhyou	**grafico** *m.* グラーフィコ	chart, diagram **チャート**, **ダイアグラム**
すぷーん **スプーン** supuun	**cucchiaio** *m.* クッキアイオ	spoon スプーン
すぷりんくらー **スプリンクラー** supurinkuraa	**impianto antincendio** *m.*, **irrigatore a pioggia** *m.* インピアント アンティンチェンディオ, イッリガトーレ ア ピオッジャ	sprinkler スプリンクラ
すぷれー **スプレー** supuree	**spray** *m.* スプライ	spray スプレイ
すぺいん **スペイン** supein	**Spagna** *f.* スパーニャ	Spain スペイン
～語	**spagnolo** *m.* スパニョーロ	Spanish スパニシュ
すぺーす **スペース** supeesu	**spazio** *m.* スパーツィオ	space スペイス
すべすべした **すべすべした** subesubeshita	**liscio(-a)** リッショ(-シャ)	smooth, slippery スムーズ, スリパリ
すべての **すべての** subeteno	**tutto(-a)** トゥット(-タ)	all, every, whole **オール**, **エヴリ**, **ホウル**
すべる **滑る** suberu	**scivolare, slittare** シヴォラーレ, ズリッターレ	slip, slide スリプ, スライド
（床が）	**(essere) scivoloso(-a)** (エッセレ) シヴォローゾ(-ザ)	(be) slippery (ビ) スリパリ

日	伊	英
(スケートで)	**pattinare** パッティ**ナ**ーレ	skate ス**ケ**イト
すべる **スペル** superu	**ortografia** *f.* オルトグラ**フィ**ーア	spelling ス**ペ**リング
すぽーくすまん **スポークスマン** supookusuman	**portavoce** *m.f.* ポルタ**ヴォ**ーチェ	spokesman ス**ポ**ウクスマン
すぽーつ **スポーツ** supootsu	**sport** *m.* ス**ポ**ルト	sports ス**ポ**ーツ
ずぼん **ズボン** zubon	**pantaloni** *m.pl.* パンタ**ロ**ーニ	trousers ト**ラ**ウザズ
すぽんさー **スポンサー** suponsaa	**sponsor** *m.* ス**ポ**ンソル	sponsor ス**パ**ンサ
すぽんじ **スポンジ** suponji	**spugna** *f.* ス**プ**ーニャ	sponge ス**パ**ンヂ
すまい **住まい** sumai	**casa** *f.* **カ**ーザ	house **ハ**ウス
すます **済ます** (終わらす) sumasu	**finire** フィ**ニ**ーレ	finish **フィ**ニシュ
(代用する)	**sostituire ...** *a* ソスティトゥ**イ**ーレ ... ア	substitute for **サ**プスティテュート フォ
すみ **隅** sumi	**angolo** *m.* **ア**ンゴロ	nook, corner **ヌ**ク, **コ**ーナ
すみ **炭** sumi	**carbonella** *f.* カルボ**ネ**ッラ	charcoal **チャ**ーコウル
すみ **墨** sumi	**inchiostro di china** *m.* インキ**オ**ストロ ディ **キ**ーナ	China ink **チャ**イナ **イ**ンク
すみれ **菫** sumire	**viola** *f.*, **violetta** *f.* ヴィ**オ**ーラ, ヴィオ**レ**ッタ	violet **ヴァ**イオレト
すむ **済む** sumu	**finire** フィ**ニ**ーレ	(be) finished (ビ) **フィ**ニシュト

日	伊	英
すむ **住む** sumu	**vivere** ヴィーヴェレ	live ライヴ
すむ **澄む** sumu	**chiarire, (diventare) chiaro(-a)** キアリーレ, (ディヴェンターレ) キアーロ(-ラ)	(become) clear (ビカム) クリア
すもーくさーもん **スモークサーモン** sumookusaamon	**salmone affumicato** *m.* サルモーネ アッフミカート	smoked salmon スモウクト サモン
すもっぐ **スモッグ** sumoggu	**smog** *m.* ズモグ	smog スマグ
ずらす　　(物を) zurasu	**spostare** スポスターレ	shift, move シフト, ムーヴ
(時間を)	**spostare** スポスターレ	stagger スタガ
すらんぐ **スラング** surangu	**gergo** *m.* ジェルゴ	slang スラング
すらんぷ **スランプ** suranpu	**crisi** *f.* クリーズィ	slump スランプ
すり **すり** suri	**borsaiolo(-a)** *m.* (*f.*) ボルサヨーロ(-ラ)	pickpocket ピクパケト
すりおろす **擦り下ろす** suriorosu	**grattugiare** グラットゥジャーレ	grind, grate グラインド, グレイト
すりきず **擦り傷** surikizu	**abrasione** *f.*, **graffio** *m.* アブラズィオーネ, グラッフィオ	abrasion アブレイジョン
すりきれる **擦り切れる** surikireru	**consumarsi** コンスマルスィ	wear out ウェア アウト
すりっと **スリット** suritto	**spacco** *m.* スパッコ	slit スリト
すりっぱ **スリッパ** surippa	**pantofole** *f.pl.*, **ciabatte** *f.pl.* パントーフォレ, チャバッテ	slippers スリパズ

す

日	伊	英
スリップ (下着) surippu	**sottoveste** *f.* ソット**ヴェ**ステ	slip スリプ
スリップする surippusuru	**slittare, scivolare** ズリッ**タ**ーレ, シヴォ**ラ**ーレ	slip, skid スリプ, ス**キ**ド
スリムな surimuna	**magro(-a)** **マ**ーグロ(-ラ)	slim ス**リ**ム
スリランカ suriranka	**Sri Lanka** *m.* ス**リ ラ**ンカ	Sri Lanka ス**リ**ー **ラ**ーンカ
スリル suriru	**brivido** *m.* ブ**リ**ーヴィド	thrill ス**リ**ル
する suru	**fare, provare, giocare** **ファ**ーレ, プロ**ヴァ**ーレ, ジョ**カ**ーレ	do, try, play **ドゥ**ー, ト**ラ**イ, プ**レ**イ
擦る (こする) suru	**fregare** フレ**ガ**ーレ	rub, chafe **ラ**ブ, **チェ**イフ
ずるい zurui	**furbo(-a)** **フ**ルボ(-バ)	sly ス**ラ**イ
ずる賢い zurugashikoi	**scaltro(-a)** ス**カ**ルトロ(-ラ)	cunning **カ**ニング
鋭い surudoi	**affilato(-a), appuntito(-a)** アッフィ**ラ**ート(-タ), アップン**ティ**ート(-タ)	sharp, pointed **シャ**ープ, **ポ**インテド
ずる休み zuruyasumi	**assenza ingiustificata** *f.* アッ**セ**ンツァ インジュスティフィ**カ**ータ	truancy ト**ル**ーアンスィ
擦れ違う surechigau	**incrociarsi** インクロ**チャ**ルスィ	pass each other **パ**ス **イ**ーチ **ア**ザ
ずれる (逸脱する) zureru	**deviare** *da* デヴィ**ア**ーレ ダ	deviate **ディ**ーヴィエイト
(移動する)	**spostarsi** スポス**タ**ルスィ	shift, deviate **シ**フト, **ディ**ーヴィエイト
スローガン suroogan	**slogan** *m.*, **motto** *m.* ズ**ロ**ーガン, **モ**ット	slogan, motto ス**ロ**ウガン, **マ**トウ

日	伊	英
すろーぷ **スロープ** suroopu	**rampa** *f.* ランパ	slope スロウプ
すろーもーしょん **スローモーション** suroomooshon	**rallentamento** *m.* ラッレンタメント	slow motion スロウ モウション
すろっとましん **スロットマシン** surottomashin	**slot machine** *f.* ズロト マッシン	slot machine スラト マシーン
すろばきあ **スロバキア** surobakia	**Slovacchia** *f.* ズロヴァッキア	Slovakia スロウヴァーキア
すろべにあ **スロベニア** surobenia	**Slovenia** *f.* ズロヴェーニア	Slovenia スロウヴィーニア
すわる **座る** suwaru	**sedersi** セデルスィ	sit down, take a seat スィト ダウン, テイク ア スィート

せ, セ

日	伊	英
せ **背** se	**statura** *f.* スタトゥーラ	height ハイト
せい **姓** sei	**cognome** *m.* コニョーメ	family name, sur-name ファミリ ネイム, サーネイム
せい **性** sei	**sesso** *m.* セッソ	sex セクス
せい **生** sei	**vita** *f.* ヴィータ	life, living ライフ, リヴィング
ぜい **税** zei	**tassa** *f.*, **imposta** *f.* タッサ, インポスタ	tax タクス
〜込み	**IVA inclusa** イーヴァ インクルーザ	including tax インクルーディング タクス
〜別	**IVA esclusa** イーヴァ エスクルーザ	without tax ウィザウト タクス

日	伊	英
せいい **誠意** seii	**sincerità** *f.* スィンチェリ**タ**	sincerity スィン**セ**リティ
せいいっぱい **精一杯** seiippai	**con tutte le forze** コン **トゥ**ッテ レ **フォ**ルツェ	as hard as possible アズ **ハ**ード アズ **パ**スィブル
せいえん **声援** seien	**incoraggiamento** *m.* インコラッジャ**メ**ント	cheering **チ**アリング
～する	**incoraggiare** インコラッ**ジャ**ーレ	cheer **チ**ア
せいおう **西欧** seiou	**Europa occidentale** *f.* エウ**ロ**ーパ オッチデン**タ**ーレ	West Europe **ウェ**スト **ユ**アロプ
せいか **成果** seika	**frutto** *m.*, **risultato** *m.* **フル**ット, リズル**タ**ート	result, (the) fruits リ**ザ**ルト, (ザ) **フ**ルーツ
せいかい **政界** seikai	**mondo politico** *m.* **モ**ンド ポ**リ**ーティコ	political world ポ**リ**ティカル **ワ**ールド
せいかい **正解** seikai	**risposta esatta** *f.* リス**ポ**スタ エ**ザ**ッタ	correct answer コ**レ**クト **ア**ンサ
せいかく **性格** seikaku	**carattere** *m.* カ**ラ**ッテレ	personality, nature パーソ**ナ**リティ, **ネ**イチャ
せいがく **声楽** seigaku	**musica vocale** *f.*, **canto** *m.* **ム**ーズィカ ヴォ**カ**ーレ, **カ**ント	vocal music **ヴォ**ウカル **ミュ**ーズィク
せいかくな **正確な** seikakuna	**esatto(-a)** エ**ザ**ット(-タ)	exact, correct イグ**ザ**クト, コ**レ**クト
せいかつ **生活** seikatsu	**vita** *f.* **ヴィ**ータ	life, livelihood **ラ**イフ, **ラ**イヴリフド
～する	**vivere** **ヴィ**ーヴェレ	live **ラ**イヴ
ぜいかん **税関** zeikan	**dogana** *f.* ド**ガ**ーナ	customs, customs office **カ**スタムズ, **カ**スタムズ **オ**ーフィス

385

日	伊	英
せいかんする **静観する** seikansuru	**stare a vedere** スターレ ア ヴェデーレ	wait and see ウェイト アンド スィー
せいかんする **生還する** seikansuru	**tornare vivo(-a)** トルナーレ ヴィーヴォ(-ヴァ)	return alive リターン アライヴ
せいき **世紀** seiki	**secolo** *m.* セーコロ	century センチュリ
せいぎ **正義** seigi	**giustizia** *f.* ジュスティーツィア	justice ヂャスティス
せいきゅう **請求** seikyuu	**richiesta** *f.* リキエスタ	demand, claim ディマンド, クレイム
～書	**fattura** *f.* ファットゥーラ	bill, invoice ビル, インヴォイス
～する	**richiedere, reclamare** リキエーデレ, レクラマーレ	claim, demand クレイム, ディマンド
せいぎょ **制御** seigyo	**controllo** *m.* コントロッロ	control コントロウル
～する	**controllare** コントロッラーレ	control コントロウル
せいきょく **政局** seikyoku	**situazione politica** *f.* スィトゥアツィオーネ ポリーティカ	political situation ポリティカル スィチュエイション
ぜいきん **税金** zeikin	**tassa** *f.*, **imposta** *f.* タッサ, インポスタ	tax タクス
せいくうけん **制空権** seikuuken	**dominio dell'aria** *m.* ドミーニオ デッラーリア	air superiority エア スピアリオーリティ
せいけい **生計** seikei	**vita** *f.* ヴィータ	living リヴィング
せいけいげか **整形外科** seikeigeka	**chirurgia ortopedica** *f.,* **ortopedia** *f.* キルルジーア オルトペーディカ, オルトペディーア	orthopedic surgery オーソピーディク サーヂャリ

せ

日	伊	英
せいけつな **清潔な** seiketsuna	**pulito(-a)** プリート(-タ)	clean, neat クリーン, ニート
せいけん **政権** seiken	**potere politico** *m.* ポテーレ ポリーティコ	political power ポリティカル パウア
せいげん **制限** seigen	**limite** *m.* リーミテ	restriction, limit リストリクション, リミト
〜する	**limitare** リミターレ	limit, restrict リミト, リストリクト
せいこう **成功** seikou	**successo** *m.* スッチェッソ	success サクセス
〜する	**avere successo** *in*, **riuscire** *in* アヴェーレ スッチェッソ イン, リウシーレ イン	succeed, succeed in サクスィード, サクスィード イン
せいざ **星座** seiza	**costellazione** *f.* コステッラツィオーネ	constellation カンステレイション
せいさい **制裁** seisai	**punizione** *f.*, **sanzione** *f.* プニツィオーネ, サンツィオーネ	sanctions, punishment サンクションズ, パニシュメント
せいさく **制[製]作** seisaku	**produzione** *f.* プロドゥツィオーネ	production, manufacture プロダクション, マニュファクチャ
〜する	**produrre** プロドゥッレ	make, produce メイク, プロデュース
せいさく **政策** seisaku	**politica** *f.* ポリーティカ	policy パリスィ
せいさん **生産** seisan	**produzione** *f.* プロドゥツィオーネ	production, manufacture プロダクション, マニュファクチャ
〜する	**produrre** プロドゥッレ	produce, manufacture プロデュース, マニュファクチャ

日	伊	英
せいし **生死** seishi	**vita** *f.* **e morte** *f.* ヴィータ エ モルテ	life and death ライフ アンド デス
せいし **静止** seishi	**immobilità** *f.* インモビリタ	standstill, motionlessness スタンドスティル, モウションレスネス
～する	**fermarsi** フェルマルスィ	rest, stand still レスト, スタンド スティル
せいじ **政治** seiji	**politica** *f.* ポリーティカ	politics パリティクス
～家	**politico(-a)** *m.* (*f.*) ポリーティコ(-カ)	statesman, politician ステイツマン, パリティシャン
せいしきな **正式な** seishikina	**formale, ufficiale** フォルマーレ, ウッフィチャーレ	formal, official フォーマル, オフィシャル
せいしつ **性質** seishitsu	**natura** *f.*, **carattere** *m.* ナトゥーラ, カラッテレ	nature, disposition ネイチャ, ディスポズィション
せいじつな **誠実な** seijitsuna	**sincero(-a)** スィンチェーロ(-ラ)	sincere, honest スィンスィア, アネスト
せいじゃく **静寂** seijaku	**quiete** *f.* クィエーテ	silence, stillness サイレンス, スティルネス
せいしゅく **静粛** seishuku	**silenzio** *m.* スィレンツィオ	silence サイレンス
せいじゅくする **成熟する** seijukusuru	**maturare** マトゥラーレ	ripen, mature ライプン, マチュア
せいしゅん **青春** seishun	**gioventù** *f.*, **giovinezza** *f.* ジョヴェントゥ, ジョヴィネッツァ	youth ユース
せいしょ **聖書** seisho	**Bibbia** *f.* ビッビア	Bible バイブル
せいじょうな **正常な** seijouna	**normale** ノルマーレ	normal ノーマル

日	伊	英
せいしょうねん **青少年** seishounen	**giovani** *m.f.pl.* ジョーヴァニ	younger generation ヤング ジェネレイション
せいしょくしゃ **聖職者** seishokusha	**ecclesiastico** *m.* エックレズィアスティコ	clergy クラーヂ
せいしん **精神** seishin	**spirito** *m.* スピーリト	spirit, mind スピリット, マインド
せいじん **成人** seijin	**adulto(-a)** *m.* (*f.*) アドゥルト(-タ)	adult, grown-up アダルト, グロウナプ
～する	**diventare maggiorenne** ディヴェンターレ マッジョレンネ	grow up グロウ アプ
せいじん **聖人** seijin	**santo(-a)** *m.* (*f.*) サント(-タ)	saint セイント
せいしんか **精神科** seishinka	**psichiatria** *f.* プスィキアトリーア	psychiatry サカイアトリ
～医	**psichiatra** *m.f.* プスィキアートラ	psychiatrist サカイアトリスト
せいず **製図** seizu	**disegno** *m.* ディゼーニョ	drafting, drawing ドラフティング, ドローイング
せいすう **整数** seisuu	**numero intero** *m.* ヌーメロ インテーロ	integer インティヂャ
せいせき **成績** seiseki	**risultato** *m.*, **voto** *m.* リズルタート, ヴォート	result, record リザルト, リコード
せいせんしょくりょうひん **生鮮食料品** seisenshokuryouhin	**alimenti deperibili** *m.pl.* アリメンティ デペリービリ	perishables ペリシャブルズ
せいぜんと **整然と** seizento	**in ordine, regolarmente** イノルディネ, レゴラルメンテ	orderly, regularly オーダリ, レギュラリ
せいぞう **製造** seizou	**produzione** *f.* プロドゥツィオーネ	manufacture, production マニュファクチャ, プロダクション

日	伊	英
～業	**industria manifatturiera** *f.* インドゥストリア マニファットゥリエーラ	manufacturing industry マニュファクチャリング インダストリ
せいそうけん **成層圏** seisouken	**stratosfera** *f.* ストラトスフェーラ	stratosphere ストラトスフィア
せいそな **清楚な** seisona	**puro(-*a*), pulito(-*a*)** プーロ(-ラ), プリート(-タ)	neat ニート
せいぞん **生存** seizon	**esistenza** *f.* エズィステンツァ	existence, life イグズィステンス, ライフ
～する	**esistere, sopravvivere** エズィステレ, ソプラッヴィーヴェレ	exist, survive イグズィスト, サヴァイヴ
せいたいがく **生態学** seitaigaku	**ecologia** *f.* エコロジーア	ecology イーカロディ
せいだいな **盛大な** seidaina	**magnifico(-*a*), grandioso(-*a*)** マニーフィコ(-カ), グランディオーゾ(-ザ)	prosperous, grand プラスペラス, グランド
ぜいたく **贅沢** zeitaku	**lusso** *m.* ルッソ	luxury ラクシャリ
～な	**lussuoso(-*a*)** ルッスオーゾ(-ザ)	luxurious ラグジュアリアス
せいち **聖地** seichi	**santuario** *m.* サントゥアーリオ	sacred ground セイクリド グラウンド
せいちょう **成長** seichou	**crescita** *f.* クレッシタ	growth グロウス
～する	**crescere** クレッシェレ	grow グロウ
せいてきな **静的な** seitekina	**statico(-*a*)** スターティコ(-カ)	static スタティク
せいてつ **製鉄** seitetsu	**siderurgia** *f.* スィデルルジーア	iron manufacturing アイアン マニュファクチャリング

日	伊	英
せいてん **晴天** seiten	**bel tempo** *m.* ベル テンポ	fine weather ファイン ウェザ
せいでんき **静電気** seidenki	**elettricità statica** *f.* エレットリチタ スターティカ	static electricity スタティク イレクトリスィティ
せいと **生徒** seito	**studente(-essa)** *m.(f.)*, **alunno(-a)** *m.(f.)* ストゥデンテ(-デンテッサ), アルンノ(-ナ)	student, pupil ステューデント, ピューピル
せいど **制度** seido	**sistema** *m.*, **istituzione** *f.* スィステーマ, イスティトゥツィオーネ	system, institution スィステム, インスティテューション
せいとう **政党** seitou	**partito** *m.* パルティート	political party ポリティカル パーティ
せいとうな **正当な** seitouna	**legittimo(-a)** レジッティモ(-マ)	just, proper, legal ヂャスト, プラパ, リーガル
せいとうぼうえい **正当防衛** seitoubouei	**legittima difesa** *f.* レジッティマ ディフェーザ	self-defense セルフディフェンス
せいとんする **整頓する** seitonsuru	**ordinare** オルディナーレ	put in order プト イン オーダ
せいなん **西南** seinan	**sud-ovest** *m.* スドーヴェスト	southwest サウスウェスト
せいねん **成年** seinen	**maggiore età** *f.* マッジョーレ エタ	adult age アダルト エイヂ
せいねん **青年** seinen	**giovane** *m.f.* ジョーヴァネ	young man, youth ヤング マン, ユース
せいねんがっぴ **生年月日** seinengappi	**data di nascita** *f.* ダータ ディ ナッシタ	date of birth デイト オヴ バース
せいのう **性能** seinou	**prestazione** *f.*, **rendimento** *m.* プレスタツィオーネ, レンディメント	performance, capability パフォーマンス, ケイパビリティ
せいはんたい **正反対** seihantai	**esatto opposto** *m.* エザット オッポスト	exact opposite イグザクト アポズィト

日	伊	英
せいびする **整備する** seibisuru	**sistemare, effettuare la manutenzione** di スィステマーレ, エッフェットゥアーレ ラ マヌテンツィオーネ ディ	maintain, adjust メインテイン, アヂャスト
せいびょう **性病** seibyou	**malattia venerea** f. マラッティーア ヴェネーレア	venereal disease ヴィニアリアル ディズィーズ
せいひん **製品** seihin	**prodotto** m. プロドット	product プラダクト
せいふ **政府** seifu	**governo** m. ゴヴェルノ	government ガヴァンメント
せいぶ **西部** seibu	**parte occidentale** f. パルテ オッチデンターレ	western part ウェスタン パート
せいふく **制服** seifuku	**divisa** f. ディヴィーザ	uniform ユーニフォーム
せいふくする **征服する** seifukusuru	**conquistare** コンクィスターレ	conquer カンカ
せいぶつ **生物** seibutsu	**essere vivente** m., **vita** f. エッセレ ヴィヴェンテ, ヴィータ	living thing, life リヴィング スィング, ライフ
〜学	**biologia** f. ビオロジーア	biology バイアロヂィ
せいぶつが **静物画** seibutsuga	**natura morta** f. ナトゥーラ モルタ	still life スティル ライフ
せいぶん **成分** seibun	**ingrediente** m. イングレディエンテ	ingredient イングリーディエント
せいべつ **性別** seibetsu	**distinzione di sesso** f. ディスティンツィオーネ ディ セッソ	gender distinction ヂェンダ ディスティンクション
せいほうけい **正方形** seihoukei	**quadrato** m. クァドラート	square スクウェア
せいほく **西北** seihoku	**nord-ovest** m. ノルドーヴェスト	northwest ノースウェスト

日	伊	英
せいみつな **精密な** seimitsuna	**preciso(-a), minuzioso(-a)** プレチーゾ(・ザ), ミヌツィオーゾ(・ザ)	precise, minute プリサイス, マイニュート
ぜいむしょ **税務署** zeimusho	**Agenzia delle Entrate** *f.*, **ufficio delle imposte** *m.* アジェンツィーア デッレ エントラーテ, ウッフィーチョ デッレ インポステ	tax office タクス オーフィス
せいめい **姓名** seimei	**nome** *m.* **e cognome** *m.* ノーメ エ コニョーメ	(full) name (フル) ネイム
せいめい **生命** seimei	**vita** *f.* ヴィータ	life ライフ
～保険	**assicurazione sulla vita** *f.* アッスィクラツィオーネ スッラ ヴィータ	life insurance ライフ インシュアランス
せいめい **声明** seimei	**dichiarazione** *f.* ディキアラツィオーネ	declaration デクラレイション
せいもん **正門** seimon	**ingresso principale** *m.* イングレッソ プリンチパーレ	front gate フラント ゲイト
せいやく **制約** seiyaku	**restrizione** *f.*, **limitazione** *f.* レストリツィオーネ, リミタツィオーネ	restriction, limitation リストリクション, リミテイション
せいやく **誓約** seiyaku	**giuramento** *m.* ジュラメント	oath, pledge オウス, プレヂ
せいよう **西洋** seiyou	**Occidente** *m.* オッチデンテ	(the) West, (the) Occident (ザ) ウェスト, (ズィ) アクスィデント
せいようする **静養する** seiyousuru	**riposare** リポザーレ	take a rest テイク ア レスト
せいり **整理** seiri	**sistemazione** *f.* スィステマツィオーネ	arrangement アレインヂメント
～する	**ordinare** オルディナーレ	put in order, arrange プト イン オーダ, アレインヂ

日	伊	英
せいり **生理** （月経） seiri	**mestruazioni** *f.pl.* メストルアツィオーニ	menstruation, period メンストル**エ**イション, **ピ**アリオド
～痛	**dolori mestruali** *m.pl.* ドローリ メストル**ア**ーリ	menstrual pain メンストルアル **ペ**イン
～用品	**assorbente igienico** *m.* アッソル**ベ**ンテ イジェー二コ	sanitary napkin **サ**ニテリ **ナ**プキン
（生命現象）	**fisiologia** *f.* フィズィオロ**ジ**ーア	physiology フィズィ**ア**ロヂ
～学	**fisiologia** *f.* フィズィオロ**ジ**ーア	physiology フィズィ**ア**ロヂ
ぜいりし **税理士** zeirishi	**consulente fiscale** *m.f.* コンス**レ**ンテ フィス**カ**ーレ	licensed tax accountant **ラ**イセンスト **タ**クス ア**カ**ウンタント
せいりつ **成立** seiritsu	**formazione** *f.* フォルマツィ**オ**ーネ	formation フォー**メ**イション
～する	**formarsi** フォル**マ**ルスィ	(be) formed (ビ) **フォ**ームド
ぜいりつ **税率** zeiritsu	**aliquote** *f.pl.* アリー**ク**ォテ	tax rates **タ**クス **レ**イツ
せいりょういんりょう **清涼飲料** seiryouinryou	**bibita** *f.* **ビ**ービタ	soft drink, beverage **ソ**フト **ド**リンク, **ベ**ヴァリヂ
せいりょく **勢力** seiryoku	**potere** *m.*, **influenza** *f.* ポ**テ**ーレ, インフル**エ**ンツァ	influence, power **イ**ンフルエンス, **パ**ウア
せいりょく **精力** seiryoku	**energia** *f.*, **vitalità** *f.* エネル**ジ**ーア, ヴィタリ**タ**	energy, vitality **エ**ナヂ, ヴァイ**タ**リティ
～的な	**energico(-a)** エ**ネ**ルジコ(-カ)	energetic, vigorous エナ**チェ**ティク, **ヴィ**ゴラス
せいれき **西暦** seireki	**era cristiana** *f.*, **d.C.** **エ**ーラ クリスティ**ア**ーナ, **ド**ーポ ク**リ**スト	Christian Era, AD ク**リ**スチャン **イ**アラ, **エ**イ**ディ**ー

日	伊	英
せいれつする **整列する** seiretsusuru	**mettersi in fila** メッテルスィ イン フィーラ	form a line フォーム ア ライン
せーたー **セーター** seetaa	**maglione** *m.* マッリオーネ	sweater, pullover, ⒷJumper スウェタ, プロウヴァ, チャンパ
せーる **セール** seeru	**saldi** *m.pl.*, **svendita** *f.* サルディ, ズヴェンディタ	sale セイル
せーるすまん **セールスマン** seerusuman	**commesso(-a) viaggiatore(-trice)** *m.* (*f.*) コンメッソ(-サ) ヴィアッジャトーレ(-トリーチェ)	salesman セイルズマン
せおう **背負う** seou	**portare ... sulle spalle** ポルターレ ... スッレ スパッレ	carry on one's back キャリ オン バク
せおよぎ **背泳ぎ** seoyogi	**stile dorso** *m.* スティーレ ドルソ	backstroke バクストロウク
せかい **世界** sekai	**mondo** *m.* モンド	world ワールド
～遺産	**patrimonio dell'umanità** *m.* パトリモーニオ デッルマニタ	World Heritage ワールド ヘリテヂ
～史	**storia universale** *f.* ストーリア ウニヴェルサーレ	world history ワールド ヒストリ
～的な	**mondiale, a livello mondiale** モンディアーレ, ア リヴェッロ モンディアーレ	worldwide ワールドワイド
せかす **急かす** sekasu	**sollecitare** ソッレチターレ	expedite, hurry エクスペダイト, ハーリ
せき **咳** seki	**tosse** *f.* トッセ	cough コーフ
～止め	**medicina per la tosse** *f.* メディチーナ ペル ラ トッセ	cough remedy コーフ レメディ
せき **席** seki	**posto** *m.* ポスト	seat スィート

日	伊	英
せきがいせん **赤外線** sekigaisen	**raggi infrarossi** *m.pl.* ラッジ インフラロッシ	infrared rays インフラレド レイズ
せきじゅうじ **赤十字** sekijuuji	**Croce Rossa** *f.* クローチェ ロッサ	Red Cross レド クロース
せきずい **脊髄** sekizui	**midollo spinale** *m.* ミドッロ スピナーレ	spinal cord スパイナル コード
せきたん **石炭** sekitan	**carbone** *m.* カルボーネ	coal コウル
せきどう **赤道** sekidou	**equatore** *m.* エクアトーレ	equator イクウェイタ
せきにん **責任** sekinin	**responsabilità** *f.* レスポンサビリタ	responsibility リスパンスィビリティ
せきぶん **積分** sekibun	**(calcolo) integrale** *m.* (カルコロ) インテグラーレ	integral (calculus), integration インテグラル (キャルキュラス), インテグレイション
せきゆ **石油** sekiyu	**petrolio** *m.* ペトローリオ	oil, petroleum オイル, ペトロウリアム
せきり **赤痢** sekiri	**dissenteria** *f.* ディッセンテリーア	dysentery ディセンテアリ
せくしーな **セクシーな** sekushiina	**sensuale, sexy** センスアーレ, セクスィ	sexy セクスィ
せくはら **セクハラ** sekuhara	**molestia sessuale** *f.* モレスティア セッスアーレ	sexual harassment セクシュアル ハラスメント
せけん **世間** seken	**mondo** *m.*, **società** *f.* モンド, ソチエタ	society ソサイエティ
せしゅう **世襲** seshuu	**eredità** *f.* エレディタ	heredity ヘレディティ
ぜせいする **是正する** zeseisuru	**correggere** コッレッジェレ	correct コレクト

日	伊	英
せそう **世相** sesou	**condizioni sociali** *f.pl.* コンディツィオーニ ソチャーリ	social conditions ソウシャル コンディションズ
せだい **世代** sedai	**generazione** *f.* ジェネラツィオーネ	generation チェネレイション
せつ **説** (意見・見解) setsu	**opinione** *f.* オピニオーネ	opinion オピニオン
(学説)	**teoria** *f.* テオリーア	theory スィオリ
ぜつえんする **絶縁する** zetsuensuru	**tagliare i ponti** *con* タッリャーレ イ ポンティ コン	break off relations ブレイク オフ リレイションズ
(電気を)	**isolare** イゾラーレ	insulate インシュレイト
せっかい **石灰** sekkai	**calce** *f.* カルチェ	lime ライム
せっかく **折角** sekkaku	**nonostante gli sforzi compiuti** ノノスタンテ リ スフォルツィ コンピウーティ	in spite of all one's trouble イン スパイト オヴ オール トラブル
せっかちな **せっかちな** sekkachina	**precipitoso(-a)** プレチピトーゾ(-ザ)	hasty, impetuous ヘイスティ, インペチュアス
せっきょうする **説教する** sekkyousuru	**predicare** プレディカーレ	preach プリーチ
せっきょくせい **積極性** sekkyokusei	**positività** *f.* ポズィティヴィタ	positiveness, proactiveness パズィティヴネス, プロアクティヴネス
せっきょくてきな **積極的な** sekkyokutekina	**positivo(-a), attivo(-a)** ポズィティーヴォ(-ヴァ), アッティーヴォ(-ヴァ)	positive, active パズィティヴ, アクティヴ
せっきん **接近** sekkin	**avvicinamento** *m.*, **approccio** *m.* アッヴィチナメント, アップロッチョ	approach アプロウチ
~する	**avvicinarsi** *a* アッヴィチナルスィ ア	approach, draw near アプロウチ, ドロー ニア

日	伊	英
セックス sekkusu	**sesso** *m.* セッソ	sex セクス
設計 sekkei	**progetto** *m.* プロジェット	plan, design プラン, ディザイン
～図	**progetto** *m.* プロジェット	plan, blueprint プラン, ブループリント
～する	**progettare** プロジェッターレ	plan, design プラン, ディザイン
赤血球 sekkekkyuu	**globulo rosso** *m.* グロブロ ロッソ	red blood cell レド ブラド セル
石鹸 sekken	**sapone** *m.* サポーネ	soap ソウプ
石膏 sekkou	**gesso** *m.* ジェッソ	gypsum, plaster ヂプサム, プラスタ
絶交する zekkousuru	**rompere** *con* ロンペレ コン	cut contact with カト カンタクト ウィズ
絶好の zekkouno	**migliore, ideale** ミッリォーレ, イデアーレ	best, ideal ベスト, アイディーアル
絶賛する zessansuru	**elogiare** エロジャーレ	extol イクストウル
摂取する sesshusuru	**assimilare** アッスィミラーレ	take in テイク イン
折衝 sesshou	**trattativa** *f.* トラッタティーヴァ	negotiation ニゴウシエイション
～する	**negoziare** ネゴツィアーレ	negotiate ニゴウシエイト
接触 sesshoku	**contatto** *m.* コンタット	contact, touch カンタクト, タチ

日	伊	英
～する	**toccare, entrare in contatto** con トッカーレ, エントラーレ イン コンタット コン	touch, make contact with **タ**チ, メイク **カ**ンタクト ウィズ
せつじょく **雪辱** setsujoku	**rivincita** *f.* リ**ヴィ**ンチタ	revenge リ**ヴェ**ンヂ
ぜっしょく **絶食** zesshoku	**digiuno** *m.* ディ**ジュ**ーノ	fasting, fast **ファ**スティング, **ファ**スト
せっする **接する** sessuru	**toccare, entrare in contatto** con トッカーレ, エントラーレ イン コンタット コン	touch, come into contact with **タ**チ, **カ**ム イントゥ **カ**ンタクト ウィズ
（隣接する）	**confinare** con コンフィ**ナ**ーレ コン	adjoin ア**ヂョ**イン
せっせい **節制** sessei	**temperanza** *f.* テンペ**ラ**ンツァ	temperance **テ**ンペランス
～する	**moderarsi** in モデ**ラ**ルスィ イン	(be) moderate in (ビ) **マ**ダレト イン
せっせん **接戦** sessen	**lotta serrata** *f.* **ロ**ッタ セッ**ラ**ータ	close game クロウス **ゲ**イム
せつぞく **接続** setsuzoku	**collegamento** *m.* コッレガ**メ**ント	connection コ**ネ**クション
～詞	**congiunzione** *f.* コンジュンツィ**オ**ーネ	conjunction コン**ヂャ**ンクション
～する	**collegarsi** a, **collegare** ... con コッレ**ガ**ルスィ ア, コッレ**ガ**ーレ ... コン	join, connect with **ヂョ**イン, カ**ネ**クト ウィズ
せったい **接待** settai	**accoglienza** *f.* アッコッリ**エ**ンツァ	reception, welcome リ**セ**プション, **ウェ**ルカム
～する	**accogliere** アッ**コ**ッリェレ	entertain, host エンタ**テ**イン, **ホ**ウスト
ぜつだいな **絶大な** zetsudaina	**incommensurabile** インコンメンス**ラ**ービレ	immeasurable イ**メ**ジャラブル

日	伊	英
ぜったいの **絶対の** zettaino	**assoluto(-a)** アッソルート(-タ)	absolute ア**ブ**ソリュート
せつだんする **切断する** setsudansuru	**tagliare** タッリ**ア**ーレ	cut off カト オーフ
せっちゃくざい **接着剤** secchakuzai	**adesivo** *m.*, **collante** *m.* アデズィーヴォ，コッ**ラ**ンテ	adhesive アド**ヒ**ースィヴ
せっちゅうあん **折衷案** secchuuan	**piano di compromesso** *m.* ピ**ア**ーノ ディ コンプロ**メ**ッソ	compromise **カ**ンプロマイズ
ぜっちょう **絶頂** zecchou	**cima** *f.*, **culmine** *m.* **チ**ーマ，**ク**ルミネ	summit, height **サ**ミト，**ハ**イト
せってい **設定** settei	**impostazioni** *f.pl.* インポスタツィ**オ**ーニ	setting up **セ**ティング **ア**プ
～する	**impostare** インポス**タ**ーレ	establish, set up イス**タ**ブリシュ，**セ**ト **ア**プ
せってん **接点** setten	**punto di contatto** *m.* **プ**ント ディ コン**タ**ット	point of contact **ポ**イント オヴ **カ**ンタクト
せっと **セット** setto	**completo** *m.* コンプ**レ**ート	set **セ**ト
せつど **節度** setsudo	**moderazione** *f.* モデラツィ**オ**ーネ	moderation モダ**レ**イション
せっとくする **説得する** settokusuru	**persuadere** ペルスア**デ**ーレ	persuade パス**ウェ**イド
せっぱく **切迫** seppaku	**urgenza** *f.* ウル**ジェ**ンツァ	urgency **ア**ーヂェンスィ
せつび **設備** setsubi	**attrezzatura** *f.* アットレッツァ**トゥ**ーラ	equipment イク**ウィ**プメント
～投資	**investimenti in impianti e attrezzature** *m.pl.* インヴェスティ**メ**ンティ イニンピ**ア**ンティ エ アットレッツァ**トゥ**ーレ	plant and equipment investment プ**ラ**ント アンド イク**ウィ**プメント イン**ヴェ**ストメント

日	伊	英
ぜつぼう **絶望** zetsubou	**disperazione** *f.* ディスペラツィオーネ	despair ディスペア
～する	**disperare** *di* ディスペラーレ ディ	despair of ディスペア オヴ
～的な	**disperato(-a)** ディスペラート(-タ)	desperate デスパレト
せつめい **説明** setsumei	**spiegazione** *f.* スピエガツィオーネ	explanation エクスプラネイション
～書	**istruzioni per l'uso** *f.pl.* イストルツィオーニ ペル ルーゾ	explanatory note, instructions イクスプラナトーリ ノウト, インストラクションズ
～する	**spiegare** スピエガーレ	explain イクスプレイン
ぜつめつ **絶滅** zetsumetsu	**estinzione** *f.* エスティンツィオーネ	extinction イクスティンクション
～する	**estinguersi** エスティングェルスィ	(become) extinct (ビカム) イクスティンクト
せつやく **節約** setsuyaku	**risparmio** *m.* リスパルミオ	economy, saving イカノミ, セイヴィング
～する	**risparmiare** リスパルミアーレ	economize in, save イカノマイズ イン, セイヴ
せつりつする **設立する** setsuritsusuru	**fondare** フォンダーレ	establish, found イスタブリシュ, ファウンド
せなか **背中** senaka	**schiena** *f.* スキエーナ	back バク
せねがる **セネガル** senegaru	**Senegal** *m.* セーネガル	Senegal セニゴール
せのびする **背伸びする** senobisuru	**mettersi in punta di piedi** メッテルスィ イン プンタ ディ ピエーディ	stand on tiptoe スタンド オン ティプトウ

日	伊	英
せぴあいろ **セピア色** sepiairo	**seppia** *f.* セッピア	sepia ス**イ**ーピア
ぜひとも **是非とも** zehitomo	**ad ogni costo** アド**オ**ーニ **コ**スト	by all means バイ **オ**ール ミーンズ
せびる **せびる** sebiru	**scroccare** スクロッ**カ**ーレ	scrounge, mooch スク**ラ**ウンヂ, **ム**ーチ
せぼね **背骨** sebone	**spina dorsale** *f.* ス**ピ**ーナ ドル**サ**ーレ	backbone **バ**クボウン
せまい **狭い** semai	**stretto(-a)** スト**レッ**ト(-タ)	narrow, small **ナ**ロウ, ス**モ**ール
せまる **迫る** (強いる) semaru	**sollecitare** ソッレチ**タ**ーレ	press, urge プ**レ**ス, **ア**ーヂ
(近づく)	**avvicinarsi** *a* アッヴィチ**ナ**ルスィ ア	approach アプ**ロ**ウチ
(切迫する)	**incombere** イン**コ**ンベレ	(be) on the verge of (ビ) オン ザ **ヴァ**ーヂ オヴ
せめる **攻める** semeru	**attaccare** アッタッ**カ**ーレ	attack, assault ア**タ**ク, ア**ソ**ールト
せめる **責める** semeru	**dare la colpa** *a*, **rimproverare** **ダ**ーレ ラ **コ**ルパ ア, リンプロヴェ**ラ**ーレ	blame, reproach ブ**レ**イム, リプ**ロ**ウチ
せめんと **セメント** semento	**cemento** *m.* チェ**メ**ント	cement セ**メ**ント
ぜらちん **ゼラチン** zerachin	**gelatina** *f.* ジェラ**ティ**ーナ	gelatin **ヂェ**ラティン
せらぴすと **セラピスト** serapisuto	**terapista** *m.f.* テラ**ピ**スタ	therapist **セ**ラピスト
せらみっく **セラミック** seramikku	**ceramica** *f.* チェ**ラ**ーミカ	ceramics セ**ラ**ミクス

日	伊	英
ゼリー zerii	**gelatina** *f.* ジェラティーナ	jelly チェリ
せりふ serifu	**battuta** *f.*, **dialogo** *m.* バットゥータ, ディアーロゴ	speech, dialogue スピーチ, ダイアローグ
セルフサービス serufusaabisu	**self-service** *m.* セルフセルヴィス	self-service セルフサーヴィス
ゼロ (0) zero	**zero** *m.* ゼーロ	zero ズィアロウ
セロリ serori	**sedano** *m.* セーダノ	celery セラリ
世論 seron	**opinione pubblica** *f.* オピニオーネ プップリカ	public opinion パブリク オピニョン
世話 sewa	**assistenza** *f.* アッスィステンツァ	care, aid ケア, エイド
～する	**assistere** アッスィステレ	take care テイク ケア
千 sen	**mille** ミッレ	(a) thousand (ア) サウザンド
栓 sen	**tappo** *m.* タッポ	stopper, plug スタパ, プラグ
線 sen	**linea** *f.* リーネア	line ライン
善 zen	**bene** *m.* ベーネ	good, goodness グド, グドネス
善悪 zen-aku	**bene** *m.* **e male** *m.* ベーネ エ マーレ	good and evil グド アンド イーヴル
繊維 sen-i	**fibra** *f.* フィーブラ	fiber ファイバ
善意 zen-i	**buona volontà** *f.* ブオーナ ヴォロンタ	goodwill グドウィル

日	伊	英
ぜんいん **全員** zen-in	**tutti i membri** *m.pl.* トゥッティ イ メンブリ	all members オール メンバズ
ぜんえい **前衛** zen-ei	**avanguardia** *f.* アヴァングァルディア	vanguard, advance guard ヴァンガード, アドヴァンス ガード
ぜんかい **前回** zenkai	**l'ultima volta** *f.* ルルティマ ヴォルタ	last time ラスト タイム
せんかん **戦艦** senkan	**corazzata** *f.* コラッツァータ	battleship バトルシプ
ぜんき **前期** zenki	**primo periodo** *m.* プリーモ ペリーオド	first term ファースト ターム
せんきょ **選挙** senkyo	**elezione** *f.* エレツィオーネ	election イレクション
～する	**eleggere** エレッジェレ	elect イレクト
せんきょうし **宣教師** senkyoushi	**missionario(-a)** *m.(f.)* ミッスィオナーリオ(-ア)	missionary ミショネリ
せんくしゃ **先駆者** senkusha	**pioniere(-a)** *m.(f.)* ピオニエーレ(-ラ)	pioneer パイオニア
せんげつ **先月** sengetsu	**il mese scorso** *m.* イル メーゼ スコルソ	last month ラスト マンス
せんげん **宣言** sengen	**dichiarazione** *f.* ディキアラツィオーネ	declaration デクラレイション
～する	**dichiarare** ディキアラーレ	declare, proclaim ディクレア, プロクレイム
せんご **戦後** sengo	**dopoguerra** *m.* ドポグェッラ	after the war アフタ ザ ウォー
ぜんご **前後** (位置の) zengo	**davanti e dietro** ダヴァンティ エ ディエートロ	front and rear フラント アンド リア

日	伊	英
(時間の)	**prima e dopo** プリーマ エ ドーポ	before and after ビフォー アンド アフタ
(およそ)	**circa** チルカ	about, or so アバウト, オー ソウ
(順序)	**ordine** *m.* オルディネ	order, sequence オーダ, スィークウェンス
せんこう **専攻** senkou	**specializzazione** *f.* スペチャリッザツィオーネ	speciality スペシアリティ
～する	**specializzarsi** *in* スペチャリッザルスィ イン	major in メイヂャ イン
ぜんこく **全国** zenkoku	**tutto il paese** *m.* トゥット イル パエーゼ	whole country ホウル カントリ
～的な	**nazionale** ナツィオナーレ	national ナショナル
せんこくする **宣告する** senkokusuru	**sentenziare** センテンツィアーレ	sentence センテンス
せんさー **センサー** sensaa	**sensore** *m.* センソーレ	sensor センサ
せんさい **戦災** sensai	**danni di guerra** *m.pl.* ダンニ ディ グェッラ	war damage ウォー ダミヂ
せんざい **洗剤** senzai	**detergente** *m.* デテルジェンテ	detergent, cleanser ディターヂェント, クレンザ
ぜんさい **前菜** zensai	**antipasto** *m.* アンティパスト	hors d'oeuvre オー ダーヴル
せんさいな **繊細な** sensaina	**delicato(-a)** デリカート(-タ)	delicate デリケト
せんし **先史** senshi	**preistoria** *f.* プレイストーリア	prehistory プリヒストリ
せんし **戦死** senshi	**morte in battaglia** *f.* モルテ イン バッタッリァ	death in battle デス イン バトル

日	伊	英
せんじつ **先日** senjitsu	**l'altro giorno** *m.* ラルトロ ジョルノ	(the) other day (ズィ) **ア**ザ **デ**イ
ぜんじつ **前日** zenjitsu	**il giorno prima** *m.* イル ジョルノ プリーマ	(the) day before (ザ) **デ**イ ビ**フォ**ー
せんしゃ **戦車** sensha	**carro armato** *m.* カッロ アル**マ**ート	tank **タ**ンク
ぜんしゃ **前者** zensha	**primo(-a)** *m.(f.)*, **quello(-a)** *m.(f.)* プリーモ(-マ), クェッロ(-ラ)	former **フォ**ーマ
せんしゅ **選手** senshu	**atleta** *m.f.*, **giocatore (-trice)** *m.(f.)* アト**レ**ータ, ジョカ**ト**ーレ(-ト**リ**ーチェ)	athlete, player **ア**スリート, プ**レ**イア
〜権	**campionato** *m.* カンピオ**ナ**ート	championship **チャ**ンピオンシプ
せんしゅう **先週** senshuu	**la settimana scorsa** *f.* ラ セッティ**マ**ーナ ス**コ**ルサ	last week **ラ**スト **ウィ**ーク
せんじゅうみん **先住民** senjuumin	**indigeni** *m.pl.*, **aborigeni** *m.pl.* インディージェニ, アボ**リ**ージェニ	indigenous peoples, aborigines イン**ディ**ヂェナス **ピ**ープルズ, **ア**ボリデニーズ
せんしゅつ **選出** senshutsu	**elezione** *f.* エレツィ**オ**ーネ	election イ**レ**クション
せんじゅつ **戦術** senjutsu	**tattica** *f.* **タ**ッティカ	tactics **タ**クティクス
せんしゅつする **選出する** senshutsusuru	**eleggere** エ**レ**ッジェレ	elect イ**レ**クト
ぜんじゅつの **前述の** zenjutsuno	**suddetto(-a)** ス**デ**ット(-タ)	above-mentioned ア**バ**ヴ**メ**ンションド
せんじょう **戦場** senjou	**campo di battaglia** *m.* **カ**ンポ ディ バッ**タ**ッリァ	battlefield **バ**トルフィールド
せんしょく **染色** senshoku	**tintura** *f.* ティン**トゥ**ーラ	dyeing **ダ**イング

日	伊	英
〜体	**cromosoma** *m.* クロモゾーマ	chromosome クロウモソウム
ぜんしん **前進** zenshin	**progresso** *m.* プログレッソ	progress, advance プラグレス, アドヴァンス
ぜんしん **全身** zenshin	**tutto il corpo** *m.* トゥット イル コルポ	whole body ホウル バディ
せんしんこく **先進国** senshinkoku	**paese sviluppato** *m.* パエーゼ ズヴィルッパート	developed countries ディヴェロップト カントリズ
ぜんしんする **前進する** zenshinsuru	**avanzare** アヴァンツァーレ	advance アドヴァンス
せんす **扇子** sensu	**ventaglio** *m.* ヴェンタッリォ	folding fan フォウルディング ファン
せんすいかん **潜水艦** sensuikan	**sottomarino** *m.* ソットマリーノ	submarine サブマリーン
せんせい **先生** sensei	**insegnante** *m.f.* インセニャンテ	teacher, instructor ティーチャ, インストラクタ
せんせい **専制** sensei	**dispotismo** *m.* ディスポティズモ	despotism, autocracy デスポティズム, オータクラスィ
ぜんせい **全盛** zensei	**apice della gloria** *m.* アーピチェ デッラ グローリア	height of prosperity ハイト オヴ プラスペリティ
せんせいじゅつ **占星術** senseijutsu	**astrologia** *f.* アストロロジーア	astrology アストラロヂィ
せんせいする **宣誓する** senseisuru	**giurare** ジュラーレ	take an oath, swear テイク アン オウス, スウェア
せんせーしょなるな **センセーショナルな** senseeshonaruna	**sensazionale** センサツィオナーレ	sensational センセイショナル
せんせん **戦線** sensen	**fronte** *m.* フロンテ	front (line) フラント (ライン)

日	伊	英
せんぜん **戦前** senzen	**anteguerra** *m.* アンテグェッラ	prewar プリーウォー
ぜんせん **前線** （気象） zensen	**fronte meteorologico** *m.* フロンテ メテオロロージコ	(weather) front (ウェザ) フラント
（軍事）	**fronte** *m.* フロンテ	front (line) フラント (ライン)
ぜんぜん **全然** zenzen	**non ... affatto** ノン … アッファット	not at all ナト アト オール
せんせんしゅう **先々週** sensenshuu	**due settimane fa** ドゥーエ セッティマーネ ファ	week before last ウィーク ビフォ ラスト
せんぞ **先祖** senzo	**antenato(-a)** *m.*(*f.*) アンテナート(-ア)	ancestor アンセスタ
せんそう **戦争** sensou	**guerra** *f.* グェッラ	war, warfare ウォー，ウォーフェア
ぜんそうきょく **前奏曲** zensoukyoku	**preludio** *m.* プレルーディオ	overture, prelude オウヴァチャ，プレリュード
ぜんそく **喘息** zensoku	**asma** *f.* アズマ	asthma アズマ
ぜんたい **全体** zentai	**totalità** *f.* トタリタ	whole, entirety ホウル，インタイアティ
せんたく **洗濯** sentaku	**bucato** *m.* ブカート	wash, laundry ワシュ，ローンドリ
～機	**lavatrice** *f.* ラヴァトリーチェ	washing machine ワシング マシーン
～する	**lavare** ラヴァーレ	wash ワシュ
せんたく **選択** sentaku	**scelta** *f.* シェルタ	selection, choice セレクション，チョイス
せんたん **先端** sentan	**punta** *f.* プンタ	point, tip ポイント，ティプ

日	伊	英
せんちめーとる **センチメートル** senchimeetoru	**centimetro** *m.* チェンティーメトロ	centimeter, Ⓑcentimetre センティミータ, センティミータ
せんちめんたるな **センチメンタルな** senchimentaruna	**sentimentale** センティメンターレ	sentimental センティメンタル
せんちょう **船長** senchou	**capitano** *m.* カピターノ	captain キャプテン
ぜんちょう **前兆** zenchou	**presagio** *m.*, **segno premonitore** *m.* プレザージョ, セーニョ プレモニトーレ	omen, sign, symptom オウメン, サイン, スィンプトム
ぜんてい **前提** zentei	**premessa** *f.* プレメッサ	premise プレミス
せんでんする **宣伝する** sendensuru	**pubblicizzare** プッブリチッザーレ	advertise アドヴァタイズ
ぜんと **前途** zento	**futuro** *m.*, **prospettive** *f.pl.* フトゥーロ, プロスペッティーヴェ	future, prospects フューチャ, プラスペクツ
せんとう **先頭** sentou	**testa** *f.* テスタ	head, top ヘド, タプ
せんとうき **戦闘機** sentouki	**caccia** *m.* カッチャ	fighter ファイタ
せんどうする **扇動する** sendousuru	**istigare, agitare** イスティガーレ, アジターレ	stir up, agitate スターアプ, アヂテイト
せんにゅうかん **先入観** sennyuukan	**pregiudizio** *m.* プレジュディーツィオ	preconception プリーコンセプション
ぜんにん **善人** zennin	**buon uomo** *m.* ブオヌオーモ	good man グド マン
ぜんにんしゃ **前任者** zenninsha	**predecessore(-a)** *m.*(*f.*) プレデチェッソーレ(-ラ)	predecessor プレデセサ
せんぬき **栓抜き** sennuki	**apribottiglie** *m.* アプリボッティッリェ	corkscrew, bottle opener コークスクルー, バトル オウプナ

日	伊	英
ぜんねん **前年** zennen	**anno precedente** *m.* アンノ プレチェデンテ	previous year プリーヴィアス イア
せんねんする **専念する** sennensuru	**dedicarsi** *a* デディカルスィ ア	devote oneself to ディヴォウト トゥ
せんのうする **洗脳する** sennousuru	**fare il lavaggio del cervello** ファーレ イル ラヴァッジョ デル チェルヴェッロ	brainwash ブレインウォーシュ
せんばい **専売** senbai	**monopolio** *m.* モノポーリオ	monopoly モナポリ
せんぱい **先輩** senpai	**compagno(-a) più grande** *m.*(*f.*) コンパーニョ(-ニャ) ピウ グランデ	senior, elder スィーニア, エルダ
ぜんはん **前半** zenhan	**prima metà** *f.* プリーマ メタ	first half ファースト ハフ
ぜんぱんの **全般の** zenpanno	**generale** ジェネラーレ	general チェネラル
ぜんぶ **全部** zenbu	**tutto** *m.* トゥット	all, (the) whole オール, (ザ) ホウル
せんぷうき **扇風機** senpuuki	**ventilatore** *m.* ヴェンティラトーレ	electric fan イレクトリク ファン
せんぷくする **潜伏する** senpukusuru	**nascondersi** ナスコンデルスィ	lie hidden ライ ヒドン
ぜんぶん **全文** zenbun	**testo integrale** *m.* テスト インテグラーレ	whole sentence ホウル センテンス
せんぽう **先方** senpou	**altra parte** *f.* アルトラ パルテ	other party アザ パーティ
ぜんぽうの **前方の** zenpouno	**davanti** ダヴァンティ	before, in front of ビフォー, イン フラント オヴ
せんめいな **鮮明な** senmeina	**nitido(-a), chiaro(-a)** ニーティド(-ダ), キアーロ(-ラ)	clear クリア

日	伊	英
ぜんめつする **全滅する** zenmetsusuru	**estinguersi** エスティングェルスィ	(be) annihilated (ビ) アナイアレイテド
せんめんじょ **洗面所** senmenjo	**bagno** *m.* バーニョ	washroom, bathroom, ⓑlavatory, toilet ワシュルーム, バスルーム, ラヴァトーリ, トイレト
せんめんだい **洗面台** senmendai	**lavandino** *m.* ラヴァンディーノ	washbasin, ⓑsink ワシュベイスン, スィンク
せんもん **専門** senmon	**specialità** *f.* スペチャリタ	specialty スペシャルティ
～家	**specialista** *m.f.* スペチャリスタ	specialist スペシャリスト
～学校	**corso di formazione professionale** *m.* コルソ ディ フォルマツィオーネ プロフェッスィオナーレ	vocational school, ⓑtechnical college ヴォケイショナル スクール, テクニカル カレヂ
～的な	**specializzato(-a), professionale** スペチャリッザート(-タ), プロフェッスィオナーレ	professional, special プロフェショナル, スペシャル
ぜんや **前夜** zen-ya	**notte prima** *f.* ノッテ プリーマ	(the) previous night (ザ) プリーヴィアス ナイト
せんやく **先約** sen-yaku	**impegno precedente** *m.* インペーニョ プレチェデンテ	previous engagement プリーヴィアス インゲイヂメント
せんゆう **占有** sen-yuu	**possesso** *m.*, **occupazione** *f.* ポッセッソ, オックパツィオーネ	possession, occupancy ポゼション, アキュパンスィ
～する	**impadronirsi** *di*, **occupare** インパドロニルスィ ディ, オックパーレ	possess, occupy ポゼス, アキュパイ
せんようの **専用の** sen-youno	**esclusivo(-a)** エスクルスィーヴォ(-ヴァ)	exclusive イクスクルースィヴ
ぜんりつせん **前立腺** zenritsusen	**prostata** *f.* プロスタタ	prostate プラステイト

日	伊	英
せんりゃく 戦略 senryaku	**strategia** *f.* ストラテジーア	strategy スト**ラ**テヂ
せんりょう 占領 senryou	**occupazione** *f.* オックパツィ**オ**ーネ	occupation アキュ**ペ**イション
〜する	**occupare** オック**パ**ーレ	occupy, capture **ア**キュパイ, **キャ**プチャ
ぜんりょうな 善良な zenryouna	**buono(-a)** ブ**オ**ーノ(-ナ)	good, virtuous **グ**ド, **ヴァ**ーチュアス
ぜんりょく 全力 zenryoku	**tutte le forze** *f.pl.* トゥッテ レ フォルツェ	all one's strength **オ**ール スト**レ**ングス
せんれい 洗礼 senrei	**battesimo** *m.* バッ**テ**ーズィモ	baptism **バ**プティズム
ぜんれい 前例 zenrei	**precedente** *m.* プレチェ**デ**ンテ	precedent プレ**スィ**デント
せんれんされた 洗練された senrensareta	**raffinato(-a)** ラッフィ**ナ**ート(-タ)	refined リ**ファ**インド
せんれんする 洗練する senrensuru	**raffinare** ラッフィ**ナ**ーレ	refine リ**ファ**イン
せんろ 線路 senro	**binario** *m.* ビ**ナ**ーリオ	railroad line, Ⓑrailway line **レ**イルロウド **ラ**イン, **レ**イルウェイ **ラ**イン

そ, ソ

そあくな 粗悪な soakuna	**scadente, di scarsa qualità** スカ**デ**ンテ, ディ ス**カ**ルサ クァリ**タ**	crude, poor ク**ル**ード, **プ**ア
そう 添う sou	**accompagnare** アッコンパ**ニャ**ーレ	accompany ア**カ**ンパニ
ぞう 象 zou	**elefante(-essa)** *m.(f.)* エレ**ファ**ンテ(-ファン**テ**ッサ)	elephant **エ**レファント

411

日	伊	英
ぞう **像** zou	**immagine** *f.*, **statua** *f.* インマージネ, スタートゥア	image, figure, statue イミヂ, フィギャ, スタチュー
そうい **相違** soui	**differenza** *f.* ディッフェレンツァ	difference, variation ディファレンス, ヴェアリエイション
ぞうお **憎悪** zouo	**odio** *m.* オーディオ	hatred ヘイトレド
そうおん **騒音** souon	**rumore** *m.* ルモーレ	noise ノイズ
ぞうか **増加** zouka	**aumento** *m.* アウメント	increase インクリース
～する	**aumentare** アウメンターレ	increase, augment インクリース, オーグメント
そうかい **総会** soukai	**assemblea generale** *f.* アッセンブレーア ジェネラーレ	general meeting ヂェネラル ミーティング
そうがく **総額** sougaku	**totale** *m.* トターレ	total (amount) トウタル (アマウント)
そうがんきょう **双眼鏡** sougankyou	**binocolo** *m.* ビノーコロ	binoculars バイナキュラズ
そうぎ **葬儀** sougi	**funerale** *m.* フネラーレ	funeral フューネラル
そうきん **送金** soukin	**rimessa** *f.* リメッサ	remittance リミタンス
～する	**mandare denaro** マンダーレ デナーロ	send money センド マニ
ぞうきん **雑巾** zoukin	**strofinaccio** *m.* ストロフィナッチョ	dustcloth, Ⓑduster ダストクロース, ダスタ
ぞうげ **象牙** zouge	**avorio** *m.* アヴォーリオ	ivory アイヴォリ

日	伊	英
そうけい **総計** soukei	**totale** *m.* トターレ	total amount ト**ウ**タル ア**マ**ウント
そうげん **草原** sougen	**prateria** *f.* プラテリーア	plain, prairie プ**レ**イン, プ**レ**アリ
そうこ **倉庫** souko	**magazzino** *m.* マガッズィーノ	warehouse **ウェ**アハウス
そうこうきょり **走行距離** soukoukyori	**chilometraggio** *m.* キロメトラッジョ	mileage **マ**イリヂ
そうごうする **総合する** sougousuru	**sintetizzare** スィンテティッザーレ	synthesize **ス**ィンセサイズ
そうごうてきな **総合的な** sougoutekina	**sintetico(-a)** スィン**テ**ーティコ(-カ)	synthetic, comprehensive スィン**セ**ティク, カンプリ**ヘ**ンスィヴ
そうごんな **荘厳な** sougonna	**solenne** ソ**レ**ンネ	solemn **サ**レム
そうさ **捜査** sousa	**indagine** *f.* イン**ダ**ージネ	investigation, search インヴェスティ**ゲ**イション, **サ**ーチ
～する	**investigare** *su* インヴェスティ**ガ**ーレ ス	investigate イン**ヴェ**スティゲイト
そうさ **操作** sousa	**manovra** *f.*, **operazione** *f.* マ**ノ**ーヴラ, オペラツィ**オ**ーネ	operation アペ**レ**イション
～する	**manovrare** マノヴ**ラ**ーレ	operate **ア**ペレイト
そうさいする **相殺する** sousaisuru	**compensare, bilanciare** コンペン**サ**ーレ, ビランチ**ャ**ーレ	offset, cancel out **オ**ーフセト, **キャ**ンセル **ア**ウト
そうさく **創作** sousaku	**creazione** *f.* クレアツィ**オ**ーネ	creation クリ**エ**イション
～する	**creare, comporre** クレ**ア**ーレ, コン**ポ**ッレ	create, compose クリ**エ**イト, コン**ポ**ウズ

日	伊	英
そうさくする **捜索する** sousakusuru	**ricercare** リチェル**カー**レ	search for **サ**ーチ フォ
そうじ **掃除** souji	**pulizia** *f.* プリ**ツィー**ア	cleaning ク**リー**ニング
～機	**aspirapolvere** *m.* アスピラポル**ヴェ**レ	vacuum cleaner **ヴァ**キュアム ク**リー**ナ
～する	**fare le pulizie** **ファー**レ レ プリ**ツィー**エ	clean, sweep ク**リー**ン, ス**ウィー**プ
そうしゃ **走者** sousha	**corridore(-trice)** *m.*(*f.*) コッリ**ドー**レ(-ト**リー**チェ)	runner **ラ**ナ
そうじゅうする **操縦する** (乗り物・装置を) soujuusuru	**manovrare, guidare** マノヴ**ラー**レ, グィ**ダー**レ	handle, operate **ハ**ンドル, **オ**ペレイト
(飛行機を)	**pilotare** ピロ**ター**レ	pilot **パ**イロト
(船を)	**guidare, manovrare** グィ**ダー**レ, マノヴ**ラー**レ	steer ス**ティ**ア
そうじゅくな **早熟な** soujukuna	**precoce** プレ**コー**チェ	precocious プリ**コウ**シャス
そうしょく **装飾** soushoku	**decorazione** *f.* デコラツィ**オー**ネ	decoration デコ**レ**イション
～する	**decorare** デコ**ラー**レ	adorn, ornament ア**ドー**ン, **オー**ナメント
そうしん **送信** soushin	**trasmissione** *f.* トラズミッスィ**オー**ネ	transmission トランス**ミ**ション
～する	**trasmettere** トラズ**メッ**テレ	transmit トランス**ミ**ト
ぞうぜい **増税** zouzei	**aumento delle tasse** *m.* ア**ウ**メント **デッ**レ **タッ**セ	tax increase **タ**クス イン**ク**リース

日	伊	英
そうせつする **創設する** sousetsusuru	**fondare, istituire** フォンダーレ, イスティトゥイーレ	found ファウンド
ぞうせん **造船** zousen	**costruzione navale** *f.* コストルツィオーネ ナヴァーレ	shipbuilding シプビルディング
そうぞう **創造** souzou	**creazione** *f.* クレアツィオーネ	creation クリエイション
～する	**creare** クレアーレ	create クリエイト
～的な	**creativo(-a)** クレアティーヴォ(-ヴァ)	creative, original クリエイティヴ, オリヂナル
そうぞう **想像** souzou	**immaginazione** *f.* インマジナツィオーネ	imagination, fancy イマヂネイション, ファンスィ
～する	**immaginare** インマジナーレ	imagine, fancy イマヂン, ファンスィ
そうぞうしい **騒々しい** souzoushii	**rumoroso(-a)** ルモローゾ(-ザ)	imagine, fancy イマヂン, ファンスィ
そうぞく **相続** souzoku	**eredità** *f.* エレディタ	inheritance, succession インヘリタンス, サクセション
～する	**ereditare** エレディターレ	inherit, succeed インヘリト, サクスィード
～税	**imposta di successione** *f.* インポスタ ディ スッチェッスィオーネ	inheritance tax インヘリタンス タクス
～人	**erede** *m.f.* エレーデ	heir, heiress エア, エアレス
そうそふ **曾祖父** sousofu	**bisnonno** *m.* ビズノンノ	great-grandfather グレイトグランドファーザ
そうそば **曾祖母** sousobo	**bisnonna** *f.* ビズノンナ	great-grandmother グレイトグランドマザ

日	伊	英
そうたいてきな 相対的な soutaitekina	**relativo(-a)** レラティーヴォ(-ヴァ)	relative レラティヴ
そうだいな 壮大な soudaina	**grandioso(-a)** グランディオーゾ(-ザ)	magnificent, grand マグニフィセント, グランド
そうだん 相談 soudan	**consultazione** *f.* コンスルタツィオーネ	consultation カンスルテイション
～する	**consultarsi** *con* コンスルタルスィ コン	consult with コンサルト ウィズ
そうち 装置 souchi	**dispositivo** *m.* ディスポズィティーヴォ	device, equipment ディヴァイス, イクウィプメント
そうちょう 早朝 souchou	**di primo mattino** ディ プリーモ マッティーノ	early in the morning アーリ イン ザ モーニング
そうどう 騒動 soudou	**disordini** *m.pl.* ディゾルディニ	disturbance, confusion ディスターバンス, コンフュージョン
そうとうする 相当する soutousuru	**equivalere** *a*, **corrispondere** *a* エクィヴァレーレ ア, コッリスポンデレ ア	correspond to, (be) fit for コーレスパンド トゥ, (ビ) フィト フォ
そうとうな 相当な soutouna	**considerevole** コンスィデレーヴォレ	considerable, fair コンスィダラブル, フェア
そうなん 遭難 sounan	**incidente** *m.* インチデンテ	accident, disaster アクスィデント, ディザスタ
～者	**vittima** *f.* ヴィッティマ	victim, sufferer ヴィクティム, サファラ
そうにゅうする 挿入する sounyuusuru	**inserire** インセリーレ	insert インサート
そうば 相場 souba	**prezzo di mercato** *m.* プレッツォ ディ メルカート	market price マーケト プライス
(投機的取引)	**speculazione** *f.* スペクラツィオーネ	speculation スペキュレイション

日	伊	英
そうび **装備** soubi	**equipaggiamento** *m.* エクィパッジャメント	equipment, outfit イクウィプメント, アウトフィト
～する	**equipaggiarsi** *di* エクィパッジャルスィ ディ	equip with イクウィプ ウィズ
そうふする **送付する** soufusuru	**inviare** インヴィアーレ	send センド
そうべつかい **送別会** soubetsukai	**festa d'addio** *f.* フェスタ ダッディーオ	farewell party フェアウェル パーティ
そうめいな **聡明な** soumeina	**intelligente** インテッリジェンテ	bright, intelligent ブライト, インテリヂェント
ぞうよぜい **贈与税** zouyozei	**imposta sulle donazioni** *f.* インポスタ スッレ ドナツィオーニ	gift tax ギフト タクス
そうりだいじん **総理大臣** souridaijin	**primo ministro** *m.*, **premier** *m.f.* プリーモ ミニストロ, プレミエル	Prime Minister プライム ミニスタ
そうりつしゃ **創立者** souritsusha	**fond**a**tore(-trice)** *m.(f.)* フォンダトーレ(-トリーチェ)	founder ファウンダ
そうりつする **創立する** souritsusuru	**fondare, istituire** フォンダーレ, イスティトゥイーレ	found, establish ファウンド, イスタブリシュ
そうりょ **僧侶** souryo	**bonzo** *m.* ボンゾ	monk, priest マンク, プリースト
そうりょう **送料** souryou	**spese di spedizione** *f.pl.* スペーゼ ディ スペディツィオーネ	postage, carriage ポウスティヂ, キャリヂ
そうりょうじ **総領事** souryouji	**console generale** *m.* コンソレ ジェネラーレ	consul general カンスル ヂェネラル
ぞうわい **贈賄** zouwai	**corruzione** *f.* コッルツィオーネ	bribery ブライバリ
そえる **添える** soeru	**corredare, aggiungere** コッレダーレ, アッジュンジェレ	affix, attach アフィクス, アタチ

日	伊	英
そーす **ソース** soosu	**salsa** *f.*, **sugo** *m.* サルサ, スーゴ	sauce ソース
そーせーじ **ソーセージ** sooseeji	**salsiccia** *f.* サルスィッチャ	sausage ソスィヂ
そーだ **ソーダ** sooda	**soda** *f.* ソーダ	soda ソウダ
ぞくご **俗語** zokugo	**gergo** *m.* ジェルゴ	slang スラング
そくしする **即死する** sokushisuru	**morire sul colpo** モリーレ スル コルポ	die instantly ダイ インスタントリ
そくしん **促進** sokushin	**promozione** *f.* プロモツィオーネ	promotion プロモウション
～する	**promuovere** プロムオーヴェレ	promote プロモウト
ぞくする **属する** zokusuru	**appartenere** a アッパルテネーレ ア	belong to ビローング トゥ
そくたつ **速達** sokutatsu	**consegna espressa** *f.*, **postacelere** *f.* コンセーニャ エスプレッサ, ポスタチェーレレ	express mail, special delivery イクスプレス メイル, スペシャル デリヴァリ
そくてい **測定** sokutei	**misurazione** *f.* ミズラツィオーネ	measurement メジャメント
～する	**misurare** ミズラーレ	measure メジャ
そくど **速度** sokudo	**velocità** *f.* ヴェロチタ	speed, velocity スピード, ヴェラスィティ
～計	**tachimetro** *m.* タキーメトロ	speedometer スピダメタ
～制限	**limite di velocità** *m.* リーミテ ディ ヴェロチタ	speed limit スピード リミト

日	伊	英
そくばい **即売** sokubai	**vendita sul posto** *f.* ヴェンディタ スル ポスト	spot sale スパト セイル
そくばく **束縛** sokubaku	**restrizione** *f.* レストリツィオーネ	restraint, restriction リストレイント, リストリクション
～する	**vincolare, limitare** ヴィンコラーレ, リミターレ	restrain, restrict リストレイン, リストリクト
そくほう **速報** sokuhou	**ultime notizie** *f.pl.* ウルティメ ノティーツィエ	newsflash, breaking news ニューズフラシュ, ブレイキング ニューズ
そくめん **側面** sokumen	**lato** *m.* ラート	side サイド
そくりょう **測量** sokuryou	**misurazione** *f.* ミズラツィオーネ	measurement メジャメント
～する	**misurare** ミズラーレ	measure, survey メジャ, サーヴェイ
そくりょく **速力** sokuryoku	**velocità** *f.* ヴェロチタ	speed, velocity スピード, ヴェラスィティ
そけっと **ソケット** soketto	**portalampada** *m.*, **presa** *f.* ポルタランパダ, プレーザ	socket サケト
そこ **底** (容器などの) soko	**fondo** *m.* フォンド	bottom バトム
(靴の)	**suola** *f.* スオーラ	sole ソウル
そこく **祖国** sokoku	**patria** *f.* パートリア	motherland, fatherland マザランド, ファーザランド
そこぢから **底力** sokojikara	**energie nascoste** *f.pl.* エネルジーエ ナスコステ	reserve strength リザーヴ ストレングス
そこなう **損なう** sokonau	**danneggiare** ダンネッジャーレ	hurt, harm ハート, ハーム

日	伊	英
そざい **素材** sozai	**materiale** *m.* マテリアーレ	material マティアリアル
そしき **組織** soshiki	**organizzazione** *f.* オルガニッツィオーネ	organization オーガニゼイション
そしする **阻止する** soshisuru	**ostacolare** オスタコラーレ	hinder, obstruct ハインダ, オブストラクト
そしつ **素質** soshitsu	**talento** *m.* タレント	aptitude, gift アプティテュード, ギフト
そして **そして** soshite	**e, poi** エ, ポーイ	and, then アンド, ゼン
そしょう **訴訟** soshou	**causa** *f.* カウザ	lawsuit, action ロースート, アクション
そしょく **粗食** soshoku	**cibo semplice** *m.* チーボ センプリチェ	simple diet スィンプル ダイエト
そせん **祖先** sosen	**antenato(-*a*)** *m.* (*f.*) アンテナート(-ア)	ancestor アンセスタ
そそぐ **注ぐ** sosogu	**versare** ヴェルサーレ	pour ポー
そそっかしい **そそっかしい** sosokkashii	**sbadato(-*a*)** ズバダート(-タ)	careless ケアレス
そそのかす **唆す** sosonokasu	**tentare, sedurre** テンターレ, セドゥッレ	tempt, seduce テンプト, スィデュース
そだつ **育つ** sodatsu	**crescere** クレッシェレ	grow グロウ
そだてる **育てる** sodateru	**allevare, crescere** アッレヴァーレ, クレッシェレ	bring up ブリング アプ
(動物を)	**allevare** アッレヴァーレ	rear, raise リア, レイズ
(植物を)	**coltivare** コルティヴァーレ	cultivate カルティヴェイト

日	伊	英
措置 そち sochi	**provvedimento** *m.* プロッヴェディメント	measure, step メジャ, ステプ
そちら sochira	**là, lì** ラ, リ	that way, there ザト ウェイ, ゼア
速記 そっき sokki	**stenografia** *f.* ステノグラフィーア	shorthand ショートハンド
即興 そっきょう sokkyou	**improvvisazione** *f.* インプロッヴィザツィオーネ	improvisation インプロヴィゼイション
卒業 そつぎょう sotsugyou	**diploma** *m.*, **laurea** *f.* ディプローマ, ラウレア	graduation グラデュエイション
～する	**diplomarsi** *in*, **laurearsi** *in* ディプロマルスィ イン, ラウレアルスィ イン	graduate from グラデュエイト フラム
～生	**diplomato(-a)** *m.*(*f.*), **laureato(-a)** *m.*(*f.*) ディプロマート(-タ), ラウレアート(-タ)	graduate グラデュエト
ソックス そっくす sokkusu	**calze** *f.pl.* カルツェ	socks サクス
そっくり sokkuri	**tale e quale** ターレ エ クァーレ	just like チャスト ライク
(全部)	**tutto(-a)**, **completamente** トゥット(-タ), コンプレタメンテ	all, entirely オール, インタイアリ
そっけない そっけない sokkenai	**freddo(-a)**, **brusco(-a)** フレッド(-ダ), ブルスコ(-カ)	blunt, curt ブラント, カート
率直な そっちょくな socchokuna	**franco(-a)** フランコ(-カ)	frank, outspoken フランク, アウトスポウクン
そっと そっと sotto	**dolcemente, piano** ドルチェメンテ, ピアーノ	quietly, softly クワイエトリ, ソーフトリ
ぞっとする ぞっとする zottosuru	**tremare** トレマーレ	shudder, shiver シャダ, シヴァ

日	伊	英
そつろん **卒論** sotsuron	**tesi di laurea** *f.* テーズィ ディ ラウレア	graduation thesis グラデュエイション スィースィス
そで **袖** sode	**manica** *f.* マーニカ	sleeve スリーヴ
そと **外** soto	**parte esterna** *f.*, **fuori** *m.* パルテ エステルナ, フオーリ	outside アウトサイド
そとの **外の** sotono	**esterno(-a)** エステルノ(-ナ)	outdoor, external アウトドー, エクスターナル
そなえる **備える** （準備を整える） sonaeru	**prepararsi** *a* プレパラルスィ ア	prepare oneself for プリペア フォ
（用意する）	**provvedere** プロヴヴェデーレ	provide, equip プロヴァイド, イクウィプ
そなた **ソナタ** sonata	**sonata** *f.* ソナータ	sonata ソナータ
その **その** sono	**quello(-a)** クェッロ(-ラ)	that ザト
そのうえ **その上** sonoue	**inoltre** イノルトレ	besides ビサイヅ
そのうち **その内** sonouchi	**presto** プレスト	soon スーン
そのかわり **その代わり** sonokawari	**invece** インヴェーチェ	instead インステド
そのご **その後** sonogo	**poi, da allora** ポーイ, ダ アッローラ	after that アフタ ザト
そのころ **その頃** sonokoro	**allora, in quel periodo** アッローラ, イン クェル ペリーオド	about that time アバウト ザト タイム
そのた **その他** sonota	**eccetera** エッチェーテラ	et cetera, and so on イト セテラ, アンド ソウ オン

日	伊	英
その時 sonotoki	**allora** アッローラ	then, at that time ゼン, アト ザト タイム
そば (近く) soba	**lato** *m.*, **fianco** *m.* ラート, フィアンコ	side サイド
そばに sobani	**accanto** *a* アッカント ア	by, beside バイ, ビサイド
そびえる sobieru	**innalzarsi** インナルツァルスィ	tower, rise タウア, ライズ
祖父 sofu	**nonno** *m.* ノンノ	grandfather グランドファーザ
ソファー sofaa	**divano** *m.* ディヴァーノ	sofa ソウファ
ソフトウェア sofutowea	**software** *m.* ソフトウェル	software ソーフトウェア
ソプラノ sopurano	**soprano** *m.f.* ソプラーノ	soprano ソプラーノウ
素振り soburi	**atteggiamento** *m.* アッテッジャメント	behavior, attitude ビヘイヴャ, アティテュード
祖母 sobo	**nonna** *f.* ノンナ	grandmother グランドマザ
素朴な sobokuna	**semplice** センプリチェ	simple, artless スィンプル, アートレス
粗末な somatsuna	**grezzo(-a), umile** グレッゾ(-ザ), ウーミレ	coarse, humble コース, ハンブル
背く somuku	**disobbedire, tradire** ディゾッベディーレ, トラディーレ	disobey, betray ディスオベイ, ビトレイ
背ける somukeru	**distogliere** ディストッリェレ	avert, turn away アヴァート, ターン アウェイ
ソムリエ somurie	**sommelier** *m.f.* ソンメリェ	sommelier サムリエイ

日	伊	英
そめる **染める** someru	**tingere** ティンジェレ	dye, color, ⒷColour ダイ, カラ, カラ
そよかぜ **そよ風** soyokaze	**venticello** *m.* ヴェンティチェッロ	breeze ブリーズ
そら **空** sora	**cielo** *m.* チェーロ	sky スカイ
そり **そり** sori	**slitta** *f.* ズリッタ	sled, sledge スレド, スレヂ
そる **剃る** soru	**radere, rasare** ラーデレ, ラザーレ	shave シェイヴ
それ **それ** sore	**ciò, quello(-a)** *m.*(*f.*) チョ, クエッロ(-ラ)	it, that イト, ザト
それから **それから** sorekara	**e, da allora** エ, ダ アッローラ	and, since then アンド, スィンス ゼン
それぞれ **それぞれ** sorezore	**rispettivamente** リスペッティヴァメンテ	respectively リスペクティヴリ
それぞれの **それぞれの** sorezoreno	**rispettivo(-a)** リスペッティーヴォ(-ヴァ)	respective, each リスペクティヴ, イーチ
それまで **それまで** soremade	**fino ad allora** フィーノ アダッローラ	till then ティル ゼン
それる **それる** soreru	**allontanarsi, deviare** アッロンタナルスィ, デヴィアーレ	deviate, veer off ディーヴィエイト, ヴィア オフ
そろう (等しくなる) **揃う** sorou	**(essere) uguale** (エッセレ) ウグァーレ	(be) even (ビ) イーヴン
(集まる)	**radunarsi** ラドゥナルスィ	gather ギャザ
(整う)	**(essere) completato(-a)** (エッセレ) コンプレタート(-タ)	(become) complete (ビカム) コンプリート

日	伊	英
そろえる **揃える**（等しくする） soroeru	**uniformare** ウニフォル**マ**ーレ	make even メイク **イ**ーヴン
（まとめる）	**completare** コンプレ**タ**ーレ	complete, collect コン**プリ**ート，コ**レ**クト
（整える）	**ordinare** オルディ**ナ**ーレ	arrange ア**レ**インジ
そろばん **算盤** soroban	**abaco** *m.* **ア**ーバコ	abacus **ア**バカス
そわそわする **そわそわする** sowasowasuru	**(essere) irrequieto(-a)** (**エ**ッセレ) イッレク**ィエ**ート(-タ)	(be) nervous (ビ) **ナ**ーヴァス
そん **損** son	**perdita** *f.*, **svantaggio** *m.* **ペ**ルディタ，ズヴァン**タ**ッジョ	loss, disadvantage **ロ**ース，ディサド**ヴァ**ンティヂ
～をする	**perdere** **ペ**ルデレ	lose, suffer a loss **ル**ーズ，**サ**ファ ア **ロ**ース
そんがい **損害** songai	**danno** *m.* **ダ**ンノ	damage, loss **ダ**ミヂ，**ロ**ース
そんけい **尊敬** sonkei	**rispetto** *m.* リス**ペ**ット	respect リス**ペ**クト
～する	**stimare, rispettare** スティ**マ**ーレ，リスペッ**タ**ーレ	respect, esteem リス**ペ**クト，イス**ティ**ーム
そんげん **尊厳** songen	**dignità** *f.* ディニ**タ**	dignity, prestige **ディ**グニティ，プレス**ティ**ージ
そんざい **存在** sonzai	**esistenza** *f.* エズィス**テ**ンツァ	existence イグ**ズィ**ステンス
～する	**esistere** エ**ズィ**ステレ	exist, (be) existent イグ**ズィ**スト，(ビ) イグ**ズィ**ステント
そんしつ **損失** sonshitsu	**perdita** *f.*, **svantaggio** *m.* **ペ**ルディタ，ズヴァン**タ**ッジョ	loss **ロ**ース
そんぞくする **存続する** sonzokusuru	**continuare** コンティヌ**ア**ーレ	continue コン**ティ**ニュー

日	伊	英
そんだいな **尊大な** sondaina	**arrogante** アッロガンテ	arrogant アロガント
そんちょう **尊重** sonchou	**stima** *f.*, **rispetto** *m.* スティーマ, リスペット	respect, esteem リスペクト, イスティーム
～する	**rispettare** リスペッターレ	respect, esteem リスペクト, イスティーム
そんな **そんな** sonna	**tale** ターレ	such サチ

た, タ

日	伊	英
た **田** ta	**risaia** *f.* リザイア	rice field ライス フィールド
たーとるねっく **タートルネック** taatorunekku	**collo alto** *m.* コッロ アルト	turtleneck タートルネク
たーぼ **ターボ** taabo	**turbo** *m.* トゥルボ	turbo ターボ
たい **タイ** tai	**Thailandia** *f.* タイランディア	Thailand タイランド
たい **鯛** tai	**dentice** *m.*, **orata** *f.* デンティチェ, オラータ	sea bream スィー ブリーム
だい **台** dai	**supporto** *m.*, **piedistallo** *f.* スッポルト, ピエディスタッロ	stand, pedestal スタンド, ペデストル
たいあたりする **体当たりする** taiatarisuru	**lanciarsi** *contro* ランチャルスィ コントロ	tackle, ram タクル, ラム
たいあっぷ **タイアップ** taiappu	**connessione** *f.* コンネッスィオーネ	tie-up タイアプ
たいいく **体育** taiiku	**educazione fisica** *f.* エドゥカツィオーネ フィーズィカ	physical education フィズィカル エデュケイション
だいいちの **第一の** daiichino	**primo(-a)** プリーモ(-マ)	first ファースト
たいいんする **退院する** taiinsuru	**uscire dall'ospedale** ウシーレ ダッロスペダーレ	(be) discharged from hospital (ビ) ディスチャーヂド フラム ハスピトル
たいえきする **退役する** taiekisuru	**andare in pensione** アンダーレ イン ペンスィオーネ	retire リタイア
だいえっと **ダイエット** daietto	**dieta** *f.* ディエータ	diet ダイエト

日	伊	英
たいおうする **対応する** taiousuru	**corrispondere** *a* コッリスポンデレ ア	correspond to コーレスパンド トゥ
だいおきしん **ダイオキシン** daiokishin	**diossina** *f.* ディオッスィーナ	dioxin ダイアクスィン
たいおん **体温** taion	**temperatura** *f.* テンペラトゥーラ	temperature テンペラチャ
～計	**termometro** *m.* テルモーメトロ	thermometer サマメタ
たいか **大家** taika	**gran maestro** *m.*, **autorità** *f.* グラン マエストロ, アウトリタ	great master, authority グレイト マスタ, オサリティ
たいかく **体格** taikaku	**fisico** *m.* フィーズィコ	physique, build フィズィーク, ビルド
だいがく **大学** daigaku	**università** *f.* ウニヴェルスィタ	university, college ユーニヴァースィティ, カリヂ
～院	**corso post-laurea** *m.* コルソ ポストラウレア	graduate school グラデュエト スクール
～生	**studente(-*essa*) universitario(-*a*)** *m.*(*f.*) ストゥデンテ(-デンテッサ) ウニヴェルスィターリオ(-ア)	university student ユーニヴァースィティ ステューデント
たいがくする **退学する** taigakusuru	**lasciare la scuola** ラシャーレ ラ スクォーラ	leave school リーヴ スクール
たいき **大気** taiki	**aria** *f.*, **atmosfera** *f.* アーリア, アトモスフェーラ	air, atmosphere エア, アトモスフィア
～汚染	**inquinamento atmosferico** *m.* インクィナメント アトモスフェーリコ	air pollution エア ポリューション
～圏	**atmosfera (terrestre)** *f.* アトモスフェーラ (テッレストレ)	atmosphere アトモスフィア
だいきぼな **大規模な** daikibona	**su larga scala** ス ラルガ スカーラ	large-scale ラーデスケイル

日	伊	英
たいきゃくする **退却する** taikyakusuru	**ritirarsi** *da* リティラルスィ ダ	retreat from リトリート フラム
たいきゅうせい **耐久性** taikyuusei	**durevolezza** *f.* ドゥレヴォレッツァ	durability デュアラビリティ
だいきん **代金** daikin	**prezzo** *m.* プレッツォ	price プライス
たいぐう **待遇** taiguu	**trattamento** *m.* トラッタメント	treatment トリートメント
たいくつ **退屈** taikutsu	**noia** *f.* ノイア	boredom ボーダム
～な	**noioso(-a)** ノイオーゾ(-ザ)	boring, tedious ボーリング, ティーディアス
たいけい **体形** taikei	**forme** *f.pl.*, **figura** *f.* フォルメ, フィグーラ	figure フィギャ
たいけい **体系** taikei	**sistema** *m.* スィステーマ	system スィステム
たいけつする **対決する** taiketsusuru	**affrontare** アッフロンターレ	confront コンフラント
たいけん **体験** taiken	**esperienza** *f.* エスペリエンツァ	experience イクスピアリアンス
～する	**vivere, fare l'esperienza** *di* ヴィーヴェレ, ファーレ レスペリエンツァ ディ	experience, go through イクスピアリアンス, ゴウ スルー
たいこうする **対抗する** taikousuru	**far fronte** *a* ファール フロンテ ア	oppose, confront オポウズ, コンフラント
だいこうする **代行する** daikousuru	**sostituire** ソスティトゥイーレ	act for アクト フォー
だいごの **第五の** daigono	**quinto(-a)** クィント(-タ)	fifth フィフス

日	伊	英
たいざいする **滞在する** taizaisuru	**soggiornare** ソッジョルナーレ	stay ステイ
たいさく **対策** taisaku	**misure** *f.pl.* ミズーレ	measures メジャズ
だいさんの **第三の** daisanno	**terzo(-a)** テルツォ(-ツァ)	third サード
たいし **大使** taishi	**ambasciatore(-trice)** *m.*(*f.*) アンバシャトーレ(-トリーチェ)	ambassador アンバサダ
～館	**ambasciata** *f.* アンバシャータ	embassy エンバスィ
たいしつ **体質** taishitsu	**costituzione** *f.* コスティトゥツィオーネ	constitution カンスティテューション
だいじな **大事な** daijina	**importante** インポルタンテ	important, precious インポータント, プレシャス
だいじにする **大事にする** daijinisuru	**avere cura** *di* アヴェーレ クーラ ディ	take care of テイク ケア オヴ
たいしゅう **大衆** taishuu	**grande pubblico** *m.* グランデ プップリコ	general public ヂェネラル パブリク
たいじゅう **体重** taijuu	**peso** *m.* ペーゾ	body weight バディ ウェイト
たいしょう **対照** taishou	**contrasto** *m.* コントラスト	contrast, comparison カントラスト, コンパリスン
～する	**confrontare** コンフロンターレ	contrast, compare コントラスト, コンペア
たいしょう **対象** taishou	**oggetto** *m.* オッジェット	object アブヂェクト
だいしょう **代償** daishou	**risarcimento** *m.* リザルチメント	compensation カンペンセイション

日	伊	英
たいじょうする **退場する** taijousuru	**uscire** *da* ウシーレ ダ	leave, exit リーヴ, エグズィト
たいしょく **退職** taishoku	**ritiro dal lavoro** *m.*, **pensionamento** *m.* リティーロ ダル ラヴォーロ, ペンスィオナメント	retirement リタイアメント
~する	**ritirarsi** *da* リティラルスィ ダ	retire from リタイア フラム
だいじん **大臣** daijin	**ministro** *m.* ミニストロ	minister ミニスタ
たいしんの **耐震の** taishinno	**antisismico(-a)** アンティスィズミコ(-カ)	earthquake-proof アースクウェイクプルーフ
だいず **大豆** daizu	**soia** *f.* ソイア	soybean, ⓑsoya-bean ソイビーン, ソヤビーン
たいすいの **耐水の** taisuino	**impermeabile** インペルメアービレ	waterproof ウォータプルーフ
たいすう **対数** taisuu	**logaritmo** *m.* ロガリトモ	logarithm ロガリズム
だいすう **代数** daisuu	**algebra** *f.* アルジェブラ	algebra アルデブラ
たいせい **体制** taisei	**organizzazione** *f.* オルガニッザツィオーネ	organization オーガニゼイション
たいせい **大勢** taisei	**tendenza generale** *f.* テンデンツァ ジェネラーレ	general trend チェネラル トレンド
たいせいよう **大西洋** taiseiyou	**Oceano Atlantico** *m.* オチェーアノ アトランティコ	Atlantic Ocean アトランティク オーシャン
たいせき **体積** taiseki	**volume** *m.* ヴォルーメ	volume ヴァリュム
たいせつな **大切な** taisetsuna	**importante** インポルタンテ	important, precious インポータント, プレシャス

日	伊	英
たいせんする **対戦する** taisensuru	**giocare** *con*, **giocare** *contro* ジョカーレ コン, ジョカーレ コントロ	fight with ファイト ウィズ
たいそう **体操** taisou	**ginnastica** *f.* ジンナスティカ	gymnastics ヂムナスティクス
だいたい **大体** (およそ) daitai	**circa** チルカ	about アバウト
(概略)	**riassunto** *m.* リアッスント	outline, summary アウトライン, サマリ
(大抵)	**in generale** イン ジェネラーレ	generally ヂェネラリ
だいたすう **大多数** daitasuu	**ampia maggioranza** *f.* アンピア マッジョランツァ	large majority ラーヂ マチョーリティ
たいだな **怠惰な** taidana	**pigr***o***(-***a***)** ピーグロ(-ラ)	lazy レイズィ
たいだん **対談** taidan	**colloquio** *m.*, **conversazione** *f.* コッロークィオ, コンヴェルサツィオーネ	talk トーク
～する	**parlare** *con* パルラーレ コン	have a talk with ハヴァ トーク ウィズ
だいたんな **大胆な** daitanna	**audace** アウダーチェ	bold, daring ボウルド, デアリング
たいちょう **体調** taichou	**condizioni fisiche** *f.pl.* コンディツィオーニ フィーズィケ	physical condition フィズィカル コンディション
だいちょう **大腸** daichou	**intestino crasso** *m.* インテスティーノ クラッソ	large intestine ラーヂ インテスティン
たいつ **タイツ** taitsu	**calzamaglia** *f.* カルツァマッリア	tights タイツ
たいてい **大抵** (大体) taitei	**in generale** イン ジェネラーレ	generally ヂェネラリ

日	伊	英
(大部分)	**quasi** クァーズィ	almost オールモウスト
たいど **態度** taido	**atteggiamento** *m.* アッテッジャメント	attitude, manner アティテュード, マナ
たいとうの **対等の** taitouno	**uguale** ウグァーレ	equal, even イークワル, イーヴン
だいどうみゃく **大動脈** daidoumyaku	**aorta** *f.* アオルタ	aorta エイオータ
だいとうりょう **大統領** daitouryou	**presidente** *m.f.* プレズィデンテ	president プレズィデント
だいどころ **台所** daidokoro	**cucina** *f.* クチーナ	kitchen キチン
だいとし **大都市** daitoshi	**metropoli** *f.*, **grande città** *f.* メトローポリ, グランデ チッタ	big city ビグ スィティ
たいとる **タイトル** taitoru	**titolo** *m.* ティートロ	title タイトル
だいなみっくな **ダイナミックな** dainamikkuna	**dinamico(-a)** ディナーミコ(-カ)	dynamic ダイナミク
だいにの **第二の** dainino	**secondo(-a)** セコンド(-ダ)	second セカンド
だいにんぐ **ダイニング** dainingu	**sala da pranzo** *f.* サーラ ダ プランゾ	dining room ダイニング ルーム
たいねつの **耐熱の** tainetsuno	**termoresistente** テルモレズィステンテ	heat resistant ヒート レズィスタント
だいばー **ダイバー** daibaa	**sommozzatore(-trice)** *m. (f.)* ソンモッツァトーレ(-トリーチェ)	diver ダイヴァ
たいばつ **体罰** taibatsu	**punizione corporale** *f.* プニツィオーネ コルポラーレ	corporal punishment コーポラル パニシュメント

日	伊	英
たいはん **大半** taihan	**(la) maggior parte** *di f.* (ラ) マッジョール パルテ ディ	(the) greater part of (ザ) グレイタ パート オヴ
たいひ **堆肥** taihi	**concime organico** *m.* コンチーメ オルガーニコ	compost カンポウスト
だいひょう **代表** daihyou	**rappresentante** *m.f.* ラップレゼンタンテ	representative レプリゼンタティヴ
〜する	**rappresentare** ラップレゼンターレ	represent レプリゼント
〜的な	**rappresentativo(-a)** ラップレゼンタティーヴォ(-ヴァ)	representative レプリゼンタティヴ
〜取締役	**amministratore(-trice) delegato(-a)** *m.*(*f.*) アンミニストラトーレ(-トリーチェ) デレガート(-タ)	CEO, company president スィーイーオウ, カンパニ プレズィデント
だいびんぐ **ダイビング** daibingu	**immersione** *f.*, **tuffi** *m.pl.* インメルスィオーネ, トゥッフィ	diving ダイヴィング
だいぶ **大分** daibu	**abbastanza** アッバスタンツァ	very, pretty ヴェリ, プリティ
たいふう **台風** taifuu	**tifone** *m.* ティフォーネ	typhoon タイフーン
たいへいよう **太平洋** taiheiyou	**Oceano Pacifico** *m.* オチェーアノ パチーフィコ	Pacific Ocean パスィフィク オーシャン
たいへん **大変** taihen	**molto** モルト	very, extremely ヴェリ, イクストリームリ
だいべん **大便** daiben	**feci** *f.pl.* フェーチ	feces フィースィーズ
たいへんな (すばらしい) **大変な** taihenna	**meraviglioso(-a)** メラヴィッリオーゾ(-ザ)	wonderful, splendid ワンダフル, スプレンディド
(やっかいな)	**problematico(-a)** プロブレマーティコ(-カ)	troublesome, hard トラブルサム, ハード

434

日	伊	英
（重大な・深刻な）	**grave** グラーヴェ	serious, grave スィアリアス, グレイヴ
たいほ **逮捕** taiho	**arresto** *m.* アッレスト	arrest, capture アレスト, キャプチャ
～する	**arrestare** アッレスターレ	arrest, capture アレスト, キャプチャ
たいほう **大砲** taihou	**cannone** *m.* カンノーネ	cannon キャノン
たいぼうの **待望の** taibouno	**atteso(-a)** アッテーゾ(-ザ)	long-awaited ロングアウェイテド
だいほん **台本** （映画・劇の） daihon	**sceneggiatura** *f.* シェネッジャトゥーラ	scenario, script サネアリオウ, スクリプト
（歌劇の）	**libretto** *m.* リブレット	libretto リブレトウ
たいま **大麻** taima	**marijuana** *f.* マリワーナ	marijuana マリワーナ
たいまー **タイマー** taimaa	**timer** *m.*, **contaminuti** *m.* タイメル, コンタミヌーティ	timer タイマ
たいまんな **怠慢な** taimanna	**negligente** ネグリジェンテ	negligent ネグリヂェント
たいみんぐ **タイミング** taimingu	**tempismo** *m.* テンピズモ	timing タイミング
だいめい **題名** daimei	**titolo** *m.* ティートロ	title タイトル
だいめいし **代名詞** daimeishi	**pronome** *m.* プロノーメ	pronoun プロウナウン
たいや **タイヤ** taiya	**pneumatico** *m.* プネウマーティコ	tire タイア
だいや **ダイヤ** （運行表） daiya	**orario** *m.* オラーリオ	timetable タイムテイブル

日	伊	英
ダイヤモンド daiyamondo	diamante *m.* ディアマンテ	diamond ダイアモンド
たいよう 太陽 taiyou	sole *m.* ソーレ	sun サン
だいようする 代用する daiyousuru	sostituire ... a ソスティトゥイーレ ... ア	substitute for サブスティテュート フォ
だいよんの 第四の daiyonno	quarto(-a) クァルト(-タ)	fourth フォース
たいらな 平らな tairana	piano(-a) ピアーノ(-ナ)	even, level, flat イーヴン, レヴル, フラト
だいり 代理 dairi	sostituto(-a) *m.*(*f.*) ソスティトゥート(-タ)	representative, proxy レプリゼンタティヴ, プラクスィ
～店	agenzia *f.* アジェンツィーア	agency エイヂェンスィ
たいりく 大陸 tairiku	continente *m.* コンティネンテ	continent カンティネント
だいりせき 大理石 dairiseki	marmo *m.* マルモ	marble マーブル
たいりつ 対立 tairitsu	opposizione *f.* オッポズィツィオーネ	opposition アポズィション
～する	opporsi a オッポルスィ ア	(be) opposed to (ビ) オポウズド トゥ
たいりょう 大量 tairyou	grande quantità *f.* グランデ クァンティタ	mass, large quantities マス, ラーヂ クワンティティズ
～生産	produzione in serie *f.* プロドゥツィオーネ イン セーリエ	mass production マス プロダクション
たいりょく 体力 tairyoku	forza fisica *f.* フォルツァ フィーズィカ	physical strength フィズィカル ストレングス

日	伊	英
たいる **タイル** tairu	**piastrella** *f.* ピアストレッラ	tile **タ**イル
たいわする **対話する** taiwasuru	**dialogare** ディアロガーレ	have a dialogue ハヴ ア ダイア**ロー**グ
たいわん **台湾** taiwan	**Taiwan** *m.* タイ**ワ**ン	Taiwan タイ**ワー**ン
だうんじゃけっと **ダウンジャケット** daunjaketto	**piumino** *m.* ピウ**ミー**ノ	down jacket **ダ**ウン **チャ**ケト
だうんろーどする **ダウンロードする** daunroodosuru	**scaricare** スカリ**カー**レ	download ダウン**ロ**ウド
たえず **絶えず** taezu	**sempre** **セ**ンプレ	always, all the time **オー**ルウェイズ, **オー**ル ザ **タ**イム
たえる **絶える** taeru	**smettere, estinguersi** ズ**メ**ッテレ, エス**ティ**ングェルスィ	cease, die out **スィ**ース, **ダ**イ **ア**ウト
たえる **耐える** （我慢する） taeru	**sopportare** ソッポル**ター**レ	bear, stand **ベ**ア, ス**タ**ンド
（持ちこたえる）	**resistere** レ**ズィ**ステレ	withstand ウィズス**タ**ンド
だえん **楕円** daen	**ellisse** *f.* エ**ッ**リッセ	ellipse, oval イ**リ**プス, **オ**ウヴァル
たおす **倒す** （打ち倒す） taosu	**abbattere, far cadere** アッ**バ**ッテレ, **ファー**ル カ**デー**レ	knock down **ナ**ク **ダ**ウン
（相手を負かす）	**sconfiggere** スコン**フィ**ッジェレ	defeat, beat ディ**フィー**ト, **ビー**ト
（崩壊させる）	**rovesciare** ロヴェ**シャー**レ	overthrow オウヴァス**ロ**ウ
たおる **タオル** taoru	**asciugamano** *m.* アシュガ**マー**ノ	towel **タ**ウエル

日	伊	英
たおれる 倒れる taoreru	cadere, crollare カデーレ, クロッラーレ	fall, collapse フォール, コラプス
たか 鷹 taka	falco *m.* ファルコ	hawk ホーク
たかい 高い takai	alto(*-a*) アルト(-タ)	high, tall ハイ, トール
(値段が)	caro(*-a*) カーロ(-ラ)	expensive イクスペンスィヴ
だかいする 打開する dakaisuru	superare, fare un passo avanti スペラーレ, ファーレ ウン パッソ アヴァンティ	break, make a breakthrough ブレイク, メイク ア ブレイクスルー
たがいに 互いに tagaini	reciprocamente レチプロカメンテ	mutually ミューチュアリ
たがいの 互いの tagaino	reciproco(*-a*) レチープロコ(-カ)	mutual ミューチュアル
だがっき 打楽器 dagakki	percussione *f.* ペルクッスィオーネ	percussion instrument パーカション インストルメント
たかまる (上昇する) 高まる takamaru	salire サリーレ	rise ライズ
(高ぶる)	emozionarsi エモツィオナルスィ	(get) excited (ゲト) イクサイテド
たかめる 高める takameru	elevare, innalzare エレヴァーレ, インナルツァーレ	raise, increase レイズ, インクリース
たがやす 耕す tagayasu	coltivare コルティヴァーレ	cultivate, plow カルティヴェイト, プラウ
たから 宝 takara	tesoro *m.* テゾーロ	treasure トレジャ
～くじ	lotteria *f.* ロッテリーア	lottery ラタリ

日	伊	英
たかる **たかる** takaru	**ricattare** リカッターレ	extort イクストート
たき **滝** taki	**cascata** *f.* カスカータ	waterfall, falls ウォータフォール, フォールズ
だきょうする **妥協する** dakyousuru	**giungere a un compromesso** *con* ジュンジェレ ア ウン コンプロメッソ コン	compromise with カンプロマイズ ウィズ
たく **炊く** taku	**cuocere** クォーチェレ	cook, boil クク, ボイル
だく **抱く** daku	**abbracciare** アッブラッチャーレ	embrace インブレイス
たくさんの **沢山の** takusanno	**molto(-*a*)** モルト(-タ)	many, much メニ, マチ
たくしー **タクシー** takushii	**taxi** *m.* タクシ	cab, taxi キャブ, タクスィ
たくはい **宅配** takuhai	**consegna a domicilio** *f.* コンセーニャ ア ドミチーリオ	door-to-door delivery ドータドー ディリヴァリ
たくましい **たくましい** takumashii	**robusto(-*a*)** ロブスト(-タ)	sturdy, stout スターディ, スタウト
たくみな **巧みな** takumina	**abile** アービレ	skillful スキルフル
たくらむ **企む** takuramu	**complottare** コンプロッターレ	scheme, plot スキーム, プラト
たくわえ **蓄え** takuwae	**riserva** *f.*, **provvista** *f.* リゼルヴァ, プロッヴィスタ	store, reserve ストー, リザーヴ
(貯金)	**risparmi** *m.pl.* リスパルミ	savings セイヴィングズ
たくわえる **蓄える** takuwaeru	**conservare** コンセルヴァーレ	store, keep ストー, キープ

日	伊	英
（貯金する）	**risparmiare** リスパルミアーレ	save セイヴ
だげき **打撃** dageki	**colpo** *m.* コルポ	blow, shock ブロウ, シャク
だけつする **妥結する** daketsusuru	**giungere a un accordo** ジュンジェレ ア ウナッコルド	reach an agreement リーチ アン アグリーメント
たこ **凧** tako	**aquilone** *m.* アクィローネ	kite カイト
たこ **蛸** tako	**polpo** *m.* ポルポ	octopus アクトパス
たこくせきの **多国籍の** takokusekino	**multinazionale** ムルティナツィオナーレ	multinational マルティナショナル
たさいな **多彩な** tasaina	**vario(-a)** ヴァーリオ(-ア)	colorful カラフル
ださんてきな **打算的な** dasantekina	**calcolatore(-trice)** カルコラトーレ(-トリーチェ)	calculating キャルキュレイティング
たしか **確か** tashika	**probabilmente** プロバビルメンテ	probably プラバブリ
～な	**sicuro(-a)** スィクーロ(-ラ)	sure, certain シュア, サートン
～に	**certamente** チェルタメンテ	certainly サートンリ
たしかめる **確かめる** tashikameru	**assicurarsi** *di* アッスィクラルスィ ディ	make sure of メイク シュア オヴ
たしざん **足し算** tashizan	**addizione** *f.* アッディツィオーネ	addition アディション
たしなみ（素養・心得） tashinami	**conoscenza** *f.* コノシェンツァ	knowledge ナリヂ

日	伊	英
(好み・趣味)	**gusto** *m.* グスト	taste テイスト
だじゃれ **駄洒落** dajare	**gioco di parole** *m.* ジョーコ ディ パローレ	pun パン
だしんする **打診する** (意向を) dashinsuru	**sondare** ソンダーレ	sound out サウンド アウト
たす **足す** tasu	**aggiungere** アッジュンジェレ	add アド
だす **出す** (中から) dasu	**tirare ... fuori** ティラーレ ... フオーリ	take out テイク アウト
(露出する)	**esporre** エスポッレ	expose イクスポウズ
(提出する)	**presentare** プレゼンターレ	hand in ハンド イン
(手紙などを)	**spedire** スペディーレ	mail, ⓑpost メイル, ポウスト
(発行する)	**pubblicare** プッブリカーレ	publish パブリシュ
たすう **多数** tasuu	**maggioranza** *f.* マッジョランツァ	majority マチョーリティ
～決	**decisione a maggioranza** *f.* デチズィオーネ ア マッジョランツァ	decision by majority ディスィジョン バイ マチョリティ
～の	**numeroso(-a)** ヌメローゾ(-ザ)	numerous, many ニューメラス, メニ
たすかる **助かる** tasukaru	**(essere) salvato(-a)** (エッセレ) サルヴァート(-タ)	(be) rescued (ビ) レスキュード
(助けになる)	**(essere) d'aiuto** (エッセレ) ダユート	(be) helped (ビ) ヘルプト

日	伊	英
たすける **助ける** tasukeru	**salvare** サルヴァーレ	save セイヴ
（援助する）	**aiutare** アユターレ	help ヘルプ
たずねる **尋ねる** tazuneru	**chiedere** キエーデレ	ask アスク
たずねる **訪ねる** tazuneru	**visitare** ヴィズィターレ	visit ヴィズィト
だせい **惰性** dasei	**inerzia** *f.* イネルツィア	inertia イナーシャ
たたえる **称える** tataeru	**lodare** ロダーレ	praise プレイズ
たたかい **戦い**（戦争・紛争） tatakai	**guerra** *f.* グェッラ	war ウォー
（戦闘）	**battaglia** *f.* バッタッリア	battle バトル
（けんか・抗争）	**lotta** *f.* ロッタ	fight ファイト
たたかう **戦う** tatakau	**lottare** ロッターレ	fight ファイト
たたく **叩く** tataku	**colpire, bussare** コルピーレ, ブッサーレ	strike, hit, knock ストライク, ヒト, ナク
ただし **但し** tadashi	**ma** マ	but, however バト, ハウエヴァ
ただしい **正しい** tadashii	**giusto(-*a*)** ジュスト(-タ)	right, correct ライト, コレクト
ただちに **直ちに** tadachini	**subito** スービト	at once アト ワンス
ただの **ただの**（普通の） tadano	**comune** コムーネ	ordinary オーディネリ

日	伊	英
(無料の)	**gratis** グラーティス	free, gratis フリー, グラティス
たたむ **畳む** tatamu	**piegare** ピエガーレ	fold フォウルド
ただれる **ただれる** tadareru	**infiammarsi** インフィアンマルスィ	(be) inflamed (ビ) インフレイムド
たちあがる **立ち上がる** tachiagaru	**alzarsi** アルツァルスィ	stand up スタンド アプ
たちあげる **立ち上げる** tachiageru	**avviare** アッヴィアーレ	start up スタート アプ
たちいりきんし **立ち入り禁止** tachiirikinshi	**Vietato entrare.** ヴィエタート エントラーレ	No Entry., Keep Out. ノウ エントリ, キープ アウト
たちさる **立ち去る** tachisaru	**andarsene** アンダルセネ	leave リーヴ
たちどまる **立ち止まる** tachidomaru	**fermarsi** フェルマルスィ	stop, halt スタプ, ホールト
たちなおる **立ち直る** tachinaoru	**riprendersi** リプレンデルスィ	get over, recover ゲト オウヴァ, リカヴァ
たちのく **立ち退く** tachinoku	**andare via** アンダーレ ヴィーア	leave, move out リーヴ, ムーヴ アウト
たちば **立場** tachiba	**posizione** *f.* ポズィツィオーネ	standpoint スタンドポイント
たつ **立つ** tatsu	**alzarsi, ergersi** アルツァルスィ, エルジェルスィ	stand, rise スタンド, ライズ
たつ **経つ** tatsu	**passare** パッサーレ	pass, elapse パス, イラプス
たつ **発つ** tatsu	**partire** パルティーレ	set out, depart セト アウト, ディパート

日	伊	英
たつ **建つ** tatsu	**(essere) costruito(-a)** (エッセレ) コストルイート(-タ)	(be) built (ビ) ビルト
たっきゅう **卓球** takkyuu	**tennis da tavolo** *m.* テンニス ダ ターヴォロ	table tennis テイブル テニス
だっこする **抱っこする** dakkosuru	**portare ... in braccio** ポルターレ ... イン ブラッチョ	carry キャリ
たっしゃな **達者な** (健康な) tasshana	**sano(-a)** サーノ(-ナ)	healthy ヘルスィ
(上手な)	**competente** コンペテンテ	skilled, proficient スキルド, プロフィシェント
だっしゅする **ダッシュする** dasshusuru	**scattare** スカッターレ	dash ダシュ
だっしゅつする **脱出する** dasshutsusuru	**fuggire** *da* フッジーレ ダ	escape from イスケイプ フラム
たっする **達する** tassuru	**arrivare** *a*, **raggiungere** アッリヴァーレ ア, ラッジュンジェレ	reach, arrive at リーチ, アライヴ アト
だつぜい **脱税** datsuzei	**evasione fiscale** *f.* エヴァズィオーネ フィスカーレ	tax evasion タクス イヴェイジョン
～する	**evadere le tasse** エヴァーデレ レ タッセ	evade a tax イヴェイド ア タクス
たっせいする **達成する** tasseisuru	**compiere, realizzare** コンピエレ, レアリッザーレ	accomplish, achieve アカンプリシュ, アチーヴ
だっせんする **脱線する** dassensuru	**deragliare** デラリャーレ	(be) derailed (ビ) ディレイルド
(話が)	**divagare** ディヴァガーレ	digress from ダイグレス フラム
たった **たった** tatta	**soltanto** ソルタント	only, just オウンリ, チャスト

日	伊	英
だったいする **脱退する** dattaisuru	**ritirarsi** *da* リティラルスィ ダ	withdraw from ウィズドロー フラム
たったいま **たった今** tattaima	**proprio adesso** プロープリオ アデッソ	just now チャスト ナウ
たつまき **竜巻** tatsumaki	**tromba d'aria** *f.* トロンバ ダーリア	tornado トーネイドウ
だつもう **脱毛** （除毛） datsumou	**depilazione** *f.* デピラツィオーネ	hair removal, depilation ヘア リムーヴァル, デピレイション
（毛が抜け落ちる）	**caduta dei capelli** *f.* カドゥータ デイ カペッリ	hair loss ヘア ロス
だつらくする **脱落する** datsurakusuru	**(essere) omesso(-*a*)** (エッセレ) オメッソ(-サ)	(be) omitted, fall off (ビ) オウミテド, フォール オフ
たて **縦** tate	**lunghezza** *f.* ルンゲッツァ	length レングス
たて **盾** tate	**scudo** *m.* スクード	shield シールド
たてまえ **建て前** tatemae	**obiettivo dichiarato** *m.* オビエッティーヴォ ディキアラート	professed intention, official stance プロフェスト インテンション, オフィシャル スタンス
たてもの **建物** tatemono	**edificio** *m.*, **palazzo** *m.* エディフィーチョ, パラッツォ	building ビルディング
たてる **立てる** tateru	**erigere, mettere in piedi** エリージェレ, メッテレ イン ピエーディ	stand, put up スタンド, プト アプ
（計画などを）	**costituire** コスティトゥイーレ	form, make フォーム, メイク
たてる **建てる** （建築する） tateru	**costruire** コストルイーレ	build, construct ビルド, コンストラクト
（設立する）	**fondare, istituire** フォンダーレ, イスティトゥイーレ	establish, found イスタブリシュ, ファウンド

日	伊	英
たどうし **他動詞** tadoushi	**verbo transitivo** *m.* ヴェルボ トランスィティーヴォ	transitive verb トランズィティヴ ヴァーブ
だとうする **打倒する** datousuru	**sconfiggere** スコンフィッジェレ	defeat ディフィート
だとうな **妥当な** datouna	**adeguato(-a), appropriato(-a)** アデグアート(-タ), アップロプリアート(-タ)	appropriate, proper アプロウプリエト, プラパ
たとえば **例えば** tatoeba	**per esempio** ペレゼンピオ	for example フォ イグザンプル
たとえる **例える** tatoeru	**paragonare** *a* パラゴナーレ ア	compare to カンペア トゥ
たどる **たどる** tadoru	**seguire** セグイーレ	follow, trace ファロウ, トレイス
たな **棚** tana	**scaffale** *m.*, **mensola** *f.* スカッファーレ, メンソラ	shelf, rack シェルフ, ラク
たに **谷** tani	**valle** *f.* ヴァッレ	valley ヴァリ
だに **ダニ** dani	**zecca** *f.* ゼッカ	tick ティク
たにん **他人** tanin	**altri(-e)** *m.pl.* (*f.pl.*) アルトリ(-レ)	other people アザ ピープル
(知らない人)	**estraneo(-a)** *m.* (*f.*) エストラーネオ(-ア)	stranger ストレインヂャ
たね **種** tane	**seme** *m.* セーメ	seed スィード
たのしい **楽しい** tanoshii	**divertente** ディヴェルテンテ	fun, enjoyable ファン, インヂョイアブル
たのしみ **楽しみ** tanoshimi	**piacere** *m.* ピアチェーレ	pleasure, joy プレジャ, ヂョイ

日	伊	英
たのしむ **楽しむ** tanoshimu	**divertirsi, godere** *di* ディヴェルティルスィ, ゴデーレ ディ	enjoy インチョイ
たのみ **頼み** tanomi	**richiesta** *f.* リキエスタ	request, favor, ⒝favour リクウェスト, フェイヴァ, フェイヴァ
たのむ **頼む** tanomu	**chiedere** キエーデレ	ask, request アスク, リクウェスト
たのもしい **頼もしい** （信頼できる） tanomoshii	**affidabile** アッフィダービレ	reliable リライアブル
（有望な）	**promettente** プロメッテンテ	promising プラミスィング
たば **束** taba	**mazzo** *m.*, **fascio** *m.* マッツォ, ファッショ	bundle, bunch バンドル, バンチ
たばこ **煙草** tabako	**sigaretta** *f.* スィガレッタ	tobacco, cigarette トバコウ, スィガレト
たび **旅** tabi	**viaggio** *m.* ヴィアッジョ	travel, journey トラヴル, チャーニ
たびだつ **旅立つ** tabidatsu	**mettersi in viaggio** メッテルスィ イン ヴィアッジョ	embark on a journey インバーク オン ア チャーニ
たびたび **度々** tabitabi	**spesso** スペッソ	often オーフン
たぶー **タブー** tabuu	**tabù** *m.* タブ	taboo タブー
だぶだぶの **だぶだぶの** dabudabuno	**largo(-a)** ラルゴ(-ガ)	loose-fitting ルースフィティング
たふな **タフな** tafuna	**resistente** レズィステンテ	tough, hardy タフ, ハーディ
だぶる **ダブる** daburu	**sovrapporsi** ソヴラッポルスィ	overlap オウヴァラプ

日	伊	英
<ruby>だぶるくりっくする</ruby> **ダブルクリックする** daburukurikkusuru	**fare doppio clic** *su* ファーレ ドッピオ クリクス	double-click ダブルクリク
<ruby>たぶん</ruby> **多分** tabun	**forse** フォルセ	perhaps, maybe パハプス, メイビ
<ruby>たべもの</ruby> **食べ物** tabemono	**cibo** *m.*, **provviste** *f.pl.* チーボ, プロッヴィステ	food, provisions フード, プロヴィジョンズ
<ruby>たべる</ruby> **食べる** taberu	**mangiare** マンジャーレ	eat イート
<ruby>たほう</ruby> **他方** tahou	**d'altra parte** ダルトラ パルテ	on the other hand オン ズィ アザ ハンド
<ruby>たぼうな</ruby> **多忙な** tabouna	**impegnato(-*a*)** インペニャート(-タ)	busy ビズィ
<ruby>だぼく</ruby> **打撲** daboku	**contusione** *f.* コントゥズィオーネ	blow ブロウ
<ruby>たま</ruby> **珠** tama	**perlina** *f.* ペルリーナ	bead, gem ビード, ヂェム
<ruby>たま</ruby> **球** tama	**palla** *f.*, **bulbo** *m.* パッラ, ブルボ	ball, sphere ボール, スフィア
<ruby>たま</ruby> **弾** tama	**proiettile** *m.* プロイエッティレ	bullet, shell ブレト, シェル
<ruby>たまご</ruby> **卵** tamago	**uovo** *m.*, **uova** *f.pl.* ウオーヴォ, ウオーヴァ	egg エグ
<ruby>たましい</ruby> **魂** tamashii	**anima** *f.*, **spirito** *m.* アーニマ, スピーリト	soul, spirit ソウル, スピリト
<ruby>だます</ruby> **騙す** damasu	**ingannare** インガンナーレ	deceive, trick ディスィーヴ, トリク
<ruby>だまって</ruby> **黙って** （静かに） damatte	**silenziosamente** スィレンツィオザメンテ	silently サイレントリ
（無断で）	**senza permesso** センツァ ペルメッソ	without leave ウィザウト リーヴ

日	伊	英
たまに **たまに** tamani	**ogni tanto** オーニ タント	occasionally オケイジョナリ
たまねぎ **玉葱** tamanegi	**cipolla** *f.* チポッラ	onion アニョン
たまる **溜まる** tamaru	**accumularsi** アックムラルスィ	accumulate, gather アキューミュレイト, ギャザ
だまる **黙る** damaru	**tacere** タチェーレ	(become) silent (ビカム) サイレント
だみー **ダミー** damii	**manichino** *m.* マニキーノ	dummy ダミ
だむ **ダム** damu	**diga** *f.* ディーガ	dam ダム
だめーじ **ダメージ** dameeji	**danno** *m.* ダンノ	damage ダミヂ
ためす **試す** tamesu	**provare** プロヴァーレ	try, test トライ, テスト
だめな **駄目な** damena	**inutile** イヌーティレ	useless, no use ユースレス, ノウ ユース
ためになる **ためになる** tameninaru	**proficuo(-a)** プロフィークォ(-クァ)	good for, profitable グド フォ, プラフィタブル
ためらう **ためらう** tamerau	**esitare** エズィターレ	hesitate ヘズィテイト
ためる **貯める** tameru	**mettere da parte** メッテレ ダ パルテ	save, store セイヴ, ストー
たもつ **保つ** tamotsu	**tenere** テネーレ	keep キープ
たより **便り** (手紙) tayori	**lettera** *f.* レッテラ	letter レタ

日	伊	英
（知らせ）	**notizie** *f.pl.* ノティーツィエ	news ニューズ
たより **頼り** tayori	**fiducia** *f.* フィドゥーチャ	reliance, confidence リライアンス, カンフィデンス
たよる **頼る** tayoru	**contare** *su* コンターレス	rely on, depend on リライ オン, ディペンド オン
だらくする **堕落する** darakusuru	**degenerare** *in* デジェネラーレ イン	degenerate into ディチェネレイト イントゥ
だらしない **だらしない** darashinai	**sciatto(-a)** シャット(-タ)	untidy, slovenly アンタイディ, スラヴンリ
たらす **垂らす**（ぶら下げる） tarasu	**pendere, appendere** ペンデレ, アッペンデレ	hang down ハング ダウン
（こぼす）	**versare, gocciolare** ヴェルサーレ, ゴッチョラーレ	drop, spill ドラプ, スピル
たりない **足りない** tarinai	**mancare, (essere) a corto** *di* マンカーレ, (エッセレ) ア コルト ディ	(be) short of (ビ) ショート オヴ
たりょうに **多量に** taryouni	**abbondantemente** アッボンダンテメンテ	abundantly アバンダントリ
たりる **足りる** tariru	**bastare** バスターレ	(be) enough (ビ) イナフ
だるい **だるい** darui	**sentirsi fiacco(-a)** センティルスィ フィアッコ(-カ)	feel heavy, (be) dull フィール ヘヴィ, (ビ) ダル
たるむ **弛む** tarumu	**allentarsi** アッレンタルスィ	(be) loose, slacken (ビ) ルース, スラクン
だれ **誰** dare	**chi** キ	who フー
だれか **誰か** dareka	**qualcuno(-a)** クァルクーノ(-ナ)	someone, somebody サムワン, サムバディ

日	伊	英
たれる **垂れる** (ぶら下がる) tareru	**pendere** ペンデレ	hang, drop ハング, ドラプ
(こぼれる)	**gocciolare** ゴッチョラーレ	drop, drip ドラプ, ドリプ
だれる **だれる** (だらける) dareru	**attenuarsi** アッテヌアルスィ	dull ダル
たれんと **タレント** tarento	**personaggio pubblico** *m.* ペルソナッジョ プッブリコ	personality パーソナリティ
たわむ **たわむ** tawamu	**piegarsi** ピエガルスィ	bend ベンド
たわむれる **戯れる** tawamureru	**giocare** ジョカーレ	play プレイ
たん **痰** tan	**catarro** *m.* カタッロ	phlegm, sputum フレム, スピュータム
だん **段** dan	**scalino** *m.* スカリーノ	step, stair ステプ, ステア
だんあつする **弾圧する** dan-atsusuru	**reprimere** レプリーメレ	suppress サプレス
たんい **単位** tan-i	**unità** *f.* ウニタ	unit ユーニト
(履修単位)	**credito (formativo)** *m.* クレーディト (フォルマティーヴォ)	credit クレディト
たんいつの **単一の** tan-itsuno	**unico(-a)** ウーニコ(-カ)	single, sole スィングル, ソウル
たんか **担架** tanka	**barella** *f.* バレッラ	stretcher ストレチャ
たんかー **タンカー** tankaa	**petroliera** *f.* ペトロリエーラ	tanker タンカ
だんかい **段階** dankai	**fase** *f.* ファーゼ	step, stage ステプ, ステイヂ

日	伊	英
だんがい **断崖** dangai	**precipizio** *m.* プレチピーツィオ	cliff クリフ
たんき **短期** tanki	**breve termine** *m.* ブレーヴェ テルミネ	short term ショート ターム
たんきな **短気な** tankina	**irascibile** イラシービレ	short-tempered, quick-tempered ショートテンパド, クウィクテンパド
たんきゅうする **探究する** tankyuusuru	**studiare** ストゥディアーレ	study, investigate スタディ, インヴェスティゲイト
たんきょりきょうそう **短距離競走** tankyorikyousou	**gara di velocità** *f.* ガーラ ディ ヴェロチタ	short-distance race ショートディスタンス レイス
たんく **タンク** tanku	**serbatoio** *m.* セルバトイオ	tank タンク
だんけつする **団結する** danketsusuru	**unirsi** ウニルスィ	unite ユーナイト
たんけん **探検** tanken	**esplorazione** *f.* エスプロラツィオーネ	exploration エクスプロレイション
〜する	**esplorare** エスプロラーレ	explore イクスプロー
だんげんする **断言する** dangensuru	**affermare** アッフェルマーレ	assert, affirm アサート, アファーム
たんご **単語** tango	**parola** *f.* パローラ	word ワード
たんこう **炭坑** tankou	**miniera di carbone** *f.* ミニエーラ ディ カルボーネ	coal mine コウル マイン
だんごうする **談合する** dangousuru	**truccare una gara d'appalto** トルッカーレ ウナ ガーラ ダッパルト	rig a bid リグ ア ビド
だんさー **ダンサー** dansaa	**ballerino(-a)** *m.*(*f.*) バッレリーノ(-ナ)	dancer ダンサ

日	伊	英
たんさん **炭酸** tansan	**acido carbonico** *m.* アーチド カルボーニコ	carbonic acid カーバニク **ア**スィド
～ガス	**gas di acido carbonico** *m.* ガス ディ アーチド カルボーニコ	carbonic acid gas カーバニク **ア**スィド **ギ**ャス
～水	**acqua gassata** *f.* アックァ ガッサータ	soda water ソウダ **ウォ**ータ
たんしゅくする **短縮する** tanshukusuru	**accorciare, ridurre** アッコル**チ**ャーレ, リ**ドゥ**ッレ	shorten, reduce **ショ**ートン, リ**デュ**ース
たんじゅんな **単純な** tanjunna	**semplice** **セ**ンプリチェ	plain, simple プレイン, **ス**ィンプル
たんしょ **短所** tansho	**difetto** *m.* ディ**フェ**ット	shortcoming **ショ**ートカミング
たんじょう **誕生** tanjou	**nascita** *f.* **ナ**ッシタ	birth バース
～する	**nascere** **ナ**ッシェレ	(be) born (ビ) ボーン
～日	**compleanno** *m.* コンプレ**ア**ンノ	birthday バースデイ
たんす **箪笥** tansu	**armadio** *m.* アル**マ**ーディオ	chest of drawers **チェ**スト オヴ ド**ロ**ーズ
だんす **ダンス** dansu	**ballo** *m.*, **danza** *f.* **バ**ッロ, **ダ**ンツァ	dancing, dance **ダ**ンスィング, **ダ**ンス
たんすい **淡水** tansui	**acqua dolce** *f.* **ア**ックァ **ド**ルチェ	fresh water フレシュ **ウォ**ータ
たんすう **単数** tansuu	**singolare** *m.* スィンゴ**ラ**ーレ	singular **ス**ィンギュラ
だんせい **男性** dansei	**maschio** *m.* **マ**スキオ	male メイル
たんせき **胆石** tanseki	**calcolo biliare** *m.* **カ**ルコロ ビリ**ア**ーレ	gallstone **ゴ**ールストウン

日	伊	英
たんそ **炭素** tanso	**carbonio** *m.* カルボーニオ	carbon カーボン
だんそう **断層** dansou	**faglia** *f.* ファッリア	fault フォルト
たんだい **短大** tandai	**corso universitario biennale** *m.* コルソ ウニヴェルスィターリオ ビエンナーレ	two-year college トゥーイア カリヂ
だんたい **団体** dantai	**gruppo** *m.* グルッポ	group, organization グループ, オーガニゼイション
だんだん **だんだん** dandan	**gradualmente** グラドゥアルメンテ	gradually グラヂュアリ
だんち **団地** danchi	**progetto abitativo** *m.* プロジェット アビタティーヴォ	housing development ハウズィング ディヴェロプメント
たんちょう **短調** tanchou	**scala minore** *f.* スカーラ ミノーレ	minor key マイナ キー
たんちょうな **単調な** tanchouna	**monotono(-a)** モノートノ(-ナ)	monotonous, dull モナトナス, ダル
たんてい **探偵** tantei	**detective** *m.*, **investigatore(-trice)** *m.* (*f.*) デテクティヴ, インヴェスティガトーレ(-トリーチェ)	detective ディテクティヴ
たんとうする **担当する** tantousuru	**incaricarsi** *di* インカリカルスィ ディ	take charge of テイク チャーヂ オヴ
たんどくの **単独の** tandokuno	**solo(-a), individuale** ソーロ(-ラ), インディヴィドゥアーレ	sole, individual ソウル, インディヴィデュアル
たんなる **単なる** tannaru	**semplice** センプリチェ	mere, simple ミア, スィンプル
たんに **単に** tanni	**solamente** ソラメンテ	only, merely オウンリ, ミアリ
だんねんする **断念する** dannensuru	**rinunciare** *a*, **abbandonare** リヌンチャーレ ア, アッバンドナーレ	give up, abandon ギヴ アプ, アバンドン

日	伊	英
たんのうする **堪能する** tannousuru	**(essere) soddisfatto(-a)** *di* (エッセレ) ソッディスファット(-タ) ディ	(be) satisfied with (ビ) サティスファイド ウィズ
たんのうな **堪能な** tannouna	**competente** コンペテンテ	proficient, good プロフィシェント, グド
たんぱ **短波** tanpa	**onde corte** *f.pl.* オンデ コルテ	shortwave ショートウェイヴ
たんぱくしつ **たんぱく質** tanpakushitsu	**proteina** *f.* プロテイーナ	protein プロウティーン
たんぱくな **淡白な** tanpakuna	**semplice** センプリチェ	light, simple ライト, スィンプル
（性格が）	**franco(-a), indifferente** フランコ(-カ), インディッフェレンテ	frank, indifferent フランク, インディファレント
たんぺん **短編** tanpen	**racconto breve** *m.* ラッコント ブレーヴェ	short work ショート ワーク
だんぺん **断片** danpen	**frammento** *m.* フランメント	fragment フラグメント
たんぼ **田んぼ** tanbo	**risaia** *f.* リザイア	rice field ライス フィールド
たんぽ **担保** tanpo	**garanzia** *f.*, **ipoteca** *f.* ガランツィーア, イポテーカ	security, mortgage スィキュアリティ, モーギヂ
だんぼう **暖房** danbou	**riscaldamento** *m.* リスカルダメント	heating ヒーティング
だんぼーる **段ボール** danbooru	**cartone ondulato** *m.* カルトーネ オンドゥラート	corrugated paper コーラゲイテド ペイパ
たんぽん **タンポン** tanpon	**tampone** *m.* タンポーネ	tampon タンパン
たんまつ **端末** tanmatsu	**terminale** *m.* テルミナーレ	terminal ターミナル
だんめん **断面** danmen	**sezione** *f.* セツィオーネ	cross section クロース セクション

日	伊	英
だんらく **段落** danraku	**paragrafo** *m.* パラーグラフォ	paragraph パラグラフ
だんりゅう **暖流** danryuu	**corrente calda** *f.* コッレンテ カルダ	warm current ウォーム カーレント
だんりょく **弾力** danryoku	**elasticità** *f.* エラスティチタ	elasticity イラスティスィティ
だんろ **暖炉** danro	**camino** *m.* カミーノ	fireplace ファイアプレイス
だんわ **談話** danwa	**conversazione** *f.* コンヴェルサツィオーネ	talk, conversation トーク, カンヴァセイション

ち, チ

日	伊	英
ち **血** chi	**sangue** *m.* サングェ	blood ブラド
ちあのーぜ **チアノーゼ** chianooze	**cianosi** *f.* チアノーズィ	cyanosis サイアノウスィス
ちあん **治安** chian	**ordine pubblico** *m.* オルディネ プッブリコ	(public) peace, (public) order (パブリク) ピース, (パブリク) オーダ
ちい **地位** (階級・等級) chii	**rango** *m.* ランゴ	rank ランク
(役職・立場)	**posizione** *f.* ポズィツィオーネ	position ポズィション
ちいき **地域** chiiki	**regione** *f.*, **zona** *f.* レジョーネ, ゾーナ	region, zone リーヂョン, ゾウン
ちいさい **小さい** chiisai	**piccolo(-*a*)** ピッコロ(-ラ)	small, little スモール, リトル
(微細な)	**minuto(-*a*)** ミヌート(-タ)	minute, fine マイニュート, ファイン

日	伊	英
(幼い)	**piccolo(-a)** ピッコロ(-ラ)	little, young リトル, ヤング
ちーず **チーズ** chiizu	**formaggio** *m.* フォル**マッ**ジョ	cheese **チ**ーズ
ちーむ **チーム** chiimu	**squadra** *f.* ス**クァー**ドラ	team **ティ**ーム
～ワーク	**lavoro di squadra** *m.* ラ**ヴォー**ロ ディ ス**クァー**ドラ	teamwork **ティ**ームワーク
ちえ **知恵** chie	**saggezza** *f.* サッ**ジェッ**ツァ	wisdom, intelligence **ウィ**ズダム, イン**テ**リジェンス
ちぇーん **チェーン** cheen	**catena** *f.* カ**テー**ナ	chain **チェ**イン
～店	**catena di negozi** *f.* カ**テー**ナ ディ ネ**ゴー**ツィ	chain store **チェ**イン ス**ト**ー
ちぇこ **チェコ** cheko	**Repubblica Ceca** *f.* レ**プッ**ブリカ **チェー**カ	Czech Republic **チェ**ク リ**パ**ブリク
ちぇっくする **チェックする** chekkusuru	**controllare** コントロッ**ラー**レ	check **チェ**ク
ちぇろ **チェロ** chero	**violoncello** *m.* ヴィオロン**チェッ**ロ	cello **チェ**ロウ
ちぇんばろ **チェンバロ** chenbaro	**cembalo** *m.* **チェ**ンバロ	cembalo **チェ**ンバロウ
ちかい **近い** chikai	**vicino(-a) a** ヴィ**チー**ノ(-ナ) ア	near, close to **ニ**ア, ク**ロ**ウス トゥ
ちかい **地階** chikai	**piano sotterraneo** *m.* ピ**アー**ノ ソッテッラ**ー**ネオ	basement **ベ**イスメント
ちがい **違い** chigai	**differenza** *f.* ディッフェ**レ**ンツァ	difference **ディ**フレンス

日	伊	英
ちがいほうけん **治外法権** chigaihouken	**extraterritorialità** *f.* エクストラテッリトリアリ**タ**	extraterritorial rights エクストラテリト**ー**リアル ラ**イ**ツ
ちかう **誓う** chikau	**giurare** ジュラ**ー**レ	vow, swear ヴ**ァ**ウ, ス**ウェ**ア
ちがう **違う** chigau	**divergere** *da* ディ**ヴェ**ルジェレ ダ	differ from **ディ**ファ フラム
ちかく **知覚** chikaku	**percezione** *f.* ペルチェツィ**オー**ネ	perception パ**セ**プション
ちがく **地学** chigaku	**scienze della terra** *f.pl.* シ**ェ**ンツェ デッラ **テ**ッラ	physical geography **フィ**ズィカル ヂ**ア**グラフィ
ちかごろ **近頃** chikagoro	**nei giorni scorsi** ネイ ジョルニ ス**コ**ルスィ	recently, these days **リ**ーセントリ, ズ**ィ**ーズ デイズ
ちかしつ **地下室** chikashitsu	**scantinato** *m.* スカンティナ**ー**ト	basement, cellar **ベ**イスメント, **セ**ラ
ちかづく **近付く** chikazuku	**avvicinarsi** *a* アッヴィチ**ナ**ルスィ ア	approach ア**プ**ロウチ
ちかてつ **地下鉄** chikatetsu	**metropolitana** *f.* メトロポリ**タ**ーナ	subway, ⑧underground, Tube **サ**ブウェイ, **ア**ンダグラウンド, **テュ**ーブ
ちかどう **地下道** chikadou	**sottopassaggio** *m.* ソットパッ**サ**ッジョ	underpass, subway **ア**ンダパス, **サ**ブウェイ
ちかの **地下の** chikano	**sottoterra** ソット**テ**ッラ	underground, subterranean **ア**ンダグラウンド, サブタ**レ**イニアン
ちかみち **近道** chikamichi	**scorciatoia** *f.* スコルチャ**ト**イア	shortcut **ショ**ートカト
ちかよる **近寄る** chikayoru	**avvicinarsi** *a* アッヴィチ**ナ**ルスィ ア	approach ア**プ**ロウチ
ちから **力** (権力・活力) chikara	**forza** *f.*, **potenza** *f.* **フォ**ルツァ, ポ**テ**ンツァ	power, energy **パ**ウア, **エ**ナヂ

日	伊	英
(能力)	**capacità** *f.* カパチタ	ability, power ア**ビ**リティ, **パ**ウア
ちきゅう **地球** chikyuu	**Terra** *f.* テッラ	earth **ア**ース
～儀	**globo** *m.* グローボ	globe グ**ロ**ウブ
ちぎる **千切る** chigiru	**strappare** ストラッパーレ	tear off **テ**ア **オ**フ
ちく **地区** chiku	**quartiere** *m.*, **zona** *f.* クァルティエーレ, ゾーナ	district, section **ディ**ストリクト, **セ**クション
ちくさん **畜産** chikusan	**allevamento di bestiame** *m.* アッレヴァメント ディ ベスティアーメ	stockbreeding ス**タ**クブリーディング
ちくせき **蓄積** chikuseki	**accumulazione** *f.*, **accumulo** *m.* アックムラツィオーネ, アックームロ	accumulation アキューミュ**レ**イション
ちくのうしょう **蓄膿症** chikunoushou	**empiema** *m.* エンピエーマ	empyema エンピ**イ**ーマ
ちけい **地形** chikei	**conformazione del terreno** *f.*, **topografia** *f.* コンフォルマツィオーネ デル テッレーノ, トポグラフィーア	terrain, topography テレイン, ト**パ**グラフィ
ちけっと **チケット** chiketto	**biglietto** *m.* ビッリエット	ticket **ティ**ケト
ちこくする **遅刻する** chikokusuru	**ritardare** リタルダーレ	(be) late for (ビ) **レ**イト フォ
ちじ **知事** chiji	**governatore(-trice)** *m.(f.)* ゴヴェルナトーレ(-トリーチェ)	governor **ガ**ヴァナ
ちしき **知識** chishiki	**conoscenza** *f.* コノシェンツァ	knowledge **ナ**リヂ
ちしつ **地質** chishitsu	**natura del terreno** *f.* ナトゥーラ デル テッレーノ	nature of the soil **ネ**イチャ オヴ ザ **ソ**イル

日	伊	英
ちじょう 地上 chijou	**terra** *f.* テッラ	ground グラウンド
ちじん 知人 chijin	**conoscente** *m.f.* コノシェンテ	acquaintance アクウェインタンス
ちず 地図 chizu	**mappa** *f.* マッパ	map, atlas マプ, アトラス
ちせい 知性 chisei	**intelletto** *m.*, **intelligenza** *f.* インテッレット, インテッリジェンツァ	intellect, intelligence インテレクト, インテリヂェンス
ちそう 地層 chisou	**strato** *m.* ストラート	stratum, layer ストレイタム, レイア
ちたい 地帯 chitai	**zona** *f.* ゾーナ	zone, region ゾウン, リーヂョン
ちたん チタン chitan	**titanio** *m.* ティターニオ	titanium タイテイニアム
ちち 乳 chichi (乳房)	**seno** *m.* セーノ	breasts ブレスツ
(母乳)	**latte materno** *m.* ラッテ マテルノ	mother's milk マザズ ミルク
ちち 父 chichi	**padre** *m.* パードレ	father ファーザ
〜方	**parte del padre** *f.* パルテ デル パードレ	father's side ファーザズ サイド
ちぢまる 縮まる chijimaru	**accorciarsi** アッコルチャルスィ	(be) shortened (ビ) ショートンド
ちぢむ 縮む chijimu	**restringersi** レストリンジェルスィ	shrink シュリンク
ちぢめる 縮める chijimeru	**accorciare, ridurre** アッコルチャーレ, リドゥッレ	shorten, abridge ショートン, アブリヂ

日	伊	英
ちちゅうかい **地中海** chichuukai	**Mediterraneo** *m.* メディテッラーネオ	Mediterranean メディタレイニアン
ちぢれる **縮れる** chijireru	**arricciarsi** アッリッチャルスィ	(be) curled, wrinkle (ビ) カールド, リンクル
ちつじょ **秩序** chitsujo	**ordine** *m.* オルディネ	order オーダ
ちっそ **窒素** chisso	**azoto** *m.* アゾート	nitrogen ナイトロヂェン
ちっそくする **窒息する** chissokusuru	**soffocare** ソッフォカーレ	(be) suffocated (ビ) サフォケイテド
ちてきな **知的な** chitekina	**intellettuale** インテッレットゥアーレ	intellectual インテレクチュアル
ちのう **知能** chinou	**intelletto** *m.*, **intelligenza** *f.* インテッレット, インテッリジェンツァ	intellect, intelligence インテレクト, インテリヂェンス
ちぶさ **乳房** chibusa	**seno** *m.* セーノ	breasts ブレスツ
ちへいせん **地平線** chiheisen	**orizzonte** *m.* オリッゾンテ	horizon ホライズン
ちほう **地方** chihou	**regione** *f.* レジョーネ	locality, (the) country ロウキャリティ, (ザ) カントリ
ちみつな **緻密な** chimitsuna	**minuto(-a)** ミヌート(-タ)	minute, fine マイニュート, ファイン
ちめい **地名** chimei	**toponimo** *m.* トポーニモ	place-name プレイスネイム
ちめいど **知名度** chimeido	**fama** *f.* ファーマ	recognizability レカグナイザビリティ
ちゃ **茶** cha	**tè** *m.* テ	tea ティー

日	伊	英
ちゃーたーする **チャーターする** chaataasuru	**noleggiare** ノレッジャーレ	charter **チャー**タ
ちゃーみんぐな **チャーミングな** chaaminguna	**affascinante** アッファシナンテ	charming **チャー**ミング
ちゃいろ **茶色** chairo	**marrone** *m.* マッ**ロー**ネ	brown ブ**ラ**ウン
ちゃくじつな **着実な** chakujitsuna	**stabile** ス**タ**ービレ	steady ス**テ**ディ
ちゃくじつに **着実に** chakujitsuni	**stabilmente** スタビル**メ**ンテ	steadily ス**テ**ディリ
ちゃくしょくする **着色する** chakushokusuru	**colorare, dipingere** コロ**ラ**ーレ, ディ**ピ**ンジェレ	color, paint **カ**ラ, **ペ**イント
ちゃくせきする **着席する** chakusekisuru	**sedersi** セ**デ**ルスィ	sit down ス**ィ**ト **ダ**ウン
ちゃくちする **着地する** chakuchisuru	**atterrare** アッテッ**ラ**ーレ	land **ラ**ンド
ちゃくちゃくと **着々と** chakuchakuto	**progressivamente** プログレッシィ**ヴァ**メンテ	steadily ス**テ**ディリ
ちゃくばらい **着払い** chakubarai	**pagamento alla consegna** *m.* パガ**メ**ント **ア**ッラ コン**セー**ニャ	collect on delivery コ**レ**クト **オ**ン ディ**リ**ヴァリ
ちゃくようする **着用する** chakuyousuru	**mettersi, portare** **メ**ッテルスィ, ポル**タ**ーレ	wear **ウェ**ア
ちゃくりく **着陸** chakuriku	**atterraggio** *m.* アッテッ**ラ**ッジョ	landing **ラ**ンディング
〜する	**atterrare** アッテッ**ラ**ーレ	land **ラ**ンド
ちゃりてぃー **チャリティー** charitii	**carità** *f.* カリ**タ**	charity **チャ**リティ

日	伊	英
ちゃれんじする **チャレンジする** charenjisuru	**sfidare** スフィダーレ	challenge チャレンヂ
ちゃわん **茶碗** chawan	**ciotola da riso** *f.* チョートラ ダ リーゾ	rice bowl ライス ボウル
ちゃんす **チャンス** chansu	**occasione** *f.* オッカズィオーネ	chance, opportunity チャンス, アパチューニティ
ちゃんと （きちんと） chanto	**ordinatamente** オルディナタメンテ	neatly ニートリ
（正しく）	**correttamente** コッレッタメンテ	properly プラパリ
（まちがいなく）	**certamente** チェルタメンテ	without fail ウィザウト フェイル
ちゃんねる **チャンネル** channeru	**canale** *m.* カナーレ	channel チャネル
ちゃんぴおん **チャンピオン** chanpion	**campione(-essa)** *m.* (*f.*) カンピオーネ(-オネッサ)	champion チャンピオン
ちゅうい **注意** （留意） chuui	**attenzione** *f.* アッテンツィオーネ	attention アテンション
～する （留意する）	**prestare attenzione** *a* プレスターレ アッテンツィオーネ ア	pay attention to ペイ アテンション トゥ
（警告）	**avvertimento** *m.* アッヴェルティメント	caution, warning コーション, ウォーニング
～する （警告する）	**avvertire** アッヴェルティーレ	warn ウォーン
（忠告）	**consiglio** *m.* コンスィッリォ	advice アドヴァイス
～する （忠告する）	**consigliare** コンスィッリアーレ	advise アドヴァイズ

日	伊	英
ちゅうおう **中央** chuuou	**centro** *m.* チェントロ	center, Ⓑcentre センタ, センタ
ちゅうおうあめりか **中央アメリカ** chuuouamerika	**America centrale** *f.* アメーリカ チェントラーレ	Central America セントラル アメリカ
ちゅうかい **仲介** chuukai	**mediazione** *f.* メディアツィオーネ	mediation ミーディエイション
～者	**intermediario(-a)** *m.* (*f.*) インテルメディアーリオ(-ア)	mediator ミーディエイタ
～する	**mediare** *fra* メディアーレ フラ	mediate between ミーディエイト ビトウィーン
ちゅうがく **中学** chuugaku	**scuola media** *f.* スクォーラ メーディア	junior high school ヂューニア ハイ スクール
～生	**studente(-essa) di scuo-la media** *m.* (*f.*) ストゥデンテ(-デンテッサ) ディ スクォーラ メーディア	junior high school student ヂューニア ハイ スクール ステューデント
ちゅうかりょうり **中華料理** chuukaryouri	**cucina cinese** *f.* クチーナ チネーゼ	Chinese food チャイニーズ フード
ちゅうかん **中間** chuukan	**metà** *f.*, **mezzo** *m.* メタ, メッゾ	middle ミドル
ちゅうきゅうの **中級の** chuukyuuno	**intermedio(-a)** インテルメーディオ(-ア)	intermediate インタミーディエト
ちゅうけい **中継** chuukei	**collegamento** *m.* コッレガメント	relay リーレイ
～する	**trasmettere** トラズメッテレ	relay リーレイ
～放送	**trasmissione** *f.* トラズミッスィオーネ	relay broadcast リーレイ ブロードキャスト
ちゅうこく **忠告** chuukoku	**consiglio** *m.* コンスィッリォ	advice アドヴァイス

日	伊	英
～する	**consigliare** コンスィッリアーレ	advise アドヴァイズ
ちゅうごく **中国** chuugoku	**Cina** *f.* チーナ	China チャイナ
～語	**cinese** *m.* チネーゼ	Chinese チャイニーズ
ちゅうこの **中古の** chuukono	**di seconda mano** ディ セコンダ マーノ	used, secondhand ユーズド, セカンドハンド
ちゅうざい **駐在** chuuzai	**residenza** *f.* レズィデンツァ	residence レズィデンス
ちゅうさいする **仲裁する** chuusaisuru	**arbitrare** アルビトラーレ	arbitrate アービトレイト
ちゅうし **中止** chuushi	**sospensione** *f.* ソスペンスィオーネ	suspension, cancellation サスペンション, キャンセレイション
～する	**sospendere** ソスペンデレ	stop, suspend スタプ, サスペンド
ちゅうじえん **中耳炎** chuujien	**otite media** *f.* オティーテ メーディア	otitis media オウタイティス ミーディア
ちゅうじつな **忠実な** chuujitsuna	**fedele** フェデーレ	faithful フェイスフル
ちゅうしゃ **注射** chuusha	**iniezione** *f.* イニエツィオーネ	injection, shot インヂェクション, シャト
ちゅうしゃ **駐車** chuusha	**parcheggio** *m.* パルケッジョ	parking パーキング
～禁止	**Divieto di sosta.** ディヴィエート ディ ソスタ	No Parking. ノウ パーキング
～場	**parcheggio** *m.* パルケッジョ	parking lot パーキング ラト

日	伊	英
ちゅうしゃく **注釈** chuushaku	**note** *f.pl.* ノーテ	notes, annotation ノウツ, アノテイション
ちゅうじゅん **中旬** chuujun	**metà del mese** *f.* メタ デル メーゼ	middle of ミドル オヴ
ちゅうしょう **抽象** chuushou	**astrazione** *f.* アストラツィオーネ	abstraction アブストラクション
〜画	**pittura astratta** *f.* ピットゥーラ アストラッタ	abstract painting アブストラクト ペインティング
〜的な	**astratto(-a)** アストラット(-タ)	abstract アブストラクト
ちゅうしょうきぎょう **中小企業** chuushoukigyou	**piccole e medie imprese** *f.pl.* ピッコレ エ メーディエ インプレーゼ	small and medium-sized business スモール アンド ミーディアムサイズド ビズネス
ちゅうしょうする **中傷する** chuushousuru	**sparlare** *di* スパルラーレ ディ	slander, speak ill of スランダ, スピーク イル オヴ
ちゅうしょく **昼食** chuushoku	**pranzo** *m.* プランゾ	lunch ランチ
ちゅうしん **中心** chuushin	**centro** *m.* チェントロ	center, core, ⓑcentre センタ, コー, センタ
ちゅうすいえん **虫垂炎** chuusuien	**appendicite** *f.* アッペンディチーテ	appendicitis アペンディサイティス
ちゅうすう **中枢** chuusuu	**centro** *m.* チェントロ	center, ⓑcentre センタ, センタ
ちゅうせい **中世** chuusei	**Medioevo** *m.* メディオエーヴォ	Middle Ages ミドル エイヂェズ
〜の	**medievale** メディエヴァーレ	medieval メディイーヴァル
ちゅうせいし **中性子** chuuseishi	**neutrone** *m.* ネウトローネ	neutron ニュートラン

日	伊	英
ちゅうぜつ **中絶** （妊娠の） chuuzetsu	**aborto** *m.* アボルト	abortion アボーション
ちゅうせん **抽選** chuusen	**sorteggio** *m.* ソルテッジョ	lottery ラタリ
ちゅうたいする **中退する** chuutaisuru	**abbandonare gli studi** アッバンドナーレ リ ストゥーディ	dropout, leave school ドラパウト, リーヴ スクール
ちゅうだんする **中断する** chuudansuru	**interrompere** インテッロンペレ	interrupt インタラプト
ちゅうちょする **躊躇する** chuuchosuru	**esitare** エズィターレ	hesitate ヘズィテイト
ちゅうとう **中東** chuutou	**Medio Oriente** *m.* メーディオ オリエンテ	Middle East ミドル イースト
ちゅうとうきょういく **中等教育** chuutoukyouiku	**istruzione secondaria** *f.* イストルツィオーネ セコンダーリア	secondary education セカンデリ エデュケイション
ちゅうどく **中毒** chuudoku	**intossicazione** *f.* イントッスィカツィオーネ	poisoning ポイズニング
ちゅうとで **中途で** chuutode	**a metà strada** ア メタ ストラーダ	halfway ハフウェイ
ちゅーにんぐ **チューニング** chuuningu	**sintonizzazione** *f.* スィントニッザツィオーネ	tuning テューニング
ちゅうねん **中年** chuunen	**mezza età** *f.* メッザ エタ	middle age ミドル エイヂ
ちゅうもくする **注目する** chuumokusuru	**prestare attenzione** *a* プレスターレ アッテンツィオーネ ア	take notice of, pay attention to テイク ノウティス オヴ, ペイ アテンション トゥ
ちゅうもん **注文** chuumon	**ordine** *m.* オルディネ	order オーダ
～する	**ordinare** オルディナーレ	order オーダ

日	伊	英
ちゅうりつの **中立の** chuuritsuno	**neutrale** ネウトラーレ	neutral ニュートラル
ちゅうりゅうかいきゅう **中流階級** chuuryuukaikyuu	**classe media** *f.* クラッセ メーディア	middle classes ミドル クラセズ
ちゅうわする **中和する** chuuwasuru	**neutralizzare** ネウトラリッザーレ	neutralize ニュートラライズ
ちゅにじあ **チュニジア** chunijia	**Tunisia** *f.* トゥニズィーア	Tunisia テューニージャ
ちょう **腸** chou	**intestino** *m.* インテスティーノ	intestines インテスティンズ
ちょう **蝶** chou	**farfalla** *f.* ファルファッラ	butterfly バタフライ
ちょういんする **調印する** chouinsuru	**firmare** フィルマーレ	sign サイン
ちょうえつする **超越する** chouetsusuru	**trascendere** トラシェンデレ	transcend トランセンド
ちょうおんぱ **超音波** chouonpa	**ultrasuono** *m.* ウルトラスオーノ	ultrasound アルトラサウンド
ちょうかく **聴覚** choukaku	**udito** *m.* ウディート	sense of hearing センス オヴ ヒアリング
ちょうかする **超過する** choukasuru	**superare** スペラーレ	exceed イクスィード
ちょうかん **朝刊** choukan	**quotidiano del mattino** *m.* クオティディアーノ デル マッティーノ	morning paper モーニング ペイパ
ちょうきの **長期の** choukino	**a lungo termine** ア ルンゴ テルミネ	long term ローング ターム
ちょうきょうする **調教する** choukyousuru	**addestrare ... *a*, ammaestrare** アッデストラーレ … ア, アンマエストラーレ	train in, break in トレイン イン, ブレイク イン

日	伊	英
ちょうきょり **長距離** choukyori	**lunga distanza** *f.* ルンガ ディス**タ**ンツァ	long distance **ロー**ング **ディ**スタンス
ちょうこう **聴講** choukou	**frequenza di un corso** *f.* フレク**ェ**ンツァ ディ ウン **コ**ルソ	auditing **オ**ーディティング
～生	**udi*tore*(-*trice*)** *m.* (*f.*) ウディ**トー**レ(-**トリー**チェ)	auditor **オ**ーディタ
ちょうごうする **調合する** chougousuru	**preparare** プレパ**ラー**レ	prepare, mix プリ**ペ**ア, **ミ**クス
ちょうこうそうびる **超高層ビル** choukousoubiru	**grattacielo** *m.* グラッタ**チェー**ロ	skyscraper ス**カ**イスクレイパ
ちょうこく **彫刻** choukoku	**scultura** *f.* スクル**トゥー**ラ	sculpture ス**カ**ルプチャ
ちょうさする **調査する** chousasuru	**indagare** インダ**ガー**レ	investigate, examine イン**ヴェ**スティゲイト, イグ**ザ**ミン
ちょうし **調子**（具合・加減） choushi	**condizione** *f.* コンディツィ**オー**ネ	condition コン**ディ**ション
（拍子）	**tempo** *m.* **テ**ンポ	time, rhythm **タ**イム, **リ**ズム
ちょうしゅう **聴衆** choushuu	**pubblico** *m.* **プ**ッブリコ	audience **オ**ーディエンス
ちょうしょ **長所** chousho	**pregio** *m.* **プレー**ジョ	strong point, merit スト**ロー**ング **ポ**イント, **メ**リト
ちょうじょ **長女** choujo	**primogenita** *f.* プリモ**ジェー**ニタ	oldest daughter **オ**ウルデスト **ド**ータ
ちょうじょう **頂上** choujou	**cima** *f.* **チー**マ	summit **サ**ミト
ちょうしょうする **嘲笑する** choushousuru	**deridere** デ**リー**デレ	laugh at, ridicule **ラ**フ **ア**ト, リ**ディ**キュール

日	伊	英
ちょうしょく **朝食** choushoku	**colazione** *f.* コラツィオーネ	breakfast ブレクファスト
ちょうせいする **調整する** chouseisuru	**regolare** レゴラーレ	adjust アヂャスト
ちょうせつ **調節** chousetsu	**regolazione** *f.*, **controllo** *m.* レゴラツィオーネ, コントロッロ	regulation, control レギュレイション, コントロウル
~する	**regolare** レゴラーレ	regulate, control レギュレイト, コントロウル
ちょうせん **挑戦** chousen	**sfida** *f.* スフィーダ	challenge チャレンヂ
~者	**sfidante** *m.f.* スフィダンテ	challenger チャレンヂャ
~する	**sfidare** スフィダーレ	challenge チャレンヂ
ちょうたつする **調達する** choutatsusuru	**fornire** フォルニーレ	supply, provide サプライ, プロヴァイド
ちょうちふす **腸チフス** chouchifusu	**febbre tifoide** *f.*, **tifo** *m.* フェッブレ ティフォイデ, ティーフォ	typhoid タイフォイド
ちょうちょう **町長** chouchou	**sindaco(-a)** *m.*(*f.*) スィンダコ(-カ)	mayor メイア
ちょうていする **調停する** chouteisuru	**arbitrare, mediare** アルビトラーレ, メディアーレ	arbitrate アービトレイト
ちょうてん **頂点** chouten	**culmine** *m.*, **vertice** *m.* クルミネ, ヴェルティチェ	peak ピーク
ちょうど **丁度** choudo	**proprio** プロープリオ	just, exactly ヂャスト, イグザクトリ
ちょうなん **長男** chounan	**primogenito** *m.* プリモジェーニト	oldest son オウルデスト サン

日	伊	英
ちょうのうりょく **超能力** chounouryoku	**percezione extrasensoriale** *f.* ペルチェツィオーネ エクストラセンソリアーレ	extrasensory perception, ESP エクストラセンソリ パセプション, イーエスピー
ちょうふくする **重複する** choufukusuru	**ripetersi** リペーテルスィ	(be) repeated (ビ) リピーテド
ちょうへい **徴兵** chouhei	**coscrizione** *f.*, **leva** *f.* コスクリツィオーネ, レーヴァ	conscription, draft コンスクリプション, ドラフト
ちょうへんしょうせつ **長編小説** chouhenshousetsu	**romanzo** *m.* ロマンゾ	long novel ロング ナヴェル
ちょうほうけい **長方形** chouhoukei	**rettangolo** *m.* レッタンゴロ	rectangle レクタングル
ちょうほうな **重宝な** chouhouna	**comodo(-a)** コーモド(・ダ)	handy, convenient ハンディ, コンヴィーニエント
ちょうみりょう **調味料** choumiryou	**condimento** *m.* コンディメント	seasoning スィーズニング
ちょうやく **跳躍** chouyaku	**salto** *m.* サルト	jump ヂャンプ
ちょうり **調理** chouri	**cucina** *f.* クチーナ	cooking クキング
～する	**cucinare** クチナーレ	cook クク
ちょうりつ **調律** chouritsu	**accordatura** *f.* アッコルダトゥーラ	tuning テューニング
ちょうりゅう **潮流** chouryuu	**marea** *f.* マレーア	tide, tidal current タイド, タイダル カーレント
ちょうりょく **聴力** chouryoku	**udito** *m.*, **ascolto** *m.* ウディート, アスコルト	listening ability リスニング アビリティ
ちょうれい **朝礼** chourei	**riunione del mattino** *f.* リウニオーネ デル マッティーノ	morning meeting モーニング ミーティング

日	伊	英
ちょうわする **調和する** chouwasuru	**(essere) in armonia** *con* (エッセレ) イナルモルニーア コン	(be) in harmony with (ビ) イン ハーモニ ウィズ
ちょきん **貯金** chokin	**risparmi** *m.pl.* リスパルミ	savings, deposit セイヴィングズ, ディパズィト
〜する	**risparmiare** リスパルミアーレ	save セイヴ
ちょくしんする **直進する** chokushinsuru	**andare dritto** アンダーレ ドリット	go straight ahead ゴウ ストレイト アヘド
ちょくせつぜい **直接税** chokusetsuzei	**imposta diretta** *f.* インポスタ ディレッタ	direct tax ディレクト タクス
ちょくせつの **直接の** chokusetsuno	**diretto(-a)** ディレット(-タ)	direct ディレクト
ちょくせん **直線** chokusen	**linea retta** *f.* リーネア レッタ	straight line ストレイト ライン
ちょくちょう **直腸** chokuchou	**intestino retto** *m.* インテスティーノ レット	rectum レクタム
ちょくつうの **直通の** chokutsuuno	**diretto(-a)** ディレット(-タ)	direct, nonstop ディレクト, ナンスタプ
ちょくばい **直売** chokubai	**vendita diretta** *f.* ヴェンディタ ディレッタ	direct sales ディレクト セイルズ
ちょくめんする **直面する** chokumensuru	**affrontare** アッフロンターレ	face, confront フェイス, コンフラント
ちょくやく **直訳** chokuyaku	**traduzione letterale** *f.* トラドゥツィオーネ レッテラーレ	literal translation リタラル トランスレイション
ちょくりつの **直立の** chokuritsuno	**ritto(-a)** リット(-タ)	vertical, erect ヴァーティカル, イレクト
ちょくりゅう **直流** chokuryuu	**corrente continua** *f.* コッレンテ コンティーヌア	direct current, DC ディレクト カーレント, ディースィー

473

日	伊	英
ちょこれーと **チョコレート** chokoreeto	**cioccolato** *m.* チョッコラート	chocolate チャコレト
ちょさくけん **著作権** chosakuken	**diritti d'autore** *m.pl.* ディリッティ ダウトーレ	copyright カピライト
ちょしゃ **著者** chosha	**aut**ore(**-trice**) *m.* (*f.*) アウトーレ(・トリーチェ)	author, writer オーサ, ライタ
ちょすいち **貯水池** chosuichi	**serbatoio** *m.*, **bacino artificiale** *m.* セルバトイオ, バチーノ アルティフィチャーレ	reservoir レザヴワー
ちょぞうする **貯蔵する** chozousuru	**immagazzinare** インマガッズィナーレ	store, keep ストー, キープ
ちょちくする **貯蓄する** chochikusuru	**risparmiare** リスパルミアーレ	save セイヴ
ちょっかく **直角** chokkaku	**angolo retto** *m.* アンゴロ レット	right angle ライト アングル
ちょっかん **直感** chokkan	**intuizione** *f.*, **intuito** *m.* イントゥイツィオーネ, イントゥーイト	intuition インテュイション
〜的な	**intuitivo(-a)** イントゥイティーヴォ(・ヴァ)	intuitive インテューイティヴ
ちょっけい **直径** chokkei	**diametro** *m.* ディアーメトロ	diameter ダイアメタ
ちょっこうする **直行する** chokkousuru	**andare direttamente** アンダーレ ディレッタメンテ	go direct ゴウ ディレクト
ちょっと　　　(少し) **ちょっと** chotto	**un po'** ウン ポ	a little ア リトル
(短い時間)	**un momento** ウン モメント	for a moment フォ ア モウメント
ちらかる **散らかる** chirakaru	**(essere) in disordine** (エッセレ) イン ディゾルディネ	(be) scattered (ビ) スキャタド

日	伊	英
ちり **地理** chiri	**geografia** *f.* ジェオグラフィーア	geography ヂアグラフィ
ちり **チリ** chiri	**Cile** *m.* チーレ	Chile チリ
ちりょう **治療** chiryou	**cure mediche** *f.pl.* クーレ メーディケ	medical treatment メディカル トリートメント
～する	**curare, medicare** クラーレ, メディカーレ	treat, cure トリート, キュア
ちんかする **沈下する** chinkasuru	**sprofondare** スプロフォンダーレ	sink スィンク
ちんぎん **賃金** chingin	**stipendio** *m.* スティペンディオ	wages, pay ウェイヂズ, ペイ
ちんじゅつする **陳述する** chinjutsusuru	**dichiarare** ディキアラーレ	state ステイト
ちんじょう **陳情** chinjou	**petizione** *f.* ペティツィオーネ	petition ピティション
ちんせいざい **鎮静剤** chinseizai	**calmante** *m.* カルマンテ	sedative セダティヴ
ちんたい **賃貸** chintai	**affitto** *m.* アッフィット	rent レント
ちんつうざい **鎮痛剤** chintsuuzai	**analgesico** *m.* アナルジェーズィコ	analgesic アナルヂーズィク
ちんでんする **沈殿する** chindensuru	**depositarsi** デポズィタルスィ	settle セトル
ちんぱんじー **チンパンジー** chinpanjii	**scimpanzé** *m.f.* シンパンツェ	chimpanzee チンパンズィー
ちんぼつする **沈没する** chinbotsusuru	**affondare** アッフォンダーレ	sink スィンク
ちんもく **沈黙** chinmoku	**silenzio** *m.* スィレンツィオ	silence サイレンス

日	伊	英
ちんれつする **陳列する** chinretsusuru	**esporre** エスポッレ	exhibit, display イグ**ズ**ビト, ディス**プ**レイ

つ, ツ

つい **対** tsui	**paio** *m.*, **coppia** *f.* **パ**イオ, **コ**ッピア	pair, couple **ペ**ア, **カ**プル
ついか **追加** tsuika	**aggiunta** *f.*, **supplemento** *m.* アッ**ジュ**ンタ, スップレ**メ**ント	addition ア**ディ**ション
～する	**aggiungere ... a** アッ**ジュ**ンジェレ ... ア	add to **ア**ドトゥ
ついきゅうする **追及する** tsuikyuusuru	**controinterrogare** コントロインテッロ**ガー**レ	cross-examine クロースイグ**ザ**ミン
ついきゅうする **追求する** tsuikyuusuru	**perseguire** ペルセ**グィー**レ	pursue, seek after パ**ス**ー, ス**ィー**ク アフタ
ついきゅうする **追究する** tsuikyuusuru	**indagare** インダ**ガー**レ	investigate イン**ヴェ**スティゲイト
ついせきする **追跡する** tsuisekisuru	**inseguire** インセ**グィー**レ	pursue, chase パ**ス**ー, **チェ**イス
ついたち **一日** tsuitachi	**primo del mese** *m.* プ**リー**モ デル **メー**ゼ	first day of the month **ファ**ースト デイ オヴ ザ **マ**ンス
ついている **ついている** tsuiteiru	**(essere) fortunato(-a)** (**エ**ッセレ) フォルトゥ**ナー**ト(-タ)	(be) lucky (ビ) **ラ**キ
ついとうする **追悼する** tsuitousuru	**piangere la morte** *di*, **(essere) in lutto** ピ**ア**ンジェレ ラ **モ**ルテ ディ, (**エ**ッセレ) イン **ル**ット	mourn **モ**ーン
ついとつする **追突する** tsuitotsusuru	**tamponare** タンポ**ナー**レ	crash into the rear of ク**ラ**シュ イントゥ ザ **リ**ア オヴ
ついに **ついに** tsuini	**alla fine** **ア**ッラ **フィー**ネ	at last アト **ラ**スト

日	伊	英
ついほうする **追放する** tsuihousuru	**esiliare** エズィリアーレ	banish, expel バニシュ, イクスペル
ついやす **費やす** tsuiyasu	**spendere, impiegare** スペンデレ, インピエガーレ	spend スペンド
ついらくする **墜落する** tsuirakusuru	**schiantarsi** スキアンタルスィ	crash クラシュ
ついんるーむ **ツインルーム** tsuinruumu	**camera doppia** *f.* カーメラ ドッピア	twin room トウィン ルーム
つうがくする **通学する** tsuugakusuru	**andare a scuola** アンダーレ ア スクォーラ	go to school ゴウ トゥ スクール
つうかする **通過する** tsuukasuru	**passare** パッサーレ	pass by パス バイ
つうきんする **通勤する** tsuukinsuru	**andare a lavorare** アンダーレ ア ラヴォラーレ	commute to work コミュート トゥ ワーク
つうこうにん **通行人** tsuukounin	**passante** *m.f.* パッサンテ	passer-by パサバイ
つうじょうの **通常の** tsuujouno	**solito(-*a*)** ソーリト(-タ)	usual, ordinary ユージュアル, オーディネリ
つうじる **通じる** (道などが) tsuujiru	**andare, portare** *a* アンダーレ, ポルターレ ア	go to, lead to ゴウ トゥ, リード トゥ
(電話が)	**mettersi in comunicazione** *con* メッテルスィ イン コムニカツィオーネ コン	get through to ゲト スルー トゥ
つうしん **通信** tsuushin	**comunicazione** *f.* コムニカツィオーネ	communication コミューニケイション
つうち **通知** tsuuchi	**avviso** *m.* アッヴィーゾ	notice, notification ノウティス, ノウティフィケイション
～する	**informare** インフォルマーレ	inform, notify インフォーム, ノウティファイ

日	伊	英
つうちょう **通帳** tsuuchou	**libretto di risparmio** *m.* リブレット ディ リスパルミオ	passbook パスブク
つうやく **通訳** tsuuyaku	**interprete** *m.f.* インテルプレテ	interpreter インタープリタ
〜する	**interpretare** インテルプレターレ	interpret インタープリト
つうようする **通用する** tsuuyousuru	**valere** *come* ヴァレーレ コーメ	pass for, (be) valid パス フォ, (ビ) ヴァリド
つうれつな **痛烈な** tsuuretsuna	**duro(-a)** ドゥーロ(-ラ)	severe, bitter スィヴィア, ビタ
つうろ **通路** tsuuro	**passaggio** *m.* パッサッジョ	passage, path パスィヂ, パス
つえ **杖** tsue	**bastone** *m.* バストーネ	stick, cane スティク, ケイン
つかい　（使者） **使い** tsukai	**messaggero(-a)** *m.(f.)* メッサッジェーロ(-ラ)	messenger メスィンヂャ
つかいかた **使い方** tsukaikata	**modalità d'uso** *f.pl.* モダリタ ドゥーゾ	how to use ハウ トゥ ユーズ
つかいこなす **使いこなす** tsukaikonasu	**utilizzare bene** ウティリッザーレ ベーネ	have a good command of ハヴ ア グド コマンド オヴ
つかう　（使用する） **使う** tsukau	**usare** ウザーレ	use, employ ユーズ, インプロイ
（費やす）	**spendere** スペンデレ	spend スペンド
つかえる **仕える** tsukaeru	**servire** セルヴィーレ	serve サーヴ
つかのまの **束の間の** tsukanomano	**momentaneo(-a)** モメンターネオ(-ア)	momentary モウメンテリ

日	伊	英
捕まえる （つかむ） tsukamaeru	**afferrare** アッフェッラーレ	catch キャチ
（逮捕する）	**arrestare** アッレスターレ	arrest アレスト
（捕獲する）	**catturare** カットゥラーレ	capture キャプチャ
掴まる tsukamaru	**tenersi** *a* テネルスィ ア	grasp, hold on to グラスプ, ホウルド オントゥ
掴む tsukamu	**afferrare** アッフェッラーレ	seize, catch スィーズ, キャチ
疲れ tsukare	**stanchezza** *f.*, **spossatezza** *f.* スタンケッツァ, スポッサテッツァ	fatigue ファティーグ
疲れる tsukareru	**stancarsi** スタンカルスィ	(be) tired (ビ) タイアド
月 tsuki	**luna** *f.* ルーナ	moon ムーン
（暦の）	**mese** *m.* メーゼ	month マンス
付き合い tsukiai	**relazione** *f.* レラツィオーネ	association アソウスィエイション
付き合う tsukiau	**frequentare** フレクェンターレ	keep company with キープ カンパニ ウィズ
突き当たり tsukiatari	**fine** *f.* フィーネ	end エンド
付き添う tsukisou	**accompagnare** アッコンパニャーレ	attend on, accompany アテンド オン, アカンパニ
継ぎ足す tsugitasu	**aggiungere** *a* アッジュンジェレ ア	add to アド トゥ

日	伊	英
つきづき **月々** tsukizuki	**ogni mese** オーニ メーゼ	every month エヴリ マンス
つぎつぎ **次々** tsugitsugi	**uno(-a) dopo l'altro(-a)** ウーノ(-ナ) ドーポ ラルトロ(-ラ)	one after another ワン アフタ アナザ
つきとめる **突き止める** tsukitomeru	**scoprire** スコプリーレ	find out, trace ファインド アウト, トレイス
つきなみな **月並みな** tsukinamina	**banale** バナーレ	common カモン
つぎに **次に** tsugini	**poi** ポーイ	next, secondly ネクスト, セカンドリ
つぎの **次の** tsugino	**prossimo(-a)** プロッスィモ(-マ)	next, following ネクスト, ファロウイング
つきひ **月日** tsukihi	**tempo** *m.*, **giorni** *m.pl.* テンポ, ジョルニ	days, time デイズ, タイム
つきまとう **付きまとう** tsukimatou	**seguire ... come un'ombra** セグィーレ ... コーメ ウノンブラ	follow about ファロウ アバウト
つぎめ **継ぎ目** tsugime	**giuntura** *f.* ジュントゥーラ	joint, juncture ヂョイント, ヂャンクチャ
つきよ **月夜** tsukiyo	**notte di luna** *f.* ノッテ ディ ルーナ	moonlit night ムーンリト ナイト
つきる **尽きる** tsukiru	**terminare** テルミナーレ	(be) exhausted, run out (ビ) イグゾーステド, ラン アウト
つく **付く** tsuku	**attaccarsi** *a* アッタッカルスィ ア	stick to, attach to スティク トゥ, アタチ トゥ
つく **突く** tsuku	**trafiggere, perforare** トラフィッジェレ, ペルフォラーレ	thrust, pierce スラスト, ピアス
つく **着く** tsuku	**arrivare** *a* アッリヴァーレ ア	arrive at アライヴ アト

日	伊	英
(席に)	**prendere posto** プレンデレ ポスト	take one's seat テイク スィート
つぐ 注ぐ tsugu	**versare** ヴェルサーレ	pour ポー
つくえ 机 tsukue	**scrivania** *f.* スクリヴァニーア	desk, bureau デスク, ビュアロウ
つくす 尽くす tsukusu	**dedicarsi** *a* デディカルスィ ア	devote oneself ディヴォウト
つぐなう 償う tsugunau	**compensare, risarcire** コンペンサーレ, リザルチーレ	compensate for カンペンセイト フォ
つくりかた 作り方 tsukurikata	**come fare** コーメ ファーレ	how to make ハウ トゥ メイク
つくりばなし 作り話 tsukuribanashi	**storia inventata** *f.* ストーリア インヴェンタータ	made-up story メイダプ ストーリ
つくる 作る tsukuru	**fare** ファーレ	make メイク
(創作する)	**creare** クレアーレ	create クリエイト
(形成する)	**formare** フォルマーレ	form フォーム
つくろう 繕う tsukurou	**riparare, rammendare** リパラーレ, ランメンダーレ	repair, mend リペア, メンド
(うわべを)	**salvare** サルヴァーレ	save セイヴ
つけあわせ 付け合わせ tsukeawase	**guarnizione** *f.*, **contorno** *m.* グァルニツィオーネ, コントルノ	garnish ガーニシュ
つけくわえる 付け加える tsukekuwaeru	**aggiungere** アッジュンジェレ	add アド

日	伊	英
つけもの **漬物** tsukemono	**sottaceti** *m.pl.* ソッタチェーティ	pickles ピクルズ
つける **付ける** tsukeru	**attaccare, applicare** アッタッカーレ, アップリカーレ	put, attach プト, アタチ
つける **着ける** tsukeru	**mettersi** メッテルスィ	put on, wear プト オン, ウェア
つける **点ける** tsukeru	**accendere** アッチェンデレ	light, set fire ライト, セト ファイア
つげる **告げる** tsugeru	**informare** インフォルマーレ	tell, inform テル, インフォーム
つごう **都合** tsugou	**convenienza** *f.* コンヴェニエンツァ	convenience カンヴィーニエンス
〜のよい	**comodo(-a)** コーモド(-ダ)	convenient カンヴィーニエント
つじつまがあう **辻褄が合う** tsujitsumagaau	**(essere) coerente** *con* (エッセレ) コエレンテ コン	(be) consistent with (ビ) コンスィステント ウィズ
つたえる **伝える** tsutaeru	**comunicare** コムニカーレ	tell, report テル, リポート
(伝授する)	**iniziare** イニツィアーレ	teach, initiate ティーチ, イニシエイト
(伝承する)	**tramandare** *a* トラマンダーレ ア	hand down to ハンド ダウン トゥ
つたわる **伝わる** tsutawaru	**trasmettersi** トラズメッテルスィ	(be) conveyed (ビ) コンヴェイド
(噂などが)	**diffondersi** ディッフォンデルスィ	spread, pass スプレド, パス
(代々)	**tramandarsi** *di* トラマンダルスィ ディ	(be) handed down from (ビ) ハンデド ダウン フラム

日	伊	英
つち **土** tsuchi	**terra** *f.* テッラ	earth, soil **ア**ース, **ソ**イル
つづき **続き** tsuzuki	**seguito** *m.* セーグィト	sequel, continuation ス**ィ**ークウェル, コンティニュ**エ**イション
つつく **つつく** tsutsuku	**dare un colpetto** *a* ダーレ ウン コルペット ア	poke at **ポ**ウク アト
つづく **続く** tsuzuku	**continuare, durare** コンティヌ**ア**ーレ, ドゥラーレ	continue, last コン**ティ**ニュー, **ラ**スト
(後に)	**succedere** *a* スッ**チェ**ーデレ ア	follow, succeed to **ファ**ロウ, サクス**ィ**ード トゥ
つづける **続ける** tsuzukeru	**continuare** コンティヌ**ア**ーレ	continue カン**ティ**ニュー
つっこむ **突っ込む** tsukkomu	**ficcare ...** *in* フィッ**カ**ーレ ... イン	thrust into ス**ラ**スト イントゥ
つつしむ **慎む** tsutsushimu	**astenersi** *da* アステ**ネ**ルスィ ダ	refrain from リフ**レ**イン フラム
つつみ **包み** tsutsumi	**pacco** *m.* パッコ	parcel, package **パ**ースル, **パ**キヂ
つつむ **包む** tsutsumu	**avvolgere ...** *in* アッ**ヴォ**ルジェレ ... イン	wrap, envelop in **ラ**プ, インヴ**ェ**ロプ イン
つづり **綴り** tsuzuri	**ortografia** *f.* オルトグラフ**ィ**ーア	spelling ス**ペ**リング
つとめ **勤め** tsutome	**lavoro** *m.* ラ**ヴォ**ーロ	business, work **ビ**ズネス, **ワ**ーク
つとめ **務め** tsutome	**servizio** *m.* セル**ヴィ**ーツィオ	duty, service **デュ**ーティ, **サ**ーヴィス
つとめる **勤める** tsutomeru	**lavorare** ラヴォ**ラ**ーレ	work **ワ**ーク

日	伊	英
つとめる **努める** tsutomeru	**cercare** *di* チェルカーレ ディ	try to トライ トゥ
つとめる **務める** tsutomeru	**servire** セルヴィーレ	serve サーヴ
つながる **繋がる** tsunagaru	**collegarsi** *a* コッレガルスィ ア	(be) connected with (ビ) コネクテド ウィズ
つなぐ **繋ぐ** tsunagu	**legare, collegare** レガーレ, コッレガーレ	tie, connect タイ, コネクト
つなみ **津波** tsunami	**tsunami** *m.*, **maremoto** *m.* ツナーミ, マレモート	tsunami, tidal wave ツナーミ, タイドル ウェイヴ
つねに **常に** tsuneni	**sempre** センプレ	always オールウェイズ
つねる **つねる** tsuneru	**pizzicare** ピッツィカーレ	pinch, nip ピンチ, ニプ
つの **角** tsuno	**corno** *m.* コルノ	horn ホーン
つば **唾** tsuba	**saliva** *f.* サリーヴァ	spittle, saliva スピトル, サライヴァ
つばき **椿** tsubaki	**camelia** *f.* カメーリア	camellia カミーリア
つばさ **翼** tsubasa	**ala** *f.* アーラ	wing ウィング
つばめ **燕** tsubame	**rondine** *f.* ロンディネ	swallow スワロウ
つぶ **粒** tsubu	**granello** *m.*, **chicco** *m.* グラネッロ, キッコ	grain, drop グレイン, ドラプ
つぶす **潰す** tsubusu	**schiacciare** スキアッチャーレ	break, crush ブレイク, クラシュ

日	伊	英
(暇・時間を)	**ammazzare** アンマッツァーレ	kill キル
つぶやく **つぶやく** tsubuyaku	**mormorare** モルモラーレ	murmur マーマ
つぶれる **潰れる** tsubureru	**schiacciarsi** スキアッチャルスィ	break, (be) crushed ブレイク, (ビ) クラシュト
(店などが)	**fallire** ファッリーレ	go bankrupt ゴウ バンクラプト
つま **妻** tsuma	**moglie** *f.* モッリエ	wife ワイフ
つまさき **爪先** tsumasaki	**punta del piede** *f.* プンタ デル ピエーデ	tiptoe ティプトウ
つまずく **つまずく** tsumazuku	**inciampare** インチャンパーレ	stumble スタンブル
つまみ **つまみ** tsumami	**pomello** *m.* ポメッロ	knob ナブ
(酒の)	**spuntino** *m.* スプンティーノ	finger food, snacks フィンガ フード, スナクス
つまむ **つまむ** tsumamu	**pizzicare** ピッツィカーレ	pick, pinch ピク, ピンチ
つまらない **つまらない** tsumaranai	**insignificante** インスィニフィカンテ	worthless, trivial ワースレス, トリヴィアル
つまり **つまり** tsumari	**insomma** インソンマ	in short, that is to say イン ショート, ザト イズ トゥ セイ
つまる **詰まる** tsumaru	**gremirsi** *di* グレミルスィ ディ	(be) packed (ビ) パクト
つみ **罪** tsumi	**reato** *m.* レアート	criminal offense クリミナル オフェンス

日	伊	英
つみかさねる **積み重ねる** tsumikasaneru	**accumulare** アックムラーレ	pile up パイル アプ
つみき **積み木** tsumiki	**mattoncini di legno** *m.pl.* マットンチーニ ディ レーニョ	toy blocks トイ ブロクス
つみたてる **積み立てる** tsumitateru	**depositare** デポズィターレ	deposit ディパズィット
つむ **積む** tsumu	**accatastare** アッカタスターレ	pile, lay パイル, レイ
（積載する）	**caricare** カリカーレ	load ロウド
つむ **摘む** tsumu	**raccogliere, strappare** ラッコッリェレ, ストラッパーレ	pick, pluck ピク, プラク
つめ **爪** tsume	**unghia** *f.* ウンギア	nail ネイル
（動物の）	**artiglio** *m.* アルティッリォ	claw クロー
～切り	**tagliaunghie** *m.* タッリァウンギエ	nail clipper ネイル クリパ
つめあわせ **詰め合わせ** tsumeawase	**assortimento** *m.* アッソルティメント	assortment アソートメント
つめこむ **詰め込む** tsumekomu	**riempire** *di* リエンピーレ ディ	pack with, stuff パク ウィズ, スタフ
（知識を）	**sgobbare** ズゴッバーレ	cram クラム
つめたい **冷たい** tsumetai	**freddo(-a)** フレッド(-ダ)	cold, chilly コウルド, チリ
つめもの **詰め物** tsumemono	**ripieno** *m.* リピエーノ	stuffing スタフィング
つめる **詰める** tsumeru	**riempire** リエンピーレ	stuff, fill スタフ, フィル

日	伊	英
(席を)	**fare posto** ファーレ ポスト	move over, make room ムーヴ オウヴァ, メイク ルーム
つもる 積もる tsumoru	**accumularsi** アックムラルスィ	accumulate アキューミュレイト
つや 艶 tsuya	**lucentezza** *f.* ルチェンテッツァ	gloss, luster グロス, ラスタ
つゆ 梅雨 tsuyu	**stagione delle piogge** *f.* スタジョーネ デッレ ピオッジェ	rainy season レイニ スィーズン
つゆ 露 tsuyu	**rugiada** *f.* ルジャーダ	dew, dewdrop デュー, デュードラプ
つよい 強い tsuyoi	**potente** ポテンテ	strong, powerful ストロング, パウアフル
つよきの 強気の tsuyokino	**aggressivo(-a)** アッグレッスィーヴォ(-ヴァ)	strong, aggressive ストロング, アグレスィヴ
つよさ 強さ tsuyosa	**forza** *f.* フォルツァ	strength ストレングス
つよび 強火 tsuyobi	**fiamma alta** *f.* フィアンマ アルタ	high flame ハイ フレイム
つよみ 強み tsuyomi	**punto forte** *m.* プント フォルテ	strong point ストローング ポイント
つらい 辛い tsurai	**doloroso(-a)** ドロローゾ(-ザ)	hard, painful ハード, ペインフル
つらなる 連なる tsuranaru	**estendersi** エステンデルスィ	stretch, run ストレチ, ラン
つらぬく 貫く tsuranuku	**perforare, trafiggere** ペルフォラーレ, トラフィッジェレ	pierce, penetrate ピアス, ペネトレイト
(一貫する)	**compiere, realizzare** コンピエレ, レアリッザーレ	accomplish, achieve アカンプリシュ, アチーヴ

日	伊	英
つらら **氷柱** tsurara	**ghiacciolo** *m.* ギアッチョーロ	icicle アイスィクル
つり **釣り** tsuri	**pesca** *f.* ペスカ	fishing フィシング
つりあう **釣り合う** tsuriau	**bilanciarsi** ビランチャルスィ	balance, match バランス, マチ
つる **釣る** tsuru	**pescare** ペスカーレ	fish フィシュ
つる **鶴** tsuru	**gru** *f.* グル	crane クレイン
つるす **吊るす** tsurusu	**appendere** アッペンデレ	hang, suspend ハング, サスペンド
つれ **連れ** tsure	**compagno(-a)** *m.* (*f.*) コンパーニョ(-ニャ)	companion コンパニオン
つれていく **連れて行く** tsureteiku	**portare** ポルターレ	take, bring along テイク, ブリング アロング
つわり **つわり** tsuwari	**nausea gravidica** *f.* ナウゼア グラヴィーディカ	morning sickness モーニング スィクネス

て, テ

日	伊	英
て **手** te	**mano** *f.* マーノ	hand, arm ハンド, アーム
（手段・方法）	**modo** *m.*, **mezzo** *m.* モード, メッゾ	way, means ウェイ, ミーンズ
であう **出会う** deau	**incontrare** インコントラーレ	meet, come across ミート, カム アクロス
てあつい **手厚い** teatsui	**cordiale** コルディアーレ	cordial, warm コーヂャル, ウォーム
てあて **手当て** teate	**cure mediche** *f.pl.* クーレ メーディケ	medical treatment メディカル トリートメント

日	伊	英
ていあん 提案 teian	**proposta** *f.* プロ**ポ**スタ	proposal プロ**ポ**ウザル
～する	**proporre** プロ**ポッ**レ	propose, suggest プロ**ポ**ウズ, サグ**チェ**スト
でぃーづぃでぃー DVD diivuidii	**DVD** *m.* ディッヴッ**ディ**	DVD **ディ**ーヴィー**ディ**ー
てぃーしゃつ ティーシャツ tiishatsu	**maglietta** *f.*, **T-shirt** *f.* マッリ**ェッ**タ, ティ**シェ**ルト	T-shirt **ティ**ーシャツ
ていいん 定員 teiin	**capacità** *f.* カパチ**タ**	capacity カ**パ**スィティ
ていか 定価 teika	**prezzo fisso** *m.* プ**レッ**ツォ **フィッ**ソ	fixed price **フィ**クスト プ**ラ**イス
ていかん 定款 teikan	**statuto** *m.* スタ**トゥ**ート	articles of association **ア**ーティクルズ オヴ アソウスィ**エ**イション
ていかんし 定冠詞 teikanshi	**articolo determinativo** *m.* アル**ティ**ーコロ デテルミナ**ティ**ーヴォ	definite article **デ**フィニト **ア**ーティクル
ていぎ 定義 teigi	**definizione** *f.* デフィニツィ**オ**ーネ	definition デフィ**ニ**ション
ていきあつ 低気圧 teikiatsu	**bassa pressione** *f.* **バッ**サ プレッスィ**オ**ーネ	low pressure, depression **ロ**ウ プ**レ**シャ, ディプ**レ**ション
ていきけん 定期券 teikiken	**abbonamento** *m.* アッボナ**メ**ント	commutation ticket カミュ**テ**イション **ティ**ケト
ていきてきな 定期的な teikitekina	**periodico(-a)** ペリ**オ**ーディコ(-カ)	regular, periodic **レ**ギュラ, ピアリ**ア**ディク
ていきゅうな 低級な teikyuuna	**inferiore** インフェリ**オ**ーレ	inferior, low イン**フィ**アリア, **ロ**ウ
ていきゅうび 定休日 teikyuubi	**giorno di chiusura** *m.* **ジョ**ルノ ディ キウ**ズ**ーラ	regular holiday **レ**ギュラ **ハ**リデイ

日	伊	英
ていきょうする **提供する** teikyousuru	**offrire, fornire** オッフリーレ, フォルニーレ	offer, supply オファ, サプライ
ていきよきん **定期預金** teikiyokin	**deposito vincolato** *m.* デポーズィト ヴィンコラート	deposit account ディパズィト アカウント
ていけいする **提携する** teikeisuru	**collaborare** *con* コッラボラーレ コン	cooperate with コウアペレイト
ていけつあつ **低血圧** teiketsuatsu	**ipotensione** *f.* イポテンスィオーネ	low blood pressure ロウ ブラド プレシャ
ていこう **抵抗** teikou	**resistenza** *f.* レズィステンツァ	resistance レズィスタンス
～する	**resistere** *a*, **opporsi** *a* レズィステレ ア, オッポルスィ ア	resist, oppose リズィスト, オポウズ
ていさい **体裁** teisai	**apparenza** *f.* アッパレンツァ	appearance アピアランス
ていさつする **偵察する** teisatsusuru	**perlustrare** ペルルストラーレ	reconnoiter リーコノイタ
ていし **停止** teishi	**sospensione** *f.* ソスペンスィオーネ	stop, suspension スタプ, サスペンション
～する	**sospendere** ソスペンデレ	stop, suspend スタプ, サスペンド
ていしゃする **停車する** teishasuru	**fermarsi** フェルマルスィ	stop スタプ
ていしゅ **亭主** teishu	**padrone** *m.* パドローネ	master, host マスタ, ホウスト
(夫)	**marito** *m.* マリート	husband ハズバンド
ていしゅつする **提出する** teishutsusuru	**presentare** プレゼンターレ	present, submit プリゼント, サブミト
ていしょうする **提唱する** teishousuru	**proporre** プロポッレ	advocate, propose アドヴォケイト, プロポウズ

日	伊	英
ていしょく **定食** teishoku	**menu (a prezzo fisso)** *m.* メヌ (ア プレッツォ フィッソ)	set meal, table d'hote セト ミール, テイブル ドウト
ていすう **定数** teisuu	**numero prestabilito** *m.* ヌーメロ プレスタビリート	fixed number フィクスト ナンバ
でぃすかうんと **ディスカウント** disukaunto	**sconto** *m.* スコント	discount ディスカウント
でぃすく **ディスク** disuku	**dischetto** *m.* ディスケット	disk ディスク
でぃすぷれい **ディスプレイ** disupurei	**schermo** *m.*, **display** *m.* スケルモ, ディスプレイ	display ディスプレイ
ていせいする **訂正する** teiseisuru	**correggere** コッレッジェレ	correct, revise コレクト, リヴァイズ
ていせつ **定説** teisetsu	**teoria ufficiale** *f.* テオリーア ウッフィチャーレ	established theory イスタブリシュト スィオリ
ていせん **停戦** teisen	**tregua** *f.* トレーグァ	cease-fire, truce スィースファイア, トルース
ていぞくな **低俗な** teizokuna	**rozzo(-a)** ロッゾ(-ザ)	vulgar, lowbrow ヴァルガ, ロウブラウ
ていそする **提訴する** teisosuru	**intentare una causa** インテンターレ ウナ カウザ	file a suit ファイル ア スート
ていたいする **停滞する** teitaisuru	**ristagnare** リスタニャーレ	stagnate スタグネイト
ていちゃくする **定着する** teichakusuru	**attecchire** アッテッキーレ	fix フィクス
ていちょうな **低調な** teichouna	**inattivo(-a)** イナッティーヴォ(-ヴァ)	inactive, dull イナクティヴ, ダル
てぃっしゅ **ティッシュ** tisshu	**fazzoletto di carta** *m.* ファッツォレット ディ カルタ	tissue ティシュー

日	伊	英
ていでん **停電** teiden	**black out** *m.* ブレカウト	power failure パウア フェイリュア
ていど **程度** teido	**grado** *m.* グラード	degree, grade ディグリー, グレイド
ていとう **抵当** teitou	**ipoteca** *f.* イポテーカ	mortgage モーギヂ
ていねいな **丁寧な** teineina	**cortese** コルテーゼ	polite, courteous ポライト, カーティアス
ていねいに **丁寧に** teineini	**cortesemente** コルテゼメンテ	politely, courteously ポライトリ, カーティアスリ
ていねん **定年** teinen	**età di pensionamento** *f.* エタ ディ ペンスィオナメント	retirement age リタイアメント エイヂ
ていはくする **停泊する** teihakusuru	**gettare l'ancora** ジェッターレ ランコラ	anchor アンカ
ていぼう **堤防** teibou	**diga** *f.*, **argine** *m.* ディーガ, アルジネ	bank, embankment バンク, インバンクメント
ていめいする **低迷する** teimeisuru	**stagnare, (essere) in crisi** スタニャーレ, (エッセレ) イン クリーズィ	(be) sluggish (ビ) スラギシュ
ていり **定理** teiri	**teorema** *m.* テオレーマ	theorem スィオレム
ていれする **手入れする** teiresuru	**occuparsi** *di* オックパルスィ ディ	take care of テイク ケア オヴ
てぃんぱにー **ティンパニー** tinpanii	**timpani** *m.pl.* ティンパニ	timpani ティンパニ
でーた **データ** deeta	**dati** *m.pl.* ダーティ	data デイタ
〜ベース	**base di dati** *f.*, **database** *m.* バーセ ディ ダーティ, ダタバーゼ	database デイタベイス

日	伊	英
でーと **デート** deeto	**appuntamento** *m.* アップンタメント	date デイト
てーぷ **テープ** teepu	**nastro** *m.* ナストロ	tape テイプ
てーぶる **テーブル** teeburu	**tavolo** *m.* ターヴォロ	table テイブル
てーま **テーマ** teema	**tema** *m.* テーマ	theme, subject スィーム, サブヂクト
てがかり **手掛かり** tegakari	**indizio** *m.*, **chiave** *f.* インディーツィオ, キアーヴェ	clue, key クルー, キー
てがきの **手書きの** tegakino	**scritto(-a) a mano** スクリット(-タ) ア マーノ	handwritten ハンドリトン
でかける **出かける** dekakeru	**uscire** ウシーレ	go out ゴウ アウト
てがみ **手紙** tegami	**lettera** *f.* レッテラ	letter レタ
てがら **手柄** tegara	**impresa** *f.* インプレーザ	exploit, achievement イクスプロイト, アチーヴメント
てがるな **手軽な** tegaruna	**facile** ファーチレ	easy, light イーズィ, ライト
てき **敵** teki	**nemico(-a)** *m.*(*f.*), **avversario(-a)** *m.*(*f.*) ネミーコ(-カ), アッヴェルサーリオ(-ア)	enemy, opponent エネミ, オポウネント
できあいする **溺愛する** dekiaisuru	**stravedere** *per* ストラヴェデーレ ペル	dote ドウト
できあがる **出来上がる** dekiagaru	**(essere) completato(-a)**, **compiersi** (エッセレ) コンプレタート(-タ), コンピエルスィ	(be) completed (ビ) コンプリーテド
てきい **敵意** tekii	**ostilità** *f.* オスティリタ	hostility ハスティリティ

日	伊	英
てきおうする **適応する** tekiousuru	**adattarsi** *a* アダッタルスィ ア	adjust oneself to アヂャスト トゥ
てきかくな **的確な** tekikakuna	**esatto(-a)** エザット(-タ)	precise, exact プリサイス, イグザクト
できごと **出来事** dekigoto	**avvenimento** *m.* アッヴェニメント	event, incident イヴェント, インスィデント
てきしする **敵視する** tekishisuru	**(essere) ostile** *a* (エッセレ) オスティーレ ア	(be) hostile to (ビ) ハストル トゥ
てきしゅつする **摘出する** tekishutsusuru	**estrarre** エストラッレ	remove, extract リムーヴ, イクストラクト
てきすと **テキスト** tekisuto	**libro di testo** *m.* リーブロ ディ テスト	text テクスト
てきする **適する** tekisuru	**(essere) adatto(-a)** *a* (エッセレ) アダット(-タ) ア	fit, suit フィト, スート
てきせい **適性** tekisei	**propensione** *f.*, **idoneità** *f.* プロペンスィオーネ, イドネイタ	aptitude アプティテュード
てきせつな **適切な** tekisetsuna	**appropriato(-a)** アップロプリアート(-タ)	proper, adequate プラパ, アディクワト
できだか **出来高** dekidaka	**produzione** *f.* プロドゥツィオーネ	output, yield アウトプト, イールド
てきとうな **適当な** tekitouna	**adatto(-a)** アダット(-タ)	fit for, suitable for フィト フォ, スータブル フォ
てきどの **適度の** tekidono	**moderato(-a)** モデラート(-タ)	moderate, temperate マダレト, テンパレト
てきぱきと **てきぱきと** tekipakito	**prontamente** プロンタメンテ	promptly プランプトリ
てきようする **適用する** tekiyousuru	**applicare** アップリカーレ	apply アプライ

日	伊	英
できる **出来る** （することができる） dekiru	**potere** ポテーレ	can キャン
（可能である）	**(essere) possibile** (エッセレ) ポッスィービレ	(be) possible (ビ) パスィブル
（能力がある）	**(essere) abile, (essere) capace** (エッセレ) アービレ, (エッセレ) カパーチェ	(be) able, (be) good (ビ) エイブル, (ビ) グド
（形成される）	**formarsi** フォルマルスィ	(be) made, (be) formed (ビ) メイド, (ビ) フォームド
（生じる）	**nascere, formarsi** ナッシェレ, フォルマルスィ	(be) born, form (ビ) ボーン, フォーム
（生産する・産出する）	**(essere) prodotto(-a)** (エッセレ) プロドット(-タ)	(be) produced (ビ) プロデュースト
てぎわのよい **手際のよい** tegiwanoyoi	**abile, agile** アービレ, アージレ	skillful, deft スキルフル, デフト
でぐち **出口** deguchi	**uscita** *f.* ウシータ	exit エグズィット
てくび **手首** tekubi	**polso** *m.* ポルソ	wrist リスト
てこ **てこ** teko	**leva** *f.* レーヴァ	lever レヴァ
てごたえがある **手応えがある** tegotaegaaru	**avere effetto** アヴェーレ エッフェット	have effect ハヴ イフェクト
でこぼこな **凸凹な** dekobokona	**irregolare** イッレゴラーレ	uneven, bumpy アニーヴン, バンピ
てごろな **手頃な** tegorona	**pratico(-a), ragionevole** プラーティコ(-カ), ラジョネーヴォレ	handy, reasonable ハンディ, リーズナブル
てごわい **手強い** tegowai	**duro(-a)** ドゥーロ(-ラ)	tough, formidable タフ, フォーミダブル

日	伊	英
でざーと **デザート** dezaato	**dessert** *m.* デッセール	dessert ディザート
でざいなー **デザイナー** dezainaa	**designer** *m.f.* デザイネル	designer ディザイナ
でざいん **デザイン** dezain	**design** *m.*, **disegno** *m.* デザイン, ディゼーニョ	design ディザイン
てさぐりする **手探りする** tesagurisuru	**brancolare** ブランコラーレ	grope グロウプ
てざわり **手触り** tezawari	**tatto** *m.* タット	touch, feel タチ, フィール
でし **弟子** deshi	**allievo(-a)** *m.*(*f.*) アッリエーヴォ(-ヴァ)	pupil, disciple ピューピル, ディサイプル
てしごと **手仕事** teshigoto	**lavoro manuale** *m.* ラヴォーロ マヌアーレ	manual work マニュアル ワーク
でじたるの **デジタルの** dejitaruno	**digitale** ディジターレ	digital ディヂタル
てじな **手品** tejina	**giochi di prestigio** *m.pl.* ジョーキ ディ プレスティージョ	magic tricks マヂク トリクス
でしゃばる **出しゃばる** deshabaru	**ficcare il naso** *in* フィッカーレ イル ナーゾ イン	butt in バト イン
てじゅん **手順** tejun	**ordine** *m.*, **processo** *m.* オルディネ, プロチェッソ	order, process オーダ, プラセス
てすう **手数** tesuu	**disturbo** *m.* ディストゥルボ	trouble トラブル
〜料	**commissione** *f.* コンミッスィオーネ	commission コミション
ですく **デスク** desuku	**scrivania** *f.* スクリヴァニーア	desk デスク

日	伊	英
～トップ	computer da tavolo *m.*, desktop *m.* コンピューテル ダ **タ**ーヴォロ, **デ**スクトップ	desktop **デ**スクタブ
～ワーク	lavoro d'ufficio *m.* ラ**ヴォ**ーロ ドゥッ**フィ**ーチョ	desk work **デ**スク **ワ**ーク
てすと **テスト** tesuto	esame *m.*, test *m.* エ**ザ**ーメ, **テ**スト	test **テ**スト
てすり **手摺り** tesuri	ringhiera *f.* リンギ**エ**ーラ	handrail **ハ**ンドレイル
でたらめな **でたらめな** detaramena	irresponsabile イッレスポン**サ**ービレ	irresponsible イリス**パ**ンスィブル
てちがい **手違い** techigai	errore *m.* エッ**ロ**ーレ	mistake ミス**テ**イク
てつ **鉄** tetsu	ferro *m.* **フェ**ッロ	iron **ア**イアン
てっかいする **撤回する** tekkaisuru	ritirare, ritirarsi リティ**ラ**ーレ, リティ**ラ**ルスィ	withdraw ウィズド**ロ**ー
てつがく **哲学** tetsugaku	filosofia *f.* フィロゾ**フィ**ーア	philosophy フィ**ラ**ソフィ
てづくりの **手作りの** tezukurino	fatto(-*a*) a mano **ファ**ット(-タ) ア **マ**ーノ	handmade **ハ**ンドメイド
てっこつ **鉄骨** tekkotsu	armatura in ferro *f.* アルマ**トゥ**ーラ イン **フェ**ッロ	iron frame **ア**イアン フ**レ**イム
でっさん **デッサン** dessan	schizzo *m.* ス**キ**ッツォ	sketch ス**ケ**チ
てつだい **手伝い** tetsudai	aiuto *m.* ア**ユ**ート	help **ヘ**ルプ
（人）	assistente *m.f.* アッスィス**テ**ンテ	helper, assistant **ヘ**ルパ, ア**スィ**スタント

日	伊	英
てったいする **撤退する** tettaisuru	**ritirarsi** リティラルスィ	withdraw, pull out ウィズドロー, プル アウト
てつだう **手伝う** tetsudau	**aiutare** アユターレ	help, assist ヘルプ, アスィスト
てつづき **手続き** tetsuzuki	**procedura** *f.* プロチェドゥーラ	procedure プロスィーヂャ
てっていてきな **徹底的な** tetteitekina	**esauriente, completo(-a)** エザウリエンテ, コンプレート(-タ)	thorough, complete サロ, コンプリート
てつどう **鉄道** tetsudou	**ferrovia** *f.* フェッロヴィーア	railroad, Ⓑrailway レイルロウド, レイルウェイ
てっぱん **鉄板** teppan	**piastra di ferro** *f.* ピアストラ ディ フェッロ	iron plate アイアン プレイト
てつぼう **鉄棒** tetsubou	**sbarra di ferro** *f.* ズバッラ ディ フェッロ	iron bar アイアン バー
（体操の）	**sbarra (orizzontale)** *f.* ズバッラ (オリッゾンターレ)	horizontal bar ホリザントル バー
てつや **徹夜** tetsuya	**notte in bianco** *f.* ノッテ イン ビアンコ	staying up all night ステイング アプ オール ナイト
～する	**passare la notte in bianco** パッサーレ ラ ノッテ イン ビアンコ	stay up all night ステイ アプ オール ナイト
てなんと **テナント** tenanto	**inquilino(-a)** *m.* (*f.*) インクィリーノ(-ナ)	tenant テナント
てにす **テニス** tenisu	**tennis** *m.* テンニス	tennis テニス
てにもつ **手荷物** tenimotsu	**bagaglio a mano** *m.* バガッリォ ア マーノ	baggage, hand luggage バギヂ, ハンド ラギヂ
てのーる **テノール** tenooru	**tenore** *m.* テノーレ	tenor テナ

日	伊	英
てのひら **掌・手の平** tenohira	**palmo** *m.* パルモ	palm of the hand パーム オヴ ザ ハンド
でのみねーしょん **デノミネーション** denomineeshon	**ridenominazione** *f.* リデノミナツィオーネ	redenomination リーディナミネイション
でぱーと **デパート** depaato	**grande magazzino** *m.* グランデ マガッズィーノ	department store ディパートメント ストー
てはいする **手配する** tehaisuru	**sistemare** スィステマーレ	arrange アレインヂ
てばなす **手放す** tebanasu	**disfarsi** *di*, **buttare via** ディスファルスィ ディ, ブッターレ ヴィーア	dispose of ディスポウズ オヴ
でびゅー **デビュー** debyuu	**debutto** *m.*, **esordio** *m.* デブット, エゾルディオ	debut デイビュー
てぶくろ **手袋** tebukuro	**guanti** *m.pl.* グァンティ	gloves グラヴズ
でふれ **デフレ** defure	**deflazione** *f.* デフラツィオーネ	deflation ディフレイション
てほん **手本** tehon	**esempio** *m.*, **modello** *m.* エゼンピオ, モデッロ	example, model イグザンプル, マドル
てま **手間** tema	**tempo** *m.* **e manodopera** *f.* テンポ エ マノドーペラ	time and labor タイム アンド レイバ
でま **デマ** dema	**notizia infondata** *f.* ノティーツィア インフォンダータ	false rumor フォルス ルーマ
でまえ **出前** demae	**servizio a domicilio** *m.* セルヴィーツィオ ア ドミチーリオ	delivery service ディリヴァリ サーヴィス
でむかえる **出迎える** demukaeru	**accogliere, ricevere** アッコッリエレ, リチェーヴェレ	go and welcome ゴウ アンド ウェルカム
でも **デモ** demo	**manifestazione** *f.* マニフェスタツィオーネ	demonstration デモンストレイション

日	伊	英
でもくらしー **デモクラシー** demokurashii	**democrazia** *f.* デモクラツィーア	democracy ディ**マ**クラスィ
てもとに **手元に** temotoni	**a portata di mano** ア ポル**タ**ータ ディ **マ**ーノ	at hand アト **ハ**ンド
でゅえっと **デュエット** dyuetto	**duetto** *m.* ドゥ**エ**ット	duet デュ**エ**ト
てら **寺** tera	**tempio** *m.* **テ**ンピオ	temple **テ**ンプル
てらす **照らす** terasu	**illuminare** イッルミ**ナ**ーレ	light, illuminate **ラ**イト, イリ**ュ**ーミネイト
でらっくすな **デラックスな** derakkusuna	**di lusso** ディ **ル**ッソ	deluxe デ**ル**クス
でりけーとな **デリケートな** derikeetona	**delicato(-a)** デリ**カ**ート(-タ)	delicate **デ**リケト
てりとりー **テリトリー** teritorii	**territorio** *m.* テッリ**ト**ーリオ	territory **テ**リトーリ
でる **出る** （現れる） deru	**comparire** コンパ**リ**ーレ	come out, appear カム **ア**ウト, ア**ピ**ア
（出て行く）	**uscire** ウ**シ**ーレ	go out **ゴ**ウ **ア**ウト
（出席する・参加する）	**assistere** *a*, **partecipare** *a* アッ**スィ**ステレ ア, パルテチ**パ**ーレ ア	attend, join ア**テ**ンド, **チョ**イン
てれび **テレビ** terebi	**televisione** *f.* テレヴィズィ**オ**ーネ	television **テ**レヴィジョン
～ゲーム	**videogioco** *m.* ヴィデオ**ジョ**ーコ	video game **ヴィ**ディオウ **ゲ**イム
てれる **照れる** tereru	**(essere) in imbarazzo** (**エ**ッセレ) イニン バ**ラ**ッツォ	(be) shy, (be) embarrassed (ビ) **シャ**イ, (ビ) イン**バ**ラスト

日	伊	英
<ruby>てろ</ruby> **テロ** tero	**terrorismo** *m.* テッロリズモ	terrorism **テ**ラリズム
<ruby>てろりすと</ruby> **テロリスト** terorisuto	**terrorista** *m.f.* テッロ**リ**スタ	terrorist **テ**ラリスト
<ruby>てわたす</ruby> **手渡す** tewatasu	**consegnare** コンセニャーレ	hand ハンド
<ruby>てん</ruby> **天** (空) ten	**cielo** *m.* チェーロ	sky スカイ
(天国・神)	**Paradiso** *m.*, **Dio** *m.* パラ**ディ**ーゾ, **ディ**ーオ	Heaven, God ヘヴン, ガド
<ruby>てん</ruby> **点** ten	**punto** *m.* プント	dot, point ダト, ポイント
(点数)	**punteggio** *m.*, **punto** *m.* プン**テ**ッジョ, **プ**ント	score, point スコー, ポイント
(品物の数)	**pezzo** *m.* **ペ**ッツォ	piece, item ピース, **ア**イテム
<ruby>でんあつ</ruby> **電圧** den-atsu	**voltaggio** *m.* ヴォル**タ**ッジョ	voltage **ヴォ**ウルティヂ
<ruby>てんい</ruby> **転移** (医学) ten-i	**metastasi** *f.* メ**タ**スタズィ	metastasis メ**タ**スタスィス
～する	**metastatizzare** メタスタ**ティ**ッザーレ	metastasize メ**タ**スタサイズ
<ruby>てんいん</ruby> **店員** ten-in	**commesso(-a)** *m.* (*f.*) コン**メ**ッソ(-サ)	clerk, salesclerk ク**ラ**ーク, **セ**イルズクラーク
<ruby>でんか</ruby> **電化** denka	**elettrificazione** *f.* エレットリフィカツィ**オ**ーネ	electrification イレクトリフィ**ケ**イション
<ruby>てんかい</ruby> **展開** tenkai	**sviluppo** *m.* ズヴィ**ル**ッポ	development ディ**ヴェ**ロプメント
～する	**sviluppare, svilupparsi** ズヴィルッ**パ**ーレ, ズヴィルッ**パ**ルスィ	develop ディ**ヴェ**ロプ

日	伊	英
てんかぶつ **添加物** tenkabutsu	**additivo** *m.* アッディティーヴォ	additive ア**ディ**ティヴ
てんき **天気** tenki	**tempo** *m.* テンポ	weather **ウェ**ザ
～予報	**meteo** *m.*, **previsioni del tempo** *f.pl.* メーテオ, プレヴィズィ**オー**ニ デル **テ**ンポ	weather forecast **ウェ**ザ **フォ**ーキャスト
（晴天）	**bel tempo** *m.* ベル **テ**ンポ	fine weather **ファ**イン **ウェ**ザ
でんき **伝記** denki	**biografia** *f.* ビオグラ**フィ**ーア	biography バイ**ア**グラフィ
でんき **電気** denki	**elettricità** *f.* エレットリチ**タ**	electricity イレクト**リ**スィティ
（電灯）	**luce elettrica** *f.* **ル**ーチェ エレ**ッ**トリカ	electric light イレクト**リ**ク **ラ**イト
でんきゅう **電球** denkyuu	**lampadina** *f.* ランパ**ディ**ーナ	lightbulb **ラ**イトバルブ
てんきん **転勤** tenkin	**cambio di lavoro** *m.* **カ**ンビオ ディ ラ**ヴォ**ーロ	(job) transfer (**ヂャ**ブ) トランス**ファ**
てんけいてきな **典型的な** tenkeitekina	**tipico(-a)** **ティ**ーピコ(-カ)	typical, ideal **ティ**ピカル, アイ**ディ**ーアル
でんげん **電源** dengen	**alimentazione** *f.* アリメンタツィ**オー**ネ	power supply **パ**ウア サプ**ラ**イ
てんけんする **点検する** tenkensuru	**ispezionare** イスペツィオ**ナ**ーレ	inspect, check インス**ペ**クト, **チェ**ク
てんこう **天候** tenkou	**tempo** *m.* **テ**ンポ	weather **ウェ**ザ
てんこう **転向** tenkou	**conversione** *f.* コンヴェルスィ**オ**ーネ	conversion コン**ヴァ**ーション

日	伊	英
～する	**convertirsi** *a* コンヴェル**ティ**ルシ ア	(be) converted to (ビ) コン**ヴァー**テド トゥ
でんこう **電光** denkou	**lampo** *m.* **ラ**ンポ	flash of lightning フ**ラ**シュ オヴ **ラ**イトニング
てんこうする **転校する** tenkousuru	**cambiare scuola** カンビ**アー**レ ス**クォー**ラ	change one's school **チェ**インヂ ス**クー**ル
てんごく **天国** tengoku	**paradiso** *m.* パラ**ディー**ゾ	heaven, paradise **ヘ**ヴン, **パ**ラダイス
でんごん **伝言** dengon	**messaggio** *m.* メッ**サッ**ジョ	message **メ**スィヂ
てんさい **天才** tensai	**genio** *m.* **ジェー**ニオ	genius **ヂー**ニアス
てんさい **天災** tensai	**calamità** *f.* カラミ**タ**	calamity, disaster カ**ラ**ミティ, ディ**ザ**スタ
てんさくする **添削する** tensakusuru	**correggere** コッ**レッ**ジェレ	correct コ**レ**クト
てんし **天使** tenshi	**angelo** *m.* **ア**ンジェロ	angel **エ**インヂェル
てんじ **展示** tenji	**esposizione** *f.* エスポズィツィ**オー**ネ	exhibition エクスィ**ビ**ション
てんじ **点字** tenji	**braille** *m.* ブ**ラ**イル	Braille ブ**レ**イル
でんし **電子** denshi	**elettrone** *m.* エレット**ロー**ネ	electron イ**レ**クトラン
～工学	**elettronica** *f.* エレット**ロー**ニカ	electronics イレクト**ラ**ニクス
～レンジ	**forno a microonde** *m.* **フォ**ルノ ア ミクロ**オ**ンデ	microwave oven **マ**イクロウェイヴ **ア**ヴン

日	伊	英
でんじしゃく **電磁石** denjishaku	**elettromagnete** *m.* エレットロマニェーテ	electromagnet イレクトロウマグネト
でんじは **電磁波** denjiha	**onda elettromagnetica** *f.* オンダ エレットロマニェーティカ	electromagnetic wave イレクトロウマグネティク ウェイヴ
でんしゃ **電車** densha	**treno elettrico** *m.* トレーノ エレットリコ	electric train イレクトリク トレイン
てんじょう **天井** tenjou	**soffitto** *m.* ソッフィット	ceiling スィーリング
でんしょう **伝承** denshou	**tradizione** *f.* トラディツィオーネ	tradition トラディション
てんじょういん **添乗員** tenjouin	**accompagna*tore*(*-trice*) turistico(*-a*)** *m.* (*f.*) アッコンパニャトーレ(-トリーチェ) トゥリスティコ(-カ)	tour conductor トゥア コンダクタ
てんしょくする **転職する** tenshokusuru	**cambiare lavoro** カンビアーレ ラヴォーロ	change one's occupation チェインヂ アキュペイション
てんすう **点数** tensuu	**punteggio** *m.* プンテッジョ	marks, score マークス, スコー
てんせいの **天性の** tenseino	**naturale, nato(*-a*)** ナトゥラーレ, ナート(-タ)	natural ナチュラル
でんせつ **伝説** densetsu	**leggenda** *f.* レッジェンダ	legend レヂェンド
てんせん **点線** tensen	**linea punteggiata** *f.* リーネア プンテッジャータ	dotted line ダテド ライン
でんせん **伝染** densen	**contagio** *m.*, **infezione** *f.* コンターヂョ, インフェツィオーネ	contagion, infection コンテイヂョン, インフェクション
～する	**contagiare** コンタジャーレ	infect インフェクト
～病	**epidemia** *f.*, **malattia contagiosa** *f.* エピデミーア, マラッティーア コンタジョーザ	infectious disease インフェクシャス ディズィーズ

日	伊	英
でんせん **電線** densen	**filo elettrico** *m.* フィーロ エレットリコ	electric wire イレクトリク ワイア
てんそうする **転送する** tensousuru	**inoltrare** イノルトラーレ	forward フォーワド
てんたい **天体** tentai	**corpo celeste** *m.*, **astro** *m.* コルポ チェレステ, アストロ	heavenly body ヘヴンリ バディ
でんたく **電卓** dentaku	**calcolatrice** *f.* カルコラトリーチェ	calculator キャルキュレイタ
でんたつする **伝達する** dentatsusuru	**comunicare** コムニカーレ	communicate コミューニケイト
でんち **電池** denchi	**batteria** *f.* バッテリーア	battery, cell バタリ, セル
でんちゅう **電柱** denchuu	**palo della corrente** *m.* パーロ デッラ コッレンテ	utility pole ユーティリティ ポウル
てんてき **点滴** tenteki	**fleboclisi a goccia** *f.* フレボクリーズィ ア ゴッチャ	intravenous drip イントラヴィーナス ドリプ
てんと **テント** tento	**tenda** *f.* テンダ	tent テント
でんとう **伝統** dentou	**tradizione** *f.* トラディツィオーネ	tradition トラディション
～の	**tradizionale** トラディツィオナーレ	traditional トラディショナル
でんどう **伝導** dendou	**conduzione** *m.* コンドゥツィオーネ	conduction コンダクション
でんどう **伝道** dendou	**missione** *f.* ミッスィオーネ	missionary work ミショネリ ワーク
てんねんの **天然の** tennenno	**naturale** ナトゥラーレ	natural ナチュラル

日	伊	英
てんのう **天皇** tennou	**imperatore giapponese** *m.* インペラトーレ ジャッポネーゼ	Emperor of Japan エンペラ オヴ ヂャパン
てんのうせい **天王星** tennousei	**Urano** *m.* ウラーノ	Uranus ユアラナス
でんぱ **電波** denpa	**onda elettrica** *f.* オンダ エレットリカ	electric wave イレクトリク ウェイヴ
でんぴょう **伝票** denpyou	**nota** *f.*, **distinta** *f.* ノータ, ディスティンタ	(sales) slip (セイルズ) スリプ
てんびんざ **天秤座** tenbinza	**Bilancia** *f.* ビランチャ	Scales, Libra スケイルズ, ライブラ
てんぷくする **転覆する** tenpukusuru	**rovesciarsi** ロヴェシャルスィ	turn over ターン オウヴァ
てんぷする **添付する** tenpusuru	**allegare** アッレガーレ	attach アタチ
てんぷふぁいる **添付ファイル** tenpufairu	**allegato** *m.* アッレガート	attachment アタチメント
てんぼう **展望** tenbou	**vista** *f.* ヴィスタ	view, prospect ヴュー, プラスペクト
でんぽう **電報** denpou	**telegramma** *m.* テレグランマ	telegram テレグラム
でんまーく **デンマーク** denmaaku	**Danimarca** *f.* ダニマルカ	Denmark デンマーク
てんまつ **顛末** tenmatsu	**circostanze** *f.pl.* チルコスタンツェ	whole story ホウル ストーリ
てんめつする **点滅する** tenmetsusuru	**lampeggiare** ランペッジャーレ	blink, flash ブリンク, フラシュ
てんもんがく **天文学** tenmongaku	**astronomia** *f.* アストロノミーア	astronomy アストラノミ

日	伊	英
てんもんだい **天文台** tenmondai	**osservatorio (astronomico)** *m.* オッセルヴァトーリオ (アストロノーミコ)	astronomical observatory アストロナミカル オブザーヴァトリ
てんらくする **転落する** tenrakusuru	**cadere** カデーレ	fall フォール
てんらんかい **展覧会** tenrankai	**mostra** *f.*, **esposizione** *f.* モストラ, エスポズィツィオーネ	exhibition エクスィビション
でんりゅう **電流** denryuu	**corrente elettrica** *f.* コッレンテ エレットリカ	electric current イレクトリク カーレント
でんりょく **電力** denryoku	**energia elettrica** *f.* エネルジーア エレットリカ	electric power イレクトリク パウア
でんわ **電話** denwa	**telefono** *m.* テレーフォノ	telephone テレフォウン
～する	**telefonare** *a*, **chiamare** テレフォナーレ ア, キアマーレ	call コール
～番号	**numero di telefono** *m.* ヌーメロ ディ テレーフォノ	telephone number テレフォウン ナンバ

と, ト

日	伊	英
と **戸** to	**porta** *f.* ポルタ	door ドー
とい **問い** toi	**domanda** *f.* ドマンダ	question クウェスチョン
といあわせる **問い合わせる** toiawaseru	**informarsi** *di*, **informarsi** *su* インフォルマルスィ ディ, インフォルマルスィ ス	inquire インクワイア
どいつ **ドイツ** doitsu	**Germania** *f.* ジェルマーニア	Germany チャーマニ
～語	**tedesco** *m.* テデスコ	German チャーマン

日	伊	英
といれ **トイレ** toire	**bagno** *m.* バーニョ	toilet トイレト
といれっとぺーぱー **トイレットペーパー** toirettopeepaa	**carta igienica** *f.* カルタ イジェーニカ	toilet paper トイレト ペイパ
とう **党** tou	**partito** *m.* パルティート	(political) party (ポリティカル) パーティ
とう **塔** tou	**torre** *f.* トッレ	tower タウア
とう **等** (賞) tou	**premio** *m.* プレーミオ	prize プライズ
(等級)	**classe** *f.* クラッセ	grade, rank グレイド, ランク
どう **銅** dou	**rame** *m.* ラーメ	copper カパ
~メダル	**medaglia di bronzo** *f.* メダッリャ ディ ブロンゾ	bronze medal ブランズ メドル
とうあんようし **答案用紙** touan-youshi	**foglio d'esame** *m.* フォッリョ デザーメ	(examination) paper (イグザミネイション) ペイパ
どうい **同意** doui	**accordo** *m.* アッコルド	agreement アグリーメント
~する	**(essere) d'accordo** *con* (エッセレ) ダッコルド コン	agree with, consent アグリー ウィズ, コンセント
とういつ **統一** touitsu	**unità** *f.*, **unificazione** *f.* ウニタ, ウニフィカツィオーネ	unity, unification ユーニティ, ユーニフィケイション
~する	**unificare** ウニフィカーレ	unite, unify ユーナイト, ユーニファイ
どういつの **同一の** douitsuno	**identico(-*a*)** イデンティコ(-カ)	identical アイデンティカル

日	伊	英
どういんする **動員する** douinsuru	**mobilitare** モビリターレ	mobilize モウビライズ
とうおう **東欧** touou	**Europa orientale** *f.* エウローパ オリエンターレ	East Europe イースト ユアロプ
どうかく **同格** doukaku	**stesso livello** *m.* ステッソ リヴェッロ	(the) same rank (ザ) セイム ランク
どうかする **同化する** doukasuru	**assimilare** アッスィミラーレ	assimilate アスィミレイト
とうがらし **唐辛子** tougarashi	**peperoncino** *m.* ペペロンチーノ	red pepper レド ペパ
どうかんである **同感である** doukandearu	**(essere) d'accordo** *con* (エッセレ) ダッコルド コン	agree with アグリー ウィズ
とうき **冬期** touki	**inverno** *m.* インヴェルノ	wintertime ウィンタタイム
とうき **投機** touki	**speculazione** *f.* スペクラツィオーネ	speculation スペキュレイション
とうき **陶器** touki	**ceramica** *f.*, **terracotta** *f.* チェラーミカ, テッラコッタ	earthenware, ceramics アースンウェア, セラミクス
とうぎ **討議** tougi	**discussione** *f.*, **dibattito** *m.* ディスクッスィオーネ, ディバッティト	discussion ディスカション
～する	**discutere** ディスクーテレ	discuss ディスカス
どうき **動機** douki	**motivo** *m.* モティーヴォ	motive モウティヴ
どうぎ **動議** dougi	**mozione** *f.* モツィオーネ	motion モウション
どうぎご **同義語** dougigo	**sinonimo** *m.* スィノーニモ	synonym スィノニム

日	伊	英
とうきゅう **等級** toukyuu	**classe** f., **rango** m. クラッセ, ランゴ	class, rank クラス, ランク
とうぎゅう **闘牛** tougyuu	**corrida** f. コッリーダ	bullfight ブルファイト
～士	**torero** m. トレーロ	bullfighter, matador ブルファイタ, マタドー
どうきゅうせい **同級生** doukyuusei	**compagno(-a) di classe** m. (f.) コンパーニョ(-ニャ) ディ クラッセ	classmate クラスメイト
どうきょする **同居する** doukyosuru	**abitare** con アビターレ コン	live with リヴ ウィズ
どうぐ **道具** dougu	**attrezzo** m. アットレッツォ	tool トゥール
とうけい **統計** toukei	**statistica** f. スタティスティカ	statistics スタティスティクス
～学	**statistica** f. スタティスティカ	statistics スタティスティクス
とうげい **陶芸** tougei	**ceramica** f. チェラーミカ	ceramics セラミクス
とうけつする **凍結する** touketsusuru	**congelarsi** コンジェラルスィ	freeze フリーズ
(賃金・物価を)	**congelare** コンジェラーレ	freeze フリーズ
とうごう **統合** tougou	**unificazione** f. ウニフィカツィオーネ	unity, unification ユーニティ, ユーニフィケイション
～する	**unificare** ウニフィカーレ	unite, unify ユーナイト, ユーニファイ
どうこう **動向** doukou	**tendenza** f. テンデンツァ	trend, tendency トレンド, テンデンスィ

日	伊	英
とうこうする **登校する** toukousuru	**andare a scuola** アンダーレ ア スクォーラ	go to school ゴウ トゥ スクール
どうこうする **同行する** doukousuru	**accompagnare** アッコンパニャーレ	go together ゴウ トゲザ
どうさ **動作** dousa	**azione** *f.* アツィオーネ	action アクション
どうさつりょく **洞察力** dousatsuryoku	**perspicacia** *f.* ペルスピカーチャ	insight インサイト
とうざよきん **当座預金** touzayokin	**conto corrente** *m.* コント コッレンテ	current deposit カーレント ディパズィト
どうさん **動産** dousan	**patrimonio mobiliare** *m.* パトリモーニオ モビリアーレ	movables ムーヴァブルズ
とうさんする **倒産する** tousansuru	**fallire** ファッリーレ	go bankrupt ゴウ バンクラプト
とうし **投資** toushi	**investimento** *m.* インヴェスティメント	investment インヴェストメント
～家	**investi*tore*(*-trice*)** *m.* (*f.*) インヴェスティトーレ(-トリーチェ)	investor インヴェスタ
～する	**investire** インヴェスティーレ	invest インヴェスト
とうし **闘志** toushi	**combattività** *f.* コンバッティヴィタ	fighting spirit ファイティング スピリト
とうじ **冬至** touji	**solstizio d'inverno** *m.* ソルスティーツィオ ディンヴェルノ	winter solstice ウィンタ サルスティス
とうじ **当時** touji	**allora** アッローラ	at that time アト ザト タイム
どうし **動詞** doushi	**verbo** *m.* ヴェルボ	verb ヴァーブ

日	伊	英
どうし **同志** doushi	**ami*ci*(*-che*)** *m.pl.*(*f.pl.*), **compagn*i*(*-e*)** *m.pl.*(*f.pl.*) アミーチ(・ケ), コンパーニ(・ニェ)	comrades カムラヅ
とうしする **凍死する** toushisuru	**morire di freddo** モリーレ ディ フレッド	(be) frozen to death (ビ) フロウズン トゥ デス
どうじだいの **同時代の** doujidaino	**contemporane*o*(*-a*)** コンテンポラーネオ(・ア)	contemporary コンテンポレリ
とうじつ **当日** toujitsu	**quel giorno** *m.* クェル ジョルノ	that day ザト デイ
どうしつの **同質の** doushitsuno	**omogene*o*(*-a*)** オモジェーネオ(・ア)	homogeneous ホウモチーニアス
どうして **どうして** (なぜ) doushite	**perché** ペルケ	why ホワイ
(どのように)	**come** コーメ	how ハウ
どうしても **どうしても** doushitemo	**con ogni mezzo, in tutte le maniere** コノーニ メッゾ, イン トゥッテ レ マニエーレ	by all means バイ オール ミーンズ
どうじに **同時に** doujini	**insieme, contemporaneamente** インスィエーメ, コンテンポラネアメンテ	at the same time アト ザ セイム タイム
とうじの **当時の** toujino	**d'allora** ダッローラ	of those days オヴ ゾウズ デイズ
とうじょう **搭乗** toujou	**imbarco** *m.* インバルコ	boarding ボーディング
～する	**imbarcarsi** *su* インバルカルスィ ス	board ボード
どうじょう **同情** doujou	**compassione** *f.* コンパッスィオーネ	sympathy スィンパスィ
～する	**provare compassione** *per* プロヴァーレ コンパッスィオーネ ペル	sympathize with スィンパサイズ ウィズ

511

と

日	伊	英
とうじょうする **登場する** toujousuru	**entrare in scena** エントラーレ イン シェーナ	enter, appear エンタ, アピア
とうしょする **投書する** toushosuru	**scrivere a un giornale** スクリーヴェレ ア ウン ジョルナーレ	write a letter to ライト ア レタ トゥ
とうすいする **陶酔する** tousuisuru	**inebriarsi** イネブリアルスィ	(be) intoxicated with (ビ) インタクスィケイテド ウィズ
どうせ (どのみち) douse	**comunque** コムンクェ	anyway エニウェイ
(結局)	**dopotutto** ドポトゥット	after all アフタ オール
とうせい **統制** tousei	**controllo** *m.*, **regolamentazione** *f.* コントロッロ, レゴラメンタツィオーネ	control, regulation コントロウル, レギュレイション
〜する	**controllare, regolare** コントロッラーレ, レゴラーレ	control, regulate コントロウル, レギュレイト
どうせい **同性** dousei	**stesso sesso** *m.* ステッソ セッソ	same sex セイム セクス
どうせいする **同棲する** douseisuru	**convivere** *con* コンヴィーヴェレ コン	cohabit with コウハビト ウィズ
とうぜん **当然** touzen	**naturalmente** ナトゥラルメンテ	naturally ナチュラリ
〜の	**naturale, giusto(-*a*)** ナトゥラーレ, ジュスト(-タ)	natural, right ナチュラル, ライト
とうせんする **当選する** (賞に) tousensuru	**vincere il premio** ヴィンチェレ イル プレーミオ	win the prize ウィン ザ プライズ
(選挙で)	**(essere) eletto(-*a*)** (エッセレ) エレット(-タ)	(be) elected (ビ) イレクテド
どうぞ **どうぞ** douzo	**prego** プレーゴ	please プリーズ

日	伊	英
とうそう **闘争** tousou	**lotta** *f.* ロッタ	fight, struggle ファイト, ストラグル
どうぞう **銅像** douzou	**statua di bronzo** *f.* スタートゥア ディ ブロンゾ	bronze statue ブロンズ スタチュー
どうそうかい **同窓会** dousoukai	**riunione di vecchi compagni di scuola** *f.* リウニオーネ ディ ヴェッキ コンパーニ ディ スクォーラ	class reunion クラス リーユーニャン
どうそうせい **同窓生** dousousei	**ex compagno(-a) di scuola** *m.*(*f.*) エクス コンパーニョ(-ニャ) ディ スクォーラ	alumni アラムナイ
とうだい **灯台** toudai	**faro** *m.* ファーロ	lighthouse ライトハウス
どうたい **胴体** doutai	**tronco** *m.* トロンコ	body, trunk バディ, トランク
とうち **統治** touchi	**governo** *m.*, **regno** *m.* ゴヴェルノ, レーニョ	rule, reign ルール, レイン
〜する	**governare** ゴヴェルナーレ	govern ガヴァン
とうちゃく **到着** touchaku	**arrivo** *m.* アッリーヴォ	arrival アライヴァル
〜する	**arrivare** *a* アッリヴァーレ ア	arrive at アライヴ アト
とうちょうする **盗聴する** touchousuru	**intercettare** インテルチェッターレ	wiretap, bug ワイアタプ, バグ
とうてい **到底** toutei	**niente affatto** ニエンテ アッファット	not at all ナト アト オール
どうてん **同点** douten	**pareggio** *m.* パレッジョ	tie, draw タイ, ドロー
とうとい **尊い** toutoi	**prezioso(-a)** プレツィオーゾ(-ザ)	precious プレシャス

日	伊	英
（身分の高い）	**nobile** ノービレ	noble ノウブル
とうとう **とうとう** toutou	**alla fine** アッラ フィーネ	at last アト ラスト
どうどうと **堂々と** doudouto	**con grande dignità, con aria solenne** コン グランデ ディニタ, コナーリア ソレンネ	with great dignity ウィズ グレイト ディグニティ
どうとうの **同等の** doutouno	**uguale** ウグァーレ	equal イークワル
どうとく **道徳** doutoku	**moralità** *f.* モラリタ	morality モラリティ
～的な	**morale** モラーレ	moral モーラル
とうなん **東南** tounan	**sud-est** *m.* スデスト	southeast サウスウェスト
とうなん **盗難** tounan	**furto** *m.* フルト	robbery ラバリ
とうなんあじあ **東南アジア** tounan-ajia	**sud-est asiatico** *m.* スデスト アズィアーティコ	Southeast Asia サウスイースト エイジャ
どうにゅうする **導入する** dounyuusuru	**introdurre** イントロドゥッレ	introduce イントロデュース
とうにょうびょう **糖尿病** tounyoubyou	**diabete** *m.* ディアベーテ	diabetes ダイアビーティーズ
どうねんぱいの **同年輩の** dounenpaino	**coetaneo(-*a*)** コエターネオ(-ア)	of the same age オヴ ザ セイム エイヂ
とうばん **当番** touban	**turno** *m.* トゥルノ	turn ターン
どうはんする **同伴する** douhansuru	**accompagnare** アッコンパニャーレ	accompany アカンパニ

日	伊	英
とうひ **逃避** touhi	**fuga** *f.* フーガ	escape イス**ケ**イプ
とうひょう **投票** touhyou	**votazione** *f.* ヴォタツィ**オ**ーネ	voting **ヴォ**ウティング
～する	**votare** *per* ヴォ**ター**レ ペル	vote for **ヴォ**ウト フォ
とうぶ **東部** toubu	**parte orientale** *f.* パルテ オリエン**ター**レ	eastern part **イ**ースタン **パ**ート
どうふうする **同封する** doufuusuru	**allegare** アッレ**ガー**レ	enclose インク**ロ**ウズ
どうぶつ **動物** doubutsu	**animale** *m.* アニ**マー**レ	animal **ア**ニマル
～園	**zoo** *m.* ゾー	zoo **ズ**ー
とうぶん **当分** toubun	**per ora** ペ**ロ**ーラ	for the time being フォ ザ **タ**イム **ビ**ーイング
とうぶん **糖分** toubun	**contenuto di zuccheri** *m.* コンテ**ヌ**ート ディ **ズ**ッケリ	sugar content **シュ**ガ コン**テ**ント
どうほう **同胞** douhou	**fratelli** *m.pl.*, **connazionale** *m.f.* フラ**テ**ッリ, コンナツィオ**ナー**レ	countryman, compatriot **カ**ントリマン, コン**ペ**イトリオト
とうぼうする **逃亡する** toubousuru	**fuggire** *da* フッ**ジー**レ ダ	escape from イス**ケ**イプ フラム
とうほく **東北** touhoku	**nord-est** *m.* ノル**デ**スト	northeast ノース**イ**ースト
どうみゃく **動脈** doumyaku	**arteria** *f.* アル**テー**リア	artery **ア**ータリ
とうみん **冬眠** toumin	**letargo** *m.* レ**タ**ルゴ	hibernation ハイパ**ネ**イション

日	伊	英
どうめい **同盟** doumei	**alleanza** *f.* アッレアンツァ	alliance アライアンス
とうめいな **透明な** toumeina	**trasparente** トラスパレンテ	transparent トランスペアレント
とうめん **当面** toumen	**per il momento** ペリル モメント	for the present フォ ザ プレズント
とうもろこし **玉蜀黍** toumorokoshi	**mais** *m.* マイス	corn, maize コーン, メイズ
とうゆ **灯油** touyu	**cherosene** *m.* ケロゼーネ	kerosene, ⓇParaf- fin ケロスィーン, パラフィン
とうよう **東洋** touyou	**Oriente** *m.* オリエンテ	(the) East, (the) Orient (ズィ) イースト, (ズィ) オーリエント
どうようする **動揺する** douyousuru	**agitarsi** アジタルスィ	(be) agitated (ビ) アヂテイテド
どうように **同様に** douyouni	**allo stesso modo** アッロ ステッソ モード	in the same way イン ザ セイム ウェイ
どうようの **同様の** douyouno	**simile** スィーミレ	similar, like スィミラ, ライク
どうらく **道楽** douraku	**hobby** *m.*, **passatempo** *m.* オッビ, パッサテンポ	hobby, pastime ハビ, パスタイム
どうり **道理** douri	**ragione** *f.* ラジョーネ	reason リーズン
どうりょう **同僚** douryou	**collega** *m.f.* コッレーガ	colleague カリーグ
どうりょく **動力** douryoku	**potenza** *f.* ポテンツァ	power, motive power パウア, モウティヴ パウア
どうろ **道路** douro	**strada** *f.* ストラーダ	road ロウド

517

日	伊	英
とうろくする **登録する** tourokusuru	**iscriversi** *a* イスクリーヴェルスィ ア	register, enter in レヂスタ, エンタ イン
とうろん **討論** touron	**discussione** *f.*, **dibattito** *m.* ディスクッスィオーネ, ディバッティト	discussion ディスカション
〜する	**discutere, dibattere** ディスクーテレ, ディバッテレ	discuss ディスカス
どうわ **童話** douwa	**favola** *f.* ファーヴォラ	fairy tale フェアリ テイル
とうわくする **当惑する** touwakusuru	**imbarazzarsi** インバラッツァルスィ	(be) embarrassed (ビ) インバラスト
とおい **遠い** tooi	**lontano(-*a*)** ロンターノ(-ナ)	far, distant ファー, ディスタント
とおくに **遠くに** tookuni	**lontano** ロンターノ	far away ファー アウェイ
とおざかる **遠ざかる** toozakaru	**allontanarsi** アッロンタナルスィ	go away ゴウ アウェイ
とおざける **遠ざける** toozakeru	**allontanare** アッロンターレ	keep away キープ アウェイ
とおす **通す** （人・乗り物などを） toosu	**far passare** ファール パッサーレ	let through, pass through レト スルー, パス スルー
（部屋に）	**far entrare, accogliere** ファール エントラーレ, アッコッリエレ	show in ショウ イン
とーすと **トースト** toosuto	**pane tostato** *m.* パーネ トスタート	toast トウスト
とーなめんと **トーナメント** toonamento	**torneo** *m.* トルネーオ	tournament トウアナメント
どーぴんぐ **ドーピング** doopingu	**doping** *m.* ドーピング	doping ドウピング

日	伊	英
とおまわしに **遠回しに** toomawashini	**indirettamente** インディレッタメンテ	indirectly インディレクトリ
とおまわり **遠回り** toomawari	**deviazione** *f.* デヴィアツィオーネ	detour ディートゥア
～する	**fare una deviazione** ファーレ ウナ デヴィアツィオーネ	make a detour メイク ア ディートゥア
どーむ **ドーム** doomu	**cupola** *f.* クーポラ	dome ドウム
とおり **通り** toori	**strada** *f.* ストラーダ	road, street ロウド, ストリート
とおりかかる **通り掛かる** toorikakaru	**passare** パッサーレ	happen to pass ハプン トゥ パス
とおりすぎる **通り過ぎる** toorisugiru	**passare, passare davanti** *a* パッサーレ, パッサーレ ダヴァンティ ア	pass by パス バイ
とおりぬける **通り抜ける** toorinukeru	**attraversare** アットラヴェルサーレ	go through, cut through ゴウ スルー, カト スルー
とおりみち **通り道** toorimichi	**passaggio** *m.* パッサッジョ	way to ウェイ トゥ
とおる **通る** tooru	**passare** パッサーレ	pass パス
とかい **都会** tokai	**città** *f.* チッタ	city, town スィティ, タウン
とかげ **蜥蜴** tokage	**lucertola** *f.* ルチェルトラ	lizard リザド
とかす **梳かす** tokasu	**pettinarsi** ペッティナルスィ	comb コウム
とかす **溶かす** tokasu	**sciogliere** ショッリェレ	melt, dissolve メルト, ディザルヴ

日	伊	英
とがった **尖った** togatta	**acuto(-a), appuntito(-a)** アクート(-タ), アップンティート(-タ)	pointed ポインテド
とがめる **とがめる** togameru	**biasimare, rimproverare** ビアズィマーレ, リンプロヴェラーレ	blame ブレイム
とき **時** toki	**tempo** *m.*, **ora** *f.* テンポ, オーラ	time, hour タイム, アウア
どぎつい **どぎつい** dogitsui	**vistoso(-a)** ヴィストーゾ(-ザ)	loud, gaudy ラウド, ゴーディ
どきっとする **どきっとする** dokittosuru	**scuotersi** スクオーテルスィ	(be) shocked (ビ) シャクト
ときどき **時々** tokidoki	**ogni tanto** オーニ タント	sometimes サムタイムズ
どきどきする **どきどきする** dokidokisuru	**palpitare** パルピターレ	beat, throb ビート, スラブ
どきゅめんたりー **ドキュメンタリー** dokyumentarii	**documentario** *m.* ドクメンターリオ	documentary ダキュメンタリ
どきょう **度胸** dokyou	**coraggio** *m.* コラッジョ	courage, bravery カーリヂ, ブレイヴァリ
とぎれる **途切れる** togireru	**interrompersi** インテッロンペルスィ	break, stop ブレイク, スタプ
とく **解く** (ほどく) toku	**sciogliere** ショッリェレ	untie, undo アンタイ, アンドゥー
(解除する)	**cancellare** カンチェッラーレ	cancel, release キャンセル, リリース
(解答する)	**risolvere** リゾルヴェレ	solve, answer サルヴ, アンサ
とく **得** (儲け) toku	**profitto** *m.* プロフィット	profit, gains プラフィット, ゲインズ
(有利)	**vantaggio** *m.* ヴァンタッジョ	advantage, benefit アドヴァンティヂ, ベニフィト

日	伊	英
とぐ **研ぐ** togu	**affilare** アッフィラーレ	grind, whet グラインド, (ホ)**ウェ**ト
どく **退く** doku	**farsi da parte** ファルスィ ダ パルテ	get out of the way ゲト アウト オヴ ザ **ウェ**イ
どく **毒** doku	**veleno** *m.* ヴェ**レ**ーノ	poison **ポ**イズン
とくい **得意** (得手) tokui	**punto forte** *m.* プント **フォ**ルテ	forte, specialty **フォ**ート, ス**ペ**シャルティ
～先	**cliente** *m.f.* クリ**エ**ンテ	customer, patron **カ**スタマ, **ペ**イトロン
～である	**(essere) bravo(-a)** *in* (**エ**ッセレ) ブ**ラ**ーヴォ(-**ヴァ**) イン	(be) good at (ビ) グド アト
とくいな **特異な** tokuina	**particolare** パルティコ**ラ**ーレ	peculiar ピ**キュ**ーリア
どくがす **毒ガス** dokugasu	**gas tossico** *m.* ガス **ト**ッスィコ	poison gas **ポ**イズン **ギャ**ス
とくぎ **特技** tokugi	**specialità** *f.* スペチャリ**タ**	specialty ス**ペ**シャルティ
どくさい **独裁** dokusai	**dittatura** *f.* ディッタ**トゥ**ーラ	dictatorship ディク**テ**イタシプ
～者	**dittatore(-trice)** *m.(f.)* ディッタ**ト**ーレ(-・ト**リ**ーチェ)	dictator **ディ**クテイタ
とくさつ **特撮** tokusatsu	**effetti speciali** *m.pl.* エッ**フェ**ッティ スペ**チャ**ーリ	special effects ス**ペ**シャル イ**フェ**クツ
とくさんひん **特産品** tokusanhin	**specialità** *f.* スペチャリ**タ**	special product ス**ペ**シャル プ**ラ**ダクト
どくじの **独自の** dokujino	**originale** オリジ**ナ**ーレ	original, unique オ**リ**ヂナル, ユー**ニ**ーク
どくしゃ **読者** dokusha	**lettore(-trice)** *m.(f.)* レッ**ト**ーレ(-・ト**リ**ーチェ)	reader **リ**ーダ

日	伊	英
とくしゅう **特集** tokushuu	**speciale** *m.* スペチャーレ	feature articles フィーチャ アーティクルズ
とくしゅな **特殊な** tokushuna	**speciale** スペチャーレ	special, unique スペシャル, ユーニーク
どくしょ **読書** dokusho	**lettura** *f.* レットゥーラ	reading リーディング
とくしょく **特色** tokushoku	**caratteristica** *f.* カラッテリスティカ	characteristic キャラクタリスティク
どくしんの **独身の** dokushinno	**celibe** *m.*, **nubile** *f.* チェーリベ, ヌービレ	unmarried, single アンマリド, スィングル
どくぜつ **毒舌** dokuzetsu	**lingua tagliente** *f.* リングァ タッリェンテ	spiteful tongue スパイトフル タング
どくせんする **独占する** dokusensuru	**monopolizzare** モノポリッザーレ	monopolize モナポライズ
どくそうてきな **独創的な** dokusoutekina	**originale** オリジナーレ	original オリヂナル
とくそくする **督促する** tokusokusuru	**sollecitare** ソッレチターレ	press, urge プレス, アーヂ
どくだんで **独断で** dokudande	**arbitrariamente** アルビトラリアメンテ	on one's own judgment オン オウン ヂャヂメント
とくちょう **特徴** tokuchou	**caratteristica** *f.* カラッテリスティカ	characteristic キャラクタリスティク
とくちょう　　（長所） **特長** tokuchou	**merito** *m.*, **punto forte** *m.* メーリト, プント フォルテ	merit, strong point メリト, ストローング ポイント
とくていの **特定の** tokuteino	**determinato(-a)** デテルミナート(-タ)	specific, specified スピスィフィク, スペスィファイド
とくてん **得点** tokuten	**punto** *m.*, **punteggio** *m.* プント, プンテッヂョ	score, points スコー, ポインツ

日	伊	英
どくとくの **独特の** dokutokuno	**peculiare** ペクリアーレ	unique, peculiar ユーニーク, ピキューリア
とくに **特に** tokuni	**specialmente** スペチャルメンテ	especially イスペシャリ
とくはいん **特派員** tokuhain	**corrispondente** *m.f.* コッリスポンデンテ	(special) correspondent (スペシャル) コレスパンデント
とくべつの **特別の** tokubetsuno	**speciale, eccezionale** スペチャーレ, エッチェツィオナーレ	special, exceptional スペシャル, イクセプショナル
とくめい **匿名** tokumei	**anonimato** *m.* アノニマート	anonymity アノニミティ
とくゆうの **特有の** tokuyuuno	**tipico(-a) di** ティーピコ(-カ) ディ	peculiar to ピキューリア トゥ
どくりつ **独立** dokuritsu	**indipendenza** *f.* インディペンデンツァ	independence インディペンデンス
〜の	**indipendente** インディペンデンテ	independent インディペンデント
どくりょくで **独力で** dokuryokude	**da solo(-a)** ダ ソーロ(-ラ)	by oneself バイ
とげ **棘** toge	**spina** *f.* スピーナ	thorn, prickle ソーン, プリクル
とけい **時計** tokei	**orologio** *m.* オロロージョ	watch, clock ワチ, クラク
とける **溶ける** tokeru	**sciogliersi** ショッリエルスィ	melt, dissolve メルト, ディザルヴ
とける **解ける** (紐などが) tokeru	**slegarsi, staccarsi** ズレガルスィ, スタッカルスィ	(get) loose (ゲト) ルース
(問題が)	**risolversi** リゾルヴェルスィ	(be) solved (ビ) ソルヴド

日	伊	英
とげる **遂げる** togeru	**compiere, realizzare** コンピエレ, レアリッザーレ	accomplish, complete アカンプリシュ, コンプリート
どける **退ける** dokeru	**togliere** トッリエレ	remove リムーヴ
どこ **どこ** doko	**dove** ドーヴェ	where (ホ)ウェア
どこか **どこか** dokoka	**da qualche parte** ダ クァルケ パルテ	somewhere サム(ホ)ウェア
とこや **床屋** tokoya	**barbiere** *m.* バルビエーレ	barbershop バーバシャプ
ところ **所** (場所) tokoro	**posto** *m.* ポスト	place, spot プレイス, スポト
(部分)	**parte** *f.* パルテ	part パート
ところどころ **所々** tokorodokoro	**qua e là** クァ エ ラ	here and there ヒア アンド ゼア
とざす **閉ざす** tozasu	**chiudere** キウーデレ	shut, close シャト, クロウズ
とざん **登山** tozan	**alpinismo** *m.* アルピニズモ	mountain climbing マウンテン クライミング
～家	**alpinista** *m.f.* アルピニスタ	mountaineer マウティニア
とし **都市** toshi	**città** *f.* チッタ	city スィティ
とし **年** toshi	**anno** *m.* アンノ	year イア
(歳・年齢)	**età** *f.*, **anni** *m.pl.* エタ, アンニ	age, years エイヂ, イアズ

日	伊	英
~を取る	**invecchiare** インヴェッキアーレ	grow old グロウ オウルド
としうえの **年上の** toshiueno	**più grande, maggiore** ピウ グランデ, マッジョーレ	older オウルダ
とじこめる **閉じ込める** tojikomeru	**rinchiudere** リンキウーデレ	shut, confine シャト, コンファイン
とじこもる **閉じこもる** tojikomoru	**rinchiudersi** リンキウーデルスィ	shut oneself up シャト アプ
とししたの **年下の** toshishitano	**più giovane, minore** ピウ ジョーヴァネ, ミノーレ	younger ヤンガ
としつき **年月** toshitsuki	**anni** *m.pl.* アンニ	years イアズ
どしゃ **土砂** dosha	**terra** *f.* **e sabbia** *f.* テッラ エ サッビア	earth and sand アース アンド サンド
~崩れ	**frana** *f.* フラーナ	landslide ランドスライド
としょ **図書** tosho	**libri** *m.pl.* リーブリ	books ブクス
~館	**biblioteca** *f.* ビブリオテーカ	library ライブレリ
どじょう **土壌** dojou	**suolo** *m.* スオーロ	soil ソイル
としより **年寄り** toshiyori	**anziano(-a)** *m.* (*f.*) アンツィアーノ(-ナ)	elderly (people) エルダリ (ピープル)
とじる **綴じる** tojiru	**archiviare** アルキヴィアーレ	bind, file バインド, ファイル
とじる **閉じる** tojiru	**chiudere** キウーデレ	shut, close シャト, クロウズ

日	伊	英
としん **都心** toshin	**centro della città** *m.* チェントロ デッラ チッタ	city center, downtown スィティ センタ, ダウンタウン
どせい **土星** dosei	**Saturno** *m.* サトゥルノ	Saturn サタン
とそう **塗装** tosou	**verniciatura** *f.* ヴェルニチャトゥーラ	painting, coating ペインティング, コウティング
どだい **土台** dodai	**fondamenta** *f.pl.* フォンダメンタ	foundation, base ファウンデイション, ベイス
とだえる **途絶える** todaeru	**interrompersi, cessare** インテッロンペルスィ, チェッサーレ	stop, cease スタプ, スィース
とだな **戸棚** todana	**credenza** *f.*, **armadietto** *m.* クレデンツァ, アルマディエット	cabinet, cupboard キャビネト, カパド
どたんば **土壇場** dotanba	**ultimo momento** *m.* ウルティモ モメント	(the) last moment (ザ) ラスト モメント
とち **土地** tochi	**terreno** *m.* テッレーノ	land ランド
とちゅうで **途中で** tochuude	**in viaggio** イン ヴィアッジョ	on one's way オン ウェイ
どちら **どちら** (どこ) dochira	**dove** ドーヴェ	where (ホ)ウェア
(どれ)	**quale, che** クァーレ, ケ	which (ホ)ウィチ
とっか **特価** tokka	**prezzo speciale** *m.* プレッツォ スペチャーレ	special price スペシャル プライス
どっかいりょく **読解力** dokkairyoku	**capacità di lettura** *f.* カパチタ ディ レットゥーラ	reading ability リーディング アビリティ
とっきゅう **特急** tokkyuu	**rapido** *m.* ラーピド	special express (train) スペシャル イクスプレス (トレイン)

日	伊	英
とっきょ **特許** tokkyo	**brevetto** *m.* ブレヴェット	patent パテント
とっくん **特訓** tokkun	**allenamento speciale** *m.* アッレナメント スペチャーレ	special training スペシャル トレイニング
とっけん **特権** tokken	**privilegio** *m.* プリヴィレージョ	privilege プリヴィリヂ
どっしりした **どっしりした** dosshirishita	**massiccio(-a)** マッスィッチョ(-チャ)	heavy, dignified ヘヴィ, ディグニファイド
とっしんする **突進する** tosshinsuru	**lanciarsi** *verso* ランチャルスィ ヴェルソ	rush at, dash at ラシュ アト, ダシュ アト
とつぜん **突然** totsuzen	**improvvisamente** インプロッヴィザメンテ	suddenly サドンリ
とって **取っ手** totte	**maniglia** *f.*, **manico** *m.* マニッリア, マーニコ	handle, knob ハンドル, ナブ
どっと **ドット** dotto	**punto** *m.* プント	dot ダト
とつにゅうする **突入する** totsunyuusuru	**irrompere** *in* イッロンペレ イン	rush into ラシュ イントゥ
とっぱする **突破する** toppasuru	**sfondare** スフォンダーレ	break through ブレイク スルー
とっぷ **トップ** toppu	**primo(-a)** *m.(f.)*, **cima** *f.* プリーモ(-マ), チーマ	top タプ
とても **とても** totemo	**molto** モルト	very ヴェリ
とどく **届く** (達する) todoku	**raggiungere** ラッジュンジェレ	reach リーチ
(到着する)	**arrivare** *a* アッリヴァーレ ア	arrive at アライヴ アト
とどけ **届け** todoke	**comunicazione** *f.* コムニカツィオーネ	report, notice リポート, ノウティス

日	伊	英
とどける **届ける** (送る) todokeru	**spedire** スペ**ディ**ーレ	send, deliver **セ**ンド, ディ**リ**ヴァ
(届け出る)	**informare** インフォル**マ**ーレ	report to, notify リ**ポ**ート トゥ, **ノ**ウティファイ
とどこおる **滞る** todokooru	**ritardare** リタル**ダ**ーレ	(be) delayed (ビ) ディ**レ**イド
ととのう **整う** (準備される) totonou	**(essere) pronto(-a)** (**エ**ッセレ) プ**ロ**ント(-タ)	(be) ready (ビ) **レ**ディ
(整理される)	**(essere) a posto** (**エ**ッセレ) ア **ポ**スト	(be) in good order (ビ) イン **グ**ド **オ**ーダ
ととのえる **整える** (準備する) totonoeru	**preparare** プレパ**ラ**ーレ	prepare プリ**ペ**ア
(整理する)	**ordinare** オルディ**ナ**ーレ	put in order **プ**ト イン **オ**ーダ
(調整する)	**regolare** レゴ**ラ**ーレ	adjust, fix ア**ヂャ**スト, **フィ**クス
とどまる **止[留]まる** todomaru	**rimanere** リマ**ネ**ーレ	stay, remain ス**テ**イ, リ**メ**イン
とどめる **止[留]める** todomeru	**conservare, mantenere** コンセル**ヴァ**ーレ, マンテ**ネ**ーレ	retain リ**テ**イン
どなー **ドナー** donaa	**dona*tore*(*-trice*)** *m.* (*f.*) ドナ**ト**ーレ(-ト**リ**ーチェ)	donor **ド**ウナ
となえる **唱える** tonaeru	**recitare** レチ**タ**ーレ	recite, chant リ**サ**イト, **チャ**ント
となり **隣** tonari	**porta accanto** *f.* **ポ**ルタ アッ**カ**ント	next door **ネ**クスト **ド**ー
どなる **怒鳴る** donaru	**gridare** グリ**ダ**ーレ	shout, yell **シャ**ウト, **イェ**ル
とにかく **とにかく** tonikaku	**comunque** コ**ム**ンクェ	anyway **エ**ニウェイ

日	伊	英
どの どの dono	quale, che クァーレ, ケ	which (ホ)ウィチ
とばく 賭博 tobaku	gioco d'azzardo *m.* ジョーコ ダッザルド	gambling ギャンブリング
とばす 飛ばす tobasu	far volare ファール ヴォラーレ	fly フライ
(抜かす)	saltare サルターレ	skip スキプ
とびあがる 跳び上がる tobiagaru	saltare サルターレ	jump up, leap チャンプ アプ, リープ
とびおりる 飛び降りる tobioriru	saltare giù サルターレ ジュ	jump down チャンプ ダウン
とびこえる 飛び越える tobikoeru	saltare oltre サルターレ オルトレ	jump over チャンプ オウヴァ
とびこむ 飛び込む tobikomu	lanciarsi *in*, tuffarsi *in* ランチャルスィ イン, トゥッファルスィ イン	jump into, dive into チャンプ イントゥ, ダイヴ イントゥ
とびだす 飛び出す tobidasu	saltare fuori *da* サルターレ フオーリ ダ	fly out, jump out of フライ アウト, チャンプ アウト オヴ
とびちる 飛び散る tobichiru	spargersi, schizzare スパルジェルスィ, スキッツァーレ	scatter スキャタ
とびつく 飛びつく tobitsuku	lanciarsi *su* ランチャルスィ ス	jump at, fly at チャンプ アト, フライ アト
とぴっく トピック topikku	argomento *m.* アルゴメント	topic タピク
とびのる 飛び乗る tobinoru	saltare *su* サルターレ ス	jump onto, hop チャンプ オントゥ, ハプ
とびはねる 跳び跳ねる tobihaneru	saltellare サルテッラーレ	hop, jump ハプ, チャンプ

日	伊	英
とびら **扉** tobira	**porta** *f.* ポルタ	door ドー
とぶ **跳ぶ** tobu	**saltare** サルターレ	jump, leap ヂャンプ, リープ
とぶ **飛ぶ** tobu	**volare** ヴォラーレ	fly, soar フライ, ソー
どぶ **どぶ** dobu	**fogna** *f.* フォーニャ	ditch ディチ
どぼく **土木** doboku	**lavori pubblici** *m.pl.* ラヴォーリ プブリチ	public works パブリク ワークス
とぼける **とぼける** tobokeru	**fare** *il(la)* **finto(-a) tonto (-a)** ファーレ イル(ラ) フィント(-タ) トント(-タ)	feign ignorance フェイン イグノランス
とほで **徒歩で** tohode	**a piedi** ア ピエーディ	on foot オン フト
とまと **トマト** tomato	**pomodoro** *m.* ポモドーロ	tomato トメイトウ
とまどう **戸惑う** tomadou	**impacciarsi** インパッチャルスィ	(be) at a loss (ビ) アト ア ロース
とまる **止まる** tomaru	**fermarsi** フェルマルスィ	stop, halt スタプ, ホールト
とまる **泊まる** tomaru	**alloggiare** *in*, **alloggiare** *a* アッロッジャーレ イン, アッロッジャーレ ア	stay at ステイ アト
とみ **富** tomi	**ricchezza** *f.* リッケッツァ	wealth ウェルス
とむ **富む** tomu	**arricchirsi** アッリッキルスィ	(become) rich (ビカム) リチ
とめがね **留め金** tomegane	**chiusura** *f.*, **gancio** *m.* キウズーラ, ガンチョ	clasp, hook クラスプ, フク

日	伊	英
とめる **止める** (停止させる) tomeru	**fermare** フェル**マ**ーレ	stop ス**タ**プ
(スイッチを切る)	**spegnere** ス**ペ**ーニェレ	turn off **タ**ーン **オ**ーフ
(禁止する)	**proibire** プロイ**ビ**ーレ	forbid, prohibit フォ**ビ**ド, プロ**ヒ**ビト
(制止する)	**trattenere, controllare** トラッテ**ネ**ーレ, コントロッ**ラ**ーレ	hold, check **ホ**ウルド, **チェ**ク
とめる **泊める** tomeru	**ospitare** オスピ**タ**ーレ	take in **テ**イク **イ**ン
とめる **留める** tomeru	**fissare** フィッ**サ**ーレ	fasten, fix **ファ**スン, **フィ**クス
ともだち **友達** tomodachi	**amico(-a)** *m.* (*f.*) ア**ミ**ーコ(-カ)	friend フ**レ**ンド
ともなう **伴う** tomonau	**accompagnare** アッコンパ**ニャ**ーレ	accompany, follow ア**カ**ンパニ, **ファ**ロウ
ともに **共に** (どちらも) tomoni	**entrambi(-e)** *m.pl.* (*f.pl.*) エン**ト**ランビ(-ベ)	both **ボ**ウス
(一緒に)	**insieme** *a*, **con** インスィ**エ**ーメ ア, コン	with **ウィ**ズ
どようび **土曜日** doyoubi	**sabato** *m.* **サ**ーバト	Saturday **サ**タデイ
とら **虎** tora	**tigre** *f.* **ティ**ーグレ	tiger **タ**イガ
とらいあんぐる **トライアングル** toraianguru	**triangolo** *m.* トリ**ア**ンゴロ	triangle ト**ラ**イアングル
どらいくりーにんぐ **ドライクリーニング** doraikuriiningu	**lavaggio a secco** *m.* ラ**ヴァ**ッジョ ア **セ**ッコ	dry cleaning ド**ラ**イ ク**リ**ーニング

日	伊	英
どらいばー **ドライバー** （ねじ回し） doraibaa	**cacciavite** *m.* カッチャヴィーテ	screwdriver スクルードライヴァ
（運転手）	**autista** *m.f.*, **conducente** *m.f.* アウティスタ, コンドゥチェンテ	driver ドライヴァ
どらいぶ **ドライブ** doraibu	**giro in macchina** *m.* ジーロ イン マッキナ	drive ドライヴ
～イン	**drive-in** *m.* ドライヴィン	drive-in ドライヴイン
どらいやー **ドライヤー** doraiyaa	**asciugacapelli** *m.* アシュガカペッリ	dryer ドライア
とらっく **トラック** torakku	**camion** *m.* カーミオン	truck, ⓑlorry トラク, ローリ
（競走路の）	**pista** *f.* ピスタ	track トラク
とらぶる **トラブル** toraburu	**problema** *m.* プロブレーマ	trouble トラブル
とらべらーずちぇっく **トラベラーズ チェック** toraberaazuchekku	**assegno di viaggio** *m.* アッセーニョ ディ ヴィアッジョ	traveler's check トラヴラズ チェク
どらま **ドラマ** dorama	**dramma** *m.* ドランマ	drama ドラーマ
どらむ **ドラム** doramu	**batteria** *f.* バッテリーア	drum ドラム
とらんく **トランク** toranku	**baule** *m.* バウーレ	trunk, suitcase トランク, スートケイス
（車の）	**portabagagli** *m.* ポルタバガッリ	trunk トランク
とらんくす **トランクス** torankusu	**boxer** *m.pl.* ボクセル	trunks トランクス

日	伊	英
とらんぷ **トランプ** toranpu	**carte** *f.pl.* カルテ	cards カーヅ
とらんぺっと **トランペット** toranpetto	**tromba** *f.* トロンバ	trumpet トランペト
とり **鳥** tori	**uccello** *m.* ウッチェッロ	bird バード
とりあえず **取りあえず** toriaezu	**per ora** ペロ ーラ	for the time being フォ ザ **タイム** ビーイング
とりあげる **取り上げる**（奪い取る） toriageru	**portare via, togliere** ポルターレ **ヴィー**ア, ト**ツリエ**レ	take away **テイク** アウェイ
（採用する）	**adottare** アドッターレ	adopt ア**ダ**プト
とりあつかう **取り扱う** toriatsukau	**trattare** トラッターレ	handle, treat ハンドル, トリート
とりーとめんと **トリートメント** toriitomento	**balsamo** *m.*, **lozione per capelli** *f.* バルサモ, ロツィ**オー**ネ ペル カペッリ	treatment トリートメント
とりえ **取り柄** torie	**merito** *m.* **メー**リト	merit **メ**リト
とりおこなう **執り行う** toriokonau	**celebrare** チェレブラーレ	perform パ**フォ**ーム
とりかえす **取り返す** torikaesu	**recuperare** レクペラーレ	take back, recover **テイク** バク, リ**カ**ヴァ
とりかえる **取り替える** torikaeru	**cambiare** カンビアーレ	exchange, replace イクス**チェ**インヂ, リプレイス
とりかわす **取り交わす** torikawasu	**scambiare, scambiarsi** スカンビアーレ, スカンビ**アル**スィ	exchange イクス**チェ**インヂ
とりきめ **取り決め** torikime	**accordo** *m.* アッ**コ**ルド	agreement アグリーメント

日	伊	英
とりくむ **取り組む** torikumu	**affrontare** アッフロンターレ	tackle, take on **タ**クル, **テ**イク **オ**ン
とりけす **取り消す** torikesu	**cancellare** カンチェッ**ラ**ーレ	cancel **キャ**ンセル
とりこ **虜** toriko	**prigioniero(-a)** *m.*(*f.*) プリジョニ**エ**ーロ(-ラ)	captive **キャ**プティヴ
とりしまりやく **取締役** torishimariyaku	**diret*tore*(*-trice*)** *m.*(*f.*) ディレッ**トー**レ(-**ト**リーチェ)	director ディ**レ**クタ
とりしまる **取り締まる** torishimaru	**controllare, regolare** コントロッ**ラ**ーレ, レゴ**ラ**ーレ	control, regulate コント**ロ**ウル, **レ**ギュレイト
とりしらべる **取り調べる** torishiraberu	**indagare** インダ**ガ**ーレ	investigate, inquire イン**ヴェ**スティゲイト, インク**ワ**イア
とりだす **取り出す** toridasu	**tirare fuori** ティ**ラ**ーレ フ**オ**ーリ	take out **テ**イク **ア**ウト
とりたてる **取り立てる** toritateru	**riscuotere** リス**ク**ォーテレ	collect コ**レ**クト
とりっく **トリック** torikku	**trucco** *m.* ト**ル**ッコ	trick ト**リ**ク
とりつける **取り付ける** toritsukeru	**attaccare, installare** アッタッ**カ**ーレ, インスタッ**ラ**ーレ	install インス**ト**ール
とりとめのない **取り留めのない** toritomenonai	**incoerente, sconnesso(-a)** インコエ**レ**ンテ, スコン**ネ**ッソ(-サ)	incoherent インコウ**ヒ**アレント
とりにく **鶏肉** toriniku	**pollo** *m.* **ポ**ッロ	chicken **チ**キン
とりのぞく **取り除く** torinozoku	**rimuovere, eliminare** リム**オ**ーヴェレ, エリミ**ナ**ーレ	remove リ**ム**ーヴ
とりひき **取り引き** torihiki	**transazioni** *f.pl.* トランサツィ**オ**ーニ	transactions トラン**ザ**クションズ

日	伊	英
とりぶん **取り分** toribun	**quota** *f.* クォータ	share シェア
とりまく **取り巻く** torimaku	**circondare** チルコンダーレ	surround サラウンド
とりみだす **取り乱す** torimidasu	**confondersi** コンフォンデルスィ	(be) confused (ビ) コンフューズド
とりみんぐ **トリミング** torimingu	**rifilatura** *f.* リフィラトゥーラ	trimming トリミング
とりもどす **取り戻す** torimodosu	**recuperare** レクペラーレ	take back, recover テイク バク, リカヴァ
とりやめる **取り止める** toriyameru	**cancellare** カンチェッラーレ	cancel, call off キャンセル, コール オーフ
とりゅふ **トリュフ** toryufu	**tartufo** *m.* タルトゥーフォ	truffle トラフル
とりょう **塗料** toryou	**vernice** *f.* ヴェルニーチェ	paint ペイント
どりょく **努力** doryoku	**sforzo** *m.* スフォルツォ	effort エフォト
～する	**sforzarsi** スフォルツァルスィ	make an effort メイク アン エフォト
とりよせる **取り寄せる** toriyoseru	**fare un'ordinazione** ファーレ ウノルディナツィオーネ	order オーダ
どりる **ドリル** (工具の) doriru	**trapano** *m.* トラーパノ	drill ドリル
とりわける **取り分ける** toriwakeru	**distribuire** ディストリブイーレ	distribute, serve ディストリビュト, サーヴ
とる **取る** (手にする) toru	**prendere ... in mano, tenere ... in mano** プレンデレ ... イン マーノ, テネーレ ... イン マーノ	take, hold テイク, ホウルド

日	伊	英
（受け取る）	**ricevere** リチェーヴェレ	get, receive ゲト, リスィーヴ
（除去する）	**eliminare, togliere** エリミナーレ, トッリェレ	take off, remove テイク オーフ, リムーヴ
（盗む）	**rubare, derubare** ルバーレ, デルバーレ	steal, rob スティール, ラブ
とる **採る** toru （採集する）	**raccogliere** ラッコッリェレ	gather, pick ギャザ, ピク
（採用する）	**adottare** アドッターレ	adopt, take アダプト, テイク
とる **捕る** toru	**prendere, catturare** プレンデレ, カットゥラーレ	catch, capture キャチ, キャプチャ
どる **ドル** doru	**dollaro** *m.* ドッラロ	dollar ダラ
とるこ **トルコ** toruko	**Turchia** *f.* トゥルキーア	Turkey ターキ
どれ **どれ** dore	**quale, che** クァーレ, ケ	which (ホ)ウィチ
どれい **奴隷** dorei	**schiavo(-a)** *m.*(*f.*) スキアーヴォ(-ヴァ)	slave スレイヴ
とれーど **トレード** toreedo	**scambio** *m.*, **commercio** *m.* スカンビオ, コンメルチョ	trading トレイディング
とれーなー **トレーナー** （服） toreenaa	**tuta da ginnastica** *f.*, **felpa** *f.* トゥータ ダ ジンナスティカ, フェルパ	sweat shirt スウェト シャート
（運動の指導者）	**allena*tore*(*-trice*)** *m.*(*f.*) アッレナトーレ(-トリーチェ)	trainer トレイナ
とれーにんぐ **トレーニング** toreeningu	**allenamento** *m.*, **addestramento** *m.* アッレナメント, アッデストラメント	training トレイニング

日	伊	英
とれーらー **トレーラー** toreeraa	**rimorchio** *m.* リモルキオ	trailer トレイラ
どれす **ドレス** doresu	**abito** *m.* アービト	dress ドレス
どれっしんぐ **ドレッシング** doresshingu	**condimento** *m.* コンディメント	dressing ドレスィング
とれる **取れる** toreru	**venire via** ヴェニーレ **ヴィ**ーア	come off **カム** オフ
どろ **泥** doro	**fango** *m.* ファンゴ	mud マド
どろどろの **どろどろの** dorodorono	**fangoso(-a)** ファン**ゴ**ーゾ(-ザ)	pulpy パルピ
とろふぃー **トロフィー** torofii	**trofeo** *m.* トロ**フェ**ーオ	trophy ト**ロ**ウフィ
どろぼう **泥棒** dorobou	**ladro(-a)** *m.*(*f.*) **ラ**ードロ(-ラ)	thief, burglar スィーフ, バーグラ
とろりーばす **トロリーバス** tororiibasu	**filobus** *m.* **フィ**ーロブス	trolley bus ト**ラ**リ バス
とろんぼーん **トロンボーン** toronboon	**trombone** *m.* トロン**ボ**ーネ	trombone トラン**ボ**ウン
どわすれする **度忘れする** dowasuresuru	**sfuggire** スフッ**ジ**ーレ	slip from one's memory スリプ フラム メモリ
とん **トン** ton	**tonnellata** *f.* トンネッ**ラ**ータ	ton タン
どんかんな **鈍感な** donkanna	**ottuso(-a)** オッ**トゥ**ーゾ(-ザ)	dull, thickheaded, stupid ダル, スィクヘデド, ステューピド
どんこう **鈍行** donkou	**treno locale** *m.* ト**レ**ーノ ロ**カ**ーレ	local train **ロ**ウカル トレイン

日	伊	英
どんつう **鈍痛** dontsuu	**dolore sordo** *m.* ドローレ ソルド	dull pain **ダ**ル ペイン
とんでもない **とんでもない** tondemonai	**terribile, orribile** テッ**リ**ービレ, オッ**リ**ービレ	awful, terrible **オ**ーフル, **テ**リブル
（思いがけない）	**sconvolgente** スコンヴォル**ジェ**ンテ	surprising, shocking サプ**ラ**イズィング, **シャ**キング
どんな **どんな** donna	**cosa, quale** **コ**ーザ, ク**ァ**ーレ	what (ホ)**ワ**ト
どんなに **どんなに** donnani	**comunque, per quanto** コ**ム**ンクェ, ペル ク**ァ**ント	however ハウ**エ**ヴァ
とんねる **トンネル** tonneru	**tunnel** *m.*, **galleria** *f.* **トゥ**ンネル, ガッレ**リ**ーア	tunnel **タ**ネル
とんぼ **蜻蛉** tonbo	**libellula** *f.* リ**ベ**ッルラ	dragonfly ド**ラ**ゴンフライ
とんや **問屋** ton-ya	**grossista** *m.f.* グロッ**スィ**スタ	wholesale store **ホ**ウルセイル スト—
どんよくな **貪欲な** don-yokuna	**avido(-a)** **ア**ーヴィド(-ダ)	greedy グ**リ**ーディ

な, ナ

日	伊	英
な **名** na	**nome** *m.* **ノ**ーメ	name **ネ**イム
ない **無い** （持っていない） nai	**non avere** ノン ア**ヴェ**ーレ	have no ハヴ **ノ**ウ
（存在しない）	**non esserci** ノン **エ**ッセルチ	There is no **ゼ**ア イズ **ノ**ウ
ないか **内科** naika	**medicina interna** *f.* メディ**チ**ーナ イン**テ**ルナ	internal medicine イン**タ**ーナル **メ**ディスィン

日	伊	英
〜医	**internista** *m.f.* インテル**ニ**スタ	physician フィ**ズィ**シャン
ないかく **内閣** naikaku	**gabinetto** *m.*, **ministero** *m.* ガビ**ネッ**ト, ミニス**テー**ロ	Cabinet, Ministry **キャ**ビネット, **ミ**ニストリ
ないこうてきな **内向的な** naikoutekina	**introverso(-a)** イントロ**ヴェ**ルソ(-サ)	introverted イントロ**ヴァー**テド
ないじぇりあ **ナイジェリア** naijeria	**Nigeria** *f.* ニ**ジェー**リア	Nigeria ナイ**ヂ**アリア
ないじゅ **内需** naiju	**domanda interna** *f.* ド**マ**ンダ イン**テ**ルナ	domestic demand ド**メ**スティク ディ**マ**ンド
ないしょ **内緒** naisho	**segreto** *m.* セグ**レー**ト	secret ス**ィー**クレト
ないしん **内心** naishin	**intimo** *m.* **イ**ンティモ	one's mind, one's heart **マ**インド, **ハー**ト
ないせい **内政** naisei	**politica interna** *f.* ポ**リー**ティカ イン**テ**ルナ	domestic affairs ド**メ**スティク ア**フェ**アズ
ないせん **内戦** naisen	**guerra civile** *f.* グ**ェッ**ラ チ**ヴィー**レ	civil war ス**ィ**ヴィル **ウォー**
ないぞう **内臓** naizou	**organi interni** *m.pl.* **オ**ルガニ イン**テ**ルニ	internal organs イン**ター**ナル **オー**ガンズ
ないたー **ナイター** naitaa	**notturna** *f.* ノット**ゥ**ルナ	night game **ナ**イト **ゲ**イム
ないてい **内定** naitei	**decisione ufficiosa** *f.* デチズィ**オー**ネ ウッフィ**チョー**ザ	unofficial decision アナ**フィ**シャル ディス**ィ**ジョン
ないてきな **内的な** naitekina	**interno(-a)** イン**テ**ルノ(-ナ)	inner, internal **イ**ナ, イン**ター**ナル
ないふ **ナイフ** naifu	**coltello** *m.* コル**テッ**ロ	knife **ナ**イフ

日	伊	英
ないぶ **内部** naibu	**interno** *m.* インテルノ	inside, interior イン**サ**イド, イン**ティ**アリア
ないふん **内紛** naifun	**disordini interni** *m.pl.* ディゾルディニ インテルニ	internal trouble イン**タ**ーナル ト**ラ**ブル
ないめん **内面** naimen	**interno** *m.* インテルノ	inside イン**サ**イド
ないよう **内容** naiyou	**contenuto** *m.* コンテ**ヌ**ート	contents, substance **カ**ンテンツ, **サ**ブスタンス
ないらん **内乱** nairan	**guerra civile** *f.* グ**ェ**ッラ チ**ヴィ**ーレ	civil war ス**ィ**ヴィル **ウォ**ー
ナイロン nairon	**nylon** *m.* ナイロン	nylon **ナ**イラン
なえ **苗** nae	**piantina** *f.* ピアン**ティ**ーナ	seedling ス**ィ**ードリング
なおさら **なおさら** naosara	**ancora più** アン**コ**ーラ ピ**ウ**	still more ス**ティ**ル **モ**ー
なおざりにする **なおざりにする** naozarinisuru	**trascurare** トラスク**ラ**ーレ	neglect ニグ**レ**クト
なおす **治す** naosu	**curare** ク**ラ**ーレ	cure **キュ**ア
なおす **直す** (修正する) naosu	**correggere** コ**レッ**ジェレ	correct, amend コ**レ**クト, ア**メ**ンド
(修理する)	**riparare** リパ**ラ**ーレ	mend, repair **メ**ンド, リ**ペ**ア
なおる **治る** naoru	**guarire** グァ**リ**ーレ	get well **ゲ**ト **ウェ**ル
なおる **直る** (修正される) naoru	**(essere) corretto(-*a*)** (**エッ**セレ) コッ**レッ**ト(-タ)	(be) corrected (ビ) コ**レ**クテド

日	伊	英
(修理される)	**(essere) riparato(-a)** (エッセレ) リパラート(-タ)	(be) repaired (ビ) リペアド
なか **中** naka	**interno** *m.* インテルノ	inside イン**サ**イド
なか **仲** naka	**rapporti** *m.pl.* ラッ**ポ**ルティ	relations, relation-ship リ**レ**イションズ, リ**レ**イションシプ
ながい **長い** nagai	**lungo(-a)** ルンゴ(-ガ)	long ローング
ながいきする **長生きする** nagaikisuru	**vivere a lungo** ヴィーヴェレ ア ルンゴ	live long リヴ ローング
なかがいにん **仲買人** nakagainin	**agente** *m.f.* ア**ジェ**ンテ	broker ブ**ロ**ウカ
ながぐつ **長靴** nagagutsu	**stivali** *m.pl.* スティ**ヴァ**ーリ	boots **ブ**ーツ
ながさ **長さ** nagasa	**lunghezza** *f.* ルン**ゲ**ッツァ	length **レ**ングス
ながす (液体などを) **流す** nagasu	**versare, fare scorrere** ヴェル**サ**ーレ, **ファ**ーレ ス**コ**ッレレ	pour, drain **ポ**ー, ド**レ**イン
(物を)	**fare scorrere, galleggiare** **ファ**ーレ ス**コ**ッレレ, ガッレッ**ジャ**ーレ	float フ**ロ**ウト
ながそで **長袖** nagasode	**maniche lunghe** *f.pl.* **マ**ーニケ **ル**ンゲ	long sleeves ローング ス**リ**ーヴズ
なかなおりする **仲直りする** nakanaorisuru	**riconciliarsi** *con* リコンチリ**ア**ルスィ コン	reconcile with **レ**コンサイル ウィズ
なかなか **中々** nakanaka	**molto, piuttosto** **モ**ルト, ピウッ**ト**ースト	very, quite **ヴェ**リ, ク**ワ**イト
なかに **中に** nakani	**in, dentro** イン, **デ**ントロ	in, within イン, ウィ**ズ**イン

日	伊	英
なかにわ **中庭** nakaniwa	**cortile** *m.* コルティーレ	courtyard コートヤード
ながねん **長年** naganen	**per molti anni** ペル モルティ アンニ	for years フォ イアズ
なかば **半ば** nakaba	**a metà** ア メタ	halfway ハフウェイ
ながびく **長引く** nagabiku	**prolungarsi** プロルンガルスィ	(be) prolonged (ビ) プロローングド
なかま **仲間** nakama	**compagno(-a)** *m.* (*f.*) コンパーニョ(・ニャ)	comrade, companion カムラド, コンパニョン
なかみ **中身** nakami	**contenuto** *m.* コンテヌート	contents, substance カンテンツ, サブスタンス
ながめ **眺め** nagame	**vista** *f.* ヴィスタ	view, scene ヴュー, スィーン
ながめる **眺める** nagameru	**guardare** グァルダーレ	see, look at スィー, ルクアト
ながもちする **長持ちする** nagamochisuru	**(essere) resistente, durare a lungo** (エッセレ) レズィステンテ, ドゥラーレ ア ルンゴ	(be) durable (ビ) デュアラブル
なかゆび **中指** nakayubi	**medio** *m.* メーディオ	middle finger ミドル フィンガ
なかよし **仲良し** nakayoshi	**amico(-a) intimo(-a)** *m.* (*f.*) アミーコ(・カ) インティモ(・マ)	close friend, chum クロウス フレンド, チャム
ながれ **流れ** nagare	**corrente** *f.* コッレンテ	stream, current ストリーム, カーレント
ながれぼし **流れ星** nagareboshi	**stella cadente** *f.* ステッラ カデンテ	shooting star シューティング スター
ながれる **流れる** nagareru	**scorrere** スコッレレ	flow, run フロウ, ラン

日	伊	英
（時が）	**trascorrere** トラスコッレレ	pass パス
なきごえ **泣き声** nakigoe	**pianto** *m.* ピアント	cry クライ
なきむし **泣き虫** nakimushi	**piagnone(-a)** *m.* (*f.*) ピアニョーネ(-ナ)	crybaby クライベイビ
なきわめく **泣きわめく** nakiwameku	**urlare** ウルラーレ	bawl, scream ボール, スクリーム
なく **泣く** naku	**piangere** ピアンジェレ	cry, weep クライ, ウィープ
なく **鳴く** （犬が） naku	**abbaiare** アッパイアーレ	bark バーク
（猫が）	**miagolare** ミアゴラーレ	mew, meow, miaow ミュー, ミアウ, ミアウ
（小鳥が）	**cantare** カンターレ	sing スィング
なぐさめる **慰める** nagusameru	**consolare, confortare** コンソラーレ, コンフォルターレ	console, comfort コンソウル, カムファト
なくす **無くす** nakusu	**perdere** ペルデレ	lose ルーズ
なくなる **無くなる** nakunaru	**perdersi** ペルデルスィ	(get) lost (ゲト) ロースト
（消失する）	**scomparire, sparire** スコンパリーレ, スパリーレ	disappear ディサピア
（尽きる）	**scarseggiare** スカルセッジャーレ	run short ラン ショート
なぐりあい **殴り合い** naguriai	**rissa** *f.* リッサ	fight ファイト

日	伊	英
なぐる **殴る** naguru	**colpire** コルピーレ	strike, beat ストライク, ビート
なげかわしい **嘆かわしい** nagekawashii	**deplorevole** デプロレーヴォレ	deplorable ディプローラブル
なげく **嘆く** nageku	**piangere, lamentarsi** *di* ピアンジェレ, ラメンタルスィ ディ	lament, grieve ラメント, グリーヴ
なげすてる **投げ捨てる** nagesuteru	**buttare via** ブッターレ ヴィーア	throw away スロウ アウェイ
なげる **投げる** (飛ばす) nageru	**tirare, gettare** ティラーレ, ジェッターレ	throw, cast スロウ, キャスト
(放棄する)	**abbandonare** アッバンドナーレ	give up ギヴ アプ
なごやかな **和やかな** nagoyakana	**calmo(-a), amichevole** カルモ(-マ), アミケーヴォレ	peaceful, friendly ピースフル, フレンドリ
なごり **名残** nagori	**traccia** *f.* トラッチャ	trace, vestige トレイス, ヴェスティヂ
なさけ **情け** (あわれみ) nasake	**pietà** *f.* ピエタ	pity ピティ
(思いやり)	**compassione** *f.* コンパッスィオーネ	sympathy スィンパスィ
(慈悲)	**misericordia** *f.* ミゼリコルディア	mercy マースィ
なさけない **情けない** nasakenai	**miserabile** ミゼラービレ	miserable, lamentable ミザラブル, ラメンタブル
なし **梨** nashi	**pera** *f.* ペーラ	pear ペア
なしとげる **成し遂げる** nashitogeru	**compiere** コンピエレ	accomplish アカンプリシュ

日	伊	英
<ruby>馴染<rt>なじ</rt></ruby>む najimu	**abituarsi** *a*, **familiarizzare** *con* アビトゥ**ア**ルスィ ア, ファミリアリッ**ザ**ーレ コン	(become) attached to (ビカム) ア**タ**チト トゥ
<ruby>ナショナリズム<rt></rt></ruby> nashonarizumu	**nazionalismo** *m.* ナツィオナ**リ**ズモ	nationalism **ナ**ショナリズム
<ruby>詰<rt>なじ</rt></ruby>る najiru	**rimproverare** リンプロヴェ**ラ**ーレ	rebuke, blame リ**ビュ**ーク, ブ**レ**イム
<ruby>茄子<rt>なす</rt></ruby> nasu	**melanzana** *f.* メラン**ザ**ーナ	eggplant, ⓑaubergine **エ**グプラント, **オ**ウバジーン
<ruby>何故<rt>なぜ</rt></ruby> naze	**perché** ペル**ケ**	why (ホ)**ワ**イ
<ruby>何故<rt>なぜ</rt></ruby>なら nazenara	**perché** ペル**ケ**	because, for ビ**コ**ズ, **フォ**ー
<ruby>謎<rt>なぞ</rt></ruby> nazo	**enigma** *m.* エ**ニ**グマ	riddle, mystery **リ**ドル, **ミ**スタリ
<ruby>謎々<rt>なぞなぞ</rt></ruby> nazonazo	**indovinello** *m.* インドヴィ**ネ**ッロ	riddle **リ**ドル
<ruby>宥<rt>なだ</rt></ruby>める nadameru	**calmare** カル**マ**ーレ	calm, soothe **カ**ーム, **ス**ーズ
なだらかな nadarakana	**morbido**(*-a*), **largo**(*-a*) **モ**ルビド(-ダ), **ラ**ルゴ(-ガ)	easy, gentle **イ**ーズィ, **チェ**ントル
<ruby>雪崩<rt>なだれ</rt></ruby> nadare	**valanga** *f.* ヴァ**ラ**ンガ	avalanche **ア**ヴァランチ
<ruby>夏<rt>なつ</rt></ruby> natsu	**estate** *f.* エス**タ**ーテ	summer **サ**マ
<ruby>捺印<rt>なついん</rt></ruby>する natsuinsuru	**timbrare, sigillare** ティンブ**ラ**ーレ, スィジッ**ラ**ーレ	seal **ス**ィール
<ruby>懐<rt>なつ</rt></ruby>かしい natsukashii	**nostalgico**(*-a*) ノス**タ**ルジコ(-カ)	longed for, nostalgic **ロ**ーングド フォ, ノス**タ**ルヂク

日	伊	英
なつかしむ **懐かしむ** natsukashimu	**avere nostalgia** *di* アヴェーレ ノスタルジーア ディ	long for ローング フォ
なづけおや **名付け親** nazukeoya	**padrino** *m.*, **madrina** *f.* パドリーノ, マドリーナ	godfather, godmother ガドファーザ, ガドマザ
なづける **名付ける** nazukeru	**chiamare** キアマーレ	name, call ネイム, コール
なっつ **ナッツ** nattsu	**noce** *f.* ノーチェ	nut ナト
なっとくする **納得する** nattokusuru	**acconsentire** *a* アッコンセンティーレ ア	consent to コンセント トゥ
なつめぐ **ナツメグ** natsumegu	**noce moscata** *f.* ノーチェ モスカータ	nutmeg ナトメグ
なでる **撫でる** naderu	**accarezzare** アッカレッツァーレ	stroke, pat ストロウク, パト
など **など** nado	**eccetera** エッチェーテラ	and so on アンド ソウ オン
なとりうむ **ナトリウム** natoriumu	**sodio** *m.* ソーディオ	sodium ソウディアム
なな **七** nana	**sette** セッテ	seven セヴン
ななじゅう **七十** nanajuu	**settanta** セッタンタ	seventy セヴンティ
ななめの **斜めの** nanameno	**obliquo(-a), inclinato(-a)** オブリークォ(-クァ), インクリナート(-タ)	slant, oblique スラント, オブリーク
なにか **何か** nanika	**qualcosa** クァルコーザ	something サムスィング
なにげない **何気ない** nanigenai	**involontario(-a)** インヴォロンターリオ(-ア)	casual キャジュアル

日	伊	英
なのる **名乗る** nanoru	**presentarsi** come プレゼン**タ**ルスィ **コ**ーメ	introduce oneself as イント**ロ**デュース アズ
なびく **なびく** (傾く) nabiku	**sventolare** ズヴェント**ラ**ーレ	flutter フ**ラ**タ
(屈する)	**cedere** a チェーデレ ア	yield to **イ**ールド トゥ
なびげーたー **ナビゲーター** nabigeetaa	**naviga*tore*(-*trice*)** m.(f.) ナヴィガ**ト**ーレ(-ト**リ**ーチェ)	navigator **ナ**ヴィゲイタ
なぷきん **ナプキン** napukin	**tovagliolo** m. トヴァッリ**オ**ーロ	napkin, Ⓑserviette **ナ**プキン, サー**ヴィエ**ト
なふだ **名札** nafuda	**etichetta di identificazione** f. エティ**ケ**ッタ ディ イデンティフィカツィ**オ**ーネ	name tag **ネ**イム **タ**グ
なべ **鍋** nabe	**pentola** f. **ペ**ントラ	pan **パ**ン
なまあたたかい **生暖かい** namaatatakai	**tiepido(-a)** ティ**エ**ーピド(-ダ)	lukewarm, tepid ルーク**ウォ**ーム, **テ**ピド
なまいきな **生意気な** namaikina	**insolente** イン**ソ**レンテ	insolent, saucy **イ**ンソレント, **ソ**ースィ
なまえ **名前** namae	**nome** m. **ノ**ーメ	name **ネ**イム
なまぐさい **生臭い** namagusai	**che puzza di pesce** ケ **プ**ッツァ ディ **ペ**ッシェ	fishy **フィ**シ
なまけもの **怠け者** namakemono	**pigrone(-a)** m.(f.) ピグ**ロ**ーネ(-ナ)	lazy person **レ**イズィ **パ**ースン
なまける **怠ける** namakeru	**poltrire** ポルト**リ**ーレ	(be) idle (ビ) **ア**イドル
なまず **鯰** namazu	**pesce gatto** m. **ペ**ッシェ **ガ**ット	catfish **キャ**トフィシュ

日	伊	英
なまなましい **生々しい** namanamashii	**vivo(-*a*)** ヴィーヴォ(-ヴァ)	fresh, vivid フレシュ, ヴィヴィド
なまぬるい **生ぬるい** namanurui	**tiepido(-*a*)** ティエーピド(-ダ)	lukewarm ルークウォーム
なまの **生の** namano	**crudo(-*a*)** クルード(-ダ)	raw ロー
なまびーる **生ビール** namabiiru	**birra alla spina** *f.* ビッラ アッラ スピーナ	draft beer ドラフト ビア
なまほうそう **生放送** namahousou	**trasmissione in diretta** *f.* トラズミッスィオーネ イン ディレッタ	live broadcast ライヴ ブロードキャスト
なまもの **生物** namamono	**alimenti crudi** *m.pl.* アリメンティ クルーディ	uncooked food アンクックト フード
なまり **鉛** namari	**piombo** *m.* ピオンボ	lead リード
なみ **波** nami	**onda** *f.* オンダ	wave ウェイヴ
なみき **並木** namiki	**alberata** *f.* アルベラータ	roadside trees ロウドサイド トリーズ
なみだ **涙** namida	**lacrime** *f.pl.* ラークリメ	tears ティアズ
なみの **並の** namino	**comune** コムーネ	ordinary, common オーディネリ, カモン
なみはずれた **並外れた** namihazureta	**straordinario(-*a*)** ストラオルディナーリオ(-ア)	extraordinary イクストローディネリ
なめす **なめす** namesu	**conciare** コンチャーレ	tan タン
なめらかな **滑らかな** namerakana	**liscio(-*a*)** リッショ(-シャ)	smooth スムーズ
なめる **舐める** nameru	**leccare** レッカーレ	lick, lap リク, ラプ

日	伊	英
(あなどる)	**sottovalutare, sminuire** ソットヴァルターレ, ズミヌイーレ	belittle ビリトル
なやます **悩ます** nayamasu	**tormentare** トルメンターレ	torment, worry トーメント, ワーリ
なやみ **悩み** nayami	**apprensione** *f.* アップレンスィオーネ	anxiety, worry アングザイエティ, ワーリ
なやむ **悩む** nayamu	**(essere) in pensiero** *per*, **soffrire** *per* (エッセレ) イン ペンスィエーロ ペル, ソッフリーレ ペル	suffer, (be) troubled サファ, (ビ) トラブルド
ならう **習う** narau	**imparare** インパラーレ	learn ラーン
ならす **慣らす** narasu	**abituare** アビトゥアーレ	accustom アカスタム
ならす **鳴らす** narasu	**suonare, far suonare** スオナーレ, ファール スオナーレ	make ring, sound メイク リング, サウンド
ならぶ **並ぶ** narabu	**mettersi in fila** メッテルスィ イン フィーラ	line up ライン アプ
ならべる **並べる** (配列する) naraberu	**disporre** ディスポッレ	arrange アレインヂ
(列挙する)	**enumerare** エヌメラーレ	enumerate イニューメレイト
ならわし **習わし** narawashi	**costume** *m.* コストゥーメ	custom カスタム
なりきん **成金** narikin	**nuovo(-a) ricco(-a)** *m.(f.)*, **arrivista** *m.f.* ヌオーヴォ(-ヴァ) リッコ(-カ), アッリヴィスタ	nouveau riche ヌーヴォウ リーシュ
なりたち **成り立ち** (起源) naritachi	**origine** *f.* オリージネ	origin オーリヂン
(構造)	**formazione** *f.* フォルマツィオーネ	formation フォーメイション

日	伊	英
なりゆき **成り行き** nariyuki	**corso degli eventi** *m.* コルソ デッリ エヴェンティ	course of コース オヴ
なる **成る** （結果として） naru	**diventare** ディヴェンターレ	become ビカム
（変わる）	**trasformarsi** *in* トラスフォルマルスィ イン	turn into ターン イントゥ
なる **生る** （実が） naru	**fruttificare** フルッティフィカーレ	grow, bear グロウ, ベア
なる **鳴る** naru	**suonare, squillare** スオナーレ, スクィッラーレ	sound, ring サウンド, リング
なるしすと **ナルシスト** narushisuto	**narcisista** *m.f.* ナルチズィスタ	narcissist ナースィスィスト
なるべく **なるべく** narubeku	**se possibile** セ ポッスィービレ	if possible イフ パスィブル
なるほど **なるほど** naruhodo	**infatti** インファッティ	indeed インディード
なれーしょん **ナレーション** nareeshon	**narrazione** *f.* ナッラツィオーネ	narration ナレイション
なれーたー **ナレーター** nareetaa	**narratore(-trice)** *m.*(*f.*) ナッラトーレ(-トリーチェ)	narrator ナレイタ
なれなれしい **馴れ馴れしい** narenareshii	**invadente** インヴァデンテ	overly familiar オウヴァリ ファミリア
なれる **慣れる** nareru	**abituarsi** *a* アビトゥアルスィ ア	get used to ゲト ユースト トゥ
なわ **縄** nawa	**corda** *f.* コルダ	rope ロウプ
〜跳び	**salto alla corda** *m.* サルト アッラ コルダ	jump rope ヂャンプ ロウプ

日	伊	英
なわばり **縄張** nawabari	**territorio** *m.*, **zona operativa** *f.* テッリトーリオ, ゾーナ オペラティーヴァ	territory, (one's) turf, ®domain テリトーリ, ターフ, ドウメイン
なんかいな **難解な** nankaina	**molto difficile** モルト ディッフィーチレ	very difficult ヴェリ ディフィカルト
なんきょく **南極** nankyoku	**Polo Sud** *m.* ポーロ スド	South Pole サウス ポウル
なんこう **軟膏** nankou	**unguento** *m.*, **pomata** *f.* ウングェント, ポマータ	ointment オイントメント
なんじ **何時** nanji	**a che ora, che ora** ア ケ オーラ, ケ オーラ	what time, when (ホ)ワト タイム, (ホ)ウェン
なんせい **南西** nansei	**sud-ovest** *m.* スドーヴェスト	southwest サウスウェスト
なんせんす **ナンセンス** nansensu	**assurdità** *f.* アッスルディタ	nonsense ナンセンス
なんちょう **難聴** nanchou	**problemi di udito** *m.pl.* プロブレーミ ディ ウディート	hearing impairment ヒアリング インペアメント
なんとう **南東** nantou	**sud-est** *m.* スデスト	southeast サウスイースト
なんばー **ナンバー** nanbaa	**numero** *m.* ヌーメロ	number ナンバ
なんぱする **難破する** nanpasuru	**naufragare** ナウフラガーレ	(be) wrecked (ビ) レクト
なんびょう **難病** nanbyou	**malattia refrattaria** *f.* マラッティーア レフラッターリア	serious disease, incurable disease スィアリアス ディズィーズ, インキュアラブル ディズィーズ
なんぴょうよう **南氷洋** nanpyouyou	**Oceano Antartico** *m.* オチェーアノ アンタルティコ	Antarctic Ocean アンタクティク オーシャン
なんぶ **南部** nanbu	**sud** *m.*, **parte meridionale** *f.* スド, パルテ メリディオナーレ	southern part サザン パート

日	伊	英
なんぼく **南北** nanboku	**nord** *m.* **e sud** *m.* ノルド エ スド	north and south ノース アンド サウス
なんみん **難民** nanmin	**profughi** *m.pl.* プローフギ	refugees レフュチーズ

に, ニ

日	伊	英
に **二** ni	**due** ドゥーエ	two トゥー
に **荷** ni	**carico** *m.* カーリコ	load ロウド
にあう **似合う** niau	**stare bene** *a* スターレ ベーネ ア	look good with, suit ルク グド ウィズ, スート
にあげ **荷揚げ** niage	**scarico** *m.* スカーリコ	unload アンロウド
にあみす **ニアミス** niamisu	**mancata collisione** *f.* マンカータ コッリズィオーネ	near miss ニア ミス
にーず **ニーズ** niizu	**necessità** *f.* ネチェッスィタ	necessity, needs ネセスィティ, ニーヅ
にえきらない **煮えきらない** （はっきりしない） niekiranai	**vago(-a)** ヴァーゴ(-ガ)	vague ヴェイグ
（決断しない）	**incerto(-a)** インチェルト(-タ)	irresolute イレゾルート
にえる **煮える** nieru	**bollire** ボッリーレ	boil ボイル
におい **匂〔臭〕い** nioi	**odore** *m.*, **puzza** *f.* オドーレ, プッツァ	smell, odor スメル, オウダ
におう **臭う** niou	**puzzare** プッツァーレ	stink スティンク

日	伊	英
におう **匂う** niou	**odorare** オドラーレ	smell スメル
にかい **二階** nikai	**primo piano** *m.* プリーモ ピアーノ	second floor, ⑬first floor セカンド フロー, ファースト フロー
にがい **苦い** nigai	**amaro(-a)** アマーロ(-ラ)	bitter ビタ
にがす **逃がす** nigasu	**liberare, rilasciare** リベラーレ, リラシャーレ	let go, set free レト ゴウ, セト フリー
(取り逃がす)	**lasciarsi sfuggire** ラシャルスィ スフッジーレ	let escape, miss レト エスケイプ, ミス
にがつ **二月** nigatsu	**febbraio** *m.* フェッブライオ	February フェブルエリ
にがてである **苦手である** nigatedearu	**(essere) scarso(-a)** *in* (エッセレ) スカルソ(-サ) イン	(be) weak in (ビ) ウィーク イン
にがにがしい **苦々しい** niganigashii	**sgradevole** ズグラデーヴォレ	unpleasant アンプレザント
にがわらい **苦笑い** nigawarai	**sorriso amaro** *m.* ソッリーゾ アマーロ	bitter smile ビタ スマイル
にきび **にきび** nikibi	**brufolo** *m.* ブルーフォロ	pimple ピンプル
にぎやかな **賑やかな** nigiyakana	**vivace, animato(-a)** ヴィヴァーチェ, アニマート(-タ)	lively ライヴリ
(込み合った)	**molto frequentato(-a), affollato(-a)** モルト フレクェンタート(-タ), アッフォッラート(-タ)	crowded クラウデド
にぎる **握る** nigiru	**afferrare** アッフェッラーレ	grasp グラスプ
にぎわう **賑わう** nigiwau	**(essere) affollato(-a)** (エッセレ) アッフォッラート(-タ)	(be) crowded, (be) lively (ビ) クラウデド, (ビ) ライヴリ

日	伊	英
にく **肉** niku	**carne** *f.* カルネ	flesh, meat フレシュ, ミート
〜屋	**macelleria** *f.* マチェッレリーア	butcher's ブチャズ
にくい **憎い** nikui	**odioso(-a)** オディオーゾ(-ザ)	hateful, detestable ヘイトフル, ディテスタブル
にくがん **肉眼** nikugan	**occhio nudo** *m.* オッキオ ヌード	naked eye ネイキド アイ
にくしみ **憎しみ** nikushimi	**odio** *m.* オーディオ	hatred ヘイトレド
にくしん **肉親** nikushin	**parenti stretti** *m.pl.* パレンティ ストレッティ	blood relatives ブラド レラティヴズ
にくたい **肉体** nikutai	**corpo** *m.* コルポ	body, (the) flesh バディ, (ザ) フレシュ
〜労働	**lavoro manuale** *m.* ラヴォーロ マヌアーレ	physical labor フィズィカル レイバ
にくむ **憎む** nikumu	**odiare** オディアーレ	hate ヘイト
にげる **逃げる** nigeru	**fuggire, scappare** フッジーレ, スカッパーレ	run away, escape ラン アウェイ, イスケイプ
にごす **濁す** nigosu	**intorbidare** イントルビダーレ	make unclear, make murky メイク アンクリア, メイク マーキー
にこやかな **にこやかな** nikoyakana	**sorridente** ソッリデンテ	cheerful, smiling チアフル, スマイリング
にごる **濁る** nigoru	**infangarsi, intorbidarsi** インファンガルスィ, イントルビダルスィ	(become) muddy (ビカム) マディ
にさんかたんそ **二酸化炭素** nisankatanso	**diossido di carbonio** *m.* ディオッスィド ディ カルボーニオ	carbon dioxide カーボン ダイアクサイド

日	伊	英
にし **西** nishi	**ovest** *m.* オーヴェスト	west ウェスト
にじ **虹** niji	**arcobaleno** *m.* アルコバレーノ	rainbow レインボウ
にしがわ **西側** nishigawa	**lato ovest** *m.* ラート オーヴェスト	west side ウェスト サイド
にしはんきゅう **西半球** nishihankyuu	**emisfero occidentale** *m.* エミスフェーロ オッチデンターレ	Western Hemisphere ウェスタン ヘミスフィア
にじます **虹鱒** nijimasu	**trota iridea** *f.* トロータ イリデーア	rainbow trout レインボウ トラウト
にじむ **にじむ** nijimu	**sbavare** ズバヴァーレ	blot, ooze ブラト, ウーズ
にじゅう **二十** nijuu	**venti** ヴェンティ	twenty トウェンティ
にじゅうの **二重の** nijuuno	**doppio(-a)** ドッピオ(-ア)	double, dual ダブル, デュアル
にしん **鰊** nishin	**aringa** *f.* アリンガ	herring ヘリング
にす **ニス** nisu	**vernice** *f.* ヴェルニーチェ	varnish ヴァーニシュ
にせい **二世** nisei	**seconda generazione** *f.* セコンダ ジェネラツィオーネ	second generation セカンド ヂェネレイション
にせの **偽の** niseno	**falso(-a), finto(-a)** ファルソ(-サ), フィント(-タ)	imitation イミテイション
にせもの **偽物** nisemono	**falso** *m.* ファルソ	imitation, counterfeit イミテイション, カウンタフィト
にそう **尼僧** nisou	**monaca** *f.* モーナカ	nun, sister ナン, スィスタ

日	伊	英
にちじ **日時** nichiji	**giorno** *m.* **e ora** *f.* ジョルノ エ オーラ	time and date タイム アンド デイト
にちじょうの **日常の** nichijouno	**quotidiano(-*a*)** クォティディアーノ(-ナ)	daily デイリ
にちぼつ **日没** nichibotsu	**tramonto** *m.* トラモント	sunset サンセト
にちや **日夜** nichiya	**giorno** *m.* **e notte** *f.* ジョルノ エ ノッテ	night and day ナイト アンド デイ
にちようだいく **日曜大工** nichiyoudaiku	**fai-da-te** *m.* ファイダテ	do-it-yourself, DIY ドゥーイトユアセルフ, ディーアイワイ
にちようび **日曜日** nichiyoubi	**domenica** *f.* ドメーニカ	Sunday サンデイ
にちようひん **日用品** nichiyouhin	**articoli di uso quotidiano** *m.pl.* アルティーコリ ディ ウーゾ クォティディアーノ	daily necessities デイリ ネセスィティズ
にっか **日課** nikka	**lavoro quotidiano** *m.* ラヴォーロ クォティディアーノ	daily work デイリ ワーク
にっかん **日刊** nikkan	**quotidiano** *m.* クォティディアーノ	daily デイリ
にっき **日記** nikki	**diario** *m.* ディアーリオ	diary ダイアリ
にっきゅう **日給** nikkyuu	**giornata** *f.* ジョルナータ	day's wage デイズ ウェイヂ
にづくりする **荷造りする** nizukurisuru	**fare i bagagli** ファーレ イ バガッリ	pack パク
にっける **ニッケル** nikkeru	**nichel** *m.* ニケル	nickel ニクル
にっこう **日光** nikkou	**luce del sole** *f.* ルーチェ デル ソーレ	sunlight, sunshine サンライト, サンシャイン

日	伊	英
にっしゃびょう **日射病** nisshabyou	**insolazione** *f.* インソラツィオーネ	sunstroke サンストロウク
にっしょく **日食** nisshoku	**eclissi solare** *f.* エクリッスィ ソラーレ	solar eclipse ソウライクリプス
にっすう **日数** nissuu	**numero di giorni** *m.* ヌーメロ ディ ジョルニ	number of days ナンバ オヴ デイズ
にってい **日程** nittei	**programma del giorno** *m.* プログランマ デル ジョルノ	schedule, itinerary スケデュル, アイティナレリ
にっとう **日当** nittou	**giornata** *f.*, **diaria** *f.* ジョルナータ, ディアーリア	daily allowance デイリ アラウアンス
にっとうえあ **ニットウエア** nittouea	**maglieria** *f.* マッリェリーア	knitwear ニトウェア
につめる **煮詰める** nitsumeru	**condensare** コンデンサーレ	boil down ボイル ダウン
にとろぐりせりん **ニトログリセリン** nitoroguriserin	**nitroglicerina** *f.* ニトログリチェリーナ	nitroglycerine ナイトロウグリセリン
になう **担う** ninau	**portare** ポルターレ	carry, bear キャリ, ベア
にばい **二倍** nibai	**doppio** *m.* ドッピオ	double ダブル
にばん **二番** niban	**secondo(-a)** セコンド(-ダ)	second セカンド
にひるな **ニヒルな** nihiruna	**nichilista** ニキリスタ	nihilistic ナイイリスティク
にぶい **鈍い** nibui	**ottuso(-a)** オットゥーゾ(-ザ)	slow, thick スロウ, スィク
にぶんのいち **二分の一** nibunnoichi	**metà** *f.* メタ	(a) half (ア) ハフ
にほん **日本** nihon	**Giappone** *m.* ジャッポーネ	Japan ヂャパン

日	伊	英
～海	**Mar del Giappone** *m.* マール デル ジャッポーネ	Sea of Japan スィー オヴ ヂャパン
～語	**giapponese** *m.* ジャッポネーゼ	Japanese ヂャパニーズ
～酒	**sakè** *m.* サケ	sake, rice wine サーキ, ライス ワイン
～人	**giapponese** *m.f.* ジャッポネーゼ	Japanese ヂャパニーズ
～料理	**cucina giapponese** *f.* クチーナ ジャッポネーゼ	Japanese cooking ヂャパニーズ クキング
にもつ **荷物** nimotsu	**bagaglio** *m.* バガッリォ	baggage, luggage バギヂ, ラギヂ
にやにやする **にやにやする** niyaniyasuru	**sogghignare** ソッギニャーレ	grin グリン
にゅういんする **入院する** nyuuinsuru	**ricoverarsi in ospedale** リコヴェラルスィ イノスペダーレ	(be) admitted to hospital (ビ) アドミテド トゥ ハスピタル
にゅうえき **乳液** nyuueki	**crema idratante** *f.* クレーマ イドラタンテ	emulsion イマルション
にゅうか **入荷** nyuuka	**arrivo di merci** *m.* アッリーヴォ ディ メルチ	arrival of goods アライヴァル オヴ グヅ
にゅうかい **入会** nyuukai	**ammissione** *f.*, **iscrizione** *f.* アンミッスィオーネ, イスクリツィオーネ	admission アドミション
～する	**entrare** *in* エントラーレ イン	join ヂョイン
にゅうがく **入学** nyuugaku	**ammissione** *f.* アンミッスィオーネ	entrance, enrollment エントランス, インロウルメント
～金	**tassa d'iscrizione** *f.* タッサ ディスクリツィオーネ	entrance fee エントランス フィー

日	伊	英
～する	**iscriversi a una scuola** イスクリーヴェルスィ ア ウナ スクォーラ	get into a school ゲト イントゥ ア スクール
にゅうがん **乳癌** nyuugan	**tumore al seno** *m.* トゥモーレ アル セーノ	breast cancer ブレスト キャンサ
にゅうきん **入金** nyuukin	**riscossione** *f.*, **incasso** *m.* リスコッスィオーネ, インカッソ	money received マニ リスィーヴド
にゅうこく **入国** nyuukoku	**entrata in un paese** *f.* エントラータ イヌン パエーゼ	entry into a country エントリ イントゥ ア カントリ
～管理	**immigrazione** *f.* インミグラツィオーネ	immigration イミグレイション
にゅうさつ **入札** nyuusatsu	**gara d'appalto** *f.* ガーラ ダッパルト	bid, tender ビド, テンダ
にゅうさんきん **乳酸菌** nyuusankin	**lattobacillo** *m.* ラットバチッロ	lactic acid bacteria ラクティク アスィド バクティアリア
にゅうし **入試** nyuushi	**esame d'ammissione** *m.* エザーメ ダンミッスィオーネ	entrance examination エントランス イグザミネイション
にゅーじーらんど **ニュージーランド** nyuujiirando	**Nuova Zelanda** *f.* ヌオーヴァ ゼランダ	New Zealand ニューズィーランド
にゅうしゃする **入社する** nyuushasuru	**entrare in un'azienda** エントラーレ イヌナズィエンダ	join a company ヂョイン ア カンパニ
にゅうしゅする **入手する** nyuushusuru	**acquisire** アックィズィーレ	get, acquire ゲト, アクワイア
にゅうじょう **入場** nyuujou	**ingresso** *m.* イングレッソ	entrance エントランス
～券	**biglietto d'ingresso** *m.* ビッリェット ディングレッソ	admission ticket アドミション ティケト
～する	**entrare** *in* エントラーレ イン	enter, get in エンタ, ゲト イン

日	伊	英
〜料	**ingresso** *m.* イングレッソ	admission fee アドミション フィー
にゅーす **ニュース** nyuusu	**notizie** *f.pl.* ノティーツィエ	news ニューズ
〜キャスター	**annuncia*tore*(*-trice*)** *m.*(*f.*) アンヌンチャトーレ(-トリーチェ)	newscaster ニューズキャスタ
にゅうせいひん **乳製品** nyuuseihin	**latticini** *m.pl.* ラッティチーニ	dairy products デアリ プラダクツ
にゅうもんする **入門する** nyuumonsuru	**diventare allievo(-a)** *di* ディヴェンターレ アッリエーヴォ(-ヴァ) ディ	become a pupil of ビカム ア ピューピル オヴ
にゅうよくする **入浴する** nyuuyokusuru	**fare un bagno** ファーレ ウン バーニョ	take a bath テイク ア バス
にゅうりょく **入力** nyuuryoku	**immissione** *f.* インミッスィオーネ	input インプト
〜する	**immettere** インメッテレ	input インプト
にょう **尿** nyou	**urina** *f.* ウリーナ	urine ユアリン
にらむ **睨む** niramu	**guardare con occhio fisso** グァルダーレ コン オッキオ フィッソ	glare at グレア アト
にりゅうの **二流の** niryuuno	**di seconda classe** ディ セコンダ クラッセ	second-class セカンドクラス
にる **似る** niru	**assomigliare** *a* アッソミッリャーレ ア	resemble リゼンブル
にる **煮る** niru	**bollire, cuocere** ボッリーレ, クォーチェレ	boil, cook ボイル, クク
にわ **庭** niwa	**giardino** *m.* ジャルディーノ	garden, yard ガードン, ヤード

日	伊	英
にわかあめ **にわか雨** niwakaame	**acquazzone** *m.* アックァッツォーネ	rain shower レイン シャウア
にわとり **鶏** niwatori	**pollame** *m.* ポッラーメ	fowl, chicken ファウル, チキン
にんかする **認可する** ninkasuru	**autorizzare** アウトリッザーレ	authorize オーソライズ
にんき **人気** ninki	**popolarità** *f.* ポポラリタ	popularity パピュラリティ
～のある	**popolare** ポポラーレ	popular パピュラ
にんぎょう **人形** ningyou	**bambola** *f.* バンボラ	doll ダル
にんげん **人間** ningen	**essere umano** *m.* エッセレ ウマーノ	human being ヒューマン ビーイング
にんしき **認識** ninshiki	**riconoscimento** *m.* リコノシメント	recognition レコグニション
～する	**riconoscere** リコノッシェレ	recognize レコグナイズ
にんじょう **人情** ninjou	**natura umana** *f.* ナトゥーラ ウマーナ	human nature ヒューマン ネイチャ
にんじん **人参** ninjin	**carota** *f.* カロータ	carrot キャロト
にんしんする **妊娠する** ninshinsuru	**partorire** パルトリーレ	conceive コンスィーヴ
にんずう **人数** ninzuu	**numero di persone** *m.* ヌーメロ ディ ペルソーネ	(the) number (ザ) ナンバ
にんそう **人相** ninsou	**fisionomia** *f.* フィズィオノミーア	physiognomy フィズィアグノミ
にんたい **忍耐** nintai	**pazienza** *f.* パツィエンツァ	patience ペイシェンス

日	伊	英
にんちしょう **認知症** ninchishou	**demenza** *f.* デメンツァ	dementia ディメンシャ
にんていする **認定する** ninteisuru	**attestare** アッテスターレ	certify, recognize サーティファイ, レコグナイズ
にんにく **にんにく** ninniku	**aglio** *m.* アッリォ	garlic ガーリク
にんぷ **妊婦** ninpu	**donna incinta** *f.* ドンナ インチンタ	pregnant woman プレグナント ウマン
にんむ **任務** ninmu	**dovere** *m.*, **compito** *m.* ドヴェーレ, コンピト	duty, office デューティ, オフィス
にんめい **任命** ninmei	**nomina** *f.* ノーミナ	appointment アポイントメント
～する	**nominare** ノミナーレ	appoint アポイント

ぬ, ヌ

日	伊	英
ぬいぐるみ **縫いぐるみ** nuigurumi	**peluche** *m.* ペルーシュ	stuffed toy スタフト トイ
ぬう **縫う** nuu	**cucire** クチーレ	sew, stitch ソウ, スティチ
ぬーど **ヌード** nuudo	**nudo** *m.* ヌード	nude ヌード
ぬかるみ **ぬかるみ** nukarumi	**fango** *m.* ファンゴ	mud マド
ぬきんでる **抜きんでる** nukinderu	**superare, spiccare** スペラーレ, スピッカーレ	surpass, excel サーパス, イクセル
ぬく **抜く** (引き抜く) nuku	**tirare fuori, estrarre** ティラーレ フォーリ, エストラッレ	pull out プル アウト
(取り除く)	**togliere** トッリェレ	remove リムーヴ

561

日	伊	英
（省く）	**omettere, saltare** オメッテレ, サルターレ	omit, skip オウミト, スキプ
（追い抜く）	**sorpassare** ソルパッサーレ	outrun アウトラン
脱ぐ nugu	**togliersi** トッリェルスィ	take off テイク オーフ
拭う nuguu	**pulire, asciugare** プリーレ, アシュガーレ	wipe ワイプ
抜ける nukeru	**venire via** ヴェニーレ ヴィーア	fall out フォール アウト
（組織などから）	**lasciare, ritirarsi** ラシャーレ, リティラルスィ	leave, withdraw リーヴ, ウィズドロー
主 nushi	**padrone(-a)** *m.* (*f.*) パドローネ(-ナ)	master, owner マスタ, オウナ
盗む（物などを） nusumu	**rubare, derubare** ルバーレ, デルバーレ	steal, rob スティール, ラブ
（文章などを）	**plagiare** プラジャーレ	plagiarize プレイヂアライズ
布 nuno	**stoffa** *f.* ストッファ	cloth クロス
沼 numa	**palude** *f.* パルーデ	marsh, bog マーシュ, バグ
濡らす nurasu	**bagnare** バニャーレ	wet, moisten ウェト, モイスン
塗る（色を） nuru	**dipingere** ディピンジェレ	paint ペイント
（薬などを）	**applicare** アップリカーレ	apply アプライ
ぬるい nurui	**tiepido(-a)** ティエーピド(-ダ)	tepid, lukewarm テピド, ルークウォーム

日	伊	英
ぬれる **濡れる** nureru	**bagnarsi** バニャルスィ	(get) wet (ゲト) **ウェ**ト

ね, ネ

日	伊	英
ね **根** ne	**radice** *f.* ラ**ディ**ーチェ	root **ル**ート
ねあげする **値上げする** neagesuru	**aumentare i prezzi** アウメン**タ**ーレ イ プ**レ**ッツィ	raise prices **レ**イズ プ**ラ**イセズ
ねうち **値打ち** neuchi	**valore** *m.*, **merito** *m.* ヴァ**ロ**ーレ, **メ**ーリト	value, merit **ヴァ**リュ, **メ**リト
ねーむばりゅー **ネームバリュー** neemubaryuu	**riconoscibilità del marchio** *f.* リコノシビリ**タ** ディ **マ**ルキオ	brand value ブ**ラ**ンド **ヴァ**リュー
ねおん **ネオン** neon	**neon** *m.* **ネ**ーオン	neon **ニ**ーアン
ねがい **願い** negai	**desiderio** *m.* デズィ**デ**ーリオ	wish, desire **ウィ**シュ, ディ**ザ**イア
ねがう **願う** negau	**desiderare** デズィデ**ラ**ーレ	wish **ウィ**シュ
ねかす **寝かす** (横にする) nekasu	**posare, mettere ... giù** ポ**ザ**ーレ, **メ**ッテレ ... **ジュ**	lay down **レ**イ **ダ**ウン
(寝かしつける)	**mettere ... a letto** **メ**ッテレ ... ア **レ**ット	put to bed **プ**ト トゥ **ベ**ド
(熟成させる)	**stagionare** スタジョ**ナ**ーレ	mature, age マ**チュ**ア, **エ**イヂ
ねぎ **葱** negi	**porro** *m.* **ポ**ッロ	leek **リ**ーク
ねぎる **値切る** negiru	**contrattare** コントラッ**タ**ーレ	bargain **バ**ーゲン

日	伊	英
ネクタイ nekutai	**cravatta** *f.* クラヴァッタ	necktie, tie ネクタイ, タイ
猫 neko	**gatto(-a)** *m.* (*f.*) ガット(-タ)	cat キャト
寝言を言う negotowoiu	**parlare nel sonno** パルラーレ ネル ソンノ	talk in one's sleep トーク イン スリープ
寝込む (寝入る) nekomu	**addormentarsi profondamente** アッドルメンタルスィ プロフォンダメンテ	fall into a deep sleep フォール イントゥ ア ディープ スリープ
(病気で)	**essere a letto malato(-a)** エッセレ ア レット マラート(-タ)	(be) bedridden (ビ) ベドリドン
寝転ぶ nekorobu	**sdraiarsi, coricarsi** ズドライアルスィ, コリカルスィ	lie down ライ ダウン
値下がり nesagari	**ribasso** *m.* リバッソ	fall in price フォール イン プライス
値下げ nesage	**riduzione** *f.* リドゥツィオーネ	(price) reduction (プライス) リダクション
～する	**abbassare i prezzi** アッバッサーレ イ プレッツィ	reduce prices リデュース プライセズ
ねじ neji	**vite** *f.* ヴィーテ	screw スクルー
捻じる nejiru	**torcere** トルチェレ	twist, turn トウィスト, ターン
寝過ごす nesugosu	**svegliarsi in ritardo** ズヴェッリャルスィ イン リタルド	oversleep オウヴァスリープ
鼠 nezumi	**ratto** *m.*, **topo** *m.* ラット, トーポ	rat, mouse ラト, マウス
妬む netamu	**invidiare** インヴィディアーレ	(be) jealous of, envy (ビ) ヂェラス オヴ, エンヴィ

日	伊	英
ねだん **値段** nedan	**prezzo** *m.* プレッツォ	price プ**ラ**イス
ねつ **熱** netsu	**calore** *m.*, **febbre** *f.* カ**ロ**ーレ, **フェ**ッブレ	heat, fever **ヒ**ート, **フィ**ーヴァ
ねつい **熱意** netsui	**entusiasmo** *m.* エントゥズィ**ア**ズモ	zeal, eagerness ズ**ィ**ール, **イ**ーガネス
ねつききゅう **熱気球** netsukikyuu	**mongolfiera** *f.* モンゴルフィ**エ**ーラ	hot-air balloon **ハ**テア バ**ル**ーン
ねっきょうてきな **熱狂的な** nekkyoutekina	**entusiasta, fanatico(-a)** エントゥズィ**ア**スタ, ファ**ナ**ーティコ(-カ)	fanatical, enthusiastic ファ**ナ**ティカル, インス**ュ**ーズィ**ア**スティク
ねっくれす **ネックレス** nekkuresu	**collana** *f.* コッ**ラ**ーナ	necklace **ネ**クリス
ねっしんな **熱心な** nesshinna	**fervente** フェル**ヴェ**ンテ	eager, ardent **イ**ーガ, **ア**ーデント
ねっする **熱する** nessuru	**riscaldare** リスカル**ダ**ーレ	heat **ヒ**ート
ねったい **熱帯** nettai	**zona tropicale** *f.*, **tropici** *m.pl.* **ゾ**ーナ トロピ**カ**ーレ, ト**ロ**ーピチ	tropics, Torrid Zone ト**ラ**ピクス, **ト**ーリド **ゾ**ウン
〜の	**tropicale** トロピ**カ**ーレ	tropical ト**ラ**ピカル
ねっちゅうしょう **熱中症** necchuushou	**insolazione** *f.* インソラツィ**オ**ーネ	heat stroke **ヒ**ート スト**ロ**ウク
ねっちゅうする **熱中する** necchuusuru	**(essere) assorto(-a)** *in* (**エ**ッセレ) アッ**ソ**ルト(-タ) イン	(be) absorbed in (ビ) アブ**ソ**ーブド イン
ねっと **ネット** netto	**rete** *f.* **レ**ーテ	net **ネ**ト
ねっとう **熱湯** nettou	**acqua bollente** *f.* **ア**ックァ ボッ**レ**ンテ	boiling water **ボ**イリング **ウォ**ータ

日	伊	英
ねっとわーく **ネットワーク** nettowaaku	**rete** *f.* レーテ	network ネトワーク
ねつびょう **熱病** netsubyou	**febbre** *f.* フェッブレ	fever フィーヴァ
ねづよい **根強い** nezuyoi	**radicato(-a)** ラディカート(-タ)	deep-rooted ディープルーテド
ねつれつな **熱烈な** netsuretsuna	**appassionato(-a)** アッパッスィオナート(-タ)	passionate, ardent パショネト, アーデント
ねぱーる **ネパール** nepaaru	**Nepal** *m.* ネパル	Nepal ネパール
ねばねばの **ねばねばの** nebanebano	**appiccicoso(-a)** アッピッチコーゾ(-ザ)	sticky スティキ
ねばり **粘り** nebari	**vischiosità** *f.* ヴィスキオズィタ	stickiness スティキネス
ねばりづよい **粘り強い** nebarizuyoi	**perseverante** ペルセヴェランテ	tenacious, persistent ティネイシャス, パスィステント
ねばる **粘る** (べとつく) nebaru	**(essere) appiccicoso(-a)** (エッセレ) アッピッチコーゾ(-ザ)	(be) sticky (ビ) スティキ
(根気よく続ける)	**perseverare** ペルセヴェラーレ	persevere パースィヴィア
ねびき **値引き** nebiki	**sconto** *m.* スコント	discount ディスカウント
～する	**scontare** スコンターレ	discount ディスカウント
ねぶそく **寝不足** nebusoku	**mancanza di sonno** *f.* マンカンツァ ディ ソンノ	want of sleep ワント オヴ スリープ
ねふだ **値札** nefuda	**segnaprezzo** *m.* セニャプレッツォ	price tag プライス タグ

日	伊	英
ねぼうする **寝坊する** nebousuru	**alzarsi tardi** アルツァルスィ タルディ	get up late ゲト アプ レイト
ねぼける **寝ぼける** nebokeru	**(essere) mezzo addormentato(-a)** (エッセレ) メッゾ アッドルメンタート(-タ)	(be) half asleep (ビ) ハフ アスリープ
ねまわしする **根回しする** nemawashisuru	**preparare il terreno** プレパラーレ イル テッレーノ	lay the groundwork レイ ザ グラウンドワーク
ねむい **眠い** nemui	**avere sonno** アヴェーレ ソンノ	(be) sleepy (ビ) スリーピ
ねむけ **眠気** nemuke	**sonnolenza** *f.* ソンノレンツァ	drowsiness ドラウズィネス
ねむる **眠る** nemuru	**dormire** ドルミーレ	sleep スリープ
ねらい **狙い** nerai	**mira** *f.*, **scopo** *m.* ミーラ, スコーポ	aim エイム
ねらう **狙う** nerau	**mirare** *a* ミラーレ ア	aim at エイム アト
ねる **寝る** (横になる) neru	**sdraiarsi, coricarsi** ズドライアルスィ, コリカルスィ	lie down ライ ダウン
(寝床に入る)	**andare a letto** アンダーレ ア レット	go to bed ゴウ トゥ ベド
(就寝する)	**dormire** ドルミーレ	sleep スリープ
ねる **練る** (こねる) neru	**impastare** インパスターレ	knead ニード
(構想などを)	**perfezionare** ペルフェツィオナーレ	polish パリシュ
ねん **年** nen	**anno** *m.* アンノ	year イア

日	伊	英
ねんいりな **念入りな** nen-irina	**cauto(-a)** カウト(-タ)	careful, deliberate ケアフル, ディリバレト
ねんがじょう **年賀状** nengajou	**cartolina di Buon Anno** *f.* カルトリーナ ディ ブオンアンノ	New Year's card ニュー イアズ カード
ねんがっぴ **年月日** nengappi	**data** *f.* ダータ	date デイト
ねんかん **年鑑** nenkan	**annuario** *m.* アンヌアーリオ	almanac, annual オールマナク, アニュアル
ねんかんの **年間の** nenkanno	**annuale** アンヌアーレ	annual, yearly アニュアル, イアリ
ねんきん **年金** nenkin	**pensione** *f.* ペンスィオーネ	pension, annuity ペンション, アニュイティ
ねんげつ **年月** nengetsu	**tempo** *m.*, **anni** *m.pl.* テンポ, アンニ	time, years タイム, イアズ
ねんこうじょれつ **年功序列** nenkoujoretsu	**anzianità** *f.* アンツィアニタ	seniority スィーニョーリティ
ねんざ **捻挫** nenza	**distorsione** *f.* ディストルスィオーネ	sprain スプレイン
ねんしゅう **年収** nenshuu	**reddito annuo** *m.* レッディト アンヌオ	annual income アニュアル インカム
ねんじゅう **年中** nenjuu	**tutto l'anno, per tutto l'anno** トゥット ランノ, ペル トゥット ランノ	all year オール イア
ねんしゅつする **捻出する** nenshutsusuru	**procurarsi** プロクラルスィ	manage to raise マニヂ トゥ レイズ
ねんしょう **燃焼** nenshou	**combustione** *f.* コンブスティオーネ	combustion コンバスチョン
ねんすう **年数** nensuu	**anni** *m.pl.* アンニ	years イアズ

日	伊	英
ねんだい **年代** nendai	**età** *f.* エタ	age, era エイヂ, イアラ
ねんちゅうぎょうじ **年中行事** nenchuugyouji	**manifestazione annuale** *f.* マニフェスタツィオーネ アンヌアーレ	annual event アニュアル イヴェント
ねんちょうの **年長の** nenchouno	**maggiore, più vecchio(-a)** マッジョーレ, ピウ ヴェッキオ(-ア)	senior スィーニア
ねんど **粘土** nendo	**argilla** *f.* アルジッラ	clay クレイ
ねんぱいの **年配の** nenpaino	**anziano(-a), di mezza età** アンツィアーノ(-ナ), ディ メッザ エタ	elderly, middle-aged エルダリ, ミドルエイヂド
ねんぴょう **年表** nenpyou	**tavola cronologica** *f.* ターヴォラ クロノロージカ	chronological table クロノラヂカル テイブル
ねんぽう **年俸** nenpou	**stipendio annuo** *m.* スティペンディオ アンヌオ	annual salary アニュアル サラリ
ねんまつ **年末** nenmatsu	**fine dell'anno** *f.* フィーネ デッランノ	end of the year エンド オヴ ザ イア
ねんりょう **燃料** nenryou	**combustibile** *m.* コンブスティービレ	fuel フュエル
ねんりん **年輪** nenrin	**anello** *m.* アネッロ	annual growth ring アニュアル グロウス リング
ねんれい **年齢** nenrei	**età** *f.* エタ	age エイヂ

の, ノ

日	伊	英
のう **脳** nou	**cervello** *m.* チェルヴェッロ	brain ブレイン
のうえん **農園** nouen	**fattoria** *f.*, **piantagione** *f.* ファットリーア, ピアンタジョーネ	farm, plantation ファーム, プランテイション

日	伊	英
のうか **農家** nouka	**casa colonica** *f.* カーザ コローニカ	farmhouse **ファーム**ハウス
のうがく **農学** nougaku	**agronomia** *f.* アグロノミーア	(science of) agriculture (**サイ**エンス オヴ) **ア**グリカルチャ
のうき **納期** （支払いの） nouki	**termine di pagamento** *m.* テルミネ ディ パガメント	date of payment **デ**イト オヴ **ペ**イメント
（品物の）	**termine di consegna** *m.* テルミネ ディ コンセーニャ	delivery date デ**リ**ヴァリ **デ**イト
のうぎょう **農業** nougyou	**agricoltura** *f.* アグリコル**トゥ**ーラ	agriculture **ア**グリカルチャ
のうぐ **農具** nougu	**attrezzo agricolo** *m.* アット**レ**ッツォ アグ**リ**ーコロ	farming tool **ファ**ーミング **トゥ**ール
のうこうそく **脳梗塞** noukousoku	**infarto cerebrale** *m.* イン**ファ**ルト チェレブ**ラ**ーレ	cerebral infarction **セ**レブラル イン**ファ**ークション
のうさんぶつ **農産物** nousanbutsu	**prodotti agricoli** *m.pl.* プロ**ド**ッティ アグ**リ**ーコリ	farm products, farm produce **ファ**ーム プ**ラ**ダクツ, **ファ**ーム プロ**デュ**ース
のうしゅくする **濃縮する** noushukusuru	**concentrare** コンチェント**ラ**ーレ	concentrate **カ**ンセントレイト
のうしゅっけつ **脳出血** noushukketsu	**emorragia cerebrale** *f.* エモッラ**ジ**ーア チェレブ**ラ**ーレ	cerebral hemorrhage **セ**レブラル **ヘ**モリヂ
のうじょう **農場** noujou	**fattoria** *f.* ファット**リ**ーア	farm **ファ**ーム
のうしんとう **脳震盪** noushintou	**commozione cerebrale** *f.* コンモツィ**オ**ーネ チェレブ**ラ**ーレ	concussion of brain コン**カ**ション オヴ ブ**レ**イン
のうぜい **納税** nouzei	**pagamento delle imposte** *m.* パガ**メ**ント デッレ イン**ポ**ステ	payment of taxes **ペ**イメント オヴ **タ**クセズ
のうそっちゅう **脳卒中** nousocchuu	**apoplessia** *f.* アポプレッ**スィ**ーア	stroke, apoplexy スト**ロ**ウク, **ア**ポプレクスィ

日	伊	英
のうそん **農村** nouson	**villaggio agricolo** *m.* ヴィッラッジョ アグリーコロ	farm village ファーム ヴィリヂ
のうたん **濃淡** noutan	**chiaroscuro** *m.* キアロスクーロ	shading シェイディング
のうち **農地** nouchi	**terreno agricolo** *m.* テッレーノ アグリーコロ	farmland, agricultural land ファームランド, アグリカルチュラル ランド
のうど **濃度** noudo	**densità** *f.* デンシタ	density デンスィティ
のうどうたい **能動態** noudoutai	**forma attiva** *f.* フォルマ アッティーヴァ	active voice アクティヴ ヴォイス
のうどうてきな **能動的な** noudoutekina	**attivo(-a)** アッティーヴォ(-ヴァ)	active アクティヴ
のうにゅうする **納入する** nounyuusuru	**fornire** フォルニーレ	pay, supply ペイ, サプライ
のうはう **ノウハウ** nouhau	**know-how** *m.* ノアウ	know-how ノウハウ
のうひんする **納品する** nouhinsuru	**consegnare** コンセニャーレ	deliver goods ディリヴァー グヅ
のうみん **農民** noumin	**contadino(-a)** *m.(f.)* コンタディーノ(-ナ)	farmer, peasant ファーマ, ペザント
のうむ **濃霧** noumu	**nebbia fitta** *f.* ネッピア フィッタ	dense fog デンス フォーグ
のうやく **農薬** nouyaku	**agrochimici** *m.pl.* アグロキーミチ	agricultural chemicals アグリカルチュラル ケミカルズ
のうりつ **能率** nouritsu	**efficienza** *f.* エッフィチェンツァ	efficiency イフィシェンスィ
〜的な	**efficiente** エッフィチェンテ	efficient イフィシェント

日	伊	英
のうりょく **能力** nouryoku	**capacità** *f.* カパチタ	ability, capacity アビリティ, カパスィティ
のーすりーぶの **ノースリーブの** noosuriibuno	**senza maniche** センツァ マーニケ	sleeveless スリーヴレス
のーと **ノート** nooto	**quaderno** *m.* クァデルノ	notebook ノウトブック
〜パソコン	**computer portatile** *m.*, **portatile** *m.* コンピューテル ポルターティレ, ポルターティレ	laptop, notebook computer ラプタプ, ノウトブック コンピュータ
のがす **逃す** (逃がす) nogasu	**lasciare andare, rilasciare** ラシャーレ アンダーレ, リラシャーレ	let go, set free レト ゴウ, セト フリー
(捕らえ損なう)	**lasciarsi sfuggire** ラシャルスィ スフッジーレ	fail to catch フェイル トゥ キャチ
のがれる **逃れる** (脱出する・離れる) nogareru	**fuggire** フッジーレ	escape イスケイプ
(避ける)	**evitare** エヴィターレ	avoid アヴォイド
のき **軒** noki	**gronda** *f.* グロンダ	eaves イーヴズ
のこぎり **鋸** nokogiri	**sega** *f.* セーガ	saw ソー
のこす **残す** (置いてゆく) nokosu	**lasciare** ラシャーレ	leave behind, save リーヴ ビハインド, セイヴ
(遺産を)	**lasciare ... in eredità** ラシャーレ ... イネレディタ	bequeath ビクウィーズ
のこり **残り** nokori	**resto** *m.* レスト	rest, remnants レスト, レムナンツ
のこる **残る** nokoru	**rimanere** リマネーレ	stay, remain ステイ, リメイン

日		伊	英
のずる **ノズル** nozuru		**ugello** *m.* ウジェッロ	nozzle ナズル
のせる **乗せる** noseru		**dare un passaggio** ダーレ ウン パッサッジョ	give a lift, pick up ギヴ ア リフト, ピク アプ
のせる **載せる** noseru	(置く)	**mettere** メッテレ	put, set プト, セト
	(積む)	**caricare** カリカーレ	load on ロウド オン
	(記載する)	**registrare, pubblicare** レジストラーレ, プブリカーレ	record, publish リコード, パブリシュ
のぞく **除く** nozoku	(取り去る)	**togliere** トッリェレ	remove リムーヴ
	(除外する)	**escludere** エスクルーデレ	exclude, omit イクスクルード, オウミト
のぞく **覗く** nozoku		**sbirciare** ズビルチャーレ	peep ピープ
のぞみ **望み** nozomi	(願望)	**desiderio** *m.* デズィデーリオ	wish, desire ウィシュ, ディザイア
	(期待)	**aspettativa** *f.* アスペッタティーヴァ	hope, expectation ホウプ, エクスペクテイション
	(見込み)	**prospettiva** *f.*, **possibilità** *f.* プロスペッティーヴァ, ポッスィビリタ	prospect, chance プラスペクト, チャンス
のぞむ **望む** nozomu	(願う)	**desiderare** デズィデラーレ	want, wish ワント, ウィシュ
	(期待する)	**aspettarsi** アスペッタルスィ	hope, expect ホウプ, イクスペクト
のちに **後に** nochini		**dopo** ドーポ	afterward, later アフタワド, レイタ

日	伊	英
のちほど **後ほど** nochihodo	**più tardi** ピウ タルディ	later レイタ
のっくあうと **ノックアウト** nokkuauto	**knock-out** *m.* ノッカウト	knockout ナクアウト
のっとる **乗っ取る**（会社を） nottoru	**assumere il controllo, rilevare** アッスーメレ イル コントロッロ, リレヴァーレ	take over テイク オウヴァ
（飛行機を）	**dirottare** ディロッターレ	hijack ハイヂャク
のど **喉** nodo	**gola** *f.* ゴーラ	throat スロウト
のどかな **のどかな** nodokana	**sereno(-a)** セレーノ(-ナ)	peaceful, quiet ピースフル, クワイエト
ののしる **罵る** nonoshiru	**insultare** インスルターレ	insult, curse インサルト, カース
のばす **伸ばす**（長くする） nobasu	**allungare** アッルンガーレ	lengthen, stretch レングスン, ストレチ
（まっすぐにする）	**raddrizzare** ラッドリッツァーレ	straighten ストレイトン
（成長させる）	**sviluppare** ズヴィルッパーレ	develop ディヴェロプ
のばす **延ばす**（延長する） nobasu	**prolungare** プロルンガーレ	lengthen, extend レングスン, イクステンド
（延期する）	**rimandare** リマンダーレ	put off, delay プト オーフ, ディレイ
のはら **野原** nohara	**campi** *m.pl.* カンピ	fields フィールヅ
のびのびと **伸び伸びと** nobinobito	**disinvolto(-a)** ディズィンヴォルト(-タ)	free and easy フリー アンド イーズィ

日	伊	英
のびる **伸びる** (延長する) nobiru	**estendersi** エステンデルスィ	extend, stretch イクステンド, ストレチ
(成長する)	**svilupparsi** ズヴィルッパルスィ	develop, grow ディヴェロプ, グロウ
のびる **延びる** (延期される) nobiru	**(essere) rinviato(-a)** (エッセレ) リンヴィアート(-タ)	(be) put off, (be) postponed (ビ) プト オフ, (ビ) ポウストポウンド
(延長させる)	**prolungare** プロルンガーレ	(be) prolonged (ビ) プロローングド
のべ **延べ** nobe	**totale** トターレ	total トウタル
のべる **述べる** noberu	**dire, esporre** ディーレ, エスポッレ	tell, state テル, ステイト
のぼせる **のぼせる** noboseru	**avere un capogiro** アヴェーレ ウン カポジーロ	have a head rush ハヴ ア ヘド ラシュ
(夢中になる)	**impazzire** *per* インパッツィーレ ペル	(be) crazy about (ビ) クレイズィ アバウト
のぼり **上り** nobori	**ascesa** *f.*, **aumento** *m.* アシェーザ, アウメント	rise, ascent ライズ, アセント
のぼる **上る** (人・物が) noboru	**salire** サリーレ	go up ゴウ アプ
(ある数量に)	**ammontare** *a* アンモンターレ ア	amount to, reach アマウント トゥ, リーチ
のぼる **昇る** (太陽が) noboru	**sorgere** ソルジェレ	rise ライズ
(ある地位に)	**(essere) promosso(-a)** (エッセレ) プロモッソ(-サ)	(be) promoted (ビ) プロモウテド
のぼる **登る** noboru	**salire, scalare** サリーレ, スカラーレ	climb クライム

日	伊	英
のみ **蚤** nomi	**pulce** *f.* プルチェ	flea フリー
のみぐすり **飲み薬** nomigusuri	**medicina da prendere per via orale** *f.* メディチーナ ダ プレンデレ ペル ヴィーア オラーレ	oral medication オーラル メディケイション
のみこむ **飲み込む** nomikomu	**inghiottire** インギオッティーレ	swallow スワロウ
のみねーとする **ノミネートする** nomineetosuru	**nominare, designare** ノミナーレ, デズィニャーレ	nominate ナミネイト
のみほす **飲み干す** nomihosu	**svuotare** ズヴオターレ	gulp down ガルプ ダウン
のみもの **飲み物** nomimono	**bevanda** *f.* ベヴァンダ	drink, beverage ドリンク, ベヴァリヂ
のみや **飲み屋** nomiya	**bar** *m.*, **taverna** *f.* バール, タヴェルナ	tavern, bar タヴァン, バー
のむ **飲む** nomu	**bere, prendere** ベーレ, プレンデレ	drink, take ドリンク, テイク
のり **糊** nori	**colla** *f.* コッラ	paste, starch ペイスト, スターチ
のりおくれる **乗り遅れる** noriokureru	**perdere** ペルデレ	miss ミス
（時代に）	**rimanere indietro** リマネーレ インディエートロ	(be) behind the times (ビ) ビハインド ザ タイムズ
のりかえ **乗り換え** norikae	**cambio** *m.*, **coincidenza** *f.* カンビオ, コインチデンツァ	change, transfer チェインヂ, トランスファー
のりかえる **乗り換える** norikaeru	**cambiare** カンビアーレ	change チェインヂ
のりくみいん **乗組員** norikumiin	**equipaggio** *m.* エクィパッジョ	crew クルー

日	伊	英
のりこす **乗り越す** norikosu	**passare, passare** *oltre* パッサーレ, パッサーレ オルトレ	pass パス
のりば **乗り場** noriba	**fermata** *f.*, **binario** *m.* フェルマータ, ビナーリオ	stop, platform スタプ, プラトフォーム
のりもの **乗り物** norimono	**veicolo** *m.* ヴェイーコロ	vehicle ヴィーイクル
のる **乗る** (上に) noru	**salire** *su* サリーレ ス	get on ゲト オン
(乗り物に)	**salire** *su*, **prendere** サリーレ ス, プレンデレ	ride, take ライド, テイク
のる **載る** noru	**(essere) scritto(-a)** (エッセレ) スクリット(-タ)	appear アピア
のるうぇー **ノルウェー** noruwee	**Norvegia** *f.* ノルヴェージャ	Norway ノーウェイ
のるま **ノルマ** noruma	**mansioni giornaliere** *f.pl.* マンスィオーニ ジョルナリエーレ	quota クウォタ
のろまな **のろまな** noromana	**ottuso(-a)** オットゥーゾ(-ザ)	stupid, dull ステューピド, ダル
のんあるこーるの **ノンアルコールの** non-arukooruno	**analcolico(-a)** アナルコーリコ(-カ)	non-alcoholic ナンアルコホーリク
のんきな **のんきな** nonkina	**tranquillo(-a)** トランクイッロ(-ラ)	easy, carefree イーズィ, ケアフリー
のんびりと **のんびりと** nonbirito	**spensierato(-a)** スペンスィエラート(-タ)	free from care, leisurely フリー フラム ケア, レチャリ
のんふぃくしょん **ノンフィクション** nonfikushon	**non fiction** *f.* ノン フィクション	nonfiction ナンフィクション

577

日	伊	英

は, ハ

歯 ha	**dente** *m.* デンテ	tooth トゥース
刃 ha	**filo** *m.*, **lama** *f.* フィーロ, ラーマ	edge, blade エヂ, ブレイド
葉 ha	**foglia** *f.* フォッリァ	leaf, blade リーフ, ブレイド
バー (酒場) baa	**bar** *m.* バール	bar, tavern バー, タヴァン
場合 baai	**caso** *m.* カーゾ	case, occasion ケイス, オケイジョン
把握する haakusuru	**comprendere, afferrare** コンプレンデレ, アッフェッラーレ	grasp, comprehend グラスプ, カンプリヘンド
バーゲン baagen	**saldi** *m.pl.* サルディ	sale, bargain セイル, バーゲン
バージョン baajon	**versione** *f.* ヴェルスィオーネ	version ヴァージョン
バーター取り引き baataatorihiki	**baratto** *m.* バラット	barter バータ
バーチャルな baacharuna	**virtuale** ヴィルトゥアーレ	virtual ヴァーチュアル
ハート haato	**cuore** *m.* クォーレ	heart ハート
パート paato	**part time** *m.* パルタイム	part-time パートタイム
～タイマー	**lavor*atore*(-*trice*) a tempo parziale** *m.*(*f.*) ラヴォラトーレ(-トリーチェ) ア テンポ パルツィアーレ	part-timer パートタイマ

日	伊	英
はーどうぇあ **ハードウェア** haadowea	**hardware** *m.* アルドウェル	hardware ハードウェア
はーどでぃすく **ハードディスク** haadodisuku	**disco fisso** *m.* ディスコ フィッソ	hard disk ハード ディスク
ぱーとなー **パートナー** paatonaa	**partner** *m.f.* パルトネル	partner パートナ
はーどる **ハードル** haadoru	**ostacolo** *m.* オスターコロ	hurdle ハードル
〜競走	**corsa a ostacoli** *f.* コルサ ア オスターコリ	hurdle race ハードル レイス
はーふ **ハーフ** haafu	**persona di sangue misto** *f.* ペルソーナ ディ サングェ ミスト	mixed race ミクスト レイス
はーぶ **ハーブ** haabu	**erba aromatica** *f.* エルバ アロマーティカ	herb アーブ
ばーべきゅー **バーベキュー** baabekyuu	**barbecue** *m.* バルベキュ	barbecue バービキュー
ばーぼん **バーボン** baabon	**bourbon** *m.* ブルボン	bourbon バーボン
ぱーま **パーマ** paama	**permanente** *f.* ペルマネンテ	permanent パーマネント
はーもにか **ハーモニカ** haamonika	**armonica a bocca** *f.* アルモーニカ ア ボッカ	harmonica ハーマニカ
はい **灰** hai	**cenere** *f.* チェーネレ	ash アシュ
はい **肺** hai	**polmone** *m.* ポルモーネ	lung ラング
はい **胚** hai	**embrione** *m.* エンブリオーネ	embryo エンブリオウ

日	伊	英
ばい **倍** bai	**doppio** *m.* ドッピオ	twice, double トワイス, **ダ**ブル
ぱい **パイ** pai	**torta** *f.* トルタ	pie, tart **パ**イ, **タ**ート
ばいあすろん **バイアスロン** baiasuron	**biathlon** *m.* ビーアトロン	biathlon バイ**ア**スロン
はいいろ **灰色** haiiro	**grigio** *m.* グリージョ	gray, ⒷGrey グ**レ**イ, グ**レ**イ
～の	**grigio(-*a*)** グリージョ(-ジャ)	gray, ⒷGrey グ**レ**イ, グ**レ**イ
はいえい **背泳** haiei	**nuoto sul dorso** *m.* ヌ**オ**ート スル **ド**ルソ	backstroke **バ**クストロウク
はいえん **肺炎** haien	**polmonite** *f.* ポルモ**ニ**ーテ	pneumonia ニュ**モ**ウニア
ばいおてくのろじー **バイオテクノロジー** baiotekunorojii	**biotecnologia** *f.* ビオテクノロ**ジ**ーア	biotechnology バイオウテク**ナ**ロディ
ぱいおにあ **パイオニア** paionia	**pioniere(-*a*)** *m.*(*f.*) ピオニ**エ**ーレ(-ラ)	pioneer パイオ**ニ**ア
ばいおりん **バイオリン** baiorin	**violino** *m.* ヴィオ**リ**ーノ	violin ヴァイオ**リ**ン
ばいかいする **媒介する** baikaisuru	**trasmettere** トラズ**メ**ッテレ	transmit, carry トランス**ミ**ト, **キャ**リ
はいかつりょう **肺活量** haikatsuryou	**capacità polmonare** *f.* カパチ**タ** ポルモ**ナ**ーレ	lung capacity **ラ**ング カ**パ**スィティ
はいがん **肺癌** haigan	**cancro polmonare** *m.* **カ**ンクロ ポルモ**ナ**ーレ	lung cancer **ラ**ング **キャ**ンサ
はいきがす **排気ガス** haikigasu	**gas di scarico** *m.* **ガ**ス ディ ス**カ**ーリコ	exhaust gas イグ**ゾ**ースト **ギャ**ス
はいきぶつ **廃棄物** haikibutsu	**rifiuti** *m.pl.* リフィ**ウ**ーティ	waste **ウェ**イスト

日	伊	英
はいきょ **廃虚** haikyo	**rovine** *f.pl.* ロヴィーネ	ruins ルーインズ
ばいきん **ばい菌** baikin	**batteri** *m.pl.*, **germe** *m.* バッテリ, ジェルメ	bacteria, germ バクティアリア, チャーム
ばいく **バイク** baiku	**motocicletta** *f.* モトチクレッタ	motorbike モウタバイク
はいぐうしゃ **配偶者** haiguusha	**coniuge** *m.f.* コーニウジェ	spouse スパウズ
はいけい **背景** （出来事の） haikei	**sfondo** *m.* スフォンド	background バクグラウンド
（物語の）	**ambientazione** *f.* アンビエンタツィオーネ	setting セティング
はいけっかく **肺結核** haikekkaku	**tubercolosi** *f.* トゥベルコローズィ	tuberculosis テュバーキュロウスィス
はいけつしょう **敗血症** haiketsushou	**setticemia** *f.* セッティチェミーア	septicemia セプティスィーミア
はいご **背後** haigo	**retro** *m.* レートロ	back, rear バク, リア
はいざら **灰皿** haizara	**portacenere** *m.* ポルタチェーネレ	ashtray アシュトレイ
はいしする **廃止する** haishisuru	**abolire** アボリーレ	abolish, repeal アバリシュ, リピール
はいしゃ **歯医者** haisha	**dentista** *m.f.* デンティスタ	dentist デンティスト
はいじゃっく **ハイジャック** haijakku	**dirottamento** *m.* ディロッタメント	hijack ハイヂャク
～する	**dirottare** ディロッターレ	hijack ハイヂャク
ばいしゅうする **買収する** baishuusuru	**comprare** コンプラーレ	purchase, bribe パーチェス, ブライブ

日	伊	英
ばいしゅん **売春** baishun	**prostituzione** *f.* プロスティトゥツィ**オ**ーネ	prostitution プラスティ**テュ**ーション
ばいしょう **賠償** baishou	**risarcimento** *m.* リザルチメント	reparation, compensation レパ**レ**イション, カンペン**セ**イション
～する	**risarcire** リザル**チ**ーレ	compensate **カ**ンペンセイト
はいしょく **配色** haishoku	**combinazione di colori** *f.* コンビナツィ**オ**ーネ ディ コ**ロ**ーリ	color scheme **カ**ラ ス**キ**ーム
はいすい **排水** haisui	**drenaggio** *m.* ドレ**ナ**ッジョ	drainage ド**レ**イニヂ
はいせきする **排斥する** haisekisuru	**escludere, espellere** エスク**ル**ーデレ, エス**ペ**ッレレ	exclude イクス**ク**ルード
はいせつ **排泄** haisetsu	**escrezione** *f.* エスクレツィ**オ**ーネ	excretion イクス**ク**リーション
はいせん **敗戦** haisen	**sconfitta** *f.* スコン**フィ**ッタ	defeat ディ**フィ**ート
はいた **歯痛** haita	**mal di denti** *m.* マル ディ **デ**ンティ	toothache **トゥ**ーセイク
ばいたい **媒体** baitai	**mezzo** *m.* メッゾ	medium **ミ**ーディアム
はいたつ **配達** haitatsu	**consegna** *f.* コン**セ**ーニャ	delivery ディ**リ**ヴァリ
～する	**consegnare** コンセ**ニャ**ーレ	deliver ディ**リ**ヴァ
はいたてきな **排他的な** haitatekina	**esclusivo(-a)** エスクル**スィ**ーヴォ(-**ヴァ**)	exclusive イクス**ク**ルースィヴ
ばいたりてぃー **バイタリティー** baitaritii	**vitalità** *f.* ヴィタリ**タ**	vitality ヴァイ**タ**リティ

日	伊	英
はいち **配置** haichi	**disposizione** *f.* ディスポズィツィ**オ**ーネ	arrangement ア**レ**インヂメント
～する	**disporre** ディス**ポ**ッレ	arrange, dispose ア**レ**インヂ, ディス**ポ**ウズ
はいてく **ハイテク** haiteku	**alta tecnologia** *f.* **ア**ルタ テクノロ**ジ**ーア	high tech **ハ**イ **テ**ク
ばいてん **売店** baiten	**chiosco** *m.*, **bancarella** *f.* キ**オ**スコ, バンカ**レ**ッラ	stall, stand ス**ト**ール, ス**タ**ンド
はいとう **配当** haitou	**dividendo** *m.* ディヴィ**デ**ンド	dividend **デ**ィヴィデンド
ぱいなっぷる **パイナップル** painappuru	**ananas** *m.* **ア**ーナナス	pineapple **パ**イナプル
ばいばい **売買** baibai	**compravendita** *f.*, **commercio** *m.* コンプラ**ヴェ**ンディタ, コン**メ**ルチョ	dealing **デ**ィーリング
～する	**commerciare** *in* コンメル**チャ**ーレ イン	deal in **デ**ィール イン
ばいぱす **バイパス** baipasu	**tangenziale** *f.* タンジェンツィ**ア**ーレ	bypass **バ**イパス
はいひーる **ハイヒール** haihiiru	**scarpe con tacchi alti** *f.pl.* ス**カ**ルペ コン **タ**ッキ **ア**ルティ	high heels **ハ**イ **ヒ**ールズ
はいふ **配布** haifu	**distribuzione** *f.* ディストリブツィ**オ**ーネ	distribution ディストリ**ビュ**ーション
～する	**distribuire** ディストリブ**イ**ーレ	distribute ディスト**リ**ビュト
ぱいぷ **パイプ** (管) paipu	**tubo** *m.* ト**ゥ**ーボ	pipe **パ**イプ
(煙草の)	**pipa** *f.* **ピ**ーパ	pipe **パ**イプ

日	伊	英
ぱいぷおるがん **パイプオルガン** paipuorugan	**organo** *m.* オルガノ	pipe organ **パイプ オー**ガン
はいぶつ **廃物** haibutsu	**materiali di scarto** *m.pl.* マテリ**アー**リ ディ ス**カ**ルト	waste materials **ウェ**イスト マ**テ**ィアリアルズ
はいふん **ハイフン** haifun	**trattino** *m.* トラッ**ティー**ノ	hyphen **ハ**イフン
はいぼく **敗北** haiboku	**sconfitta** *f.* スコン**フィ**ッタ	defeat ディ**フィー**ト
はいやく **配役** haiyaku	**cast** *m.* **カ**スト	cast **キャ**スト
はいゆう **俳優** haiyuu	**att*ore*(-*trice*)** *m.*(*f.*) アッ**トー**レ(-**トリー**チェ)	actor, actress **ア**クタ,**ア**クトレス
はいりょ **配慮** hairyo	**premura** *f.* プレ**ムー**ラ	consideration コンスィダ**レ**イション
~する	**prendere in considerazione** **プレ**ンデレ イン コンスィデラツィ**オー**ネ	take into consideration **テ**イク イントゥ コンスィデ**レ**イション
はいる **入る** (中へ行く) hairu	**entrare** *in* エン**トラー**レ イン	enter, go in **エ**ンタ,**ゴ**ウ イン
(加入する)	**iscriversi** *a* イス**クリー**ヴェルスィ ア	join **ヂョ**イン
(収容できる)	**ospitare** オスピ**ター**レ	accommodate, hold ア**カ**モデイト,**ホ**ウルド
はいれつ **配列** hairetsu	**sistemazione** *f.*, **disposizione** *f.* スィステマツィ**オー**ネ, ディスポズィツィ**オー**ネ	arrangement ア**レ**インジメント
ぱいろっと **パイロット** pairotto	**pilota** *m.f.* ピ**ロー**タ	pilot **パ**イロト
はう **這う** hau	**strisciare** ストリ**シャー**レ	crawl, creep ク**ロ**ール,ク**リー**プ

日	伊	英
はえ **蝿** hae	**mosca** *f.* モスカ	fly フライ
はえる **生える** haeru	**crescere** クレッシェレ	grow, come out グロウ, カム アウト
はか **墓** haka	**tomba** *f.* トンバ	grave, tomb グレイヴ, トゥーム
ばか **馬鹿** baka	**idiota** *m.f.* イディオータ	idiot イディオト
～な	**stupido(-*a*)** ストゥーピド(-ダ)	foolish フーリシュ
～馬鹿しい	**ridicolo(-*a*)** リディーコロ(-ラ)	ridiculous, absurd リディキュラス, アブサード
はかいする **破壊する** hakaisuru	**distruggere** ディストルッジェレ	destroy ディストロイ
はがき **葉書** hagaki	**cartolina** *f.* カルトリーナ	postcard ポウストカード
はがす **剥がす** hagasu	**staccare, togliere** スタッカーレ, トッリエレ	tear, peel テア, ピール
はかせ **博士** hakase	**dottore(-*essa*) di ricerca** *m.* (*f.*) ドットーレ(-トレッサ) ディ リチェルカ	doctor ダクタ
はかどる **捗る** hakadoru	**fare progressi in** ファーレ プログレッシ イン	make progress メイク プラグレス
はかない **はかない** hakanai	**effimero(-*a*)** エッフィーメロ(-ラ)	transient, vain トランシェント, ヴェイン
はがゆい **歯痒い** hagayui	**(essere) impaziente** (エッセレ) インパツィエンテ	(be) impatient (ビ) インペイシェント
はからう **計らう** hakarau	**organizzare, stabilire** オルガニッザーレ, スタビリーレ	manage, arrange マニヂ, アレインヂ

日	伊	英
はかり **秤** hakari	**bilancia** *f.* ビランチャ	balance, scales バランス, スケイルズ
はかりうり **量り売り** hakariuri	**vendita a peso** *f.*, **vendita a metraggio** *f.* ヴェンディタ ア ペーゾ, ヴェンディタ ア メトラッジョ	sale by measure セイル バイ メジャ
はかる **計る** hakaru	**misurare, pesare** ミズラーレ, ペザーレ	measure, weigh メジャ, ウェイ
はかる **図る** hakaru	**progettare** プロジェッターレ	plan, attempt プラン, アテンプト
はき **破棄** (判決の) haki	**revoca** *f.* レーヴォカ	reversal リヴァーサル
(約束の)	**annullamento** *m.* アンヌッラメント	cancellation, annulment キャンセレイション, アナルメント
〜する	**annullare** アンヌッラーレ	cancel キャンセル
はきけ **吐き気** hakike	**nausea** *f.* ナウゼア	nausea ノーズィア
ぱきすたん **パキスタン** pakisutan	**Pakistan** *m.* パーキスタン	Pakistan パキスタン
はきゅうする **波及する** hakyuusuru	**estendersi, influire** エステンデルスィ, インフルイーレ	spread, influence スプレド, インフルエンス
はきょく **破局** hakyoku	**catastrofe** *f.* カタストローフェ	catastrophe カタストロフィ
はく **吐く** haku	**vomitare** ヴォミターレ	vomit ヴァミト
(唾を)	**sputare** スプターレ	spit スピト
はく **掃く** haku	**fare le pulizie** ファーレ レ プリツィーエ	sweep, clean スウィープ, クリーン

日	伊	英
はく **履く** haku	**mettersi** メッテルスィ	put on, wear プト オン, ウェア
はぐ **剥ぐ** hagu	**staccare, togliere** スタッカーレ, トッリェレ	peel, skin ピール, スキン
ばぐ **バグ** bagu	**bug** *m.* バグ	bug バグ
ばくが **麦芽** bakuga	**malto** *m.* マルト	malt モルト
はくがいする **迫害する** hakugaisuru	**perseguitare** ペルセグィターレ	persecute パースィキュート
はぐき **歯茎** haguki	**gengive** *f.pl.* ジェンジーヴェ	gums ガムズ
ばくげき **爆撃** bakugeki	**bombardamento** *m.* ボンバルダメント	bombing バミング
～機	**bombardiere** *m.* ボンバルディエーレ	bomber バマ
～する	**bombardare** ボンバルダーレ	bomb バム
はくし **白紙** hakushi	**foglio bianco** *m.* フォッリオ ビアンコ	blank paper ブランク ペイパ
はくしかてい **博士課程** hakushikatei	**corso di dottorato** *m.* コルソ ディ ドットラート	doctor's course ダクタズ コース
はくしごう **博士号** hakushigou	**dottorato** *m.* ドットラート	doctorate, Ph.D. ダクタレト, ピーエイチディー
はくしゃく **伯爵** hakushaku	**conte** *m.* コンテ	count カウント
はくしゅする **拍手する** hakushusuru	**applaudire** アップラウディーレ	clap one's hands クラプ ハンヅ
はくしょ **白書** hakusho	**libro bianco** *m.* リーブロ ビアンコ	white book ホワイト ブク

は

日	伊	英
はくじょうする **白状する** hakujousuru	**confessare** コンフェッサーレ	confess コンフェス
はくじょうな **薄情な** hakujouna	**freddo(-a)** フレッド(-ダ)	coldhearted コウルドハーテド
ばくぜんと **漠然と** bakuzento	**vagamente** ヴァガメンテ	vaguely ヴェイグリ
～した	**vago(-a)** ヴァーゴ(-ガ)	vague, obscure ヴェイグ, オブスキュア
ばくだいな **莫大な** bakudaina	**vasto(-a), immenso(-a)** ヴァスト(-タ), インメンソ(-サ)	vast, immense ヴァスト, イメンス
ばくだん **爆弾** bakudan	**bomba** f. ボンバ	bomb バム
ばくてりあ **バクテリア** bakuteria	**batterio** m. バッテーリオ	bacterium バクティアリアム
ばくはする **爆破する** bakuhasuru	**fare esplodere** ファーレ エスプローデレ	blow up, blast ブロウ アプ, ブラスト
ばくはつ **爆発** bakuhatsu	**esplosione** f. エスプロズィオーネ	explosion イクスプロウジョン
～する	**esplodere** エスプローデレ	explode イクスプロウド
はくぶつかん **博物館** hakubutsukan	**museo** m. ムゼーオ	museum ミューズィアム
はくらんかい **博覧会** hakurankai	**esposizione** f. エスポズィツィオーネ	exposition エクスポズィション
はけ **刷毛** hake	**pennello** m. ペンネッロ	brush ブラシュ
はげしい **激しい** hageshii	**violento(-a), intenso(-a)** ヴィオレント(-タ), インテンソ(-サ)	violent, intense ヴァイオレント, インテンス
ばけつ **バケツ** baketsu	**secchio** m. セッキオ	pail, bucket ペイル, バケト

日	伊	英
はげます **励ます** hagemasu	**incoraggiare** インコラッジャーレ	encourage インカーリヂ
はげむ **励む** hagemu	**lavorare sodo** ラヴォラーレ ソード	strive, work hard ストライヴ, ワーク ハード
はげる **禿げる** hageru	**(diventare) calvo(-a)** (ディヴェンターレ) カルヴォ(-ヴァ)	(become) bald (ビカム) ボールド
はげる **剥げる** hageru	**venire via** ヴェニーレ ヴィーア	come off カム オフ
はけんする **派遣する** hakensuru	**inviare** インヴィアーレ	send, dispatch センド, ディスパチ
はこ **箱** hako	**scatola** *f.* スカートラ	box, case バクス, ケイス
はこぶ **運ぶ** hakobu	**portare** ポルターレ	carry キャリ
ばざー **バザー** bazaa	**vendita di beneficenza** *f.* ヴェンディタ ディ ベネフィチェンツァ	charity bazaar チャリティ バザー
はさまる **挟まる** hasamaru	**trovarsi in mezzo a** トロヴァルスィ イン メッゾ ア	(get) put between (ゲト) プト ビトウィーン
はさみ **鋏** hasami	**forbici** *f.pl.* フォルビチ	scissors スィザズ
はさむ **挟む** hasamu	**mettere, inserire** メッテレ, インセリーレ	put between プト ビトウィーン
はさん **破産** hasan	**bancarotta** *f.* バンカロッタ	bankruptcy バンクラプツィ
はし **橋** hashi	**ponte** *m.* ポンテ	bridge ブリヂ
はし **端** hashi	**bordo** *m.*, **orlo** *m.* ボルド, オルロ	edge, corner エヂ, コーナ
(先端・末端)	**punta** *f.* プンタ	end, tip エンド, ティプ

は

日	伊	英
はし 箸 hashi	**bastoncini** *m.pl.* バストンチーニ	chopsticks **チャ**プスティックス
はじ 恥 haji	**vergogna** *f.* ヴェル**ゴ**ーニャ	shame, humiliation **シェ**イム, ヒューミリ**エ**イション
～をかく	**vergognarsi** ヴェルゴ**ニャ**ルスィ	(be) put to shame (ビ) **プ**ト トゥ **シェ**イム
はしか はしか hashika	**morbillo** *m.* モル**ビ**ッロ	measles **ミ**ーズルズ
はしご 梯子 hashigo	**scala a pioli** *f.* ス**カ**ーラ ア ピ**オ**ーリ	ladder **ラ**ダ
はじまる 始まる hajimaru	**iniziare** イニツィ**ア**ーレ	begin, start ビ**ギ**ン, ス**タ**ート
はじめ 初め hajime	**inizio** *m.* イ**ニ**ーツィオ	beginning, start ビ**ギ**ニング, ス**タ**ート
はじめて 初めて hajimete	**per la prima volta** ペル ラ プ**リ**ーマ **ヴォ**ルタ	for the first time フォ ザ **ファ**ースト **タ**イム
はじめての 初めての hajimeteno	**primo(-a)** プ**リ**ーモ(-マ)	first **ファ**ースト
はじめる 始める hajimeru	**iniziare** イニツィ**ア**ーレ	begin, start, open ビ**ギ**ン, ス**タ**ート, **オ**ウプン
ぱじゃま パジャマ pajama	**pigiama** *m.* ピ**ジャ**ーマ	pajamas, ⓑpyjamas パ**チャ**ーマズ, パ**チャ**ーマズ
ばしょ 場所 basho	**posto** *m.*, **luogo** *m.* **ポ**スト, ル**オ**ーゴ	place, site プ**レ**イス, **サ**イト
はしょうふう 破傷風 hashoufuu	**tetano** *m.* **テ**ータノ	tetanus **テ**タナス
はしら 柱 hashira	**pilastro** *m.* ピ**ラ**ストロ	pillar, post **ピ**ラ, **ポ**ウスト

日	伊	英
はしりたかとび **走り高跳び** hashiritakatobi	**salto in alto** *m.* サルト イナルト	high jump ハイ チャンプ
はしりはばとび **走り幅跳び** hashirihabatobi	**salto in lungo** *m.* サルト イン ルンゴ	long jump, broad jump ローング チャンプ, ブロード チャンプ
はしる **走る** hashiru	**correre** コッレレ	run, dash ラン, ダシュ
はじる **恥じる** hajiru	**vergognarsi** ヴェルゴニャルスィ	(be) ashamed (ビ) アシェイムド
はす **蓮** hasu	**loto** *m.* ロート	lotus ロウタス
ばす **バス** basu	**autobus** *m.* アウトブス	bus, coach バス, コウチ
〜停	**fermata dell'autobus** *f.* フェルマータ デッラウトブス	bus stop バス スタプ
（低い音域）	**basso** *m.* バッソ	bass バス
ぱす **パス** pasu	**passaggio** *m.* パッサッジョ	pass パス
〜する	**passare** パッサーレ	pass パス
はずかしい **恥ずかしい** hazukashii	**vergognarsi** ヴェルゴニャルスィ	(be) ashamed (ビ) アシェイムド
（不道徳な）	**vergognoso(-*a*)** ヴェルゴニョーゾ(-ザ)	shameful シェイムフル
はすきーな **ハスキーな** hasukiina	**rauco(-*a*)** ラウコ(-カ)	husky ハスキ
ばすけっとぼーる **バスケットボール** basukettobooru	**pallacanestro** *f.* パッラカネストロ	basketball バスケトボール

日	伊	英
はずす **外す** hazusu	**togliersi** トッリェルスィ	take off, remove テイク オーフ, リムーヴ
（席を）	**lasciare, allontanarsi** *da* ラシャーレ, アッロンタナルスィ ダ	leave one's seat, be away リーヴ スィート, ビ アウェイ
ぱすた **パスタ** pasuta	**pasta** *f.* パスタ	pasta パースタ
ぱすと **バスト** basuto	**busto** *m.* ブスト	bust バスト
ぱすぽーと **パスポート** pasupooto	**passaporto** *m.* パッサポルト	passport パスポート
はずみ **弾み** hazumi	**slancio** *m.* ズランチョ	bound, momentum バウンド, モウメンタム
はずむ **弾む** hazumu	**rimbalzare** リンバルツァーレ	bounce, bound バウンス, バウンド
（話などが）	**animarsi** アニマルスィ	(become) lively (ビカム) ライヴリ
ぱずる **パズル** pazuru	**rompicapo** *m.* ロンピカーポ	puzzle パズル
はずれ **外れ** （くじなどの） hazure	**biglietto non vincente** *m.* ビッリェット ノン ヴィンチェンテ	losing ticket, losing number ルーズィング ティケト, ルーズィング ナンバ
（町の）	**periferia** *f.* ペリフェリーア	suburbs サバーブズ
はずれる **外れる** （取れる） hazureru	**staccarsi** スタッカルスィ	come off カム オフ
（当たらない）	**sbagliare** ズバッリャーレ	miss, fail ミス, フェイル
ぱすわーど **パスワード** pasuwaado	**parola d'ordine** *f.* パローラ ドルディネ	password パスワード

日	伊	英
はせい **派生** hasei	**derivazione** *f.* デリヴァツィオーネ	derivation デリヴェイション
～する	**derivare** *da* デリヴァーレ ダ	derive from ディライヴ フラム
ぱせり **パセリ** paseri	**prezzemolo** *m.* プレッツェーモロ	parsley パースリ
ぱそこん **パソコン** pasokon	**computer** *m.* コンピューテル	personal computer, PC パーソナル コンピュータ, ピースィー
はそんする **破損する** hasonsuru	**danneggiarsi** ダンネッジャルスィ	(be) damaged (ビ) ダミヂド
はた **旗** hata	**bandiera** *f.* バンディエーラ	flag, banner フラグ, バナ
はだ **肌** hada	**pelle** *f.* ペッレ	skin スキン
ばたー **バター** bataa	**burro** *m.* ブッロ	butter バタ
ぱたーん **パターン** pataan	**modello** *m.* モデッロ	pattern パタン
はだか **裸** hadaka	**nudità** *f.* ヌディタ	nakedness ネイキドネス
～の	**nudo(-a)** ヌード(-ダ)	naked ネイキド
はたけ **畑** hatake	**campo** *m.* カンポ	field, farm フィールド, ファーム
はだしで **裸足で** hadashide	**scalzo(-a)** スカルツォ(-ツァ)	barefoot ベアフト
はたす **果たす** (実行する) hatasu	**compiere, realizzare** コンピエレ, レアリッザーレ	realize, carry out リーアライズ, キャリ アウト

日	伊	英
(達成する)	**raggiungere** ラッジュンジェレ	achieve アチーヴ
はためく hatameku	**sventolare** ズヴェントラーレ	flutter フラタ
はたらき hataraki	**lavoro** *m.* ラヴォーロ	work, labor, ⒷIabour ワーク, レイバ, レイバ
(活動)	**attività** *f.*, **azione** *f.* アッティヴィタ, アツィオーネ	action, activity アクション, アクティヴィティ
(機能)	**funzione** *f.* フンツィオーネ	function ファンクション
(功績)	**risultato** *m.*, **conseguimento** *m.* リズルタート, コンセグィメント	achievement アチーヴメント
はたらく hataraku	**lavorare** ラヴォラーレ	work ワーク
(作用する)	**agire** *su* アジーレ ス	act on アクト オン
はち hachi	**otto** オット	eight エイト
はち 鉢 hachi	**ciotola** *f.* チョートラ	bowl, pot ボウル, パト
はち 蜂 (蜜蜂) hachi	**ape** *f.* アーペ	bee ビー
～の巣	**alveare** *m.*, **favo** *m.* アルヴェアーレ, ファーヴォ	beehive, honeycomb ビーハイヴ, ハニコウム
～蜜	**miele** *m.* ミエーレ	honey ハニ
ばち 罰 bachi	**punizione divina** *f.*, **castigo** *m.* プニツィオーネ ディヴィーナ, カスティーゴ	divine punishment ディヴァイン パニシュメント

日	伊	英
はちがつ **八月** hachigatsu	**agosto** *m.* アゴスト	August **オ**ーガスト
ばちかん **バチカン** bachikan	**Città del Vaticano** *f.* チッ**タ** デル ヴァティ**カ**ーノ	Vatican **ヴァ**ティカン
はちじゅう **八十** hachijuu	**ottanta** オッ**タ**ンタ	eighty **エ**イティ
はちゅうるい **爬虫類** hachuurui	**rettili** *m.pl.* レッティリ	reptiles **レ**プティルズ
はちょう **波長** hachou	**lunghezza d'onda** *f.* ルン**ゲ**ッツァ **ド**ンダ	wavelength **ウェ**イヴレングス
ばつ **罰** batsu	**pena** *f.* **ペ**ーナ	punishment, penalty **パ**ニシュメント, **ペ**ナルティ
はついく **発育** hatsuiku	**crescita** *f.* ク**レ**ッシタ	growth グ**ロ**ウス
〜する	**crescere** ク**レ**ッシェレ	grow グ**ロ**ウ
はつおん **発音** hatsuon	**pronuncia** *f.* プロ**ヌ**ンチャ	pronunciation プロナンスィ**エ**イション
はつが **発芽** hatsuga	**germinazione** *f.* ジェルミナツィ**オ**ーネ	germination チャーミ**ネ**イション
はっかー **ハッカー** hakkaa	**pirata informatico** *m.*, **hacker** *m.* ピ**ラ**ータ インフォル**マ**ーティコ, **ア**ケル	hacker **ハ**カ
はっきする **発揮する** hakkisuru	**mostrare, dimostrare** モスト**ラ**ーレ, ディモスト**ラ**ーレ	display, show ディスプ**レ**イ, **ショ**ウ
はっきり **はっきり** hakkiri	**chiaramente** キアラ**メ**ンテ	clearly ク**リ**アリ
〜する	**chiarirsi, (diventare) chiaro(-*a*)** キアリ**ル**スィ, (ディヴェン**タ**ーレ) キ**ア**ーロ(-*ラ*)	(become) clear (ビ**カ**ム) ク**リ**ア

日	伊	英
ばっきん **罰金** bakkin	**multa** *f.* ムルタ	fine **ファ**イン
ばっく **バック** (後部) bakku	**retro** *m.* レートロ	back, rear バク, リア
(背景)	**sfondo** *m.* ス**フォ**ンド	background バクグラウンド
(後援)	**sostegno** *m.* ソス**テ**ーニョ	backing, support バキング, サポート
～アップ	**appoggio** *m.* アッ**ポッ**ジョ	backup バカプ
ばっぐ **バッグ** baggu	**borsa** *f.* ボルサ	bag バグ
ぱっく **パック** (包み) pakku	**confezione** *f.* コンフェツィ**オ**ーネ	packaging パケヂング
(美容法の)	**maschera (di bellezza)** *f.* マスケラ (ディ ベッレッツァ)	pack パク
(アイスホッケーの)	**disco** *m.*, **puck** *m.* ディスコ, パク	puck パク
はっくつ **発掘** hakkutsu	**scavo** *m.* ス**カ**ーヴォ	excavation エクスカ**ヴェ**イション
～する	**scavare** スカ**ヴァ**ーレ	excavate **エ**クスカヴェイト
ばつぐんの **抜群の** batsugunno	**eccezionale** エッチェツィオ**ナ**ーレ	outstanding アウト**ス**タンディング
ぱっけーじ **パッケージ** pakkeeji	**confezione** *f.* コンフェツィ**オ**ーネ	package パケヂ
はっけっきゅう **白血球** hakkekkyuu	**globulo bianco** *m.* グ**ロ**ーブロ ビ**ア**ンコ	white blood cell ホワイト ブラド セル
はっけつびょう **白血病** hakketsubyou	**leucemia** *f.* レウチェ**ミ**ーア	leukemia ルー**キ**ーミア

日	伊	英
はっけん **発見** hakken	**scoperta** *f.* スコペルタ	discovery ディス**カ**ヴァリ
〜する	**scoprire** スコプ**リ**ーレ	discover, find out ディス**カ**ヴァ, **ファ**インド **ア**ウト
はつげんする **発言する** hatsugensuru	**parlare** パル**ラ**ーレ	speak ス**ピ**ーク
はつこい **初恋** hatsukoi	**primo amore** *m.* プ**リ**ーモ ア**モ**ーレ	first love **ファ**ースト **ラ**ヴ
はっこうする **発行する** hakkousuru	**pubblicare** プッブリ**カ**ーレ	publish, issue **パ**ブリシュ, **イ**シュー
はっさんする **発散する** hassansuru	**emettere** エ**メ**ッテレ	emit イ**ミ**ト
ばっじ **バッジ** bajji	**distintivo** *m.* ディスティン**ティ**ーヴォ	badge **バ**ヂ
はっしゃ **発射** hassha	**sparo** *m.* ス**パ**ーロ	firing **ファ**イアリング
〜する	**lanciare** ラン**チャ**ーレ	fire, shoot **ファ**イア, **シュ**ート
はっしゃ **発車** hassha	**partenza** *f.* パル**テ**ンツァ	departure ディ**パ**ーチャ
〜する	**partire** パル**ティ**ーレ	depart ディ**パ**ート
ばっしんぐ **バッシング** basshingu	**attacco** *m.* アッ**タ**ッコ	bashing **バ**シング
はっしんする **発信する** hasshinsuru	**trasmettere** トラズ**メ**ッテレ	transmit トランス**ミ**ト
ばっすい **抜粋** bassui	**estratto** *m.* エスト**ラ**ット	extract, excerpt **エ**クストラクト, **エ**クサープト
〜する	**estrarre** エスト**ラ**ッレ	extract イクスト**ラ**クト

日	伊	英
発する (光・熱を) hassuru	emettere, emanare エメッテレ, エマナーレ	give off, emit ギヴ オーフ, イミト
(声を)	emettere, proferire エメッテレ, プロフェリーレ	utter アタ
罰する bassuru	punire プニーレ	punish パニシュ
発生 hassei	formazione f. フォルマツィオーネ	outbreak, birth アウトブレイク, バース
〜する	succedere スッチェーデレ	occur オカー
発送 hassou	invio m. インヴィーオ	sending out センディング アウト
〜する	inviare インヴィアーレ	send out センド アウト
バッタ batta	cavalletta f. カヴァッレッタ	grasshopper グラスハパ
発達 hattatsu	sviluppo m. ズヴィルッポ	development ディヴェロプメント
〜する	svilupparsi, progredire ズヴィルッパルスィ, プログレディーレ	develop, advance ディヴェロプ, アドヴァンス
発注 hacchuu	ordinazione f. オルディナツィオーネ	order オーダ
〜する	ordinare オルディナーレ	order オーダ
発展 hatten	sviluppo m. ズヴィルッポ	development ディヴェロプメント
〜する	svilupparsi, espandersi ズヴィルッパルスィ, エスパンデルスィ	develop, expand ディヴェロプ, イクスパンド
発電所 hatsudensho	centrale elettrica f. チェントラーレ エレットリカ	power plant パウア プラント

日	伊	英
はつでんする **発電する** hatsudensuru	**generare elettricità** ジェネラーレ エレットリチタ	generate electricity ヂェナレイト イレクトリスィティ
はっぱ **発破** happa	**esplosione** *f.* エスプロズィオーネ	explosive blast イクスプロウスィヴ ブラスト
はつばい **発売** hatsubai	**vendita** *f.* ヴェンディタ	sale セイル
～する	**mettere in vendita** メッテレ イン ヴェンディタ	put on sale プト オン セイル
はっぴょう **発表** happyou	**annuncio** *m.* アンヌンチョ	announcement アナウンスメント
～する	**annunciare** アンヌンチャーレ	announce アナウンス
（説明）	**presentazione** *f.* プレゼンタツィオーネ	presentation プリーゼンテイション
～する	**presentare** プレゼンターレ	present プリゼント
はつびょうする **発病する** hatsubyousuru	**ammalarsi** アンマラルスィ	fall ill フォール イル
はっぽうせいの **発泡性の** happouseino	**frizzante** フリッザンテ	sparkling スパークリング
はつめい **発明** hatsumei	**invenzione** *f.* インヴェンツィオーネ	invention インヴェンション
～する	**inventare** インヴェンターレ	invent, devise インヴェント, ディヴァイズ
はてしない **果てしない** hateshinai	**infinito(-a)** インフィニート(-タ)	endless エンドレス
はでな **派手な** hadena	**vistoso(-a)** ヴィストーゾ(-ザ)	showy, garish ショウイ, ギャリシュ

日	伊	英
はと 鳩 hato	piccione(-a) *m.*(*f.*), colombo(-a) *m.*(*f.*) ピッチョーネ(-ナ), コロンボ(-バ)	pigeon, dove ピヂョン, ダヴ
ばとうする 罵倒する batousuru	denunciare, calunniare デヌンチャーレ, カルンニアーレ	denounce, vilify ディナウンス, ヴィリファイ
ぱとかー パトカー patokaa	macchina della polizia *f.* マッキナ デッラ ポリツィーア	squad car, patrol car スクワド カー, パトロウル カー
ばどみんとん バドミントン badominton	badminton *m.* ベドミントン	badminton バドミントン
ぱとろーる パトロール patorooru	pattuglia *f.* パットゥッリァ	patrol パトロウル
はな 花 hana	fiore *m.* フィオーレ	flower フラウア
はな 鼻 hana	naso *m.* ナーゾ	nose ノウズ
〜血	sangue dal naso *m.* サングェ ダル ナーゾ	nosebleed ノウズブリード
〜水	moccio *m.* モッチョ	snot, mucus スナト, ミューカス
はなし 話 hanashi	conversazione *f.* コンヴェルサツィオーネ	talk, conversation トーク, カンヴァセイション
（物語）	storia *f.* ストーリア	story ストーリ
はなしあい 話し合い hanashiai	discussione *f.* ディスクッスィオーネ	talk, discussion トーク, ディスカション
はなしあう 話し合う hanashiau	parlare *con*, discutere *con* パルラーレ コン, ディスクーテレ コン	talk with, discuss with トーク ウィズ, ディスカス ウィズ
はなす 放す hanasu	liberare リベラーレ	free, release フリー, リリース

日	伊	英
はなす **離す** hanasu	**separare** セパラーレ	separate, detach セパレイト, ディタチ
はなす **話す** hanasu	**parlare** パルラーレ	speak, talk スピーク, トーク
ばなな **バナナ** banana	**banana** *f.* バナーナ	banana バナナ
はなばなしい **華々しい** hanabanashii	**brillante** ブリッランテ	brilliant ブリリアント
はなび **花火** hanabi	**fuochi d'artificio** *m.pl.* フオーキ ダルティフィーチョ	fireworks ファイアワークス
はなむこ **花婿** hanamuko	**sposo** *m.* スポーゾ	bridegroom ブライドグルーム
はなやかな **華やかな** hanayakana	**splendido(-*a*)** スプレンディド(-ダ)	gorgeous, bright ゴーヂャス, ブライト
はなよめ **花嫁** hanayome	**sposa** *f.* スポーザ	bride ブライド
はなれる **離れる** hanareru	**lasciare, allontanarsi** *da* ラシャーレ, アッロンタナルスィ ダ	leave, go away from リーヴ, ゴウ アウェイ フラム
はにかむ **はにかむ** hanikamu	**(essere) timido(-*a*)** (エッセレ) ティーミド(-ダ)	(be) shy, (be) bashful (ビ) シャイ, (ビ) バシュフル
ぱにっく **パニック** panikku	**panico** *m.* パーニコ	panic パニク
はね **羽** (羽毛) hane	**piuma** *f.* ピウーマ	feather, plume フェザ, プルーム
(翼)	**ala** *f.* アーラ	wing ウィング
ばね **ばね** bane	**molla** *f.* モッラ	spring スプリング

日	伊	英
ハネムーン hanemuun	**luna di miele** *f.* ルーナ ディ ミエーレ	honeymoon ハニムーン
跳ねる (飛び散る) haneru	**schizzare** スキッツァーレ	splash スプラシュ
(飛び上がる)	**saltare** サルターレ	leap, jump リープ, チャンプ
母 haha	**madre** *f.* マードレ	mother マザ
～方	**parte materna** *f.* パルテ マテルナ	mother's side マザズ サイド
幅 haba	**larghezza** *f.* ラルゲッツァ	width, breadth ウィドス, ブレドス
羽ばたく habataku	**battere le ali** バッテレ レ アーリ	flutter, flap フラタ, フラプ
派閥 habatsu	**fazione** *f.* ファツィオーネ	faction ファクション
幅跳び habatobi	**salto in lungo** *m.* サルト イン ルンゴ	broad jump, long jump ブロード チャンプ, ローング チャンプ
幅広い habahiroi	**ampio(-a)** アンピオ(-ア)	wide, broad ワイド, ブロード
阻む habamu	**impedire** インペディーレ	prevent from, block プリヴェント フラム, ブラク
パプアニューギニア papuanyuuginia	**Papua Nuova Guinea** *f.* パープア ヌオーヴァ グィネーア	Papua New Guinea パピュア ニュー ギニア
パフォーマンス pafoomansu	**rappresentazione** *f.* ラップレゼンタツィオーネ	performance パフォーマンス
省く (省略する) habuku	**omettere** オメッテレ	omit, exclude オウミト, イクスクルード

日	伊	英
(削減する)	**ridurre** リドゥッレ	save, reduce セイヴ, リデュース
はぷにんぐ **ハプニング** hapuningu	**imprevisto** *m.* インプレヴィスト	happening, unexpected event ハプニング, アニクスペクテド イヴェント
はぶらし **歯ブラシ** haburashi	**spazzolino da denti** *m.* スパッツォリーノ ダ デンティ	toothbrush トゥースブラシュ
はまき **葉巻** hamaki	**sigaro** *m.* スィーガロ	cigar スィガー
はまぐり **蛤** hamaguri	**vongola** *f.* ヴォンゴラ	clam クラム
はまべ **浜辺** hamabe	**spiaggia** *f.* スピアッジャ	beach, seashore ビーチ, スィーショー
はまる **はまる** hamaru	**entrare** in エントラーレ イン	fit into フィト イントゥ
はみがき **歯磨き** hamigaki	**dentifricio** *m.* デンティフリーチョ	toothpaste トゥースペイスト
はめつする **破滅する** hametsusuru	**rovinarsi, deteriorarsi** ロヴィナルスィ, デテリオラルスィ	(be) ruined (ビ) ルーインド
はめる **はめる** (内側に入れる) hameru	**mettere, infilare** メッテレ, インフィラーレ	put in, set プト イン, セト
(着用する)	**mettersi** メッテルスィ	wear, put on ウェア, プト オン
ばめん **場面** bamen	**scena** *f.* シェーナ	scene スィーン
はもの **刃物** hamono	**strumento da taglio** *m.* ストルメント ダ タッリョ	edged tool エヂド トゥール
はもん **波紋** hamon	**increspatura** *f.* インクレスパトゥーラ	ripple リプル

日	伊	英
はもんする **破門する** hamonsuru	**espellere** エスペッレレ	expel イクスペル
はやい **早い** hayai	**presto, anticipato(-a)** プレスト, アンティチパート(-タ)	early アーリ
はやい **速い** hayai	**veloce** ヴェローチェ	quick, fast クウィク, ファスト
はやく **早く** hayaku	**presto** プレスト	early, soon アーリ, スーン
はやく **速く** hayaku	**rapidamente** ラピダメンテ	quickly, fast クウィクリ, ファスト
はやし **林** hayashi	**bosco** *m.*, **foresta** *f.* ボスコ, フォレスタ	forest, woods フォリスト, ウヅ
はやす **生やす** hayasu	**coltivare** コルティヴァーレ	grow, cultivate グロウ, カルティヴェイト
はやめに **早めに** hayameni	**in anticipo** イナンティーチポ	early, in advance アーリ, イン アドヴァンス
はやめる **早める** hayameru	**accelerare, sbrigarsi** アッチェレラーレ, ズブリガルスィ	quicken, hasten クウィクン, ヘイスン
はやる **流行る** hayaru	**andare di moda** アンダーレ ディ モーダ	(be) in fashion, (be) popular (ビ) イン ファション, (ビ) パピュラ
(繁盛する)	**prosperare** プロスペラーレ	(be) prosperous (ビ) プラスペラス
(病気などが)	**diffondersi** ディッフォンデルスィ	(be) prevalent (ビ) プレヴァレント
はら **腹** (胃) hara	**stomaco** *m.* ストーマコ	stomach スタマク
(腸)	**intestino** *m.* インテスティーノ	bowels バウエルズ

日	伊	英
(腹部)	**pancia** *f.* パンチャ	belly ベリ
ばら **バラ** bara	**rosa** *f.* ローザ	rose ロウズ
はらいもどし **払い戻し** haraimodoshi	**rimborso** *m.* リンボルソ	repayment, refund リペイメント，リ**ファ**ンド
はらう **払う** harau	**pagare** パ**ガ**ーレ	pay ペイ
ぱらぐあい **パラグアイ** paraguai	**Paraguay** *m.* パラ**グ**アイ	Paraguay パラグワイ
はらぐろい **腹黒い** haraguroi	**malvagio(-*a*)** マル**ヴァ**ージョ(-ジャ)	wicked, malicious **ウィ**キド，マリシャス
はらす **晴らす** harasu (疑いを)	**dissipare** ディッスィ**パ**ーレ	dispel ディス**ペ**ル
(恨みを)	**vendicarsi** ヴェンディ**カ**ルスィ	avenge oneself ア**ヴェ**ンヂ
(憂さを)	**divertirsi, distrarsi** ディヴェル**ティ**ルスィ，ディストラルスィ	forget one's troubles フォ**ゲ**ト トラブルズ
ばらす **ばらす** (分解する) barasu	**smontare** ズモン**タ**ーレ	take to pieces **テ**イク トゥ **ピ**ーセズ
(暴露する)	**rivelare** リヴェ**ラ**ーレ	disclose, expose ディスク**ロ**ウズ，イクス**ポ**ウズ
ばらばらの **ばらばらの** barabarano	**sparso(-*a*)** ス**パ**ルソ(-サ)	separate, scattered **セ**パレイト，ス**キャ**タド
ぱらふぃん **パラフィン** parafin	**paraffina** *f.* パラッ**フィ**ーナ	paraffin **パ**ラフィン
ばらまく **ばら撒く** baramaku	**spargere** ス**パ**ルジェレ	scatter ス**キャ**タ

日	伊	英
バランス baransu	**equilibrio** *m.* エクィリーブリオ	balance バランス
針 hari	**ago** *m.* アーゴ	needle ニードル
バリエーション barieeshon	**variazione** *f.*, **variante** *f.* ヴァリアツィオーネ, ヴァリアンテ	variation ヴェアリエイション
針金 harigane	**filo metallico** *m.* フィーロ メタッリコ	wire ワイア
貼り紙 harigami	**cartello** *m.*, **manifesto** *m.* カルテッロ, マニフェスト	bill, poster ビル, ポウスタ
馬力 bariki	**cavallo vapore** *m.* カヴァッロ ヴァポーレ	horsepower ホースパウア
張り切る harikiru	**(essere) vigoroso(-a)** (エッセレ) ヴィゴローゾ(-ザ)	(be) vigorous (ビ) ヴィゴラス
バリトン bariton	**baritono** *m.* バリートノ	baritone バリトウン
春 haru	**primavera** *f.* プリマヴェーラ	spring スプリング
張る (伸ばす) haru	**tendere, stendere** テンデレ, ステンデレ	stretch, extend ストレチ, イクステンド
貼る haru	**attaccare** アッタッカーレ	stick, put on スティク, プト オン
遥かな harukana	**distante** ディスタンテ	distant, far-off ディスタント, ファーロフ
遥かに (遠くに) harukani	**in lontananza** イン ロンタナンツァ	far, far away ファー, ファー アウェイ
遥々 harubaru	**da lontano** ダ ロンターノ	all the way from オール ザ ウェイ フラム
バルブ barubu	**valvola** *f.* ヴァルヴォラ	valve ヴァルヴ

日	伊	英
ぱるぷ **パルプ** parupu	**pasta** *f.*, **polpa** *f.* パスタ，ポルパ	pulp パルプ
はれ **晴れ** hare	**bel tempo** *m.* ベル テンポ	fine weather ファイン ウェザ
ばれえ **バレエ** baree	**balletto** *m.* バッレット	ballet バレイ
ぱれーど **パレード** pareedo	**sfilata** *f.* スフィラータ	parade パレイド
ばれーぼーる **バレーボール** bareebooru	**pallavolo** *f.* パッラヴォーロ	volleyball ヴァリボール
はれつする **破裂する** haretsusuru	**scoppiare** スコッピアーレ	explode, burst イクスプロウド，バースト
ぱれっと **パレット** paretto	**tavolozza** *f.* タヴォロッツァ	palette パレト
ばれりーな **バレリーナ** bareriina	**ballerina** *f.* バッレリーナ	ballerina バレリーナ
はれる **晴れる** （空が） hareru	**schiarirsi** スキアリルスィ	clear up クリア アプ
（疑いが）	**dissiparsi** ディッスィパルスィ	(be) cleared (ビ) クリアド
はれる **腫れる** hareru	**gonfiarsi** ゴンフィアルスィ	(become) swollen (ビカム) スウォウルン
ばれる **ばれる** bareru	**svelarsi, venire a galla** ズヴェラルスィ，ヴェニーレ ア ガッラ	(be) exposed, come to light (ビ) イクスポウズド，カム トゥ ライト
ばろっく **バロック** barokku	**barocco** *m.* バロッコ	Baroque バロウク
ぱろでぃー **パロディー** parodii	**parodia** *f.* パロディーア	parody パロディ

日	伊	英
バロメーター baromeetaa	**barometro** *m.* バロメートロ	barometer バラミタ
ハワイ hawai	**Hawaii** *f.pl.* アワイ	Hawaii ハワイイー
判 han	**sigillo** *m.*, **timbro** *m.* スィジッロ, ティンブロ	(personal) seal, seal, stamp (パーソナル) スィール, スィール, スタンプ
晩 ban	**sera** *f.*, **notte** *f.* セーラ, ノッテ	evening, night イーヴニング, ナイト
パン pan	**pane** *m.* パーネ	bread ブレド
〜屋	**panetteria** *f.* パネッテリーア	bakery ベイカリ
範囲 han-i	**ambito** *m.* アンビト	limit, sphere リミト, スフィア
反意語 han-igo	**contrario** *m.* コントラーリオ	antonym アントニム
繁栄 han-ei	**prosperità** *f.* プロスペリタ	prosperity プラスペリティ
〜する	**prosperare** プロスペラーレ	(be) prosperous (ビ) プラスペラス
版画 hanga	**xilografia** *f.* クスィログラフィーア	print, woodcut プリント, ウドカト
ハンガー hangaa	**gruccia** *f.* グルッチャ	(coat) hanger (コウト) ハンガ
繁華街 hankagai	**strada frequentata** *f.* ストラーダ フレクェンタータ	busy street ビズィ ストリート
半額 hangaku	**metà prezzo** *m.* メタ プレッツォ	half price ハーフ プライス

日	伊	英
はんかち **ハンカチ** hankachi	**fazzoletto** *m.* ファッツォレット	handkerchief ハンカチフ
はんがりー **ハンガリー** hangarii	**Ungheria** *f.* ウンゲリーア	Hungary ハンガリ
はんかん **反感** hankan	**antipatia** *f.* アンティパティーア	antipathy アンティパスィ
はんぎゃくする **反逆する** hangyakusuru	**ribellarsi** リベッラルスィ	rebel リベル
はんきょう **反響** hankyou	**eco** *f.*, **risonanza** *f.* エーコ, リソナンツァ	echo エコウ
ぱんく **パンク** panku	**foratura** *f.* フォラトゥーラ	puncture, flat tire パンクチャ, フラト タイア
ばんぐみ **番組** bangumi	**programma** *m.* プログランマ	program, Ⓑpro-gramme プロウグラム, プロウグラム
ばんぐらでしゅ **バングラデシュ** banguradeshu	**Bangladesh** *m.* バングラデシュ	Bangladesh バングラデシュ
はんぐりーな **ハングリーな** hanguriina	**affamato(-*a*)** アッファマート(-ダ)	hungry ハングリ
はんけい **半径** hankei	**raggio** *m.* ラッジョ	radius レイディアス
はんげき **反撃** hangeki	**contrattacco** *m.* コントラッタッコ	counterattack カウンタラタク
～する	**contrattaccare** コントラッタッカーレ	strike back ストライク バク
はんけつ **判決** hanketsu	**giudizio** *m.*, **sentenza** *f.* ジュディーツィオ, センテンツァ	judgment ヂャデメント
はんげつ **半月** hangetsu	**mezzaluna** *f.* メッザルーナ	half-moon ハフムーン

は

日	伊	英
反語 (はんご) hango	**domanda retorica** *f.* ドマンダ レトーリカ	rhetorical question リトリカル クウェスチョン
番号 (ばんごう) bangou	**numero** *m.* ヌーメロ	number ナンバ
反抗する (はんこうする) hankousuru	**resistere** *a*, **opporsi** *a* レズィステレア, オッポルスィア	resist, oppose リズィスト, オポウズ
犯罪 (はんざい) hanzai	**crimine** *m.* クリーミネ	crime クライム
〜者	**criminale** *m.f.* クリミナーレ	criminal クリミナル
ハンサムな hansamuna	**bello(-a)** ベッロ(-ラ)	handsome ハンサム
反作用 (はんさよう) hansayou	**reazione** *f.* レアツィオーネ	reaction リアクション
判事 (はんじ) hanji	**giudice** *m.f.* ジューディチェ	judge ヂャヂ
反射 (はんしゃ) hansha	**riflesso** *m.* リフレッソ	reflection, reflex リフレクション, リーフレクス
〜する	**riflettere** リフレッテレ	reflect リフレクト
半熟卵 (はんじゅくたまご) hanjukutamago	**uovo alla coque** *m.* ウオーヴォ アッラ コク	soft-boiled egg ソフトボイルド エグ
繁殖 (はんしょく) hanshoku	**riproduzione** *f.* リプロドゥツィオーネ	propagation プラパゲイション
〜する	**riprodursi** リプロドゥルスィ	propagate プラパゲイト
ハンスト (はんすと) hansuto	**sciopero della fame** *m.* ショーペロ デッラ ファーメ	hunger strike ハンガ ストライク

日	伊	英
はんする **反する** hansuru	**(essere) in conflitto** *con*, **opporsi** *a* (エッセレ) イン コンフリット コン, オッポルスィ ア	(be) contrary to (ビ) カントレリ トゥ
はんせいする **反省する** hanseisuru	**riflettere** *su* リフレッテレ ス	reflect on one's actions リフレクト オン アクションズ
ばんそう **伴奏** bansou	**accompagnamento** *m.* アッコンパニャメント	accompaniment アカンパニメント
～する	**accompagnare** アッコンパニャーレ	accompany アカンパニ
ばんそうこう **絆創膏** bansoukou	**cerotto** *m.* チェロット	adhesive bandage アドヒースィヴ バンディヂ
はんそく **反則** （スポーツなどの） hansoku	**fallo** *m.* ファッロ	foul ファウル
はんそで **半袖** hansode	**maniche corte** *f.pl.* マーニケ コルテ	short sleeves ショート スリーヴズ
はんたー **ハンター** hantaa	**cacciatore(-trice)** *m.(f.)* カッチャトーレ(-トリーチェ)	hunter ハンタ
はんたい **反対** （逆の関係） hantai	**contrario** *m.* コントラーリオ	(the) opposite, (the) contrary (ズィ) アポズィト, (ザ) カントレリ
～側	**lato opposto** *m.* ラート オッポスト	opposite side, other side アポズィト サイド, アザ サイド
（抵抗・異議）	**opposizione** *f.*, **obiezione** *f.* オッポズィツィオーネ, オビエツィオーネ	opposition, objection アポズィション, オブチェクション
～する	**opporsi** *a* オッポルスィ ア	oppose, object to オポウズ, オブチェクト トゥ
はんだん **判断** handan	**giudizio** *m.* ジュディーツィオ	judgment チャヂメント
～する	**giudicare** ジュディカーレ	judge チャヂ

日	伊	英
番地 (banchi)	**numero civico** *m.* ヌーメロ チーヴィコ	street number ストリート ナンバ
範疇 (hanchuu)	**categoria** *f.* カテゴリーア	category キャティゴーリ
パンツ（下着の） (pantsu)	**mutande** *f.pl.* ムタンデ	briefs, underwear ブリーフス, アンダウェア
（洋服の）	**pantaloni** *m.pl.* パンタローニ	pants, trousers パンツ, トラウザズ
判定 (hantei)	**giudizio** *m.* ジュディーツィオ	judgment, decision ヂャヂメント, ディスィジョン
パンティー (pantii)	**mutandine** *f.pl.* ムタンディーネ	panties パンティズ
～ストッキング	**collant** *m.* コッラン	pantyhose, tights パンティホウズ, タイツ
ハンディキャップ (handikyappu)	**handicap** *m.* アンディカプ	handicap ハンディキャプ
判定する (hanteisuru)	**giudicare** ジュディカーレ	judge ヂャヂ
斑点 (hanten)	**macchia** *f.* マッキア	spot, speck スパト, スペク
バンド (bando)	**banda** *f.* バンダ	band バンド
半島 (hantou)	**penisola** *f.* ペニーゾラ	peninsula ペニンシュラ
半導体 (handoutai)	**semiconduttore** *m.* セミコンドゥットーレ	semiconductor セミコンダクタ
ハンドバッグ (handobaggu)	**borsetta** *f.* ボルセッタ	handbag, purse ハンドバグ, パース
ハンドブック (handobukku)	**manuale** *m.* マヌアーレ	handbook ハンドブク

日	伊	英
ハンドル (自転車の) handoru	**manubrio** *m.* マヌーブリオ	handlebars ハンドルバーズ
(自動車の)	**volante** *m.* ヴォランテ	steering wheel スティアリング (ホ)ウィール
はんにち 半日 hannichi	**mezza giornata** *f.* メッザ ジョルナータ	half a day ハフ ア デイ
はんにん 犯人 hannin	**colpevole** *m.f.* コルペーヴォレ	offender, criminal オフェンダ, クリミナル
ばんねん 晩年 bannen	**ultimi anni** *m.pl.* ウルティミ アンニ	last years ラスト イアズ
はんのう 反応 hannou	**reazione** *f.* レアツィオーネ	reaction, response リアクション, リスパンス
～する	**reagire** *a* レアジーレ ア	react to, respond to リアクト トゥ, リスパンド トゥ
ばんのうの 万能の bannouno	**versatile** ヴェルサーティレ	all-around, universally talented オールアラウンド, ユーニヴァーサリ タレンテド
ばんぱー バンパー banpaa	**paraurti** *m.* パラウルティ	bumper バンパ
はんばーがー ハンバーガー hanbaagaa	**hamburger** *m.* アンブルゲル	hamburger ハンバーガ
はんばい 販売 hanbai	**vendita** *f.* ヴェンディタ	sale セイル
～する	**vendere** ヴェンデレ	sell, deal in セル, ディール イン
ばんぱく 万博 banpaku	**esposizione universale** *f.* エスポズィツイオーネ ウニヴェルサーレ	Expo エクスポウ
はんぱつする 反発する hanpatsusuru	**reagire** *a* レアジーレ ア	repulse, repel リパルス, リペル

日	伊	英
はんぱな **半端な** hanpana	**incompleto(-a)** インコンプレート(-タ)	odd, incomplete アド, インコンプリート
はんぷくする **反復する** hanpukusuru	**ripetere** リペーテレ	repeat リピート
ぱんぷす **パンプス** panpusu	**scarpe scollate** *f.pl.* スカルペ スコッラーテ	pumps パンプス
ぱんふれっと **パンフレット** panfuretto	**opuscolo** *m.* オプスコロ	pamphlet, brochure パンフレト, ブロウシュア
はんぶん **半分** hanbun	**metà** *f.* メタ	half ハフ
はんまー **ハンマー** hanmaa	**martello** *m.* マルテッロ	hammer ハマ
〜投げ	**lancio del martello** *m.* ランチョ デル マルテッロ	hammer throw ハマ スロウ
はんもく **反目** hanmoku	**antagonismo** *m.* アンタゴニズモ	antagonism アンタゴニズム
はんらん **反乱** hanran	**rivolta** *f.* リヴォルタ	revolt リヴォウルト
はんらんする **氾濫する** hanransuru	**straripare** ストラリパーレ	flood, overflow フラド, オウヴァフロウ
はんれい **凡例** hanrei	**note esplicative** *f.pl.* ノーテ エスプリカティーヴェ	explanatory notes イクスプラナトーリ ノウツ
はんろん **反論** hanron	**confutazione** *f.* コンフタツィオーネ	refutation レフュテイション
〜する	**obiettare** *a* オビエッターレ ア	argue against アーギュー アゲンスト

日	伊	英

ひ, ヒ

火 hi	**fuoco** *m.* フオーコ	fire ファイア
日 (太陽・日光) hi	**sole** *m.* ソーレ	sun, sunlight サン, サンライト
(日にち)	**giorno** *m.*, **data** *f.* ジョルノ, ダータ	day, date デイ, デイト
美 bi	**bellezza** *f.* ベッレッツァ	beauty ビューティ
悲哀 hiai	**tristezza** *f.* トリステッツァ	sadness サドネス
ピアス piasu	**orecchini** *m.pl.* オレッキーニ	(pierced) earrings (ピアスト) イアリングズ
日当たりのよい hiatarinoyoi	**soleggiato(-a)** ソレッジャート(-タ)	sunny サニ
ピアニスト pianisuto	**pianista** *m.f.* ピアニスタ	pianist ピアニスト
ピアノ piano	**pianoforte** *m.* ピアノフォルテ	piano ピアーノウ
ヒアリング hiaringu	**comprensione orale** *f.* コンプレンスィオーネ オラーレ	listening comprehension リスニング カンプリヘンション
(公聴会)	**udienza** *f.* ウディエンツァ	public hearing パブリク ヒアリング
ひいきする hiikisuru	**favorire, preferire** ファヴォリーレ, プレフェリーレ	favor, patronage フェイヴァ, パトラニヂ
ピーク piiku	**picco** *m.*, **cima** *f.* ピッコ, チーマ	peak ピーク

日	伊	英
びいしき **美意識** biishiki	**senso estetico** *m.* センソ エステーティコ	sense of beauty, esthetic sense センス オヴ ビューティ, エステティク センス
びーず **ビーズ** biizu	**perline** *f.pl.* ペルリーネ	beads ビーヅ
ひーたー **ヒーター** hiitaa	**stufa elettrica** *f.* ストゥーファ エレットリカ	heater ヒータ
ぴーなつ **ピーナツ** piinatsu	**arachide** *f.* アラーキデ	peanut ピーナト
びーふ **ビーフ** biifu	**manzo** *m.* マンゾ	beef ビーフ
ぴーまん **ピーマン** piiman	**peperone verde** *m.* ペペローネ ヴェルデ	green pepper, bell pepper グリーン ペパ, ベル ペパ
びーる **ビール** biiru	**birra** *f.* ビッラ	beer ビア
ひーろー **ヒーロー** hiiroo	**eroe** *m.* エローエ	hero ヒアロウ
ひえこむ **冷え込む** hiekomu	**fare molto freddo** ファーレ モルト フレッド	(get) very cold (ゲト) ヴェリ コウルド
ひえる **冷える** hieru	**raffreddarsi** ラッフレッダルスィ	(get) cold (ゲト) コウルド
びえん **鼻炎** bien	**rinite** *f.* リニーテ	nasal inflammation ネイザル インフラメイション
びおら **ビオラ** biora	**viola** *f.* ヴィオーラ	viola ヴァイオラ
ひがい **被害** higai	**danno** *m.* ダンノ	damage ダミヂ
〜者	**vittima** *f.* ヴィッティマ	sufferer, victim サファラ, ヴィクティム

日	伊	英
ひかえ **控え** (覚書) hikae	**nota** *f.* ノータ	note ノウト
(写し)	**copia** *f.* コーピア	copy, duplicate カピ, デュープリケト
(予備)	**riserva** *f.* リゼルヴァ	reserve リザーヴ
ひかえめな **控えめな** hikaemena	**moderato(-*a*)** モデラート(-タ)	moderate, unassuming マダレト, アナスューミング
ひかえる **控える** (自制する) hikaeru	**astenersi** *da* アステネルスィ ダ	refrain from リフレイン フラム
(書き留める)	**prendere nota** プレンデレ ノータ	write down ライト ダウン
(待機する)	**attendere** アッテンデレ	wait ウェイト
ひかく **比較** hikaku	**confronto** *m.* コンフロント	comparison コンパリスン
～する	**confrontare** コンフロンターレ	compare コンペア
びがく **美学** bigaku	**estetica** *f.* エステーティカ	aesthetics エスセティクス
ひかげ **日陰** hikage	**ombra** *f.* オンブラ	shade シェイド
ひがさ **日傘** higasa	**parasole** *m.* パラソーレ	sunshade, parasol サンシェイド, パラソル
ひがし **東** higashi	**est** *m.* エスト	east イースト
ひがしがわ **東側** higashigawa	**lato orientale** *m.* ラート オリエンターレ	east side イースト サイド

日	伊	英
ひがしはんきゅう **東半球** higashihankyuu	**emisfero orientale** *m.* エミス**フェ**ーロ オリエン**タ**ーレ	Eastern Hemisphere **イ**ースタン **ヘ**ミスフィア
ぴかぴかする **ぴかぴかする** pikapikasuru	**brillante, luccicante** ブリ**ラ**ンテ, ルッチ**カ**ンテ	sparkly, glittering ス**パ**ークリ, グ**リ**タリング
ひかり **光** hikari	**luce** *f.* **ル**ーチェ	light, ray **ラ**イト, **レ**イ
ひかる **光る** hikaru	**brillare** ブリッ**ラ**ーレ	shine, flash **シャ**イン, フ**ラ**シュ
ひかれる **引かれる** hikareru	**(essere) incantato(-a)** *da* (**エ**ッセレ) インカン**タ**ート(-タ) ダ	(be) charmed with (ビ) **チャ**ームド ウィズ
ひかんする **悲観する** hikansuru	**(essere) pessimistico(-a)** *su* (**エ**ッセレ) ペッスィ**ミ**スティコ(-カ) ス	(be) pessimistic about (ビ) ペスィ**ミ**スティック ア**バ**ウト
ひかんてきな **悲観的な** hikantekina	**pessimistico(-a)** ペッスィ**ミ**スティコ(-カ)	pessimistic ペスィ**ミ**スティク
ひきあげる **引き上げる**（高くする） hikiageru	**sollevare** ソッレ**ヴァ**ーレ	raise **レ**イズ
（上げる）	**tirare su** ティ**ラ**ーレ ス	pull up プル **ア**プ
ひきあげる **引き揚げる** hikiageru	**tornare** トル**ナ**ーレ	return, pull out リ**タ**ーン, プル **ア**ウト
ひきいる **率いる** hikiiru	**guidare, condurre** グィ**ダ**ーレ, コン**ドゥ**ッレ	lead, conduct **リ**ード, **カ**ンダクト
ひきうける **引き受ける**（受け入れる） hikiukeru	**accettare** アッチェッ**タ**ーレ	accept アク**セ**プト
（担当する）	**incaricarsi** *di* インカリ**カ**ルスィ ディ	undertake アンダ**テ**イク
ひきおこす **引き起こす** hikiokosu	**causare** カウ**ザ**ーレ	cause **コ**ーズ

日	伊	英
ひきかえ **引き換え** hikikae	**cambio** *m.* カンビオ	exchange イクスチェインヂ
ひきかえす **引き返す** hikikaesu	**tornare indietro** トルナーレ インディエートロ	return, turn back リターン, ターン バク
ひきがね **引き金** hikigane	**grilletto** *m.* グリッレット	trigger トリガ
ひきさく **引き裂く** hikisaku	**strappare** ストラッパーレ	tear up テア アプ
ひきさげる **引き下げる** (下げる) hikisageru	**abbassare** アッバッサーレ	pull down プル ダウン
(減らす)	**ridurre** リドゥッレ	reduce リデュース
ひきざん **引き算** hikizan	**sottrazione** *f.* ソットラツィオーネ	subtraction サブトラクション
ひきしお **引き潮** hikishio	**bassa marea** *f.* バッサ マレーア	ebb tide エブ タイド
ひきしめる **引き締める** hikishimeru	**stringere** ストリンジェレ	tighten タイトン
ひきずる **引きずる** hikizuru	**trascinare** トラシナーレ	trail, drag トレイル, ドラグ
ひきだし **引き出し** (家具の) hikidashi	**cassetto** *m.* カッセット	drawer ドローア
(預金の)	**prelievo** *m.* プレリエーヴォ	withdrawal ウィズドローアル
ひきだす **引き出す** (中にある物を) hikidasu	**tirare fuori** ティラーレ フオーリ	draw out ドロー アウト
(預金を)	**prelevare** プレレヴァーレ	withdraw ウィズドロー

日	伊	英
引き継ぐ (人から) hikitsugu	**succedere** *a* スッチェーデレ ア	succeed, take over サクス**イ**ード, **テ**イク **オ**ウヴァ
(人に)	**consegnare** コンセニャーレ	hand over **ハ**ンド **オ**ウヴァ
引き止める hikitomeru	**trattenere** トラッテネーレ	keep, stop **キ**ープ, スタプ
引き取る hikitoru	**ritirare, ricevere** リティラーレ, リチェーヴェレ	receive, claim リス**イ**ーヴ, ク**レ**イム
挽き肉 hikiniku	**carne macinata** *f.* カルネ マチナータ	ground meat, minced meat グ**ラ**ウンド **ミ**ート, **ミ**ンスト **ミ**ート
轢き逃げ hikinige	**omissione di soccorso** *f.* オミッスィオーネ ディ ソッコルソ	hit and run **ヒ**ト **ア**ンド **ラ**ン
引き抜く hikinuku	**tirare fuori, estrarre** ティラーレ フオーリ, エストラッレ	pull out **プ**ル **ア**ウト
引き伸ばす (拡大する) hikinobasu	**ingrandire** イングランディーレ	enlarge イン**ラ**ーヂ
(長くする)	**stendere, allungare** ステンデレ, アッルンガーレ	stretch スト**レ**チ
引き払う hikiharau	**sgombrare, sloggiare** ズゴンブラーレ, ズロッジャーレ	vacate, move out **ヴェ**イケイト, **ム**ーヴ **ア**ウト
卑怯な hikyouna	**scorretto(*-a*), meschino(*-a*)** スコッレット(-タ), メスキーノ(-ナ)	foul, underhanded **ファ**ウル, アンダ**ハ**ンデド
引き分け hikiwake	**pareggio** *m.* パレッジョ	draw, tie ド**ロ**ー, **タ**イ
引き渡す hikiwatasu	**consegnare** コンセニャーレ	hand over, deliver **ハ**ンド **オ**ウヴァ, ディ**リ**ヴァ
引く (引っ張る) hiku	**tirare** ティラーレ	pull, draw **プ**ル, ド**ロ**ー

日	伊	英
（差し引く）	**trattenere, detrarre** トラッテネーレ, デトラッレ	deduct ディダクト
（参照する）	**consultare** コンスルターレ	consult コンサルト
（設置する）	**installare** インスタッラーレ	install インストール
轢く hiku	**investire** インヴェスティーレ	run over, hit ラン オウヴァ, ヒト
弾く hiku	**suonare** スオナーレ	play プレイ
低い （位置が） hikui	**basso(-a)** バッソ(-サ)	low ロウ
（背が）	**basso(-a)** バッソ(-サ)	short ショート
卑屈な hikutsuna	**servile** セルヴィーレ	servile サーヴァル
びくびくする bikubikusuru	**avere paura** *di* アヴェーレ パウーラ ディ	(be) scared of (ビ) スケアド オヴ
ピクルス pikurusu	**sottaceti** *m.pl.* ソッタチェーティ	pickles ピクルズ
日暮れ higure	**tramonto** *m.* トラモント	evening, dusk イーヴニング, ダスク
ひげ （口の） hige	**baffi** *m.pl.* バッフィ	mustache マスタシュ
（頬の）	**barba** *f.* バルバ	side whiskers サイド (ホ)ウィスカズ
（顎の）	**barba** *f.* バルバ	beard ビアド
（動物の）	**baffi (di animali)** *m.pl.* バッフィ (ディ アニマーリ)	whiskers (ホ)ウィスカズ

日	伊	英
ひげき 悲劇 higeki	**tragedia** *f.* トラジェーディア	tragedy トラヂェディ
ひげする 卑下する higesuru	**umiliarsi** ウミリアルスィ	humble oneself ハンブル
ひけつ 秘訣 hiketsu	**segreto** *m.* セグレート	secret スィークレト
ひけつする 否決する hiketsusuru	**respingere** レスピンジェレ	reject リヂェクト
ひご 庇護 higo	**protezione** *f.* プロテツィオーネ	protection プロテクション
〜する	**proteggere** プロテッジェレ	protect プロテクト
ひこう 飛行 hikou	**volo** *m.* ヴォーロ	flight フライト
〜機	**aeroplano** *m.* アエロプラーノ	airplane, plane エアプレイン, プレイン
ひこうしきの 非公式の hikoushikino	**ufficioso(-a)** ウッフィチョーゾ(-ザ)	unofficial, informal アナフィシャル, インフォーマル
びこうする 尾行する bikousuru	**seguire, pedinare** セグィーレ, ペディナーレ	follow ファロウ
ひごうほうの 非合法の higouhouno	**illegale** イッレガーレ	illegal イリーガル
ひこく 被告 hikoku	**imputato(-a)** *m.* (*f.*) インプタート(-タ)	defendant, (the) accused ディフェンダント, (ズィ) アキューズド
ひこようしゃ 被雇用者 hikoyousha	**dipendente** *m.f.* ディペンデンテ	employee インプロイイー
ひごろ 日頃 higoro	**di solito, sempre** ディ ソーリト, センプレ	usually, always ユージュアリ, オールウェイズ

日	伊	英
ひざ 膝 hiza	**ginocchio** *m.* ジノッキオ	knee, lap ニー, ラプ
ビザ biza	**visto** *m.* ヴィスト	visa ヴィーザ
ひさいしゃ 被災者 hisaisha	**vittima** *f.* ヴィッティマ	victim, sufferer ヴィクティム, サファラ
ひさいする 被災する （地震で） hisaisuru	**(essere) terremotato(-a)** (エッセレ) テッレモタート(-タ)	suffer from an earthquake サファー フラム アン アースクウェイク
ひさいち 被災地 （地震の） hisaichi	**zona terremotata** *f.* ゾーナ テッレモタータ	disaster-stricken area ディザスターストリクン エアリア
ひさし 庇 （建物の） hisashi	**gronda** *f.* グロンダ	eaves イーヴズ
（帽子の）	**visiera** *f.* ヴィズィエーラ	visor ヴァイザ
ひざし 日差し hizashi	**luce del sole** *f.* ルーチェ デル ソーレ	sunlight サンライト
ひさしぶりに 久し振りに hisashiburini	**dopo lungo tempo** ドーポ ルンゴ テンポ	after a long time アフタ ア ローング タイム
ひざまずく ひざまずく hizamazuku	**inginocchiarsi** インジノッキアルスィ	kneel down ニール ダウン
ひさんな 悲惨な hisanna	**miserabile** ミゼラービレ	miserable, wretched ミゼラブル, レチド
ひじ 肘 hiji	**gomito** *m.* ゴーミト	elbow エルボウ
ひしがた 菱形 hishigata	**rombo** *m.* ロンボ	rhombus, diamond shape, lozenge ランバス, ダイアモンド シェイプ, ラズィンヂ
びじねす ビジネス bijinesu	**affari** *m.pl.* アッファーリ	business ビズネス

日	伊	英
〜マン	**uomo d'affari** *m.* ウオーモ ダッファーリ	businessman ビズネスマン
ひじゅう **比重** hijuu	**peso specifico** *m.* ペーゾ スペチーフィコ	specific gravity スピスィフィク グラヴィティ
びじゅつ **美術** bijutsu	**arte** *f.*, **belle arti** *f.pl.* アルテ, ベッレ アルティ	art, fine arts アート, ファイン アーツ
〜館	**museo d'arte** *m.* ムゼーオ ダルテ	art museum アート ミューズィアム
ひじゅんする **批准する** hijunsuru	**ratificare** ラティフィカーレ	ratify ラティファイ
ひしょ **秘書** hisho	**segretario(-a)** *m.* (*f.*) セグレターリオ(-ア)	secretary セクレテリ
ひじょう **非常** hijou	**emergenza** *f.* エメルジェンツァ	emergency イマージェンスィ
ひじょうかいだん **非常階段** hijoukaidan	**scala antincendio** *f.* スカーラ アンティンチェンディオ	emergency staircase イマージェンスィ ステアケイス
ひじょうきんの **非常勤の** hijoukinno	**a tempo parziale** ア テンポ パルツィアーレ	part-time パートタイム
ひじょうぐち **非常口** hijouguchi	**uscita di sicurezza** *f.* ウシータ ディ スィクレッツァ	emergency exit イマージェンスィ エグズィト
ひじょうしきな **非常識な** hijoushikina	**assurdo(-a)** アッスルド(-ダ)	absurd, unreasonable アブサード, アンリーズナブル
ひじょうな **非常な** hijouna	**insolito(-a)** インソーリト(-タ)	unusual アニュージュアル
ひじょうな **非情な** hijouna	**crudele** クルデーレ	heartless ハートレス
ひじょうに **非常に** hijouni	**molto** モルト	very, unusually ヴェリ, アニュージュアリ

625

日	伊	英
ひしょち **避暑地** hishochi	**località di villeggiatura estiva** *f.*, **villaggio vacanze** *m.* ロカリ**タ** ディ ヴィッレッジャ**トゥ**ーラ エス**ティ**ーヴァ, ヴィッ**ラ**ッジョ ヴァ**カ**ンツェ	summer resort **サ**マ リ**ゾ**ート
びじん **美人** bijin	**donna bella** *f.*, **bellezza** *f.* **ド**ンナ **ベ**ッラ, ベッ**レ**ッツァ	beauty **ビュ**ーティ
ひすてりっくな **ヒステリックな** hisuterikkuna	**isterico(-a)** イス**テ**ーリコ(-カ)	hysterical ヒス**テ**リカル
ぴすとる **ピストル** pisutoru	**pistola** *f.* ピス**ト**ーラ	pistol **ピ**ストル
ぴすとん **ピストン** pisuton	**pistone** *m.* ピス**ト**ーネ	piston **ピ**ストン
ひずむ **歪む** hizumu	**deformarsi, storcersi** デフォル**マ**ルスィ, ス**ト**ルチェルスィ	(be) warped (ビ) **ウォ**ープト
びせいぶつ **微生物** biseibutsu	**microrganismo** *m.* ミクロル**ガ**ニズモ	microbe, microorganism **マ**イクロウブ, マイクロウ**オ**ーガニズム
ひそ **砒素** hiso	**arsenico** *m.* アル**セ**ーニコ	arsenic **ア**ースニク
ひぞう **脾臓** hizou	**milza** *f.* **ミ**ルツァ	spleen ス**プ**リーン
ひそかな **密かな** hisokana	**segreto(-a)** セグ**レ**ート(-タ)	secret, private ス**ィ**ークレト, プ**ラ**イヴェト
ひだ **ひだ** hida	**piega** *f.* ピ**エ**ーガ	fold **フォ**ウルド
ひたい **額** hitai	**fronte** *f.* フ**ロ**ンテ	forehead **フォ**ーレド
ひたす **浸す** hitasu	**immergere** *in*, **inzuppare** *in* イン**メ**ルジェレ イン, インズッ**パ**ーレ イン	soak in, dip in **ソ**ウク イン, **ディ**プ イン

ひ

日	伊	英
びたみん **ビタミン** bitamin	**vitamina** *f.* ヴィタミーナ	vitamin **ヴァ**イタミン
ひだり **左** hidari	**sinistra** *f.* スィニストラ	left **レ**フト
ひだりがわ **左側** hidarigawa	**parte sinistra** *f.* パルテ スィニストラ	left side **レ**フト **サ**イド
ひつうな **悲痛な** hitsuuna	**doloroso(-a)** ドロローゾ(-ザ)	grievous, sorrow-ful グ**リ**ーヴァス, **サ**ロウフル
ひっかかる **引っ掛かる** hikkakaru	**incastrarsi** *in* インカスト**ラ**ルスィ イン	get caught in **ゲ**ト **コ**ート イン
ひっかく **引っ掻く** hikkaku	**grattare** グラッ**タ**ーレ	scratch スク**ラ**チ
ひっかける **引っ掛ける** hikkakeru	**appendere** アッ**ペ**ンデレ	hang **ハ**ング
ひっきしけん **筆記試験** hikkishiken	**esame scritto** *m.* エ**ザ**ーメ スク**リ**ット	written examina-tion **リ**トン イグ**ザ**ミ**ネ**イション
ひっくりかえす **ひっくり返す** hikkurikaesu	**rovesciare** ロヴェ**シャ**ーレ	knock over, over-turn **ナ**ク **オ**ウヴァ, **オ**ウヴァ**タ**ーン
ひっくりかえる **ひっくり返る** (倒れる) hikkurikaeru	**cadere** カ**デ**ーレ	fall over **フォ**ール **オ**ウヴァ
(さかさまになる)	**rovesciarsi** ロヴェ**シャ**ルスィ	flip over, overturn フ**リ**プ **オ**ウヴァ, **オ**ウヴァ**タ**ーン
びっくりする **びっくりする** bikkurisuru	**sorprendersi** ソルプ**レ**ンデルスィ	(be) surprised (ビ) サプ**ラ**イズド
ひづけ **日付** hizuke	**data** *f.* **ダ**ータ	date **デ**イト
ひっこす **引っ越す** hikkosu	**traslocare** トラズロ**カ**ーレ	move, remove **ム**ーヴ, リ**ム**ーヴ

日	伊	英
ひっこむ **引っ込む** hikkomu	**ritirarsi** リティラルスィ	retire リ**タイ**ア
ひっこめる **引っ込める** hikkomeru	**ritirare** リティ**ラ**ーレ	take back **テイ**ク バク
ぴっころ **ピッコロ** pikkoro	**ottavino** *m.* オッタ**ヴィ**ーノ	piccolo **ピ**コロウ
ひつじ **羊** hitsuji	**pecora** *f.* **ペ**ーコラ	sheep **シ**ープ
ひっしの **必死の** hisshino	**disperato(-a)** ディスペ**ラ**ート(·タ)	desperate **デ**スパレト
ひっしゅうの **必修の** hisshuuno	**obbligatorio(-a)** オッブリガ**ト**ーリオ(·ア)	compulsory コン**パ**ルソリ
ひつじゅひん **必需品** hitsujuhin	**necessario** *m.* ネチェッ**サ**ーリオ	necessities ネ**セ**スィティズ
ひっすの **必須の** hissuno	**indispensabile** インディスペン**サ**ービレ	indispensable インディス**ペ**ンサブル
ひったくる **ひったくる** hittakuru	**strappare** ストラッ**パ**ーレ	snatch ス**ナ**チ
ひっちはいく **ヒッチハイク** hicchihaiku	**autostop** *m.* アウトス**ト**プ	hitchhike **ヒ**チハイク
ぴっちゃー **ピッチャー** (水差し) picchaa	**caraffa** *f.* カ**ラ**ッファ	pitcher, ⑧jug **ピ**チャ, **チャ**グ
(投手)	**lanciatore(-trice)** *m.*(*f.*) ランチャ**ト**ーレ(·ト**リ**ーチェ)	pitcher **ピ**チャ
ひってきする **匹敵する** hittekisuru	**(essere) uguale** *a* (**エ**ッセレ) ウ**グァ**ーレ ア	(be) equal to (ビ) **イ**ークワル トゥ
ひっと **ヒット** hitto	**successo** *m.* スッ**チェ**ッソ	hit, success **ヒ**ト, サク**セ**ス

日	伊	英
ひっぱくする **逼迫する** hippakusuru	**avere problemi economici** アヴェーレ プロブレーミ エコノーミチ	(be) under financial difficulties (ビ) アンダ フィナンシャル ディフィカルティズ
ひっぱる **引っ張る** hipparu	**tirare** ティラーレ	stretch ストレチ
ひつよう **必要** hitsuyou	**necessità** *f.* ネチェッスィタ	necessity, need ネセスィティ, ニード
〜な	**necessario(-a)** ネチェッサーリオ(-ア)	necessary ネセセリ
ひていする **否定する** hiteisuru	**negare** ネガーレ	deny ディナイ
びでお **ビデオ** bideo	**video** *m.* ヴィーデオ	video ヴィディオウ
びてきな **美的な** bitekina	**estetico(-a)** エステーティコ(-カ)	esthetic エスセティク
ひでり **日照り** hideri	**siccità** *f.* スィッチタ	drought ドラウト
ひでん **秘伝** hiden	**segreto** *m.* セグレート	secret スィークレト
ひと **人** (1人の人間) hito	**persona** *f.* ペルソーナ	person, one パースン, ワン
(人類)	**umanità** *f.* ウマニタ	mankind マンカインド
(他人)	**altri** *m.pl.* アルトリ	others, other people アザズ, アザ ピープル
ひどい **ひどい** hidoi	**terribile** テッリービレ	cruel, terrible クルエル, テリブル
ひといきで **一息で** hitoikide	**d'un fiato** ドゥン フィアート	in one breath イン ワン ブレス

日	伊	英
ひとがら **人柄** hitogara	**carattere** *m.* カラッテレ	character キャラクタ
ひときれ **一切れ** hitokire	**(un) pezzo** *di m.* (ウン) ペッツォ ディ	(a) piece (of) (ア) ピース (オヴ)
びとく **美徳** bitoku	**virtù** *f.* ヴィルトゥ	virtue ヴァーチュー
ひとくち **一口** hitokuchi	**(un) boccone** *m.* (ウン) ボッコーネ	(a) mouthful (ア) マウスフル
ひとごみ **人混み** hitogomi	**folla** *f.* フォッラ	crowd クラウド
ひとさしゆび **人さし指** hitosashiyubi	**indice** *m.* インディチェ	index finger, Ⓑforefinger インデクス フィンガ, フォーフィンガ
ひとしい **等しい** hitoshii	**(essere) uguale** *a* (エッセレ) ウグァーレ ア	(be) equal to (ビ) イークワル トゥ
ひとじち **人質** hitojichi	**ostaggio** *m.* オスタッジョ	hostage ハスティヂ
ひとそろい **一揃い** hitosoroi	**(un) set** *m.* (ウン) セト	(a) set (ア) セト
ひとだかり **人だかり** hitodakari	**folla** *f.* フォッラ	crowd クラウド
ひとで　(他人の力) **人手** hitode	**aiuto** *m.* アユート	help, aid ヘルプ, エイド
(働き手)	**manodopera** *f.* マノドーペラ	hand ハンド
ひとどおりのおおい **人通りの多い** hitodoorinoooi	**frequentato(-a)** フレクェンタート(-タ)	busy, crowded ビズィ, クラウデド
ひとなつこい **人なつこい** hitonatsukoi	**amabile** アマービレ	friendly, amiable フレンドリ, エイミアブル

日	伊	英
ひとなみの **人並みの** hitonamino	**comune** コムーネ	ordinary, average **オ**ーディネリ, **ア**ヴァリヂ
ひとびと **人々** hitobito	**gente** *f.* ジェンテ	people, men **ピ**ープル, **メ**ン
ひとまえで **人前で** hitomaede	**in pubblico** イン **プ**ップリコ	in public イン **パ**ブリク
ひとみ **瞳** hitomi	**pupilla** *f.* プ**ピ**ッラ	pupil **ピュ**ーピル
ひとみしりする **人見知りする** hitomishirisuru	**(essere) schivo(-a)** (**エ**ッセレ) ス**キ**ーヴォ(-ヴァ)	(be) shy, (be) wary of strangers (ビ) **シャ**イ, (ビ) **ウェ**アリ オヴ スト**レ**インヂャズ
ひとめで **一目で** hitomede	**a prima vista** ア プ**リ**ーマ **ヴィ**スタ	at a glance アト ア グ**ラ**ンス
ひとやすみ **一休み** hitoyasumi	**riposo** *m.*, **pausa** *f.* リ**ポ**ーゾ, **パ**ウザ	rest, break **レ**スト, ブ**レ**イク
ひとりごとをいう **独り言を言う** hitorigotowoiu	**parlare da solo(-a)** パル**ラ**ーレ ダ **ソ**ーロ(-ラ)	talk to oneself **ト**ーク トゥ
ひとりっこ **一人っ子** hitorikko	**figlio(-a) unico(-a)** *m. (f.)* **フィ**ッリョ(-リャ) **ウ**ーニコ(-カ)	only child **オ**ウンリ **チャ**イルド
ひとりで **一人で** hitoride	**da solo(-a)** ダ **ソ**ーロ(-ラ)	alone, by oneself ア**ロ**ウン, バイ
ひとりぼっちで **独りぼっちで** hitoribocchide	**solo(-a)** **ソ**ーロ(-ラ)	alone ア**ロ**ウン
ひとりよがり **独り善がり** hitoriyogari	**autocompiacimento** *m.* アウトコンピアチ**メ**ント	self-satisfaction **セ**ルフサティス**ファ**クション
ひな **雛** hina	**pulcino** *m.* プル**チ**ーノ	chick **チ**ク
ひなたで **日向で** hinatade	**al sole** アル **ソ**ーレ	in the sun イン ザ **サ**ン

日	伊	英
ひなんけいろ **避難経路** hinankeiro	**via di fuga** *f.*, **via di esodo** *f.* ヴィーア ディ フーガ, ヴィーア ディ エゾド	evacuation route イヴァキュエイション ルート
ひなんじょ **避難所** hinanjo	**rifugio** *m.* リフージョ	shelter シェルタ
ひなんする **避難する** hinansuru	**rifugiarsi** *in* リフジャルスィ イン	take refuge テイク レフューヂ
ひなんする **非難する** hinansuru	**dare la colpa** *a*, **accusare** ダーレ ラ コルパ ア, アックザーレ	blame, accuse ブレイム, アキューズ
ひなんをあびる **非難を浴びる** hinanwoabiru	**(essere) accusato(-a)** *di* (エッセレ) アックザート(-タ) ディ	(be) accused of (ビ) アキューズド オヴ
びにーる **ビニール** biniiru	**plastica** *f.* プラスティカ	vinyl ヴァイニル
～ハウス	**serra** *f.* セッラ	(PVC) greenhouse (ピーヴィースィー) グリーンハウス
～袋	**sacchetto di plastica** *m.* サッケット ディ プラスティカ	plastic bag プラスティク バグ
ひにく **皮肉** hiniku	**sarcasmo** *m.*, **ironia** *f.* サルカズモ, イロニーア	sarcasm, irony サーキャズム, アイアロニ
～な	**sarcastico(-a)**, **ironico(-a)** サルカスティコ(-カ), イローニコ(-カ)	sarcastic, ironic サーキャスティク, アイラニク
ひにょうき **泌尿器** hinyouki	**apparato urinario** *m.* アッパラート ウリナーリオ	urinary organs ユアリネリ オーガンズ
ひにん **避妊** hinin	**contraccezione** *f.* コントラッチェツィオーネ	contraception カントラセプション
ひにんする **否認する** hininsuru	**negare** ネガーレ	deny ディナイ
びねつ **微熱** binetsu	**febbre leggera** *f.* フェッブレ レッジェーラ	slight fever スライト フィーヴァ

日	伊	英
ひねる **捻る** hineru	**torcere** トルチェレ	twist, twirl トゥィスト, トワール
ひのいり **日の入り** hinoiri	**tramonto** *m.* トラモント	sunset サンセト
ひので **日の出** hinode	**alba** *f.* アルバ	sunrise サンライズ
ひばな **火花** hibana	**scintilla** *f.* シンティッラ	spark スパーク
ひばり **雲雀** hibari	**allodola** *f.* アッロードラ	lark ラーク
ひはん **批判** hihan	**critica** *f.* クリーティカ	criticism クリティスィズム
～する	**criticare** クリティカーレ	criticize クリティサイズ
ひばん **非番** hiban	**fuori servizio** フオーリ セルヴィーツィオ	off duty オーフ デューティ
ひび **ひび** (割れ目) hibi	**screpolatura** *f.* スクレポラトゥーラ	crack クラク
(皮膚のひび割れ)	**screpolatura** *f.*, **spaccatura** *f.* スクレポラトゥーラ, スパッカトゥーラ	chap, crack チャプ, クラク
ひびき **響き** hibiki	**suono** *m.* スオーノ	sound サウンド
ひびく **響く** hibiku	**suonare, risuonare** スオナーレ, リスオナーレ	sound, resound サウンド, リザウンド
ひひょう **批評** hihyou	**critica** *f.* クリーティカ	criticism, review クリティスィズム, リヴュー
～する	**criticare, redigere una critica** クリティカーレ, レディージェレ ウナ クリーティカ	criticise, review クリティサイズ, リヴュー

日	伊	英
ひふ **皮膚** hifu	**pelle** *f.* ペッレ	skin スキン
〜科	**dermatologia** *f.* デルマトロジーア	dermatology デーマ**タ**ロディ
びぶん **微分** bibun	**(calcolo) differenziale** *m.* (**カ**ルコロ) ディッフェレンツィ**アー**レ	differential (calculus) ディファ**レン**シャル (**キャ**ルキュラス)
ひぼうする **誹謗する** hibousuru	**calunniare** カルンニ**アー**レ	slander ス**ラ**ンダ
ひぼんな **非凡な** hibonna	**eccezionale** エッチェツィオ**ナー**レ	exceptional イク**セ**プショナル
ひま **暇** hima	**tempo libero** *m.* **テ**ンポ **リ**ーベロ	leisure, spare time **リー**ジャ, スペア **タ**イム
〜な	**libero(-a)** **リ**ーベロ(-ラ)	free, not busy フ**リ**ー, ナト **ビ**ズィ
ひまご **曾孫** himago	**pronipote** *m.f.* プロニ**ポ**ーテ	great-grandchild グレイト**グラ**ンチャイルド
ひまん **肥満** himan	**obesità** *f.* オベズィ**タ**	obesity オウ**ビ**ースィティ
ひみつ **秘密** himitsu	**segreto** *m.* セグ**レ**ート	secret **スィ**ークレト
〜の	**segreto(-a)** セグ**レ**ート(-タ)	secret **スィ**ークレト
びみょうな **微妙な** bimyouna	**delicato(-a), sottile** デリ**カ**ート(-タ), ソッ**ティ**ーレ	subtle, delicate **サ**トル, **デ**リケト
ひめい **悲鳴** himei	**urlo** *m.* **ウ**ルロ	scream, shriek スク**リ**ーム, シュ**リ**ーク
〜を上げる	**urlare** ウル**ラ**ーレ	scream, shriek スク**リ**ーム, シュ**リ**ーク

日	伊	英
ひめんする **罷免する** himensuru	**licenziare, destituire** リチェンツィアーレ, デスティトゥイーレ	dismiss ディスミス
ひも **紐** himo	**laccio** *m.* ラッチョ	string, cord ストリング, コード
ひもと **火元** himoto	**origine di un incendio** *f.* オリージネ ディ ウニンチェンディオ	origin of a fire オリヂン オヴ ア ファイア
ひやかす **冷やかす** hiyakasu	**prendere in giro** プレンデレ イン ジーロ	banter, tease バンタ, ティーズ
ひゃく **百** hyaku	**cento, centinaio** *m.* チェント, チェンティナイオ	hundred ハンドレド
ひやくする **飛躍する** hiyakusuru	**saltare** サルターレ	leap, jump リープ, ヂャンプ
ひゃくまん **百万** hyakuman	**milione** *m.* ミリオーネ	million ミリオン
びゃくや **白夜** byakuya	**sole di mezzanotte** *m.* ソーレ ディ メッザノッテ	midnight sun ミドナイト サン
ひやけ **日焼け** hiyake	**abbronzatura** *f.* アッブロンザトゥーラ	suntan サンタン
～する	**abbronzarsi** アッブロンザルスィ	(get) suntanned, get a suntan (ゲト) サンタンド, ゲト ア サンタン
～止め	**protezione solare** *f.* プロテツィオーネ ソラーレ	sunscreen サンスクリーン
ひやす **冷やす** hiyasu	**raffreddare** ラッフレッダーレ	cool, ice クール, アイス
ひゃっかじてん **百科事典** hyakkajiten	**enciclopedia** *f.* エンチクロペディーア	encyclopedia インサイクロウピーディア
ひややかな **冷ややかな** hiyayakana	**freddo(-*a*), indifferente** フレッド(-ダ), インディッフェレンテ	cold, indifferent コウルド, インディファレント

日	伊	英
比喩 (ひゆ) hiyu	**modo di dire** *m.*, **figura retorica** *f.* モード ディ ディーレ, フィグーラ レトーリカ	figure of speech フィギャ オヴ スピーチ
〜的な	**figurato(-a)** フィグラート(-タ)	figurative フィギュラティヴ
（暗喩）	**metafora** *f.* メターフォラ	metaphor メタフォー
ヒューズ (ひゅーず) hyuuzu	**fusibile** *m.* フズィービレ	fuse フューズ
ヒューマニズム (ひゅーまにずむ) hyuumanizumu	**umanitarismo** *m.* ウマニタリズモ	humanism ヒューマニズム
ビュッフェ (びゅっふぇ) byuffe	**buffet** *m.* ブッフェ	buffet ブフェイ
票 (ひょう) hyou	**voto** *m.* ヴォート	vote ヴォウト
表 (ひょう) hyou	**tabella** *f.*, **grafico** *m.* タベッラ, グラーフィコ	table, diagram テイブル, ダイアグラム
雹 (ひょう) hyou	**grandine** *f.* グランディネ	hail ヘイル
費用 (ひよう) hiyou	**costo** *m.* コスト	cost コスト
秒 (びょう) byou	**secondo** *m.* セコンド	second セコンド
美容 (びよう) biyou	**trattamento di bellezza** *m.* トラッタメント ディ ベッレッツァ	beauty treatment ビューティ トリートメント
〜院	**salone di bellazza** *m.* サローネ ディ ベッレッツァ	beauty salon, hair salon ビューティ サラン, ヘア サラン
〜師	**estetista** *m.f.*, **parrucchiere(-a)** *m.*(*f.*) エステティスタ, パッルッキエーレ(-ラ)	beautician ビューティシャン

日	伊	英
びょういん **病院** byouin	**ospedale** *m.* オスペダーレ	hospital ハスピタル
ひょうか **評価** hyouka	**stima** *f.* スティーマ	assessment, estimation アセスメント, エスティメイション
〜する	**valutare, stimare** ヴァルターレ, スティマーレ	estimate, evaluate エスティメイト, イヴァリュエイト
ひょうが **氷河** hyouga	**ghiacciaio** *m.* ギアッチャイオ	glacier グレイシャ
びょうき **病気** byouki	**malattia** *f.* マラッティーア	illness, disease イルネス, ディズィーズ
〜になる	**ammalarsi** アンマラルスィ	get ill, get sick ゲトイル, ゲトスィク
ひょうきんな **ひょうきんな** hyoukinna	**scherzoso(-a)** スケルツォーゾ(-ザ)	jocular チャキュラ
ひょうけつ **表決** hyouketsu	**voto** *m.* ヴォート	vote ヴォウト
ひょうげん **表現** hyougen	**espressione** *f.* エスプレッスィオーネ	expression イクスプレション
〜する	**esprimere** エスプリーメレ	express イクスプレス
びょうげんきん **病原菌** byougenkin	**germe patogeno** *m.* ジェルメ パトージェノ	disease germ ディズィーズ チャーム
ひょうご **標語** hyougo	**slogan** *m.* ズローガン	slogan スロウガン
ひょうさつ **表札** hyousatsu	**targa (sulla porta)** *f.* タルガ (スッラ ポルタ)	nameplate, Ⓑdoorplate ネイムプレイト, ドープレイト
ひょうざん **氷山** hyouzan	**iceberg** *m.* アイズベルグ	iceberg アイスバーグ

日	伊	英
ひょうし **表紙** hyoushi	**copertina** *f.* コペルティーナ	cover カヴァ
ひょうじ **表示** hyouji	**indicazione** *f.* インディカツィオーネ	indication インディケイション
ひょうしき **標識** hyoushiki	**segnale** *m.* セニャーレ	sign, mark サイン, マーク
びょうしつ **病室** byoushitsu	**camera di ospedale** *f.* カーメラ ディ オスペダーレ	hospital room ハスピトル ルーム
びょうしゃ **描写** byousha	**descrizione** *f.* デスクリツィオーネ	description ディスクリプション
〜する	**descrivere** デスクリーヴェレ	describe ディスクライブ
びょうじゃくな **病弱な** byoujakuna	**malaticcio(-a)** マラティッチョ(-チャ)	sickly スィクリ
ひょうじゅん **標準** hyoujun	**standard** *m.* スタンダルド	standard スタンダド
〜語	**lingua standard** *f.* リングァ スタンダルド	standard language スタンダド ラングウィヂ
〜的な	**standard, normale** スタンダルド, ノルマーレ	standard, normal スタンダド, ノーマル
ひょうじょう **表情** hyoujou	**espressione** *f.* エスプレッスィオーネ	(facial) expression (フェイシャル) イクスプレション
びょうじょう **病状** byoujou	**condizioni** *f.pl.* コンディツィオーニ	condition コンディション
ひょうしょうする **表彰する** hyoushousuru	**premiare, lodare** プレミアーレ, ロダーレ	commend, honor コメンド, アナ
ひょうてき **標的** hyouteki	**bersaglio** *m.* ベルサッリョ	target ターゲト
びょうてきな **病的な** byoutekina	**morboso(-a)** モルボーゾ(-ザ)	morbid, sick モービド, スィク

日	伊	英
ひょうてん **氷点** hyouten	**punto di congelamento** *m.* プント ディ コンジェラメント	freezing point フリーズィング ポイント
びょうどう **平等** byoudou	**uguaglianza** *f.* ウグァッリァンツァ	equality イク**ワ**リティ
～の	**uguale, equo(-a)** ウグァーレ, エークォ(-クァ)	equal **イー**クワル
びょうにん **病人** byounin	**malato(-a)** *m.* (*f.*) マラート(-タ)	sick person, patient ス**ィ**ク パースン, ペイシェント
ひょうはく **漂白** hyouhaku	**candeggio** *m.* カンデッジョ	bleaching ブリーチング
～剤	**candeggina** *f.* カンデッジーナ	bleach, bleaching agent ブリーチ, ブリーチング エイジェント
～する	**candeggiare** カンデッジャーレ	bleach ブリーチ
ひょうばん **評判** hyouban	**reputazione** *f.* レプタツィオーネ	reputation レピュ**テ**イション
ひょうほん **標本** hyouhon	**campione** *m.* カンピオーネ	specimen, sample ス**ペ**スィメン, **サ**ンプル
ひょうめい **表明** hyoumei	**manifestazione** *f.* マニフェスタツィオーネ	manifestation マニフェス**テ**イション
～する	**manifestare** マニフェス**タ**ーレ	manifest **マ**ニフェスト
ひょうめん **表面** hyoumen	**superficie** *f.* スペル**フィ**ーチェ	surface **サ**ーフェス
～張力	**tensione superficiale** *f.* テンスィ**オ**ーネ スペルフィ**チャ**ーレ	surface tension **サ**ーフィス **テ**ンション
びょうりがく **病理学** byourigaku	**patologia** *f.* パトロ**ジ**ーア	pathology パ**サ**ロディ

日	伊	英
ひょうりゅうする **漂流する** hyouryuusuru	**andare alla deriva** アンダーレ アッラ デリーヴァ	drift ドリフト
ひょうろん **評論** hyouron	**recensione** *f.* レチェンスィオーネ	critique, review クリティーク, リヴュー
〜家	**critico(-a)** *m.* (*f.*) クリーティコ(-カ)	critic, reviewer クリティク, リヴューア
ひよくな **肥沃な** hiyokuna	**fertile** フェルティレ	fertile ファートル
ひよけ **日除け** hiyoke	**parasole** *m.* パラソーレ	sunshade サンシェイド
ひよこ **ひよこ** hiyoko	**pulcino** *m.* プルチーノ	chick チク
ひらおよぎ **平泳ぎ** hiraoyogi	**nuoto a rana** *m.* ヌオート ア ラーナ	breaststroke ブレストストロウク
ひらく **開く** (開ける) hiraku	**aprire** アプリーレ	open オウプン
(開始する)	**aprire, iniziare** アプリーレ, イニツィアーレ	open, start オウプン, スタート
ひらける **開ける** (開化した) hirakeru	**civilizzarsi** チヴィリッザルスィ	(be) civilized (ビ) スィヴィライズド
(広がる)	**aprirsi** アプリルスィ	spread, open スプレド, オウプン
(発展する)	**svilupparsi** ズヴィルッパルスィ	develop ディヴェロプ
ひらめ **平目** hirame	**rombo** *m.* ロンボ	flounder, flatfish フラウンダ, フラトフィシュ
ひらめく **閃く** hirameku	**luccicare** ルッチカーレ	flash, gleam フラシュ, グリーム

日	伊	英
ひりつ **比率** hiritsu	**rapporto** *m.*, **proporzione** *f.* ラッポルト, プロポルツィオーネ	ratio レイショウ
びりやーど **ビリヤード** biriyaado	**biliardo** *m.* ビリアルド	billiards ビリアヅ
ひりょう **肥料** hiryou	**fertilizzante** *m.* フェルティリッザンテ	fertilizer, manure ファーティライザ, マニュア
ひる **昼** hiru	**mezzogiorno** *m.* メッゾジョルノ	noon ヌーン
ぴる **ピル** piru	**pillola** *f.* ピッロラ	pill, oral contraceptive ピル, オーラル カントラセプティヴ
ひるがえる **翻る** hirugaeru	**sventolare, ondeggiare** ズヴェントラーレ, オンデッジャーレ	flutter フラタ
ひるごはん **昼御飯** hirugohan	**pranzo** *m.* プランゾ	lunch ランチ
びるでぃんぐ **ビルディング** birudingu	**edificio** *m.* エディフィーチョ	building ビルディング
ひるね **昼寝** hirune	**pisolino** *m.* ピゾリーノ	afternoon nap アフタヌーン ナプ
ひるま **昼間** hiruma	**giorno** *m.*, **giornata** *f.* ジョルノ, ジョルナータ	daytime デイタイム
ひるやすみ **昼休み** hiruyasumi	**pausa pranzo** *f.* パウザ プランゾ	lunch break, noon recess ランチ ブレイク, ヌーン リセス
ひれいする **比例する** hireisuru	**(essere) proporzionato(-a)** *a* (エッセレ) プロポルツィオナート(-タ) ア	(be) in proportion to (ビ) イン プロポーション トゥ
ひれつな **卑劣な** hiretsuna	**spregevole** スプレジェーヴォレ	despicable, sneaky デスピカブル, スニーキ
ひれにく **ヒレ肉** hireniku	**filetto** *m.* フィレット	fillet フィレイ

日	伊	英
ひろい **広い** hiroi	**ampio(-*a*)** アンピオ(-ア)	wide, broad ワイド, ブロード
ひろいん **ヒロイン** hiroin	**eroina** *f.* エロイーナ	heroine ヘロウイン
ひろう **拾う** hirou	**raccogliere** ラッコッリェレ	pick up ピク アプ
ひろうえん **披露宴** hirouen	**banchetto nuziale** *m.* バンケット ヌツィアーレ	wedding banquet ウェディング バンクウェト
ひろがる **広がる** hirogaru	**espandersi** エスパンデルスィ	extend, expand イクステンド, イクスパンド
ひろげる **広げる** hirogeru	**ampliare, estendere** アンプリアーレ, エステンデレ	extend, enlarge イクステンド, インラーヂ
ひろさ **広さ** hirosa	**larghezza** *f.* ラルゲッツァ	width ウィドス
ひろば **広場** hiroba	**piazza** *f.* ピアッツァ	open space, plaza オウプン スペイス, プラーザ
ひろま **広間** hiroma	**salone** *m.* サローネ	hall, saloon ホール, サルーン
ひろまる **広まる** hiromaru	**diffondersi** ディッフォンデルスィ	spread, (be) propagated スプレド, (ビ) プラパゲイテド
ひろめる **広める** hiromeru	**diffondere** ディッフォンデレ	spread, propagate スプレド, プラパゲイト
びわ **枇杷** biwa	**nespola del Giappone** *f.* ネスポラ デル ジャッポーネ	loquat ロウクワト
ひん **品** hin	**eleganza** *f.* エレガンツァ	elegance エリガンス
びん **便**　(飛行機の) bin	**volo** *m.* ヴォーロ	flight フライト

日	伊	英
びん 瓶 bin	**bottiglia** *f.* ボッ**ティ**ッリァ	bottle **バ**トル
ぴん ピン pin	**spillo** *m.* ス**ピ**ッロ	pin **ピ**ン
ひんい 品位 hin-i	**dignità** *f.* ディニ**タ**	dignity **ディ**グニティ
びんかんな 敏感な binkanna	**sensibile** *a* センス**ィー**ビレ ア	sensitive, susceptible **セ**ンスィティヴ, サ**セ**プティブル
ぴんく ピンク pinku	**rosa** *m.* ロ—ザ	pink **ピ**ンク
～の	**rosa** ロ—ザ	pink **ピ**ンク
ひんけつ 貧血 hinketsu	**anemia** *f.* アネ**ミー**ア	anemia ア**ニー**ミア
ひんこん 貧困 hinkon	**povertà** *f.* ポヴェル**タ**	poverty **パ**ヴァティ
ひんし 品詞 hinshi	**parte del discorso** *f.* **パ**ルテ デル ディス**コ**ルソ	part of speech **パ**ート オヴ ス**ピ**ーチ
ひんしつ 品質 hinshitsu	**qualità** *f.* クァリ**タ**	quality ク**ヮ**リティ
ひんしの 瀕死の hinshino	**morente, moribondo(-a)** モ**レ**ンテ, モリ**ボ**ンド(-ダ)	dying **ダ**イイング
ひんじゃくな 貧弱な hinjakuna	**smunto(-a)** ズ**ム**ント(-タ)	poor, meager, feeble **プ**ア, **ミー**ガ, **フィー**ブル
ひんしゅ 品種 hinshu	**tipo** *m.*, **specie** *f.* **ティ**ーポ, ス**ペー**チェ	variety, breed ヴァ**ラ**イエティ, ブ**リ**ード
びんしょうな 敏捷な binshouna	**agile** **アー**ジレ	agile **ア**ヂル

日	伊	英
ピンチ pinchi	situazione critica *f.* スィトゥアツィオーネ クリーティカ	pinch, dire situation ピンチ, ダイア スィチュエイション
ビンテージ binteeji	vintage *m.* ヴィンテジ	vintage ヴィンティヂ
ヒント hinto	accenno *m.*, suggerimento *m.* アッチェンノ, スッジェリメント	hint ヒント
頻度 hindo	frequenza *f.* フレクェンツァ	frequency フリークウェンスィ
ピント pinto	fuoco *m.* フオーコ	focus フォウカス
ピンはね pinhane	tangente *f.* タンジェンテ	kickback, cut キクバク, カト
頻繁な hinpanna	frequente フレクェンテ	frequent フリークウェント
頻繁に hinpanni	frequentemente フレクェンテメンテ	frequently フリークウェントリ
貧乏 binbou	povertà *f.* ポヴェルタ	poverty パヴァティ
〜な	povero(*-a*) ポーヴェロ(-ラ)	poor プア

ふ, フ

日	伊	英
部 (部数) bu	copia *f.* コーピア	copy カピ
(部署)	sezione *f.* セツィオーネ	section セクション
歩合 buai	percentuale *f.* ペルチェントゥアーレ	rate, percentage レイト, パセンティヂ

日	伊	英
ぶあいそうな **無愛想な** buaisouna	**poco socievole** ポーコ ソチェーヴォレ	unsociable アンソウシャブル
ふぁいる **ファイル** fairu	**cartella** *f.* カルテッラ	file **ファイル**
ふぁいんだー **ファインダー** faindaa	**mirino** *m.* ミリーノ	viewfinder **ヴュ**ーファインダ
ふぁいんぷれー **ファインプレー** fainpuree	**bel gioco** *m.* ベル ジョーコ	fine play **ファイン** プレイ
ふぁうる **ファウル** fauru	**fallo** *m.* ファッロ	foul **ファ**ウル
ふぁしずむ **ファシズム** fashizumu	**fascismo** *m.* ファシズモ	fascism **ファ**シズム
ふぁすとふーど **ファストフード** fasutofuudo	**fast food** *m.* ファストフド	fast food **ファ**スト フード
ふぁすなー **ファスナー** fasunaa	**cerniera lampo** *f.* チェルニエーラ ランポ	fastener, zipper **ファ**スナ, **ズィ**パ
ぶあつい **分厚い** buatsui	**spesso(-a)** スペッソ(-サ)	thick **スィ**ク
ふぁっくす **ファックス** fakkusu	**fax** *m.* ファクス	fax **ファ**クス
ふぁっしょん **ファッション** fasshon	**moda** *f.* モーダ	fashion **ファ**ション
ふぁん **ファン** fan	**appassionato(-a)** *m. (f.)* アッパッスィオナート(-タ)	fan **ファ**ン
ふあん **不安** fuan	**inquietudine** *f.* インクィエトゥーディネ	uneasiness ア**ニ**ーズィネス
～な	**inquieto(-a), preoccupato(-a)** インクィエート(-タ), プレオックパート(-タ)	uneasy, anxious ア**ニ**ーズィ, **ア**ンクシャス

日	伊	英
ふあんていな **不安定な** fuanteina	**instabile** インスタービレ	unstable アンス**テ**イブル
ふぁんでーしょん **ファンデーション** fandeeshon	**fondotinta** *m.* フォンド**ティ**ンタ	foundation ファウン**デ**イション
ふぃーと **フィート** fiito	**piede** *m.* ピ**エ**ーデ	feet **フ**ィート
ふぃーりんぐ **フィーリング** fiiringu	**sentimento** *m.* センティ**メ**ント	feeling **フ**ィーリング
ふぃーるど **フィールド** fiirudo	**campo** *m.* **カ**ンポ	field **フ**ィールド
～ワーク	**ricerca sul campo** *f.* リ**チェ**ルカ スル **カ**ンポ	fieldwork **フ**ィールドワーク
ふぃぎゅあすけーと **フィギュアスケート** figyuasukeeto	**pattinaggio artistico** *m.* パッティ**ナ**ッジョ アル**ティ**スティコ	figure skating **フ**ィギャ ス**ケ**イティング
ふぃくしょん **フィクション** fikushon	**finzione** *f.* フィンツィ**オ**ーネ	fiction **フ**ィクション
ふいちょうする **吹聴する** fuichousuru	**strombazzare** ストロンバッ**ツァ**ーレ	announce, trumpet ア**ナ**ウンス, ト**ラ**ンペト
ふいっち **不一致** fuicchi	**disaccordo** *m.* ディザッ**コ**ルド	disagreement ディサグ**リ**ーメント
ふぃっとねすくらぶ **フィットネスクラブ** fittonesukurabu	**palestra** *f.*, **centro benessere** *m.* パ**レ**ストラ, **チェ**ントロ ベ**ネ**ッセレ	fitness center **フ**ィトネス **セ**ンタ
ふいの **不意の** fuino	**imprevisto(-a), improvviso(-a)** インプレ**ヴィ**スト(-タ), インプロッ**ヴィ**ーゾ(-ザ)	sudden, unexpected **サ**ドン, アニクス**ペ**クテド
ふぃりぴん **フィリピン** firipin	**Filippine** *f.pl.* フィリッ**ピ**ーネ	Philippines **フ**ィリピーンズ
ふぃるたー **フィルター** firutaa	**filtro** *m.* **フ**ィルトロ	filter **フ**ィルタ

日	伊	英
ふぃるむ **フィルム** firumu	**pellicola** *f.* ペッリーコラ	film **フィ**ルム
ふぃんらんど **フィンランド** finrando	**Finlandia** *f.* フィンランディア	Finland **フィ**ンランド
ふうあつ **風圧** fuuatsu	**pressione del vento** *f.* プレッスィ**オー**ネ デル **ヴェ**ント	wind pressure **ウィ**ンド プ**レ**シャ
ふうかする **風化する** fuukasuru	**deteriorarsi** デテリオ**ラ**ルスィ	weather, fade with time **ウェ**ザ, **フェ**イド ウィズ **タ**イム
ふうき **風紀** fuuki	**disciplina** *f.* ディシプ**リー**ナ	discipline **ディ**スィプリン
ぶーけ **ブーケ** buuke	**bouquet** *m.* ブ**ケ**	bouquet ブー**ケ**イ
ふうけい **風景** fuukei	**paesaggio** *m.* パエ**ザ**ッジョ	scenery ス**ィー**ナリ
～画	**paesaggio** *m.* パエ**ザ**ッジョ	landscape **ラ**ンドスケイプ
ふうさする **封鎖する** fuusasuru	**bloccare** ブロッ**カー**レ	blockade ブラ**ケ**イド
ふうし **風刺** fuushi	**satira** *f.* **サー**ティラ	satire **サ**タイア
ふうしゃ **風車** fuusha	**mulino a vento** *m.* ム**リー**ノ ア **ヴェ**ント	windmill **ウィ**ンドミル
ふうしゅう **風習** fuushuu	**costumi** *m.pl.* コス**トゥー**ミ	customs **カ**スタムズ
ふうしん **風疹** fuushin	**rosolia** *f.* ロゾ**リー**ア	rubella ルー**ベ**ラ
ふうせん **風船** fuusen	**palloncino** *m.* パッロン**チー**ノ	balloon バ**ルー**ン

日	伊	英
ふうそく **風速** fuusoku	**velocità del vento** *f.* ヴェロチタ デル ヴェント	wind velocity **ウィ**ンド ヴェラ**スィ**ティ
ふうぞく **風俗** fuuzoku	**costumi** *m.pl.* コストゥーミ	manners, customs **マ**ナズ, **カ**スタムズ
ふうちょう **風潮** fuuchou	**tendenza** *f.* テン**デ**ンツァ	trend ト**レ**ンド
ぶーつ **ブーツ** buutsu	**stivali** *m.pl.* スティ**ヴァ**ーリ	boots **ブ**ーツ
ふうど **風土** fuudo	**clima** *m.* ク**リ**ーマ	climate ク**ラ**イメト
ふうとう **封筒** fuutou	**busta** *f.* **ブ**スタ	envelope **エ**ンヴェロウプ
ふうふ **夫婦** fuufu	**coniugi** *m.pl.* コー**ニ**ウジ	married couple, spouses **マ**リド **カ**プル, ス**パ**ウセズ
ふうみ **風味** fuumi	**sapore** *m.*, **gusto** *m.* サ**ポ**ーレ, **グ**スト	flavor, taste, Ⓑflavour フ**レ**イヴァ, **テ**イスト, フ**レ**イヴァ
ぶーむ **ブーム** buumu	**boom** *m.* **ブ**ム	boom, fad **ブ**ーム, **ファ**ド
ふうりょく **風力** fuuryoku	**forza del vento** *f.* **フォ**ルツァ デル **ヴェ**ント	wind power **ウィ**ンド **パ**ウア
ぷーる **プール** puuru	**piscina** *f.* ピ**シ**ーナ	swimming pool ス**ウィ**ミング **プ**ール
ふうんな **不運な** fuunna	**sfortunato(-a)** スフォルトゥ**ナ**ート(-タ)	unlucky ア**ン**ラキ
ふえ **笛** fue	**flauto** *m.* フ**ラ**ウト	whistle (ホ)**ウィ**スル
ふぇいんと **フェイント** feinto	**finta** *f.* **フィ**ンタ	feint **フェ**イント

日	伊	英
ふぇーんげんしょう **フェーン現象** feengenshou	**effetto föhn** *m.* エッ**フェ**ット **フォ**ン	foehn phenomenon **フェ**イン フィ**ナ**メノン
ふぇすてぃばる **フェスティバル** fesutibaru	**festival** *m.* フェスティ**ヴァ**ル	festival **フェ**スティヴァル
ふぇみにすと **フェミニスト** feminisuto	**femminista** *m.f.* フェン**ミ**ニスタ	feminist **フェ**ミニスト
ふぇみにずむ **フェミニズム** feminizumu	**femminismo** *m.* フェン**ミ**ニズモ	feminism **フェ**ミニズム
ふぇりー **フェリー** ferii	**traghetto** *m.* トラ**ゲ**ット	ferry **フェ**リ
ふえる **増える** fueru	**aumentare** アウメン**タ**ーレ	increase in イン**クリ**ース イン
ふぇんしんぐ **フェンシング** fenshingu	**scherma** *f.* ス**ケ**ルマ	fencing **フェ**ンスィング
ふぇんす **フェンス** fensu	**recinzione** *f.* レチンツィ**オ**ーネ	fence **フェ**ンス
ぶえんりょな **無遠慮な** buenryona	**sfrontato(-a)** スフロン**タ**ート(-タ)	blunt, impudent ブラント, **イ**ンピュデント
ふぉあぐら **フォアグラ** foagura	**foie gras** *m.* フ**ワ** グラ	foie gras フ**ワ**ー グ**ラ**ー
ふぉーく **フォーク** fooku	**forchetta** *f.* フォル**ケ**ッタ	fork **フォ**ーク
ふぉーまっと **フォーマット** foomatto	**formato** *m.* フォル**マ**ート	format **フォ**ーマト
ふぉーむ **フォーム** foomu	**modulo** *m.* **モ**ードゥロ	form **フォ**ーム
ふぉーらむ **フォーラム** fooramu	**forum** *m.* **フォ**ールム	forum **フォ**ーラム

日	伊	英
ふぉるだ **フォルダ** foruda	**cartella** *f.* カルテッラ	folder, directory **フォ**ルダ，ディ**レ**クタリ
ふおんな **不穏な** fuonna	**sinistro(-a)** スィニストロ(-ラ)	threatening ス**レ**トニング
ふか **孵化** fuka	**incubazione** *f.* インクバツィオーネ	incubation インキュ**ペ**イション
ふか **部下** buka	**subordinato(-a)** *m.* (*f.*) スボルディナート(-タ)	subordinate サブ**オー**ディネト
ふかい **深い** fukai	**profondo(-a)** プロフォンド(-ダ)	deep, profound **ディー**プ，プロ**ファ**ウンド
ふかいな **不快な** fukaina	**sgradevole** ズグラデーヴォレ	unpleasant アンプ**レ**ザント
ふかかいな **不可解な** fukakaina	**incomprensibile** インコンプレンスィービレ	incomprehensible インカンプリ**ヘ**ンスィブル
ふかけつな **不可欠な** fukaketsuna	**indispensabile** インディスペンサービレ	indispensable インディス**ペ**ンサブル
ふかさ **深さ** fukasa	**profondità** *f.* プロフォンディタ	depth **デ**プス
ふかのうな **不可能な** fukanouna	**impossibile** インポッスィービレ	impossible イン**パ**スィブル
ふかんぜんな **不完全な** fukanzenna	**imperfetto(-a)** インペルフェット(-タ)	imperfect イン**パー**フィクト
ぶき **武器** buki	**armi** *f.pl.* アルミ	arms, weapon **アー**ムズ，**ウェ**ポン
ふきかえ **吹き替え** fukikae	**doppiaggio** *m.* ドッピアッジョ	dubbing, dubbing audio **ダ**ビング，**ダ**ビング **オー**ディオウ
ふきげんな **不機嫌な** fukigenna	**di cattivo umore** ディ カッティーヴォ ウモーレ	bad-tempered バドテンパド

ふ

日	伊	英
ふきそくな **不規則な** fukisokuna	**irregolare** イッレゴラーレ	irregular イレギュラ
ふきだす **噴き出す** fukidasu	**zampillare** ザンピッラーレ	spout スパウト
(笑い出す)	**scoppiare in una risata** スコッピアーレ イヌナ リザータ	burst out laughing バースト アウト ラフィング
ふきつな **不吉な** fukitsuna	**sinistro(-a)** スィニストロ(-ラ)	ominous アミナス
ふきでもの **吹き出物** fukidemono	**bollicina** *f.* ボッリチーナ	pimple ピンプル
ぶきみな **不気味な** bukimina	**inquietante** インクィエタンテ	weird, uncanny ウィアド, アンキャニ
ふきゅうする **普及する** fukyuusuru	**diffondersi** ディッフォンデルスィ	spread, diffuse スプレド, ディフューズ
ふきょう **不況** fukyou	**recessione** *f.* レチェッスィオーネ	recession, slump リセション, スランプ
ぶきような **不器用な** bukiyouna	**maldestro(-a)** マルデストロ(-ラ)	clumsy, awkward クラムズィ, オークワド
ふきん **付近** fukin	**vicinato** *m.*, **dintorni** *m.pl.* ヴィチナート, ディントルニ	neighborhood ネイバフド
ふきんこう **不均衡** fukinkou	**squilibrio** *m.* スクィリーブリオ	imbalance インバランス
ふく **吹く** (風が) fuku	**soffiare** ソッフィアーレ	blow ブロウ
(ほらを)	**spararle grosse** スパラルレ グロッセ	talk big トーク ビグ
ふく **拭く** fuku	**pulire, asciugare** プリーレ, アシュガーレ	wipe ワイプ
ふく **服** fuku	**abbigliamento** *m.* アッビッリアメント	clothes クロウズ

日	伊	英
ふくえきする **服役する** fukuekisuru	**scontare la pena** スコンターレ ラ ペーナ	serve one's term サーヴ ターム
ふくげんする **復元する** fukugensuru	**restaurare, ricostruire** レスタウラーレ, リコストルイーレ	restore, reconstruct リストー, リーコンストラクト
ふくごう **複合** fukugou	**complesso** *m.* コンプレッソ	complex カンプレクス
ふくざつな **複雑な** fukuzatsuna	**complicato(-*a*)** コンプリカート(-タ)	complicated カンプリケイテド
ふくさよう **副作用** fukusayou	**effetto collaterale** *m.* エッフェット コッラテラーレ	side effect サイド イフェクト
ふくさんぶつ **副産物** fukusanbutsu	**sottoprodotto** *m.* ソットプロドット	by-product バイプロダクト
ふくし **副詞** fukushi	**avverbio** *m.* アッヴェルビオ	adverb アドヴァーブ
ふくし **福祉** fukushi	**benessere** *m.* ベネッセレ	welfare ウェルフェア
ふくしゅう **復讐** fukushuu	**vendetta** *f.*, **rivincita** *f.* ヴェンデッタ, リヴィンチタ	revenge リヴェンヂ
～する	**vendicarsi** *di* ヴェンディカルスィ ディ	revenge on リヴェンヂ オン
ふくしゅう **復習** fukushuu	**ripasso** *m.* リパッソ	review リヴュー
～する	**ripassare** リパッサーレ	review リヴュー
ふくじゅうする **服従する** fukujuusuru	**ubbidire** *a* ウッビディーレ ア	obey, submit to オベイ, サブミト トゥ
ふくすう **複数** fukusuu	**plurale** *m.* プルラーレ	plural プルアラル

日	伊	英
ふくせい **複製** fukusei	**riproduzione** *f.* リプロドゥツィオーネ	reproduction リープロダクション
ふくそう **服装** fukusou	**abbigliamento** *m.* アッビリィアメント	dress, clothes ドレス, クロウズ
ふくだい **副題** fukudai	**sottotitolo** *m.* ソットティートロ	subtitle サブタイトル
ふくつう **腹痛** fukutsuu	**mal di pancia** *m.* マル ディ パンチャ	stomachache スタマケイク
ふくまく **腹膜** fukumaku	**peritoneo** *m.* ペリトネーオ	peritoneum ペリトニーアム
～炎	**peritonite** *f.* ペリトニーテ	peritonitis ペリトナイティス
ふくむ **含む** fukumu	**contenere, comprendere** コンテネーレ, コンプレンデレ	contain, include コンテイン, インクルード
ふくめる **含める** fukumeru	**includere** インクルーデレ	include インクルード
ふくらはぎ **ふくらはぎ** fukurahagi	**polpaccio** *m.* ポルパッチョ	calf キャフ
ふくらます **膨らます** fukuramasu	**gonfiare** ゴンフィアーレ	swell, expand スウェル, イクスパンド
ふくらむ **膨らむ** fukuramu	**gonfiarsi** ゴンフィアルスィ	swell, (get) big スウェル, (ゲト) ビグ
ふくれる **膨れる** fukureru	**gonfiarsi** ゴンフィアルスィ	swell スウェル
ふくろ **袋** fukuro	**sacco** *m.* サッコ	bag, sack バグ, サク
ふくろう **梟** fukurou	**civetta** *f.* チヴェッタ	owl アウル

日	伊	英
ふけいき **不景気** fukeiki	**depressione** *f.*, **recessione** *f.* デプレッスィオーネ, レチェッスィオーネ	depression ディプレション
ふけいざいな **不経済な** fukeizaina	**antieconomico(-a)**, **dispendioso(-a)** アンティエコノーミコ(-カ), ディスペンディオーゾ(-ザ)	uneconomical アニーコナミカル
ふけつな **不潔な** fuketsuna	**sporco(-a)** スポルコ(-カ)	unclean, dirty アンクリーン, ダーティ
ふける **老ける** fukeru	**invecchiare** インヴェッキアーレ	grow old グロウ オウルド
ふこう **不幸** fukou	**infelicità** *f.*, **sfortuna** *f.* インフェリチタ, スフォルトゥーナ	unhappiness, misfortune アンハピネス, ミスフォーチュン
～な	**infelice** インフェリーチェ	unhappy アンハピ
ふごう **符号** fugou	**segno** *m.* セーニョ	sign サイン
ふごうかく **不合格** fugoukaku	**bocciatura** *f.* ボッチャトゥーラ	failure フェイリャ
ふこうへいな **不公平な** fukouheina	**ingiusto(-a)**, **parziale** インジュスト(-タ), パルツィアーレ	unfair, partial アンフェア, パーシャル
ふごうりな **不合理な** fugourina	**irragionevole** イッラジョネーヴォレ	unreasonable アンリーズナブル
ぶざー **ブザー** buzaa	**campanello** *m.* カンパネッロ	buzzer バザ
ふざい **不在** fuzai	**assenza** *f.* アッセンツァ	absence アブセンス
ふさがる **塞がる** fusagaru	**(essere) occupato(-a)** (エッセレ) オックパート(-タ)	(be) occupied (ビ) アキュパイド
ふさく **不作** fusaku	**cattivo raccolto** *m.* カッティーヴォ ラッコルト	bad harvest バド ハーヴェスト

日	伊	英
ふさぐ 塞ぐ (占める) fusagu	**occupare** オック**パ**ーレ	occupy **ア**キュパイ
(閉める・遮断する)	**chiudere, bloccare** キ**ウ**ーデレ, ブロッ**カ**ーレ	close, block ク**ロ**ウス, ブ**ラ**ク
ふざける ふざける fuzakeru	**scherzare** スケル**ツァ**ーレ	joke, jest **ヂョ**ウク, **チェ**スト
ぶさほうな 不作法な busahouna	**maleducato(-a)** マレドゥ**カ**ート(-タ)	ill mannered, rude **イ**ル **マ**ナド, **ル**ード
ふさわしい ふさわしい fusawashii	**appropriato(-a)** アップロプリ**ア**ート(-タ)	suitable, becoming **ス**ータブル, ビ**カ**ミング
ふし 節 (太いところ) fushi	**nodo** m. **ノ**ード	knot, gnarl **ナ**ト, **ナ**ール
(関節)	**articolazione** f. アルティコラツィ**オ**ーネ	joint, knuckle **ヂョ**イント, **ナ**クル
ふじ 藤 fuji	**glicine** m. グ**リ**ーチネ	wisteria ウィス**ティ**アリア
ふしぎな 不思議な fushigina	**misterioso(-a)** ミステリ**オ**ーゾ(-ザ)	mysterious, strange ミス**ティ**アリアス, スト**レ**インヂ
ふしぜんな 不自然な fushizenna	**innaturale** インナトゥ**ラ**ーレ	unnatural アン**ナ**チュラル
ふしちょう 不死鳥 fushichou	**fenice** f. フェ**ニ**ーチェ	phoenix **フィ**ーニクス
ぶじに 無事に bujini	**sano(-a) e salvo(-a)** **サ**ーノ(-ナ) エ **サ**ルヴォ(-ヴァ)	safely, without incident **セ**イフリ, ウィ**ザ**ウト **イ**ンスィデント
ふじみの 不死身の fujimino	**immortale** インモル**タ**ーレ	immortal イ**モ**ータル
ふじゆうな 不自由な fujiyuuna	**scomodo(-a)** ス**コ**ーモド(-ダ)	inconvenient インコン**ヴィ**ーニェント

日	伊	英
ふじゅうぶんな **不十分な** fujuubunna	**insufficiente** インスッフィチェンテ	insufficient インサフィシェント
ぶしょ **部署** busho	**posto** *m.* ポスト	post ポウスト
ふしょう **負傷** fushou	**ferita** *f.* フェリータ	wound ウーンド
～者	**ferito(-a)** *m. (f.)* フェリート(-タ)	injured person インヂャド パースン
～する	**ferirsi** フェリルスィ	(be) injured (ビ) インヂャド
ぶしょうな **不精な** bushouna	**pigro(-a)** ピーグロ(-ラ)	lazy レイズィ
ふしょく **腐食** fushoku	**corrosione** *f.* コッロズィオーネ	corrosion カロウジョン
ぶじょく **侮辱** bujoku	**insulto** *m.* インスルト	insult インサルト
～する	**insultare** インスルターレ	insult インサルト
ふしん **不信** fushin	**sfiducia** *f.* スフィドゥーチャ	distrust ディストラスト
ふしんせつな **不親切な** fushinsetsuna	**scortese** スコルテーゼ	unkind アンカインド
ふしんにん **不信任** fushinnin	**sfiducia** *f.* スフィドゥーチャ	no-confidence ノウカンフィデンス
ふせい **不正** fusei	**ingiustizia** *f.* インジュスティーツィア	injustice インヂャスティス
～な	**ingiusto(-a)** インジュスト(-タ)	unjust, foul アンヂャスト, ファウル
ふせいかくな **不正確な** fuseikakuna	**impreciso(-a)** インプレチーゾ(-ザ)	inaccurate イナキュレト

日	伊	英
ふせぐ **防ぐ** (食い止める) fusegu	**difendere** ディフェンデレ	defend, protect ディフェンド, プロテクト
(防止する)	**prevenire** プレヴェニーレ	prevent プリヴェント
ふせる **伏せる** (下向きにする) fuseru	**capovolgere** カポヴォルジェレ	turn something over, turn something down ターン オウヴァ, ターン ダウン
(隠す)	**nascondere** ナスコンデレ	conceal コンスィール
ぶそう **武装** busou	**armamento** *m.* アルマメント	armaments アーマメンツ
～する	**armarsi** アルマルスィ	arm アーム
ふそく **不足** fusoku	**mancanza** *f.* マンカンツァ	want, lack ワント, ラク
～する	**(essere) a corto** *di*, **mancare** (エッセレ) ア コルト ディ, マンカーレ	(be) short of, lack (ビ) ショート オヴ, ラク
ふそくの **不測の** fusokuno	**imprevisto(-a)** インプレヴィスト(-タ)	unforeseen アンフォースィーン
ふぞくの **付属の** fuzokuno	**allegato(-a), annesso(-a)** アッレガート(-タ), アンネッソ(-サ)	attached アタチト
ふた **蓋** futa	**coperchio** *m.* コペルキオ	lid リド
ふだ **札** fuda	**etichetta** *f.* エティケッタ	label, tag レイベル, タグ
ぶた **豚** buta	**maiale** *m.* マイアーレ	pig ピグ
ぶたい **舞台** butai	**palcoscenico** *m.* パルコシェーニコ	stage ステイヂ

日	伊	英
ふたご **双子** futago	**gemelli(-e)** *m.pl.* (*f.pl.*) ジェメッリ(-レ)	twins ト**ウィ**ンズ
〜座	**Gemelli** *m.pl.* ジェメッリ	Twins, Gemini ト**ウィ**ンズ, **チェ**ミナイ
ふたしかな **不確かな** futashikana	**incerto(-a)** イン**チェ**ルト(-タ)	uncertain アン**サー**トン
ふたたび **再び** futatabi	**ancora** アン**コー**ラ	again, once more ア**ゲ**イン, ワンス **モー**
ぶたにく **豚肉** butaniku	**carne di maiale** *f.* **カ**ルネ ディ マイ**アー**レ	pork **ポー**ク
ふたん **負担** futan	**carico** *m.* **カー**リコ	burden **バー**ドン
〜する	**incaricarsi** *di*, **contribuire** *a* インカリ**カ**ルスィ ディ, コントリブ**イー**レ ア	bear, share **ベ**ア, **シェ**ア
ふだんぎ **普段着** fudangi	**abbigliamento casual** *m.* アッビリァ**メ**ント **カー**ジュアル	casual wear **キャ**ジュアル **ウェ**ア
ふだんの **普段の** fudanno	**solito(-a)** **ソー**リト(-タ)	usual **ユー**ジュアル
ふだんは **普段は** fudanwa	**di solito** ディ **ソー**リト	usually **ユー**ジュアリ
ふち **縁** fuchi	**orlo** *m.* **オ**ルロ	edge, brink **エ**ヂ, ブ**リ**ンク
ふちゅういな **不注意な** fuchuuina	**sbadato(-a)** ズバ**ダー**ト(-タ)	careless **ケ**アレス
ぶちょう **部長** buchou	**direttore(-trice)** *m.* (*f.*) ディレッ**トー**レ(-ト**リー**チェ)	director ディ**レ**クタ
ふつうの **普通の** futsuuno	**comune** コ**ムー**ネ	usual, general **ユー**ジュアル, **チェ**ネラル

日	伊	英
ふつうは **普通は** futsuuwa	**di solito** ディ ソーリト	usually ユージュアリ
ふつうよきん **普通預金** futsuuyokin	**deposito a risparmio** *m.* デポーズィト ア リスパルミオ	ordinary deposit オーディネリ ディパズィト
ぶっか **物価** bukka	**prezzi** *m.pl.* プレッツィ	prices プライセズ
ふっかつ **復活** fukkatsu	**rinascita** *f.* リナッシタ	revival, comeback リヴァイヴァル, カムバク
～祭	**Pasqua** *f.* パスクァ	Easter イースタ
～する	**rinascere** リナッシェレ	revive リヴァイヴ
ぶつかる **ぶつかる** butsukaru	**scontrarsi, colpire** スコントラルスィ, コルピーレ	hit, collide ヒト, コライド
ふっきゅうする **復旧する** fukkyuusuru	**(essere) ripristinato(-a)** (エッセレ) リプリスティナート(-タ)	(be) restored (ビ) リストード
ぶっきょう **仏教** bukkyou	**buddismo** *m.* ブッディズモ	Buddhism ブディズム
～徒	**buddista** *m.f.* ブッディスタ	Buddhist ブディスト
ぶつける **ぶつける** (衝突する) butsukeru	**sbattere** *contro* ズバッテレ コントロ	bump against バンプ アゲンスト
(投げて当てる)	**lanciare ...** *contro* ランチャーレ ... コントロ	throw at スロウ アト
ふっこう **復興** fukkou	**ricostruzione** *f.*, **rinascita** *f.* リコストルツィオーネ, リナッシタ	reconstruction, revive リーコンストラクション, リヴァイヴ
～する	**ricostruire** リコストルイーレ	reconstruct リーコンストラクト

日	伊	英
ふつごう **不都合** futsugou	**inconveniente** *m.* インコンヴェニエンテ	inconvenience インコンヴィーニエンス
ふっこく **復刻** fukkoku	**riproduzione** *f.* リプロドゥツィオーネ	reproduction リープロダクション
ぶっしつ **物質** busshitsu	**materia** *f.*, **sostanza** *f.* マテーリア, ソスタンツァ	matter, substance マタ, サブスタンス
ふっそ **弗素** fusso	**fluoro** *m.* フルオーロ	fluorine フルオリーン
ぶつぞう **仏像** butsuzou	**immagine di Budda** *f.* インマージネ ディ ブッダ	Buddhist image ブディスト イミヂ
ぶったい **物体** buttai	**oggetto** *m.* オッジェット	object, thing アブヂェクト, スィング
ふっとうする **沸騰する** futtousuru	**bollire** ボッリーレ	boil ボイル
ふっとわーく **フットワーク** futtowaaku	**gioco di gambe** *m.* ジョーコ ディ ガンベ	footwork フトワーク
ぶつり **物理** butsuri	**fisica** *f.* フィーズィカ	physics フィズィクス
～学者	**fisico(-a)** *m.* (*f.*) フィーズィコ(-カ)	physicist フィズィスィスト
ふで **筆** fude	**pennello** *m.* ペンネッロ	writing brush ライティング ブラシュ
ふていかんし **不定冠詞** futeikanshi	**articolo indeterminativo** *m.* アルティーコロ インデテルミナティーヴォ	indefinite article インデフィニト アーティクル
ふていし **不定詞** futeishi	**infinito** *m.* インフィニート	infinitive インフィニティヴ
ふていの **不定の** futeino	**indeterminato(-a)** インデテルミナート(-タ)	indefinite インデフィニト

日	伊	英
ふてきとうな **不適当な** futekitouna	**inadatto(-a)** イナダット(-タ)	unsuitable アンスータブル
ふと **ふと** futo	**improvvisamente, per caso** インプロッヴィザメンテ, ペル カーゾ	suddenly, by chance サドンリ, バイ チャンス
ふとい **太い** (幅が) futoi	**grosso(-a)** グロッソ(-サ)	big, thick ビグ, スィク
(声が)	**profondo(-a)** プロフォンド(-ダ)	deep ディープ
ぶどう **葡萄** budou	**uva** *f.* ウーヴァ	grapes グレイプス
ふどうさん **不動産** fudousan	**beni immobili** *m.pl.* ベーニ インモービリ	real estate, real property, immovables リーアル イステイト, リーアル プラパティ, イムーヴァブルズ
ふとうな **不当な** futouna	**ingiusto(-a)** インジュスト(-タ)	unjust アンチャスト
ふところ **懐** (懐中・財布) futokoro	**tasca** *f.*, **borsa** *f.* タスカ, ボルサ	pocket, purse パケト, パース
(胸)	**seno** *m.* セーノ	bosom, breast ブザム, ブレスト
ふとさ **太さ** futosa	**spessore** *m.* スペッソーレ	thickness スィクネス
ふとじ **太字** futoji	**grassetto** *m.* グラッセット	bold type ボウルド タイプ
ふともも **太腿** futomomo	**coscia** *f.* コッシャ	thigh サイ
ふとる **太る** futoru	**ingrassarsi** イングラッサルスィ	grow fat グロウ ファト
ふとん **布団** futon	**lenzuola** *f.pl.* **e coperte** *f.pl.*, **futon** *m.* レンツオーラ エ コペルテ, フトン	bedding, futon ベディング, フートーン

日	伊	英
ふなよい **船酔い** funayoi	**mal di mare** *m.* マル ディ マーレ	seasickness スィースィクネス
ぶなんな **無難な** bunanna	**accettabile, sicuro(-a)** アッチェッターピレ, スィクーロ(-ラ)	safe, acceptable セイフ, アクセプタブル
ふにんしょう **不妊症** funinshou	**sterilità** *f.* ステリリタ	sterility ステリリティ
ふね **船[舟]** fune	**barca** *f.*, **nave** *f.* バルカ, ナーヴェ	boat, ship ボウト, シプ
ふねんせいの **不燃性の** funenseino	**ignifugo(-a)** イニーフゴ(-ガ)	nonflammable, fireproof ナンフラマブル, ファイアプルーフ
ふはい **腐敗** fuhai	**putrefazione** *f.* プトレファツィオーネ	putrefaction ピュートレファクション
ぶひん **部品** buhin	**parte** *f.*, **pezzo** *m.* パルテ, ペッツォ	part, component パート, コンポウネント
ふぶき **吹雪** fubuki	**bufera di neve** *f.* ブフェーラ ディ ネーヴェ	snowstorm スノウストーム
ぶぶん **部分** bubun	**parte** *f.* パルテ	part, portion パート, ポーション
ふへい **不平** fuhei	**insoddisfazione** *f.* インソッディスファツィオーネ	dissatisfaction ディスサティスファクション
ぶべつ **侮蔑** bubetsu	**disprezzo** *m.* ディスプレッツォ	contempt コンテンプト
ふへんてきな **普遍的な** fuhentekina	**universale** ウニヴェルサーレ	universal ユーニヴァーサル
ふべんな **不便な** fubenna	**scomodo(-a)** スコーモド(-ダ)	inconvenient インコンヴィーニエント
ふほうな **不法な** fuhouna	**illegale** イッレガーレ	unlawful アンローフル

日	伊	英
ふまん **不満** fuman	**malcontento** *m.* マルコン**テ**ント	discontent ディスコン**テ**ント
〜な	**scontento(-a)** ス**コ**ンテント(-タ)	discontented ディスコン**テ**ンテド
ふみきり **踏切** fumikiri	**passaggio a livello** *m.* パッ**サ**ッジョ ア リ**ヴェ**ッロ	railroad crossing (**レ**イルロウド) ク**ロ**ースィング
ふみだい **踏み台** fumidai	**sgabello** *m.*, **poggiapiedi** *m.* ズガ**ベ**ッロ, ポッジャピ**エ**ーディ	footstool **フ**トストゥール
ふみんしょう **不眠症** fuminshou	**insonnia** *f.* イン**ソ**ンニア	insomnia イン**サ**ムニア
ふむ **踏む** fumu	**calpestare** カルペス**タ**ーレ	step, tread ス**テ**プ, ト**レ**ド
（手続きなどを）	**eseguire, adempiere** エゼ**グィ**ーレ, ア**デ**ンピエレ	go through **ゴ**ウ ス**ル**ー
ふめいな **不明な** fumeina	**sconosciuto(-a)** スコノ**シュ**ート(-タ)	unknown アン**ノ**ウン
ふめいよ **不名誉** fumeiyo	**disonore** *m.* ディゾ**ノ**ーレ	dishonor ディス**ア**ナ
〜な	**disonorevole** ディゾノ**レ**ーヴォレ	dishonorable ディ**サ**ナラブル
ふめいりょうな **不明瞭な** fumeiryouna	**poco chiaro(-a)** **ポ**ーコ キ**ア**ーロ(-ラ)	obscure, unclear オブス**キュ**ア, アンク**リ**ア
ふもうな **不毛な** fumouna	**sterile** ス**テ**ーリレ	sterile ス**テ**リル
ふもと **麓** fumoto	**piede** *m.*, **piedi di una montagna** *m.pl.* ピ**エ**ーデ, ピ**エ**ーディ ディ ウナ モン**タ**ーニャ	foot **フ**ト
ぶもん **部門** bumon	**sezione** *f.* セツィ**オ**ーネ	section **セ**クション

日	伊	英
ふやす **増やす** fuyasu	**aumentare** アウメン**ター**レ	increase インク**リー**ス
ふゆ **冬** fuyu	**inverno** *m.* イン**ヴェ**ルノ	winter **ウィ**ンタ
ふゆかいな **不愉快な** fuyukaina	**sgradevole** ズグラデ**ヴォ**レ	disagreeable ディサグ**リー**アブル
ぶよう **舞踊** buyou	**danza** *f.* **ダ**ンツァ	dance **ダ**ンス
ふようかぞく **扶養家族** fuyoukazoku	**familiare a carico** *m.f.* ファミリ**アー**レ ア **カー**リコ	dependent ディ**ペ**ンデント
ふようする **扶養する** fuyousuru	**sostenere, mantenere** ソステ**ネー**レ, マンテ**ネー**レ	support サ**ポー**ト
ふような **不用な** fuyouna	**superfluo(-*a*)** ス**ペ**ルフルオ(-ア)	unnecessary アン**ネ**セセリ
ふらい **フライ** furai	**frittura** *f.* フリット**ゥー**ラ	fry, fried フ**ラ**イ, フ**ラ**イド
ふらいと **フライト** furaito	**volo** *m.* **ヴォ**ーロ	flight フ**ラ**イト
ぷらいど **プライド** puraido	**orgoglio** *m.* オル**ゴ**ッリォ	pride プ**ラ**イド
ふらいどぽてと **フライドポテト** furaidopoteto	**patatine fritte** *f.pl.* パタ**ティー**ネ フ**リ**ッテ	French fries, ⒝chips フ**レ**ンチ フ**ラ**イズ, **チ**プス
ぷらいばしー **プライバシー** puraibashii	**privacy** *f.* プ**ラ**イヴァズィ	privacy プ**ラ**イヴァスィ
ふらいぱん **フライパン** furaipan	**padella** *f.* パ**デ**ッラ	frying pan, skillet フ**ラ**イング パン, ス**キ**レト
ぷらいべーとな **プライベートな** puraibeetona	**privato(-*a*)** プリ**ヴァ**ート(-タ)	private プ**ラ**イヴェト

日	伊	英
ふらいんぐ **フライング** furaingu	**falsa partenza** *f.* ファルサ パルテンツァ	false start フォールス スタート
ぶらいんど **ブラインド** buraindo	**veneziana** *f.* ヴェネツィアーナ	blind ブラインド
ぶらうす **ブラウス** burausu	**camicetta** *f.* カミチェッタ	blouse ブラウス
ぷらぐ **プラグ** puragu	**spina** *f.* スピーナ	plug プラグ
ぶらさがる **ぶら下がる** burasagaru	**pendere** ペンデレ	hang, dangle ハング, ダングル
ぶらさげる **ぶら下げる** burasageru	**appendere** アッペンデレ	hang, suspend ハング, サスペンド
ぶらし **ブラシ** burashi	**spazzola** *f.* スパッツォラ	brush ブラシュ
ぶらじゃー **ブラジャー** burajaa	**reggiseno** *m.* レッジセーノ	brassiere, bra ブラズィア, ブラー
ぶらじる **ブラジル** burajiru	**Brasile** *m.* ブラズィーレ	Brazil ブラズィル
ぷらす **プラス** purasu	**più** *m.* ピウ	plus プラス
ぷらすちっく **プラスチック** purasuchikku	**plastica** *f.* プラスティカ	plastic プラスティク
～モデル	**modellino in plastica** *m.* モデッリーノ イン プラスティカ	plastic model kit プラスティク マドル キト
ふらすとれーしょん **フラストレーション** furasutoreeshon	**frustrazione** *f.* フルストラツィオーネ	frustration フラストレイション
ぷらずま **プラズマ** purazuma	**plasma** *m.* プラズマ	plasma プラズマ
ぷらちな **プラチナ** purachina	**platino** *m.* プラーティノ	platinum プラティナム

日	伊	英
ぶらっくりすと **ブラックリスト** burakkurisuto	**lista nera** *f.* リスタ ネーラ	blacklist ブラクリスト
ふらっしゅ **フラッシュ** furasshu	**flash** *m.* フレッシュ	(camera) flash (キャメラ) フラシュ
ぷらねたりうむ **プラネタリウム** puranetariumu	**planetario** *m.* プラネターリオ	planetarium プラネタリアム
ぶらぶらする **ぶらぶらする** (さまよう) buraburasuru	**gironzolare** ジロンゾラーレ	wander ワンダ
(怠ける)	**(essere) pigro(-*a*)** (エッセレ) ピーグロ(-ラ)	(be) lazy (ビ) レイズィ
(揺れ動く)	**dondolare, ciondolare** ドンドラーレ, チョンドラーレ	swing, dangle スウィング, ダングル
ふらめんこ **フラメンコ** furamenko	**flamenco** *m.* フラメンコ	flamenco フラメンコウ
ぷらん **プラン** puran	**piano** *m.* ピアーノ	plan プラン
ぶらんく **ブランク** buranku	**spazio vuoto** *m.* スパーツィオ ヴオート	blank ブランク
ぶらんこ **ぶらんこ** buranko	**trapezio** *m.* トラペーツィオ	swing, trapeze スウィング, トラピーズ
ふらんす **フランス** furansu	**Francia** *f.* フランチャ	France フランス
～語	**francese** *m.* フランチェーゼ	French フレンチ
～の	**francese** フランチェーゼ	French フレンチ
～料理	**cucina francese** *f.* クチーナ フランチェーゼ	French food フレンチ フード

日	伊	英
ぷらんたー **プランター** purantaa	**fioriera** *f.* フィオリエーラ	planter プランタ
ふらんちゃいず **フランチャイズ** furanchaizu	**franchising** *m.*, **affiliazione commerciale** *f.* フランチャイズィング, アッフィリアツィオーネ コンメルチャーレ	franchise フランチャイズ
ぶらんでー **ブランデー** burandee	**brandy** *m.* ブレンディ	brandy ブランディ
ぶらんど **ブランド** burando	**marca** *f.* マルカ	brand ブランド
ぷらんと **プラント** （生産設備） puranto	**impianto** *m.* インピアント	plant プラント
ふり **不利** furi	**svantaggio** *m.* ズヴァンタッジョ	disadvantage ディサドヴァンティヂ
ぷりーつ **プリーツ** puriitsu	**piega** *f.* ピエーガ	pleat プリート
ふりーの **フリーの** furiino	**libero(-a)** リーベロ(-ラ)	free フリー
ぶりーふ **ブリーフ** buriifu	**mutande** *f.pl.* ムタンデ	briefs ブリーフス
ふりえき **不利益** furieki	**svantaggio** *m.* ズヴァンタッジョ	disadvantage ディサドヴァンティヂ
ふりかえ **振替** furikae	**versamento** *m.* ヴェルサメント	transfer トランスファ
ふりかえる **振り返る** furikaeru	**guardarsi indietro, ricordare** グァルダルスィ インディエートロ, リコルダーレ	look back ルク バク
ふりこ **振り子** furiko	**pendolo** *m.* ペンドロ	pendulum ペンデュラム
ふりこむ **振り込む** furikomu	**effettuare un versamento** エッフェットゥアーレ ウン ヴェルサメント	transfer money トランスファー マニ

日	伊	英
ぷりずむ **プリズム** purizumu	**prisma** *m.* プリズマ	prism プリズム
ふりな **不利な** furina	**svantaggioso(-a)** ズヴァンタッジョーゾ(-ザ)	disadvantageous ディサドヴァンテイギャス
ぷりぺいど **プリペイド** puripeido	**prepagato(-a)** プレパガート(-タ)	prepaid プリーペイド
ふりむく **振り向く** furimuku	**voltarsi, guardare indietro** ヴォルタルスィ, グァルダーレ インディエートロ	turn to, look back ターン トゥ, ルク バク
ふりょう **不良** furyou	**giovane delinquente** *m.f.* ジョーヴァネ デリンクェンテ	juvenile delinquent チューヴェナイル ディリンクウェント
ぶりょく **武力** buryoku	**forza militare** *f.* フォルツァ ミリターレ	military power ミリテリ パウア
ふりる **フリル** furiru	**balza** *f.* バルツァ	frill フリル
ふりん **不倫** furin	**adulterio** *m.* アドゥルテーリオ	adultery アダルタリ
ぷりん **プリン** purin	**crème caramel** *f.* クレム カラメル	(custard) pudding, ⓑmilk pudding (カスタド) プディング, ミルク プディング
ぷりんす **プリンス** purinsu	**principe** *m.* プリンチペ	prince プリンス
ぷりんせす **プリンセス** purinsesu	**principessa** *f.* プリンチペッサ	princess プリンセス
ぷりんたー **プリンター** purintaa	**stampante** *f.* スタンパンテ	printer プリンタ
ぷりんと **プリント** purinto	**stampa** *f.* スタンパ	copy, print カピ, プリント
ふる **降る** furu	**cadere** カデーレ	fall フォール

日	伊	英
ふる **振る** furu	**agitare** アジターレ	shake, wave シェイク, ウェイヴ
ふるい **古い** furui	**vecchio(-a), antico(-a)** ヴェッキオ(-ア), アンティーコ(-カ)	old, ancient オウルド, エインシェント
ぶるー **ブルー** buruu	**azzurro** *m.*, **blu** *m.* アッズッロ, ブル	blue ブルー
〜の	**blu** ブル	blue ブルー
ぶるーす **ブルース** buruusu	**blues** *m.* ブルズ	blues ブルーズ
ふるーつ **フルーツ** furuutsu	**frutta** *f.* フルッタ	fruit フルート
ふるーと **フルート** furuuto	**flauto** *m.* フラウト	flute フルート
ぶるーべりー **ブルーベリー** buruuberii	**mirtillo** *m.* ミルティッロ	blueberry ブルーベリ
ふるえる **震える** furueru	**tremare** トレマーレ	tremble, shiver トレンブル, シヴァ
ぶるがりあ **ブルガリア** burugaria	**Bulgaria** *f.* ブルガリーア	Bulgaria バルゲアリア
ふるくさい **古臭い** furukusai	**antiquato(-a), fuori moda** アンティクァート(-タ), フオーリ モーダ	old-fashioned, obsolete オウルドファションド, アブソリート
ふるこーす **フルコース** furukoosu	**pasto completo** *m.* パスト コンプレート	full-course meal フルコース ミール
ふるさと **故郷** furusato	**paese natio** *m.*, **città natale** *f.* パエーゼ ナティーオ, チッタ ナターレ	home town, home ホウム タウン, ホウム
ぶるどーざー **ブルドーザー** burudoozaa	**bulldozer** *m.* ブルドーゼル	bulldozer ブルドウザ

日	伊	英
ぷるとにうむ **プルトニウム** purutoniumu	**plutonio** *m.* プルトーニオ	plutonium プルートウニアム
ふるほん **古本** furuhon	**libro usato** *m.* リーブロ ウザート	used book ユーズド ブク
ふるまう **振る舞う** furumau	**comportarsi** コンポルタルスィ	behave ビヘイヴ
ふるわせる **震わせる** furuwaseru	**fare tremare** ファーレ トレマーレ	shake, make tremble シェイク, メイク トレンブル
ぶれいな **無礼な** bureina	**maleducato(-a)** マレドゥカート(-タ)	impolite, rude インポライト, ルード
ぷれー **プレー** puree	**gioco** *m.* ジョーコ	play プレイ
～オフ	**play-off** *m.* プレイオフ	play-off プレイオフ
ぶれーき **ブレーキ** bureeki	**freno** *m.* フレーノ	brake ブレイク
～をかける	**frenare** フレナーレ	put on the brake, hit the brakes プト オン ザ ブレイク, ヒト ザ ブレイクス
ぷれーぼーい **プレーボーイ** pureebooi	**donnaiolo** *m.* ドンナイオーロ	playboy プレイボイ
ふれーむ **フレーム** fureemu	**cornice** *f.* コルニーチェ	frame フレイム
ぷれーやー **プレーヤー** pureeyaa	**giocatore(-trice)** *m.* (*f.*) ジョカトーレ(-トリーチェ)	player プレイア
ぶれーん **ブレーン** bureen	**gruppo di esperti** *m.*, **cervello** *m.* グルッポ ディ エスペルティ, チェルヴェッロ	brains ブレインズ
ぷれす **プレス** (押すこと) puresu	**pressa** *f.* プレッサ	press プレス

日	伊	英
(報道機関)	**stampa** *f.* スタンパ	(the) press (ザ) プレス
ぶれすれっと **ブレスレット** buresuretto	**braccialetto** *m.* ブラッチャレット	bracelet ブレイスレト
ぷれぜんてーしょん **プレゼンテーション** purezenteeshon	**presentazione** *f.* プレゼンタツィオーネ	presentation プリーゼンテイション
ぷれぜんと **プレゼント** purezento	**regalo** *m.* レガーロ	present プレズント
～する	**regalare** レガラーレ	present プレズント
ふれっくすたいむ **フレックスタイム** furekkusutaimu	**orario flessibile** *m.* オラーリオ フレッスィービレ	flextime, flexitime フレクスタイム, フレクスィタイム
ぷれっしゃー **プレッシャー** puresshaa	**pressione** *f.* プレッスィオーネ	pressure プレシャ
ぷれはぶじゅうたく **プレハブ住宅** purehabujuutaku	**casa prefabbricata** *f.* カーザ プレファッブリカータ	prefabricated house, prefab home プリーファブリケイテド ハウス, プリーファブ ホウム
ぷれみあむ **プレミアム** puremiamu	**premio** *m.* プレーミオ	premium プリーミアム
ふれる **触れる** (言及する) fureru	**menzionare** メンツィオナーレ	mention メンション
(触る)	**toccare** トッカーレ	touch タチ
ふれんぞく **不連続** furenzoku	**discontinuità** *f.* ディスコンティヌイタ	discontinuity ディスコンティニューイティ
ぶれんど **ブレンド** burendo	**miscela** *f.* ミシェーラ	blending ブレンディング
ふろ **風呂** furo	**bagno** *m.* バーニョ	bath バス

日	伊	英
ふろあ **フロア** (床) furoa	**pavimento** *m.* パヴィメント	floor フロー
(階)	**piano** *m.* ピアーノ	story ストーリ
ぶろーかー **ブローカー** burookaa	**agente** *m.f.* アジェンテ	broker ブロウカ
ぶろーち **ブローチ** buroochi	**spilla** *f.* スピッラ	brooch ブロウチ
ぶろーどばんど **ブロードバンド** buroodobando	**banda larga** *f.* バンダ ラルガ	broadband ブロードバンド
ふろく **付録** furoku	**supplemento** *m.* スップレメント	supplement, appendix サプリメント, アペンディクス
ぷろぐらまー **プログラマー** puroguramaa	**programma*tore*(*-trice*)** *m.*(*f.*) プログランマトーレ(-トリーチェ)	programmer プロウグラマ
ぷろぐらみんぐ **プログラミング** puroguramingu	**programmazione** *f.* プログランマツィオーネ	programming プロウグラミング
ぷろぐらむ **プログラム** puroguramu	**programma** *m.* プログランマ	program, ⓑprogramme プロウグラム, プロウグラム
ぷろじぇくと **プロジェクト** purojekuto	**progetto** *m.* プロジェット	project プラチェクト
ぷろせす **プロセス** purosesu	**processo** *m.* プロチェッソ	process プラセス
ぷろだくしょん **プロダクション** purodakushon	**produzione** *f.* プロドゥツィオーネ	production プロダクション
ぶろっこりー **ブロッコリー** burokkorii	**broccolo** *m.* ブロッコロ	broccoli ブラコリ
ぷろてくたー **プロテクター** purotekutaa	**protezione** *f.* プロテツィオーネ	shield, protector シールド, プロテクタ

ふ

日	伊	英
ぷろてすたんと **プロテスタント** purotesutanto	**protestante** *m.f.* プロテス**タ**ンテ	Protestant プ**ラ**テスタント
ぷろでゅーさー **プロデューサー** purodyuusaa	**produttore(-trice)** *m.* (*f.*) プロドゥッ**ト**ーレ(・ト**リ**ーチェ)	producer プロ**デュ**ーサ
ぷろの **プロの** purono	**professionistico(-a)** プロフェッスィオ**ニ**スティコ(・カ)	professional プロ**フェ**ショナル
ぷろばいだー **プロバイダー** purobaidaa	**fornitore di servizi** *m.* フォルニ**ト**ーレ ディ セル**ヴィ**ーツィ	provider プロ**ヴァ**イダ
ぷろふぃーる **プロフィール** purofiiru	**profilo** *m.* プロ**フィ**ーロ	profile プ**ロ**ウファイル
ぷろぽーしょん **プロポーション** puropooshon	**proporzione** *f.* プロポルツィ**オ**ーネ	proportion プロ**ポ**ーション
ぷろぽーずする **プロポーズする** puropoozusuru	**fare una proposta di matrimonio** *a* **ファ**ーレ ウナ プロ**ポ**スタ ディ マトリ**モ**ーニオ ア	propose marriage to プロ**ポ**ウズ **マ**リヂ トゥ
ぷろもーしょん **プロモーション** puromooshon	**promozione** *f.* プロモツィ**オ**ーネ	promotion プロ**モ**ウション
ぷろもーたー **プロモーター** puromootaa	**promoter** *m.* プロ**モ**ーテル	promoter プロ**モ**ウタ
ぷろれす **プロレス** puroresu	**wrestling** *m.* ヴ**レ**ストリング	professional wrestling プロ**フェ**ショナル **レ**スリング
ぷろろーぐ **プロローグ** puroroogu	**prologo** *m.* プ**ロ**ーロゴ	prologue プ**ロ**ウログ
ぶろんず **ブロンズ** buronzu	**bronzo** *m.* ブ**ロ**ンゾ	bronze ブ**ラ**ンズ
ふろんと **フロント** furonto	**reception** *f.* レ**セ**プション	front desk, ⓑreception desk フ**ラ**ント **デ**スク, リ**セ**プション **デ**スク
ぶろんど **ブロンド** burondo	**capelli biondi** *m.pl.* カ**ペ**ッリ ビ**オ**ンディ	blonde ブ**ラ**ンド

日	伊	英
フロントガラス furontogarasu	**parabrezza** *f.* パラブレッツァ	windshield, ⓑwindscreen ウィンドシールド, ウィンドスクリーン
ふわ **不和** fuwa	**discordia** *f.* ディスコルディア	discord ディスコード
ふわたり **不渡り** fuwatari	**mancato pagamento** *m.* マンカート パガメント	dishonour, non-payment ディサナ, ナンペイメント
ふん **分** fun	**minuto** *m.* ミヌート	minute ミヌト
ふん **糞** fun	**escremento** *m.*, **feci** *f.pl.* エスクレメント, フェーチ	feces, excrement フィースィーズ, エクスクレメント
ぶん **文** bun	**frase** *f.* フラーゼ	sentence センテンス
ふんいき **雰囲気** fun-iki	**atmosfera** *f.* アトモスフェーラ	atmosphere アトモスフィア
ふんか **噴火** funka	**eruzione** *f.* エルツィオーネ	eruption イラプション
〜する	**entrare in eruzione** エントラーレ イン エルツィオーネ	erupt イラプト
ぶんか **文化** bunka	**cultura** *f.* クルトゥーラ	culture カルチャ
〜的な	**culturale** クルトゥラーレ	cultural カルチャラル
ぶんかい **分解** bunkai	**decomposizione** *f.* デコンポズィツィオーネ	decomposition ディーカンポズィション
〜する	**scomporre, decomporre** スコンポッレ, デコンポッレ	resolve into, decompose リザルヴ イントゥ, ディーコンポウズ
ふんがいする **憤慨する** fungaisuru	**indignarsi** *per* インディニャルスィ ペル	(be) indignant at (ビ) インディグナント アト

日	伊	英
ぶんがく **文学** bungaku	**letteratura** *f.* レッテラトゥーラ	literature リテラチャ
~の	**letterario(-a)** レッテラーリオ(-ア)	literary リタレリ
ぶんかつ **分割** bunkatsu	**divisione** *f.* ディヴィズィオーネ	division ディヴィジョン
~する	**dividere** ディヴィーデレ	divide ディヴァイド
~払い	**pagamento a rate** *m.* パガメント ア ラーテ	installment plan インストールメント プラン
ふんきゅうする **紛糾する** funkyuusuru	**complicarsi** コンプリカルスィ	(become) complicated (ビカム) カンプリケイテド
ぶんぎょう **分業** bungyou	**divisione del lavoro** *f.* ディヴィズィオーネ デル ラヴォーロ	division of labor ディヴィジョン オヴ レイパ
ぶんげい **文芸** bungei	**arti** *f.pl.* **e letteratura** *f.* アルティ エ レッテラトゥーラ	arts and literature アーツ アンド リテラチャ
ぶんけん **文献** bunken	**documentazione** *f.*, **letteratura** *f.* ドクメンタツィオーネ, レッテラトゥーラ	literature, documents リテラチャ, ダキュメンツ
ぶんご **文語** bungo	**lingua letteraria** *f.* リングァ レッテラーリア	literary language リタレアリ ラングウィヂ
ぶんこぼん **文庫本** bunkobon	**libro tascabile** *m.* リーブロ タスカービレ	pocket book パケト ブク
ふんさいする **粉砕する** funsaisuru	**frantumare** フラントゥマーレ	smash, crush スマシュ, クラシュ
ぶんし **分子** (物質の) bunshi	**molecola** *f.* モレーコラ	molecule マレキュール
(分数の)	**numeratore** *m.* ヌメラトーレ	numerator ニューマレイタ

日	伊	英
ふんしつする **紛失する** funshitsusuru	**perdere** ペルデレ	lose ルーズ
ぶんしょ **文書** bunsho	**documento** *m.* ドクメント	document ダキュメント
ぶんしょう **文章** bunshou	**frase** *f.* フラーゼ	sentence センテンス
ふんすい **噴水** funsui	**fontana** *f.* フォンターナ	fountain ファウンテン
ぶんすう **分数** bunsuu	**frazione** *f.* フラツィオーネ	fraction フラクション
ぶんせき **分析** bunseki	**analisi** *f.* アナーリズィ	analysis アナリスィス
～する	**analizzare** アナリッザーレ	analyze アナライズ
ふんそう **紛争** funsou	**conflitto** *m.* コンフリット	conflict, dispute カンフリクト, ディスピュート
ぶんたい **文体** buntai	**stile** *m.* スティーレ	(literary) style (リタレリ) スタイル
ぶんたんする **分担する** buntansuru	**dividere** ディヴィーデレ	share シェア
ぶんどき **分度器** bundoki	**goniometro** *m.* ゴニオーメトロ	protractor プロトラクタ
ぶんぱい **分配** bunpai	**distribuzione** *f.* ディストリブツィオーネ	distribution ディストリビューション
～する	**distribuire** ディストリブイーレ	distribute ディストリビュト
ぶんぴつ **分泌** bunpitsu	**secrezione** *f.* セクレツィオーネ	secretion スィクリーション

日	伊	英
ぶんぷする **分布する** bunpusuru	**(essere) distribuito(-a), diffondersi** (エッセレ) ディストリブイート(-タ), ディッフォンデルスィ	(be) distributed (ビ) ディストリビューテド
ふんべつ **分別** funbetsu	**discrezione** *f.*, **buon senso** *m.* ディスクレツィオーネ, ブオン センソ	discretion, good sense ディスクレション, グド センス
ぶんべん **分娩** bunben	**parto** *m.* パルト	childbirth チャイルドバース
〜する	**partorire** パルトリーレ	(be) delivered of (ビ) ディリヴァド オヴ
ぶんぼ **分母** bunbo	**denominatore** *m.* デノミナトーレ	denominator ディナミネイタ
ぶんぽう **文法** bunpou	**grammatica** *f.* グランマーティカ	grammar グラマ
ぶんぼうぐ **文房具** bunbougu	**cancelleria** *f.* カンチェッレリーア	stationery ステイショネリ
ふんまつ **粉末** funmatsu	**polvere** *f.* ポルヴェレ	powder パウダ
ぶんみゃく **文脈** bunmyaku	**contesto** *m.* コンテスト	context カンテクスト
ぶんめい **文明** bunmei	**civiltà** *f.* チヴィルタ	civilization スィヴィリゼイション
ぶんや **分野** bun-ya	**campo** *m.* カンポ	field, line フィールド, ライン
ぶんり **分離** bunri	**separazione** *f.* セパラツィオーネ	separation セパレイション
〜する	**separare** セパラーレ	separate セパレイト
ぶんりょう **分量** bunryou	**quantità** *f.* クァンティタ	quantity クワンティティ

日	伊	英
ぶんるい **分類** bunrui	**classificazione** *f.* クラッスィフィカツィオーネ	classification クラスィフィケイション
～する	**classificare** クラッスィフィカーレ	classify into クラスィファイ イントゥ
ぶんれつ **分裂** bunretsu	**divisione** *f.* ディヴィズィオーネ	split, division スプリト, ディヴィジョン
～する	**dividersi** *in* ディヴィーデルスィ イン	split into スプリト イントゥ

へ, ヘ

日	伊	英
へ **屁** he	**peto** *m.* ペート	fart ファート
へあ **ヘア** hea	**capelli** *m.pl.* カペッリ	hair ヘア
～スタイル	**acconciatura** *f.* アッコンチャトゥーラ	hairstyle ヘアスタイル
～ブラシ	**spazzola per capelli** *f.* スパッツォラ ペル カペッリ	hairbrush ヘアブラシュ
ぺあ **ペア** pea	**paio** *m.* パイオ	pair ペア
へい **塀** hei	**muro** *m.*, **cinta** *f.* ムーロ, チンタ	wall, fence ウォール, フェンス
へいえき **兵役** heieki	**servizio militare** *m.* セルヴィーツィオ ミリターレ	military service ミリテリ サーヴィス
へいおんな **平穏な** heionna	**tranquillo(-*a*)** トランクィッロ(-ラ)	calm カーム
へいかい **閉会** heikai	**chiusura** *f.* キウズーラ	closure クロウジャ
～する	**chiudere una seduta** キウーデレ ウナ セドゥータ	close クロウズ

日	伊	英
へいがい **弊害** heigai	**effetto negativo** *m.* エッフェット ネガティーヴォ	bad effect, negative effect バド イフェクト, ネガティヴ イフェクト
へいき **兵器** heiki	**armi** *f.pl.* アルミ	arms, weapons アームズ, ウェポンズ
へいきな **平気な** heikina	**calmo(-a)** カルモ(-マ)	calm, indifferent カーム, インディファレント
へいきん **平均** heikin	**media** *f.* メーディア	average アヴァリヂ
～する	**fare la media** *di* ファーレ ラ メーディア ディ	average アヴァリヂ
～台	**trave di equilibrio** *f.* トラーヴェ ディ エクィリーブリオ	balance beam バランス ビーム
へいげん **平原** heigen	**pianura** *f.* ピアヌーラ	plain プレイン
へいこう **平衡** heikou	**equilibrio** *m.* エクィリーブリオ	equilibrium イークウィリブリアム
へいこうしている **平行している** heikoushiteiru	**parallelo(-a)** *a* パラッレーロ(-ラ) ア	parallel to パラレル トゥ
へいこうしへんけい **平行四辺形** heikoushihenkei	**parallelogramma** *m.* パラッレログランマ	parallelogram パラレラグラム
へいこうする **閉口する** heikousuru	**(essere) imbarazzato(-a)** (エッセレ) インバラッツァート(-タ)	(be) embarrassed at (ビ) インバラスト アト
へいごうする **併合する** heigousuru	**assorbire, incorporare** アッソルビーレ, インコルポラーレ	absorb アブソーブ
へいこうせん **平行線** heikousen	**linee parallele** *f.pl.* リーネエ パラッレーレ	parallel lines パラレル ラインズ
へいこうぼう **平行棒** heikoubou	**parallele** *f.pl.* パラッレーレ	parallel bars パラレル バーズ

日	伊	英
へいこうゆにゅう **並行輸入** heikouyunyuu	**importazione parallela** *f.* インポルタツィオーネ パラッレーラ	parallel import パラレル インポート
へいさ **閉鎖** heisa	**chiusura** *f.* キウズーラ	shutdown, closure シャトダウン, クロウジャ
～する	**chiudere** キウーデレ	shut down, close シャト ダウン, クロウズ
へいし **兵士** heishi	**soldato(-essa)** *m.* (*f.*) ソルダート(-ダテッサ)	soldier ソウルヂャ
へいじつ **平日** heijitsu	**giorno feriale** *m.* ジョルノ フェリアーレ	weekday ウィークデイ
へいじょうの **平常の** heijouno	**normale** ノルマーレ	normal ノーマル
へいぜんと **平然と** heizento	**con calma** コン カルマ	calmly カームリ
～した	**imperturbabile** インペルトゥルバービレ	calm, cool カーム, クール
へいち **平地** heichi	**terreno piano** *m.* テッレーノ ピアーノ	flat ground フラト グラウンド
へいてん **閉店** heiten	**chiusura** *f.* キウズーラ	closing クロウズィング
～する	**chiudere il negozio** キウーデレ イル ネゴーツィオ	close クロウズ
へいねつ **平熱** heinetsu	**temperatura normale** *f.* テンペラトゥーラ ノルマーレ	normal temperature ノーマル テンパラチャ
へいねん **平年** heinen	**anno normale** *m.* アンノ ノルマーレ	ordinary year オーディネリ イア
へいふく **平服** heifuku	**abiti di tutti i giorni** *m.pl.* アービティ ディ トゥッティ イ ジョルニ	plain clothes プレイン クロウズ

日	伊	英
へいほう **平方** heihou	**quadrato** *m.* クァドラート	square スク**ウェ**ア
〜キロメートル	**chilometro quadrato** *m.* キロメトロ クァドラート	square kilometer スク**ウェ**ア **キ**ロミタ
〜メートル	**metro quadrato** *m.* メートロ クァドラート	square meter スク**ウェ**ア **ミ**ータ
へいぼんな **平凡な** heibonna	**comune** コ**ム**ーネ	common, ordinary **カ**モン, **オ**ーディネリ
へいめん **平面** heimen	**piano** *m.* ピ**ア**ーノ	plane プ**レ**イン
へいや **平野** heiya	**pianura** *f.* ピア**ヌ**ーラ	plain プ**レ**イン
へいわ **平和** heiwa	**pace** *f.* **パ**ーチェ	peace **ピ**ース
〜な	**pacifico(-a)** パ**チ**ーフィコ(-カ)	peaceful **ピ**ースフル
べーこん **ベーコン** beekon	**pancetta** *f.* パン**チェ**ッタ	bacon **ベ**イコン
べーじゅ **ベージュ** beeju	**beige** *m.* ベジュ	beige **ベ**イジュ
〜の	**beige** ベジュ	beige **ベ**イジュ
べーす **ベース** (基礎) beesu	**base** *f.* **バ**ーゼ	base **ベ**イス
〜アップ	**aumento di stipendio** *m.* ア**ウ**メント ディ スティ**ペ**ンディオ	raise in wages **レ**イズ イン **ウェ**イチェズ
(低音)	**basso** *m.* **バ**ッソ	bass **バ**ス
ぺーす **ペース** peesu	**passo** *m.* **パ**ッソ	pace **ペ**イス

日	伊	英
〜メーカー	**pacemaker** *m.* ペイスメーケル	pacemaker ペイスメイカ
ぺーすとする **ペーストする** peesutosuru	**incollare** インコッラーレ	paste ペイスト
へきが **壁画** hekiga	**murale** *m.* ムラーレ	mural ミュアラル
へきち **僻地** hekichi	**luogo sperduto** *m.* ルオーゴ スペルドゥート	remote place リモウト プレイス
へくたーる **ヘクタール** hekutaaru	**ettaro** *m.* エッタロ	hectare ヘクテア
へこむ **へこむ** hekomu	**ammaccarsi, sprofondare** アンマッカルスィ, スプロフォンダーレ	(be) dented, sink (ビ) デンテド, スィンク
へこんだ **へこんだ** hekonda	**ammaccato(-a), sprofondato(-a)** アンマッカート(-タ), スプロフォンダート(-タ)	dented デンテド
べすと **ベスト** (チョッキ) besuto	**panciotto** *m.* パンチョット	vest, Ⓑwaistcoat ヴェスト, ウェイストコウト
(最上)	***il(la)* migliore** *m.(f.)* イル(ラ) ミリオーレ	best ベスト
〜セラー	**best seller** *m.* ベスト セッレル	best seller ベスト セラ
へそ **へそ** heso	**ombelico** *m.* オンベリーコ	navel ネイヴェル
へだたり **隔たり** (距離) hedatari	**distanza** *f.* ディスタンツァ	distance ディスタンス
(差異)	**differenza** *f.* ディッフェレンツァ	difference ディファレンス
へだたる **隔たる** hedataru	**(essere) lontano(-a) da** (エッセレ) ロンターノ(-ナ) ダ	(be) away from (ビ) アウェイ フラム

日	伊	英
へだてる **隔てる** hedateru	**dividere** ディヴィーデレ	partition パーティション
へたな **下手な** hetana	**inesperto(-a), maldestro(-a)** イネスペルト(-タ), マルデストロ(-ラ)	clumsy, poor クラムズィ, プア
ぺだる **ペダル** pedaru	**pedale** *m.* ペダーレ	pedal ペドル
べっきょする **別居する** bekkyosuru	**vivere separati** ヴィーヴェレ セパラーティ	live separately リヴ セパレトリ
べっそう **別荘** bessou	**villa** *f.* ヴィッラ	villa ヴィラ
べっど **ベッド** beddo	**letto** *m.* レット	bed ベド
ぺっと **ペット** petto	**animale domestico** *m.* アニマーレ ドメスティコ	pet ペト
へっどほん **ヘッドホン** heddohon	**cuffia** *f.* クッフィア	headphone ヘドフォウン
へっどらいと **ヘッドライト** heddoraito	**fanale** *m.* ファナーレ	headlight ヘドライト
べつに **別に** (取り立てて) betsuni	**in particolare** イン パルティコラーレ	in particular イン パティキュラ
(別々に)	**a parte** ア パルテ	apart アパート
べつの **別の** betsuno	**altro(-a)** アルトロ(-ラ)	different, another ディファレント, アナザ
べつべつの **別々の** betsubetsuno	**separato(-a), rispettivo(-a)** セパラート(-タ), リスペッティーヴォ(-ヴァ)	separate, respective セパレイト, リスペクティヴ
へつらう **へつらう** hetsurau	**lusingare** ルズィンガーレ	flatter フラタ

683

日	伊	英
ベてらん **ベテラン** beteran	**veterano(-a)** *m.* (*f.*) ヴェテラーノ(-ナ)	veteran, expert ヴェテラン, エクスパート
ベとなむ **ベトナム** betonamu	**Vietnam** *m.* ヴィエトナム	Vietnam ヴィエトナーム
へどろ **へどろ** hedoro	**fanghiglia** *f.* ファンギッリァ	sludge, colloidal sediment スラヂ, カロイドル セディメント
ぺなるてぃー **ペナルティー** penarutii	**punizione** *f.* プニツィオーネ	penalty ペナルティ
〜キック	**calcio di rigore** *m.* カルチョ ディ リゴーレ	penalty kick ペナルティ キク
ぺにす **ペニス** penisu	**pene** *m.* ペーネ	penis ピーニス
ぺぱーみんと **ペパーミント** pepaaminto	**menta piperita** *f.* メンタ ピペリータ	peppermint ペパミント
へび **蛇** hebi	**serpente** *m.* セルペンテ	snake, serpent スネイク, サーペント
べびーかー **ベビーカー** (箱形の) bebiikaa	**carrozzina** *f.* カッロッツィーナ	baby carriage, ⒷPram ベイビ キャリヂ, プラム
(椅子形の)	**passeggino** *m.* パッセッジーノ	stroller, Ⓑpushchair ストロウラ, プシュチェア
へや **部屋** heya	**stanza** *f.* スタンツァ	room ルーム
へらす **減らす** herasu	**ridurre** リドゥッレ	decrease, reduce ディクリース, リデュース
べらんだ **ベランダ** beranda	**balcone** *m.* バルコーネ	veranda ヴェランダ
へり **へり** heri	**orlo** *m.* オルロ	edge, border エヂ, ボーダ

日	伊	英
へりうむ **ヘリウム** heriumu	**elio** *m.* エーリオ	helium ヒーリアム
へりくだる **へりくだる** herikudaru	**umiliarsi** ウミリアルスィ	abase oneself, put oneself down アベイス, プト ダウン
へりこぷたー **ヘリコプター** herikoputaa	**elicottero** *m.* エリコッテロ	helicopter ヘリカプタ
へりぽーと **ヘリポート** heripooto	**eliporto** *m.* エリポルト	heliport ヘリポート
へる **経る** heru	**passare** パッサーレ	pass, go by パス, ゴウ バイ
へる **減る** heru	**diminuire** ディミヌイーレ	decrease, diminish ディクリース, ディミニシュ
べる **ベル** beru	**campanello** *m.* カンパネッロ	bell ベル
ぺるー **ペルー** peruu	**Perù** *m.* ペル	Peru ペルー
べるぎー **ベルギー** berugii	**Belgio** *m.* ベルジョ	Belgium ベルヂャム
へるつ **ヘルツ** herutsu	**hertz** *m.* エルツ	hertz ハーツ
べると **ベルト** beruto	**cintura** *f.* チントゥーラ	belt ベルト
〜コンベアー	**nastro trasportatore** *m.* ナストロ トラスポルタトーレ	belt conveyor ベルト カンヴェイア
へるにあ **ヘルニア** herunia	**ernia** *f.* エルニア	hernia ハーニア
へるめっと **ヘルメット** herumetto	**casco** *m.* カスコ	helmet ヘルメト

日	伊	英
ヘロイン へろいん heroin	**eroina** *f.* エロイーナ	heroin ヘロウイン
辺 (図形の) へん hen	**lato** *m.* ラート	side サイド
(辺り)	**vicinato** *m.*, **dintorni** *m.pl.* ヴィチナート, ディントルニ	neighborhood ネイバフド
便 (大便) べん ben	**defecazione** *f.*, **escremento** *m.* デフェカツィオーネ, エスクレメント	excrement, feces エクスクレメント, フィースィーズ
(便利)	**convenienza** *f.* コンヴェニエンツァ	convenience コンヴィーニエンス
弁 べん ben	**valvola** *f.* ヴァルヴォラ	valve ヴァルヴ
ペン ぺん pen	**penna** *f.* ペンナ	pen ペン
変圧器 へんあつき hen-atsuki	**trasformatore** *m.* トラスフォルマトーレ	transformer トランスフォーマ
変化 へんか henka	**cambiamento** *m.* カンビアメント	change チェインヂ
弁解 べんかい benkai	**scusa** *f.* スクーザ	excuse イクスキュース
～する	**scusarsi** *di* スクザルスィ ディ	make an excuse, excuse oneself メイク アン イクスキュース, イクスキュース
変革 へんかく henkaku	**cambiamento** *m.*, **riforma** *f.* カンビアメント, リフォルマ	reform, change リフォーム, チェインヂ
～する	**cambiare**, **riformare** カンビアーレ, リフォルマーレ	reform, change リフォーム, チェインヂ
変化する へんかする henkasuru	**cambiare** カンビアーレ	change チェインヂ

日	伊	英
返還する へんかんする henkansuru	**restituire** レスティトゥイーレ	return リターン
ペンキ ぺんき penki	**vernice** *f.* ヴェルニーチェ	paint ペイント
返却 へんきゃく henkyaku	**restituzione** *f.* レスティトゥツィオーネ	return リターン
～する	**restituire** レスティトゥイーレ	return リターン
勉強 べんきょう benkyou	**studio** *m.* ストゥーディオ	study, work スタディ, ワーク
～する	**studiare** ストゥディアーレ	study, work スタディ, ワーク
編曲 へんきょく henkyoku	**arrangiamento** *m.* アッランジャメント	arrangement アレインヂメント
～する	**arrangiare** アッランジャーレ	arrange アレインヂ
ペンギン ぺんぎん pengin	**pinguino** *m.* ピングイーノ	penguin ペングウィン
偏見 へんけん henken	**pregiudizio** *m.* プレジュディーツィオ	prejudice, bias プレヂュディス, バイアス
弁護 べんご bengo	**difesa** *f.* ディフェーザ	defense, advocacy ディフェンス, アドヴォカスィ
～士	**avvocato(-essa)** *m.* (*f.*) アッヴォカート(-カテッサ)	lawyer, counsel ローヤ, カウンセル
～する	**difendere** ディフェンデレ	plead, defend プリード, ディフェンド
変更 へんこう henkou	**cambiamento** *m.* カンビアメント	change, alteration チェインヂ, オールタレイション
～する	**cambiare** カンビアーレ	change, alter チェインヂ, オルタ

日	伊	英
へんさい **返済** (返金) hensai	**rimborso** *m.* リンボルソ	repayment リペイメント
へんさん **編纂** hensan	**compilazione** *f.* コンピラツィオーネ	compilation カンピレイション
～する	**compilare** コンピラーレ	compile, edit コンパイル, エディト
へんじ **返事** henji	**risposta** *f.* リスポスタ	reply, answer リプライ, アンサ
～をする	**rispondere** *a* リスポンデレ ア	answer, reply アンサ, リプライ
へんしゅう **編集** henshuu	**redazione** *f.* レダツィオーネ	editing エディティング
～者	**redattore(-trice)** *m.* (*f.*) レダットーレ(-トリーチェ)	editor エディタ
～する	**redigere** レディージェレ	edit エディト
へんしゅうきょう **偏執狂** henshuukyou	**monomaniaco(-a)** *m.* (*f.*) モノマニーアコ(-カ)	monomaniac, obsessive person マノメイニアク, オブセスィヴ パースン
べんしょうする **弁償する** benshousuru	**risarcire** リザルチーレ	compensate, reimburse カンペンセイト, リーインバース
へんしょくする **変色する** henshokusuru	**scolorirsi** スコロリルスィ	discolor ディスカラ
へんじん **変人** henjin	**persona eccentrica** *f.* ペルソーナ エッチェントリカ	eccentric person イクセントリク パースン
へんずつう **偏頭痛** henzutsuu	**emicrania** *f.* エミクラーニア	migraine マイグレイン
へんせい **編成** hensei	**formazione** *f.* フォルマツィオーネ	formation フォーメイション

日	伊	英
〜する	**organizzare** オルガニッザーレ	form, organize, Ⓑorganiseフォーム, オーガナイズ, オーガナイズ
へんそうする**変装する** hensousuru	**travestirsi** *da* トラヴェスティルスィ ダ	disguise oneself as ディスガイズ アズ
ぺんだんと**ペンダント** pendanto	**ciondolo** *m.* チョンドロ	pendant ペンダント
べんち**ベンチ** benchi	**panchina** *f.* パンキーナ	bench ベンチ
ぺんち**ペンチ** penchi	**pinze** *f.pl.* ピンツェ	pliers プライアズ
へんどう**変動** （物価などの） hendou	**fluttuazioni** *f.pl.* フルットゥアツィオーニ	fluctuations フラクチュエイションズ
（物事の）	**cambiamento** *m.* カンビアメント	change チェインヂ
べんとう**弁当** bentou	**portavivande** *m.* ポルタヴィヴァンデ	lunch, box lunch ランチ, バクス ランチ
へんとうせん**扁桃腺** hentousen	**tonsille** *f.pl.* トンスィッレ	tonsils タンスィルズ
へんな**変な** henna	**strano(-a)** ストラーノ(- ナ)	strange, peculiar ストレインヂ, ピキューリア
ぺんねーむ**ペンネーム** penneemu	**pseudonimo** *m.* プセウドーニモ	pen name ペン ネイム
べんぴ**便秘** benpi	**stitichezza** *f.* スティティケッツァ	constipation カンスティペイション
へんぴな**辺鄙な** henpina	**remoto(-a)** レモート(- タ)	remote リモウト
へんぴん**返品** henpin	**merce resa** *f.* メルチェ レーザ	returned goods リターンド グッ

日	伊	英
〜する	**restituire** レスティトゥイーレ	return リターン
へんぼう **変貌** henbou	**trasfigurazione** *f.* トラスフィグラツィオーネ	transfiguration トランスフィギュレイション
〜する	**trasformarsi** トラスフォルマルスィ	undergo a complete change アンダゴウ ア コンプリート チェインヂ
べんりな **便利な** benrina	**comodo(-*a*)** コーモド(-ダ)	convenient コンヴィーニェント
べんろん **弁論** benron	**dibattito** *m.* ディバッティト	discussion, debate ディスカション, ディベイト

ほ, ホ

日	伊	英
ほ **帆** ho	**vela** *f.* ヴェーラ	sail セイル
ほ **穂** ho	**spiga** *f.* スピーガ	ear イア
ほあん **保安** hoan	**sicurezza** *f.* スィクレッツァ	security スィキュアリティ
ほいくし **保育士** hoikushi	**maestro(-*a*) d'asilo** *m.*(*f.*) マエストロ(-ラ) ダズィーロ	child care worker チャイルド ケア ワーカ
ほいくしょ **保育所** hoikusho	**asilo nido** *m.* アズィーロ ニード	daycare center, day nursery デイケア センタ, デイ ナーサリ
ぼいこっと **ボイコット** boikotto	**boicottaggio** *m.* ボイコッタッジョ	boycott ボイカット
〜する	**boicottare** ボイコッターレ	boycott ボイカット
ほいっする **ホイッスル** hoissuru	**fischietto** *m.* フィスキエット	whistle (ホ)ウィスル

日	伊	英
ぼいらー **ボイラー** boiraa	**caldaia** *f.* カルダイア	boiler ボイラ
ぼいん **母音** boin	**vocale** *f.* ヴォカーレ	vowel ヴァウエル
ぼいん **拇印** boin	**impronta del pollice** *f.* インプロンタ デル ポッリチェ	thumbprint サムプリント
ぽいんと **ポイント** pointo	**punto** *m.* プント	point ポイント
ほう **法**　　（方法） hou	**maniera** *f.* マニエーラ	method, way メソド, ウェイ
（法律・規則）	**legge** *f.* レッジェ	law, regulation ロー, レギュレイション
ぼう **棒** bou	**bastone** *m.* バストーネ	stick, rod スティク, ラド
ほうあん **法案** houan	**disegno di legge** *m.* ディゼーニョ ディ レッジェ	bill ビル
ほうい **方位** houi	**direzione** *f.*, **orientamento** *m.* ディレツィオーネ, オリエンタメント	direction ディレクション
ぼうえい **防衛** bouei	**difesa** *f.* ディフェーザ	defense, ⒷDefence ディフェンス, ディフェンス
～する	**difendere** ディフェンデレ	defend ディフェンド
ほうえいする **放映する** houeisuru	**trasmettere ... in televisione** トラズメッテレ … イン テレヴィズィオーネ	telecast テレキャスト
ぼうえき **貿易** boueki	**commercio estero** *m.* コンメルチョ エステロ	trade, commerce トレイド, カマス
ぼうえんきょう **望遠鏡** bouenkyou	**telescopio** *m.* テレスコーピオ	telescope テレスコウプ

日	伊	英
ぼうえんレンズ **望遠レンズ** bouenrenzu	**teleobiettivo** *m.* テレオビエッティーヴォ	telephoto lens テレフォウトウ レンズ
ほうおう **法王** houou	**Papa** *m.* パーパ	Pope ポウプ
ぼうおんの **防音の** bouonno	**insonorizzato(-a)** インソノリッザート(-タ)	soundproof サウンドプルーフ
ほうか **放火** houka	**incendio doloso** *m.* インチェンディオ ドローゾ	incendiary fire インセンディエリ ファイア
ぼうか **防火** bouka	**prevenzione degli incendi** *f.* プレヴェンツィオーネ デッリ インチェンディ	fire prevention ファイア プリヴェンション
ぼうがい **妨害** bougai	**ostacolo** *m.*, **impedimento** *m.* オスターコロ, インペディメント	obstruction オブストラクション
～する	**disturbare, ostacolare** ディストゥルバーレ, オスタコラーレ	disturb, hinder ディスターブ, ハインダ
ほうかいする **崩壊する** houkaisuru	**crollare** クロッラーレ	collapse カラプス
ほうがく **方角** hougaku	**direzione** *f.* ディレツィオーネ	direction ディレクション
ほうかご **放課後** houkago	**dopo scuola** ドーポ スクォーラ	after school アフタ スクール
ぼうかんしゃ **傍観者** boukansha	**spettatore(-trice)** *m.* (*f.*) スペッタトーレ(-トリーチェ)	onlooker アンルカ
ぼうかんする **傍観する** boukansuru	**stare a guardare** スターレ ア グァルダーレ	look on ルク オン
ほうがんなげ **砲丸投げ** hougannage	**lancio del peso** *m.* ランチョ デル ペーゾ	shot put シャト プト
ほうき **箒** houki	**scopa** *f.* スコーパ	broom ブルム

日	伊	英
ぼうぎょ **防御** bougyo	**difesa** *f.* ディフェーザ	defense, Ⓑdefenceディフェンス, ディフェンス
～する	**difendere** ディフェンデレ	defend, protect ディフェンド, プロテクト
ぼうくうごう **防空壕** boukuugou	**rifugio antiaereo** *m.* リフージョ アンティアエーレオ	air-raid shelter エアレイド シェルタ
ぼうくん **暴君** boukun	**tiranno(-a)** *m.* (*f.*) ティランノ(-ナ)	tyrant タイアラント
ほうげん **放言** hougen	**parole irresponsabili** *f.pl.* パローレ イッレスポンサービリ	unreserved talk, wild remark アンリザーヴド トーク, ワイルド リマーク
ほうげん **方言** hougen	**dialetto** *m.* ディアレット	dialect ダイアレクト
ぼうけん **冒険** bouken	**avventura** *f.* アッヴェントゥーラ	adventure アドヴェンチャ
～する	**correre il rischio** コッレレ イル リスキオ	take a risk, run a risk テイク ア リスク, ラン ア リスク
ぼうげん **暴言** bougen	**parole offensive** *f.pl.* パローレ オッフェンスィーヴェ	abusive words アビュースィヴ ワーヅ
ほうけんせい **封建制** houkensei	**feudalesimo** *m.* フェウダレーズィモ	feudalism フューダリズム
ほうけんてきな **封建的な** houkentekina	**feudale** フェウダーレ	feudal フューダル
ほうこう **方向** houkou	**direzione** *f.* ディレツィオーネ	direction ディレクション
ぼうこう **暴行** boukou	**violenza** *f.* ヴィオレンツァ	violence, outrage ヴァイオレンス, アウトレイヂ
ほうこく **報告** houkoku	**rapporto** *m.*, **relazione** *f.* ラッポルト, レラツィオーネ	report リポート

日	伊	英
〜する	**riferire** リフェリーレ	report, inform リポート, インフォーム
ぼうさい **防災** bousai	**prevenzione delle calamità** *f.* プレヴェンツィオーネ デッレ カラミタ	prevention of disasters プリヴェンション オヴ ディザスタズ
ほうさく **豊作** housaku	**buon raccolto** *m.* ブオン ラッコルト	good harvest グド ハーヴェスト
ぼうし **帽子** boushi	**cappello** *m.* カッペッロ	hat, cap ハト, キャプ
ほうしき **方式** houshiki	**forma** *f.*, **metodo** *m.* フォルマ, メートド	form, method フォーム, メソド
ほうしする **奉仕する** houshisuru	**servire** セルヴィーレ	serve サーヴ
ほうしゃせん **放射線** houshasen	**radiazioni** *f.pl.* ラディアツィオーニ	radiation レイディエイション
ほうしゃのう **放射能** houshanou	**radioattività** *f.* ラディオアッティヴィタ	radioactivity レイディオウアクティヴィティ
ほうしゅう **報酬** houshuu	**remunerazione** *f.* レムネラツィオーネ	remuneration リミューナレイション
ほうしん **方針** houshin	**politica** *f.* ポリーティカ	course, policy コース, パリスィ
ほうじん **法人** houjin	**persona giuridica** *f.* ペルソーナ ジュリーディカ	juridical person デュアリディカル パースン
ぼうすいの **防水の** bousuino	**impermeabile** インペルメアービレ	waterproof ウォータプルーフ
ほうせき **宝石** houseki	**gioiello** *m.* ジョイエッロ	jewel ヂューエル
ぼうぜんと **呆然と** bouzento	**con aria assente** コナーリア アッセンテ	blankly, in a daze ブランクリ, イン ア デイズ

日	伊	英
ほうそう 包装 housou	**confezione regalo** *f.* コンフェツィオーネ レガーロ	wrapping ラピング
ほうそう 放送 housou	**trasmissione** *f.* トラズミッスィオーネ	broadcast ブロードキャスト
～局	**emittente** *f.* エミッテンテ	broadcasting station ブロードキャスティング ステイション
ぼうそうぞく 暴走族 bousouzoku	**banda di motociclisti** *f.* バンダ ディ モトチクリスティ	motorcycle gang モウタサイクル ギャング
ほうそく 法則 housoku	**legge** *f.* レッジェ	law, rule ロー, ルール
ほうたい 包帯 houtai	**benda** *f.* ベンダ	bandage バンディヂ
ぼうだいな 膨大な boudaina	**enorme** エノルメ	enormous, huge イノーマス, ヒューヂ
ぼうたかとび 棒高跳び boutakatobi	**salto con l'asta** *m.* サルト コン ラスタ	pole vault ポウル ヴォールト
ほうちする 放置する houchisuru	**lasciare, abbandonare** ラシャーレ, アッバンドナーレ	leave alone, neglect リーヴ アロウン, ニグレクト
ぼうちゅうざい 防虫剤 bouchuuzai	**repellente per insetti** *m.* レペッレンテ ペリンセッティ	mothball モースボール
ほうちょう 包丁 houchou	**coltello da cucina** *m.* コルテッロ ダ クチーナ	kitchen knife キチン ナイフ
ぼうちょうする 膨張する bouchousuru	**dilatarsi, espandersi** ディラタルスィ, エスパンデルスィ	expand, swell イクスパンド, スウェル
ぼうちょうてい 防潮堤 bouchoutei	**diga marittima** *f.* ディーガ マリッティマ	seawall スィーウォール
ほうっておく ほうっておく houtteoku	**lasciare, abbandonare** ラシャーレ, アッバンドナーレ	leave alone, neglect リーヴ アロウン, ニグレクト

日	伊	英
ほうてい **法廷** houtei	**tribunale** *m.* トリブナーレ	court コート
ほうていしき **方程式** houteishiki	**equazione** *f.* エクアツィオーネ	equation イクウェイション
ほうてきな **法的な** houtekina	**legale** レガーレ	legal リーガル
ほうどう **報道** houdou	**notizie** *f.pl.*, **informazione** *f.* ノティーツィエ, インフォルマツィオーネ	news, report ニューズ, リポート
～する	**informare, riportare (la notizia)** インフォルマーレ, リポルターレ (ラ ノティーツィア)	report, inform リポート, インフォーム
ぼうどう **暴動** boudou	**rivolta** *f.* リヴォルタ	riot ライオト
ほうにんする **放任する** houninsuru	**lasciare** ラシャーレ	leave リーヴ
ぼうはん **防犯** bouhan	**prevenzione dei crimini** *f.* プレヴェンツィオーネ デイ クリーミニ	crime prevention クライム プリヴェンション
ほうび **褒美** houbi	**ricompensa** *f.* リコンペンサ	reward リウォード
ほうふ **抱負** houfu	**ambizione** *f.* アンビツィオーネ	ambition アンビション
ぼうふう **暴風** boufuu	**tempesta** *f.* テンペスタ	storm, gale ストーム, ゲイル
～雨	**temporale** *m.* テンポラーレ	storm, rainstorm ストーム, レインストーム
ほうふくする **報復する** houfukusuru	**compiere una rappresaglia** コンピエレ ウナ ラップレザッリァ	retaliate リタリエイト
ぼうふざい **防腐剤** boufuzai	**conservante** *m.* コンセルヴァンテ	preservative プリザーヴァティヴ

日	伊	英
ほうふな **豊富な** houfuna	**ricco(-a) di** リッコ(-カ) ディ	rich in, abundant in リチ イン, アバンダント イン
ほうほう **方法** houhou	**modo** *m.* モード	way, method ウェイ, メソド
ほうまんな **豊満な** houmanna	**formoso(-a)** フォルモーゾ(-ザ)	plump プランプ
ぼうめい **亡命** boumei	**asilo politico** *m.* アズィーロ ポリーティコ	political asylum ポリティカル アサイラム
ほうめん **方面** (方向) houmen	**direzione** *f.* ディレツィオーネ	direction ディレクション
(局面・側面)	**aspetto** *m.* アスペット	aspect アスペクト
ほうもん **訪問** houmon	**visita** *f.* ヴィーズィタ	visit, call ヴィズィト, コール
～する	**andare a trovare, visitare** アンダーレ ア トロヴァーレ, ヴィズィターレ	visit ヴィズィト
ぼうらく **暴落** bouraku	**crollo** *m.* クロッロ	heavy fall, nose-dive ヘヴィ フォール, ノウズダイヴ
～する	**crollare** クロッラーレ	fall heavily, nose-dive フォール ヘヴィリ, ノウズダイヴ
ぼうり **暴利** bouri	**profitti eccessivi** *m.pl.* プロフィッティ エッチェッスィーヴィ	excessive profits イクセスィヴ プラフィツ
ほうりつ **法律** houritsu	**legge** *f.* レッジェ	law ロー
ほうりなげる **放り投げる** hourinageru	**buttare, lanciare** ブッターレ, ランチャーレ	throw, toss スロウ, トス
ぼうりゃく **謀略** bouryaku	**complotto** *m.* コンプロット	plot プラト

日	伊	英
ぼうりょく **暴力** bouryoku	**violenza** *f.* ヴィオレンツァ	violence **ヴァイ**オレンス
〜団	**organizzazione criminale** *f.* オルガニッザツィオーネ クリミナーレ	gang, crime syndicate **ギャ**ング, クライム ス**ィ**ンディカト
ぼうりんぐ **ボウリング** bouringu	**bowling** *m.* ブリング	bowling **ボ**ウリング
ほうる **放る** houru	**buttare, lanciare** ブッ**タ**ーレ, ラン**チャ**ーレ	throw, toss ス**ロ**ウ, **ト**ス
ぼうる **ボウル** bouru	**scodella** *f.* スコ**デ**ッラ	bowl **ボ**ウル
ほうれい **法令** hourei	**legge** *f.*, **ordinanza** *f.* **レ**ッジェ, オルディ**ナ**ンツァ	law, ordinance **ロ**ー, **オ**ーディナンス
ほうれんそう **ホウレンソウ** hourensou	**spinaci** *m.pl.* スピ**ナ**ーチ	spinach ス**ピ**ニチ
ほうろう **放浪** hourou	**vagabondaggio** *m.* ヴァガボン**ダ**ッジョ	wandering **ワ**ンダリング
ほえる **吠える** hoeru	**abbaiare** アッバイ**ア**ーレ	bark **バ**ーク
ほお **頰** hoo	**guancia** *f.* グ**ア**ンチャ	cheek **チ**ーク
ぼーいふれんど **ボーイフレンド** booifurendo	**amico** *m.*, **ragazzo** *m.* ア**ミ**ーコ, ラ**ガ**ッツォ	boyfriend **ボ**イフレンド
ぽーかー **ポーカー** pookaa	**poker** *m.* **ポ**ーケル	poker **ポ**ウカ
ほーす **ホース** hoosu	**tubo** *m.* ト**ゥ**ーボ	hose **ホ**ウズ
ぽーず **ポーズ** poozu	**posa** *f.* **ポ**ーザ	pose **ポ**ウズ

日	伊	英
～をとる	**posare** ポザーレ	pose ポウズ
ぼーと **ボート** booto	**barca** *f.* バルカ	boat ボウト
ぼーなす **ボーナス** boonasu	**bonus** *m.* ボーヌス	bonus ボウナス
ほおべに **頬紅** hoobeni	**fard** *m.* ファルド	rouge ルージュ
ほおぼね **頬骨** hoobone	**zigomi** *m.pl.* ズィーゴミ	cheekbones チークボウンズ
ほーむ **ホーム** (家) hoomu	**casa** *f.* カーザ	home ホウム
(プラットホーム)	**binario** *m.* ビナーリオ	platform プラトフォーム
～シック	**nostalgia (di casa)** *f.* ノスタルジーア (ディ カーザ)	homesickness ホウムスィクネス
～ステイ	**soggiorno presso una famiglia** *m.* ソッジョルノ プレッソ ウナ ファミッリァ	homestay ホウムステイ
～ページ	**home page** *f.* オムペイジ	home page ホウム ペイヂ
～レス	**senzatetto** *m.f.* センツァテット	homeless ホウムレス
ぽーらんど **ポーランド** poorando	**Polonia** *f.* ポローニア	Poland ポウランド
ぼーりんぐ **ボーリング** (掘削) booringu	**perforazione** *f.* ペルフォラツィオーネ	boring ボーリング
ほーる **ホール** (広間) hooru	**sala** *f.*, **salone** *m.* サーラ, サローネ	hall ホール

日	伊	英
ぼーる **ボール** booru	**palla** *f.* パッラ	ball ボール
ぼーるがみ **ボール紙** boorugami	**cartone** *m.* カルトーネ	cardboard カードボード
ほかくする **捕獲する** hokakusuru	**catturare** カットゥラーレ	capture キャプチャ
ぼかす **ぼかす** bokasu	**sfumare, fare ombra** *a* スフマーレ, ファーレ オンブラ ア	shade off, obscure シェイド オーフ, オブスキュア
ほかの **他の** hokano	**altro(-*a*)** アルトロ(-ラ)	another, other アナザ, アザ
ほがらかな **朗らかな** hogarakana	**allegro(-*a*)** アッレーグロ(-ラ)	cheerful チアフル
ほかんする **保管する** hokansuru	**custodire** クストディーレ	keep, store キープ, ストー
ぼき **簿記** boki	**contabilità** *f.* コンタビリタ	bookkeeping ブクキーピング
ほきゅうする **補給する** hokyuusuru	**rifornire** リフォルニーレ	supply, replenish サプライ, リプレニシュ
ぼきん **募金** bokin	**colletta** *f.* コッレッタ	fund-raising ファンドレイズィング
ほくおう **北欧** hokuou	**Europa settentrionale** *f.* エウローパ セッテントリオナーレ	Northern Europe ノーザン ユアロプ
ぼくさー **ボクサー** bokusaa	**pugile** *m.f.* プージレ	boxer バクサ
ぼくし **牧師** bokushi	**pastore** *m.* パストーレ	pastor, parson パスタ, パースン
ぼくじょう **牧場** bokujou	**pascolo** *m.*, **fattoria** *f.* パスコロ, ファットリーア	pasture, ranch パスチャ, ランチ
ぼくしんぐ **ボクシング** bokushingu	**pugilato** *m.* プジラート	boxing バクスィング

日	伊	英
ほくせい **北西** hokusei	**nord-ovest** *m.* ノルドーヴェスト	northwest ノース**ウェ**スト
ぼくそう **牧草** bokusou	**erba** *f.* **エ**ルバ	grass グ**ラ**ス
ぼくちく **牧畜** bokuchiku	**allevamento del bestiame** *m.* アッレヴァメント デル ベスティ**ア**ーメ	stock farming ス**タ**ク **ファ**ーミング
ほくとう **北東** hokutou	**nord-est** *m.* ノル**デ**スト	northeast ノース**イ**ースト
ほくとしちせい **北斗七星** hokutoshichisei	**Gran Carro** *m.* グラン **カッ**ロ	Big Dipper, Ⓑ Plough ビグ **ディ**パ, プ**ラ**ウ
ほくぶ **北部** hokubu	**parte settentrionale** *f.* パルテ セッテントリオ**ナ**ーレ	northern part **ノ**ーザン **パ**ート
ぼくめつする **撲滅する** bokumetsusuru	**sterminare** ステルミ**ナ**ーレ	exterminate イクス**タ**ーミネイト
ほくろ **ほくろ** hokuro	**neo** *m.* **ネ**ーオ	mole **モ**ウル
ぼけい **母系** bokei	**linea materna** *f.* **リ**ーネア マ**テ**ルナ	maternal line マ**タ**ーナル **ラ**イン
ほけつ **補欠** hoketsu	**riserva** *f.* リ**ゼ**ルヴァ	substitute **サ**プスティテュート
ぽけっと **ポケット** poketto	**tasca** *f.* **タ**スカ	pocket **パ**ケト
ぼける **ぼける** bokeru	**rimbambire** リンバン**ビ**ーレ	grow senile グ**ロ**ウ ス**ィ**ーナイル
ほけん **保険** hoken	**assicurazione** *f.* アッスィクラツィ**オ**ーネ	insurance イン**シュ**アランス
～会社	**compagnia di assicurazioni** *f.* コンパ**ニ**ーア ディ アッスィクラツィ**オ**ーニ	insurance company イン**シュ**アランス **カ**ンパニ

日	伊	英
～金	**indennità** *f.* インデンニタ	insurance money インシュアランス マニ
ほけん **保健** hoken	**igiene** *f.* イジエーネ	health, hygiene ヘルス, ハイヂーン
ぼこう **母校** bokou	**ex scuola** *f.*, **ex universi-tà** *f.* エクス スクォーラ, エクス ウニヴェルスィタ	alma mater, one's old school アルマ マータ, オウルド スクール
ほこうしゃ **歩行者** hokousha	**pedone** *m.* ペドーネ	pedestrian, walker ペデストリアン, ウォーカ
ぼこく **母国** bokoku	**patria** *f.* パートリア	mother country マザ カントリ
ほごする **保護する** hogosuru	**proteggere** プロテッジェレ	protect プロテクト
ほこり **誇り** hokori	**orgoglio** *m.* オルゴッリォ	pride プライド
ほこる **誇る** hokoru	**(essere) orgoglioso(-a)** *di* (エッセレ) オルゴッリォーゾ(-ザ) ディ	(be) proud of (ビ) プラウド オヴ
ほころびる **ほころびる** hokorobiru	**scucirsi** スクチルスィ	come apart カム アパート
ほし **星** hoshi	**stella** *f.* ステッラ	star スター
～占い	**oroscopo** *m.* オロスコポ	horoscope ホロスコウプ
ほしい **欲しい** hoshii	**desiderare** デズィデラーレ	want, wish for ワント, ウィシュ フォ
ほしがる **欲しがる** hoshigaru	**desiderare** デズィデラーレ	want, wish for ワント, ウィシュ フォ
ほじくる **ほじくる** hojikuru	**estrarre** エストラッレ	pick ピク

日	伊	英
ポジション pojishon	**posizione** *f.* ポズィツィオーネ	position ポズィション
保釈 hoshaku	**rilascio dietro cauzione** *m.* リラッショ ディエートロ カウツィオーネ	bail ベイル
〜金	**cauzione** *f.* カウツィオーネ	bail ベイル
保守 hoshu	**conservatorismo** *m.* コンセルヴァトリズモ	conservatism コンサーヴァティズム
〜的な	**conserva*tore*(*-trice*)** コンセルヴァトーレ(-トリーチェ)	conservative コンサーヴァティヴ
補習 hoshuu	**lezioni supplementari** *f.pl.* レツィオーニ スップレメンターリ	extra lessons エクストラ レスンズ
募集 boshuu	**reclutamento** *m.* レクルタメント	recruitment リクルートメント
〜する	**reclutare** レクルターレ	recruit リクルート
（寄付などの）	**colletta** *f.* コッレッタ	collection コレクション
〜する	**fare una colletta** ファーレ ウナ コッレッタ	collect コレクト
補充する hojuusuru	**supplire** *a* スップリーレ ア	supplement, replenish サプリメント, リプレニシュ
補助 hojo	**assistenza** *f.* アッスィステンツァ	assistance アスィスタンス
〜する	**assistere** アッスィステレ	assist アスィスト
保証 hoshou	**garanzia** *f.* ガランツィーア	guarantee ギャランティー

日	伊	英
～書	**certificato di garanzia** *m.* チェルティフィカート ディ ガランツィーア	written guarantee リトン ギャランティー
～する	**garantire** ガランティーレ	guarantee, assure ギャランティー, アシュア
～人	**garante** *m.f.* ガランテ	guarantor, surety ギャラントー, シュアティ
ほす 干す hosu	**asciugare** アシュガーレ	dry, air ドライ, エア
ぽすたー ポスター posutaa	**manifesto** *m.*, **poster** *m.* マニフェスト, ポステル	poster ポウスタ
ほすてす ホステス hosutesu	**ospite** *f.* オスピテ	hostess ホウステス
ほすと ホスト hosuto	**ospite** *m.* オスピテ	host ホウスト
ぽすと ポスト posuto	**cassetta delle lettere** *f.* カッセッタ デッレ レッテレ	mailbox, letter box メイルバクス, レタ バクス
ほすぴす ホスピス hosupisu	**ospizio per pazienti terminali** *m.* オスピーツィオ ペル パツィエンティ テルミナーリ	hospice ハスピス
ぼせい 母性 bosei	**maternità** *f.* マテルニタ	motherhood マザフド
ほそい 細い hosoi	**sottile** ソッティーレ	thin, slim スィン, スリム
ほそう 舗装 hosou	**pavimentazione** *f.* パヴィメンタツィオーネ	pavement ペイヴメント
～する	**pavimentare** パヴィメンターレ	pave ペイヴ
ほそく 補足 hosoku	**supplemento** *m.*, **integrazione** *f.* スップレメント, インテグラツィオーネ	supplement サプリメント

日	伊	英
〜する	**aggiungere** アッジュンジェレ	supplement サプリメント
ほそながい 細長い hosonagai	**lungo(-a) e stretto(-a)** ルンゴ(-ガ) エ ストレット(-タ)	long and slender ローング アンド スレンダ
ほぞん 保存 hozon	**conservazione** *f.* コンセルヴァツィオーネ	preservation プレザヴェイション
〜する	**conservare** コンセルヴァーレ	preserve, keep プリザーヴ, キープ
(データなどの)	**salvataggio** *m.* サルヴァタッジョ	saving セイヴィング
〜する	**salvare** サルヴァーレ	save セイヴ
ぼたい 母胎 botai	**grembo materno** *m.* グレンボ マテルノ	mother's womb, uterus マザズ ウーム, ユーテラス
ほたてがい 帆立貝 hotategai	**capasanta** *f.* カパサンタ	scallop スカロプ
ほたる 蛍 hotaru	**lucciola** *f.* ルッチョラ	firefly ファイアフライ
ぼたん ボタン botan	**bottone** *m.* ボットーネ	button バトン
ぼち 墓地 bochi	**cimitero** *m.* チミテーロ	graveyard グレイヴヤード
ほちょう 歩調 hochou	**passo** *m.* パッソ	pace, step ペイス, ステプ
ぼっきする 勃起する bokkisuru	**avere un'erezione** アヴェーレ ウネレツィオーネ	(be) erect, erect (ビ) イレクト, イレクト
ほっきにん 発起人 hokkinin	**promotore(-trice)** *m.* (*f.*) プロモトーレ(-トリーチェ)	promoter, proposer プロモウタ, プロポウザ

日	伊	英
ほっきょく **北極** hokkyoku	**Polo Nord** *m.* ポーロ ノルド	North Pole ノース ポウル
～圏	**circolo polare artico** *m.* チルコロ ポラーレ アルティコ	Arctic Circle アークティク サークル
～星	**stella polare** *f.* ステッラ ポラーレ	Pole Star ポウル スター
ほっく **ホック** hokku	**gancio** *m.* ガンチョ	hook フク
ほっけー **ホッケー** hokkee	**hockey** *m.* オケイ	hockey ハキ
ほっさ **発作** hossa	**attacco** *m.* アッタッコ	fit, attack フィト, アタク
～的な	**spasmodico(-a)** スパズモーディコ(-カ)	fitful, spasmodic フィトフル, スパズマディク
ぼっしゅうする **没収する** bosshuusuru	**confiscare** コンフィスカーレ	confiscate カンフィスケイト
ほっそく **発足** hossoku	**inaugurazione** *f.* イナウグラツィオーネ	inauguration イノーギュレイション
ぽっと **ポット** potto	**teiera** *f.* テイエーラ	pot, teapot パト, ティーパト
ぼっとうする **没頭する** bottousuru	**(essere) assorto(-a)** *in* (エッセレ) アッソルト(-タ) イン	(be) absorbed in (ビ) アブソーブド イン
ほっとする **ほっとする** hottosuru	**provare sollievo** プロヴァーレ ソッリエーヴォ	feel relieved フィール リリーヴド
ほっとどっぐ **ホットドッグ** hottodoggu	**hot dog** *m.* オットドッグ	hot dog ハト ドグ
ほっとらいん **ホットライン** hottorain	**linea diretta** *f.* リーネア ディレッタ	hotline ハトライン
ぽっぷす **ポップス** poppusu	**musica pop** *f.* ムーズィカ ポプ	pop music パプ ミューズィク

日	伊	英
ぼつらくする **没落する** botsurakusuru	**deteriorarsi** デテリオラルスィ	(be) ruined (ビ) ルーインド
ぼでぃーがーど **ボディーガード** bodiigaado	**guardia del corpo** *f.* グァルディア デル コルポ	bodyguard バディガード
ぼでぃーちぇっく **ボディーチェック** bodiichekku	**perquisizione personale** *f.* ペルクィズィツィオーネ ペルソナーレ	body search, frisking バディ サーチ, フリスキング
ぽてとちっぷ **ポテトチップ** potetochippu	**patatine** *f.pl.* パタティーネ	chips, ⓑcrisps チプス, クリスプス
ほてる **ホテル** hoteru	**albergo** *m.* アルベルゴ	hotel ホウテル
ほてる **火照る** hoteru	**sentire caldo** センティーレ カルド	feel hot, flush フィール ハト, フラシュ
ほどう **舗道** hodou	**strada pavimentata** *f.* ストラーダ パヴィメンタータ	paved road ペイヴド ロウド
ほどう **歩道** hodou	**marciapiede** *m.* マルチャピエーデ	sidewalk, ⓑpavement サイドウォーク, ペイヴメント
～橋	**passerella pedonale** *f.* パッセレッラ ペドナーレ	footbridge フトブリヂ
ほどく **解く** hodoku	**sciogliere** ショッリエレ	untie, unfasten アンタイ, アンファスン
ほとけ **仏** hotoke	**Budda** *m.* ブッダ	Buddha ブダ
ぼとる **ボトル** botoru	**bottiglia** *f.* ボッティッリァ	bottle バトル
ほとんど **ほとんど** hotondo	**quasi** クァーズィ	almost, nearly オールモウスト, ニアリ
（ほとんどない）	**appena** アッペーナ	hardly ハードリ

日	伊	英
ぼにゅう **母乳** bonyuu	**latte materno** *m.* ラッテ マテルノ	mother's milk マザズ ミルク
ほにゅうどうぶつ **哺乳動物** honyuudoubutsu	**mammifero** *m.* マンミーフェロ	mammal ママル
ほね **骨** hone	**osso** *m.* オッソ	bone ボウン
〜折り	**sforzi** *m.pl.* スフォルツィ	pains, efforts ペインズ, エファツ
〜組み	**struttura** *f.* ストルットゥーラ	frame, structure フレイム, ストラクチャ
ほのお **炎** honoo	**fiamma** *f.* フィアンマ	flame フレイム
ほのめかす **ほのめかす** honomekasu	**alludere** *a* アッルーデレ ア	hint, suggest ヒント, サグチェスト
ぽぴゅらーな **ポピュラーな** popyuraana	**popolare** ポポラーレ	popular パピュラ
ぼぶすれー **ボブスレー** bobusuree	**bob** *m.* ボブ	bobsleigh バブスレイ
ほほえましい **微笑ましい** hohoemashii	**piacevole** ピアチェーヴォレ	pleasing プリーズィング
ほほえむ **微笑む** hohoemu	**sorridere** ソッリーデレ	smile at スマイル アト
ほめる **褒める** homeru	**lodare** ロダーレ	praise プレイズ
ぼやく **ぼやく** boyaku	**lamentarsi** ラメンタルスィ	complain コンプレイン
ぼやける **ぼやける** boyakeru	**affievolirsi, indebolirsi** アッフィエヴォリルスィ, インデボリルスィ	blur, grow fuzzy ブラ, グロウ ファズィ
ほよう **保養** hoyou	**riposo** *m.* リポーゾ	rest レスト

日	伊	英
〜地	**stazione climatica** *f.* スタツィオーネ クリマーティカ	health resort ヘルス リゾート
ほら **法螺** hora	**millanteria** *f.* ミッランテリーア	brag, boast ブラグ, ボウスト
〜を吹く	**spararle grosse** スパラルレ グロッセ	talk big トーク ビグ
ほらあな **洞穴** horaana	**caverna** *f.* カヴェルナ	cave ケイヴ
ぼらんてぃあ **ボランティア** borantia	**volontario(-a)** *m.* (*f.*) ヴォロンターリオ(-ア)	volunteer ヴァランティア
ぽりーぷ **ポリープ** poriipu	**polipo** *m.* ポーリポ	polyp パリプ
ぽりえすてる **ポリエステル** poriesuteru	**poliestere** *m.* ポリエステレ	polyester パリエスタ
ぽりえちれん **ポリエチレン** poriechiren	**polietilene** *m.* ポリエティレーネ	polythene, poly-ethylene パリスィーン, パリエスィリーン
ぽりお **ポリオ** porio	**poliomielite** *f.* ポリオミエリーテ	polio ポウリオウ
ぽりしー **ポリシー** porishii	**politica** *f.* ポリーティカ	policy パリスィ
ほりだしもの **掘り出し物** horidashimono	**scoperta** *f.* スコペルタ	good find, rare find グド ファインド, レア ファインド
ぽりぶくろ **ポリ袋** poribukuro	**sacchetto di plastica** *m.* サッケット ディ プラスティカ	plastic bag プラスティク バグ
ほりゅうする **保留する** horyuusuru	**riservare** リゼルヴァーレ	reserve, put on hold リザーヴ, プト オン ホウルド
ぼりゅーむ **ボリューム** boryuumu	**volume** *m.* ヴォルーメ	volume ヴァリュム

日	伊	英
ほりょ **捕虜** horyo	**prigioniero(-a)** *m.* (*f.*) プリジョニエーロ(-ラ)	prisoner プリズナ
ほる **掘る** horu	**scavare** スカヴァーレ	dig, excavate ディグ, エクスカヴェイト
ほる **彫る** horu	**incidere, intagliare** インチーデレ, インタッリアーレ	carve, engrave カーヴ, イングレイヴ
ぼると **ボルト** (ねじ) boruto	**bullone** *m.* ブッローネ	bolt ボウルト
(電圧の単位)	**volt** *m.* ヴォルト	volt ヴォウルト
ぽるとがる **ポルトガル** porutogaru	**Portogallo** *m.* ポルトガッロ	Portugal ポーチュガル
～語	**portoghese** *m.* ポルトゲーゼ	Portuguese ポーチュギーズ
ぽるの **ポルノ** poruno	**pornografia** *f.* ポルノグラフィーア	pornography ポーナグラフィ
ほるもん **ホルモン** horumon	**ormone** *m.* オルモーネ	hormone ホーモウン
ほるん **ホルン** horun	**corno** *m.* コルノ	horn ホーン
ほれる **惚れる** horeru	**innamorarsi** *di* インナモラルスィ ディ	fall in love with フォール イン ラヴ ウィズ
ぽろしゃつ **ポロシャツ** poroshatsu	**polo** *f.* ポーロ	polo shirt ポウロウ シャート
ほろにがい **ほろ苦い** horonigai	**amarognolo(-a)** アマローニョロ(-ラ)	slightly bitter スライトリ ビタ
ほろびる **滅びる** horobiru	**estinguersi, decadere** エスティングェルスィ, デカデーレ	fall, perish フォール, ペリシュ
ほろぼす **滅ぼす** horobosu	**rovinare, distruggere** ロヴィナーレ, ディストルッジェレ	ruin, destroy ルーイン, ディストロイ

日	伊	英
ぼろぼろの ぼろぼろの boroborono	**lacero(-a)** ラーチェロ(-ラ)	ragged ラギド
ほん 本 hon	**libro** *m.* リープロ	book ブク
～屋	**libreria** *f.* リブレリーア	bookstore ブクストー
ぼん 盆 bon	**vassoio** *m.* ヴァッソイオ	tray トレイ
ほんかくてきな 本格的な honkakutekina	**autentico(-a)** アウテンティコ(-カ)	genuine, authentic ヂェニュイン, オーセンティク
ほんかん 本館 honkan	**edificio principale** *m.* エディフィーチョ プリンチパーレ	main building メイン ビルディング
ほんきで 本気で honkide	**seriamente** セリアメンテ	seriously, earnestly スィアリアスリ, アーネストリ
ほんきの 本気の honkino	**serio(-a)** セーリオ(-ア)	serious スィアリアス
ほんきょち 本拠地 honkyochi	**sede** *f.*, **base** *f.* セーデ, バーゼ	base ベイス
ほんこん 香港 honkon	**Hong Kong** *f.* オンコング	Hong Kong ハング カング
ほんしつ 本質 honshitsu	**essenza** *f.* エッセンツァ	essence エセンス
～的な	**essenziale** エッセンツィアーレ	essential イセンシャル
ほんしゃ 本社 honsha	**sede legale** *f.* セーデ レガーレ	head office ヘド オーフィス
ほんしょう 本性 honshou	**natura** *f.*, **vera natura** *f.* ナトゥーラ, ヴェーラ ナトゥーラ	nature, true character ネイチャ, トルー キャラクタ

日	伊	英
ほんしん **本心** honshin	**vera intenzione** *f.* ヴェーラ インテンツィオーネ	real intention リーアル インテンション
ぼんじん **凡人** bonjin	**mediocre** *m.f.* メディオークレ	mediocre person ミーディオウカ パースン
ほんせき **本籍** honseki	**domicilio legale** *m.* ドミチーリオ レガーレ	registered domicile レヂスタド ダミサイル
ほんそうする **奔走する** honsousuru	**fare tutto il possibile** ファーレ トゥット イル ポッスィービレ	make efforts メイク エフォツ
ほんたい **本体** hontai	**corpo** *m.*, **sostanza** *f.* コルポ, ソスタンツァ	main body メイン バディ
ほんだな **本棚** hondana	**scaffale** *m.* スカッファーレ	bookshelf ブクシェルフ
ほんてん **本店** honten	**sede centrale** *f.* セーデ チェントラーレ	main branch メイン ブランチ
ほんど **本土** hondo	**terraferma** *f.* テッラフェルマ	mainland メインランド
ぽんど **ポンド** pondo	**libbra** *f.* リッブラ	pound パウンド
ほんとう **本当** hontou	**verità** *f.* ヴェリタ	truth トルース
ほんとうに **本当に** hontouni	**veramente** ヴェラメンテ	truly, really トルーリ, リーアリ
ほんとうの **本当の** hontouno	**vero(-a)** ヴェーロ(-ラ)	true, real トルー, リーアル
ほんにん **本人** honnin	**persona in questione** *f.* ペルソーナ イン クェスティオーネ	person in question パースン イン クウェスチョン
ほんね **本音** honne	**vera intenzione** *f.* ヴェーラ インテンツィオーネ	true mind トルー マインド

日	伊	英
ぼんねっと **ボンネット** bonnetto	**cofano** *m.* コーファノ	hood, ⒷBonnet フド, ボネト
ほんの **ほんの** honno	**soltanto** ソルタント	just, only チャスト, オウンリ
ほんのう **本能** honnou	**istinto** *m.* イスティント	instinct インスティンクト
～的な	**istintivo(-a)** イスティンティーヴォ(-ヴァ)	instinctive インスティンクティヴ
ほんぶ **本部** honbu	**sede principale** *f.* セーデ プリンチパーレ	head office, headquarters ヘド オーフィス, ヘドクウォータズ
ぽんぷ **ポンプ** ponpu	**pompa** *f.* ポンパ	pump パンプ
ほんぶん **本文** honbun	**testo** *m.* テスト	text テクスト
ぼんべ **ボンベ** bonbe	**bombola** *f.* ボンボラ	cylinder スィリンダ
ほんみょう **本名** honmyou	**vero nome** *m.* ヴェーロ ノーメ	real name リーアル ネイム
ほんめい **本命** honmei	**favorito(-a)** *m.*(*f.*) ファヴォリート(-タ)	favorite フェイヴァリト
ほんものの **本物の** honmonono	**autentico(-a)** アウテンティコ(-カ)	genuine チェニュイン
ほんやく **翻訳** hon-yaku	**traduzione** *f.* トラドゥツィオーネ	translation トランスレイション
～家	**tradut*tore*(-*trice*)** *m.*(*f.*) トラドゥットーレ(-トリーチェ)	translator トランスレイタ
～する	**tradurre ...** *in* トラドゥッレ ... イン	translate トランスレイト

日	伊	英
ぼんやりした （ぼう然とした） bon-yarishita	**distratto(-*a*)** ディストラット(-タ)	absent-minded アブセントマインデド
（ぼやけた）	**vago(-*a*)** ヴァーゴ(-ガ)	dim, vague ディム, ヴェイグ
ぼんやりと （ぼう然と） bon-yarito	**distrattamente** ディストラッタメンテ	absent-mindedly アブセントマインデドリ
（ぼやけて）	**vagamente** ヴァガメンテ	dimly, vaguely ディムリ, ヴェイグリ

日	伊	英

ま, マ

間 ま / ma (空間) — **spazio** *m.* スパーツィオ — space スペイス

(時間) — **tempo** *m.*, **intervallo** *m.* テンポ, インテルヴァッロ — time, interval タイム, インタヴァル

マーガリン まーがりん / maagarin — **margarina** *f.* マルガリーナ — margarine マーデァリン

マーク まーく / maaku — **segno** *m.* セーニョ — mark マーク

マーケット まーけっと / maaketto — **mercato** *m.* メルカート — market マーケト

マージン まーじん / maajin — **margine** *m.* マルジネ — margin マーデン

マーマレード まーまれーど / maamareedo — **marmellata** *f.* マルメッラータ — marmalade マーマレイド

枚 まい / mai — **foglio** *m.* フォッリオ — sheet, piece シート, ピース

毎 まい / mai — **ogni** オーニ — every, each エヴリ, イーチ

毎朝 まいあさ / maiasa — **ogni mattina** オーニ マッティーナ — every morning エヴリ モーニング

マイク まいく / maiku — **microfono** *m.* ミクローフォノ — microphone マイクロフォウン

マイクロバス まいくろばす / maikurobasu — **minibus** *m.*, **pullman** *m.* ミニブス, プルマン — minibus ミニバス

迷子 まいご / maigo — **bambino(-a) smarrito(-a)** *m.*(*f.*) バンビーノ(-ナ) ズマッリート(-タ) — stray child ストレイ チャイルド

日	伊	英
まいこむ **舞い込む** maikomu	**giungere inaspettatamente** ジュンジェレ イナスペッタタメンテ	come unexpectedly カム アニクスペクテドリ
まいしゅう **毎週** maishuu	**ogni settimana** オーニ セッティマーナ	every week エヴリ ウィーク
まいそうする **埋葬する** maisousuru	**seppellire** セッペッリーレ	bury ベリ
まいつき **毎月** maitsuki	**ogni mese** オーニ メーゼ	every month エヴリ マンス
まいなーな **マイナーな** mainaana	**minore** ミノーレ	minor マイナ
まいなす **マイナス** mainasu	**meno** メーノ	minus マイナス
まいにち **毎日** mainichi	**ogni giorno** オーニ ジョルノ	every day エヴリ デイ
まいねん **毎年** mainen	**ogni anno** オーニ アンノ	every year エヴリ イア
まいばん **毎晩** maiban	**ogni sera** オーニ セーラ	every evening エヴリ イーヴニング
まいぺーすで **マイペースで** maipeesude	**al proprio ritmo** アル プロープリオ リトモ	at one's own pace アト オウン ペイス
まいる **マイル** mairu	**miglio** *m.* ミッリォ	mile マイル
まう **舞う** mau	**ballare** バッラーレ	dance ダンス
まうえに **真上に** maueni	**proprio sopra** プロープリオ ソープラ	directly above ディレクトリ アバヴ
まうす **マウス** mausu	**mouse** *m.* マウズ	mouse マウス

日	伊	英
～パッド	**tappetino (per mouse)** *m.* タッペティーノ (ペル マウズ)	mouse pad マウス パド
まうんてんばいく **マウンテンバイク** mauntenbaiku	**mountain bike** *f.* マウンテン バイク	mountain bike マウンテン バイク
まえ **前** mae	**fronte** *f.* フロンテ	front フラント
まえあし **前足** maeashi	**zampa anteriore** *f.* ザンパ アンテリオーレ	forefoot フォーフト
まえうりけん **前売券** maeuriken	**biglietto in prevendita** *m.* ビリェット イン プレヴェンディタ	advance ticket アドヴァンス ティケト
まえがき **前書き** maegaki	**prefazione** *f.* プレファツィオーネ	preface プレフェス
まえがみ **前髪** maegami	**frangia** *f.* フランジャ	bangs, forelock, Ⓑfringe バングズ, フォーラク, フリンヂ
まえきん **前金** maekin	**anticipo** *m.* アンティーチポ	advance アドヴァンス
まえに　　(かつて) **前に** maeni	**prima** プリーマ	before, ago ビフォー, アゴウ
まえの **前の** maeno	**anteriore, precedente** アンテリオーレ, プレチェデンテ	front, former フラント, フォーマ
まえば **前歯** maeba	**denti anteriori** *m.pl.* デンティ アンテリオーリ	front teeth フラント ティース
まえばらい **前払い** maebarai	**pagamento anticipato** *m.* パガメント アンティチパート	advance payment アドヴァンス ペイメント
まえむきの **前向きの** maemukino	**positivo(-a)** ポズィティーヴォ(-ヴァ)	positive パズィティヴ
まえもって **前もって** maemotte	**in anticipo** イナンティーチポ	beforehand ビフォーハンド

日	伊	英
まかせる **任せる** makaseru	**affidare** アッフィダーレ	leave, entrust リーヴ, イントラスト
まがりかど **曲がり角** magarikado	**angolo** *m.* アンゴロ	corner コーナ
まがる **曲がる** magaru	**curvarsi** クルヴァルスィ	bend, curve ベンド, カーヴ
(道を)	**voltare, girare** *a* ヴォルターレ, ジラーレ ア	turn ターン
まかろに **マカロニ** makaroni	**maccheroni** *m.pl.* マッケローニ	macaroni マカロウニ
まき **薪** maki	**legna da ardere** *f.* レーニャ ダ アルデレ	firewood ファイアウド
まきじゃく **巻き尺** makijaku	**metro a nastro** *m.* メートロ ア ナストロ	tape measure テイプ メジャ
まぎらわしい **紛らわしい** magirawashii	**ingannevole, ambiguo(-a)** インガンネーヴォレ, アンビーグォ(・グァ)	misleading, confusing ミスリーディング, コンフューズィング
まぎれる **紛れる** magireru	**confondersi** *con* コンフォンデルスィ コン	(be) confused with (ビ) コンフューズド ウィズ
(気が)	**distrarsi** ディストラルスィ	(be) diverted by (ビ) ディヴァーテド バイ
まく **幕** maku	**sipario** *m.* スィパーリオ	curtain カートン
(芝居の一段落)	**atto** *m.* アット	act アクト
まく **蒔く** (種を) maku	**seminare** セミナーレ	sow ソウ
まく **巻く** maku	**avvolgere** アッヴォルジェレ	roll, wrap ロウル, ラプ

日	伊	英
まく **撒く** maku	**spruzzare, spargere** スプルッツァーレ, スパルジェレ	sprinkle, scatter スプリンクル, スキャタ
まぐにちゅーど **マグニチュード** magunichuudo	**magnitudo** *f.* マニトゥード	magnitude マグニテュード
まぐねしうむ **マグネシウム** maguneshiumu	**magnesio** *m.* マニェーズィオ	magnesium マグニーズィアム
まぐま **マグマ** maguma	**magma** *m.* マグマ	magma マグマ
まくら **枕** makura	**guanciale** *m.* グァンチャーレ	pillow ピロウ
まくる **まくる** makuru	**rimboccare** リンボッカーレ	roll up ロウル アプ
まぐれ **まぐれ** magure	**colpo di fortuna** *m.* コルポ ディ フォルトゥーナ	fluke フルーク
まぐろ **鮪** maguro	**tonno** *m.* トンノ	tuna テューナ
まけ **負け** make	**sconfitta** *f.* スコンフィッタ	defeat ディフィート
まけどにあ **マケドニア** makedonia	**Macedonia** *f.* マチェドーニア	Macedonia マセドウニア
まける **負ける** makeru	**perdere** ペルデレ	(be) defeated, lose (ビ) ディフィーテド, ルーズ
（値段を）	**scontare** スコンターレ	reduce リデュース
まげる **曲げる** mageru	**piegare** ピエガーレ	bend ベンド
まご **孫** mago	**nipote** *m.f.* ニポーテ	grandchild グランドチャイルド
まごころ **真心** magokoro	**sincerità** *f.* スィンチェリタ	sincerity スィンセリティ

日	伊	英
まごつく **まごつく** magotsuku	**(essere) in imbarazzo** (エッセレ) イニンバラッツォ	(be) embarrassed (ビ) インバラスト
まこと **誠** (真実) makoto	**verità** *f.* ヴェリタ	truth トルース
(真心)	**sincerità** *f.* スィンチェリタ	sincerity スィンセリティ
まざこん **マザコン** mazakon	**complesso di Edipo** *m.* コンプレッソ ディ エディーポ	mother complex マザ カンプレクス
まさつ **摩擦** masatsu	**frizione** *f.* フリツィオーネ	friction フリクション
まさに **正に** masani	**proprio** プロープリオ	just, exactly チャスト, イグザクトリ
まさる **勝る** masaru	**superare, (essere) superiore** *a* スペラーレ, (エッセレ) スペリオーレ ア	(be) superior to (ビ) スピアリア トゥ
まじっく **マジック** majikku	**gioco di prestigio** *m.* ジョーコ ディ プレスティージョ	magic マヂク
まじない **まじない** majinai	**incantesimo** *m.* インカンテーズィモ	charm, spell チャーム, スペル
まじめな **真面目な** majimena	**serio(-a)** セーリオ(-ア)	serious スィアリアス
まじょ **魔女** majo	**strega** *f.* ストレーガ	witch ウィチ
まじる **混[交]じる** majiru	**mischiarsi** *con* ミスキアルスィ コン	(be) mixed with (ビ) ミクスト ウィズ
まじわる **交わる** majiwaru	**incrociarsi** インクロチャルスィ	cross, intersect クロース, インタセクト
ます **増す** masu	**aumentare** アウメンターレ	increase インクリース

日	伊	英
ます **鱒** masu	**trota** *f.* トロータ	trout ト**ラ**ウト
ますい **麻酔** masui	**anestesia** *f.* アネステ**ズィ**ーア	anesthesia アニス**スィ**ージャ
まずい **まずい**（おいしくない） mazui	**cattivo(-a), disgustoso(-a)** カッ**ティ**ーヴォ(-ヴァ), ディズグス**トー**ゾ(-ザ)	not good **ナ**ト **グ**ド
（よくない）	**cattivo(-a)** カッ**ティ**ーヴォ(-ヴァ)	not good **ナ**ト **グ**ド
（出来が悪い）	**scadente** スカ**デ**ンテ	poor **プ**ア
（得策でない）	**sconsigliabile** スコンスィッ**リァ**ービレ	unwise アン**ワ**イズ
ますかっと **マスカット** masukatto	**moscato** *m.* モス**カ**ート	muscat **マ**スカト
ますから **マスカラ** masukara	**mascara** *m.* マス**カ**ーラ	mascara マス**キャ**ラ
ますく **マスク** masuku	**maschera** *f.* **マ**スケラ	mask **マ**スク
ますこみ **マスコミ** masukomi	**mezzi di comunicazione di massa** *m.pl.* **メ**ッズィ ディ コムニカツィ**オ**ーネ ディ **マ**ッサ	mass media **マ**ス **ミ**ーディア
まずしい **貧しい** mazushii	**povero(-a)** **ポ**ーヴェロ(-ラ)	poor **プ**ア
ますたーど **マスタード** masutaado	**senape** *f.* **セ**ーナペ	mustard **マ**スタド
ますます **ますます** masumasu	**sempre più** **セ**ンプレ ピ**ウ**	more and more **モ**ー アンド **モ**ー
ますめでぃあ **マスメディア** masumedia	**mezzi di comunicazione di massa** *m.pl.* **メ**ッズィ ディ コムニカツィ**オ**ーネ ディ **マ**ッサ	mass media **マ**ス **ミ**ーディア

日	伊	英
ませた **ませた** maseta	**precoce** プレコーチェ	precocious プリコウシャス
まぜる **混[交]ぜる** mazeru	**mescolare** メスコラーレ	mix, blend ミクス, ブレンド
また **股** mata	**inforcatura** *f.* インフォルカトゥーラ	crotch クラチ
また **又** mata	**ancora** アンコーラ	again アゲイン
(その上)	**inoltre** イノルトレ	moreover, besides モーロウヴァ, ビサイヅ
まだ **未だ** mada	**ancora** アンコーラ	yet, still イェト, スティル
またがる **跨がる** matagaru	**montare** モンターレ	straddle, mount ストラドル, マウント
またぐ **跨ぐ** matagu	**scavalcare** スカヴァルカーレ	step over ステプ オウヴァ
またせる **待たせる** mataseru	**far aspettare** ファール アスペッターレ	keep waiting キープ ウェイティング
またたく **瞬く** matataku	**ammiccare** アンミッカーレ	wink, blink ウィンク, ブリンク
または **又は** matawa	**o** オ	or オー
まだら **斑** madara	**macchie** *f.pl.* マッキエ	spots スパッツ
まち **町[街]** machi	**città** *f.* チッタ	town, city タウン, スィティ
まちあいしつ **待合室** machiaishitsu	**sala d'aspetto** *f.* サーラ ダスペット	waiting room ウェイティング ルーム

日	伊	英
まちあわせる **待ち合わせる** machiawaseru	**prendere un appuntamento** *con* プレンデレ ウナップンタメント コン	arrange to meet, rendezvous with アレインヂ トゥ ミート, ラーンデイヴ ウィズ
まちがい **間違い** machigai	**errore** *m.* エッローレ	mistake, error ミステイク, エラ
（過失）	**errore** *m.* エッローレ	fault, slip フォルト, スリプ
まちがえる **間違える** （誤る） machigaeru	**fare un errore** ファーレ ウネッローレ	make a mistake メイク ア ミステイク
（取り違える）	**prendere ...** *per*, **confondere ...** *con* プレンデレ ... ペル, コンフォンデレ ... コン	mistake for ミステイク フォ
まちどおしい **待ち遠しい** machidooshii	**non vedere l'ora** *di* ノン ヴェデーレ ローラ ディ	(be) looking forward to (ビ) ルキング フォーワド トゥ
まつ **待つ** matsu	**aspettare** アスペッターレ	wait ウェイト
まっかな **真っ赤な** makkana	**di colore rosso vivo** ディ コローレ ロッソ ヴィーヴォ	bright red ブライト レド
まっき **末期** makki	**fine** *f.*, **fase finale** *f.* フィーネ, ファーゼ フィナーレ	end, last stage エンド, ラスト ステイヂ
まっくらな **真っ暗な** makkurana	**nero(-a) come la pece** ネーロ(-ラ) コーメ ラ ペーチェ	pitch-dark ピチダーク
まっくろな **真っ黒な** makkurona	**nero(-a) come la pece** ネーロ(-ラ) コーメ ラ ペーチェ	deep-black ディープブラク
まつげ **まつげ** matsuge	**ciglia** *f.pl.* チッリァ	eyelashes アイラシェズ
まっさーじ **マッサージ** massaaji	**massaggio** *m.* マッサッジョ	massage マサージュ
～する	**massaggiare** マッサッジャーレ	massage マサージュ

日	伊	英
まっさおな **真っ青な** massaona	**di colore blu scuro** ディ コローレ ブル スクーロ	deep blue ディープ ブルー
（顔色が）	**pallido(-a)** パッリド(-ダ)	pale ペイル
まっさきに **真っ先に** massakini	**prima di tutto** プリーマ ディ トゥット	first of all ファースト オヴ オール
まっしゅるーむ **マッシュルーム** masshuruumu	**fungo** *m.* フンゴ	mushroom マシュルーム
まっしろな **真っ白な** masshirona	**bianco(-a) candido(-a)** ビアンコ(-カ) カンディド(-ダ)	pure white ピュア (ホ)ワイト
まっすぐな **まっすぐな** massuguna	**dritto(-a)** ドリット(-タ)	straight ストレイト
まっすぐに **まっすぐに** massuguni	**dritto** ドリット	straight ストレイト
まったく **全く** （完全に） mattaku	**completamente** コンプレタメンテ	completely, entirely コンプリートリ, インタイアリ
（全然）	**non ... affatto** ノン … アッファット	at all アト オール
（本当に）	**veramente** ヴェラメンテ	really, truly リーアリ, トルーリ
まったん **末端** mattan	**punta** *f.* プンタ	end, tip エンド, ティプ
まっち **マッチ** macchi	**fiammifero** *m.* フィアンミーフェロ	match マチ
（試合）	**partita** *f.* パルティータ	match, bout マチ, バウト
まっと **マット** matto	**tappetino** *m.* タッペティーノ	mat マト

日	伊	英
まつばづえ **松葉杖** matsubazue	**stampelle** *f.pl.* スタンペッレ	crutches ク**ラ**チズ
まつり **祭り** matsuri	**festa** *f.* **フェ**スタ	festival **フェ**スティヴァル
まと **的** mato	**bersaglio** *m.* ベル**サッ**リォ	mark, target マーク, **タ**ーゲト
まど **窓** mado	**finestra** *f.* フィ**ネ**ストラ	window **ウィ**ンドウ
～口	**sportello** *m.* スポル**テッ**ロ	window **ウィ**ンドウ
まとまる **まとまる** matomaru	**radunarsi** ラドゥ**ナ**ルスィ	(be) collected (ビ) コ**レ**クテド
まとめ **まとめ** matome	**riassunto** *m.* リア**ッ**スント	summary **サ**マリ
まとめる **まとめる** matomeru	**raccogliere** ラッ**コッ**リェレ	collect, get together コ**レ**クト, **ゲ**ト トゲ**ザ**
（整える）	**ordinare, sistemare** オルディ**ナ**ーレ, システ**マ**ーレ	adjust, arrange ア**ヂャ**スト, ア**レ**インヂ
（解決する）	**risolvere** リ**ゾ**ルヴェレ	settle **セ**トル
まどり **間取り** madori	**disposizione di una casa** *f.* ディスポズィツィ**オ**ーネ ディ ウナ **カ**ーザ	layout of a house **レ**イアウト オヴ ア **ハ**ウス
まなー **マナー** manaa	**maniere** *f.pl.* マニ**エ**ーレ	manners **マ**ナズ
まないた **まな板** manaita	**tagliere** *m.* タッ**リェ**ーレ	cutting board **カ**ティング **ボ**ード
まなざし **眼差し** manazashi	**sguardo** *m.* ズ**グァ**ルド	look **ル**ク

日	伊	英
まなつ **真夏** manatsu	**mezza estate** *f.* メッザ エスターテ	midsummer ミドサマ
まなぶ **学ぶ** manabu	**imparare, studiare** インパラーレ, ストゥディアーレ	learn, study ラーン, スタディ
まにあ **マニア** mania	**maniaco(-a)** *m.*(*f.*) マニーアコ(-カ)	maniac メイニアク
まにあう **間に合う** maniau	**(essere) in tempo** *a* (エッセレ) イン テンポ ア	(be) in time for (ビ) イン タイム フォ
(必要を満たす)	**soddisfare, bastare** ソッディスファーレ, バスターレ	answer, (be) enough アンサ, (ビ) イナフ
まにあわせ **間に合わせ** maniawase	**espediente** *m.*, **ripiego** *m.* エスペディエンテ, リピエーゴ	makeshift メイクシフト
まにあわせる **間に合わせる** maniawaseru	**accontentarsi** *di*, **arrangiarsi** *con* アッコンテンタルスィ ディ, アッランジャルスィ コン	make do メイク ドゥー
まにきゅあ **マニキュア** manikyua	**manicure** *f.* マニクーレ	manicure マニキュア
まにゅある **マニュアル** manyuaru	**manuale** *m.* マヌアーレ	manual マニュアル
まぬがれる **免れる** manugareru	**evitare** エヴィターレ	avoid, evade アヴォイド, イヴェイド
まぬけな **間抜けな** manukena	**stupido(-a)** ストゥーピド(-ダ)	stupid, silly ステューピド, スィリ
まねーじゃー **マネージャー** maneejaa	**manager** *m.f.*, **dirigente** *m.f.* マーナジェル, ディリジェンテ	manager マニヂャ
まねく **招く** maneku	**invitare** インヴィターレ	invite インヴァイト
(引き起こす)	**causare** カウザーレ	cause コーズ

日	伊	英
まねする **真似する** manesuru	**imitare** イミターレ	imitate, mimic イミテイト, ミミク
まばらな **まばらな** mabarana	**sparso(-a)** スパルソ(-サ)	sparse スパース
まひ **麻痺** mahi	**paralisi** *f.* パラーリズィ	paralysis パラリスィス
～する	**(essere) paralizzato(-a)** (エッセレ) パラリッザート(-タ)	(be) paralyzed (ビ) パラライズド
まひる **真昼** mahiru	**mezzogiorno** *m.* メッゾジョルノ	midday, noon ミドデイ, ヌーン
まふぃあ **マフィア** mafia	**mafia** *f.* マーフィア	Mafia マーフィア
まぶしい **眩しい** mabushii	**abbagliante** アッバッリャンテ	glaring, dazzling グレアリング, ダズリング
まぶた **瞼** mabuta	**palpebra** *f.* パルペブラ	eyelid アイリド
まふゆ **真冬** mafuyu	**pieno inverno** *m.* ピエーノ インヴェルノ	midwinter ミドウィンタ
まふらー **マフラー** mafuraa	**sciarpa** *f.* シャルパ	muffler マフラ
まほう **魔法** mahou	**magia** *f.* マジーア	magic マヂク
まぼろし **幻** maboroshi	**fantasma** *m.*, **apparizione** *f.* ファンタズマ, アッパリツィオーネ	phantom ファントム
まみず **真水** mamizu	**acqua dolce** *f.* アックァ ドルチェ	fresh water フレシュ ウォータ
まめ **豆** mame	**legumi** *m.pl.* レグーミ	bean ビーン

日	伊	英
まめつする **摩滅する** mametsusuru	**logorarsi** ロゴラルスィ	(be) worn down (ビ) ウォーン ダウン
まもなく **間もなく** mamonaku	**presto** プレスト	soon スーン
まもり **守り** mamori	**difesa** *f.* ディフェーザ	defense, ⓑdefence ディフェンス, ディフェンス
まもる **守る** mamoru	**difendere** ディフェンデレ	defend, protect ディフェンド, プロテクト
まやく **麻薬** mayaku	**droga** *f.* ドローガ	narcotic, drug ナーカティク, ドラグ
まゆ **眉** mayu	**sopracciglio** *m.* ソプラッチッリオ	eyebrow アイブラウ
〜墨	**matita (per le sopracciglia)** *f.* マティータ (ペル レ ソプラッチッリァ)	eyebrow pencil アイブラウ ペンスル
まよう **迷う**　(気持ちが) mayou	**esitare** エズィターレ	hesitate, dither ヘズィテイト, ディザ
(道に)	**perdersi, smarrirsi** ペルデルスィ, ズマッリルスィ	(be) lost, lose one's way (ビ) ロースト, ルーズ ウェイ
まよなか **真夜中** mayonaka	**mezzanotte** *f.* メッザノッテ	midnight ミドナイト
まよねーず **マヨネーズ** mayoneezu	**maionese** *f.* マヨネーゼ	mayonnaise メイアネイズ
まらそん **マラソン** marason	**maratona** *f.* マラトーナ	marathon マラソン
まらりあ **マラリア** mararia	**malaria** *f.* マラーリア	malaria マレアリア
まりね **マリネ** marine	**marinata** *f.* マリナータ	marinade マリネイド

日	伊	英
まりふぁな **マリファナ** marifana	**marijuana** *f.* マリワーナ	marijuana マリワーナ
まる **丸** maru	**cerchio** *m.* チェルキオ	circle サークル
まるい **円[丸]い** marui	**rotondo(-*a*), circolare** ロトンド(-ダ), チルコラーレ	round, circular ラウンド, サーキュラ
まるっきり **まるっきり** marukkiri	**completamente** コンプレタメンテ	completely, quite コンプリートリ, クワイト
まるまるとした **丸々とした** marumarutoshita	**paffuto(-*a*)** パッフート(-タ)	plump プランプ
まれーしあ **マレーシア** mareeshia	**Malesia** *f.* マレーズィア	Malaysia マレイジャ
まれな **稀な** marena	**raro(-*a*)** ラーロ(-ラ)	rare レア
まれに **稀に** mareni	**raramente** ラランメンテ	rarely, seldom レアリ, セルドム
まろにえ **マロニエ** maronie	**ippocastano** *m.* イッポカスターノ	horse chestnut ホース チェスナト
まわす **回す** mawasu	**girare, far girare** ジラーレ, ファール ジラーレ	turn, spin ターン, スピン
(順に渡す)	**passare** パッサーレ	pass (around) パス (アラウンド)
まわり **周り**　(周囲) mawari	**circonferenza** *f.*, **perimetro** *m.* チルコンフェレンツァ, ペリーメトロ	circumference, perimeter サカムファレンス, ペリマタ
(付近)	**vicinato** *m.*, **dintorni** *m.pl.* ヴィチナート, ディントルニ	neighborhood ネイバフド
まわりみち **回り道** mawarimichi	**deviazione** *f.* デヴィアツィオーネ	detour ディートゥア

日	伊	英
まわる 回る mawaru	**girare** ジラーレ	turn around, spin **ターン** **アラウンド**, **スピン**
（循環）	**circolare** チルコラーレ	circulate **サーキュレイト**
まん 万 man	**diecimila** ディエチミーラ	ten thousand **テン** **サウザンド**
まんいち 万一 man-ichi	**per caso** ペル カーゾ	by any chance バイ **エニ** **チャンス**
まんいんである 満員である man-indearu	**(essere) pieno(-a)** (エッセレ) ピエーノ(-ナ)	(be) full (ビ) **フル**
まんえんする 蔓延する man-ensuru	**diffondersi** ディッフォンデルスィ	spread **スプレド**
まんが 漫画 manga	**fumetto** *m.*, **vignetta** *f.* フメット, ヴィニェッタ	cartoon, comic カー**トゥーン**, **カ**ミク
まんかいの 満開の mankaino	**in piena fioritura** イン ピエーナ フィオリトゥーラ	in full bloom イン **フル** ブ**ルー**ム
まんき 満期 manki	**scadenza** *f.* スカデンツァ	expiration エクスピ**レ**イション
〜になる	**scadere** スカデーレ	expire イクス**パ**イア
まんきつする 満喫する mankitsusuru	**godere pienamente** ゴデーレ ピエナメンテ	enjoy fully イン**チョ**イ **フ**リ
まんげきょう 万華鏡 mangekyou	**caleidoscopio** *m.* カレイドス**コ**ーピオ	kaleidoscope カライドス**コ**ウプ
まんげつ 満月 mangetsu	**luna piena** *f.* ルーナ ピエーナ	full moon **フル** **ムー**ン
まんごー マンゴー mangoo	**mango** *m.* マンゴ	mango **マ**ンゴウ
まんじょういっちで 満場一致で manjouicchide	**all'unanimità** アッルナニミ**タ**	unanimously ユー**ナ**ニマスリ

日	伊	英
まんしょん **マンション** manshon	**condominio** *m.* コンドミーニオ	condominium カンドミニアム
まんせいの **慢性の** manseino	**cronico(-*a*)** クローニコ(-カ)	chronic クラニク
まんぞく **満足** manzoku	**soddisfazione** *f.* ソッディスファツィオーネ	satisfaction サティスファクション
～する	**(essere) soddisfatto(-*a*) *di*, accontentarsi *di*** (エッセレ) ソッディスファット(-タ) ディ, アッコンテンタルスィ ディ	(be) satisfied with (ビ) サティスファイド ウィズ
～な	**soddisfacente** ソッディスファチェンテ	satisfactory サティスファクトリ
まんちょう **満潮** manchou	**alta marea** *f.* アルタ マレーア	high tide ハイ タイド
まんてん **満点** manten	**pieni voti** *m.pl.* ピエーニ ヴォーティ	perfect mark パーフェクト マーク
まんどりん **マンドリン** mandorin	**mandolino** *m.* マンドリーノ	mandolin マンドリン
まんなか **真ん中** mannaka	**centro *di*** *m.* チェントロ ディ	center of センタ オヴ
まんねり **マンネリ** manneri	**routine** *f.* ルティン	rut ラト
まんねんひつ **万年筆** mannenhitsu	**penna stilografica** *f.* ペンナ スティログラーフィカ	fountain pen ファウンティン ペン
まんびきする **万引きする** manbikisuru	**taccheggiare** タッケッジャーレ	shoplift シャプリフト
まんぷくする **満腹する** manpukusuru	**(essere) sazio(-*a*)** (エッセレ) サーツィオ(-ア)	have eaten enough ハヴ イートン イナフ
まんべんなく **まんべんなく**(むらなく) manbennaku	**uniformemente** ウニフォルメメンテ	evenly イーヴンリ

日	伊	英
（漏れなく）	**senza eccezione** センツァ エッチェツィオーネ	without exception ウィザウト イクセプション
まんほーる **マンホール** manhooru	**botola stradale** *f.* ボートラ ストラダーレ	manhole マンホウル
まんもす **マンモス** manmosu	**mammut** *m.* マンムト	mammoth マモス

み, ミ

日	伊	英
み 実 mi	**frutto** *m.* フルット	fruit, nut フルート，ナト
み 身 mi	**corpo** *m.* コルポ	body バディ
みあきる 見飽きる miakiru	**stancarsi di vedere** スタンカルスィ ディ ヴェデーレ	(be) sick of seeing (ビ) スィク オヴ スィーイング
みあげる 見上げる miageru	**guardare in alto** グァルダーレ イナルト	look up at ルク アプ アト
みあわせる 見合わせる （延期する） miawaseru	**rimandare** リマンダーレ	postpone ポウストポウン
（互いに見合う）	**guardarsi** グァルダルスィ	look at each other ルク アト イーチ アザ
みーてぃんぐ **ミーティング** miitingu	**riunione** *f.* リウニオーネ	meeting ミーティング
みいら **ミイラ** miira	**mummia** *f.* ムンミア	mummy マミ
みうしなう 見失う miushinau	**perdere di vista** ペルデレ ディ ヴィスタ	miss, lose sight of ミス，ルーズ サイト オヴ
みうち 身内 miuchi	**parenti** *m.f.pl.* パレンティ	relatives レラティヴズ

日	伊	英
みえ **見栄** mie	**vanità** *f.*, **ostentazione** *f.* ヴァニタ, オステンタツィオーネ	show, vanity ショウ, ヴァニティ
みえる **見える** mieru	**(essere) visibile** (エッセレ) ヴィズィービレ	see, (be) seen スィー, (ビ) スィーン
（見受けられる）	**sembrare** センブラーレ	look, seem ルク, スィーム
みおくる **見送る** miokuru	**salutare alla partenza** サルターレ アッラ パルテンツァ	see off, see スィー オーフ, スィー
みおとす **見落とす** miotosu	**lasciarsi sfuggire** ラシャルスィ スフッジーレ	overlook, miss オウヴァルク, ミス
みおろす **見下ろす** miorosu	**guardare in basso** グァルダーレ イン バッソ	look down ルク ダウン
みかいけつの **未解決の** mikaiketsuno	**insoluto(-a)** インソルート(-タ)	unsolved アンサルヴド
みかいの **未開の** mikaino	**primitivo(-a)** プリミティーヴォ(-ヴァ)	primitive, uncivilized プリミティヴ, アンスィヴィライズド
みかえり **見返り** mikaeri	**ricompensa** *f.* リコンペンサ	rewards リウォーヅ
みかく **味覚** mikaku	**gusto** *m.* グスト	palate, sense of taste パレト, センス オヴ テイスト
みがく **磨く** migaku	**pulire** プリーレ	polish, brush パリシュ, ブラシュ
（技能を）	**perfezionare** ペルフェツィオナーレ	improve, train インプルーヴ, トレイン
みかけ **見かけ** mikake	**aspetto** *m.* アスペット	appearance アピアランス
みかた **味方** mikata	**amico(-a)** *m.*(*f.*), **alleato(-a)** *m.*(*f.*) アミーコ(-カ), アッレアート(-タ)	friend, ally フレンド, アライ

日	伊	英
みかづき **三日月** mikazuki	**luna crescente** *f.* ルーナ クレシェンテ	crescent moon クレセント ムーン
みかん **蜜柑** mikan	**mandarino** *m.* マンダリーノ	mandarin マンダリン
みかんせいの **未完成の** mikanseino	**incompleto(-a), incompiuto(-a)** インコンプレート(-タ), インコンピウート(-タ)	unfinished, incomplete アンフィニシュト, インコンプリート
みき **幹** miki	**tronco** *m.* トロンコ	tree trunk, trunk トリー トランク, トランク
みぎ **右** migi	**destra** *f.* デストラ	right ライト
みぎうで **右腕** migiude	**braccio destro** *m.* ブラッチョ デストロ	right arm ライト アーム
みきさー **ミキサー** mikisaa	**frullatore** *m.* フルッラトーレ	mixer, blender ミクサ, ブレンダ
みぐるしい **見苦しい** （下品な） migurushii	**indecente** インデチェンテ	indecent インディーセント
（目障りな）	**indecente** インデチェンテ	unsightly, indecent アンサイトリ, インディーセント
みごとな **見事な** migotona	**bello(-a)** ベッロ(-ラ)	beautiful, fine ビューティフル, ファイン
みこみ **見込み** （可能性） mikomi	**possibilità** *f.* ポッスィビリタ	possibility パスィビリティ
（期待）	**prospettiva** *f.* プロスペッティーヴァ	prospect プラスペクト
（有望）	**promessa** *f.*, **speranza** *f.* プロメッサ, スペランツァ	promise, hope プラミス, ホウプ
みこんの **未婚の** mikonno	**non sposato(-a)** ノン スポザート(-タ)	unmarried, single アンマリド, スィングル

日	伊	英
ミサ misa	**messa** *f.* メッサ	mass マス
ミサイル misairu	**missile** *m.* ミッスィレ	missile ミスィル
岬 misaki	**capo** *m.*, **promontorio** *m.* カーポ, プロモントーリオ	cape ケイプ
短い mijikai	**corto(-a), breve** コルト(-タ), ブレーヴェ	short, brief ショート, ブリーフ
惨めな mijimena	**miserabile** ミゼラービレ	miserable, wretched ミゼラブル, レチド
未熟な (熟していない) mijukuna	**acerbo(-a)** アチェルボ(-バ)	unripe アンライプ
(発達していない)	**inesperto(-a)** イネスペルト(-タ)	immature イマテュア
見知らぬ mishiranu	**sconosciuto(-a)** スコノシュート(-タ)	strange, unfamiliar ストレインヂ, アンファミリア
ミシン mishin	**macchina per cucire** *f.* マッキナ ペル クチーレ	sewing machine ソウイング マシーン
ミス (誤り) misu	**errore** *m.* エッローレ	mistake ミステイク
水 mizu	**acqua** *f.* アックァ	water ウォータ
(水道の)	**acqua del rubinetto** *f.* アックァ デル ルビネット	tap water タプ ウォータ
(発泡性でない)	**acqua naturale** *f.* アックァ ナトゥラーレ	still water スティル ウォータ
(発泡性の)	**acqua frizzante** *f.* アックァ フリッザンテ	sparkling water, carbonated water スパークリング ウォータ, カーボネイテド ウォータ

日	伊	英
みすいの **未遂の** misuino	**tentato(-a)** テンタート(-タ)	attempted アテンプテド
みずいろ **水色** mizuiro	**celeste** *m.* チェレステ	light blue ライト ブルー
みずうみ **湖** mizuumi	**lago** *m.* ラーゴ	lake レイク
みずがめざ **水瓶座** mizugameza	**Acquario** *m.* アックァーリオ	Water Bearer, Aquarius ウォータ ベアラ, アクウェアリアス
みずから **自ら** mizukara	**personalmente** ペルソナルメンテ	personally, in person パーソナリ, イン パースン
みずぎ **水着** mizugi	**costume da bagno** *m.* コストゥーメ ダ バーニョ	swimsuit スウィムスート
みずくさい **水臭い** mizukusai	**riservato(-a)** リゼルヴァート(-タ)	reserved, cold リザーヴド, コウルド
みずさし **水差し** mizusashi	**caraffa** *f.* カラッファ	pitcher, water jug, ⒷJug ピチャ, ウォータ チャグ, チャグ
みずしらずの **見ず知らずの** mizushirazuno	**sconosciuto(-a)** スコノシュート(-タ)	strange ストレインヂ
みずたまもよう **水玉模様** mizutamamoyou	**pallini** *m.pl.* パッリーニ	polka dots ポウルカ ダッツ
みすてりー **ミステリー** misuterii	**mistero** *m.* ミステーロ	mystery ミスタリ
みすてる **見捨てる** misuteru	**abbandonare** アッバンドナーレ	abandon アバンドン
みずぶくれ **水膨れ** mizubukure	**vescica** *f.* ヴェシーカ	blister ブリスタ
みずべ **水辺** mizube	**riva** *f.* リーヴァ	waterside ウォータサイド

日	伊	英
みずぼうそう **水ぼうそう** mizubousou	**varicella** *f.* ヴァリ**チェ**ッラ	chicken pox **チ**キン **パ**クス
みすぼらしい **みすぼらしい** misuborashii	**malandato(-a)** マラン**ダ**ート(-タ)	shabby **シャ**ビ
みずみずしい **瑞々しい** mizumizushii	**fresco(-a)** フ**レ**スコ(-カ)	fresh フ**レ**シュ
みずむし **水虫** mizumushi	**piede d'atleta** *m.* ピ**エ**ーデ ダト**レ**ータ	athlete's foot **ア**スリーツ **フ**ト
みせ **店** mise	**negozio** *m.* ネ**ゴ**ーツィオ	store, shop ス**ト**ー, **シャ**ブ
みせいねん **未成年** miseinen	**minorenne** *m.f.* ミノ**レ**ンネ	minor, person under age **マ**イナ, **パ**ースン **ア**ンダ **エ**イヂ
みせかけの **見せかけの** misekakeno	**finto(-a)** **フィ**ント(-タ)	feigned, pretend **フェ**インド, プリ**テ**ンド
みせびらかす **見せびらかす** misebirakasu	**mettersi in mostra, sfoggiare** **メ**ッテルスィ イン **モ**ストラ, スフォッ**ジャ**ーレ	show off **ショ**ウ **オ**ーフ
みせびらき **店開き** misebiraki	**apertura** *f.* アペル**トゥ**ーラ	opening **オ**ウプニング
みせもの **見せ物** misemono	**spettacolo** *m.* スペッ**タ**ーコロ	show **ショ**ウ
みせる **見せる** miseru	**mostrare** モスト**ラ**ーレ	show, display **ショ**ウ, ディス**プ**レイ
みぞ **溝** mizo	**canale di scolo** *m.* カ**ナ**ーレ ディ ス**コ**ーロ	ditch, gutter **ディ**チ, **ガ**タ
(隔たり)	**gap** *m.* **ガ**プ	gap **ギャ**プ
みぞおち **みぞおち** mizoochi	**bocca dello stomaco** *f.* **ボ**ッカ **デ**ッロ ス**ト**ーマコ	pit of the stomach **ピ**ト オヴ ザ ス**タ**マク

日	伊	英
みそこなう **見損なう**（見逃す） misokonau	perdere l'occasione di vedere ペルデレ ロッカズィオーネ ディ ヴェデーレ	fail to see フェイル トゥ スィー
（評価を誤る）	farsi un'idea sbagliata, ingannarsi *su* ファルスィ ウニデーア ズバッリャータ, インガンナルスィ ス	misjudge ミスチャヂ
みぞれ **霙** mizore	nevischio *m.* ネヴィスキオ	sleet スリート
みだし **見出し** midashi	titolo *m.* ティートロ	headline, heading ヘドライン, ヘディング
みたす **満たす** mitasu	riempire リエンピーレ	fill フィル
みだす **乱す** midasu	mettere in disordine メッテレ イン ディゾルディネ	throw into disorder スロウ イントゥ ディスオーダ
みだれる **乱れる** midareru	(essere) in disordine (エッセレ) イン ディゾルディネ	(be) out of order (ビ) アウト オヴ オーダ
みち **道** michi	strada *f.* ストラーダ	way, road ウェイ, ロウド
みちがえる **見違える** michigaeru	prendere ... *per*, confondere ... *con* プレンデレ ... ペル, コンフォンデレ ... コン	take for テイク フォ
みちじゅん **道順** michijun	percorso *m.* ペルコルソ	route, course ルート, コース
みちすう **未知数** michisuu	incognita *f.* インコーニタ	unknown quantity アンノウン クワンティティ
みちのり **道のり** michinori	distanza *f.* ディスタンツァ	distance ディスタンス
みちびく **導く** michibiku	condurre コンドゥッレ	lead, guide リード, ガイド
みちる **満ちる**（潮が） michiru	salire サリーレ	rise, flow ライズ, フロウ

日	伊	英
(物が)	**riempirsi** *di* リエンピルスィ ディ	(be) filled with (ビ) フィルド ウィズ
みつかる **見つかる** mitsukaru	**(essere) trovato(-a)** (エッセレ) トロヴァート(-タ)	(be) found (ビ) ファウンド
みつける **見つける** mitsukeru	**trovare, scoprire** トロヴァーレ, スコプリーレ	find, discover ファインド, ディスカヴァ
みっこう **密航** mikkou	**traversata clandestina** *f.* トラヴェルサータ クランデスティーナ	smuggling スマグリング
みっこくする **密告する** mikkokusuru	**denunciare** デヌンチャーレ	inform, tip off インフォーム, ティプ オーフ
みっしつ **密室** misshitsu	**stanza segreta** *f.* スタンツァ セグレータ	secret room スィークレト ルーム
みっせつな **密接な** missetsuna	**stretto(-a), intimo(-a)** ストレット(-タ), インティモ(-マ)	close, intimate クロウス, インティメト
みつど **密度** mitsudo	**densità** *f.* デンスィタ	density デンスィティ
みつにゅうこく **密入国** mitsunyuukoku	**immigrazione clandestina** *f.* インミグラツィオーネ クランデスティーナ	illegal entry into a country イリーガル エントリ イントゥ ア カントリ
みつばい **密売** mitsubai	**vendita illegale** *f.* ヴェンディタ イッレガーレ	illicit sale イリスィット セイル
みつばち **蜜蜂** mitsubachi	**ape** *f.* アーペ	bee ビー
みっぺいする **密閉する** mippeisuru	**serrare** セッラーレ	close up クロウズ アプ
みつめる **見つめる** mitsumeru	**fissare** フィッサーレ	gaze at ゲイズ アト
みつもり **見積もり** mitsumori	**stima** *f.* スティーマ	estimate エスティメト

日	伊	英
みつもる 見積もる mitsumoru	**stimare** スティマーレ	estimate エスティメイト
みつやく 密約 mitsuyaku	**accordo segreto** *m.* アッコルド セグレート	secret understanding スィークレト アンダスタンディング
みつゆ 密輸 mitsuyu	**contrabbando** *m.* コントラッバンド	smuggling スマグリング
みつりょう 密[漁・猟] mitsuryou	**pesca di frodo** *f.*, **bracconaggio** *m.* ペスカ ディ フロード, ブラッコナッジョ	poaching ポウチング
みていの 未定の miteino	**indeciso(-a)**, **indeterminato(-a)** インデチーゾ(-ザ), インデテルミナート(-タ)	undecided アンディサイデド
みとうの 未踏の mitouno	**inesplorato(-a)** イネスプロラート(-タ)	unexplored アニクスプロード
みとおし 見通し mitooshi	**prospettiva** *f.* プロスペッティーヴァ	prospect プラスペクト
みとめる (受け入れる) 認める mitomeru	**accettare** アッチェッターレ	accept, acknowledge アクセプト, アクナリヂ
(認識する)	**riconoscere** リコノッシェレ	recognize レコグナイズ
みどりいろ 緑色 midoriiro	**verde** *m.* ヴェルデ	green グリーン
みとりず 見取り図 mitorizu	**schizzo** *m.* スキッツォ	sketch スケチ
みとれる 見とれる mitoreru	**guardare con ammirazione** グァルダーレ コナンミラツィオーネ	look admiringly at ルク アドマイアリングリ アト
みな 皆 mina	**tutti(-e)** トゥッティ(-テ)	all オール
みなおす 見直す minaosu	**riesaminare** リエザミナーレ	reexamine リーイグザミン

日	伊	英
みなす 見なす minasu	**considerare ... come** コンスィデラーレ ... コーメ	think of as スィンク オヴ アズ
みなと 港 minato	**porto** *m.* ポルト	harbor, port ハーバ, ポート
みなみ 南 minami	**sud** *m.* スド	south サウス
みなみあふりか 南アフリカ minamiafurika	**Sudafrica** *m.* スダーフリカ	South Africa サウス アフリカ
みなみあめりか 南アメリカ minamiamerika	**America meridionale** *f.* アメーリカ メリディオナーレ	South America サウス アメリカ
みなみがわ 南側 minamigawa	**parte meridionale** *f.* パルテ メリディオナーレ	south side サウス サイド
みなみじゅうじせい 南十字星 minamijuujisei	**Croce del Sud** *f.* クローチェ デル スド	Southern Cross サザン クロース
みなみはんきゅう 南半球 minamihankyuu	**emisfero australe** *m.* エミスフェーロ アウストラーレ	Southern Hemisphere サザン ヘミスフィア
みなもと 源 minamoto	**fonte** *f.* フォンテ	source ソース
みならい 見習い minarai	**apprendistato** *m.* アップレンディスタート	apprenticeship アプレンティスシプ
(の人)	**apprendista** *m.f.* アップレンディスタ	apprentice アプレンティス
～期間	**periodo di prova** *m.* ペリーオド ディ プローヴァ	probationary period プロウベイショナリ ピアリオド
みならう 見習う minarau	**seguire, imitare** セグィーレ, イミターレ	learn, imitate ラーン, イミテイト
みなり 身なり minari	**abbigliamento** *m.*, **aspetto** *m.* アッビッリァメント, アスペット	dress, appearance ドレス, アピアランス

日	伊	英
みなれた **見慣れた** minareta	**familiare** ファミリアーレ	familiar, accustomed ファミリア, アカスタムド
みにくい **見にくい** minikui	**difficile da vedere** ディッフィーチレ ダ ヴェデーレ	hard to see ハード トゥ スィー
みにくい **醜い** minikui	**brutto(-a)** ブルット(-タ)	ugly アグリ
みにちゅあ **ミニチュア** minichua	**miniatura** *f.* ミニアトゥーラ	miniature ミニアチャ
みぬく **見抜く** minuku	**capire, intuire** カピーレ, イントゥイーレ	see through スィー スルー
みねらる **ミネラル** mineraru	**minerale** *m.* ミネラーレ	mineral ミナラル
～ウォーター	**acqua minerale** *f.* アックァ ミネラーレ	mineral water ミナラル ウォータ
みのうの **未納の** minouno	**non pagato(-a)** ノン パガート(-タ)	unpaid アンペイド
みのがす **見逃す**　（見落とす） minogasu	**lasciarsi sfuggire** ラシャルスィ スフッジーレ	overlook オウヴァルク
（黙認する）	**chiudere un occhio** *su* キウーデレ ウノッキオ ス	connive at, quietly condone カナイヴ アト, クワイエトリ コンドウン
みのしろきん **身代金** minoshirokin	**riscatto** *m.* リスカット	ransom ランソム
みのる **実る**　（実がなる） minoru	**maturare** マトゥラーレ	ripen ライプン
（成果が上がる）	**dare frutto** ダーレ フルット	bear fruit ベア フルート
みはらし **見晴らし** miharashi	**panorama** *m.* パノラーマ	unbroken view, panoramic view アンブロウクン ヴュー, パノラミク ヴュー

日	伊	英
みはる 見張る miharu	**sorvegliare** ソルヴェッリァーレ	keep under observation キープ アンダ アブザヴェイション
みぶり 身振り miburi	**gesto** *m.* ジェスト	gesture チェスチャ
みぶん 身分 mibun	**posizione sociale** *f.* ポズィツィオーネ ソチャーレ	social status ソウシャル ステイタス
〜証明書	**carta d'identità** *f.* カルタ ディデンティタ	identity card アイデンティティ カード
みぼうじん 未亡人 miboujin	**vedova** *f.* ヴェードヴァ	widow ウィドウ
みほん 見本 mihon	**campione** *m.* カンピオーネ	sample, specimen サンプル, スペスィメン
みまう 見舞う mimau	**visitare, andare a trovare** ヴィズィターレ, アンダーレ ア トロヴァーレ	visit, inquire after ヴィズィト, インクワイア アフタ
みまもる 見守る mimamoru	**tenere d'occhio** テネーレ ドッキオ	keep one's eyes on キープ アイズ オン
みまわす 見回す mimawasu	**guardarsi attorno** グアルダルスィ アットルノ	look about ルク アバウト
みまん 未満 miman	**meno** *di* メーノ ディ	under, less than アンダ, レス ザン
みみ 耳 mimi	**orecchio** *m.* オレッキオ	ear イア
みみかき 耳掻き mimikaki	**pulisciorecchi** *m.* プリショレッキ	earpick イアピク
みみず 蚯蚓 mimizu	**lombrico** *m.* ロンブリーコ	earthworm アースワーム
みめい 未明 mimei	**prima dell'alba** プリーマ デッラルバ	before daybreak ビフォ デイブレイク

日	伊	英
みもと **身元** mimoto	**identità** *f.* イデンティタ	identity アイデンティティ
みゃく **脈** myaku	**polso** *m.* ポルソ	pulse パルス
（見込み・望み）	**promessa** *f.*, **speranza** *f.* プロメッサ, スペランツァ	promise, hope プラミス, ホウプ
みやげ **土産** miyage	**souvenir** *m.* スヴェニル	souvenir スーヴニア
みやこ **都** miyako	**capitale** *f.* カピターレ	capital (city) キャピタル (スィティ)
みゃんまー **ミャンマー** myanmaa	**Myanmar** *m.*, **Birmania** *f.* ミャンマル, ビルマーニア	Myanmar ミャンマ
みゅーじかる **ミュージカル** myuujikaru	**musical** *m.* ミュズィコル	musical ミューズィカル
みゅーじしゃん **ミュージシャン** myuujishan	**musicista** *m.f.* ムズィチスタ	musician ミューズィシャン
みょうじ **名字** myouji	**cognome** *m.* コニョーメ	family name, sur-name ファミリ ネイム, サーネイム
みょうな **妙な** myouna	**strano(-a)** ストラーノ(-ナ)	strange ストレインヂ
みょうれいの **妙齢の** myoureino	**giovane, nel fiore degli anni** ジョーヴァネ, ネル フィオーレ デッリ アンニ	young, blooming ヤング, ブルーミング
みらい **未来** mirai	**futuro** *m.* フトゥーロ	future フューチャ
みりぐらむ **ミリグラム** miriguramu	**milligrammo** *m.* ミッリグランモ	milligram, ⒷMilli-gramme ミリグラム, ミリグラム
みりめーとる **ミリメートル** mirimeetoru	**millimetro** *m.* ミッリーメトロ	millimeter, ⒷMilli-metre ミリミータ, ミリミータ

日	伊	英
みりょうする **魅了する** miryousuru	**affascinare** アッファシナーレ	fascinate **ファ**スィネイト
みりょく **魅力** miryoku	**fascino** *m.* **ファ**ッシノ	charm **チャ**ーム
〜的な	**affascinante** アッファシ**ナ**ンテ	charming **チャ**ーミング
みる **見る** miru	**guardare** グァル**ダ**ーレ	see, look at ス**ィ**ー, ル**ク** アト
みるく **ミルク** miruku	**latte** *m.* **ラ**ッテ	milk **ミ**ルク
みれにあむ **ミレニアム** mireniamu	**millennio** *m.* ミッ**レ**ンニオ	millennium ミ**レ**ニアム
みれん **未練** miren	**attaccamento** *m.*, **rimpianto** *m.* アッタッカ**メ**ント, リン**ピ**アント	attachment, regret ア**タ**チメント, リ**グ**レト
みわける **見分ける** miwakeru	**distinguere ...** *da* ディス**ティ**ングェレ ... ダ	distinguish from ディス**ティ**ングウィシュ フラム
みわたす **見渡す** miwatasu	**dare** *su* **ダ**ー レ ス	look out over ル**ク** アウト オウヴァ
みんえい **民営** min-ei	**gestione privata** *f.* ジェスティ**オ**ーネ プリ**ヴァ**ータ	private management プライヴェト **マ**ニヂメント
みんかんの **民間の** minkanno	**privato(-a)** プリ**ヴァ**ート(-タ)	private, civil プライヴェト, ス**ィ**ヴィル
みんく **ミンク** minku	**visone** *m.* ヴィ**ゾ**ーネ	mink **ミ**ンク
みんげいひん **民芸品** mingeihin	**artigianato popolare** *m.* アルティジャ**ナ**ート ポポ**ラ**ーレ	folk craft article フォウク ク**ラ**フト **ア**ーティクル
みんじそしょう **民事訴訟** minjisoshou	**causa civile** *f.* **カ**ウザ チ**ヴィ**ーレ	civil action (lawsuit) ス**ィ**ヴィル **ア**クション (**ロ**ースート)

日	伊	英
みんしゅう **民衆** minshuu	**gente** *f.*, **popolo** *m.* ジェンテ, ポーポロ	people, populace ピープル, パピュラス
みんしゅか **民主化** minshuka	**democratizzazione** *f.* デモクラティッザツィオーネ	democratization ディマクラティゼイション
みんしゅしゅぎ **民主主義** minshushugi	**democrazia** *f.* デモクラツィーア	democracy ディマクラスィ
みんぞく **民俗** minzoku	**folclore** *m.* フォルクローレ	folk customs **フォウク カ**スタムズ
みんぞく **民族** minzoku	**etnia** *f.*, **nazione** *f.* エトニーア, ナツィオーネ	race, nation レイス, ネイション
～性	**etnicità** *f.* エトニチタ	racial characteristics レイシャル キャラクタリスティクス
みんと **ミント** minto	**menta** *f.* メンタ	mint ミント
みんぽう **民法** minpou	**diritto civile** *m.* ディリット チヴィーレ	civil law スィヴィル ロー
みんよう **民謡** min-you	**canto popolare** *m.* カント ポポラーレ	folk song **フォウク ソ**ーング
みんわ **民話** minwa	**racconto popolare** *m.* ラッコント ポポラーレ	folk tale **フォウク テ**イル

む, ム

日	伊	英
む **無** mu	**nulla** *m.* ヌッラ	nothing ナスィング
むいしきに **無意識に** muishikini	**inconsciamente** インコンシャメンテ	unconsciously アンカンシャスリ
むいちもんの **無一文の** muichimonno	**senza un soldo** センツァ ウン ソルド	penniless ペニレス

日	伊	英
むいみな **無意味な** muimina	**insignificante** インスィニフィカンテ	meaningless ミーニングレス
むーるがい **ムール貝** muurugai	**cozza** *f.* コッツァ	mussel マサル
むえきな **無益な** muekina	**futile** フーティレ	futile フュートル
むかいあう **向かい合う** mukaiau	**trovarsi di fronte** *a* トロヴァルスィ ディ フロンテ ア	face フェイス
むかいがわ **向かい側** mukaigawa	**lato opposto** *m.* ラート オッポスト	opposite side アポズィット サイド
むがいな **無害な** mugaina	**innocuo(-a)** インノークォ(-クァ)	harmless ハームレス
むかう **向かう** (進む) mukau	**partire** *per*, **dirigersi** *verso* パルティーレ ペル, ディリージェルスィ ヴェルソ	go to, leave for ゴウトゥ, リーヴ フォ
(面する)	**trovarsi di fronte** *a*, **guardare** トロヴァルスィ ディ フロンテ ア, グァルダーレ	face, look on フェイス, ルク オン
むかえる **迎える** mukaeru	**accogliere, dare il benvenuto** *a* アッコッリエレ, ダーレ イル ベンヴェヌート ア	meet, welcome ミート, ウェルカム
むかし **昔** (ずっと前) mukashi	**una volta, molto tempo fa** ウナ ヴォルタ, モルト テンポ ファ	long ago ローング アゴウ
(古い時代)	**vecchi tempi** *m.pl.* ヴェッキ テンピ	old times オウルド タイムズ
むかつく **むかつく** (胃が) mukatsuku	**avere la nausea** アヴェーレ ラ ナウゼア	feel sick, feel nauseous フィール スィク, フィール ノーシャス
(腹が立つ)	**disgustarsi, arrabbiarsi** ディスグスタルスィ, アッラッビアルスィ	(get) disgusted (ゲト) ディスガステド
むかで **百足** mukade	**millepiedi** *m.* ミッレピエーディ	centipede センティピード

日	伊	英
むかんけいな **無関係な** mukankeina	**irrilevante** イッリレヴァンテ	irrelevant イレヴァント
むかんしん **無関心** mukanshin	**indifferenza** *f.* インディッフェレンツァ	indifference インディファレンス
むき **向き** muki	**direzione** *f.* ディレツィオーネ	direction ディレクション
むぎ **麦** (小麦) mugi	**grano** *m.* グラーノ	wheat (ホ)ウィート
(大麦)	**orzo** *m.* オルゾ	barley バーリ
むきげんの **無期限の** mukigenno	**indeterminato(-*a*)** インデテルミナート(-タ)	indefinite インデフィニト
むきだしの **剥き出しの** mukidashino	**nudo(-*a*)** ヌード(-ダ)	bare, naked ベア, ネイキド
むきちょうえき **無期懲役** mukichoueki	**ergastolo** *m.* エルガストロ	life imprisonment ライフ インプリズンメント
むきりょくな **無気力な** mukiryokuna	**inerte** イネルテ	inactive, lazy イナクティヴ, レイズィ
むきんの **無菌の** mukinno	**asettico(-*a*)** アセッティコ(-カ)	germ-free ヂャームフリー
むく **向く** (適する) muku	**(essere) adatto(-*a*)** *a* (エッセレ) アダット(-タ) ア	suit スート
(面する)	**girarsi** *verso* ジラルスィ ヴェルソ	turn to face ターン トゥ フェイス
むく **剥く** muku	**pelare** ペラーレ	peel, pare ピール, ペア
むくいる **報いる** mukuiru	**ricompensare** ... *per* リコンペンサーレ ... ペル	repay, reward リペイ, リウォード
むくちな **無口な** mukuchina	**taciturno(-*a*)** タチトゥルノ(-ナ)	taciturn, silent タスィターン, サイレント

日	伊	英
むくむ **むくむ** mukumu	**gonfiarsi** ゴンフィアルスィ	swell スウェル
むけいの **無形の** mukeino	**immateriale** インマテリアーレ	intangible インタンヂブル
むける **向ける** mukeru	**rivolgere** *a*, **dirigere** *verso* リヴォルジェレ ア, ディリージェレ ヴェルソ	turn to, direct to ターン トゥ, ディレクト トゥ
むげんの **無限の** mugenno	**infinito(-a)** インフィニート(-タ)	infinite インフィニト
むこう **向こう** （先方） mukou	**l'altra parte** *f.* ラルトラ パルテ	other party アザ パーティ
（反対側）	**lato opposto** *m.* ラート オッポスト	opposite side アポズィト サイド
むこう **無効** mukou	**invalidità** *f.*, **nullità** *f.* インヴァリディタ, ヌッリタ	invalidity インヴァリディティ
〜の	**nullo(-a), invalido(-a)** ヌッロ(-ラ), インヴァーリド(-ダ)	invalid インヴァリド
むこうみずな **向こう見ずな** mukoumizuna	**temerario(-a)** テメラーリオ(-ア)	reckless レクレス
むこくせきの **無国籍の** mukokusekino	**apolide** アポーリデ	stateless ステイトレス
むごん **無言** mugon	**silenzio** *m.* スィレンツィオ	silence, mum サイレンス, マム
むざい **無罪** muzai	**innocenza** *f.* インノチェンツァ	innocence イノセンス
むざんな **無残な** muzanna	**crudele, orrendo(-a)** クルデーレ, オッレンド(-ダ)	miserable, cruel ミゼラブル, クルエル
むし **虫** mushi	**insetto** *m.* インセット	insect インセクト

日	伊	英
(みみずの類)	**verme** *m.* ヴェルメ	worm ワーム
むしあつい **蒸し暑い** mushiatsui	**afoso(-a)** アフォーゾ(-ザ)	hot and humid ハト アンド ヒューミド
むしする **無視する** mushisuru	**ignorare** イニョラーレ	ignore イグノー
むした **蒸した** mushita	**al vapore** アル ヴァポーレ	steamed スティームド
むじつ **無実** mujitsu	**innocenza** *f.* インノチェンツァ	innocence イノセンス
～の	**innocente** インノチェンテ	innocent イノセント
むじの **無地の** mujino	**a tinta unita** ア ティンタ ウニータ	plain, unpatterned プレイン, アンパタンド
むしば **虫歯** mushiba	**dente cariato** *m.* デンテ カリアート	cavity, tooth decay キャヴィティ, トゥース ディケイ
むしばむ **蝕む** mushibamu	**nuocere** *a* ヌオーチェレ ア	spoil, affect スポイル, アフェクト
むしめがね **虫眼鏡** mushimegane	**lente d'ingrandimento** *f.* レンテ ディングランディメント	magnifying glass マグニファイイング グラス
むじゃきな **無邪気な** mujakina	**innocente** インノチェンテ	innocent イノセント
むじゅん **矛盾** mujun	**contraddizione** *f.* コントラッディツィオーネ	contradiction カントラディクション
～する	**(essere) incoerente** (エッセレ) インコエレンテ	(be) inconsistent with (ビ) インコンスィステント ウィズ
むじょう **無常** mujou	**mutabilità** *f.* ムタビリタ	mutability ミュータビリティ

日	伊	英
むじょうけんの **無条件の** mujoukenno	**incondizionato(-a)** インコンディツィオナート(-タ)	unconditional アンコンディショナル
むじょうな **無情な** mujouna	**insensibile** インセンスィービレ	heartless, cold ハートレス, コウルド
むしょうの **無償の** mushouno	**gratuito(-a)** グラトゥイト(-タ)	gratis, voluntary グラティス, **ヴァ**ランテリ
むしょくの **無職の** mushokuno	**disoccupato(-a)** ディゾックパート(-タ)	without occupation ウィザウト アキュペイション
むしょくの **無色の** mushokuno	**incolore** インコローレ	colorless, ⑧colourless カラレス, カラレス
むしる **むしる** mushiru	**strappare** ストラッパーレ	pluck, pick プラク, ピク
むしろ **むしろ** mushiro	**anziché** アンツィケ	rather than ラザ ザン
むしんけいな **無神経な** mushinkeina	**insensibile** インセンスィービレ	insensitive インセンスィティヴ
むじんぞうの **無尽蔵の** mujinzouno	**inesauribile** イネザウリービレ	inexhaustible イニグゾースティブル
むじんとう **無人島** mujintou	**isola disabitata** *f.* **イ**ーゾラ ディザビタータ	uninhabited island, desert island アニンハビテド **ア**イランド, デザト **ア**イランド
むしんに **無心に** mushinni	**innocentemente** インノチェンテメンテ	innocently **イ**ノセントリ
むしんろん **無神論** mushinron	**ateismo** *m.* アテイズモ	atheism **エ**イスィイズム
むす **蒸す** musu	**cuocere a vapore** ク**ォ**ーチェレ ア ヴァポーレ	steam ス**ティ**ーム
むすうの **無数の** musuuno	**innumerevole** インヌメレーヴォレ	innumerable イ**ニュ**ーマラブル

日	伊	英
むずかしい **難しい** muzukashii	**difficile** ディッフィーチレ	difficult, hard ディフィカルト, ハード
むすこ **息子** musuko	**figlio** *m.* フィッリョ	son サン
むすびつく **結び付く** musubitsuku	**(essere) collegato(-a) a** (エッセレ) コッレガート(-ア) ア	(be) tied up with, bond together (ビ) タイド アプ ウィズ, バンド トゲザ
むすびめ **結び目** musubime	**nodo** *m.* ノード	knot ナト
むすぶ **結ぶ** musubu	**legare** レガーレ	tie, bind タイ, バインド
(つなぐ)	**collegare ... con, unire ... a** コッレガーレ ... コン, ウニーレ ... ア	link with リンク ウィズ
(締結する)	**concludere** コンクルーデレ	make, conclude メイク, コンクルード
むすめ **娘** musume	**figlia** *f.* フィッリァ	daughter ドータ
むせいげんの **無制限の** museigenno	**illimitato(-a)** イッリミタート(-タ)	free, unrestricted フリー, アンリストリクテド
むせきにんな **無責任な** musekininna	**irresponsabile** イッレスポンサービレ	irresponsible イリスパンスィブル
むせる **むせる** museru	**soffocarsi** *con* ソッフォカルスィ コン	(be) choked with (ビ) チョウクト ウィズ
むせん **無線** musen	**senza fili** センツァ フィーリ	wireless ワイアレス
むだ **無駄** muda	**spreco** *m.* スプレーコ	waste ウェイスト
～な	**inutile** イヌーティレ	useless, futile ユースレス, フュートル

日	伊	英
むだんで **無断で** mudande	**senza preavviso** センツァ プレアッヴィーゾ	without notice ウィザウト ノウティス
むたんぽで **無担保で** mutanpode	**senza garanzia** センツァ ガランツィーア	without security ウィザウト スィキュアリティ
むちな **無知な** muchina	**ignorante** イニョランテ	ignorant イグノラント
むちゃな **無茶な** muchana	**irragionevole** イッラジョネーヴォレ	unreasonable アンリーズナブル
むちゅうである **夢中である** muchuudearu	**(essere) assorto(-a)** in (エッセレ) アッソルト(-タ) イン	(be) absorbed in (ビ) アブソーブド イン
むてんかの **無添加の** mutenkano	**senza additivi** センツァ アッディティーヴィ	additive-free アディティヴフリー
むとんちゃくな **無頓着な** mutonchakuna	**indifferente** インディッフェレンテ	indifferent インディファレント
むなしい **空しい** munashii	**vuoto(-a)** ヴオート(-タ)	empty, vain エンプティ, ヴェイン
むね **胸** mune	**petto** *m.* ペット	breast, chest ブレスト, チェスト
むねやけ **胸焼け** muneyake	**bruciore di stomaco** *m.* ブルチョーレ ディ ストーマコ	heartburn ハートバーン
むのうな **無能な** munouna	**incompetente** インコンペテンテ	incompetent インカンピテント
むのうやくの **無農薬の** munouyakuno	**senza pesticidi** センツァ ペスティチーディ	pesticide-free ペスティサイドフリー
むふんべつな **無分別な** mufunbetsuna	**imprudente** インプルデンテ	imprudent インプルーデント
むほうな **無法な** muhouna	**ingiusto(-a), illegale** インジュスト(-タ), イッレガーレ	unjust, unlawful アンチャスト, アンローフル
むぼうな **無謀な** mubouna	**temerario(-a)** テメラーリオ(-ア)	reckless レクレス

日	伊	英
むほん **謀反** muhon	**ribellione** *f.* リベッリオーネ	rebellion リベリオン
むめいの **無名の** mumeino	**sconosciuto(-a)** スコノシュート(-タ)	nameless, unknown ネイムレス, アンノウン
むら **村** mura	**villaggio** *m.* ヴィッラッジョ	village ヴィリヂ
むらがる **群がる** muragaru	**affollarsi** アッフォッラルスィ	gather, flock ギャザ, フラク
むらさきいろ **紫色** murasakiiro	**viola** *m.* ヴィオーラ	purple, violet パープル, ヴァイオレト
むりな **無理な** murina	**impossibile** インポッスィービレ	impossible インパスィブル
むりょうの **無料の** muryouno	**gratis, gratuito(-a)** グラーティス, グラトゥーイト(-タ)	free フリー
むりょくな **無力な** muryokuna	**impotente** インポテンテ	powerless パウアレス
むれ **群れ** mure	**gruppo** *m.* グルッポ	group, crowd グループ, クラウド

め, メ

日	伊	英
め **目** me	**occhio** *m.* オッキオ	eye アイ
め **芽** me	**germoglio** *m.* ジェルモッリォ	sprout, bud スプラウト, バド
めあて **目当て** meate	**obiettivo** *m.* オビエッティーヴォ	aim, objective エイム, オブヂェクティヴ
めい **姪** mei	**nipote** *f.* ニポーテ	niece ニース
めいあん **名案** meian	**buona idea** *f.* ブオーナ イデーア	good idea グド アイディーア

日	伊	英
めいおうせい **冥王星** meiousei	**Plutone** *m.* プルトーネ	Pluto プルートウ
めいかいな **明快な** meikaina	**chiaro(-a)** キアーロ(-ラ)	clear, lucid クリア, ルースィド
めいかくな **明確な** meikakuna	**chiaro(-a), preciso(-a)** キアーロ(-ラ), プレチーゾ(-ザ)	clear, accurate クリア, アキュレト
めいがら **銘柄** meigara	**marca** *f.* マルカ	brand, description ブランド, ディスクリプション
めいぎ **名義** meigi	**nome** *m.* ノーメ	name ネイム
めいさい **明細** meisai	**dettagli** *m.pl.* デッタッリ	details ディーテイルズ
めいさく **名作** meisaku	**capolavoro** *m.* カポラヴォーロ	masterpiece マスタピース
めいし **名刺** meishi	**biglietto da visita** *m.* ビッリエット ダ ヴィーズィタ	business card ビズネス カード
めいし **名詞** meishi	**sostantivo** *m.* ソスタンティーヴォ	noun ナウン
めいしょ **名所** meisho	**luogo famoso** *m.* ルオーゴ ファモーゾ	noted place, notable sights ノウテド プレイス, ノウタブル サイツ
めいしん **迷信** meishin	**superstizione** *f.* スペルスティツィオーネ	superstition スーパスティション
めいじん **名人** meijin	**maestro(-a)** *m.*(*f.*) マエストロ(-ラ)	master, expert マスタ, エクスパート
めいせい **名声** meisei	**fama** *f.* ファーマ	fame, reputation フェイム, レピュテイション
めいそう **瞑想** meisou	**meditazione** *f.* メディタツィオーネ	meditation メディテイション

日	伊	英
めいちゅうする **命中する** meichuusuru	**centrare** チェントラーレ	hit ヒト
めいはくな **明白な** meihakuna	**chiaro(-a)** キアーロ(-ラ)	clear, evident クリア, エヴィデント
めいぶつ **名物** meibutsu	**specialità** *f.* スペチャリタ	special product スペシャル プラダクト
めいぼ **名簿** meibo	**elenco di nomi** *m.* エレンコ ディ ノーミ	list of names リスト オヴ ネイムズ
めいめい **銘々** meimei	**ognuno(-a)** オニューノ(-ナ)	each, everyone イーチ, エヴリワン
めいよ **名誉** meiyo	**onore** *m.* オノーレ	honor, Ⓑhonour アナ, アナ
〜棄損	**diffamazione** *f.* ディッファマツィオーネ	libel, slander ライベル, スランダ
めいりょうな **明瞭な** meiryouna	**chiaro(-a)** キアーロ(-ラ)	clear, plain クリア, プレイン
めいる **滅入る** meiru	**depremersi** デプレメルスィ	feel depressed フィール ディプレスト
めいれい **命令** meirei	**ordine** *m.* オルディネ	order, command オーダ, コマンド
〜する	**ordinare** オルディナーレ	order オーダ
めいろ **迷路** meiro	**labirinto** *m.* ラビリント	maze, labyrinth メイズ, ラビリンス
めいろうな **明朗な** meirouna	**allegro(-a)** アッレーグロ(-ラ)	cheerful, bright チアフル, ブライト
めいわく **迷惑** meiwaku	**disturbo** *m.* ディストゥルボ	trouble, nuisance トラブル, ニュースンス

め

日	伊	英
〜する	(essere) disturbato(-a) da (エッセレ) ディストゥルバート(-タ) ダ	(be) troubled by, (be) inconvenienced by (ビ) トラブルド バイ, (ビ) インコンヴィーニェンスト バイ
めうえ **目上** meue	**superiori** *m.f.pl.* スペリオーリ	superiors スピアリアズ
めーかー **メーカー** meekaa	**produttore** *m.* プロドゥットーレ	maker, manufacturer メイカ, マニュファクチャラ
めーたー **メーター** meetaa	**contatore** *m.* コンタトーレ	meter ミータ
めーとる **メートル** meetoru	**metro** *m.* メートロ	meter, ⓑmetre ミータ, ミータ
めかくし **目隠し** mekakushi	**benda** *f.* ベンダ	blindfold ブラインドフォウルド
めかた **目方** mekata	**peso** *m.* ペーゾ	weight ウェイト
めかにずむ **メカニズム** mekanizumu	**meccanismo** *m.* メッカニズモ	mechanism メカニズム
めがね **眼鏡** megane	**occhiali** *m.pl.* オッキアーリ	glasses グラスィズ
めがへるつ **メガヘルツ** megaherutsu	**megahertz** *m.* メガエルツ	megahertz メガハーツ
めがみ **女神** megami	**dea** *f.* デーア	goddess ガデス
めきしこ **メキシコ** mekishiko	**Messico** *m.* メッスィコ	Mexico メクスィコウ
めきめき **めきめき** mekimeki	**notevolmente, rapidamente** ノテヴォルメンテ, ラピダメンテ	rapidly, markedly ラピドリ, マーケッドリ
めぐすり **目薬** megusuri	**collirio** *m.* コッリーリオ	eye drops アイ ドラプス

日	伊	英
めぐまれる **恵まれる** megumareru	**(essere) fortunato(-a)** (エッセレ) フォルトゥナート(-タ)	(be) blessed with (ビ) ブレスト ウィズ
めぐみ **恵み** (恩恵) megumi	**favore** *m.* ファヴォーレ	favor, ⒷBfavour フェイヴァ, フェイヴァ
(天恵)	**benedizione** *f.* ベネディツィオーネ	blessing ブレスィング
めぐらす **巡らす** megurasu	**circondare** チルコンダーレ	surround サラウンド
めくる **めくる** mekuru	**voltare, piegare** ヴォルターレ, ピエガーレ	turn over, flip ターン オウヴァ, フリプ
めぐる **巡る** meguru	**girare** ジラーレ	travel around トラヴル アラウンド
めざす **目指す** mezasu	**mirare** *a*, **puntare** *a* ミラーレ ア, プンターレ ア	aim at エイム アト
めざましい **目覚ましい** mezamashii	**notevole** ノテーヴォレ	remarkable リマーカブル
めざましどけい **目覚まし時計** mezamashidokei	**sveglia** *f.* ズヴェッリャ	alarm clock アラーム クラク
めざめる **目覚める** mezameru	**svegliarsi** ズヴェッリャルスィ	awake アウェイク
めした **目下** meshita	**inferiori** *m.f.pl.* インフェリオーリ	inferiors インフィアリアズ
めしべ **雌しべ** meshibe	**pistillo** *m.* ピスティッロ	pistil ピスティル
めじるし **目印** mejirushi	**segno** *m.* セーニョ	sign, mark サイン, マーク
めす **雌** mesu	**femmina** *f.* フェンミナ	female フィーメイル
めずらしい **珍しい** mezurashii	**insolito(-a)** インソーリト(-タ)	unusual, rare アニュージュアル, レア

日	伊	英
めだつ **目立つ** medatsu	**richiamare l'attenzione** リキアマーレ ラッテンツィオーネ	(be) conspicuous (ビ) コンスピキュアス
めだま **目玉** medama	**bulbo oculare** *m.* ブルボ オクラーレ	eyeball **ア**イボール
〜焼き	**uovo fritto** *m.* ウオーヴォ フリット	sunny-side-up, fried egg サニーサイド**ア**プ, フライド **エ**グ
めだる **メダル** medaru	**medaglia** *f.* メ**ダ**ッリァ	medal **メ**ドル
めちゃくちゃな **めちゃくちゃな** mechakuchana	**assurdo(-a)** アッ**ス**ルド(-ダ)	absurd アブ**サ**ード
めっか **メッカ** mekka	**Mecca** *f.* **メ**ッカ	Mecca **メ**カ
めっき **鍍金** mekki	**placcatura** *f.* プラッカ**トゥ**ーラ	plating プ**レ**イティング
めつき **目付き** metsuki	**sguardo** *m.* ズ**グ**ァルド	eyes, look **ア**イズ, **ル**ク
めっせーじ **メッセージ** messeeji	**messaggio** *m.* メッ**サ**ッジョ	message **メ**スィヂ
めったに **滅多に** mettani	**raramente** ララ**メ**ンテ	seldom, rarely **セ**ルドム, **レ**アリ
めつぼうする **滅亡する** metsubousuru	**distruggersi** ディスト**ル**ッジェルスィ	go to ruin **ゴ**ウトゥ **ル**ーイン
めでぃあ **メディア** media	**media** *m.pl.* **メ**ーディア	media **ミ**ーディア
めでたい **めでたい** medetai	**felice, lieto(-a)** フェ**リ**ーチェ, リ**エ**ート(-タ)	happy, celebratory **ハ**ピ, **セ**レブレイトリ
めど **目処** medo	**prospettiva** *f.* プロスペッ**ティ**ーヴァ	prospect プ**ラ**スペクト

日	伊	英
めにゅー **メニュー** menyuu	**menu** *m.* メヌ	menu メニュー
めのう **瑪瑙** menou	**agata** *f.* アーガタ	agate アガト
めばえる **芽生える** mebaeru	**germogliare, spuntare** ジェルモッリァーレ, スプンターレ	sprout スプラウト
めまい **目まい** memai	**vertigini** *f.pl.* ヴェルティージニ	dizziness, vertigo ディズィネス, ヴァーティゴウ
めまぐるしい **目まぐるしい** memagurushii	**vertiginoso(-a)** ヴェルティジノーゾ(-ザ)	bewildering, rapid ビウィルダリング, ラピド
めも **メモ** memo	**appunti** *m.pl.* アップンティ	memo メモウ
めもり **目盛り** memori	**scala** *f.* スカーラ	graduation グラデュエイション
めもりー **メモリー** memorii	**memoria** *f.* メモーリア	memory メモリ
めやす **目安** meyasu	**standard** *m.* スタンダルド	yardstick, standard ヤードスティク, スタンダド
めりーごーらうんど **メリーゴーラウンド** meriigooraundo	**carosello** *m.* カロゼッロ	merry-go-round, carousel, ⓑround-about メリゴウラウンド, キャルセル, ラウンダバウト
めりこむ **めり込む** merikomu	**conficcarsi, sprofondare** コンフィッカルスィ, スプロフォンダーレ	sink into スィンク イントゥ
めりっと **メリット** meritto	**vantaggio** *m.*, **merito** *m.* ヴァンタッジョ, メーリト	merit メリト
めろでぃー **メロディー** merodii	**melodia** *f.* メロディーア	melody メロディ
めろん **メロン** meron	**melone** *m.* メローネ	melon メロン

日	伊	英
めん 綿 men	cotone *m.* コトーネ	cotton カトン
めん 面 (マスク・仮面) men	maschera *f.* マスケラ	mask マスク
(側面)	aspetto *m.*, lato *m.* アスペット, ラート	aspect, side アスペクト, サイド
(表面)	superficie *f.* スペルフィーチェ	face, surface フェイス, サーフェス
めんえき 免疫 men-eki	immunità *f.* インムニタ	immunity イミューニティ
めんかい 面会 menkai	intervista *f.*, colloquio *m.* インテルヴィスタ, コッロークィオ	interview インタヴュー
めんきょ 免許 menkyo	licenza *f.*, patente *f.* リチェンツァ, パテンテ	license ライセンス
〜証	patente di guida *f.* パテンテ ディ グィーダ	license ライセンス
めんしき 面識 menshiki	conoscenza *f.* コノシェンツァ	acquaintance アクウェインタンス
めんじょう 免状 menjou	diploma *m.* ディプローマ	diploma, license ディプロウマ, ライセンス
めんしょくする 免職する menshokusuru	licenziare リチェンツィアーレ	dismiss ディスミス
めんじょする 免除する menjosuru	esentare エゼンターレ	exempt イグゼンプト
めんする 面する mensuru	affacciarsi *su* アッファッチャルスィ ス	face on, look out on to フェイス オン, ルク アウト オン トゥ
めんぜい 免税 menzei	esenzione fiscale *f.* エゼンツィオーネ フィスカーレ	tax exemption タクス イグゼンプション

日	伊	英
～店	**duty-free** *m.* デュティフリ	duty-free shop **デュ**ーティフリー **シャ**プ
～品	**articoli duty-free** *m.pl.* アル**ティ**ーコリ デュティフ**リ**	tax-free articles **タ**クスフリー **ア**ーティクルズ
めんせき **面積** menseki	**superficie** *f.* スペル**フィ**ーチェ	area **エ**アリア
めんせつ **面接** mensetsu	**colloquio** *m.* コッ**ロ**ークィオ	interview **イ**ンタヴュー
～試験	**esame orale** *m.* エ**ザ**ーメ オ**ラ**ーレ	personal interview **パ**ーソナル **イ**ンタヴュー
めんてなんす **メンテナンス** mentenansu	**manutenzione** *f.* マヌテンツィ**オ**ーネ	maintenance **メ**インテナンス
めんどうな **面倒な** mendouna	**fastidioso(-a)** ファスティディ**オ**ーゾ(-ザ)	troublesome, difficult ト**ラ**ブルサム, **ディ**フィカルト
めんどり **雌鶏** mendori	**gallina** *f.* ガッ**リ**ーナ	hen **ヘ**ン
めんばー **メンバー** menbaa	**membro** *m.* **メ**ンブロ	member **メ**ンバ
めんぼう **綿棒** menbou	**cotton fioc** *m.* **コ**ットン フィ**オ**ク	cotton swab **カ**トン ス**ワ**ブ
めんみつな **綿密な** menmitsuna	**meticoloso(-a)** メティコ**ロ**ーゾ(-ザ)	meticulous メ**ティ**キュラス
めんもく **面目** menmoku	**onore** *m.* オ**ノ**ーレ	honor, credit **ア**ナ, ク**レ**ジット
めんるい **麺類** menrui	**pasta** *f.* **パ**スタ	noodles **ヌ**ードルズ

も, モ

もう (すでに) / mou
già / ジャ
already / オールレディ

(間もなく)
presto / プレスト
soon / スーン

儲かる / moukaru
(essere) redditizio(-a) / (エッセレ) レッディティーツィオ(-ア)
(be) profitable / (ビ) プロフィタブル

儲け / mouke
profitto *m.* / プロフィット
profit, gains / プロフィット, ゲインズ

儲ける / moukeru
guadagnare / グアダニャーレ
make a profit, gain / メイク ア プロフィット, ゲイン

申し合わせ / moushiawase
accordo *m.* / アッコルド
agreement / アグリーメント

申し入れ / moushiire
proposta *f.* / プロポスタ
proposition / プロポジション

申し込み (加入などの手続き) / moushikomi
abbonamento *m.* / アッボナメント
subscription / サブスクリプション

(要請・依頼)
richiesta *di f.* / リキエスタ ディ
request for / リクウェスト フォ

申し込む (加入する・応募する) / moushikomu
iscriversi *a* / イスクリーヴェルスィ ア
apply for, subscribe / アプライ フォ, サブスクライブ

(依頼する)
fare una richiesta *di* / ファーレ ウナ リキエスタ ディ
request, ask for / リクウェスト, アスク フォ

申し出る / moushideru
offrire, proporre / オッフリーレ, プロポッレ
offer, propose / オファ, プロポウズ

もうすぐ / mousugu
presto / プレスト
soon / スーン

日	伊	英
もうすこし **もう少し** mousukoshi	**un po' di più** ウン ポ ディ ピウ	some more, a little more サム モー, アリトル モー
もうぜんと **猛然と** mouzento	**ferocemente, violentemente** フェロチェメンテ, ヴィオレンテメンテ	fiercely フィアスリ
もうそう **妄想** mousou	**illusione** *f.* イッルズィオーネ	delusion ディルージョン
もうちょう **盲腸** mouchou	**appendice** *f.* アッペンディーチェ	appendix アペンディクス
もうどうけん **盲導犬** moudouken	**cane guida** *m.* カーネ グィーダ	seeing-eye dog, guide dog スィーイングアイ ドーグ, ガイド ドーグ
もうどく **猛毒** moudoku	**veleno mortale** *m.* ヴェレーノ モルターレ	deadly poison デドリ ポイズン
もうふ **毛布** moufu	**coperta** *f.* コペルタ	blanket ブランケト
もうもくの **盲目の** moumokuno	**cieco(-a)** チェーコ(-カ)	blind ブラインド
もうれつな **猛烈な** mouretsuna	**furioso(-a)** フリオーゾ(-ザ)	violent, furious ヴァイオレント, フュアリアス
もうろうとした **もうろうとした** mouroutoshita	**confuso(-a)** コンフーゾ(-ザ)	dim, indistinct ディム, インディスティンクト
もえつきる **燃え尽きる** moetsukiru	**bruciare completamente** ブルチャーレ コンプレタメンテ	burn out バーン アウト
もえる **燃える** moeru	**bruciare** ブルチャーレ	burn, blaze バーン, ブレイズ
もーたー **モーター** mootaa	**motore** *m.* モトーレ	motor モウタ
〜ボート	**barca a motore** *f.*, **motoscafo** *m.* バルカ ア モトーレ, モトスカーフォ	motorboat モウタボウト

日	伊	英
もがく もがく mogaku	**dibattersi** ディバッテルスィ	struggle, writhe ストラグル, ライズ
もくげきする **目撃する** mokugekisuru	**assistere** *a* アッスィステレ ア	see, witness スィー, ウィトネス
もくざい **木材** mokuzai	**legname** *m.* レニャーメ	wood, lumber ウド, ランバ
もくじ **目次** mokuji	**indice** *m.* インディチェ	(table of) contents (テイブル オヴ) カンテンツ
もくせい **木星** mokusei	**Giove** *m.* ジョーヴェ	Jupiter チュピタ
もくぞうの **木造の** mokuzouno	**di legno** ディ レーニョ	wooden ウドン
もくちょう **木彫** mokuchou	**scultura in legno** *f.* スクルトゥーラ イン レーニョ	wood carving ウド カーヴィング
もくてき **目的** mokuteki	**scopo** *m.* スコーポ	purpose パーパス
～地	**destinazione** *f.* デスティナツィオーネ	destination デスティネイション
もくにんする **黙認する** mokuninsuru	**approvare tacitamente** アップロヴァーレ タチタメンテ	give a tacit consent ギヴ ア タスィット コンセント
もくはんが **木版画** mokuhanga	**xilografia** *f.* クスィログラフィーア	woodcut ウドカト
もくひけん **黙秘権** mokuhiken	**diritto di non rispondere** *m.* ディリット ディ ノン リスポンデレ	(the) right to remain silent (ザ) ライト トゥ リメイン サイレント
もくひょう **目標** mokuhyou	**bersaglio** *m.* ベルサッリオ	mark, target マーク, ターゲト
もくもくと **黙々と** mokumokuto	**silenziosamente** スィレンツィオザメンテ	silently サイレントリ

日	伊	英
もくようび **木曜日** mokuyoubi	**giovedì** *m.* ジョヴェディ	Thursday サーズデイ
もぐる **潜る** moguru	**immergersi** *in*, **tuffarsi** *in* インメルジェルスィ イン, トゥッファルスィ イン	dive into ダイヴ イントゥ
もくろく **目録** mokuroku	**lista** *f.*, **catalogo** *m.* リスタ, カターロゴ	list, catalog, Ⓑcatalogue リスト, キャタローグ, キャタローグ
もけい **模型** mokei	**modello** *m.* モデッロ	model マドル
もざいく **モザイク** mozaiku	**mosaico** *m.* モザイコ	mosaic モウゼイイク
もし **もし** moshi	**se** セ	if イフ
もじ **文字** moji	**lettera** *f.* レッテラ	letter, character レタ, キャラクタ
もしゃ **模写** mosha	**copia** *f.* コーピア	copy カピ
もぞう **模造** mozou	**imitazione** *f.* イミタツィオーネ	imitation イミテイション
もたらす **もたらす** motarasu	**portare** ポルターレ	bring ブリング
もたれる **もたれる** motareru	**appoggiarsi** *a* アッポッジャルスィ ア	lean on, lean against リーン オン, リーン アゲンスト
もだんな **モダンな** modanna	**moderno(-a)** モデルノ(-ナ)	modern マダン
もちあげる **持ち上げる** mochiageru	**sollevare** ソッレヴァーレ	lift, raise リフト, レイズ
もちあじ **持ち味** (特色) mochiaji	**caratteristica** *f.* カラッテリスティカ	characteristic キャラクタリスティク

日	伊	英
(特有の味)	**sapore caratteristico** *m.* サポーレ カラッテリスティコ	peculiar flavor ピキューリア フレイヴァ
もちいる **用いる** mochiiru	**usare** ウザーレ	use ユーズ
もちかえる **持ち帰る** mochikaeru	**portare a casa** ポルターレ ア カーザ	bring home ブリング ホウム
もちこたえる **持ちこたえる** mochikotaeru	**resistere** レズィステレ	hold on, endure ホウルド オン, インデュア
もちこむ **持ち込む** mochikomu	**portare** ポルターレ	carry in キャリ イン
もちにげする **持ち逃げする** mochinigesuru	**andarsene** *con* アンダルセネ コン	go away with ゴウ アウェイ ウィズ
もちぬし **持ち主** mochinushi	**proprietario(-a)** *m.* (*f.*) プロプリエターリオ(-ア)	owner, proprietor オウナ, プラプライアタ
もちはこぶ **持ち運ぶ** mochihakobu	**portare** ポルターレ	carry キャリ
もちもの (所持品) **持ち物** mochimono	**effetti personali** *m.pl.* エッフェッティ ペルソナーリ	belongings ビローンギングズ
(所有物)	**proprietà** *f.* プロプリエタ	property プラパティ
もちろん **もちろん** mochiron	**naturalmente** ナトゥラルメンテ	of course オフ コース
もつ (携帯する) **持つ** motsu	**avere, portare** アヴェーレ, ポルターレ	have ハヴ
(所有している)	**avere, possedere** アヴェーレ, ポッセデーレ	have, possess ハヴ, ポゼス
(保持する)	**tenere (in mano)** テネーレ (イン マーノ)	hold ホウルド

日	伊	英
もっかんがっき **木管楽器** mokkangakki	**legni** *m.pl.* レーニ	woodwind instrument **ウ**ドウインド **イ**ンストルメント
もっきん **木琴** mokkin	**xilofono** *m.* クスィローフォノ	xylophone **ザ**イロフォウン
もったいぶる **もったいぶる** mottaiburu	**darsi delle arie** **ダ**ルスィ **デ**ッレ **ア**ーリエ	put on airs **プ**ト オン **エ**アズ
もっていく **持って行く** motteiku	**portare** ポル**タ**ーレ	take, carry **テ**イク, **キャ**リ
もってくる **持って来る** mottekuru	**portare** ポル**タ**ーレ	bring, fetch **ブ**リング, **フェ**チ
もっと **もっと** motto	**più, di più** ピ**ウ**, ディ ピ**ウ**	more **モ**ー
もっとー **モットー** mottoo	**motto** *m.* **モ**ット	motto **マ**トウ
もっとも **最も** mottomo	**il(la) più** **イ**ル(ラ) ピ**ウ**	most **モ**ウスト
もっともな **もっともな** mottomona	**ragionevole, naturale** ラジョ**ネ**ーヴォレ, ナトゥ**ラ**ーレ	reasonable, natural **リ**ーズナブル, **ナ**チュラル
もっぱら **専ら** moppara	**principalmente** プリンチパル**メ**ンテ	chiefly, mainly **チ**ーフリ, **メ**インリ
もつれる **もつれる** motsureru	**aggrovigliarsi** アッグロヴィッリ**ァ**ルスィ	(be) tangled (ビ) **タ**ングルド
もてなす **もてなす** motenasu	**accogliere, ospitare** アッコッリ**ェ**レ, オスピ**タ**ーレ	entertain エンタ**テ**イン
もてはやす **もてはやす** motehayasu	**tessere le lodi** *di*, **elogiare** **テ**ッセレ レ **ロ**ーディ ディ, エロ**ジャ**ーレ	praise a lot, make a hero of プ**レ**イズ ア **ラ**ト, **メ**イク ア **ヒ**ーロウ オヴ
もでむ **モデム** modemu	**modem** *m.* **モ**ーデム	modem **モ**ウデム

日	伊	英
もてる moteru	**(essere) popolare** *tra* (エッセレ) ポポラーレ トラ	(be) popular with, (be) popular among (ビ) パピュラ ウィズ, (ビ) パピュラ アマング
モデル moderu	**modello** *m.* モデッロ	model マドル
～チェンジ	**cambio del modello** *m.* カンビオ デル モデッロ	model changeover マドル チェインヂョウヴァ
本[基・元] (基礎) moto	**fondamento** *m.*, **base** *f.* フォンダメント, バーゼ	foundation ファウンデイション
(起源)	**origine** *f.* オリージネ	origin オーリヂン
戻す (元へ返す) modosu	**restituire** レスティトゥイーレ	return リターン
元栓 motosen	**rubinetto principale** *m.* ルビネット プリンチパーレ	main tap メイン タプ
基づく (起因する) motozuku	**venire** *da*, **derivare** *da* ヴェニーレ ダ, デリヴァーレ ダ	come from カム フラム
(根拠とする)	**basarsi** *su* バザルスィス	(be) based on (ビ) ベイスト オン
求める (捜す) motomeru	**cercare** チェルカーレ	look for ルク フォ
(要求する)	**richiedere** リキエーデレ	ask, demand アスク, ディマンド
(欲する)	**volere** ヴォレーレ	want ワント
元々 (元来) motomoto	**in origine** イノリージネ	originally オリヂナリ
(生来)	**per natura** ペル ナトゥーラ	by nature バイ ネイチャ

日	伊	英
もどる **戻る** (引き返す) modoru	**tornare indietro** トルナーレ インディエートロ	turn back ターン バク
(元に返る) modoru	**tornare** トルナーレ	return, come back リターン, カム バク
もなこ **モナコ** monako	**Monaco** *f.* モーナコ	Monaco マナコウ
もにたー **モニター** monitaa	**monitor** *m.* モーニトル	monitor マニタ
もの **物** mono	**cosa** *f.*, **oggetto** *m.* コーザ, オッジェット	thing, object スィング, アブヂェクト
ものおき **物置** monooki	**ripostiglio** *m.* リポスティッリォ	storeroom ストールーム
ものおと **物音** monooto	**rumore** *m.* ルモーレ	noise, sound ノイズ, サウンド
ものがたり **物語** monogatari	**storia** *f.* ストーリア	story ストーリ
ものくろの **モノクロの** monokurono	**monocromatico(-a)** モノクロマーティコ(-カ)	monochrome, black-and-white マノクロウム, ブラク アンド (ホ)ワイト
ものごと **物事** monogoto	**cose** *f.pl.* コーゼ	things スィングズ
ものしり **物知り** monoshiri	**persona colta** *f.* ペルソーナ コルタ	learned man ラーネド マン
ものずきな **物好きな** monozukina	**curioso(-a)** クリオーゾ(-ザ)	curious キュアリアス
ものすごい **物凄い** monosugoi	**meraviglioso(-a)** メラヴィッリオーゾ(-ザ)	wonderful, great ワンダフル, グレイト
(恐ろしい)	**terribile** テッリービレ	terrible, horrible テリブル, ホリブル

日	伊	英
物足りない ものたりない monotarinai	**insoddisfacente** インソッディスファチェンテ	unsatisfactory アンサティスファクトリ
物干し ものほし monohoshi	**stenditoio** *m.* ステンディトイオ	clothesline クロウズライン
物真似 ものまね monomane	**imitazione** *f.* イミタツィオーネ	impersonation インパーソネイション
モノレール ものれーる monoreeru	**monorotaia** *f.* モノロタイア	monorail マノレイル
モノローグ ものろーぐ monoroogu	**monologo** *m.* モノーロゴ	monologue マノローグ
物分かりのよい ものわかりのよい monowakarinoyoi	**sensato(-a), comprensivo(-a)** センサート(-タ), コンプレンスィーヴォ(-ヴァ)	sensible, understanding センシブル, アンダスタンディング
モバイルの もばいるの mobairuno	**portatile** ポルターティレ	mobile モウビル
模範 もはん mohan	**esempio** *m.*, **modello** *m.* エゼンピオ, モデッロ	example, model イグザンプル, マドル
喪服 もふく mofuku	**abito da lutto** *m.* アービト ダ ルット	mourning dress モーニング ドレス
模倣 もほう mohou	**imitazione** *f.* イミタツィオーネ	imitation イミテイション
〜する	**imitare** イミターレ	imitate イミテイト
樅の木 もみのき mominoki	**abete** *m.* アベーテ	fir tree ファー トリー
揉む もむ momu	**massaggiare** マッサッジャーレ	rub, massage ラブ, マサージ
揉め事 もめごと momegoto	**screzio** *m.* スクレーツィオ	quarrel, dispute クウォレル, ディスピュート

日	伊	英
もめる **揉める** momeru	**litigare** *con* リティガーレ コン	get into trouble, get into a dispute ゲト イントゥ トラブル, ゲト イントゥ ア ディスピュート
もも **腿** momo	**coscia** *f.* コッシャ	thigh サイ
もも **桃** momo	**pesca** *f.* ペスカ	peach ピーチ
もや **もや** moya	**foschia** *f.* フォスキーア	haze, mist ヘイズ, ミスト
もやし **もやし** moyashi	**germogli di soia** *m.pl.* ジェルモッリ ディ ソイア	bean sprout ビーン スプラウト
もやす **燃やす** moyasu	**bruciare** ブルチャーレ	burn バーン
もよう **模様** moyou	**motivo** *m.* モティーヴォ	pattern, design パタン, ディザイン
もよおす **催す** moyoosu	**tenere** テネーレ	hold, give ホウルド, ギヴ
もよりの **最寄りの** moyorino	**vicino(-*a*)** ヴィチーノ(-ナ)	nearby ニアバイ
もらう **貰う** morau	**ricevere** リチェーヴェレ	get, receive ゲト, リスィーヴ
もらす **漏らす** morasu	**perdere** ペルデレ	leak リーク
(秘密を)	**rivelare** リヴェラーレ	let out, leak レト アウト, リーク
もらる **モラル** moraru	**morale** *f.* モラーレ	morals モラルズ
もり **森** mori	**bosco** *m.* ボスコ	woods, forest ウヅ, フォレスト

日	伊	英
もる 盛る moru	accumulare アックムラーレ	pile up パイル アプ
(料理を)	servire セルヴィーレ	dish up ディシュ アプ
もるひね モルヒネ moruhine	morfina *f.* モルフィーナ	morphine モーフィーン
もれる 漏れる moreru	perdere ペルデレ	leak, come through リーク, カム スルー
(秘密が)	trapelare トラペラーレ	leak out リーク アウト
もろい もろい moroi	fragile フラージレ	fragile, brittle フラヂル, ブリトル
もろっこ モロッコ morokko	Marocco *m.* マロッコ	Morocco モラコウ
もん 門 mon	porta *f.* ポルタ	gate ゲイト
もんく 文句 monku	lamentela *f.* ラメンテーラ	complaint コンプレイント
〜を言う	lamentarsi ラメンタルスィ	complain コンプレイン
もんげん 門限 mongen	coprifuoco *m.* コプリフオーコ	curfew カーフュー
もんごる モンゴル mongoru	Mongolia *f.* モンゴーリア	Mongolia マンゴウリア
もんだい 問題 mondai	questione *f.* クェスティオーネ	question, problem クウェスチョン, プラブレム

日	伊	英

や, ヤ

や 矢 ya	**freccia** *f.* フレッチャ	arrow アロウ
やード **ヤード** yaado	**iarda** *f.* ヤルダ	yard ヤード
やおちょうをする **八百長をする** yaochouwosuru	**truccare una partita** トルッカーレ ウナ パルティータ	fix a game フィクス ア ゲイム
やおや **八百屋** yaoya	**fruttivendolo(-a)** *m.* (*f.*) フルッティヴェンドロ(-ラ)	vegetable store, ⒷGreengrocer's (shop) ヴェヂタブル ストー, グリーングロウサズ (シャプ)
やがいで **野外で** yagaide	**all'aperto** アッラペルト	outdoor, open-air アウトドー, オウプンエア
やがて **やがて** yagate	**presto** プレスト	soon スーン
(そのうち)	**un giorno, a tempo debito** ウン ジョルノ, ア テンポ デービト	one day, in due course ワン デイ, イン デュー コース
やかましい **やかましい** yakamashii	**rumoroso(-a)** ルモローゾ(-ザ)	noisy, clamorous ノイズィ, クラモラス
やかん **夜間** yakan	**notte** *f.* ノッテ	night (time) ナイト (タイム)
やかん **薬缶** yakan	**bollitore** *m.* ボッリトーレ	kettle ケトル
やぎ **山羊** yagi	**capra** *f.* カープラ	goat ゴウト
～座	**Capricorno** *m.* カプリコルノ	Goat, Capricorn ゴウト, キャプリコーン
やきにく **焼き肉** yakiniku	**arrosto** *m.* アッロスト	roast meat ロウスト ミート

日	伊	英
やきもちをやく **焼き餅を焼く** yakimochiwoyaku	**(essere) geloso(-a)** *di* (エッセレ) ジェローゾ(-ザ) ディ	(be) jealous of (ビ) **ヂェ**ラス オヴ
やきゅう **野球** yakyuu	**baseball** *m.* ベズボル	baseball **ベ**イスボール
やきん **夜勤** yakin	**servizio notturno** *m.* セル**ヴィ**ーツィオ ノッ**トゥ**ルノ	night duty **ナ**イト **デュ**ーティ
やく **焼く** yaku	**bruciare, cuocere al forno** ブル**チャ**ーレ, ク**オ**ーチェレ アル **フォ**ルノ	burn, bake **バ**ーン, **ベ**イク
やく **役** (地位) yaku	**posto** *m.* **ポ**スト	post, position **ポ**ウスト, ポ**ジ**ィション
(任務)	**servizio** *m.* セル**ヴィ**ーツィオ	duty, service **デュ**ーティ, **サ**ーヴィス
(配役)	**ruolo** *m.* ル**オ**ーロ	part, role **パ**ート, **ロ**ウル
やく **約** yaku	**circa** **チ**ルカ	about ア**バ**ウト
やく **訳** yaku	**traduzione** *f.* トラドゥツィ**オ**ーネ	translation トランス**レ**イション
やくいん **役員** yakuin	**funzionario(-a)** *m.*(*f.*) フンツィオ**ナ**ーリオ(-ア)	officer, official **オ**ーフィサ, オ**フィ**シャル
やくがく **薬学** yakugaku	**farmacia** *f.* ファルマ**チ**ーア	pharmacy **ファ**ーマスィ
やくご **訳語** yakugo	**traduzione** *f.* トラドゥツィ**オ**ーネ	translation トランス**レ**イション
やくざ **やくざ** yakuza	**yakusa** *f.* ヤ**ク**ーザ	gangster **ギャ**ングスタ
やくざいし **薬剤師** yakuzaishi	**farmacista** *m.f.* ファルマ**チ**スタ	pharmacist, druggist, Ⓑchemist **ファ**ーマスィスト, ド**ラ**ギスト, **ケ**ミスト

日	伊	英
やくしゃ **役者** yakusha	**attore(-trice)** *m.(f.)* アットーレ(-トリーチェ)	actor, actress アクタ, アクトレス
やくしょ **役所** yakusho	**ufficio pubblico** *m.* ウッフィーチョ プップリコ	public office パブリック オーフィス
やくしんする **躍進する** yakushinsuru	**fare progressi** ファーレ プログレッスィ	make progress メイク プラグレス
やくす **訳す** yakusu	**tradurre ...** *in* トラドゥッレ ... イン	translate トランスレイト
やくそう **薬草** yakusou	**erba medicinale** *f.* エルバ メディチナーレ	medicinal herb メディスィナル アーブ
やくそく **約束** yakusoku	**promessa** *f.* プロメッサ	promise プラミス
～する	**promettere** プロメッテレ	promise プラミス
やくだつ **役立つ** yakudatsu	**(essere) utile** (エッセレ) ウーティレ	(be) useful (ビ) ユースフル
やくひん **薬品** yakuhin	**medicine** *f.pl.* メディチーネ	medicine, drugs メディスィン, ドラグズ
やくめ **役目** yakume	**dovere** *m.* ドヴェーレ	duty デューティ
やくわり **役割** yakuwari	**ruolo** *m.* ルオーロ	part, role パート, ロウル
やけい **夜景** yakei	**panorama notturno** *m.* パノラーマ ノットゥルノ	night view ナイト ヴュー
やけど **火傷** yakedo	**ustione** *f.* ウスティオーネ	burn バーン
～する	**ustionarsi** ウスティオナルスィ	burn, (get) burned バーン, (ゲト) バーンド
やける **焼ける** yakeru	**(essere) bruciato(-a)** (エッセレ) ブルチャート(-タ)	burn バーン

日	伊	英
(肉・魚などが)	**(essere) cotto(-a)** (エッセレ) コット(-タ)	(be) roasted, (be) broiled (ビ) ロウステド, (ビ) ブロイルド
やこうせいの **夜行性の** yakouseino	**notturno(-a)** ノットゥルノ(-ナ)	nocturnal ナクターナル
やこうとりょう **夜光塗料** yakoutoryou	**vernice fluorescente** *f.* ヴェルニーチェ フルオレシェンテ	luminous paint ルーミナス ペイント
やさい **野菜** yasai	**verdure** *f.pl.* ヴェルドゥーレ	vegetables ヴェヂタブルズ
やさしい **易しい** yasashii	**facile** ファーチレ	easy, plain イーズィ, プレイン
やさしい **優しい** yasashii	**gentile** ジェンティーレ	gentle, kind ヂェントル, カインド
やしなう **養う** yashinau	**mantenere** マンテネーレ	support, keep サポート, キープ
(育てる)	**allevare** アッレヴァーレ	raise, bring up レイズ, ブリング アプ
やじる **野次る** yajiru	**fischiare** フィスキアーレ	hoot, jeer フート, ヂア
やじるし **矢印** yajirushi	**freccia** *f.* フレッチャ	arrow アロウ
やしん **野心** yashin	**ambizione** *f.* アンビツィオーネ	ambition アンビション
～的な	**ambizioso(-a)** アンビツィオーゾ(-ザ)	ambitious アンビシャス
やすい **安い** yasui	**economico(-a)** エコノーミコ(-カ)	cheap, inexpensive チープ, イニクスペンスィヴ
やすうり **安売り** yasuuri	**vendita promozionale** *f.* ヴェンディタ プロモツィオナーレ	discount, bargain sale ディスカウント, バーゲン セイル

日	伊	英
やすっぽい **安っぽい** yasuppoi	**dozzinale** ドッツィナーレ	cheap, flashy チープ, フラシ
やすみ **休み** (休憩) yasumi	**riposo** *m.* リポーゾ	rest レスト
(休日)	**vacanze** *f.pl.* ヴァカンツェ	holiday, vacation ハリデイ, ヴェイケイション
やすむ **休む** (休息する) yasumu	**riposarsi** リポザルスィ	rest レスト
(欠席する)	**(essere) assente** *da* (エッセレ) アッセンテ ダ	(be) absent from (ビ) アブセント フラム
やすらかな **安らかな** yasurakana	**sereno(-a)** セレーノ(-ナ)	peaceful, quiet ピースフル, クワイエト
やすらぎ **安らぎ** yasuragi	**pace** *f.* パーチェ	peace, tranquility ピース, トランクウィリティ
やすり **やすり** yasuri	**lima** *f.* リーマ	file ファイル
やせいの **野生の** yaseino	**selvatico(-a), selvaggio(-a)** セルヴァーティコ(-カ), セルヴァッジョ(-ジャ)	wild ワイルド
やせた **痩せた** (体が) yaseta	**magro(-a)** マーグロ(-ラ)	thin, slim スィン, スリム
(土地が)	**arido(-a)** アーリド(-ダ)	poor, barren プア, バレン
やせる **痩せる** yaseru	**dimagrire** ディマグリーレ	(become) thin, lose weight (ビカム) スィン, ルーズ ウェイト
やそう **野草** yasou	**erba selvatica** *f.* エルバ セルヴァーティカ	wild grass ワイルド グラス
やたい **屋台** yatai	**bancarella** *f.* バンカレッラ	stall, stand ストール, スタンド

日	伊	英
やちょう **野鳥** yachou	**uccello selvatico** *m.* ウッチェッロ セルヴァーティコ	wild bird ワイルド バード
やちん **家賃** yachin	**affitto** *m.* アッフィット	rent レント
やっかいな **厄介な** yakkaina	**seccante** セッカンテ	troublesome, annoying トラブルサム, アノイイング
やっきょく **薬局** yakkyoku	**farmacia** *f.* ファルマチーア	pharmacy, drugstore, ⒷChemist ファーマスィ, ドラグストー, ケミスト
やっつける **やっつける**（一気にやる） yattsukeru	**sbrigare** ズブリガーレ	finish (in one go) フィニシュ (イン ワン ゴウ)
（打ち倒す）	**sconfiggere** スコンフィッジェレ	beat, defeat ビート, ディフィート
やっと **やっと**（ようやく） yatto	**alla fine** アッラ フィーネ	at last アト ラスト
（辛うじて）	**appena** アッペーナ	barely ベアリ
やつれる **やつれる** yatsureru	**logorarsi** ロゴラルスィ	(be) worn out (ビ) ウォーン アウト
やといぬし **雇い主** yatoinushi	**dat*ore*(*-trice*) di lavoro** *m.*(*f.*) ダトーレ(-トリーチェ) ディ ラヴォーロ	employer インプロイア
やとう **雇う** yatou	**assumere, impiegare** アッスーメレ, インピエガーレ	employ インプロイ
やとう **野党** yatou	**partito d'opposizione** *m.* パルティート ドッポズィツィオーネ	opposition party アポズィション パーティ
やなぎ **柳** yanagi	**salice** *m.* サーリチェ	willow ウィロウ
やぬし **家主** yanushi	**padr*one*(*-a*)** *m.*(*f.*) パドローネ(-ナ)	owner of a house オウナ オヴ ア ハウス

日	伊	英
やね **屋根** yane	**tetto** *m.* テット	roof ルーフ
～裏	**soffitta** *f.*, **mansarda** *f.* ソッフィッタ, マンサルダ	garret, attic ギャレト, アティク
やはり **やはり** (依然) yahari	**ancora** アンコーラ	still スティル
(結局)	**dopotutto** ドポトゥット	after all アフタ オール
(他と同様に)	**anche** アンケ	too, also トゥー, オールソウ
やばんな **野蛮な** yabanna	**barbaro(-a)** バルバロ(-ラ)	barbarous, savage バーバラス, サヴィヂ
やぶる **破る** yaburu	**strappare** ストラッパーレ	tear テア
やぶれる **破れる** yabureru	**strapparsi** ストラッパルスィ	(be) torn (ビ) トーン
やぶれる **敗れる** yabureru	**(essere) sconfitto(-a)** (エッセレ) スコンフィット(-タ)	(be) beaten, (be) defeated (ビ) ビートン, (ビ) ディフィーテド
やぼう **野望** yabou	**ambizione** *f.* アンビツィオーネ	ambition アンビション
やぼな **野暮な** yabona	**rozzo(-a)** ロッゾ(-ザ)	unrefined, uncouth アンリファインド, アンクース
やま **山** yama	**montagna** *f.* モンターニャ	mountain マウンテン
～火事	**incendio boschivo** *m.* インチェンディオ ボスキーヴォ	forest fire フォレスト ファイア
やましい **やましい** yamashii	**sentirsi colpevole** センティルスィ コルペーヴォレ	feel guilty フィール ギルティ

日	伊	英
やみ **闇** yami	**oscurità** *f.* オスクリタ	darkness ダークネス
やみくもに **闇雲に** yamikumoni	**sconsideratamente** スコンスィデラタメンテ	at random, rashly アト ランダム, ラシュリ
やむ **止む** yamu	**terminare** テルミナーレ	stop, (be) over スタプ, (ビ) オウヴァ
やめる **止める** yameru	**terminare** テルミナーレ	stop, end スタプ, エンド
やめる **辞める** (引退する) yameru	**ritirarsi, andare in pensione** リティラルスィ, アンダーレ イン ペンスィオーネ	retire リタイア
(辞職する)	**lasciare** ラシャーレ	resign, quit リザイン, クウィト
やもり **ヤモリ** yamori	**geco** *m.* ジェーコ	gecko ゲコウ
やりがいのある **やりがいのある** yarigainoaru	**che vale la pena** ケ ヴァーレ ラ ペーナ	worthwhile ワース(ホ)ワイル
やりとげる **やり遂げる** yaritogeru	**portare a termine** ポルターレ ア テルミネ	accomplish アカンプリシュ
やりなおす **やり直す** yarinaosu	**riprovare, rifare** リプロヴァーレ, リファーレ	try again トライ アゲイン
やる **やる** yaru	**fare** ファーレ	do ドゥー
(与える)	**dare** ダーレ	give ギヴ
やるき **やる気** yaruki	**voglia** *f.* ヴォッリァ	will, drive ウィル, ドライヴ
やわらかい **柔[軟]らかい** yawarakai	**morbido(-a)** モルビド(-ダ)	soft, tender ソーフト, テンダ

日	伊	英
やわらぐ **和らぐ** (弱まる) yawaragu	**diminuire** ディミヌイーレ	lessen レスン
(静まる)	**calmarsi** カルマルスィ	calm down カーム ダウン
やわらげる **和らげる** (楽にする) yawarageru	**placare, alleviare** プラカーレ, アッレヴィアーレ	allay, ease アレイ, イーズ
(静める)	**calmare** カルマーレ	soothe, calm スーズ, カーム
やんちゃな **やんちゃな** yanchana	**birichino(-a)** ビリキーノ(-ナ)	naughty, mischievous ノーティ, ミスチヴァス

ゆ, ユ

日	伊	英
ゆ **湯** yu	**acqua calda** *f.* アックァ カルダ	hot water ハト ウォータ
ゆいいつの **唯一の** yuiitsuno	**unico(-a)** ウーニコ(-カ)	only, unique オウンリ, ユーニーク
ゆいごん **遺言** yuigon	**testamento** *m.* テスタメント	will, testament ウィル, テスタメント
ゆうい **優位** yuui	**preponderanza** *f.*, **superiorità** *f.* プレポンデランツァ, スペリオリタ	predominance, superiority プリダミナンス, スピアリオーリティ
ゆういぎな **有意義な** yuuigina	**significativo(-a)** スィニィフィカティーヴォ(-ヴァ)	significant スィグニフィカント
ゆううつな **憂鬱な** yuuutsuna	**malinconico(-a)** マリンコーニコ(-カ)	melancholy, gloomy メランカリ, グルーミ
ゆうえきな **有益な** yuuekina	**utile** ウーティレ	useful, beneficial ユースフル, ベニフィシャル
ゆうえつかん **優越感** yuuetsukan	**senso di superiorità** *m.* センソ ディ スペリオリタ	sense of superiority センス オヴ スピアリオリティ

日	伊	英
ゆうえんち 遊園地 yuuenchi	**luna park** *m.* ルナ パルク	amusement park アミューズメント パーク
ゆうかい 誘拐 （子どもの） yuukai	**sequestro** *m.* セクェストロ	kidnapping キドナピング
（拉致）	**rapimento** *m.* ラピメント	abduction アブダクション
ゆうがいな 有害な yuugaina	**nocivo(-*a*)** ノチーヴォ(-ヴァ)	bad, harmful バド, ハームフル
ゆうかしょうけん 有価証券 yuukashouken	**valori** *m.pl.* ヴァローリ	valuable securities ヴァリュアブル スィキュアリティズ
ゆうがた 夕方 yuugata	**sera** *f.* セーラ	evening イーヴニング
ゆうがな 優雅な yuugana	**elegante** エレガンテ	graceful, elegant グレイスフル, エリガント
ゆうかん 夕刊 yuukan	**edizione serale** *f.* エディツィオーネ セラーレ	evening paper イーヴニング ペイパ
ゆうかんな 勇敢な yuukanna	**coraggioso(-*a*)** コラッジョーゾ(-ザ)	brave, courageous ブレイヴ, カレイヂャス
ゆうき 勇気 yuuki	**coraggio** *m.* コラッジョ	courage, bravery カーリヂ, ブレイヴァリ
ゆうき 有機 yuuki	**biologico(-*a*), eco-biologico(-*a*)** ビオロージコ(-カ), エコビオロージコ(-カ)	organic オーガニク
ゆうきゅうきゅうか 有給休暇 yuukyuukyuuka	**ferie retribuite** *f.pl.* フェーリエ レトリブイーテ	paid vacation, ⓑpaid holiday ペイド ヴェイケイション, ペイド ホリデイ
ゆうぐうする 優遇する yuuguusuru	**trattare molto bene** トラッターレ モルト ベーネ	treat warmly トリート ウォームリ
ゆうけんしゃ 有権者 yuukensha	**elettorato** *m.* エレットラート	electorate イレクトレト

日	伊	英
ゆうこう **有効** yuukou	**validità** *f.* ヴァリディタ	validity ヴァリディティ
ゆうこうかんけい **友好関係** yuukoukankei	**rapporti amichevoli** *m.pl.* ラッポルティ アミケーヴォリ	friendly relations with フレンドリ リレイションズ ウィズ
ゆうこうこく **友好国** yuukoukoku	**paese amico** *m.* パエーゼ アミーコ	friendly nation フレンドリ ネイション
ゆうごうする **融合する** yuugousuru	**fondersi** フォンデルスィ	fuse フューズ
ゆうこうな **有効な** yuukouna	**valido(-a)** ヴァーリド(-ダ)	valid, effective ヴァリド, イフェクティヴ
ゆーざー **ユーザー** yuuzaa	**utente** *m.f.* ウテンテ	user ユーザ
～名	**nome utente** *m.* ノーメ ウテンテ	user name ユーザ ネイム
ゆうざい **有罪** yuuzai	**colpevolezza** *f.* コルペヴォレッツァ	guilt ギルト
～の	**colpevole** コルペーヴォレ	guilty ギルティ
ゆうし **有志** yuushi	**volontario(-a)** *m.(f.)* ヴォロンターリオ(-ア)	volunteer ヴァランティア
ゆうし **融資** yuushi	**finanziamento** *m.*, **prestito** *m.* フィナンツィアメント, プレスティト	financing, loan フィナンスィング, ロウン
～する	**finanziare** フィナンツィアーレ	finance フィナンス
ゆうしゅうな **優秀な** yuushuuna	**eccellente** エッチェッレンテ	excellent エクセレント
ゆうしょう **優勝** yuushou	**campionato** *m.* カンピオナート	championship チャンピオンシプ

日	伊	英
～する	**vincere un campionato** ヴィンチェレ ウン カンピオナート	win a championship ウィン ア チャンピオンシプ
ゆうじょう **友情** yuujou	**amicizia** *f.* アミチーツィア	friendship フレンドシプ
ゆうしょく **夕食** yuushoku	**cena** *f.* チェーナ	supper, dinner サパ, ディナ
ゆうじん **友人** yuujin	**amico(-a)** *m.*(*f.*) アミーコ(-カ)	friend フレンド
ゆうずう **融通** (柔軟) yuuzuu	**flessibilità** *f.* フレッスィビリタ	flexibility フレクスィビリティ
(金の貸し借り)	**finanza** *f.*, **finanziamento** *m.* フィナンツァ, フィナンツィアメント	finance, lending フィナンス, レンディング
～する	**prestare** プレスターレ	lend レンド
ゆうせいな **優勢な** yuuseina	**superiore, predominante** スペリオーレ, プレドミナンテ	superior, predominant スピアリア, プリダミナント
ゆうせん **優先** yuusen	**priorità** *f.* プリオリタ	priority プライオリティ
～する (他に)	**avere la priorità** アヴェーレ ラ プリオリタ	have priority ハヴ プライオーリティ
ゆうぜんと **悠然と** yuuzento	**con calma** コン カルマ	composedly コンポウズドリ
ゆうそうする **郵送する** yuusousuru	**spedire per posta** スペディーレ ペル ポスタ	send by mail センド バイ メイル
ゆーたーんする **ユーターンする** yuutaansuru	**fare un'inversione a U** ファーレ ウニンヴェルスィオーネ ア ウ	make a U-turn メイク ア ユーターン
ゆうたいけん **優待券** yuutaiken	**biglietto omaggio** *m.* ビッリェット オマッジョ	complimentary ticket カンプリメンタリ ティケト

日	伊	英
ゆうだいな **雄大な** yuudaina	**grandioso(-a)** グランディオーゾ(-ザ)	grand, magnificent グランド, マグニフィセント
ゆうだち **夕立** yuudachi	**acquazzone** *m.* アックァッツォーネ	evening squall イーヴニング スクウォール
ゆうどうする **誘導する** yuudousuru	**guidare, condurre** グィダーレ, コンドゥッレ	lead リード
ゆうどくな **有毒な** yuudokuna	**tossico(-a)** トッスィコ(-カ)	poisonous ポイズナス
ゆーとぴあ **ユートピア** yuutopia	**utopia** *f.* ウトピーア	Utopia ユートウピア
ゆうのうな **有能な** yuunouna	**capace** カパーチェ	able, capable エイブル, ケイパブル
ゆうはつする **誘発する** yuuhatsusuru	**causare** カウザーレ	cause コーズ
ゆうひ **夕日** yuuhi	**tramonto** *m.* トラモント	setting sun セティング サン
ゆうびん **郵便** yuubin	**posta** *f.* ポスタ	mail, ⒷBmail, post メイル, メイル, ポウスト
～為替	**vaglia postale** *m.* ヴァッリァ ポスターレ	money order マニ オーダ
～局	**ufficio postale** *m.* ウッフィーチョ ポスターレ	post office ポウスト オーフィス
～番号	**codice postale** *m.* コーディチェ ポスターレ	zip code, postal code, Ⓑpostcode ズィプ コウド, ポウストル コウド, ポウストコウド
ゆうふくな **裕福な** yuufukuna	**ricco(-a)** リッコ(-カ)	rich, wealthy リチ, ウェルスィ
ゆうべ **夕べ** yuube	**ieri sera** イエーリ セーラ	last night ラスト ナイト

日	伊	英
ゆうべんな **雄弁な** yuubenna	**eloquente** エロクェンテ	eloquent エロクウェント
ゆうぼうな **有望な** yuubouna	**promettente** プロメッテンテ	promising, hopeful プラミスィング, ホウプフル
ゆうぼくみん **遊牧民** yuubokumin	**nomade** *m.f.* ノーマデ	nomad ノウマド
ゆうほどう **遊歩道** yuuhodou	**passeggiata** *f.* パッセッジャータ	promenade プラメネイド
ゆうめいな **有名な** yuumeina	**famoso(-a)** ファモーゾ(-ザ)	famous, well-known フェイマス, ウェルノウン
ゆーもあ **ユーモア** yuumoa	**umorismo** *m.* ウモリズモ	humor ヒューマ
ゆーもらすな **ユーモラスな** yuumorasuna	**umoristico(-a)** ウモリスティコ(-カ)	humorous ヒューマラス
ゆうやけ **夕焼け** yuuyake	**luce del tramonto** *f.* ルーチェ デル トラモント	sunset, Ⓑevening glow サンセット, イーヴニング グロウ
ゆうやみ **夕闇** yuuyami	**crepuscolo** *m.* クレプスコロ	dusk, twilight ダスク, トワイライト
ゆうよ **猶予** yuuyo	**dilazione** *f.* ディラツィオーネ	delay, grace ディレイ, グレイス
ゆうりな **有利な** yuurina	**vantaggioso(-a)** ヴァンタッジョーゾ(-ザ)	advantageous アドヴァンテイヂャス
ゆうりょうな **優良な** yuuryouna	**eccellente** エッチェッレンテ	superior, excellent スピアリア, エクセレント
ゆうりょうの **有料の** yuuryouno	**a pagamento** ア パガメント	fee-based フィーベイスト
ゆうりょくな **有力な** yuuryokuna	**potente** ポテンテ	strong, powerful ストローング, パウアフル

ゆ

日	伊	英
ゆうれい **幽霊** yuurei	**fantasma** *m.* ファン**タ**ズマ	ghost **ゴ**ウスト
ゆーろ **ユーロ** yuuro	**euro** *m.* **エ**ウロ	Euro **ユ**アロ
ゆうわく **誘惑** yuuwaku	**tentazione** *f.* テンタツィ**オ**ーネ	temptation テンプ**テ**イション
～する	**tentare, sedurre** テン**タ**ーレ, セ**ドゥ**ッレ	tempt, seduce **テ**ンプト, スィ**デュ**ース
ゆか **床** yuka	**pavimento** *m.*, **piano** *m.* パヴィ**メ**ント, ピ**ア**ーノ	floor フ**ロ**ー
ゆかいな **愉快な** yukaina	**allegro(-a)** アッ**レ**ーグロ(-ラ)	pleasant, cheerful プ**レ**ザント, **チ**アフル
ゆがむ **歪む** yugamu	**storcersi, deformarsi** ス**ト**ルチェルスィ, デフォル**マ**ルスィ	(be) distorted (ビ) ディス**ト**ーテド
ゆき **雪** yuki	**neve** *f.* **ネ**ーヴェ	snow ス**ノ**ウ
ゆくえふめいの **行方不明の** yukuefumeino	**scomparso(-a)** スコン**パ**ルソ(-サ)	missing **ミ**スィング
ゆげ **湯気** yuge	**vapore** *m.* ヴァ**ポ**ーレ	steam, vapor ス**ティ**ーム, **ヴェ**イパ
ゆけつ **輸血** yuketsu	**trasfusione** *f.* トラスフズィ**オ**ーネ	blood transfusion ブラド トランス**フュ**ージョン
ゆさぶる **揺さぶる** yusaburu	**scuotere** ス**クオ**ーテレ	shake, move **シェ**イク, **ムー**ヴ
ゆしゅつ **輸出** yushutsu	**esportazione** *f.* エスポルタツィ**オ**ーネ	export **エ**クスポート
～する	**esportare** エスポル**タ**ーレ	export **エ**クスポート
ゆすぐ **ゆすぐ** yusugu	**risciacquare** リシャック**ア**ーレ	rinse **リ**ンス

日	伊	英
ゆすり **強請** yusuri	**ricatto** *m.*, **estorsione** *f.* リカット, エストルスィオーネ	blackmail ブラクメイル
ゆずりうける **譲り受ける** yuzuriukeru	**assumere, rilevare** アッスーメレ, リレヴァーレ	take over テイク オウヴァ
ゆする **強請る** yusuru	**ricattare, estorcere** リカッターレ, エストルチェレ	extort, blackmail イクストート, ブラクメイル
ゆずる **譲る** (引き渡す) yuzuru	**cedere** チェーデレ	hand over, give ハンド オウヴァ, ギヴ
(譲歩する)	**concedere** *a* コンチェーデレ ア	concede to コンスィード トゥ
(売る)	**vendere** ヴェンデレ	sell セル
ゆせいの **油性の** yuseino	**oleoso(-a), a base di olio** オレオーゾ(-ザ), ア バーゼ ディ オーリオ	oil-based, oily オイルベイスト, オイリ
ゆそうする **輸送する** yusousuru	**trasportare** トラスポルターレ	transport, carry トランスポート, キャリ
ゆたかな **豊かな** yutakana	**abbondante** アッボンダンテ	abundant, rich アバンダント, リチ
ゆだねる **委ねる** yudaneru	**affidare** アッフィダーレ	entrust with イントラスト ウィズ
ゆだやきょう **ユダヤ教** yudayakyou	**ebraismo** *m.* エブライズモ	Judaism チューダイズム
ゆだやじん **ユダヤ人** yudayajin	**ebreo(-a)** *m.* (*f.*) エブレーオ(-ア)	Jew チュー
ゆだん **油断** yudan	**disattenzione** *f.* ディザッテンツィオーネ	carelessness ケアレスネス
〜する	**abbassare la guardia** アッバッサーレ ラ グアルディア	(be) off one's guard (ビ) オフ ガード

日	伊	英
ゆちゃくする **癒着する** yuchakusuru	**aderire** *a* アデリーレ ア	adhere アドヒア
ゆっくり **ゆっくり** yukkuri	**piano** ピアーノ	slowly スロウリ
ゆでたまご **茹で卵** yudetamago	**uovo sodo** *m.* ウオーヴォ ソード	boiled egg ボイルド エグ
ゆでる **茹でる** yuderu	**bollire, far bollire** ボッリーレ, ファール ボッリーレ	boil ボイル
ゆでん **油田** yuden	**giacimento petrolifero** *m.* ジャチメント ペトロリーフェロ	oil field オイル フィールド
ゆとり　　（気持の） yutori	**serenità** *f.* セレニタ	peace of mind ピース オヴ マインド
（空間の）	**spazio** *m.*, **margine** *m.* スパーツィオ, マルジネ	elbow room, lee-way エルボウ ルーム, リーウェイ
ゆにゅう **輸入** yunyuu	**importazione** *f.* インポルタツィオーネ	import インポート
～する	**importare** インポルターレ	import, introduce インポート, イントロデュース
ゆび **指**　　（手の） yubi	**dito** *m.* ディート	finger フィンガ
（足の）	**dito del piede** *m.* ディート デル ピエーデ	toe トウ
ゆびわ **指輪** yubiwa	**anello** *m.* アネッロ	ring リング
ゆみ **弓** yumi	**arco** *m.* アルコ	bow バウ
ゆめ **夢** yume	**sogno** *m.* ソーニョ	dream ドリーム

日	伊	英
ゆらい **由来** yurai	**origine** *f.* オリージネ	origin オーリヂン
ゆり **百合** yuri	**giglio** *m.* ジッリォ	lily リリ
ゆりかご **揺り籠** yurikago	**culla** *f.* クッラ	cradle クレイドル
ゆるい **緩い** (厳しくない) yurui	**indulgente** インドゥルジェンテ	lenient リーニエント
(締まっていない)	**lento(-a)** レント(-タ)	loose ルース
ゆるがす **揺るがす** yurugasu	**scuotere, scrollare** スクォーテレ, スクロッラーレ	shake, swing シェイク, スウィング
ゆるし **許し** (許可) yurushi	**permesso** *m.* ペルメッソ	permission パミション
ゆるす **許す** (許可する) yurusu	**permettere** ペルメッテレ	allow, permit アラウ, パミト
(容赦する)	**perdonare, scusare** ペルドナーレ, スクザーレ	forgive, pardon フォギヴ, パードン
ゆるむ **緩む** (ほどける) yurumu	**allentarsi** アッレンタルスィ	loosen ルースン
(緊張が解ける)	**rilassarsi** リラッサルスィ	relax リラクス
ゆるめる **緩める** (ほどく) yurumeru	**allentare** アッレンターレ	loosen, unfasten ルースン, アンファスン
(速度を遅くする)	**rallentare** ラッレンターレ	slow down スロウ ダウン
ゆるやかな **緩やかな** (きつくない) yuruyakana	**sciolto(-a)** ショルト(-タ)	loose ルース

日	伊	英
(度合いが少ない)	**mite** ミーテ	gentle, lenient チェントル, リーニエント
ゆれ **揺れ** yure	**scossa** *f.* スコッサ	vibration, tremor ヴァイブレイション, トレマ
ゆれる **揺れる** yureru	**scuotere, oscillare** スクォーテレ, オシッラーレ	shake, sway シェイク, スウェイ

よ, ヨ

日	伊	英
よ **世** yo	**mondo** *m.* モンド	world, life ワールド, ライフ
よあけ **夜明け** yoake	**alba** *f.* アルバ	dawn, daybreak ドーン, デイブレイク
よい **酔い** yoi	**ubriachezza** *f.* ウブリアケッツァ	drunkenness ドランクンネス
(車の)	**mal d'auto** *m.* マル ダウト	carsickness カースィクネス
(船の)	**mal di mare** *m.* マル ディ マーレ	seasickness スィースィクネス
(飛行機の)	**mal d'aria** *m.* マル ダーリア	airsickness エアスィクネス
よい **良[善]い** yoi	**buono(-a), bene** ブオーノ(-ナ), ベーネ	good グド
よいん **余韻** yoin	**risonanza** *f.* リソナンツァ	reverberations リヴァーバレイションズ
よう **用** you	**compito** *m.*, **affare** *m.* コンピト, アッファーレ	business, task ビズネス, タスク
ようい **用意** youi	**preparativi** *m.pl.* プレパラティーヴィ	preparations プレパレイションズ
～する	**preparare** プレパラーレ	prepare プリペア

日	伊	英
ようい な **容易な** youina	**facile, semplice** ファーチレ, センプリチェ	easy, simple イーズィ, スィンプル
ようい ん **要因** youin	**fattore** *m.* ファットーレ	factor ファクタ
ようえき **溶液** youeki	**soluzione** *f.* ソルツィオーネ	solution ソルーション
ようかいする **溶解する** youkaisuru	**sciogliersi, fondersi** ショッリエルスィ, フォンデルスィ	melt メルト
ようがん **溶岩** yougan	**lava** *f.* ラーヴァ	lava ラーヴァ
ようき **容器** youki	**recipiente** *m.*, **contenitore** *m.* レチピエンテ, コンテニトーレ	receptacle リセプタクル
ようぎ **容疑** yougi	**sospetto** *m.* ソスペット	suspicion サスピション
～者	**sospettato(-a)** *m.* (*f.*) ソスペッタート(-タ)	suspect サスペクト
ようきな **陽気な** youkina	**allegro(-a)** アッレーグロ(-ラ)	cheerful, lively チアフル, ライヴリ
ようきゅう **要求** youkyuu	**richiesta** *f.* リキエスタ	demand, request ディマンド, リクウェスト
～する	**richiedere** リキエーデレ	demand, require ディマンド, リクワイア
ようぐ **用具** yougu	**attrezzi** *m.pl.* アットレッツィ	tools トゥールズ
ようけん **用件** youken	**compito** *m.*, **affare** *m.* コンピト, アッファーレ	matter, business マタ, ビズネス
ようご **用語** (言葉遣い) yougo	**linguaggio** *m.* リングァッジョ	wording ワーディング

日	伊	英
(語彙)	**vocabolario** *m.* ヴォカボラーリオ	vocabulary ヴォウ**キャ**ビュレリ
(専門用語)	**termine** *m.*, **terminologia** *f.* テル**ミ**ネ, テルミノロ**ジ**ーア	term, terminology **タ**ーム, ター**ミ**ナロヂ
ようさい **要塞** yousai	**fortezza** *f.* フォル**テ**ッツァ	fortress **フォ**ートレス
ようし **用紙** youshi	**modulo** *m.* **モ**ードゥロ	form **フォ**ーム
ようし **養子** youshi	**figlio(-a) adottivo(-a)** *m.*(*f.*) **フィ**ッリォ(-リァ) アドッ**ティ**ーヴォ(-ヴァ)	adopted child ア**ダ**プテド **チャ**イルド
ようじ **幼児** youji	**bambino(-a)** *m.*(*f.*) バン**ビ**ーノ(-ナ)	baby, child **ベ**イビ, **チャ**イルド
ようじ **用事** youji	**compito** *m.*, **affare** *m.* **コ**ンピト, アッ**ファ**ーレ	errand, task **エ**ランド, **タ**スク
ようしき **様式** youshiki	**stile** *m.*, **modo** *m.* ス**ティ**ーレ, **モ**ード	mode, style **モ**ウド, ス**タ**イル
ようじょ **養女** youjo	**figlia adottiva** *f.* **フィ**ッリァ アドッ**ティ**ーヴァ	adopted daughter ア**ダ**プテド **ド**ータ
ようしょく **養殖** youshoku	**allevamento** *m.* アッレヴァ**メ**ント	cultivation カルティ**ヴェ**イション
～する	**allevare** アッレ**ヴァ**ーレ	cultivate, raise **カ**ルティヴェイト, **レ**イズ
ようじん **用心** youjin	**attenzione** *f.* アッテンツィ**オ**ーネ	attention ア**テ**ンション
～する	**fare attenzione** *a* **ファ**ーレ アッテンツィ**オ**ーネ ア	(be) careful of, (be) careful about (ビ) **ケ**アフル オヴ, (ビ) **ケ**アフル アバウト
ようじん **要人** youjin	**persona importante** *f.* ペル**ソ**ーナ インポル**タ**ンテ	important person イン**ポ**ータント **パ**ースン

日	伊	英
ようす 様子 (外見) yousu	aspetto *m.* アスペット	appearance アピアランス
(状態)	stato *m.*, situazione *f.* スタート, スィトゥアツィオーネ	state of affairs ステイト オヴ アフェアズ
(態度)	atteggiamento *m.* アッテッジャメント	attitude アティテュード
ようする 要する yousuru	richiedere リキエーデレ	require, need リクワイア, ニード
ようせい 要請 yousei	richiesta *f.* リキエスタ	demand, request ディマンド, リクウェスト
〜する	richiedere リキエーデレ	demand ディマンド
ようせき 容積 youseki	capacità *f.*, volume *m.* カパチタ, ヴォルーメ	capacity, volume カパスィティ, ヴァリュム
ようせつする 溶接する yousetsusuru	saldare サルダーレ	weld ウェルド
ようそ 要素 youso	elemento *m.*, fattore *m.* エレメント, ファットーレ	element, factor エレメント, ファクタ
ようそう 様相 yousou	aspetto *m.*, fase *f.* アスペット, ファーゼ	aspect, phase アスペクト, フェイズ
ようだい 容体 youdai	condizione *f.* コンディツィオーネ	condition コンディション
ようちえん 幼稚園 youchien	asilo *m.* アズィーロ	kindergarten キンダガートン
ようちな 幼稚な youchina	infantile インファンティーレ	childish チャイルディシュ
ようちゅう 幼虫 youchuu	larva *f.* ラルヴァ	larva ラーヴァ

日	伊	英
ようつう **腰痛** youtsuu	**lombaggine** *f.* ロンバッジネ	lumbago, lower back pain ランベイゴウ, ロウア バク ペイン
ようてん **要点** youten	**punto** *m.*, **succo del discorso** *m.* プント, スッコ デル ディスコルソ	main point, gist メイン ポイント, ヂスト
ようと **用途** youto	**uso** *m.* ウーゾ	use, purpose ユーズ, パーパス
ようねん **幼年** younen	**prima infanzia** *f.* プリーマ インファンツィア	early childhood アーリ チャイルドフド
ようび **曜日** youbi	**giorno (della settimana)** *m.* ジョルノ (デッラ セッティマーナ)	day of the week デイ オヴ ザ ウィーク
ようふ **養父** youfu	**padre adottivo** *m.* パードレ アドッティーヴォ	foster father フォスタ ファーザ
ようふく **洋服** youfuku	**abbigliamento** *m.* アッビッリァメント	clothes, dress クロウズ, ドレス
ようぶん **養分** youbun	**nutrimento** *m.* ヌトリメント	nourishment ナーリシュメント
ようぼ **養母** youbo	**madre adottiva** *f.* マードレ アドッティーヴァ	foster mother フォスタ マザ
ようぼう **容貌** youbou	**aspetto** *m.* アスペット	looks ルクス
ようもう **羊毛** youmou	**lana** *f.* ラーナ	wool ウル
ようやく **ようやく** youyaku	**alla fine** アッラ フィーネ	at last アト ラスト
ようやくする **要約する** youyakusuru	**riassumere** リアッスーメレ	summarize サマライズ
ようりょう **要領** youryou	**punto essenziale** *m.* プント エッセンツィアーレ	main point, knack メイン ポイント, ナク

よ

日	伊	英
ようりょくそ **葉緑素** youryokuso	**clorofilla** *f.* クロロフィッラ	chlorophyll クローラフィル
ようれい **用例** yourei	**esempio** *m.* エゼンピオ	example イグザンプル
よーぐると **ヨーグルト** yooguruto	**yogurt** *m.* ヨーグルト	yogurt ヨウガト
よーろっぱ **ヨーロッパ** yooroppa	**Europa** *f.* エウローパ	Europe ユアロプ
よか **余暇** yoka	**tempo libero** *m.* テンポ リーベロ	leisure リージャ
よが **ヨガ** yoga	**yoga** *m.* ヨーガ	yoga ヨウガ
よかん **予感** yokan	**presentimento** *m.* プレゼンティメント	premonition, foresight プリーマニシャン, フォーサイト
～する	**avere l'impressione, presentire** アヴェーレ リンプレッスィオーネ, プレゼンティーレ	have a hunch ハヴァ ハンチ
よきする **予期する** yokisuru	**aspettarsi** アスペッタルスィ	anticipate アンティスィペイト
よきん **預金** yokin	**risparmi** *m.pl.* リスパルミ	savings, deposit セイヴィングズ, ディパズィト
～する	**depositare denaro in** デポズィターレ デナーロ イン	deposit money in ディパズィト マニ イン
よく **欲** yoku	**desiderio** *m.* デズィデーリオ	desire ディザイア
よく **良く** (うまく) yoku	**bene** ベーネ	well ウェル
(しばしば)	**spesso** スペッソ	often, frequently オーフン, フリークウェントリ

日	伊	英
(十分に)	**molto, a sufficienza** モルト, ア スッフィチェンツァ	fully, sufficiently フリ, サフィシェントリ
よくあさ **翌朝** yokuasa	**mattina dopo** *f.* マッティーナ ドーポ	next morning ネクスト モーニング
よくあつする **抑圧する** yokuatsusuru	**opprimere** オップリーメレ	oppress オプレス
よくげつ **翌月** yokugetsu	**mese dopo** *m.* メーゼ ドーポ	next month ネクスト マンス
よくしつ **浴室** yokushitsu	**bagno** *m.* バーニョ	bathroom バスルム
よくじつ **翌日** yokujitsu	**giorno dopo** *m.* ジョルノ ドーポ	next day ネクスト デイ
よくせいする **抑制する** yokuseisuru	**controllare, frenare** コントロッラーレ, フレナーレ	control, restrain コントロウル, リストレイン
よくそう **浴槽** yokusou	**vasca da bagno** *f.* ヴァスカ ダ バーニョ	bathtub バスタブ
よくねん **翌年** yokunen	**anno dopo** *m.* アンノ ドーポ	next year ネクスト イア
よくばりな **欲張りな** yokubarina	**avido(-a)** アーヴィド(-ダ)	greedy グリーディ
よくぼう **欲望** yokubou	**desiderio** *m.*, **ambizione** *f.* デズィデーリオ, アンビツィオーネ	desire, ambition ディザイア, アンビション
よくよう **抑揚** yokuyou	**intonazione** *f.* イントナツィオーネ	intonation イントネイション
よけいな **余計な** (不要な) yokeina	**non necessario(-a)** ノン ネチェッサーリオ(-ア)	unnecessary アンネセセリ
(余分な)	**superfluo(-a)** スペルフルオ(-ア)	excessive, surplus イクセスィヴ, サープラス

日	伊	英
よける **避[除]ける** yokeru	**evitare** エヴィターレ	avoid アヴォイド
よけんする **予見する** yokensuru	**prevedere** プレヴェデーレ	foresee フォースィー
よこ **横** (側面) yoko	**lato** *m.* ラート	side サイド
(幅)	**larghezza** *f.* ラルゲッツァ	width ウィドス
よこう **予行** yokou	**prova** *f.* プローヴァ	rehearsal リハーサル
よこぎる **横切る** yokogiru	**attraversare** アットラヴェルサーレ	cross, cut across クロース, カト アクロース
よこく **予告** yokoku	**preavviso** *m.* プレアッヴィーゾ	advance notice アドヴァンス ノウティス
～する	**preavvisare** プレアッヴィザーレ	announce beforehand アナウンス ビフォーハンド
よごす **汚す** yogosu	**sporcare** スポルカーレ	soil, stain ソイル, ステイン
よこたえる **横たえる** yokotaeru	**posare, mettere giù** ポザーレ, メッテレ ジュ	lay down レイ ダウン
(身を)	**sdraiarsi, stendersi** ズドライアルスィ, ステンデルスィ	lay oneself down, lie down レイ ダウン, ライ ダウン
よこたわる **横たわる** yokotawaru	**sdraiarsi, coricarsi** ズドライアルスィ, コリカルスィ	lie down, stretch out ライ ダウン, ストレチ アウト
よこめでみる **横目で見る** yokomedemiru	**guardare in tralice** グァルダーレ イン トラリーチェ	cast a sideways glance キャスト ア サイドウェイズ グランス
よごれ **汚れ** yogore	**impurità** *f.*, **macchia** *f.* インプリタ, マッキア	dirt, stain ダート, ステイン

日	伊	英
よごれる **汚れる** yogoreru	**sporcarsi** スポルカルスィ	(become) dirty (ビカム) ダーティ
よさん **予算** yosan	**bilancio preventivo** *m.*, **budget** *m.* ビランチョ プレヴェンティーヴォ, バジェト	budget バヂェト
よしゅうする **予習する** yoshuusuru	**preparare le lezioni** プレパラーレ レ レツィオーニ	prepare for a lesson プリペア フォ ア レスン
よしん **余震** yoshin	**scosse di assestamento** *f.pl.* スコッセ ディ アッセスタメント	aftershock アフタショク
よせる **寄せる**（引き寄せる） yoseru	**avvicinare ...** *a* アッヴィチナーレ ... ア	pull toward, Ⓑdraw towards プル トゥウォード, ドロー トゥ ウォーヅ
（脇へ動かす）	**mettere da parte** メッテレ ダ パルテ	put aside プト アサイド
よせん **予選** yosen	**eliminatoria** *f.* エリミナトーリア	preliminary contest プリリミネリ カンテスト
よそ **余所** yoso	**altrove** アルトローヴェ	another place アナザ プレイス
よそう **予想** yosou	**aspettativa** *f.* アスペッタティーヴァ	expectation エクスペクテイション
～する	**prevedere** プレヴェデーレ	expect, anticipate イクスペクト, アンティスィペイト
よそおう **装う** yosoou	**fare finta** *di* ファーレ フィンタ ディ	pretend プリテンド
よそく **予測** yosoku	**previsione** *f.* プレヴィズィオーネ	prediction プリディクション
～する	**prevedere** プレヴェデーレ	forecast フォーキャスト
よそみする **余所見する** yosomisuru	**distogliere lo sguardo**, **guardare altrove** ディストッリェレ ロ ズグァルド, グァルダーレ アルトローヴェ	look away ルク アウェイ

日	伊	英
よそもの **余所者** yosomono	**straniero(-a)** *m.* (*f.*) ストラニエーロ(-ラ)	stranger ストレインヂャ
よそよそしい **よそよそしい** yosoyososhii	**freddo(-a)** フレッド(-ダ)	cold, distant コウルド, ディスタント
よだれ **よだれ** yodare	**bava** *f.* バーヴァ	slaver, drool スラヴァ, ドルール
よち **余地** yochi	**spazio** *m.*, **posto** *m.* スパーツィオ, ポスト	room, space ルーム, スペイス
よつかど **四つ角** yotsukado	**incrocio** *m.* インクローチョ	crossroads, Ⓑcrossing クロースロウヅ, クロースィング
よっきゅう **欲求** yokkyuu	**desiderio** *m.* デズィデーリオ	desire ディザイア
よっぱらい **酔っ払い** yopparai	**ubriaco(-a)** *m.* (*f.*) ウブリアーコ(-カ)	drunk ドランク
よっぱらう **酔っ払う** yopparau	**ubriacarsi** ウブリアカルスィ	get drunk ゲト ドランク
よてい **予定** (個々の) yotei	**piano** *m.* ピアーノ	plan プラン
(全体的な)	**programma** *m.* プログランマ	schedule スケヂュル
よとう **与党** yotou	**partito di governo** *m.* パルティート ディ ゴヴェルノ	party in power パーティ イン パウア
よどむ **よどむ** yodomu	**(essere) stagnante** (エッセレ) スタニャンテ	(be) stagnant (ビ) スタグナント
よなかに **夜中に** yonakani	**a mezza notte, a notte fonda** ア メッザ ノッテ, ア ノッテ フォンダ	at midnight アト ミドナイト
よのなか **世の中** yononaka	**mondo** *m.*, **società** *f.* モンド, ソチエタ	world, society ワールド, ソサイエティ

日	伊	英
よはく **余白** yohaku	**margini di pagina** *m.pl.* マルジニ ディ パージナ	page margins ペイヂ マーヂンズ
よび **予備** yobi	**riserva** *f.* リゼルヴァ	reserve, spare リザーヴ, スペア
～の	**di riserva** ディ リゼルヴァ	reserve, spare リザーヴ, スペア
よびかける **呼び掛ける** yobikakeru	**chiamare, rivolgersi** *a* キアマーレ, リヴォルジェルスィ ア	call out, address コール アウト, アドレス
よびりん **呼び鈴** yobirin	**campanello** *m.* カンパネッロ	ring, bell リング, ベル
よぶ　　(招く) **呼ぶ** yobu	**invitare** *a* インヴィターレ ア	invite to インヴァイト トゥ
(称する)	**chiamare** キアマーレ	call, name コール, ネイム
(声で呼ぶ)	**chiamare** キアマーレ	call コール
よぶんな **余分な** yobunna	**superfluo(-a)** スペルフルオ(-ア)	extra, surplus エクストラ, サープラス
よほう **予報** yohou	**previsione** *f.* プレヴィズィオーネ	forecast フォーキャスト
よぼう **予防** yobou	**prevenzione** *f.* プレヴェンツィオーネ	prevention プリヴェンション
～する	**prevenire** プレヴェニーレ	prevent from プリヴェント フラム
～注射	**vaccinazione** *f.* ヴァッチナツィオーネ	preventive injection プリヴェンティヴ インヂェクション
よみがえる **よみがえる** yomigaeru	**rinascere, risorgere** リナッシェレ, リゾルジェレ	revive リヴァイヴ

日	伊	英
よむ **読む** yomu	**leggere** レッジェレ	read リード
よめ **嫁** yome	**moglie** *f.* モッリエ	wife ワイフ
（新婦）	**sposa** *f.* スポーザ	bride ブライド
（息子の妻）	**nuora** *f.* ヌオーラ	daughter-in-law ドータリンロー
よやく **予約** yoyaku	**prenotazione** *f.* プレノタツィオーネ	reservation, Ⓑbooking レザヴェイション, ブキング
～する	**prenotare** プレノターレ	reserve, Ⓑbook リザーヴ, ブク
よゆう **余裕**（金銭の） yoyuu	**disponibilità** *f.pl.* ディスポニビリタ	money to spare マニ トゥ スペア
（空間の）	**spazio** *m.* スパーツィオ	room, space ルーム, スペイス
（時間の）	**tempo libero** *m.* テンポ リーベロ	time to spare タイム トゥ スペア
よりかかる **寄りかかる** yorikakaru	**appoggiarsi** *a* アッポッジャルスィ ア	lean against リーン アゲンスト
よりそう **寄り添う** yorisou	**avvicinarsi** *a* アッヴィチナルスィ ア	draw close ドロー クロウス
よりみちする **寄り道する** yorimichisuru	**passare** *da* パッサーレ ダ	stop on one's way スタプ オン ウェイ
よる **因[依]る**（原因となる） yoru	**(essere) dovuto(-a)** *a*, **(essere) causato(-a)** *da* (エッセレ) ドヴート(-タ) ア, (エッセレ) カウザート(-タ) ダ	(be) due to (ビ) デュー トゥ
（根拠となる）	**basarsi** *su* バザルスィ ス	(be) based on (ビ) ベイスト オン

日	伊	英
よる **寄る** (接近する) yoru	**avvicinarsi** *a* アッヴィチナルスィ ア	approach アプロウチ
(立ち寄る)	**passare** *da* パッサーレ ダ	call at, call on コール アト, コール オン
(脇へ動く)	**farsi da parte** ファルスィ ダ パルテ	step aside ステプ アサイド
よる **夜** yoru	**sera** *f.*, **notte** *f.* セーラ, ノッテ	night ナイト
よるだん **ヨルダン** yorudan	**Giordania** *f.* ジョルダーニア	Jordan ヂョーダン
よろい **鎧** yoroi	**armatura** *f.* アルマトゥーラ	armor, ⒷArmour アーマ, アーマ
よろこばす **喜ばす** yorokobasu	**fare piacere** *a* ファーレ ピアチェーレ ア	please, delight プリーズ, ディライト
よろこび **喜び** yorokobi	**piacere** *m.*, **gioia** *f.* ピアチェーレ, ジョイア	joy, delight ヂョイ, ディライト
よろこぶ **喜ぶ** yorokobu	**(essere) felice** (エッセレ) フェリーチェ	(be) glad, (be) pleased (ビ) グラド, (ビ) プリーズド
よろめく **よろめく** yoromeku	**barcollare** バルコッラーレ	stagger スタガ
よろん **世論** yoron	**opinione pubblica** *f.* オピニオーネ プッブリカ	public opinion パブリク オピニョン
よわい **弱い** yowai	**debole** デーボレ	weak ウィーク
(気が)	**timido(-*a*)** ティーミド(-ダ)	timid ティミド
(光などが)	**debole** デーボレ	feeble, faint フィーブル, フェイント

日	伊	英
よわさ 弱さ yowasa	**debolezza** *f.* デボレッツァ	weakness ウィークネス
よわまる 弱まる yowamaru	**indebolirsi** インデボリルスィ	weaken ウィークン
よわみ 弱み yowami	**punto debole** *m.* プント デーボレ	weak point ウィーク ポイント
よわむし 弱虫 yowamushi	**vigliacco(-a)** *m.* (*f.*) ヴィッリァッコ(-カ)	coward カウアド
よわる 弱る yowaru	**indebolirsi** インデボリルスィ	grow weak グロウ ウィーク
(困る)	**preoccuparsi** *per* プレオックパルスィ ペル	(be) worried (ビ) ワーリド
よん 四 yon	**quattro** クァットロ	four フォー
よんじゅう 四十 yonjuu	**quaranta** クァランタ	forty フォーティ

| 日 | 伊 | 英 |

ら, ラ

らいう **雷雨** raiu	**temporale** *m.* テンポラーレ	thunderstorm サンダストーム
らいおん **ライオン** raion	**leone(-*essa*)** *m.* (*f.*) レオーネ(-オネッサ)	lion ライオン
らいげつ **来月** raigetsu	**mese prossimo** *m.* メーゼ プロッスィモ	next month ネクスト マンス
らいしゅう **来週** raishuu	**settimana prossima** *f.* セッティマーナ プロッスィマ	next week ネクスト ウィーク
らいせ **来世** raise	**aldilà** *m.* アルディラ	afterlife, next life アフタライフ, ネクスト ライフ
らいたー **ライター** raitaa	**accendino** *m.* アッチェンディーノ	lighter ライタ
らいと **ライト** raito	**luce** *f.* ルーチェ	light ライト
らいにちする **来日する** rainichisuru	**visitare il Giappone** ヴィズィターレ イル ジャッポーネ	visit Japan ヴィズィト チャパン
らいねん **来年** rainen	**anno prossimo** *m.* アンノ プロッスィモ	next year ネクスト イア
らいばる **ライバル** raibaru	**rivale** *m.f.* リヴァーレ	rival ライヴァル
らいひん **来賓** raihin	**ospite** *m.f.* オスピテ	guest ゲスト
らいぶ **ライブ** raibu	**esibizione dal vivo** *f.* エズィビツィオーネ ダル ヴィーヴォ	live performance ライヴ パフォーマンス
らいふすたいる **ライフスタイル** raifusutairu	**stile di vita** *m.* スティーレ ディ ヴィータ	lifestyle ライフスタイル
らいふる **ライフル** raifuru	**fucile** *m.* フチーレ	rifle ライフル

日	伊	英
らいふわーく **ライフワーク** raifuwaaku	**lavoro di tutta la vita** *m.* ラヴォーロ ディ トゥッタ ラ ヴィータ	lifework ライフワーク
らいめい **雷鳴** raimei	**rombo di tuono** *m.* ロンボ ディ トゥオーノ	thunder サンダ
らいらっく **ライラック** rairakku	**lillà** *m.* リッラ	lilac ライラク
らおす **ラオス** raosu	**Laos** *m.* ラーオス	Laos ラウス
らくえん **楽園** rakuen	**paradiso** *m.* パラディーゾ	paradise パラダイス
らくがき **落書き** rakugaki	**scarabocchio** *m.*, **graffiti** *m.pl.* スカラボッキオ, グラッフィーティ	scribble, graffiti スクリブル, グラフィーティ
らくごする **落伍する** rakugosuru	**rimanere indietro** リマネーレ インディエートロ	drop out of ドラプ アウト オヴ
らくさ **落差** rakusa	**dislivello** *m.*, **divario** *m.* ディズリヴェッロ, ディヴァーリオ	gap, difference ギャプ, ディファレンス
らくさつする **落札する** rakusatsusuru	**vincere un appalto** ヴィンチェレ ウナッパルト	make a successful bid メイク ア サクセスフル ビド
らくせんする **落選する** rakusensuru	**perdere** *a* ペルデレ ア	(be) defeated in (ビ) ディフィーテド イン
らくだ **駱駝** rakuda	**cammello** *m.* カンメッロ	camel キャメル
らくだいする **落第する** rakudaisuru	**(essere) bocciato(-a)** (エッセレ) ボッチャート(-タ)	fail フェイル
らくてんてきな **楽天的な** rakutentekina	**ottimistico(-a)** オッティミスティコ(-カ)	optimistic アプティミスティク
らくな **楽な** rakuna	**comodo(-a)** コーモド(-ダ)	comfortable カンフォタブル

日	伊	英
(容易な)	**facile** ファーチレ	easy イーズィ
らくのう **酪農** rakunou	**latteria** *f.* ラッテリーア	dairy (farm) デアリ (ファーム)
～家	**produt*tore*(*-trice*) di latticini** *m.* (*f.*) プロドゥットーレ(-トリーチェ) ディ ラッティチーニ	dairy farmer デアリ ファーマ
らぐびー **ラグビー** ragubii	**rugby** *m.* レグビ	rugby ラグビ
らくようじゅ **落葉樹** rakuyouju	**albero a foglie caduche** *m.* アルベロ ア フォッリェ カドゥーケ	deciduous tree ディスィデュアス トリー
らくらい **落雷** rakurai	**fulmine** *m.* フルミネ	thunderbolt サンダボウルト
らけっと **ラケット** raketto	**racchetta** *f.* ラッケッタ	racket ラケト
らじうむ **ラジウム** rajiumu	**radio** *m.* ラーディオ	radium レイディアム
らじえーたー **ラジエーター** rajieetaa	**radiatore** *m.* ラディアトーレ	radiator レイディエイタ
らじお **ラジオ** rajio	**radio** *f.* ラーディオ	radio レイディオウ
らじこん **ラジコン** rajikon	**radiocomando** *m.* ラディオコマンド	radio control レイディオウ コントロウル
らずべりー **ラズベリー** razuberii	**lampone** *m.* ランポーネ	raspberry ラズベリ
らせん **螺旋** rasen	**spirale** *f.* スピラーレ	spiral スパイアラル
らちする **拉致する** rachisuru	**rapire, portare via** ラピーレ, ポルターレ ヴィーア	kidnap, abduct キドナプ, アブダクト

日	伊	英
らっかー **ラッカー** rakkaa	**lacca** *f.* ラッカ	lacquer ラカ
らっかする **落下する** rakkasuru	**cadere** カデーレ	drop, fall ドラプ, フォール
らっかんする **楽観する** rakkansuru	**(essere) ottimistico(-a) su** (エッセレ) オッティミスティコ(-カ) ス	(be) optimistic about (ビ) アプティミスティク アバウト
らっかんてきな **楽観的な** rakkantekina	**ottimistico(-a)** オッティミスティコ(-カ)	optimistic アプティミスティク
らっきーな **ラッキーな** rakkiina	**fortunato(-a)** フォルトゥナート(-タ)	lucky ラキ
らっこ **ラッコ** rakko	**lontra marina** *f.* ロントラ マリーナ	sea otter スィー アタ
らっしゅあわー **ラッシュアワー** rasshuawaa	**ora di punta** *f.* オーラ ディ プンタ	rush hour ラッシュ アウア
らっぷ **ラップ** (音楽の) rappu	**musica rap** *f.* ムーズィカ レプ	rap music ラプ ミューズィク
(食品用の)	**pellicola (per alimenti)** *f.* ペッリーコラ (ペラリメンティ)	wrap, ⒷclingfIlm ラプ, クリングフィルム
らっぷたいむ **ラップタイム** rapputaimu	**tempo sul giro** *m.* テンポ スル ジーロ	lap time ラプ タイム
らつわんの **辣腕の** ratsuwanno	**abile** アービレ	shrewd, able シュルード, エイブル
らでぃっしゅ **ラディッシュ** radisshu	**ravanello** *m.* ラヴァネッロ	radish ラディシュ
らてんご **ラテン語** ratengo	**latino** *m.* ラティーノ	Latin ラティン
らてんの **ラテンの** ratenno	**latino(-a)** ラティーノ(-ナ)	Latin ラティン

日	伊	英
らふな **ラフな** rafuna	**rozzo(-a)** ロッゾ(-ザ)	rough ラフ
らぶれたー **ラブレター** raburetaa	**lettera d'amore** *f.* レッテラ ダモーレ	love letter ラヴ レタ
らべる **ラベル** raberu	**etichetta** *f.* エティケッタ	label レイベル
らべんだー **ラベンダー** rabendaa	**lavanda** *f.* ラヴァンダ	lavender ラヴェンダ
らむ **ラム** （ラム酒） ramu	**rum** *m.* ルム	rum ラム
（子羊の肉）	**agnello** *m.* アニェッロ	lamb ラム
らん **欄** ran	**rubrica** *f.* ルブリーカ	column カラム
らん **蘭** ran	**orchidea** *f.* オルキデーア	orchid オーキド
らんおう **卵黄** ran-ou	**tuorlo** *m.* トゥオルロ	yolk ヨウク
らんがい **欄外** rangai	**margine** *m.* マルジネ	margin マーヂン
らんく **ランク** ranku	**grado** *m.* グラード	rank ランク
らんざつな **乱雑な** ranzatsuna	**disordinato(-a)** ディゾルディナート(-タ)	disorderly ディスオーダリ
らんし **乱視** ranshi	**astigmatismo** *m.* アスティグマティズモ	astigmatism, distorted vision アスティグマティズム, ディストーテド ヴィジョン
らんそう **卵巣** ransou	**ovaia** *f.* オヴァイア	ovary オウヴァリ

日	伊	英
らんとう **乱闘** rantou	**zuffa** *f.* ズッファ	fray, brawl フレイ, ブロール
らんなー **ランナー** rannaa	**corridore(-trice)** *m.* (*f.*) コッリドーレ(-トリーチェ)	runner ラナ
らんにんぐ **ランニング** ranningu	**corsa** *f.* コルサ	running ラニング
らんぱく **卵白** ranpaku	**albume** *m.* アルブーメ	egg white, albumen エグ (ホ)ワイト, アルビューメン
らんぷ **ランプ** ranpu	**lampada** *f.* ランパダ	lamp ランプ
らんぼうする **乱暴する** ranbousuru	**commettere violenza** コンメッテレ ヴィオレンツァ	inflict violence インフリクト ヴァイオレンス
らんぼうな **乱暴な** ranbouna	**violento(-a)** ヴィオレント(-タ)	violent, rough ヴァイオレント, ラフ
らんようする **乱用する** ran-yousuru	**abusare** *di* アブザーレ ディ	misuse, abuse ミスユース, アビュース

り, リ

りあるたいむ **リアルタイム** riarutaimu	**tempo reale** *m.* テンポ レアーレ	real time リーアル タイム
りあるな **リアルな** riaruna	**reale** レアーレ	real リーアル
りーぐ **リーグ** riigu	**lega** *f.*, **campionato** *m.* レーガ, カンピオナート	league リーグ
～戦	**campionato** *m.* カンピオナート	league series リーグ スィアリーズ
りーだー **リーダー** riidaa	**leader** *m.f.* リーデル	leader リーダ

日	伊	英
～シップ	**leadership** *f.* リーデルシプ	leadership リーダシプ
りーどする **リードする** riidosuru	**condurre** コンドゥッレ	lead リード
りえき **利益** rieki	**guadagno** *m.* グァダーニョ	profit, return プラフィト, リターン
りか **理科** rika	**scienze** *f.pl.* シェンツェ	science サイエンス
りかい **理解** rikai	**comprensione** *f.* コンプレンスィオーネ	comprehension カンプリヘンション
～する	**capire** カピーレ	understand アンダスタンド
りがい **利害** rigai	**interessi** *m.pl.* インテレッスィ	interests インタレスツ
りきせつする **力説する** rikisetsusuru	**sottolineare** ソットリネアーレ	emphasize エンファサイズ
りきゅーる **リキュール** rikyuuru	**liquore** *m.* リクォーレ	liqueur リカー
りきりょう **力量** rikiryou	**capacità** *f.* カパチタ	ability アビリティ
りく **陸** riku	**terra** *f.* テッラ	land ランド
りくえすと **リクエスト** rikuesuto	**richiesta** *f.* リキエスタ	request リクウェスト
りくぐん **陸軍** rikugun	**esercito** *m.* エゼルチト	army アーミ
りくじょうきょうぎ **陸上競技** rikujoukyougi	**atletica leggera** *f.* アトレーティカ レッジェーラ	athletics アスレティクス
りくつ **理屈** rikutsu	**ragione** *f.*, **logica** *f.* ラジョーネ, ロージカ	reason, logic リーズン, ラヂク

日	伊	英
りくらいにんぐしーと **リクライニング シート** rikurainingushiito	**sedile reclinabile** *m.* セディーレ レクリナービレ	reclining seat リクライニング **スィート**
りけん **利権** riken	**concessioni** *f.pl.*, **diritti** *m.pl.* コンチェッスィオーニ, ディリッティ	rights, concessions **ラ**イツ, コン**セ**ンションズ
りこうな **利口な** rikouna	**intelligente** インテッリ**ジェ**ンテ	clever, bright ク**レ**ヴァ, ブ**ラ**イト
りこーる **リコール** （欠陥商品の回収） rikooru	**richiamo di un prodotto** *m.* リキ**ア**ーモ ディ ウン プロ**ド**ット	recall リ**コ**ール
（公職者の解職）	**revoca** *f.* レ**ー**ヴォカ	recall リ**コ**ール
りこしゅぎ **利己主義** rikoshugi	**egoismo** *m.* エゴ**イ**ズモ	egoism **イ**ーゴウイズム
りこてきな **利己的な** rikotekina	**egoistico(-a)** エゴ**イ**スティコ(-カ)	egoistic イーゴウ**イ**スティク
りこん **離婚** rikon	**divorzio** *m.* ディ**ヴォ**ルツィオ	divorce ディ**ヴォ**ース
りさいくる **リサイクル** risaikuru	**riciclaggio** *m.* リチク**ラ**ッジョ	recycling リー**サ**イクリング
りさいたる **リサイタル** risaitaru	**recital** *m.* レ**チ**タル	recital リ**サ**イトル
りざや **利鞘** rizaya	**margine** *m.*, **profitto** *m.* **マ**ルジネ, プロ**フィ**ット	profit margin, margin プ**ラ**フィト **マ**ーヂン, **マ**ーヂン
りさんする **離散する** risansuru	**disperdersi** ディスペル**デ**ルスィ	(be) scattered (ビ) ス**キャ**タド
りし **利子** rishi	**interesse** *m.* インテ**レ**ッセ	interest **イ**ンタレスト
りじ **理事** riji	**direttore(-trice)** *m.*(*f.*), **responsabile** *m.f.* ディレット**ー**レ(-ト**リ**ーチェ), レスポン**サ**ービレ	director, manager ディ**レ**クタ, **マ**ニヂャ

日	伊	英
りじゅん **利潤** rijun	**profitto** *m.* プロフィット	profit, gain プラフィット, ゲイン
りしょく **利殖** rishoku	**lucro** *m.* ルークロ	moneymaking マニメイキング
りす **栗鼠** risu	**scoiattolo** *m.* スコイアットロ	squirrel スクワーレル
りすく **リスク** risuku	**rischio** *m.* リスキオ	risk リスク
りすと **リスト** risuto	**lista** *f.* リスタ	list リスト
りすとら **リストラ** risutora	**ristrutturazione** *f.* リストルットゥラツィオーネ	restructuring リーストラクチャリング
りずむ **リズム** rizumu	**ritmo** *m.* リトモ	rhythm リズム
りせい **理性** risei	**ragione** *f.* ラジョーネ	reason, sense リーズン, センス
〜的な	**razionale** ラツィオナーレ	rational ラショナル
りそう **理想** risou	**ideale** *m.* イデアーレ	ideal アイディーアル
〜主義	**idealismo** *m.* イデアリズモ	idealism アイディーアリズム
〜的な	**ideale** イデアーレ	ideal アイディーアル
りそく **利息** risoku	**interesse** *m.* インテレッセ	interest インタレスト
りちうむ **リチウム** richiumu	**litio** *m.* リーティオ	lithium リスィアム
りちぎな **律儀な** richigina	**onesto(-a)** オネスト(-タ)	honest アネスト

日	伊	英
りちてきな **理知的な** richitekina	**intellettuale** インテッレットゥアーレ	intellectual インテレクチュアル
りつ **率** （割合） ritsu	**tasso** *m.* タッソ	rate レイト
（百分率）	**percentuale** *f.* ペルチェントゥアーレ	percentage パセンティヂ
りっきょう **陸橋** rikkyou	**viadotto** *m.* ヴィアドット	viaduct ヴァイアダクト
りっこうほしゃ **立候補者** rikkouhosha	**candidato(-a)** *m.* (*f.*) カンディダート(-タ)	candidate キャンディデイト
りっこうほする **立候補する** rikkouhosuru	**candidarsi** *a* カンディダルスィ ア	run for office ラン フォ オーフィス
りっしょうする **立証する** risshousuru	**provare** プロヴァーレ	prove プルーヴ
りったい **立体** rittai	**solido** *m.* ソーリド	solid サリド
～交差	**cavalcavia** *m.* カヴァルカヴィーア	overpass オウヴァパス
～的な	**tridimensionale** トリディメンスィオナーレ	three-dimensional スリーディメンショナル
りっちじょうけん **立地条件** ricchijouken	**condizioni topografiche** *f.pl.* コンディツィオーニ トポグラーフィケ	conditions of location コンディションズ オヴ ロウケイション
りっとる **リットル** rittoru	**litro** *m.* リートロ	liter, ⒷIitre リータ, リータ
りっぱな **立派な** rippana	**eccellente** エッチェッレンテ	excellent, splendid エクセレント, スプレンディド
りっぷくりーむ **リップクリーム** rippukuriimu	**burrocacao** *m.* ブッロカカーオ	lip cream リプ クリーム

814

日	伊	英
りっぽう **立方** rippou	**cubo** *m.* クーボ	cube キューブ
〜センチ	**centimetro cubo** *m.* チェン**ティ**ーメトロ **ク**ーボ	cubic centimeter **キュ**ービク **セ**ンティ**ミ**ータ
〜体	**cubo** *m.* クーボ	cube キューブ
〜メートル	**metro cubo** *m.* **メ**ートロ **ク**ーボ	cubic meter **キュ**ービク **ミ**ータ
りっぽう **立法** rippou	**legislazione** *f.* レジズラツィ**オ**ーネ	legislation レヂス**レ**イション
〜権	**potere legislativo** *m.* ポ**テ**ーレ レジズラ**ティ**ーヴォ	legislative power レヂス**レ**イティヴ **パ**ウア
りてん **利点** riten	**vantaggio** *m.* ヴァン**タ**ッジョ	advantage アド**ヴァ**ンティヂ
りとう **離島** ritou	**isola solitaria** *f.* **イ**ーゾラ ソリ**タ**ーリア	isolated island **ア**イソレイテド **ア**イランド
りとぐらふ **リトグラフ** ritogurafu	**litografia** *f.* リトグラ**フィ**ーア	lithograph **リ**ソグラフ
りにあもーたーかー **リニアモーターカー** riniamootaakaa	**treno a motore lineare** *m.* ト**レ**ーノ ア モ**ト**ーレ リネ**ア**ーレ	linear motorcar **リ**ニア **モ**ウタカー
りにゅうしょく **離乳食** rinyuushoku	**alimenti per l'infanzia** *m.pl.* アリ**メ**ンティ ペル リン**ファ**ンツィア	baby food **ベ**イビ **フ**ード
りねん **理念** rinen	**filosofia** *f.*, **principio** *m.* フィロゾ**フィ**ーア, プリン**チ**ーピオ	philosophy, principles フィ**ラ**ソフィ, **プ**リンスィプルズ
りはーさる **リハーサル** rihaasaru	**prova** *f.* プ**ロ**ーヴァ	rehearsal リ**ハ**ーサル
りはつ **理髪** rihatsu	**taglio di capelli** *m.* **タ**ッリォ ディ カ**ペ**ッリ	haircut **ヘ**アカト

日	伊	英
～店	**barbiere** m. バルビエーレ	barbershop, Ⓑbarber バーバシャプ, バーバ
りはびり **リハビリ** rihabiri	**riabilitazione** f. リアビリタツィオーネ	rehabilitation リハビリテイション
りはんする **離反する** rihansuru	**allontanarsi** da アッロンタナルスィ ダ	(be) estranged from (ビ) イストレインヂド フラム
りひてんしゅたいん **リヒテンシュタイン** rihitenshutain	**Liechtenstein** m. リクテンスタイン	Liechtenstein リクテンスタイン
りふぉーむする **リフォームする** rifoomusuru	**ristrutturare, rimodellare** リストルットゥラーレ, リモデッラーレ	remodel リーマドル
りふじんな **理不尽な** rifujinna	**irragionevole** イッラジョネーヴォレ	unreasonable アンリーズナブル
りふと **リフト** rifuto	**seggiovia** f. セッジョヴィーア	chair lift チェア リフト
りべーと **リベート** ribeeto	**rimborso** m. リンボルソ	rebate リーベイト
りべつする **離別する** ribetsusuru	**separarsi** セパラルスィ	separate セパレイト
りべらるな **リベラルな** riberaruna	**liberale** リベラーレ	liberal リベラル
りぽーと **リポート** ripooto	**rapporto** m., **relazione** f. ラッポルト, レラツィオーネ	report リポート
りぼん **リボン** ribon	**nastro** m. ナストロ	ribbon リボン
りまわり **利回り** rimawari	**rendimento** m. レンディメント	yield, rate of return イールド, レイト オヴ リターン
りむじん **リムジン** rimujin	**limousine** f. リムズィン	limousine リムズィーン

日	伊	英
りもこん **リモコン** rimokon	**telecomando** *m.* テレコマンド	remote control リモウト コントロウル
りゃく **略** ryaku	**omissione** *f.* オミッスィオーネ	omission オウミション
りゃくご **略語** ryakugo	**abbreviazione** *f.* アッブレヴィアツィオーネ	abbreviation アブリヴィエイション
りゃくしきの **略式の** ryakushikino	**informale** インフォルマーレ	informal インフォーマル
りゃくす　(簡単にする) **略す** ryakusu	**abbreviare** アッブレヴィアーレ	abridge, abbreviate アブリヂ, アブリーヴィエイト
(省く)	**omettere** オメッテレ	omit オウミト
りゃくだつする **略奪する** ryakudatsusuru	**saccheggiare** サッケッジャーレ	plunder, pillage プランダ, ピリヂ
りゆう **理由** riyuu	**ragione** *f.* ラジョーネ	reason, cause リーズン, コーズ
りゅういき **流域** ryuuiki	**bacino** *m.*, **valle** *f.* バチーノ, ヴァッレ	valley, basin ヴァリ, ベイスン
りゅういする **留意する** ryuuisuru	**prestare attenzione** *a* プレスターレ アッテンツィオーネ ア	pay attention to ペイ アテンション トゥ
りゅうがく **留学** ryuugaku	**studio all'estero** *m.* ストゥーディオ アッレステロ	studying abroad スタディング アブロード
～生	**studente(-*essa*) straniero(-*a*)** *m.* (*f.*) ストゥデンテ(- デンテッサ) ストラニエーロ(- ラ)	foreign student フォリン ステューデント
りゅうこう **流行** ryuukou	**moda** *f.* モーダ	fashion, vogue ファション, ヴォウグ
(病気や思想などの)	**diffusione** *f.* ディッフズィオーネ	prevalence プレヴァレンス

817

り

日	伊	英
〜する	**andare di moda** アンダーレ ディ モーダ	(be) in fashion (ビ) イン ファション
りゅうざん **流産** ryuuzan	**aborto spontaneo** *m.* アボルト スポンターネオ	miscarriage ミスキャリヂ
りゅうし **粒子** ryuushi	**particella** *f.* パルティチェッラ	particle パーティクル
りゅうしゅつする **流出する** ryuushutsusuru	**defluire** デフルイーレ	flow out フロウ アウト
りゅうせい **隆盛** ryuusei	**prosperità** *f.* プロスペリタ	prosperity プラスペリティ
りゅうせんけいの **流線型の** ryuusenkeino	**aerodinamico(-a)** アエロディナーミコ(-カ)	streamlined ストリームラインド
りゅうちょうに **流暢に** ryuuchouni	**fluentemente** フルエンテメンテ	fluently フルエントリ
りゅうつう **流通** ryuutsuu	**distribuzione** *f.* ディストリブツィオーネ	distribution ディストリビューション
〜する	**circolare** チルコラーレ	circulate サーキュレイト
りゅうどうする **流動する** ryuudousuru	**scorrere** スコッレレ	flow フロウ
りゅうどうてきな **流動的な** ryuudoutekina	**fluido(-a)** フルイド(-ダ)	fluid フルーイド
りゅうにゅうする **流入する** ryuunyuusuru	**affluire** アッフルイーレ	flow in フロウ イン
りゅうねんする **留年する** ryuunensuru	**ripetere l'anno** リペーテレ ランノ	repeat the same grade level リピート ザ セイム グレイド レヴェル
りゅうは **流派** ryuuha	**scuola** *f.*, **corrente** *f.* スクォーラ, コッレンテ	school スクール

日	伊	英
リュックサック ryukkusakku	**zaino** *m.* ザイノ	backpack, rucksack バクパク, ラクサク
りょう 漁 ryou	**pesca** *f.* ペスカ	fishing フィシング
りょう 寮 ryou	**studentato** *m.* ストゥデンタート	dormitory, ⒷhaIl of residence ドーミトリ, ホール オヴ レズィデンス
りょう 猟 ryou	**caccia** *f.* カッチャ	hunting, shooting ハンティング, シューティング
りょう 量 ryou	**quantità** *f.* クァンティタ	quantity クワンティティ
りよう 利用 riyou	**uso** *m.* ウーゾ	usage ユースィヂ
りょういき 領域 ryouiki	**territorio** *m.*, **campo** *m.* テッリトーリオ, カンポ	domain ドウメイン
りょうかいする 了解する （承認） ryoukaisuru	**capire** カピーレ	understand, acknowledge アンダスタンド, アクナリヂ
りょうがえ 両替 ryougae	**cambio** *m.* カンビオ	exchange イクスチェインヂ
～する	**cambiare ... in** カンビアーレ … イン	change, exchange into チェインヂ, イクスチェインヂ イントゥ
りょうがわに 両側に ryougawani	**ai due lati** アイ ドゥーエ ラーティ	on both sides オン ボウス サイヅ
りょうきん 料金 ryoukin	**tariffa** *f.* タリッファ	charge, fee チャーヂ, フィー
りょうくう 領空 ryoukuu	**spazio aereo** *m.* スパーツィオ アエーレオ	(territorial) airspace (テリトーリアル) エアスペイス
りょうし 漁師 ryoushi	**pesca*tore*(*-trice*)** *m.* (*f.*) ペスカトーレ(-トリーチェ)	fisherman フィシャマン

日	伊	英
りょうし **猟師** ryoushi	**cacciatore(-trice)** *m.(f.)* カッチャトーレ(-トリーチェ)	hunter ハンタ
りょうじ **領事** ryouji	**console** *m.* コンソレ	consul カンスル
〜館	**consolato** *m.* コンソラート	consulate カンスレト
りょうし **理容師** riyoushi	**parrucchiere(-a)** *m.(f.)* パッルッキエーレ(-ラ)	hairdresser ヘアドレサ
りょうしき **良識** ryoushiki	**buon senso** *m.* ブオン センソ	good sense グド センス
りょうじゅう **猟銃** ryoujuu	**fucile da caccia** *m.* フチーレ ダ カッチャ	hunting gun ハンティング ガン
りょうしゅうしょう **領収証** ryoushuushou	**ricevuta** *f.* リチェヴータ	receipt リスィート
りょうしょうする **了承する** ryoushousuru	**consentire** コンセンティーレ	consent コンセント
りょうしん **両親** ryoushin	**genitori** *m.pl.* ジェニトーリ	parents ペアレンツ
りょうしん **良心** ryoushin	**coscienza** *f.* コシェンツァ	conscience カンシェンス
りようする **利用する** riyousuru	**utilizzare** ウティリッザーレ	use, utilize ユーズ, ユーティライズ
りょうせいの **良性の** ryouseino	**benigno(-a)** ベニーニョ(-ニャ)	benign ビナイン
りょうせいるい **両生類** ryouseirui	**anfibio** *m.* アンフィービオ	amphibian アンフィビアン
りょうて **両手** ryoute	**entrambe le mani** *f.pl.* エントランベ レ マーニ	both hands ボウス ハンヅ
りょうど **領土** ryoudo	**territorio** *m.* テッリトーリオ	territory テリトーリ

日	伊	英
りょうはんてん **量販店** ryouhanten	**grande magazzino** *m.* グランデ マガッズィーノ	volume retailer **ヴァ**リュム **リ**ーテイラ
りょうほう **両方** ryouhou	**entrambi(-e)** *m.f.pl.* エント**ラ**ンビ(-ベ)	both **ボ**ウス
りょうめん **両面** ryoumen	**entrambi i lati** *m.pl.*, **entrambe le parti** *f.pl.* エント**ラ**ンビ イ **ラ**ーティ, エント**ラ**ンベ レ **パル**ティ	both sides, two sides **ボ**ウス **サ**イヅ, **トゥ**ー **サ**イヅ
りょうようする **療養する** ryouyousuru	**recuperare, riprendersi** レクペ**ラ**ーレ, リプ**レ**ンデルスィ	recuperate リ**キュ**ーパレイト
りょうり **料理** ryouri	**cucina** *f.* ク**チ**ーナ	cooking **ク**キング
～する	**cucinare** クチ**ナ**ーレ	cook **ク**ク
りょうりつする **両立する** ryouritsusuru	**(essere) compatibile** *con* (**エ**ッセレ) コンパ**ティ**ービレ コン	(be) compatible with (ビ) コン**パ**ティブル ウィズ
りょかく **旅客** ryokaku	**passeggero(-a)** *m.*(*f.*) パッセッ**ジェ**ーロ(-ラ)	passenger **パ**センヂャ
～機	**aereo di linea** *m.* ア**エ**ーレオ ディ **リ**ーネア	passenger plane **パ**センヂャ プ**レ**イン
りょくちゃ **緑茶** ryokucha	**tè verde** *m.* **テ ヴェ**ルデ	green tea グ**リ**ーン **ティ**ー
りょけん **旅券** ryoken	**passaporto** *m.* パッサ**ポ**ルト	passport **パ**スポート
りょこう **旅行** ryokou	**viaggio** *m.* ヴィ**ア**ッジョ	travel, trip ト**ラ**ヴル, ト**リ**プ
～する	**viaggiare** ヴィアッ**ジャ**ーレ	travel ト**ラ**ヴル
～代理店	**agenzia di viaggi** *f.* アジェン**ツィ**ーア ディ ヴィ**ア**ッジ	travel agency ト**ラ**ヴル **エ**イヂェンスィ

日	伊	英
りょひ **旅費** ryohi	**spese di viaggio** *f.pl.* スペーゼ ディ ヴィアッジョ	travel expenses トラヴル イクスペンセズ
りらっくすする **リラックスする** rirakkususuru	**rilassarsi** リラッサルスィ	relax リラクス
りりくする **離陸する** ririkusuru	**decollare** デコッラーレ	take off テイク オーフ
りりつ **利率** riritsu	**tasso d'interesse** *m.* タッソ ディンテレッセ	interest rate インタレスト レイト
りれー **リレー** riree	**staffetta** *f.* スタッフェッタ	relay リーレイ
りれきしょ **履歴書** rirekisho	**curriculum vitae** *m.* クッリークルム ヴィーテ	curriculum vitae, CV カリキュラム ヴィータイ、スィーヴィー
りろん **理論** riron	**teoria** *f.* テオリーア	theory スィオリ
～的な	**teorico(-a)** テオーリコ(-カ)	theoretical スィオレティカル
りんかく **輪郭** rinkaku	**contorno** *m.*, **lineamenti** *m.pl.* コントルノ, リネアメンティ	outline アウトライン
りんぎょう **林業** ringyou	**selvicoltura** *f.*, **silvicoltura** *f.* セルヴィコルトゥーラ, スィルヴィコルトゥーラ	forestry フォレストリ
りんく **リンク** rinku	**link** *m.*, **collegamento ipertestuale** *m.* リンク, コッレガメント イペルテストゥアーレ	link リンク
りんご **林檎** ringo	**mela** *f.* メーラ	apple アプル
りんごく **隣国** ringoku	**paese limitrofo** *m.* パエーゼ リミートロフォ	neighboring country ネイバリング カントリ
りんじの **臨時の** rinjino	**temporaneo(-a)** テンポラーネオ(-ア)	temporary, special テンポレリ, スペシャル

日	伊	英
りんじゅう **臨終** rinjuu	**morte** *f.*, **letto di morte** *m.* モルテ, レット ディ モルテ	death, deathbed デス, デスベド
りんしょうの **臨床の** rinshouno	**clinico(-a)** クリーニコ(-カ)	clinical クリニカル
りんじん **隣人** rinjin	**vicino(-a)** *m.*(*f.*) ヴィチーノ(-ナ)	neighbor ネイバ
りんす **リンス** rinsu	**balsamo** *m.* バルサモ	rinse リンス
りんち **リンチ** rinchi	**linciaggio** *m.* リンチャッジョ	lynch リンチ
りんね **輪廻** rinne	**metempsicosi** *f.* メテンプスィコーズィ	cycle of rebirth, metempsychosis サイクル オヴ リーバース, メテンプスィコウスィス
りんぱ **リンパ** rinpa	**linfa** *f.* リンファ	lymph リンフ
～腺	**linfonodo** *m.* リンフォノード	lymph gland リンフ グランド
りんり **倫理** rinri	**etica** *f.* エーティカ	ethics エスィクス
～的な	**etico(-a)** エーティコ(-カ)	ethical, moral エスィカル, モーラル

る, ル

日	伊	英
るい **類** rui	**tipo** *m.*, **specie** *f.* ティーポ, スペーチェ	kind, sort カインド, ソート
るいご **類語** ruigo	**sinonimo** *m.* スィノーニモ	synonym スィノニム
るいじ **類似** ruiji	**somiglianza** *f.* ソミッリャンツァ	resemblance リゼンブランス

日	伊	英
~する	**somigliare** *a* ソミッリアーレ ア	resemble リゼンブル
るいすいする **類推する** ruisuisuru	**dedurre** デドゥッレ	reason through analogy リーズン スルー アナロヂ
るいせきする **累積する** ruisekisuru	**accumularsi** アックムラルスィ	accumulate アキューミュレイト
るーきー **ルーキー** ruukii	**esordiente** *m.f.* エゾルディエンテ	rookie ルキ
るーずな **ルーズな** ruuzuna	**sciolto(-a), largo(-a)** ショルト(-タ), ラルゴ(-ガ)	loose ルース
るーつ **ルーツ** ruutsu	**origini** *f.pl.*, **radici** *f.pl.* オリージニ, ラディーチ	roots ルーツ
るーと **ルート** (道筋) ruuto	**via** *f.*, **rotta** *f.* ヴィーア, ロッタ	route, channel ルート, チャネル
(平方根)	**radice** *f.* ラディーチェ	root ルート
るーまにあ **ルーマニア** ruumania	**Romania** *f.* ロマニーア	Romania ロウメイニア
るーむめいと **ルームメイト** ruumumeito	**compagno(-a) di stanza** *m.*(*f.*) コンパーニョ(-ニャ) ディ スタンツァ	roommate ルームメイト
るーる **ルール** ruuru	**regola** *f.* レーゴラ	rule ルール
るーれっと **ルーレット** ruuretto	**roulette** *m.* ルレト	roulette ルーレト
るくせんぶるく **ルクセンブルク** rukusenburuku	**Lussemburgo** *m.* ルッセンブルゴ	Luxembourg ラクセンバーグ
るす **留守** rusu	**assenza** *f.* アッセンツァ	absence アブセンス

日	伊	英
留守番 るすばん rusuban	**custodia della casa** *f.* クストーディア デッラ カーザ	caretaking ケアテイキング
（人）	**custode** *m.f.* クストーデ	caretaker, house sitter ケアテイカ, ハウス スィタ
〜電話	**segreteria telefonica** *f.* セグレテリーア テレフォーニカ	answering machine アンサリング マシーン
ルネッサンス るねっさんす runessansu	**Rinascimento** *m.* リナシメント	Renaissance ルネサーンス
ルビー るびー rubii	**rubino** *m.* ルビーノ	ruby ルービ

れ, レ

日	伊	英
例 れい rei	**esempio** *m.* エゼンピオ	example イグザンプル
礼 れい rei （あいさつ）	**saluto** *m.* サルート	bow, salutation バウ, サリュテイション
（感謝）	**ringraziamento** *m.* リングラツィアメント	thanks サンクス
（礼儀）	**etichetta** *f.* エティケッタ	etiquette, manners エティケト, マナズ
レイアウト れいあうと reiauto	**layout** *m.* レイアウト	layout レイアウト
霊園 れいえん reien	**cimitero** *m.* チミテーロ	cemetery セメテリ
レイオフ れいおふ reiofu	**sospensione** *f.*, **licenziamento** *m.* ソスペンスィオーネ, リチェンツィアメント	layoff レイオーフ
零下 れいか reika	**sotto zero** ソット ゼーロ	below zero ビロウ ズィアロウ

825

日	伊	英
れいがい **例外** reigai	**eccezione** *f.* エッチェツィオーネ	exception イク**セ**プション
れいかん **霊感** reikan	**ispirazione** *f.* イスピラツィ**オ**ーネ	inspiration インス**ピ**レイション
れいき **冷気** reiki	**freddo** *m.* フ**レ**ッド	chill, cold **チ**ル, **コ**ウルド
れいぎ **礼儀** reigi	**etichetta** *f.* エティ**ケ**ッタ	etiquette, manners **エ**ティケト, **マ**ナズ
れいきゃくする **冷却する** reikyakusuru	**raffreddare** ラッフレッ**ダ**ーレ	cool **ク**ール
れいきゅうしゃ **霊柩車** reikyuusha	**carro funebre** *m.* カッロ フ**ー**ネブレ	hearse **ハ**ース
れいぐうする **冷遇する** reiguusuru	**trattare ... con freddezza** トラッ**タ**ーレ ... コン フレッ**デ**ッツァ	treat coldly ト**リ**ート **コ**ウルドリ
れいこくな **冷酷な** reikokuna	**crudele** クル**デ**ーレ	cruel ク**ル**エル
れいじょう **令状** reijou	**mandato** *m.* マン**ダ**ート	warrant **ウォ**ラント
れいじょう **礼状** reijou	**lettera di ringraziamento** *f.* **レ**ッテラ ディ リングラツィア**メ**ント	thank-you letter サンキュー **レ**タ
れいせいな **冷静な** reiseina	**tranquillo(-a)** トラン**クイ**ッロ(-ラ)	calm, cool **カ**ーム, **ク**ール
れいせん **冷戦** reisen	**guerra fredda** *f.* グ**ェ**ッラ フ**レ**ッダ	cold war **コ**ウルド **ウォ**ー
れいぞうこ **冷蔵庫** reizouko	**frigorifero** *m.* フリゴ**リ**ーフェロ	refrigerator リフ**リ**ヂャレイタ
れいたんな **冷淡な** reitanna	**freddo(-a), indifferente** フ**レ**ッド(-ダ), インディッフェ**レ**ンテ	cold, indifferent **コ**ウルド, イン**ディ**ファレント

日	伊	英
れいだんぼう **冷暖房** reidanbou	**climatizzazione** *f.* クリマティッザツィオーネ	air conditioning エア コンディショニング
れいとう **冷凍** reitou	**congelamento** *m.* コンジェラメント	freezing フリーズィング
〜庫	**freezer** *m.* フリーゼル	freezer フリーザ
〜食品	**surgelati** *m.pl.* スルジェラーティ	frozen foods フロウズン フーヅ
〜する	**surgelare** スルジェラーレ	freeze フリーズ
れいはい **礼拝** reihai	**culto** *m.* クルト	worship, service ワーシプ, サーヴィス
〜堂	**cappella** *f.* カッペッラ	chapel チャペル
れいふく **礼服** reifuku	**abito da cerimonia** *m.* アービト ダ チェリモーニア	full dress フル ドレス
れいぼう **冷房** reibou	**aria condizionata** *f.* アーリア コンディツィオナータ	air conditioning エア コンディショニング
れいんこーと **レインコート** reinkooto	**impermeabile** *m.* インペルメアービレ	raincoat, Ⓑmack-intosh レインコウト, マキントシュ
れーざー **レーザー** reezaa	**laser** *m.* ラーゼル	laser レイザ
れーす **レース** (競走) reesu	**gara** *f.*, **corsa** *f.* ガーラ, コルサ	race レイス
(編物)	**merletto** *m.* メルレット	lace レイス
れーずん **レーズン** reezun	**uva passa** *f.* ウーヴァ パッサ	raisin レイズン

日	伊	英
レーダー reedaa	**radar** *m.* ラーダル	radar レイダー
レート reeto	**tasso** *m.* タッソ	rate レイト
レール reeru	**rotaia** *f.* ロタイア	rail レイル
歴代の rekidaino	**successivo(-a)** スッチェッスィーヴォ(-ヴァ)	successive サクセスィヴ
レギュラーの regyuraano	**regolare** レゴラーレ	regular レギュラ
レクリエーション rekurieeshon	**ricreazione** *f.* リクレアツィオーネ	recreation レクリエイション
レコーディング rekoodingu	**registrazione** *f.* レジストラツィオーネ	recording リコーディング
レコード (音盤) rekoodo	**disco** *m.* ディスコ	record レコード
(記録)	**record** *m.* レーコルド	record レコード
レジ reji	**cassa** *f.* カッサ	cash register キャシュ レヂスタ
レシート reshiito	**scontrino** *m.* スコントリーノ	receipt リスィート
レジスタンス rejisutansu	**resistenza** *f.* レズィステンツァ	resistance レズィスタンス
レシピ reshipi	**ricetta** *f.* リチェッタ	recipe レスィピ
レジャー rejaa	**tempo libero** *m.* テンポ リーベロ	leisure リージャ
レジュメ rejume	**handout** *m.* エンダウト	résumé, summary レズュメイ, サマリ

日	伊	英
れすとらん **レストラン** resutoran	**ristorante** *m.* リストランテ	restaurant レストラント
れすりんぐ **レスリング** resuringu	**lotta libera** *f.* ロッタ リーベラ	wrestling レスリング
れせぷしょん **レセプション** resepushon	**reception** *f.* レセプション	reception リセプション
れたす **レタス** retasu	**lattuga** *f.* ラットゥーガ	lettuce レタス
れつ **列** retsu	**fila** *f.* フィーラ	line, row, queue ライン, ロウ, キュー
れつあくな **劣悪な** retsuakuna	**scadente** スカデンテ	inferior, poor インフィアリア, プア
れっかーしゃ **レッカー車** rekkaasha	**carro attrezzi** *m.* カッロ アットレッツィ	wrecker, tow truck レカ, トウ トラク
れっきょする **列挙する** rekkyosuru	**enumerare** エヌメラーレ	enumerate イニューメレイト
れっしゃ **列車** ressha	**treno** *m.* トレーノ	train トレイン
れっすん **レッスン** ressun	**lezione** *f.* レツィオーネ	lesson レスン
れっせきする **列席する** ressekisuru	**assistere** *a* アッスィステレ ア	attend アテンド
れっとう **列島** rettou	**isole** *f.pl.* イーゾレ	islands アイランヅ
れとりっく **レトリック** retorikku	**retorica** *f.* レトーリカ	rhetoric レトリク
れとろな **レトロな** retorona	**retrospettivo(-a)** レトロスペッティーヴォ(-ヴァ)	retro レトロウ
ればー **レバー** (肝臓) rebaa	**fegato** *m.* フェーガト	liver リヴァ

日	伊	英
(取っ手)	**leva** *f.* レーヴァ	lever レヴァ
レパートリー repaatorii	**repertorio** *m.* レペルトーリオ	repertoire, repertory レパトワー, レパートリー
レフェリー referii	**arbitro** *m.* アルビトロ	referee レファリー
レベル reberu	**livello** *m.* リヴェッロ	level レヴル
レポーター repootaa	**reporter** *m.f.* レポルテル	reporter リポータ
レポート repooto	**rapporto** *m.*, **relazione** *f.* ラッポルト, レラツィオーネ	report リポート
レモン remon	**limone** *m.* リモーネ	lemon レモン
恋愛 ren-ai	**amore** *m.* アモーレ	love ラヴ
～結婚	**matrimonio d'amore** *m.* マトリモーニオ ダモーレ	love match ラヴ マチ
煉瓦 renga	**mattone** *m.* マットーネ	brick ブリク
連休 renkyuu	**giorni festivi consecutivi** *m.pl.* ジョルニ フェスティーヴィ コンセクティーヴィ	consecutive holidays コンセキュティヴ ハリデイズ
連携 renkei	**collaborazione** *f.* コッラボラツィオーネ	cooperation, tie-up コウアパレイション, タイアプ
連結 renketsu	**collegamento** *m.* コッレガメント	connection コネクション
～する	**collegare ...** *con* コッレガーレ … コン	connect コネクト

日	伊	英
れんごう **連合** rengou	**unione** *f.* ウニオーネ	union **ユー**ニョン
れんさい **連載** rensai	**pubblicazione a puntate** *f.* プッブリカツィ**オー**ネ ア プン**ター**テ	serial publication ス**ィ**アリアル パブリ**ケ**イション
れんさはんのう **連鎖反応** rensahannou	**reazione a catena** *f.* レアツィ**オー**ネ ア カ**テー**ナ	chain reaction **チェ**イン リ**ア**クション
れんじ **レンジ** renji	**fornello** *m.* フォル**ネッ**ロ	cooking range, cooker **ク**キング **レ**インヂ, **ク**カ
電子〜	**forno a microonde** *m.* **フォ**ルノ ア ミクロ**オ**ンデ	microwave oven **マ**イクロウェイヴ **ア**ヴン
れんじつ **連日** renjitsu	**ogni giorno** **オー**ニ ジ**ョ**ルノ	every day **エ**ヴリ **デ**イ
れんしゅう **練習** renshuu	**esercizio** *m.*, **allenamento** *m.* エゼル**チー**ツィオ, アッレナ**メ**ント	practice, exercise プ**ラ**クティス, **エ**クササイズ
〜する	**esercitarsi, allenarsi** エゼルチ**タ**ルスィ, アッレ**ナ**ルスィ	practice, train プ**ラ**クティス, ト**レ**イン
れんず **レンズ** renzu	**lente** *f.* **レ**ンテ	lens **レ**ンズ
れんそうする **連想する** rensousuru	**associare** アッソ**チャー**レ	associate with ア**ソ**ウシエイト ウ**ィ**ズ
れんぞく **連続** renzoku	**continuazione** *f.* コンティヌアツィ**オー**ネ	continuation コンティニュ**エ**イション
〜する	**continuare** コンティヌ**アー**レ	continue コン**ティ**ニュー
れんたい **連帯** rentai	**solidarietà** *f.* ソリダリエ**タ**	solidarity サリ**ダ**リティ
〜保証人	**fideiussore** *m.*, **cogarante** *m.f.* フィデユッ**ソー**レ, コガ**ラ**ンテ	cosigner コウ**サ**イナ

日	伊	英
れんたかー **レンタカー** rentakaa	**macchina a noleggio** *f.* マッキナ ア ノレッジョ	rental car, rent-a-car レンタル カー, レンタカー
れんたる **レンタル** rentaru	**noleggio** *m.* ノレッジョ	rental レンタル
れんとげん **レントゲン** rentogen	**raggi X** *m.pl.* ラッジ イクス	X-rays エクスレイズ
～技師	**radiologo(-a)** *m.* (*f.*) ラディオーロゴ(-ガ)	radiographer レイディオグラファー
れんぽう **連邦** renpou	**federazione** *f.* フェデラツィオーネ	federation フェデレイション
れんめい **連盟** renmei	**lega** *f.* レーガ	league リーグ
れんらく **連絡** renraku	**contatto** *m.* コンタット	liaison, contact リエイゾーン, カンタクト
～する	**collegarsi** *a* コッレガルスィ ア	connect with コネクト ウィズ
れんりつ **連立** renritsu	**coalizione** *f.* コアリツィオーネ	coalition コウアリション
～政権	**governo di coalizione** *m.* ゴヴェルノ ディ コアリツィオーネ	coalition government コウアリション ガヴァンメント

ろ, ロ

日	伊	英
ろいやりてぃー **ロイヤリティー** roiyaritii	**royalty** *f.* ロイアルティ	royalty ロイアルティ
ろう **蝋** rou	**cera** *f.* チェーラ	wax ワクス
ろうあしゃ **聾唖者** rouasha	**sordomuto(-a)** *m.* (*f.*) ソルドムート(-タ)	deaf and speech-impaired, Ⓑdeafmute デフ アンド スピーチインペアド, デフミュート

日	伊	英
ろうか **廊下** rouka	**corridoio** *m.* コッリドイオ	corridor, hallway コリダ, ホールウェイ
ろうか **老化** rouka	**invecchiamento** *m.* インヴェッキアメント	aging, growing old エイヂング, グロウイング オウルド
ろうがん **老眼** rougan	**presbiopia** *f.* プレズビオピーア	presbyopia プレズビオウピア
ろうきゅうかした **老朽化した** roukyuukashita	**decrepito(-a)** デクレーピト(-タ)	old, decrepit オウルド, ディクレピト
ろうご **老後** rougo	**vecchiaia** *f.* ヴェッキアイア	old age オウルド エイヂ
ろうし **労使** roushi	**parti sociali** *f.pl.* パルティ ソチャーリ	labor and management レイバ アンド マニヂメント
ろうじん **老人** roujin	**anziano(-a)** *m.(f.)* アンツィアーノ(-ナ)	older people オウルダ ピープル
ろうすい **老衰** rousui	**senilità** *f.* セニリタ	senility スィニリティ
ろうそく **蝋燭** rousoku	**candela** *f.* カンデーラ	candle キャンドル
ろうどう **労働** roudou	**lavoro** *m.* ラヴォーロ	labor, work, Ⓑlabour レイバ, ワーク, レイバ
～組合	**sindacato** *m.* スィンダカート	labor union レイバ ユーニオン
～災害	**infortunio sul lavoro** *m.* インフォルトゥーニオ スル ラヴォーロ	labor accident レイバ アクスィデント
～時間	**ore lavorative** *f.pl.* オーレ ラヴォラティーヴェ	working hours ワーキング アウアズ
～者	**lavoratore(-trice)** *m.(f.)* ラヴォラトーレ(-トリーチェ)	laborer, worker レイバラ, ワーカ

833

ろ

日	伊	英
～力	**manodopera** *f.* マノドーペラ	manpower マンパウア
ろうどく **朗読** roudoku	**lettura ad alta voce** *f.* レットゥーラ アダルタ ヴォーチェ	reading リーディング
ろうねん **老年** rounen	**vecchiaia** *f.* ヴェッキアイア	old age オウルド エイヂ
ろうひする **浪費する** rouhisuru	**sprecare** スプレカーレ	waste ウェイスト
ろうりょく **労力** rouryoku	**sforzi** *m.pl.* スフォルツィ	pains, effort ペインズ, エファト
ろうれい **老齢** rourei	**vecchiaia** *f.* ヴェッキアイア	old age オウルド エイヂ
ろーしょん **ローション** rooshon	**lozione** *f.* ロツィオーネ	lotion ロウション
ろーてーしょん **ローテーション** rooteeshon	**rotazione** *f.* ロタツィオーネ	rotation ロウテイション
ろーどしょー **ロードショー** roodoshoo	**prima** *f.* プリーマ	road show ロウド ショウ
ろーぷ **ロープ** roopu	**corda** *f.* コルダ	rope ロウプ
ろーぷうえい **ロープウエイ** roopuuei	**funivia** *f.* フニヴィーア	ropeway ロウプウェイ
ろーらーすけーと **ローラースケート** rooraasukeeto	**pattinaggio a rotelle** *m.* パッティナッジョ ア ロテッレ	roller skating ロウラ スケイティング
ろーん **ローン** roon	**prestito** *m.* プレスティト	loan ロウン
ろかする **濾過する** rokasuru	**filtrare** フィルトラーレ	filter フィルタ
ろく **六** roku	**sei** セーイ	six スィクス

日	伊	英
ろくおんする **録音する** rokuonsuru	**registrare** レジストラーレ	record, tape リコード, テイプ
ろくがする **録画する** rokugasuru	**registrare** レジストラーレ	record on リコード オン
ろくがつ **六月** rokugatsu	**giugno** *m.* ジューニョ	June ヂューン
ろくじゅう **六十** rokujuu	**sessanta** セッサンタ	sixty スィクスティ
ろくまく **肋膜** rokumaku	**pleura** *f.* プレウラ	pleura プルーラ
ろくろ **轆轤** rokuro	**tornio da vasaio** *m.* トルニオ ダ ヴァザイオ	potter's wheel パタズ (ホ)ウィール
ろけーしょん **ロケーション** rokeeshon	**esterni** *m.pl.* エステルニ	location ロウケイション
ろけっと **ロケット** roketto	**razzo** *m.* ラッゾ	rocket ラケト
ろこつな **露骨な** rokotsuna	**crudo(-a), brutale** クルード(-ダ), ブルターレ	plain, blunt プレイン, ブラント
ろじ **路地** roji	**vicolo** *m.* ヴィーコロ	alley, lane アリ, レイン
ろしあ **ロシア** roshia	**Russia** *f.* ルッスィア	Russia ラシャ
〜語	**russo** *m.* ルッソ	Russian ラシャン
ろしゅつ **露出** roshutsu	**esposizione** *f.* エスポズィツィオーネ	exposure イクスポウジャ
〜する	**esporre** エスポッレ	expose イクスポウズ
ろす **ロス** rosu	**perdita** *f.* ペルディタ	loss ロース

日	伊	英
〜タイム	**tempo di recupero** *m.* テンポ ディ レクーペロ	injury time, loss of time インデュリ タイム, ロース オヴ タイム
ろせん **路線** rosen	**linea** *f.* リーネア	route, line ルート, ライン
〜図	**mappa delle linee** *f.* マッパ デッレ リーネエ	route map ルート マプ
ろっかー **ロッカー** rokkaa	**armadietto** *m.* アルマディエット	locker ラカ
ろっくくらいみんぐ **ロッククライミング** rokkukuraimingu	**arrampicata** *f.* アッランピカータ	rock-climbing ラククライミング
ろっくんろーる **ロックンロール** rokkunrooru	**rock and roll** *m.* ロッケンロル	rock 'n' roll ラクンロウル
ろっこつ **肋骨** rokkotsu	**costola** *f.* コストラ	rib リブ
ろっじ **ロッジ** rojji	**baita** *f.* バイタ	lodge ラヂ
ろてん **露店** roten	**bancarella** *f.* バンカレッラ	stall, booth ストール, ブース
ろびー **ロビー** robii	**atrio** *m.*, **hall** *m.* アートリオ, オル	lobby ラビ
ろぶすたー **ロブスター** robusutaa	**astice** *m.* アスティチェ	lobster ラブスタ
ろぼっと **ロボット** robotto	**robot** *m.* ロボト	robot ロウボト
ろまんしゅぎ **ロマン主義** romanshugi	**romanticismo** *m.* ロマンティチズモ	romanticism ロウマンティスィズム
ろまんちすと **ロマンチスト** romanchisuto	**romantico(-a)** *m.* (*f.*) ロマンティコ(-カ)	romanticist ロウマンティスィスト

日	伊	英
ろめんでんしゃ **路面電車** romendensha	**tram** *m.* トラム	streetcar, trolley, ⑧tram ストリートカー, トロリ, トラム
ろんぎ **論議** rongi	**discussione** *f.* ディスクッスィオーネ	discussion, argument ディスカション, アーギュメント
～する	**discutere** ディスクーテレ	discuss, argue about ディスカス, アーギュー アバウト
ろんきょ **論拠** ronkyo	**argomento** *m.* アルゴメント	basis of an argument ベイスィス オヴ アン アーギュメント
ろんぐせらー **ロングセラー** ronguseraa	**successo duraturo** *m.* スッチェッソ ドゥラトゥーロ	longtime seller ローングタイム セラ
ろんじる **論じる** ronjiru	**discutere** ディスクーテレ	discuss, argue ディスカス, アーギュー
ろんそう **論争** ronsou	**polemica** *f.* ポレーミカ	dispute, controversy ディスピュート, カントロヴァースィ
～する	**discutere** ディスクーテレ	argue, dispute アーギュー, ディスピュート
ろんてん **論点** ronten	**argomento principale** *m.* アルゴメント プリンチパーレ	point at issue ポイント アト イシュー
ろんぶん **論文** ronbun	**tesi** *f.* テーズィ	essay, thesis エセイ, スィースィス
ろんり **論理** ronri	**logica** *f.* ロージカ	logic ラヂク
～的な	**logico(-a)** ロージコ(-カ)	logical ラヂカル

日	伊	英

わ, ワ

わ **輪** wa	**cerchio** *m.*, **anello** *m.* チェルキオ, アネッロ	ring, loop リング, ループ
わ **和** (総和) wa	**somma** *f.* ソンマ	sum サム
(調和)	**armonia** *f.* アルモニーア	harmony ハーモニ
わーるどかっぷ **ワールドカップ** waarudokappu	**Coppa del Mondo** *f.* コッパ デル モンド	World Cup ワールド カプ
わいしゃつ **ワイシャツ** waishatsu	**camicia** *f.* カミーチャ	(dress) shirt (ドレス) シャート
わいせつな **わいせつな** waisetsuna	**osceno(-a), indecente** オシェーノ(-ナ), インデチェンテ	obscene, indecent オブスィーン, インディーセント
わいぱー **ワイパー** waipaa	**tergicristallo** *m.* テルジクリスタッロ	wipers ワイパズ
わいやー **ワイヤー** waiyaa	**cavo** *m.* カーヴォ	wire ワイア
わいろ **賄賂** wairo	**tangente** *f.* タンジェンテ	bribery, bribe ブライバリ, ブライブ
わいん **ワイン** wain	**vino** *m.* ヴィーノ	wine ワイン
～グラス	**bicchiere da vino** *m.* ビッキエーレ ダ ヴィーノ	wineglass ワイン グラース
～リスト	**carta dei vini** *f.* カルタ デイ ヴィーニ	wine list ワイン リスト
わおん **和音** waon	**armonia** *f.*, **accordo (musicale)** *m.* アルモニーア, アッコルド (ムズィカーレ)	harmony ハーモニ

日	伊	英
わかい **若い** wakai	**giovane** ジョーヴァネ	young ヤング
わかいする **和解する** wakaisuru	**riconciliarsi** *con* リコンチリアルスィ コン	(be) reconciled with (ビ) レコンサイルド ウィズ
わかがえる **若返る** wakagaeru	**ringiovanire** リンジョヴァニーレ	(be) rejuvenated (ビ) リチュヴァネイテド
わかさ **若さ** wakasa	**giovinezza** *f.* ジョヴィネッツァ	youth ユース
わかす **沸かす** wakasu	**bollire, far bollire** ボッリーレ, ファール ボッリーレ	boil ボイル
わがままな **わがままな** wagamamana	**egoistico(-a)** エゴイスティコ(-カ)	selfish, wilful セルフィシュ, ウィルフル
わかもの **若者** wakamono	**giovane** *m.f.* ジョーヴァネ	young man ヤング マン
わからずや **分からず屋** wakarazuya	**testardo(-a)** *m.(f.)*, **testa dura** *f.* テスタルド(-ダ), テスタ ドゥーラ	blockhead ブラックヘド
わかりにくい **分かりにくい** wakarinikui	**difficile da capire** ディッフィーチレ ダ カピーレ	hard to understand ハード トゥ アンダスタンド
わかりやすい **分かりやすい** wakariyasui	**facile da capire** ファーチレ ダ カピーレ	easy to understand, simple イーズィー トゥ アンダスタンド, スィンプル
わかる **分かる** wakaru	**capire, rendersi conto** *di* カピーレ, レンデルスィ コント ディ	understand, see アンダスタンド, スィー
わかれ **別れ** wakare	**separazione** *f.*, **addio** *m.* セパラツィオーネ, アッディーオ	parting, farewell パーティング, フェアウェル
わかれる **分かれる** （区分される） wakareru	**dividersi** *in* ディヴィーデルスィ イン	(be) divided into (ビ) ディヴァイデド イントゥ
（分岐する）	**dividersi** *da* ディヴィーデルスィ ダ	branch off from ブランチ オーフ フラム

日	伊	英
わかれる **別れる** wakareru	**separarsi** *da* セパラルスィ ダ	part from パート フラム
わかわかしい **若々しい** wakawakashii	**giovanile** ジョヴァニーレ	youthful ユースフル
わき **脇** waki	**fianco** *m.* フィアンコ	side サイド
わきのした **脇の下** wakinoshita	**ascella** *f.* アシェッラ	armpit アームピト
わきばら **脇腹** wakibara	**fianco** *m.* フィアンコ	side サイド
わきみち **脇道** wakimichi	**traversa** *f.* トラヴェルサ	side street サイド ストリート
わきやく **脇役** wakiyaku	**ruolo secondario** *m.* ルオーロ セコンダーリオ	supporting role, minor role サポーティング ロウル, マイナ ロウル
わく **湧く** (水などが) waku	**sgorgare** ズゴルガーレ	gush, flow ガシュ, フロウ
わく **沸く** (湯が) waku	**bollire** ボッリーレ	boil ボイル
わく **枠** (囲み) waku	**montatura** *f.* モンタトゥーラ	frame, rim フレイム, リム
(範囲)	**ambito** *m.* アンビト	range, extent レインヂ, イクステント
わくせい **惑星** wakusei	**pianeta** *m.* ピアネータ	planet プラネト
わくちん **ワクチン** wakuchin	**vaccino** *m.* ヴァッチーノ	vaccine ヴァクスィーン

日	伊	英
わけ **訳** wake	**ragione** *f.* ラジョーネ	reason, cause リーズン, コーズ
わけまえ **分け前** wakemae	**parte** *f.* パルテ	share, cut シェア, カト
わける　（区別する） **分ける** wakeru	**classificare** クラッスィフィカーレ	classify クラスィファイ
（分割する）	**dividere** ディヴィーデレ	divide, part ディヴァイド, パート
（分配する）	**distribuire** ディストリブイーレ	distribute, share ディストリビュト, シェア
（分離する）	**separare** セパラーレ	separate, part セパレイト, パート
わごむ **輪ゴム** wagomu	**elastico** *m.* エラスティコ	rubber band ラバ バンド
わごんしゃ **ワゴン車** wagonsha	**familiare** *f.* ファミリアーレ	station wagon ステイション ワゴン
わざ **技** waza	**tecnica** *f.*, **esecuzione** *f.* テクニカ, エゼクツィオーネ	technique, art テクニーク, アート
わざ **業** waza	**opera** *f.* オーペラ	act, work アクト, ワーク
わざと **わざと** wazato	**apposta** アッポスタ	on purpose, intentionally オン パーパス, インテンショナリ
わさび **山葵** wasabi	**barbaforte** *f.*, **wasabi** *m.* バルバフォルテ, ヴァザービ	wasabi ワサビ
わざわい **災い** wazawai	**disgrazia** *f.* ディズグラーツィア	misfortune ミスフォーチュン
わし **鷲** washi	**aquila** *f.* アークィラ	eagle イーグル

日	伊	英
わしょく **和食** washoku	**cucina giapponese** *f.* クチーナ ジャッポネーゼ	Japanese food ヂァパニーズ フード
わずかな **僅かな** wazukana	**un po'** *di* ウン ポ ディ	a few, a little ア フュー, ア リトル
わずらわしい **煩わしい** wazurawashii	**seccante** セッカンテ	troublesome トラブルサム
わすれっぽい **忘れっぽい** wasureppoi	**avere poca memoria** アヴェーレ ポーカ メモーリア	forgetful フォゲトフル
わすれもの **忘れ物** wasuremono	**oggetto smarrito** *m.* オッジェット ズマッリート	thing left behind スィング レフト ビハインド
わすれる **忘れる** wasureru	**dimenticare** ディメンティカーレ	forget フォゲト
わた **綿** wata	**cotone** *m.* コトーネ	cotton カトン
わだい **話題** wadai	**argomento** *m.* アルゴメント	topic タピク
わだかまり **わだかまり** wadakamari	**rancore** *m.* ランコーレ	bad feelings バド フィーリングズ
わたし **私** watashi	**io** イーオ	I アイ
～の	**mio(-*a*)** ミーオ(-ア)	my マイ
わたしたち **私たち** watashitachi	**noi** ノーイ	we ウィー
～の	**nostro(-*a*)** ノストロ(-ラ)	our アウア
わたす **渡す** watasu	**dare** ダーレ	hand ハンド

日	伊	英
(引き渡す)	**consegnare** コンセニャーレ	hand over, surrender ハンド オウヴァ, サレンダ
わたる **渡る** wataru	**attraversare** アットラヴェルサーレ	cross, go over クロース, ゴウ オウヴァ
わっくす **ワックス** wakkusu	**cera** *f.* チェーラ	wax ワクス
わっと **ワット** watto	**watt** *m.* ヴァト	watt ワト
わな **罠** wana	**trappola** *f.* トラッポラ	trap トラプ
わに **鰐** wani	**coccodrillo** *m.* コッコドリッロ	crocodile, alligator クラカダイル, アリゲイタ
わびる **詫びる** wabiru	**scusarsi** スクザルスィ	apologize to アパロヂャイズ トゥ
わふうの **和風の** wafuuno	**alla giapponese** アッラ ジャッポネーゼ	Japanese ヂャパニーズ
わへいこうしょう **和平交渉** waheikoushou	**negoziati di pace** *m.pl.* ネゴツィアーティ ディ パーチェ	peace negotiation ピース ニゴウシエイション
わめく **わめく** wameku	**gridare** グリダーレ	shout, cry out シャウト, クライ アウト
わやく **和訳** wayaku	**traduzione in giapponese** *f.* トラドゥツィオーネ イン ジャッポネーゼ	Japanese translation ヂャパニーズ トランスレイション
わらい **笑い** warai	**risata** *f.* リザータ	laugh, laughter ラフ, ラフタ
～話	**racconto divertente** *m.* ラッコント ディヴェルテンテ	funny story ファニ ストーリ

日	伊	英
わらう **笑う** warau	**ridere** リーデレ	laugh ラフ
わらわせる **笑わせる** warawaseru	**far ridere** ファール リーデレ	make laugh メイク ラフ
(ばかげた)	**ridicolo(-a)** リディーコロ(-ラ)	ridiculous, absurd リディキュラス, アブサード
わりあい **割合** wariai	**rapporto** *m.* ラッポルト	rate, ratio レイト, レイシオウ
わりあて **割り当て** wariate	**assegnazione** *f.*, **incarico** *m.* アッセニャツィオーネ, インカーリコ	assignment, allotment アサインメント, アラトメント
わりあてる **割り当てる** wariateru	**assegnare** アッセニャーレ	assign, allot アサイン, アラト
わりかんにする **割り勘にする** warikannisuru	**pagare alla romana** パガーレ アッラ ロマーナ	split the bill スプリト ザ ビル
わりこむ **割り込む** warikomu	**intromettersi, interrompere** イントロメッテルスィ, インテッロンペレ	cut in カト イン
わりざん **割り算** warizan	**divisione** *f.* ディヴィズィオーネ	division ディヴィジョン
わりびき **割り引き** waribiki	**sconto** *m.* スコント	discount ディスカウント
わりびく **割り引く** waribiku	**scontare** スコンターレ	discount, reduce ディスカウント, リデュース
わりまし **割り増し** warimashi	**supplemento** *m.* スップレメント	extra charge, premium エクストラ チャーヂ, プリーミアム
～料金	**supplemento** *m.* スップレメント	extra charge エクストラ チャーヂ

日	伊	英
わる **割る** (壊す) waru	**rompere** ロンペレ	break, crack ブレイク, クラク
(分割する)	**dividere ... in** ディヴィーデレ ... イン	divide into ディヴァイド イントゥ
(裂く)	**tagliare, spaccare** タッリャーレ, スパッカーレ	split, chop スプリト, チャプ
わるい **悪い** warui	**cattivo(-a)** カッティーヴォ(-ヴァ)	bad, wrong バド, ロング
わるくち **悪口** warukuchi	**maldicenze** *f.pl.*, **insulti** *m.pl.* マルディチェンツェ, インスルティ	(verbal) abuse (ヴァーバル) アビュース
～を言う	**parlare male** *di* パルラーレ マーレ ディ	speak ill of スピーク イル オヴ
わるつ **ワルツ** warutsu	**valzer** *m.* ヴァルツェル	waltz ウォールツ
わるもの **悪者** warumono	**cattivo(-a)** *m.*(*f.*) カッティーヴォ(-ヴァ)	bad guy, villain バド ガイ, ヴィレン
われめ **割れ目** wareme	**crepa** *f.* クレーパ	crack, split クラク, スプリト
われもの **ワレモノ** (表示) waremono	**Fragile** フラージレ	Fragile フラチル
われる **割れる** (壊れる) wareru	**rompersi** ロンペルスィ	break ブレイク
(裂ける)	**spaccarsi** スパッカルスィ	crack, split クラク, スプリト
われわれ **我々** wareware	**noi** ノーイ	we, ourselves ウィー, アウアセルヴズ
わん **椀** wan	**ciotola** *f.* チョートラ	bowl ボウル

日	伊	英
わん **湾** wan	**baia** *f.*, **golfo** *m.* バーイア，ゴルフォ	bay, gulf ベイ，ガルフ
わんがん **湾岸** wangan	**costa** *f.* コスタ	coast コウスト
わんきょくする **湾曲する** wankyokusuru	**curvarsi** クルヴァルスィ	curve, bend カーヴ，ベンド
わんしょう **腕章** wanshou	**bracciale** *m.* ブラッチャーレ	arm band アーム バンド
わんぱくな **腕白な** wanpakuna	**birichino(-a)** ビリキーノ(-ナ)	naughty ノーティ
わんぴーす **ワンピース** wanpiisu	**abito intero** *m.* アービト インテーロ	dress ドレス
わんまん **ワンマン** wanman	**dittatore(-trice)** *m.*(*f.*) ディッタトーレ(-トリーチェ)	dictator, autocrat ディクテイタ，オートクラト
わんりょく **腕力** wanryoku	**forza fisica** *f.* フォルツァ フィーズィカ	physical strength フィズィカル ストレングス
わんるーむまんしょん **ワンルームマンション** wanruumumanshon	**monolocale** *m.* モノロカーレ	one-room apartment ワンルーム アパートメント

付　録

● 日常会話

あいさつ ································· 848
　日々のあいさつ／近況・暮らしぶりをたずねる・答える／初対面・再会のあいさつ／旅のあいさつ／招待・訪問のあいさつ／別れのあいさつ

食事 ····································· 855
　食事に誘う／レストランに入るときの表現／注文する／お酒を飲む／食事の途中で／レストランでの苦情／デザートを注文する／支払いのときの表現／ファストフードを注文するときの表現／食事の途中の会話

買い物 ································· 869
　お店と売り場を探す／品物を見せてもらう・品物について聞く／試着する／品物を買う

トラブル・緊急事態 ················· 877
　困ったときの表現／盗難にあったときの表現／子供が迷子になったときの表現／助けを求める／事件に巻き込まれて

● 分野別単語集

味·················· 884	情報·················· 895
衣服················ 884	職業·················· 896
医療・医薬品······ 885	食器·················· 897
色·················· 886	スポーツ············ 898
外国語············· 886	装身具・アクセサリー
家族················ 887	·················· 899
からだ············· 888	台所用品············ 900
季節・月・曜日···· 889	肉·················· 900
魚介類············· 889	日本料理············ 901
空港················ 890	飲み物··············· 901
果物················ 891	美術館・博物館····· 902
電気製品··········· 891	病院·················· 903
交通················ 892	ホテル··············· 903
コンサートホール··· 892	野菜·················· 904
時間················ 894	ヨーロッパ·········· 905
祝祭日············· 895	レストラン·········· 906

日常会話

あいさつ

日々のあいさつ —こんにちは—

● **おはようございます.**
Buongiorno.
ボン**ジョ**ルノ
Good morning.

● **こんにちは.**
Buongiorno.
ボン**ジョ**ルノ
Good afternoon.

● **こんばんは.**
Buonasera.
ボナ**セ**ーラ
Good evening.

● **(親しい人に)やあ.**
Ciao. / Salve.
チャーオ / **サ**ルヴェ
Hello. / Hi!

● **おやすみなさい.**
Buonanotte.
ボナ**ノ**ッテ
Good night.

近況・暮らしぶりをたずねる・答える —お元気ですか?—

● **お元気ですか.**
Come sta?
コメス**タ**
How are you?

● **元気?**
Come stai?
コメス**タ**ーイ
How are you?

● はい，元気です．あなたは？
Bene, grazie. E Lei?
ベーネ グラーツィエ エレーイ？
Fine, thanks. And you?

● はい，元気です．きみは？
Bene, grazie. E tu?
ベーネ グラーツィエ エトゥ？
Fine, thanks. And you?

● どうですか．／頑張ってますか．
Come va?
コメヴァ
How are you doing?

● まあまあです．
Così così.
コズィコズィ
So-so.

● まあどうということもなくやってます．
Si tira avanti!
スィティーラヴァンティ
Nothing to complain about.

● お元気そうですね．
La trovo bene.
ラトローヴォベーネ
You look well.

● 仕事はどうですか．
Come va il lavoro?
コメヴァ イルラヴォーロ
How's your business?

● 忙しいです．
Sono occupato(-a).
ソノオックパート(-タ)
I'm busy.

● 奥さんはお元気ですか．
Come sta Sua moglie?
コメスタ スアモッリェ
How's your wife?

●ご主人はお元気ですか．
Come sta Suo marito?
コメ*スタ* ス*オ*マリート
How's your husband?

●息子さんはお元気ですか．
Come sta Suo figlio?
コメ*スタ* ス*オ***フィ**ッリォ
How's your son?

●娘さんはお元気ですか．
Come sta Sua figlia?
コメ*スタ* ス*ア***フィ**ッリァ
How's your daughter?

●ご両親はお元気ですか．
Come stanno i Suoi genitori?
コメ*スタン*ノ イス*オ*イジェニ*トー*リ
How are your parents?

●ロッシさんはお元気ですか．
Come sta il Sig. Rossi? / Come sta la Sig.ra Rossi? / Come sta la Sig.na Rossi?
コメ*スタ* イルスィ**ニョー**ル **ロ**ッスィ / コメ*スタ* ラスィ**ニョー**ラ **ロ**ッスィ / コメ*スタ* ラスィ**ニョ**リーナ **ロ**ッスィ
How is Mr. Rossi? / How is Mrs. Rossi? / How is Ms. Rossi?

●みんな元気です．
Grazie, stanno tutt*i*(-e) bene.
グ*ラー*ツィエ, ス*タン*ノ**トゥッ**ティ(-テ)**ベー**ネ
Thank you. They are all well.

●それは何よりです．
Mi fa piacere saperlo.
ミファピア**チェー**レ サ**ペ**ルロ
I'm glad to hear that.

初対面・再会のあいさつ —はじめまして—

●はじめまして．
Piacere.
ピア**チェー**レ
Nice to meet you.

●どうぞよろしく．
Piacere.
ピア**チェー**レ
Nice to meet you.

●お目にかかれてうれしいです．
Piacere di conoscerLa.
ピア**チェー**レディ コ**ノッ**シェルラ
Nice to meet you. / Good to meet you.

●ビアンキさんではありませんか．
Scusi, Lei è il signor Bianchi?
ス**クー**ズィ, レイエイルスィ**ニョー**ル ビ**アン**キ？
Aren't you Mr. Bianchi?

●私を覚えていらっしゃいますか．
Si ricorda di me?
スィリ**コル**ダ ディ**メ**？
Do you remember me?

●お久しぶりです．
Non La vedo da tanto tempo.
ノンラ**ヴェー**ド ダ**タン**トテンポ
I haven't seen you for a long time.

旅のあいさつ —ようこそ！—

●ようこそボローニャへ．
Benvenuto a Bologna. / Benvenuta a Bologna. / Benvenuti a Bologna. / Benvenute a Bologna.
ベンヴェ**ヌー**ト アボ**ロー**ニャ / ベンヴェ**ヌー**タ アボ**ロー**ニャ / ベンヴェ**ヌー**ティ アボ**ロー**ニャ / ベンヴェ**ヌー**テ アボ**ロー**ニャ
Welcome to Bologna.

●ようこそイタリアへ．
Benvenuto in Italia. / Benvenuta in Italia. / Benvenuti in Italia. / Benvenute in Italia.
ベンヴェ**ヌー**ト イン**ター**リア / ベンヴェ**ヌー**タ イン**ター**リア / ベンヴェ**ヌー**ティ イン**ター**リア / ベンヴェ**ヌー**テ イン**ター**リア
Welcome to Italy.

● 疲れていませんか．
Non è stanco(-a)?
ノネスタンコ(-カ)？
Aren't you tired?

● いいえ，大丈夫です．
No, sto bene.
ノ，ストベーネ
No, I'm fine.

● ちょっと疲れました．
Sono un po' stanco(-a).
ソノウンポスタンコ(-カ)
I'm a little tired.

● よく眠れましたか．
Ha dormito bene?
アドルミートベーネ？
Did you sleep well?

● 熟睡しました．
Ho fatto una bella dormita.
オファットウナベッラドルミータ
I slept well. / I slept like a log.

招待・訪問のあいさつ —すてきなお家ですね—

● うちにいらしてください．
Venga a trovarmi a casa.
ヴェンガトロヴァルミアカーザ
Come over to my place.

● ぜひうかがいます．
Verrò da Lei volentieri. / Verrò da Lei con piacere.
ヴェッロダレーイ ヴォレンティエーリ / ヴェッロダレーイ コンピアチェーレ
I'll definitely call on you.

● お招きいただきありがとうございます．
Grazie per l'invito.
グラーツィエ ペルリンヴィート
Thanks very much for inviting me.

● すてきなお家ですね．
Che bella casa!

ケペッラカーザ
What a wonderful house!

● **これをどうぞ.**
Ecco, per Lei.
エッコ ペルレーイ
This is for you.

● **日本のおみやげです.**
È un regalo dal Giappone.
エウンレガーロ ダルジャッポーネ
It's a Japanese gift.

別れのあいさつ —さようなら—

● **さようなら(では失礼します).**
Buongiorno. / Buonasera.
ボンジョルノ / ボナセーラ
Good-bye.

● **さようなら(またお会いしましょう).**
Arrivederci. / ArrivederLa.
アリヴェデルチ / アリヴェデルラ
See you.

● **それじゃあ. ／バイバイ.**
Ciao.
チャーオ
Bye-bye. / Bye.

● **ではまたあとで.**
A più tardi.
アピユタルディ
See you later.

● **また近いうちに.**
A presto.
アプレスト
See you soon.

● **ではまた明日.**
A domani.
アドマーニ
See you tomorrow.

● ではまた来週．
Alla prossima settimana.
アッラ プロッスィマ セッティマーナ
See you next week.

● よい週末を！
Buon fine settimana.
ブオン フィーネ セッティマーナ
Have a nice weekend!

● よい休暇を！
Buone vacanze.
ブオネ ヴァカンツェ
Have a nice holiday!

● どうぞ，楽しい旅を！
Buon viaggio!
ブオン ヴィアッジョ
Have a nice trip!

● お気をつけて！
Stia attento(-a)!
スティア アッテント(-タ)
Take care!

● あなたもね．／きみもね．
Anche a Lei. / Anche Lei. / Anche a te. / Anche tu.
アンケ ア レーイ／アンケ レーイ／アンケ ア テ／アンケ トゥ
You too! / Same to you!

● もう行かなくては．
Ora devo andare.
オーラ デヴォ アンダーレ
It's time to go.

● またいつかお会いしたいですね．
Speriamo di rivederci un giorno.
スペリアーモ ディ リヴェデルチ ウン ジョルノ
I hope to see you again sometime.

● 今後も連絡を取り合いましょう．
Teniamoci in contatto.
テニアーモチ イン コンタット
Let's keep in touch.

● ご主人によろしくお伝えください．
Mi saluti Suo marito.
ミサルーティ スオマリート
Please give my regards to your husband.

● 奥さまによろしくお伝えください．
Mi saluti Sua moglie.
ミサルーティ スアモッリェ
Please give my regards to your wife.

● ご家族の皆さんによろしく．
Tanti saluti ai Suoi familiari.
タンティサルーティ アイスオイファミリアーリ
Say hello to all your family.

食事

食事に誘う —食事に行きませんか？—

● お腹がすきました．
Ho fame.
オファーメ
I'm hungry.

● 喉が渇きました．
Ho sete.
オセーテ
I'm thirsty.

● 喫茶店で休みましょう．
Fermiamoci al bar.
フェルミアーモチ アルバール
Let's take a break at a coffee shop.

● お昼は何にしましょうか．
Cosa mangiamo per pranzo?
コーザマンジャーモ ペルプランゾ
What shall we eat for lunch?

● 食事に行きませんか．
Andiamo a mangiare?
アンディアーモアマンジャーレ？
Shall we go and eat together?

- 中華料理はどうですか．
  Che ne *dice(dici)* della cucina cinese?
  ケネディーチェ(ディーチ) デッラクチーナチネーゼ
  How about Chinese food?

- 何か食べたいものはありますか．
  C'è qualcosa che vorrebbe mangiare?
  チェクァルコーザケ ヴォッレッペ マンジャーレ？
  Is there anything you'd like to eat?

- 嫌いなものはありますか．
  C'è qualcosa che non Le piace?
  チェクァルコーザケ ノンレピアーチェ？
  Is there anything you don't like?

- 何でも大丈夫です．
  Mangio di tutto.
  マンジョディトゥット
  Anything's ok.

- あまり辛いものは苦手です．
  Non amo i cibi troppo piccanti.
  ノナーモ イチービトロッポピッカンティ
  I can't eat anything too spicy.

- いいレストランを教えていただけませんか．
  Mi può consigliare un buon ristorante?
  ミプオコンスィッリアーレ ウンブオンリストランテ？
  Could you recommend a good restaurant?

- この店はおいしくて値段も手ごろです．
  In questo ristorante si mangia bene e i prezzi sono modici.
  インクェストリストランテ スィマンジャベーネ エイプレッツィソーノモーディチ
  The food in this restaurant is good and the prices aren't bad.

- ごちそうしますよ．
  Offro io.
  オッフロイーオ
  I'll treat you.

レストランに入るときの表現 —何名様ですか？—

●今晩8時から3名で予約をお願いします．
Vorrei prenotare un tavolo per tre, stasera alle otto.
ヴォッレイプレノターレ ウンターヴォロペルトレ, スタセーラ アッレオット
I'd like a reservation for three at eight o'clock tonight.

●急いでいます．長く待たないとだめですか．
Abbiamo fretta. C'è molto da aspettare?
アッビアーモフレッタ チェモルトダアスペッターレ？
We are in a hurry. Do we have to wait long?

●ここにお名前を書いてください．
Per favore, scriva qui il Suo nome.
ペルファヴォーレ, スクリーヴァクィイルスオノーメ
Please put your name down here.

●この席でよろしいですか．
Va bene questo tavolo?
ヴァベーネ クェストターヴォロ？
Will this seat be all right for you?

●7時で予約をしました．
Ho prenotato per le sette.
オプレノタート ペルレセッテ
I have a reservation for seven o'clock.

●何名様ですか．
In quanti siete?
インクァンティスィエーテ？
How many people are in your party?

●2人です．
Siamo in due.
スィアーモインドゥーエ
We are two.

●3人です．
Siamo in tre.
スィアーモイントレ
We are three.

●禁煙席・喫煙席どちらがよろしいですか.
Preferisce la sala fumatori o non fumatori?
プレフェリッシェ ラサーラフマトーリ? オノンフマトーリ
Would you prefer smoking or nonsmoking?

●たばこをお吸いになりますか.
Lei fuma?
レイフーマ?
Would you like to smoke?

●禁煙席をお願いします.
Non fumatori, per favore.
ノンフマトーリ, ペルファヴォーレ
Nonsmoking, please.

●たばこはどこで吸えますか.
Dove posso fumare?
ドヴェポッソフマーレ
Where can I smoke?

●こちらへどうぞ.
Prego, s'accomodi.
プレーゴ, サッコーモディ
Right this way, please.

●この席は空いていますか.
È libero questo posto?
エリーベロ クェストポスト?
Can I take this place?

注文する —本日のスープは何ですか？—

●ご注文をどうぞ.
Cosa desiderano, signori?
コーザデズィーデラノ, スィニョーリ?
May I take your order?

●メニューを見せてください.
Il menu, per favore?
イルメヌー, ペルファヴォーレ
A menu, please?

● 今日のお勧めは何ですか.
Qual è il piatto del giorno?
クァレ**エ** イルピ**ア**ットデル**ジョ**ルノ
What's today's special?

● この店の自慢料理は何ですか.
Qual è la vostra specialità?
クァレ**エ** ラヴォストラスペチャリ**タ**
What's your specialty?

● 本日のスープは何ですか.
Qual è la zuppa del giorno?
クァレ**エ** ラズ**ッ**パデル**ジョ**ルノ
What's the soup of the day?

● 前菜の盛り合わせを少しください.
Vorrei un po' di antipasti misti.
ヴォッ**レ**イ ウンポディアンティパスティ**ミ**スティ
Give me a little assorted hors d'oeuvres.

● 魚にします.
Prendo il pesce.
プレンドイル**ペッ**シェ
I'd like the fish.

● 肉にします.
Prendo la carne.
プレンドラ**カ**ルネ
I'd like the meat.

● ステーキの焼き具合はどのようにしましょうか.
Come preferisce la bistecca?
コーメプレフェ**リッ**シェ ラビス**テッ**カ
How would you like your steak?

● ミディアムにしてください.
Non troppo cotta, per favore.
ノントロ**ッ**ポ**コッ**タ, ペルファ**ヴォー**レ
Medium, please.

● レアにしてください.
Al sangue, per favore.
アル**サ**ングェ, ペルファ**ヴォー**レ
Rare, please.

● ウェルダンにしてください.
Ben cotta, per favore.
ベンコッタ, ペルファ**ヴォー**レ
Well-done, please.

● ミックスサラダを添えてください.
Con contorno di insalata mista, per favore.
コンコントルノ ディンインサラータミスタ, ペルファ**ヴォー**レ
With a mixed salad, please.

● ボリュームが少ないのはどれですか.
Qual è (il) meno abbondante?
クァレ**エ** (イル)メーノアッポン**ダ**ンテ
Which has the least volume?

● 量を半分にしてください.
Ne vorrei mezza porzione.
ネヴォッ**レ**イ **メ**ッザポルツィ**オ**ーネ
I'd like a half-portion.

お酒を飲む —ワインをグラスでください—

● 飲み物は何がいいですか.
E da bere, cosa preferisce?
エダベーレ, コーザプレフェ**リ**ッシェ
What would you like to drink?

● ワインリストはありますか.
Avete una lista dei vini?
ア**ヴェ**ーテ ウナ**リ**スタデイ**ヴィ**ーニ？
Do you have a wine list?

● この料理にはどのワインが合いますか.
Quale vino si sposa bene con questo piatto?
ク**ァ**レ**ヴィ**ーノ スィスポーザベーネ コンク**エ**スト**ピ**アット
Could you recommend a good wine for this dish?

● 赤ワインをグラスでください.
Un bicchiere di vino rosso, per favore.
ウンビッキ**エ**ーレディ**ヴィ**ーノ**ロ**ッソ, ペルファ**ヴォー**レ
A glass of red wine, please.

● 白ワインをグラスでください.
Un bicchiere di vino bianco, per favore.

ウンビッキエーレディヴィーノビアンコ, ペルファヴォーレ
A glass of white wine, please.

● **アルコールはだめなんです.**
 Non bevo alcolici.
 ノンベーヴォアルコーリチ
 I don't drink.

● **一口ならいただきます.**
 Ne bevo solo un sorso.
 ネベーヴォ ソーロウンソルソ
 I'll have a sip.

● **乾杯！**
 Alla salute! / Cincin!
 アッラサルーテ / チンチン
 Cheers!

食事の途中で　—小皿を持ってきてください—

● **中に何が入ってるんですか. 辛すぎます.**
 Che cosa c'è dentro? È troppo piccante.
 ケコーザチェデントロ エトロッポ ピッカンテ
 What's inside? It's too hot.

● **(サラダの)味付けは済んでいますか.**
 È già condita?
 エジャコンディータ？
 Is it already dressed?

● **小皿を持ってきてください.**
 Mi porti un piattino, per favore.
 ミポルティ ウンピアッティーノ, ペルファヴォーレ
 Please bring a small plate.

● **お水をいただけますか.**
 Vorrei un bicchiere d'acqua.
 ヴォッレイ ウンビッキエーレダックァ
 I'd like a glass of water.

● **すみません, パンをもう少しお願いします.**
 Senta, ancora un po' di pane, per favore.
 センタ, アンコーラウンポディパーネ, ペルファヴォーレ
 Excuse me, some more bread, please.

●ナイフをいただけますか.
Per favore, mi porti un coltello.
ペルファヴォーレ, ミポルティ ウンコルテッロ
Would you bring me a knife, please?

●フォークをいただけますか.
Per favore, mi porti una forchetta.
ペルファヴォーレ, ミポルティ ウナフォルケッタ
Would you bring me a fork, please?

●スプーンをいただけますか.
Per favore, mi porti un cucchiaio.
ペルファヴォーレ, ミポルティ ウンクッキアイオ
Would you bring me a spoon, please?

●汚してしまいました.
Mi sono macchiato(-a).
ミソノマッキアート(-タ)
I've got some spots on me.

●染み抜きがあったら持ってきてください.
Può portarmi uno smacchiatore?
プオポルタルミ ウノズマッキアトーレ?
Could you bring me some stain remover?

レストランでの苦情 —頼んだものがまだ来ません—

●スープが冷めています.
La zuppa è fredda.
ラズッパエフレッダ
The soup is cold.

●これは火が通っていません.
Questo non è abbastanza cotto.
クエストノネアッパスタンツァコット
This isn't done cooking.

●これは注文していません.
Questo non l'ho ordinato.
クエスト ノンロオルディナート
I didn't order this.

● 私が頼んだのは子羊のフィレです．
Ho ordinato il filetto di agnello.
オールディナート イルフィレットディアニェッロ
I ordered a lamb fillet.

● 頼んだものがまだ来ません．
Il mio piatto non arriva ancora. / Il nostro piatto non arriva ancora.
イルミオピアット ノンナッリーヴァ アンコーラ / イルノストロピアット ノンナッリーヴァ アンコーラ
My order hasn't arrived yet. / Our order hasn't arrived yet.

● 申し訳ございません．
Mi scusi.
ミスクーズィ
I'm very sorry.

● 確認してまいります．
Vado a controllare.
ヴァードアコントロッラーレ
I'll go check.

● もうしばらくお待ちください．
Aspetti ancora un momento, per favore.
アスペッティ アンコーラウンモメント, ペルファヴォーレ
Please wait a moment.

デザートを注文する —私はアイスクリームにします—

● デザートには何がありますか．
Cosa avete per dessert? / Che dolci avete?
コーザヴェーテ ペルデッセール / ケドルチアヴェーテ
What'll you have for dessert?

● 私はアイスクリームにします．
Io prendo un gelato.
イオプレンド ウンジェラート
I'd like some ice cream.

● デザートはいりません．
Non prendo il dolce.
ノンプレンド イルドルチェ
I don't need dessert.

● (ノンアルコールの)食後酒を持ってきてください．
Mi porta un digestivo (analcolico)?
ミポルタ ウン ディジェス**ティ**ーヴォ (アナル**コー**リコ) ?
Would you bring a (non-alcohol) digestif?

● 薬を飲むので普通の水をお願いします．
Un po' di acqua naturale, per favore. Devo prendere una medicina.
ウンポディ**アッ**クァ ナトゥ**ラー**レ, ペルファ**ヴォー**レ デヴォプ**レ**ンデレ ウナ メディ**チー**ナ
Water, please. I need to take some medicine.

支払いのときの表現 —お勘定をお願いします—

● お勘定をお願いします．
Il conto, per favore.
イル**コ**ント, ペルファ**ヴォー**レ
Check, please.

● 割り勘にしましょう．
Facciamo alla romana.
ファッ**チャー**モ アッラロ**マー**ナ
Let's split the bill.

● クレジットカードでお願いします．
Con la carta di credito, per favore.
コンラ**カ**ルタディク**レー**ディト, ペルファ**ヴォー**レ
By credit card, please.

● カードはご使用になれません．
Non accettiamo carte di credito.
ノナッチェッティ**アー**モ カルテディク**レー**ディト
We can't accept any credit cards.

● 現金でお願いします．
In contanti, per favore.
インコン**タ**ンティ, ペルファ**ヴォー**レ
Cash, please.

● 計算が間違っています．
C'è un errore nel conto.
チェウネッ**ロー**レ ネルコント
This was added up wrong.

●請求額が高すぎます．
Il conto è troppo salato.
イル**コント** エト**ロ**ッポサラート
This bill is too expensive.

●おつりが足りません．
Il resto che mi ha dato non basta.
イル**レ**ストケミア**ダ**ート ノン**バ**スタ
This is not the correct change.

● 100 ユーロ札を渡しました．
Le ho dato un biglietto da cento euro.
レオ**ダ**ート ウンビッリエットダ**チェ**ントエウロ
I gave you a 100 euro bill.

ファストフードを注文するときの表現 —ここで食べます—

●テイクアウトでハンバーガーを2個お願いします．
Due hamburger da portar via, per favore.
ドゥーエアン**ブ**ルゲル ダポルタル**ヴィ**ーア, ペルファ**ヴォ**ーレ
Two hamburgers to go, please.

●マスタード抜きにしてください．
Senza mostarda, per favore.
センツァモス**タ**ルダ, ペルファ**ヴォ**ーレ
Hold the mustard, please.

●ホットドッグとオレンジジュースをください．
Un hot dog e un succo d'arancia, per favore.
ウンオト**ド**グ エウン**ス**ッコダ**ラ**ンチャ, ペルファ**ヴォ**ーレ
A hot dog and an orange juice, please.

●スモールをお願いします．
Piccola, per favore.
ピッコラ, ペルファ**ヴォ**ーレ
A small, please.

●ミディアムをお願いします．
Media, per favore.
メーディア, ペルファ**ヴォ**ーレ
A medium, please.

● **ラージをお願いします．**
Grande, per favore.
グランデ, ペルファヴォーレ
A large, please.

● **氷は入れないでください．**
Senza ghiaccio, per favore.
センツァギアッチョ, ペルファヴォーレ
No ice, please.

● **ここで食べます．**
Mangio qui.
マンジョクィ
I'll eat it here.

● **持ち帰ります．**
Lo porto via.
ロポルトヴィーア
I'd like this to go.

食事の途中の会話 —どうやって食べるのですか？—

● **遠慮なさらずに．**
Senza complimenti!
センツァコンプリメンティ
Make yourself at home.

● **冷めないうちに召し上がれ．**
Mangi prima che si raffreddi.
マンジ プリーマケ スィラッフレッディ
Eat it before it gets cold.

● **たくさん召し上がってください．**
Mangi e beva a volontà.
マンジエベーヴァ アヴォロンタ
Please have as much as you'd like.

● **お口に合えばいいのですが．**
Spero che sarà di Suo gradimento.
スペーロケ サラディ スオグラディメント
I don't know whether you'll like it but..

● すごいごちそうですね．
Quante cose buone!
クァンテコーゼ ブオーネ
Wow, what a treat!

● わあ，いい香り．
Che buon profumo!
ケブオンプロフーモ
Wow. Nice smell.

● おいしいです！
Buono! / Delizioso!
ブオーノ / デリツィオーゾ
Delicious!

● これ，大好物なんです．
Per questo vado matto(-a).
ペルクェスト ヴァードマット(-タ)
This is my favorite.

● どうぞ（自分で）お取りください．
Prego, si serva.
プレーゴ, スィセルヴァ
Help yourself, please.

● スープの味はいかがですか．
Che ne pensa della zuppa?
ケネペンサ デッラズッパ
What do you think of the soup?

● これは何ですか．
Questo che cos'è?
クェストケ コーゼエ？
What is this?

● どうやって食べるのですか．
Come si mangia?
コーメスィマンジャ
How do you eat this?

● 手で持ってもいいですか．
Posso prenderlo con le mani?
ポッソプレンデルロ コンレマーニ？
Can I hold it in my hand?

● こうやって食べるんです．
Si mangia così.
スィ**マン**ジャコ**ズ**ィ
You eat it like this.

● これも食べられますか．
Si mangia anche questo?
スィ**マン**ジャ アンケ**クェ**スト？
Can you eat this too?

● それは飾りです．
Quella è una decorazione.
ク**ェッ**ラ**エ** ウナデコラツィ**オー**ネ
That's a decoration.

● それは食べられません．
Non si mangia.
ノンスィ**マン**ジャ
We don't eat that.

● フォアグラを食べるのは初めてです．
È la prima volta che mangio il fegato d'oca.
エラプリマ**ヴォ**ルタケ マンジョイル**フェー**ガト**ド**ーカ
This is the first time to eat foie gras.

● ごめんなさい，これはちょっと食べられません．
Questo non posso mangiarlo, mi dispiace.
ク**ェ**スト ノンポッソマンジャルロ，ミディスピ**ア**ーチェ
I'm sorry, but I can't eat that.

● アレルギーが出るんです．
Mi dà una reazione allergica.
ミ**ダ** ウナレアツィ**オー**ネ アッレ**ル**ジカ
I'll have an allergic reaction.

● おかわりはいかがですか．
Ne gradisce ancora un po'?
ネグラ**ディッ**シェ アン**コー**ラウン**ポ**？
How about another helping? / How about another refill?

● もう十分いただきました．
Ne ho preso abbastanza.
ネオプ**レー**ゾ アッパス**タン**ツァ
I've already had enough.

● お腹が一杯です.
Mi sento proprio sazio(-a).
ミセントプロープリォ **サーツィオ(-ア)**
I'm full.

● とてもおいしかったです, ごちそうさま.
Ho mangiato proprio bene, grazie.
オマンジャート プロープリォベーネ, グラーツィエ
I really enjoyed the meal, thank you.

● 気に入っていただいてうれしいです.
Sono molto felice che Le sia piaciuto.
ソノモルトフェリーチェケ レスィーアピアチュート
I'm glad you liked it.

買い物

お店と売り場を探す —歩きやすい靴を探しています—

● この辺にデパートはありますか.
C'è un grande magazzino da queste parti?
チェウングランデマガッズィーノ ダクェステパルティ?
Is there a department store around here?

● 商店街はどのあたりですか.
Dove si trova la zona commerciale?
ドヴェスィトローヴァ ラゾーナコンメルチャーレ
Where is the shopping center?

● どこかいい本屋さんを教えていただけませんか.
Mi potrebbe consigliare una buona libreria?
ミポトレッペ コンスィッリャーレ ウナブォーナリブレリーア?
Would you tell me any good bookstore, please?

● いらっしゃいませ.
Desidera? / In che posso servirLa?
デズィーデラ? / インケポッソセルヴィルラ?
May I help you?

● ちょっと見ているだけです.
Vorrei solo guardare, grazie.
ヴォッレイソーログァルダーレ, グラーツィエ
I'm just looking, thank you.

● **ネクタイはありますか.**
Avete cravatte?
アヴェーテ クラ**ヴァ**ッテ?
Do you have some ties?

● **文房具はどこで売っていますか.**
Dove si vende la cancelleria?
ドヴェ スィ **ヴェン**デ ラ カンチェッレ**リー**ア
Where do you sell stationery?

● **歩きやすい靴を探しています.**
Sto cercando delle scarpe comode.
スト チェル**カン**ド デッレ スカルペ コー**モ**デ
I'm looking for some comfortable shoes.

● **婦人服売り場はどこですか.**
Dove si trova il reparto abbigliamento donna?
ドヴェ スィト**ロー**ヴァ イル レ**パ**ルト アッビッリァメント **ドン**ナ
Where can I find the women's clothes?

● **紳士服売り場はどこですか.**
Dove si trova il reparto abbigliamento uomo?
ドヴェ スィト**ロー**ヴァ イル レ**パ**ルト アッビッリァメント ウ**オー**モ
Where can I find the men's clothes?

● **食料品売場は何階ですか.**
A che piano è il reparto alimentari?
ア **ケ**ピアーノ **エ** イル レ**パ**ルト アリメン**ター**リ
On which floor is a grocery?

● **こちらにございます.**
Da questa parte.
ダ**クェ**スタ パルテ
It's over here.

● **エスカレーターの奥にございます.**
È dietro alla scala mobile.
エディ**エー**トロ アッラ スカーラ モー**ビ**レ
It's behind the escalator.

● **3 階にあります.**
È al secondo piano.
エ アル セ**コン**ド ピ**アー**ノ
That's on the 3rd floor.

● 地下 2 階にあります．
È al secondo piano sotterraneo.
エアルセ**コン**ドピアーノ ソッテッラーネオ
That's on the 2nd floor below.

● エレベーターで 5 階に行ってください．
Vada al quarto piano con l'ascensore.
ヴァーダアル**クァ**ルトピアーノ コンラシェン**ソ**ーレ
Please take the elevator to the 5th floor.

● あちらの階段で上がってください．
Salga quella scala.
サルガ **クェ**ッラスカーラ
Please go up using the stairway over there.

● あちらの階段で下りてください．
Scenda quella scala.
シェンダ **クェ**ッラス**カ**ーラ
Please go down using the stairway over there.

● 申し訳ございません，こちらでは扱っておりません．
Mi dispiace, ma non li abbiamo.
ミディッス**ピ**アーチェ, マ**ノン**リアッ**ピ**アーモ
I'm sorry, we don't have those here.

品物を見せてもらう・品物について聞く
— 色違いはありますか？—

● あれを見せてくださいますか．
Potrei vedere quello?
ポト**レ**イヴェデーレ **クェッ**ロ？
Could you show me that one, please?

● 触ってもいいですか．
Posso toccare?
ポッソトッ**カ**ーレ？
May I touch this?

● この指輪を見せてください．
Vorrei vedere quest'anello.
ヴォッ**レ**イヴェデーレ クェスタ**ネ**ッロ
Please show me this ring.

● このイヤリングを見せてください．
Vorrei vedere questi orecchini.
ヴォッレイヴェデーレ クェスティオレッキーニ
Please show me these earrings.

● 右端のを見せてください．
Vorrei vedere l'ultimo a destra.
ヴォッレイヴェデーレ ルルティモ ア**デ**ストラ
Show me the one at the right end.

● 左端のを見せてください．
Vorrei vedere l'ultimo a sinistra.
ヴォッレイヴェデーレ ルルティモ アスィ**ニ**ストラ
Show me the one at the left end.

● 左から2つ目のを見せてください．
Mi faccia vedere il secondo da sinistra.
ミ**ファ**ッチャヴェデーレ イル**セ**コンド ダスィ**ニ**ストラ
Please show me the second one from the left.

● 左から3つ目のを見せてください．
Mi faccia vedere il terzo da sinistra.
ミ**ファ**ッチャヴェデーレ イル**テ**ルツォ ダスィ**ニ**ストラ
Please show me the third one from the left.

● 真ん中のを見せてください．
Vorrei vedere quello in mezzo.
ヴォッレイヴェデーレ クェッロイン**メ**ッゾ
Show me the middle one.

● ショーウインドウにあるのを見たいのですが．
Mi piacerebbe vedere quello in vetrina.
ミピアチェレッベヴェデーレ **ク**ェッロインヴェト**リ**ーナ
I'd like to see the one in the shopwindow.

● ほかのを見せてくださいますか．
Me ne fa vedere un altro?
メネファヴェ**デ**ーレ ウナ**ル**トロ？
Could you show me another one, please?

● 素材は何ですか．
Che materiale è? / Di che materiale è?
ケマテリアーレ**エ** / ディケマテリアーレ**エ**
What kind of fabric is this?

● (服の)サイズはいくつですか.
Che taglia porta?
ケ**タ**ッリァ ポルタ
What size do you take ? / What size do you want ?

● サイズは 40 です.
La quaranta.
ラクァ**ラ**ンタ
Size 40.

● (靴の)サイズはいくつですか.
Che numero porta?
ケ**ヌ**ーメロ ポルタ
What size do you take ? / What size do you want ?

● サイズは 37 です.
Il trentasette.
イルトレンタ**セ**ッテ
Size 37.

● サイズがわかりません.
Non so la mia taglia. / Non so il mio numero.
ノン**ソ** ラミア**タ**ッリァ / ノン**ソ** イルミオ**ヌ**ーメロ
I don't know my size.

● 大きすぎます.
È troppo grande.
エト**ロ**ッポグ**ラ**ンデ
This is too large.

● 小さすぎます.
È troppo piccolo(-a).
エト**ロ**ッポ**ピ**ッコロ(-ア)
This is too small.

● 少し長いです.
È troppo lungo(-a).
エト**ロ**ッポ**ル**ンゴ(-ガ)
This is too long.

● 少し短いです.
È troppo corto(-a).
エト**ロ**ッポ**コ**ルト(-タ)
This is too short.

ちょうどいいです.
È proprio la mia taglia. / È proprio il mio numero.
エプロープリオ ラミア**タ**ッリァ / エプロープリオ イルミオ**ヌ**ーメロ
This is my size.

違うデザインのはありますか.
Ne avete di altri tipi?
ネア**ヴェ**ーテ ディ**ア**ルトリティーピ?
Do you have any other styles?

これより大きいサイズはありますか.
Non ne avete un altro più grande?
ノネア**ヴェ**ーテ ウナルトロ ピウ **グ**ランデ?
Do you have this in a larger size?

これより小さいサイズはありますか.
Non ne avete un altro più piccolo?
ノネア**ヴェ**ーテ ウナルトロ ピウ **ピ**ッコロ?
Do you have this in a smaller size?

色違いはありますか.
Avete altri colori?
ア**ヴェ**ーテ アルトリコ**ロ**ーリ?
Do you have another color?

これで色が黒のはありますか.
C'è anche nero?
チェ**ア**ンケネーロ?
Do you have the same one in black?

試着する —試着してもいいですか？—

試着してもいいですか.
Posso provare questo?
ポッソプロヴァーレ **ク**ェスト?
Can I try this on?

鏡はありますか.
C'è uno specchio?
チェ**ウ**ーノス**ペ**ッキォ?
Is there a mirror?

ぴったりです.
Mi sta a pennello.

ミスタアペンネッロ
It fits me perfectly!

●ちょっときついです.
È un po' stretto(-a).
エウンポストレット(-タ)
It's a bit tight.

●ちょっとゆるいです.
È un po' largo(-a).
エウンポラルゴ(-ガ)
It's a bit loose.

●似合うかしら.
Come mi sta?
コーメミスタ
I wonder if this will look good.

●私には似合わないみたい.
Non credo (che) mi stia bene.
ノンクレード (ケ) ミスティアベーネ
I don't think this looks good on me.

●お似合いですよ.
Le sta benissimo.
レスタベニッスィモ
It suits you. / It looks good on you.

●こちらのほうがお似合いです.
Questo(-a) Le sta meglio.
クェスト(-タ) レスタメッリォ
This one looks better on you.

品物を買う —全部でいくらですか？—

●これをください.
Prendo questo.
プレンドクェスト
I'll take this, please.

●これを3つください.
Ne prendo tre.
ネプレンド トレ
I'll take three of these.

● **いくらですか．**
Quant'è?
クワンテ？
How much?

● **全部でいくらですか．**
Quanto viene in tutto?
クァントヴィエーネ イントゥット
How much is it all together?

● **いくらから免税になりますか．**
Quanto bisogna spendere per avere l'esenzione dall'IVA?
クァント ビゾーニャスペンデレ ペラヴェーレ レゼンツィオーネ ダッリーヴァ
How much is the limit for duty free?

● **気に入りましたが値段がちょっと高すぎます．**
Mi piace, ma per me è un po' troppo caro.
ミピアーチェ，マペルメ ウンポ トロッポカーロ
I like it, but the price is a bit too high.

● **まけてもらえますか．**
Potrei avere uno sconto?
ポトレイアヴェーレ ウーノスコント？
Can you give me a discount?

● **トラベラーズチェックは使えますか．**
Posso usare i traveller's cheque?
ポッソウザーレ イトラーヴェルスチェク？
Can I use a traveler's check?

● **現金でお支払いします．**
Pago in contanti.
パーゴインコンタンティ
I'll pay in cash.

● **カードでお支払いします．**
Pago con la carta.
パーゴコンラカルタ
I'll pay by credit card.

● **別々に包んでいただけますか．**
Può fare confezioni separate?
プォファーレ コンフェツィオーニ セパラーテ？
Will you wrap them individually?

●プレゼント用に包んでください.
Può fare una confezione regalo, per favore?
プオ**ファー**レ ウナコンフェツィオーネレ**ガー**ロ, ペルファ**ヴォー**レ?
Will you gift-wrap it, please?

●日本に送ってもらえますか.
Posso farmelo spedire in Giappone?
ポッソ**ファル**メロスペディーレ インジャッ**ポー**ネ?
Will you send this to Japan?

●どのくらい日数がかかりますか.
Quanti giorni ci vorranno?
クァンティ**ジョル**ニ チヴォッ**ラン**ノ
How many days will it take?

●話が違います.
Non è quello che ha detto prima.
ノ**ネ**クェッロケアデットプリーマ
That's not what you said.

●これを別のと取り替えてほしいのですが.
Vorrei cambiare questo con un altro.
ヴォッ**レイ** カンビアーレ**クェス**ト コヌン**ナル**トロ
I would like to have it exchanged for another one.

●これがレシートです.
Ecco lo scontrino.
エッコ ロスコン**トリー**ノ
Here is the receipt.

トラブル・緊急事態

困ったときの表現 —パスポートをなくしました—

●ちょっと困っています.
Ho un problema.
オウンプロブ**レー**マ
I've got a problem.

●警察署はどこですか.
Dov'è la questura?
ドヴェ**エ**ラクェスト**ゥー**ラ
Where is the police station?

● コンタクトレンズを落としました．
  Mi è caduta una lente a contatto.
  ミ エ カドゥータ ウナ レンテ ア コンタット
  I've dropped my contact lens.

● パスポートをなくしました．
  Ho perso il passaporto.
  オ ペルソ イル パッサポルト
  I've lost my passport.

● 電車の中にかばんを忘れました．
  Ho lasciato la borsa nel treno.
  オ ラシャート ラ ボルサ ネル トレーノ
  I left my bag on the train.

● ここに上着を忘れたようです．
  Devo aver dimenticato la giacca qui.
  デーヴォ アヴェル ディメンティカート ラ ジャッカ クィ
  I think I have left my jacket here.

● ここにはありませんでした．
  Qui non c'è.
  クィ ノン チェ
  It's not here.

● 見つかったらホテルに電話をください．
  La prego, mi chiami all'albergo se la trovasse.
  ラ プレーゴ, ミ キアーミ アッラルベルゴ セ ラ トロヴァッセ
  Please call the hotel when you find it.

盗難にあったときの表現　—財布をすられました—

● 何を盗まれましたか．
  Che cosa Le hanno rubato?
  ケ コーザ レ アンノ ルバート
  What was stolen?

● 財布をすられました．
  Mi hanno rubato il portafoglio.
  ミ アンノ ルバート イル ポルタフォッリォ
  My wallet has been stolen.

● 目撃者はいますか．
  C'era qualche testimone?

チェーラ クァルケテスティモーネ?
Were there any witnesses?

●あの人が見ていました．
Quella persona ha visto cos'è successo.
クェッラペル**ソ**ーナ ア**ヴィ**スト コゼエスッ**チェ**ッソ
That person saw it happen.

●若い男でした．
Era un giovane.
エーラウンジョー**ヴァ**ネ
It was a young man.

●あちらに走って行きました．
È scappato di là.
エスカッ**パ**ート ディ**ラ**
He ran that way.

●かばんを盗まれました．
Mi hanno rubato la borsa.
ミアンノル**バ**ート ラボルサ
Someone has stolen my bag.

●かばんの特徴を教えてください．
Che tipo di borsa?
ケティーポディボルサ？
What does your bag look like?

●これくらいの大きさの黒い肩掛けかばんです．
È una borsa a tracolla nera, grande così.
エウナボルサ アトラコッラネーラ, グランデコ**ズィ**
It's a black shoulder bag about this size.

●これを通りで拾いました．
Ho trovato questo per terra.
オトロ**ヴァ**ート ク**ェ**スト ペル**テ**ッラ
I found this on the street.

子供が迷子になったときの表現 ―息子がいなくなりました―

●息子がいなくなりました．
Ho smarrito mio figlio.
オズマッ**リ**ート ミオ**フィ**ッリォ
I can't find my son.

● 娘がいなくなりました．
Ho smarrito mia figlia.
オズマッリート ミア**フィッ**リァ
I can't find my daughter.

● 彼を探してください．
Cercatelo, per carità.
チェル**カー**テロ, ペルカリ**タ**
Please look for him.

● 彼女を探してください．
Cercatela, per carità.
チェル**カー**テラ, ペルカリ**タ**
Please look for her.

● 息子は5歳です．
Mio figlio ha cinque anni.
ミオ**フィッ**リォ アチンクェ**アン**ニ
My son is five years old.

● 娘は5歳です．
Mia figlia ha cinque anni.
ミア**フィッ**リァ アチンクェ**アン**ニ
My daughter is five years old.

● 名前は太郎です．
Si chiama Taro.
スィキ**アー**マ タロー
His name is Taro.

● 白いTシャツとジーンズを着ています．
Porta una maglietta bianca e jeans.
ポルタ ウナマッリ**ェッ**タ ビ**アン**カ エジンス
He's wearing a white T-shirt and jeans.

● Tシャツには飛行機の絵がついています．
C'è il disegno di un aereo sulla maglietta.
チェイルディ**ゼー**ニョ ディウンナ**エー**レオ ッスラマッリ**エッ**タ
There's a picture of an airplane on his T-shirt.

● これが彼の写真です．
Questa è una sua foto.
ク**エス**タ エウナスア**フォー**ト
This is his picture.

助けを求める —助けて！—

●助けて！
Aiuto!
アユート
Help!

●火事だ！
Al fuoco!
アルフオーコ
Fire!

●どろぼう！
Al ladro!
アルラードロ
Thief!

●おまわりさん！
Polizia!
ポリツィーア
Police!

●お医者さんを呼んで！
Chiamate un medico!
キアマーテ ウンメーディコ
Call a doctor!

●救急車を！
Chiamate un'ambulanza!
キアマーテ ウナンブランツァ
Get an ambulance!

●交通事故です！
C'è stato un incidente!
チェスタート ウニンチデンテ
There's been an accident!

●こっちに来てください．
Venite qui, per cortesia.
ヴェニーテクィ，ペルコルテズィーア
Please come here.

● けが人がいます．
Ci sono dei feriti.
チソノデイフェリーティ
We have an injured person.

● 病人がいます．
Ci sono persone malate.
チソーノ ペルソーネマラーテ
We have a sick person.

● 彼は動けません．
Non può muoversi.
ノンプオ ムオーヴェルスィ
He can't move.

● 彼女は動けません．
Non può muoversi.
ノンプオ ムオーヴェルスィ
She can't move.

事件に巻き込まれて　―大使館の人に話をしたいのです―

● 私は被害者です．
Sono la vittima. / Sono la parte lesa.
ソノラヴィッティマ / ソノラパルテレーザ
I'm a victim.

● 私は無実です．
Sono innocente.
ソノインノチェンテ
I'm innocent.

● 何も知りません．
Non so niente.
ノンソニエンテ
I don't know anything.

● 領事館に電話してもいいですか．
Posso telefonare al mio consolato?
ポッソテレフォナーレ アルミオコンソラート？
May I call the consulate?

●**大使館に電話してもいいですか.**
Posso telefonare alla mia ambasciata?
ポッソテレフォナーレ アッラミアアンバシャータ？
May I call the embassy?

●**日本大使館の人に話をしたいのです.**
Vorrei parlare con qualcuno dell'ambasciata giapponese.
ヴォッレイパルラーレ コンクァルクーノ デッランバシャータジャッポネーゼ
I'd like to talk to someone at the Japanese embassy.

●**日本語の通訳をお願いします.**
Vorrei un interprete di giapponese.
ヴォッレイ ウニンテルプレテ ディジャッポネーゼ
I'd like a Japanese interpreter.

●**日本語のできる弁護士をお願いします.**
Vorrei un avvocato che parli giapponese.
ヴォッレイ ウンナッヴォカートケ パルリジャッポネーゼ
I'd like to talk to a lawyer who can speak Japanese.

分野別単語集

味　gusto *m.* /グスト/

美味しい　**buono(-a)** /ブオーノ(-ナ)/ 英 nice, delicious
不味い　**cattivo(-a)** /カッティーヴォ(-ヴァ)/ **disgustoso(-a)** /ディズグストーゾ(-ザ)/ 英 not good
甘い　**dolce** /ドルチェ/ 英 sweet
辛い　**piccante** /ピッカンテ/ 英 hot, pungent
苦い　**amaro(-a)** /アマーロ(-ラ)/ 英 bitter
酸っぱい　**acido(-a)** /アーチド(-ダ)/ **aspro(-a)** /アスプロ(-ラ)/ 英 sour, acid
塩辛い　**salato(-a)** /サラート(-タ)/ 英 salty
甘酸っぱい　**agrodolce** /アグロドルチェ/ 英 bittersweet
濃い　**forte** /フォルテ/ 英 thick, strong
薄い　**leggero(-a)** /レッジェーロ(-ラ)/ 英 weak
あっさりした　**semplice** /センプリチェ/ 英 simple, plain
しつこい　**pesante** /ペザンテ/ 英 heavy
軽い　**leggero(-a)** /レッジェーロ(-ラ)/ 英 light, slight
重い　**pesante** /ペザンテ/ 英 heavy

衣服　abbigliamento *m.* /アッビッリアメント/

スーツ　**completo** *m.* /コンプレート/ 英 suit
ズボン　**pantaloni** *m.pl.* /パンタローニ/ 英 trousers
スラックス　**pantaloni** *m.pl.* /パンタローニ/ 英 slacks
スカート　**gonna** *f.* /ゴンナ/ 英 skirt
ワンピース　**abito intero** *m.* /アービト インテーロ/ 英 dress, one-piece
シャツ　**camicia** *f.* /カミーチャ/ 英 shirt
ポロシャツ　**polo** *f.* /ポーロ/ 英 polo shirt
Tシャツ　**maglietta** *f.* /マッリェッタ/ **T-shirt** *f.* /ティシェルト/ 英 T-shirt
セーター　**maglione** *m.* /マッリオーネ/ 英 sweater, pullover
タートルネック　**collo alto** *m.* /コッロ アルト/ 英 turtleneck
ベスト　**panciotto** *m.* /パンチョット/ 英 vest
ブラウス　**camicetta** *f.* /カミチェッタ/ 英 blouse
コート　**cappotto** *m.* /カッポット/ 英 coat
ジャケット　**giacca** *f.* /ジャッカ/ 英 jacket
ダウンジャケット　**piumino** *m.* /ピウミーノ/ 英 down jacket

レインコート　impermeabile *m.* /インペルメアービレ/ 英 raincoat
長袖　maniche lunghe *f.pl.* /マーニケ ルンゲ/ 英 long sleeves
半袖　maniche corte *f.pl.* /マーニケ コルテ/ 英 short sleeves
ノースリーブの　senza maniche /センツァ マーニケ/ 英 sleeveless
ベルト　cintura *f.* /チントゥーラ/ 英 belt
ネクタイ　cravatta *f.* /クラヴァッタ/ 英 necktie, tie
マフラー　sciarpa *f.* /シャルパ/ 英 muffler
スカーフ　sciarpa *f.* /シャルパ/ 英 scarf
手袋　guanti *m.pl.* /グァンティ/ 英 gloves
靴　scarpe *f.pl.* /スカルペ/ 英 shoes
ブーツ　stivali *m.pl.* /スティヴァーリ/ 英 boots
靴下　calze *f.pl.* /カルツェ/ 英 socks, stockings
ジーンズ　jeans *m.pl.* /ジンス/ 英 jeans

医療・医薬品　medicina *f.* /メディチーナ/

風邪薬　medicina per il raffreddore *f.* /メディチーナ ペリル ラッフレッドーレ/ 英 medicine for cold
うがい薬　gargarismi *m.pl.* /ガルガリズミ/ 英 gargle
咳止め　medicina per la tosse *f.* /メディチーナ ペル ラ トッセ/ 英 cough medicine
便秘薬　lassativo *m.* /ラッサティーヴォ/ 英 laxative
消化剤　digestivo *m.* /ディジェスティーヴォ/ 英 digestive medicine
解熱剤　antipiretico *m.* /アンティピレーティコ/ 英 antipyretic
鎮痛剤　analgesico *m.* /アナルジェーズィコ/ 英 analgesic
睡眠薬　sonnifero *m.* /ソンニーフェロ/ 英 sleeping drug
消毒薬　disinfettante *m.* /ディズィンフェッタンテ/ 英 disinfectant
目薬　collirio *m.* /コッリーリオ/ 英 eye drops
日焼け止め　protezione solare *f.* /プロテツィオーネ ソラーレ/ 英 sunscreen
絆創膏　cerotto *m.* /チェロット/ 英 adhesive bandage
コンタクトレンズ　lenti a contatto *f.pl.* /レンティ ア コンタット/ 英 contact lenses
眼鏡　occhiali *m.pl.* /オッキアーリ/ 英 glasses
眼帯　benda *f.* /ベンダ/ 英 eye bandage
入れ歯　dentiera *f.* /デンティエーラ/ 英 false teeth
コンドーム　preservativo *m.* /プレセルヴァティーヴォ/ 英 condom
生理用品　assorbente igienico *m.* /アッソルベンテ イジェーニコ/ 英 sanitary napkin
ガーゼ　garza *f.* /ガルツァ/ 英 gauze

衛生マスク　maschera sanitaria *f.* /マスケラ サニターリア/ 英 cotton mask
注射器　siringa *f.* /スィリンガ/ 英 syringe
煎じ薬　tisana *f.* /ティザーナ/ 英 tisane
錠剤　compressa *f.* /コンプレッサ/ 英 pill, tablet
丸薬　pillola *f.* /ピッロラ/ 英 pill
カプセル　capsula *f.* /カプスラ/ 英 capsule
座薬　supposta *f.* /スッポスタ/ 英 suppository

色　colore *m.* /コローレ/

黒　nero *m.* /ネーロ/ 英 black
グレー　grigio *m.* /グリージョ/ 英 gray
白　bianco *m.* /ビアンコ/ 英 white
青　blu *m.* /ブル/　verde *m.* /ヴェルデ/ 英 blue, green
赤　rosso *m.* /ロッソ/ 英 red
緑　verde *m.* /ヴェルデ/ 英 green
茶色　marrone *m.* /マッローネ/ 英 light brown
紫　viola *m.* /ヴィオーラ/ 英 purple, violet
黄　giallo *m.* /ジャッロ/ 英 yellow
黄緑　giallo-verde *m.* /ジャッロ ヴェルデ/ 英 pea green
オレンジ　aranciato *m.* /アランチャート/ 英 orange
水色　celeste *m.* /チェレステ/ 英 sky-blue
ピンク　rosa *m.* /ローザ/ 英 pink
紺　blu scuro *m.* /ブル スクーロ/ 英 dark blue
ベージュ　beige *m.* /ベジュ/ 英 beige
金色　oro *m.* /オーロ/ 英 gold
銀色　argento *m.* /アルジェント/ 英 silver

外国語　lingua straniera *f.* /リングァ ストラニエーラ/

日本語　giapponese *m.* /ジャッポネーゼ/ 英 Japanese
中国語　cinese *m.* /チネーゼ/ 英 Chinese
韓国語　coreano *m.* /コレアーノ/ 英 Korean
ベトナム語　vietnamita *m.* /ヴィエトナミータ/ 英 Vietnamiese
インドネシア語　indonesiano *m.* /インドネズィアーノ/ 英 Thai
タイ語　thailandese *m.* /タイランデーセ/ 英 Indonesian
ヒンディー語　hindi *m.* /インディ/ 英 Hindi
英語　inglese *m.* /イングレーゼ/ 英 English
米語　americano *m.* /アメリカーノ/ 英 American (English)

フランス語　francese *m.* /フランチェーゼ/　英 French
ドイツ語　tedesco *m.* /テデスコ/　英 German
オランダ語　neerlandese *m.* /ネエルランデーゼ/　olandese *m.* /オランデーゼ/　英 Dutch
スペイン語　spagnolo *m.* /スパニョーロ/　英 Spanish
ポルトガル語　portoghese *m.* /ポルトゲーゼ/　英 Portuguese
ロシア語　russo *m.* /ルッソ/　英 Russian
ギリシア語　greco *m.* /グレーコ/　英 Greek
アラビア語　arabo *m.* /アーラボ/　英 Arabic

家族　famiglia *f.* /ファミリィア/

両親　genitori *m.pl.* /ジェニトーリ/　英 parents
父　padre *m.* /パードレ/　英 father
母　madre *f.* /マードレ/　英 mother
兄・弟　fratello *m.* /フラテッロ/　英 brother
姉・妹　sorella *f.* /ソレッラ/　英 sister
夫　marito *m.* /マリート/　英 husband
妻　moglie *f.* /モッリェ/　英 wife
息子　figlio *m.* /フィッリォ/　英 son
娘　figlia *f.* /フィッリァ/　英 daughter
祖父　nonno *m.* /ノンノ/　英 grandfather
祖母　nonna *f.* /ノンナ/　英 grandmother
孫　nipote *m.f.* /ニポーテ/　英 grandchild
伯[叔]父　zio *m.* /ズィーオ/　英 uncle
伯[叔]母　zia *f.* /ズィーア/　英 aunt
甥　nipote *m.* /ニポーテ/　英 nephew
姪　nipote *f.* /ニポーテ/　英 niece
従兄弟　cugino *m.* /クジーノ/　英 cousin
従姉妹　cugina *f.* /クジーナ/　英 cousin
舅　suocero *m.* /スオーチェロ/　英 father-in-law
姑　suocera *f.* /スオーチェラ/　英 mother-in-law
婿　genero *m.* /ジェーネロ/　英 son-in-law
嫁　nuona *f.* /ヌオーラ/　英 daughter-in-law
親戚　parente *m.f.* /パレンテ/　英 relative
パパ　papà, babbo *m.* /パパ, バッボ/　英 dad, papa
ママ　mamma *f.* /マンマ/　英 mamma, mom

からだ　corpo *m.* /コルポ/

- 頭（あたま）　testa *f.* /テスタ/　capo *m.* /カーポ/　🇬🇧 head
- 髪（かみ）　capello *m.* /カペッロ/　🇬🇧 hair
- 顔（かお）　faccia *f.* /ファッチャ/　viso *m.* /ヴィーゾ/　🇬🇧 face, look
- 額（ひたい）　fronte *f.* /フロンテ/　🇬🇧 forehead
- 眉（まゆ）　sopracciglio *m.* /ソプラッチッリォ/　🇬🇧 eyebrow
- まつげ　ciglia *f.pl.* /チッリァ/　🇬🇧 eyelashes
- 目（め）　occhio *m.* /オッキオ/　🇬🇧 eye
- 耳（みみ）　orecchio *m.* /オレッキオ/　🇬🇧 ear
- 鼻（はな）　naso *m.* /ナーゾ/　🇬🇧 nose
- 口（くち）　bocca *f.* /ボッカ/　🇬🇧 mouth
- 唇（くちびる）　labbro *m.* /ラッブロ/　🇬🇧 lip
- 歯（は）　dente *m.* /デンテ/　🇬🇧 tooth
- 歯茎（はぐき）　gengiva *f.* /ジェンジーヴァ/　🇬🇧 gums
- 舌（した）　lingua *f.* /リングァ/　🇬🇧 tongue
- 喉（のど）　gola *f.* /ゴーラ/　🇬🇧 throat
- 顎（あご）　mento *m.* /メント/　🇬🇧 chin, jaw
- 頬（ほお）　guancia *f.* /グァンチャ/　🇬🇧 cheek
- 顎髭・頬髭（あごひげ・ほおひげ）　barba *f.* /バルバ/　🇬🇧 beard, whiskers
- 口髭（くちひげ）　baffi *m.pl.* /バッフィ/　🇬🇧 mustache
- 首（くび）　collo *m.* /コッロ/　🇬🇧 neck
- 肩（かた）　spalla *f.* /スパッラ/　🇬🇧 shoulder
- 腕（うで）　braccio *m.* /ブラッチョ/　🇬🇧 arm
- ひじ　gomito *m.* /ゴーミト/　🇬🇧 elbow
- 手（て）　mano *f.* /マーノ/　🇬🇧 hand
- 手首（てくび）　polso *m.* /ポルソ/　🇬🇧 wrist
- 指（ゆび）　dito *m.* /ディート/　🇬🇧 finger
- 親指（おやゆび）　pollice *m.* /ポッリチェ/　🇬🇧 thumb
- 人差し指（ひとさしゆび）　indice *m.* /インディチェ/　🇬🇧 forefinger
- 中指（なかゆび）　medio *m.* /メーディオ/　🇬🇧 middle finger
- 薬指（くすりゆび）　anulare *m.* /アヌラーレ/　🇬🇧 ring finger
- 小指（こゆび）　mignolo *m.* /ミーニョロ/　🇬🇧 little finger
- 爪（つめ）　unghia *f.* /ウンギァ/　🇬🇧 nail
- 胸（むね）　petto *m.* /ペット/　seno *m.* /セーノ/　🇬🇧 chest, breast
- 腹（はら）　pancia *f.* /パンチャ/　🇬🇧 stomach
- 背中（せなか）　schiena *f.* /スキエーナ/　🇬🇧 back
- 腰（こし）　vita *f.* /ヴィータ/　🇬🇧 waist
- 脚（あし）　gamba *f.* /ガンバ/　🇬🇧 leg

ひざ ginocchio *m.* / ジノッキオ / 英 knee, lap
足首 caviglia *f.* / カヴィツリア / 英 ankle
かかと tallone *m.* / タッローネ / 英 heel
足 piede *m.* / ピエーデ / 英 foot

季節・月・曜日　stagione *f.* / スタジョーネ / mese *m.* / メーゼ / giorno *m.* / ジョルノ /

春 primavera *f.* / プリマヴェーラ / 英 spring
夏 estate *f.* / エスターテ / 英 summer
秋 autunno *m.* / アウトゥンノ / 英 fall, autumn
冬 inverno *m.* / インヴェルノ / 英 winter
12か月 dodici mesi *m.pl.* / ドーディチ メーズィ / 英 twelve months
1月 gennaio *m.* / ジェンナイオ / 英 January
2月 febbraio *m.* / フェッブライオ / 英 February
3月 marzo *m.* / マルツォ / 英 March
4月 aprile *m.* / アプリーレ / 英 April
5月 maggio *m.* / マッジョ / 英 May
6月 giugno *m.* / ジューニョ / 英 June
7月 luglio *m.* / ルッリォ / 英 July
8月 agosto *m.* / アゴスト / 英 August
9月 settembre *m.* / セッテンブレ / 英 September
10月 ottobre *m.* / オットーブレ / 英 October
11月 novembre *m.* / ノヴェンブレ / 英 November
12月 dicembre *m.* / ディチェンブレ / 英 December
1週間 una settimana *f.* / ウナ セッティマーナ / 英 a week
月曜日 lunedì *m.* / ルネディ / 英 Monday
火曜日 martedì *m.* / マルテディ / 英 Tuesday
水曜日 mercoledì *m.* / メルコレディ / 英 Wednesday
木曜日 giovedì *m.* / ジョヴェディ / 英 Thursday
金曜日 venerdì *m.* / ヴェネルディ / 英 Friday
土曜日 sabato *m.* / サーバト / 英 Saturday
日曜日 domenica *f.* / ドメーニカ / 英 Sunday
平日 giorno feriale *m.* / ジョルノ フェリアーレ / 英 weekday
祝祭日 giorno festivo *m.* / ジョルノ フェスティーヴォ / 英 festival day

魚介類　frutto di mare *m.* / フルット ディ マーレ /

魚 pesce *m.* / ペッシェ / 英 fish
タイ dentice *m.* / デンティチェ / 英 sea bream

ヒラメ　rombo *m.* /ロンボ/　英 flounder, flatfish
舌ビラメ　sogliola *f.* /ソッリオラ/　英 sole
マグロ　tonno *m.* /トンノ/　英 tuna
スズキ　spigola *f.* /スピーゴラ/　英 perch
イワシ　sardina *f.* /サルディーナ/　英 sardine
アンチョビ　acciuga *f.* /アッチューガ/　英 anchovy
ニシン　aringa *f.* /アリンガ/　英 herring
タラ　merluzzo *m.* /メルルッツォ/　英 cod
サバ　scombro *m.* /スコンブロ/　英 mackerel
サケ　salmone *m.* /サルモーネ/　英 salmon
マス　trota *f.* /トロータ/　英 trout
イカ　seppia *f.* /セッピア/　英 cuttlefish
ヤリイカ　calamaro *m.* /カラマーロ/　英 squid
ホタルイカ　calamaro lucciola *m.* /カラマーロ ルッチョラ/　英 firefly squid
タコ　polpo *m.* /ポルポ/　英 octopus
ウナギ　anguilla *f.* /アングイッラ/　英 eel
カニ　granchio *m.* /グランキオ/　英 crab
シバエビ　gamberetto *m.* /ガンベレット/　英 shrimp
車エビ　gambero *m.* /ガンベロ/　英 tiger prawn
ロブスター　astice *m.* /アスティチェ/　英 lobster
アカザエビ　scampo *m.* /スカンポ/　英 Japanese lobster
シャコ　canocchia *f.* /カノッキャ/　英 squilla
カキ　ostrica *f.* /オストリカ/　英 oyster
ホタテ　capasanta *f.* /カパサンタ/　英 scallop
アサリ　vongola *f.* /ヴォンゴラ/　英 short-neck clam
ムール貝　cozza *f.* /コッツァ/　英 mussel, moule

空港　aeroporto *m.* /アエロポルト/

ターミナルビル　aerostazione *f.* /アエロスタツィオーネ/　英 terminal
航空会社　compagnia aerea *f.* /コンパニーア アエーレア/　英 airline
航空券　biglietto aereo *m.* /ビッリェット アエーレオ/　英 airline ticket
フライト　volo *m.* /ヴォーロ/　英 flight
座席　posto *m.* /ポスト/　英 seat
シートベルト　cintura di sicurezza *f.* /チントゥーラ ディ スィクレッツァ/　英 seat belt
窓側の席　finestrino *m.* /フィネストリーノ/　英 window seat
通路側の席　corridoio *m.* /コッリドイオ/　英 aisle seat
エコノミークラス　classe economica *f.* /クラッセ エコノーミカ/　英 economy

class
ビジネスクラス　business class *f.* / ビズネスクラス / 英 business class
ファーストクラス　prima classe *f.* / プリーマ クラッセ / 英 first class
チェックイン　check-in *m.* / チェキン / 英 check in
搭乗ゲート　gate *m.* / ゲイト / 英 boarding gate
搭乗券　carta d'imbarco *f.* / カルタ ディンバルコ / 英 boarding pass
出発　partenza *f.* / パルテンツァ / 英 departure
到着　arrivo *m.* / アッリーヴォ / 英 arrival
トランジット　transito *m.* / トランスィト / 英 transit
乗り継ぎ便　volo della coincidenza *m.* / ヴォーロ デッラ コインチデンツァ / 英 connecting flight
手荷物　bagaglio a mano *m.* / バガッリョ ア マーノ / 英 baggage
税関　dogana *f.* / ドガーナ / 英 customs

果物　frutta *f.* / フルッタ /

イチゴ　fragola *f.* / フラーゴラ / 英 strawberry
オレンジ　arancia *f.* / アランチャ / 英 orange
キウイ　kiwi *m.* / キーウィ / 英 kiwi
グレープフルーツ　pompelmo *m.* / ポンペルモ / 英 grapefruit
サクランボ　ciliegia *f.* / チリエージャ / 英 cherry
ナシ　pera *f.* / ペーラ / 英 pear
パイナップル　ananas *m.* / アーナナス / 英 pineapple
バナナ　banana *f.* / バナーナ / 英 banana
ブドウ　uva *f.* / ウーヴァ / 英 grapes
プラム　prugna *f.* / プルーニャ / 英 plum
ブルーベリー　mirtillo *m.* / ミルティッロ / 英 blueberry
ミカン　mandarino *m.* / マンダリーノ / 英 mandarin, mikan
メロン　melone *m.* / メローネ / 英 melon
モモ　pesca *f.* / ペスカ / 英 peach
リンゴ　mela *f.* / メーラ / 英 apple
レモン　limone *m.* / リモーネ / 英 lemon

電気製品　elettrodomestici *m.pl.* / エレットロドメスティチ /

冷房　aria condizionata *f.* / アーリア コンディツィオナータ / 英 air conditioner
扇風機　ventilatore *m.* / ヴェンティラトーレ / 英 electric fan
暖房　riscaldamento *m.* / リスカルダメント / 英 heating
ストーブ　stufa *f.* / ストゥーファ / 英 heater, stove

そうじき
掃除機 aspirapolvere *m.* /アスピラポルヴェレ/ 英 vacuum cleaner
せんたくき
洗濯機 lavatrice *f.* /ラヴァトリーチェ/ 英 washing machine
かんそうき
乾燥機 asciugatrice *f.* /アシュガトリーチェ/ 英 dryer
ドライヤー asciugacapelli *m.* /アシュガカペッリ/ dryer
でんとう
電灯 luce elettrica *f.* /ルーチェ エレットリカ/ 英 lighting
れいぞうこ
冷蔵庫 frigorifero *m.* /フリゴリーフェロ/ 英 refrigerator
れいとうこ
冷凍庫 freezer *m.* /フリーゼル/ 英 freezer
でんしれんじ
電子レンジ forno a microonde *m.* /フォルノ ア ミクロオンデ/ 英 microwave oven
テレビ televisione *f.* /テレヴィズィオーネ/ 英 television

交通 trasporto *m.* /トラスポルト/

あいしーかーど
IC カード carta con chip *f.* /カルタ コン チプ/ 英 IC card
チャージする ricaricare /リカリカーレ/ 英 charge
けんばいき
券売機 biglietteria automatica *f.* /ビッリェッテリーア アウトマーティカ/ 英 ticket machine
していせき
指定席 posto prenotato *m.* /ポスト プレノタート/ 英 reserved seat
じゆうせき
自由席 posto non prenotato *m.* /ポスト ノン プレノタート/ 英 nonreserved seat
でんしゃ
電車 treno elettrico *m.* /トレーノ エレットリコ/ 英 electric train
とっきゅう
特急 rapido *m.* /ラーピド/ 英 special express (train)
きゅうこうれっしゃ
急行列車 espresso *m.* /エスプレッソ/ direttissimo *m.* /ディレッティッスィモ/ 英 express train
ふつうれっしゃ
普通列車 treno regionale *m.* /トレーノ レジオナーレ/ treno locale *m.* /トレーノ ロカーレ/ 英 local train
しはつでんしゃ
始発電車 primo treno *m.* /プリーモ トレーノ/ 英 first train
しゅうでん
終電 ultimo treno *m.* /ウルティモ トレーノ/ 英 last train (of the day)
ばす
バス autobus *m.* /アウトブス/ 英 bus, coach
こうそくばす
高速バス pullman *m.* /プルマン/ 英 highway bus
とろりーばす
トロリーバス filobus *m.* /フィーロブス/ 英 trolley bus

コンサートホール sala da concerto *f.* /サーラ ダ コンチェルト/

※この項目には英語がありません

こうきょうがくだん
交響楽団 orchestra sinfonica *f.* /オルケストラ スィンフォーニカ/
しきしゃ
指揮者 diret*tore*(*-trice*) d'orchestra *m.(f.)* /ディレットーレ(-トリーチェ) ドルケストラ/
しきぼう
指揮棒 bacchetta *f.* /バッケッタ/

日本語	イタリア語	カタカナ
作曲家（さっきょくか）	compositore(-trice) m.(f.)	コンポズィトーレ(-トリーチェ)
楽譜（がくふ）(スコア)	partitura f.	パルティトゥーラ
譜面台（ふめんだい）	leggio m.	レッジーオ
台本作家（だいほんさっか）(オペラの)	librettista m.f.	リブレッティスタ
演奏家（えんそうか）	musicista m.f.	ムズィチスタ
声楽家（せいがくか）	cantante m.f.	カンタンテ
ソプラノ	soprano m.f.	ソプラーノ
メゾソプラノ	mezzosoprano m.f.	メッゾソプラーノ
アルト	contralto m.	コントラルト
テノール	tenore m.	テノーレ
バリトン	baritono m.	バリートノ
バス	basso m.	バッソ
合唱団員（がっしょうだんいん）	corista m.f.	コリスタ
舞踏家（ぶとうか）	bellerino(-a) m.(f.)	バッレリーノ(-ナ)
独奏者（どくそうしゃ）	solista m.f.	ソリスタ
独唱者（どくしょうしゃ）	solista m.f.	ソリスタ
弦楽器（げんがっき）	archi m.pl.	アルキ
バイオリン	violino m.	ヴィオリーノ
ビオラ	viola (da braccio) f.	ヴィオーラ (ダ ブラッチョ)
チェロ	violoncello m.	ヴィオロンチェッロ
コントラバス	contrabasso m.	コントラバッソ
ハープ	arpa f.	アルパ
管楽器（かんがっき）	strumento a fiato m.	ストルメント ア フィアート
木管楽器（もっかんがっき）	legni m.pl.	レーニ
オーボエ	oboe m.	オーボエ
クラリネット	clarinetto m.	クラリネット
フルート	flauto (traverso) m.	フラウト (トラヴェルソ)
リコーダー	flauto diritto m.	フラウト ディリット
ピッコロ	ottavino m.	オッタヴィーノ
ファゴット	fagotto m.	ファゴット
コントラファゴット	controfagotto m.	コントロファゴット
金管楽器（きんかんがっき）	ottoni m.pl.	オットーニ
トランペット	tromba f.	トロンバ
トロンボーン	trombone m.	トロンボーネ
チューバ	bassotuba m.	バッストゥーバ
ホルン	corno a pistoni m.	コルノ ア ピストーニ
打楽器（だがっき）	percussione f.	ペルクッスィオーネ
小太鼓（こだいこ）	tamburo m.	タンブーロ
大太鼓（おおだいこ）	grancassa f.	グランカッサ

日本語	イタリア語	発音	英語
ティンパニー	timpano *m.*	/ティンパノ/	
タンバリン	tamburello *m.*	/タンブレッロ/	
シンバル	piatti *m.pl.*	/ピアッティ/	
トライアングル	triangolo *m.*	/トリアンゴロ/	
カスタネット	nacchere *f.pl.*	/ナッケレ/	
木琴	silofono *m.*	/スィロ-フォノ/	
ビブラフォン	vibrafono *m.*	/ヴィブラーフォノ/	
鍵盤楽器	strumento a tastiera *m.*	/ストルメント ア タスティエーラ/	
(グランド)ピアノ	pianoforte (a coda) *m.*	/ピアノフォルテ (ア コーダ)/	
チェンバロ	clavicembalo *m.*	/クラヴィチェンバロ/	
(パイプ)オルガン	organo (a canne) *m.*	/オルガノ (ア カンネ)/	
電子オルガン	organo elettronico *m.*	/オルガノ エレットローニコ/	
ギター	chitarra *f.*	/キタッラ/	
マンドリン	mandolino *m.*	/マンドリーノ/	
アコーデオン	fisarmonica *f.*	/フィザルモーニカ/	
ドラム(セット)	batteria *f.*	/バッテリーア/	

時間 tempo *m.* /テンポ/

日本語	イタリア語	発音	英語
年	anno *m.*	/アンノ/	year
月	mese *m.*	/メーゼ/	month
週	settimana *f.*	/セッティマーナ/	week
日	giorno *m.*	/ジョルノ/	day, date
時	ora *f.*	/オーラ/	hour
分	minuto *m.*	/ミヌート/	minute
秒	secondo *m.*	/セコンド/	second
日付	data *f.*	/ダータ/	date
曜日	giorno (della settimana) *m.*	/ジョルノ (デッラ セッティマーナ)/	day
午前	mattina *f.* /マッティーナ/ mattinata *f.*	/マッティナータ/	morning
午後	pomeriggio *m.*	/ポメリッジョ/	afternoon
朝	mattina *f.* /マッティーナ/ mattino *m.*	/マッティーノ/	morning
昼	mezzogiorno *m.*	/メッゾジョルノ/	daytime, noon
夜	sera *f.* /セーラ/ notte *f.*	/ノッテ/	night
夜明け	alba *f.*	/アルバ/	dawn, daybreak
夕方	sera *f.*	/セーラ/	late afternoon, evening
深夜	notte fonda *f.* /ノッテ フォンダ/ mezzanotte *f.*	/メッザノッテ/	midnight
今日	oggi	/オッジ/	today
明日	domani	/ドマーニ/	tomorrow

895

あさって・みょうごにち
明後日 dopodomani /ドポドマーニ/ 英 the day after tomorrow
きのう・さくじつ
昨日 ieri /イエーリ/ 英 yesterday
おととい・いっさくじつ
一昨日 l'altro ieri /ラルトロ イエーリ/ 英 the day before yesterday

祝祭日（*は休日） giorni festivi *m.pl.* /ジョルニ フェスティーヴィ/

※この項目には英語がありません

いちがつついたち・がんじつ
1月1日：元日* Capodanno *m.* /カポダンノ/
いちがつむいか・しゅけんせつ
1月6日：主顕節 Epifania *f.* /エピファニーア/ Befana *f.* /ベファーナ/
さんがつじゅうくにち・せいよぜふさい
3月19日：聖ヨゼフ祭 San Giuseppe /サンジュゼッペ/
ふっかつさい
復活祭〔春分後の満月の次の日曜日〕 Pasqua *f.* /パスクァ/
てんしのげつよう
天使の月曜〔復活祭の翌日〕* Dell'Angelo *m.* /デッランジェロ/ Pasquetta *f.* /パスクェッタ/
しがつにじゅうごにち・かいほうきねんび
4月25日：解放記念日* Anniversario della Liberazione *m.* /アンニヴェルサーリオ デッラ リベラツィオーネ/
ごがつついたち・めーでー
5月1日：メーデー* Festa del Lavoro *f.* /フェスタ デル ラヴォーロ/
しょうてんさい
昇天祭〔復活祭後6週間目の日曜〕 Ascensione *f.* /アッシェンスィオーネ/
せいたいこうりんさい
聖体降臨祭〔復活祭後7週目の日曜〕 Pentecoste *f.* /ペンテコステ/
ろくがつふつか・きょうわこくきねんび
6月2日：共和国記念日* Festa della Repubblica *f.* /フェスタ デッラ レプップリカ/
ろくがつにじゅうくにち・せいぺてろ・せいぱおろさい
6月29日：聖ペテロ・聖パオロ祭 Santissimi Pietro e Paolo *f.* /サンティッスィミ ピエートロ エ パオロ/
はちがつじゅうごにち・せいぼひしょうてんさい
8月15日：聖母被昇天祭* Assunzione di Maria Vergine *f.* /アッスンツィオーネ ディ マリーア ヴェルジネ/ Ferragosto *m.* /フェッラゴスト/
じゅういちがつついたち・ばんせいせつ
11月1日：万聖節* Ognisanti *m.* /オーニサンティ/ Tutti i Santi *m.pl.* /トゥッティ サンティ/
じゅういちがつふつか・こじんついおくのひ
11月2日：故人追憶の日 Commemorazione dei Defunti *f.* /コンメモラツィオーネ デイ デフンティ/
じゅうにがつようか・せいぼむげんざいおんやどりび
12月8日：聖母無原罪御宿り日 Immacolata Concezione *f.* /インマコラータ コンチェツィオーネ/
じゅうにがつにじゅうよっか・くりすます・いぶ
12月24日：クリスマス・イブ Vigilia di Natale *f.* /ヴィジーリア ディ ナターレ/
じゅうにがつにじゅうごにち・くりすます
12月25日：クリスマス* Natale *m.* /ナターレ/
じゅうにがつにじゅうろくにち・せいすてふぁのさい
12月26日：聖ステファノ祭* Santo Stefano *f.* /サント ステーファノ/
じゅうにがつさんじゅういちにち・おおみそか
12月31日：大晦日 San Silvestro *m.* /サンスィルヴェストロ/

情報 informatica *f.* /インフォルマーティカ/

あどれす
アドレス indirizzo *m.* /インディリッツォ/ 英 address

モデム modem *m.* / モーデム / 英 modem
プロバイダー fornitore di servizi *m.* / フォルニトーレ ディ セルヴィーツィ / 英 provider
ユーザー名 nome utente *m.* / ノーメ ウテンテ / 英 user name
パスワード parola d'ordine *f.* / パローラ ドルディネ / 英 password
サーバー server *m.* / セルヴェル / 英 server
Eメール e-mail *m.* / イメイル / posta elettronica *f.* / ポスタ エレットローニカ / 英 e-mail
アットマーク chiocciola *f.* / キオッチョラ / 英 at mark
スラッシュ barra *f.* / バッラ / 英 slash
ネットサーフィング navigazione su Internet *f.* / ナヴィガツィオーネ ス インテルネット / 英 net-surfing
ファイル cartella *f.* / カルテッラ / 英 file
サーチエンジン motore di ricerca *m.* / モトーレ ディ リチェルカ / 英 search engine
クリックする cliccare / クリッカーレ / fare clic / ファーレ クリク / 英 click
サイト sito web *m.* / スィート ウェブ / 英 site
ホームページ home page *f.* / オムペイジ / 英 home-page
アクセス accesso *m.* / アッチェッソ / 英 access
アップロードする caricare ... su un server / カリカーレ ... ス ウン セルヴェル / 英 upload
ダウンロード scaricamento *m.* / スカリカメント / 英 download
絵文字 faccina *f.* / ファッチーナ / 英 pictorial symbol, emoticon
シェア quota di mercato *f.* / クォータ ディ メルカート / 英 share
スマートフォン smartphone *m.* / ズマルトフォン / 英 smartphone
タブレット tablet *m.* / タブレット / 英 tablet
充電する ricaricare / リカリカーレ / 英 charge
無線LAN Wi-Fi *m.* / ワイファイ / 英 wireless LAN
USBメモリ chiavetta USB *f.* / キアヴェッタ ウエスビ / 英 USB memory stick

職業　mestiere *m.* / メスティエーレ /

医師 dottore(*-essa*) *m.(f.)* / ドットーレ(-トレッサ) / 英 doctor
イラストレーター illustra*tore*(*-trice*) *m.(f.)* / イッルストラトーレ(-トリーチェ) / 英 illustrator
運転手 conducente *m.f.* / コンドゥチェンテ / 英 driver
エンジニア ingegnere *m.* / インジェニエーレ / 英 engineer
会社員 impiegato(*-a*) *m.(f.)* / インピエガート(-タ) / 英 office worker

写真家 fotografo(-a) *m.(f.)* /フォトーグラフォ(-ファ)/ 英 photographer
看護師 infermiere(-a) *m.(f.)* /インフェルミエーレ(-ラ)/ 英 nurse
教員 insegnante *m.f.* /インセニャンテ/ 英 teacher
漁師 pesca*tore*(*-trice*) *m.(f.)* /ペスカトーレ(-トリーチェ)/ 英 fisherman
銀行員 impiegato(-a) di banca *m.(f.)* /インピエガート(-タ) ディ バンカ/ 英 bank clerk
警察官 poliziotto(-a) *m.(f.)* /ポリツィオット(-タ)/ 英 police officer
公務員 funzionario(-a) pubblico(-a) *m.(f.)* /フンツィオナーリオ(-ア) プッブリコ(-カ)/ 英 public official
左官 mura*tore*(*-trice*) *m.(f.)* /ムラトーレ(-トリーチェ)/ 英 plasterer
商人 commerciante *m.f.* /コンメルチャンテ/ 英 merchant
消防士 vigile del fuoco *m.f.* /ヴィージレ デル フオーコ/ 英 fire fighter
ジャーナリスト giornalista *m.f.* /ジョルナリスタ/ 英 pressman, reporter
客室乗務員 assistente di volo *m.f.* /アッスィステンテ ディ ヴォーロ/ 英 flight attendant
セールスマン commesso(-a) viaggia*tore*(*-trice*) *m.(f.)* /コンメッソ(-サ) ヴィアッジャトーレ(-トリーチェ)/ 英 salesman
船員 marinaio *m.* /マリナーイオ/ 英 crew, seaman
大工 carpentiere(-a) *m.(f.)* /カルペンティエーレ(-ラ)/ 英 carpenter
通訳 interprete *m.f.* /インテルプレテ/ 英 interpreter
店員 commesso(-a) *m.(f.)* /コンメッソ(-サ)/ 英 clerk
秘書 segretario(-a) *m.(f.)* /セグレターリオ(-ア)/ 英 secretary
美容師 parrucchiere(-a) *m.(f.)* /パッルッキエーレ(-ラ)/ 英 beautician
弁護士 avvocato(-*essa*) *m.(f.)* /アッヴォカート(-カテッサ)/ 英 lawyer, counsel
編集者 redat*tore*(*-trice*) *m.(f.)* /レダットーレ(-トリーチェ)/ 英 editor
薬剤師 farmacista *m.f.* /ファルマチスタ/ 英 pharmacist, druggist

食器 stoviglie *f.pl.* /ストヴィッリェ/

コップ bicchiere *m.* /ビッキエーレ/ 英 glass
カップ tazza *f.* /タッツァ/ 英 cup
ティーカップ tazza da tè *f.* /タッツァ ダ テ/ 英 teacup
ソーサー sottocoppa *m.f.* /ソットコッパ/ 英 saucer
グラス bicchiere *m.* /ビッキエーレ/ 英 glass
ワイングラス bicchiere da vino *m.* /ビッキエーレ ダ ヴィーノ/ 英 wineglass
ジョッキ boccale *m.* /ボッカーレ/ 英 jug, mug
水差し caraffa *f.* /カラッファ/ 英 pitcher
ティーポット teiera *f.* /テイエーラ/ 英 teapot
コーヒーポット caffettiera *f.* /カッフェッティエーラ/ 英 coffeepot

皿 **piatto** *m.* / ピアット / 英 plate, dish
小皿 **piattello** *m.* / ピアッテッロ / 英 small plate
大皿 **piatto da portata** *m.* / ピアット ダ ポルタータ / 英 platter
碗 **ciotola** *f.* / チョートラ / 英 rice-bowl
箸 **bacchette** *f.pl.* / バッケッテ / 英 chopsticks
スプーン **cucchiaio** *m.* / クッキアイオ / 英 spoon
フォーク **forchetta** *f.* / フォルケッタ / 英 fork
ナイフ **coltello** *m.* / コルテッロ / 英 knife
ナプキン **tovagliolo** *m.* / トヴァッリオーロ / 英 napkin
テーブルクロス **tovaglia** *f.* / トヴァリア / 英 tablecloth

スポーツ sport *m.* / スポルト /

アーチェリー **tiro con l'arco** *m.* / ティーロ コン ラルコ / 英 archery
陸上競技 **atletica** *f.* / アトレーティカ / 英 athletics
マラソン **maratona** *f.* / マラトーナ / 英 marathon
バドミントン **badminton** *m.* / ベドミントン / 英 badminton
野球 **baseball** *m.* / ベズボル / 英 baseball
ソフトボール **softball** *m.* / ソフトボル / 英 softball
バスケットボール **pallacanestro** *f.* / パッラカネストロ / 英 basketball
サッカー **calcio** *m.* / カルチョ / 英 soccer, football
テニス **tennis** *m.* / テンニス / 英 tennis
卓球 **tennis da tavolo** *m.* / テンニス ダ ターヴォロ / 英 table tennis
バレーボール **pallavolo** *f.* / パッラヴォーロ / 英 volleyball
ハンドボール **pallamano** *f.* / パッラマーノ / 英 handball
ゴルフ **golf** *m.* / ゴルフ / 英 golf
体操 **ginnastica** *f.* / ジンナスティカ / 英 gymnastics
新体操 **ginnastica ritmica** *f.* / ジンナスティカ リトミカ / 英 rhythmic gymnastics
フェンシング **scherma** *f.* / スケルマ / 英 fencing
柔道 **judo** *m.* / ジュド / 英 judo
空手 **karate** *m.* / カラーテ / 英 karate
ラグビー **rugby** *m.* / ラグビ / 英 rugby
スケートボード **skateboard** *m.* / スケイトボルド / 英 skateboarding
スポーツクライミング **arrampicata** *f.* / アッランミカータ / 英 sport climbing
ウエイトリフティング **sollevamento pesi** *m.* / ソッレヴァメント ペーズィ / 英 weightlifting
ボクシング **pugilato** *m.* / プジラート / 英 boxing
レスリング **lotta** *f.* / ロッタ / 英 wrestling

899

<ruby>水泳<rt>すいえい</rt></ruby>　**nuoto** *m.* /ヌオート/ 英 swimming
シンクロナイズドスイミング　**nuoto sincronizzato** *m.* /ヌオート スィンクロニッザート/ 英 synchronized swimming
<ruby>水球<rt>すいきゅう</rt></ruby>　**pallanuoto** *f.* /パッラヌオート/ 英 water polo
サーフィン　**surf** *m.* /セルフ/ 英 surfing
ボート　**canottaggio** *m.* /カノッタッジョ/ 英 rowing
カヌー　**canoa** *f.* /カノーア/ 英 canoe
スケート　**pattinaggio** *m.* /パッティナッジョ/ 英 skating
スキー　**sci** *m.* /シ/ 英 skiing
スノーボード　**snowboard** *m.* /ズノボルド/ 英 snowboard
ボブスレー　**bob** *m.* /ボブ/ 英 bobsleigh
<ruby>車<rt>くるま</rt></ruby>いすテニス　**tennis in carrozzina** *m.* /テンニス イン カッロッツィーナ/ 英 wheelchair tennis
<ruby>車<rt>くるま</rt></ruby>いすバスケットボール　**pallacanestro in carrozzina** *f.* /パッラカネストロ イン カッロッツィーナ/ 英 wheelchair basketball
ボッチャ　**boccia** *f.* /ボッチャ/ 英 boccia
ゴールボール　**goalball** *m.* /ゴルボル/ 英 goalball
パラパワーリフティング　**pesistica paralimpica** *f.* /ペズィスティカ パラリンピカ/ Para Powerlifting

<ruby>装身具<rt>そうしんぐ</rt></ruby>・アクセサリー　**bigiotteria** *f.* /ビジョッテリーア/

バッグ　**borsa** *f.* /ボルサ/ 英 bag
ハンドバッグ　**borsetta** *f.* /ボルセッタ/ 英 handbag, purse
ショルダーバッグ　**borsa a tracolla** *f.* /ボルサ ア トラコッラ/ 英 shoulder bag
アタッシュケース　**ventiquattrore** *f.* /ヴェンティクァットローレ/ 英 attaché case
スーツケース　**valigia** *f.* /ヴァリージャ/ 英 suitcase
<ruby>財布<rt>さいふ</rt></ruby>　**portafoglio** *m.* /ポルタフォッリョ/ 英 purse, wallet
<ruby>時計<rt>とけい</rt></ruby>　**orologio** *m.* /オロロージョ/ 英 watch, clock
<ruby>腕時計<rt>うでどけい</rt></ruby>　**orologio da polso** *m.* /オロロージョ ダ ポルソ/ 英 wristwatch
<ruby>傘<rt>かさ</rt></ruby>　**ombrello** *m.* /オンブレッロ/ 英 umbrella
<ruby>扇子<rt>せんす</rt></ruby>　**ventaglio** *m.* /ヴェンタッリョ/ 英 folding fan
<ruby>眼鏡<rt>めがね</rt></ruby>　**occhiali** *m.pl.* /オッキアーリ/ 英 glasses
サングラス　**occhiali da sole** *m.pl.* /オッキアーリ ダ ソーレ/ 英 sunglasses
<ruby>指輪<rt>ゆびわ</rt></ruby>　**anello** *m.* /アネッロ/ 英 ring
ブローチ　**spilla** *f.* /スピッラ/ 英 brooch
ペンダント　**ciondolo** *m.* /チョンドロ/ 英 pendant
ネックレス　**collana** *f.* /コッラーナ/ 英 necklace

ブレスレット　braccialetto *m.* /ブラッチャレット/ 英 bracelet
イヤリング　orecchino *m.* /オレッキーノ/ 英 earring
カフスボタン　gemelli *m.pl.* /ジェメッリ/ 英 cuff link

台所用品　utensili da cucina *m.pl.* /ウテンスィリ ダ クチーナ/

鍋　pentola *f.* /ペントラ/ 英 pan
圧力鍋　pentola a pressione *f.* /ペントラ ア プレッスィオーネ/ 英 pressure cooker
薬缶　bollitore *m.* /ボッリトーレ/ 英 kettle
フライパン　padella *f.* /パデッラ/ 英 frying pan
包丁　coltello da cucina *m.* /コルテッロ ダ クチーナ/ 英 kitchen knife
まな板　tagliere *m.* /タッリェーレ/ 英 cutting board
杓文字　mestolo *m.* /メストロ/ 英 rice paddle
ボウル　scodella *f.* /スコデッラ/ 英 bowl
水切りボウル　colatoio *m.* /コラトイオ/ 英 colander
ミキサー　frullatore *m.* /フルッラトーレ/ 英 mixer, blender
調理ばさみ　forbici da cucina *f.pl.* /フォルビチ ダ クチーナ/ 英 poultry shears
フライ返し　spatola per fritto *f.* /スパートラ ペル フリット/ 英 spatula
泡立て器　frusta *f.* /フルスタ/ 英 whisk
コルク抜き　cavatappi *m.* /カヴァタッピ/ 英 corkscrew
栓抜き　apribottiglie *m.* /アプリボッティッリェ/ 英 bottle-opener

肉　carne *f.* /カルネ/

牛肉　manzo *m.* /マンゾ/ 英 beef
子牛　vitello *m.* /ヴィテッロ/ 英 calf
豚肉　carne di maiale *f.* /カルネ ディ マイアーレ/ 英 pork
羊肉　montone *m.* /モントーネ/ 英 mutton
ラム　agnello *m.* /アニェッロ/ 英 lamb
鶏肉　pollo *m.* /ポッロ/ 英 chicken
赤身　magro *m.* /マーグロ/ 英 lean
ロース　controfiletto *m.* /コントロフィレット/ 英 sirloin
ヒレ　filetto *m.* /フィレット/ 英 fillet
挽き肉　carne macinata *f.* /カルネ マチナータ/ **macinato** *m.* /マチナート/ 英 minced meat
ハム　prosciutto *m.* /プロシュット/ 英 ham
ソーセージ　salsiccia *f.* /サルスィッチャ/ 英 sausage
サラミ　salame *m.* /サラーメ/ 英 salami

ベーコン　pancetta *f.* /パンチェッタ/　🇬🇧 bacon
レバー　fegato *m.* /フェーガト/　🇬🇧 liver

日本料理　cucina japponese *f.* /クチーナ ジャッポネーゼ/

うどん　spaghettini di farina bianca al brodo *m. pl.* /スパゲッティーニ ディ ファリーナ ビアンカ アル ブロード/　🇬🇧 Udon
コロッケ　crocchetta *f.* /クロッケッタ/　🇬🇧 croquette
しゃぶしゃぶ　shabu shabu *m.* /シャブシャブ/　🇬🇧 Shabu-shabu
すき焼き　sukiyaki *m.* /スキヤキ/　🇬🇧 Sukiyaki
すし　sushi *m.* /スッシ/　🇬🇧 Sushi
せんべい　croccante di riso *m.* /クロッカンテ ディ リーゾ/　🇬🇧 Senbei
蕎麦　taglierini di farina di grana saraceno *m.pl.* /タッリェリーニ ディ ファリーナ ディ グラーナ サラチェーノ/　🇬🇧 Soba
漬物　sottaceti *m.pl.* /ソッタチェーティ/　🇬🇧 pickles
とんかつ　cotoletta di maiale *f.* /コトレッタ ディ マイアーレ/　🇬🇧 Tonkatsu
丼　donburi *m.* /ドンブリ/　🇬🇧 Donburi
抹茶　tè verde solubile *m.* /テ ヴェルデ ソルービレ/　🇬🇧 Matcha
味噌汁　zuppa di miso *f.* /ズッパ ディ ミソ/　🇬🇧 Miso soup

飲み物　bevanda *f.* /ベヴァンダ/

水　acqua *f.* /アックァ/　🇬🇧 water
ミネラルウォーター　acqua minerale *f.* /アックァ ミネラーレ/　🇬🇧 mineral water
炭酸水　acqua gassata *f.* /アックァ ガッサータ/　🇬🇧 soda water
ソーダ水　selz *m.* /セルツ/　🇬🇧 soda water
アルコール　alcol *m.* /アルコル/　🇬🇧 alcohol
ワイン　vino *m.* /ヴィーノ/　🇬🇧 wine
赤ワイン　vino rosso *m.* /ヴィーノ ロッソ/　🇬🇧 red wine
白ワイン　vino bianco *m.* /ヴィーノ ビアンコ/　🇬🇧 white wine
ロゼ　vino rosato *m.* /ヴィーノ ロザート/　🇬🇧 rosé
スパークリングワイン　spumante *m.* /スプマンテ/　🇬🇧 sparkling wine
シャンパン　champagne *m.* /シャンパーニュ/　🇬🇧 champagne
ビール　birra *f.* /ビッラ/　🇬🇧 beer
生ビール　birra alla spina *f.* /ビッラ アッラ スピーナ/　🇬🇧 draft beer
ウイスキー　whisky *m.* /ウイスキ/　🇬🇧 whiskey
カクテル　cocktail *m.* /コクテル/　🇬🇧 cocktail
日本酒　sakè *m.* /サケ/　🇬🇧 sake

食前酒(しょくぜんしゅ) aperitivo *m.* / アペリティーヴォ / 仏 apéritif
食後酒(しょくごしゅ) digestivo *m.* / ディジェスティーヴォ / 仏 digestif
コーヒー caffè *m.* / カッフェ / 英 coffee
ミルク(みるく) latte *m.* / ラッテ / 英 milk
ミルクコーヒー(みるくこーひー) caffellatte *m.* / カッフェッラッテ / 英 coffee with milk
カプチーノ(かぷちーの) cappuccino *m.* / カップッチーノ / 英 cappuccino
紅茶(こうちゃ) tè *m.* / テ / 英 (black) tea
ティーバッグ(てぃーばっぐ) bustina di tè *f.* / ブスティーナ ディ テ / 英 tea bag
ココア(ここあ) cioccolata *f.* / チョッコラータ / 英 cocoa
ジュース(じゅーす) succo *m.* / スッコ / 英 juice
レモネード(れもねーど) limonata *f.* / リモナータ / 英 lemonade
コーラ(こーら) Còca-Còla *f.* / コーカコーラ / 英 coke

美術館・博物館　galleria *f.* / ガッレリーア / museo *m.* / ムゼーオ

※この項目には英語がありません

ブレラ美術館(ミラノ)(ぶれらびじゅつかん(みらの)) Pinacoteca di Brera *f.* / ピナコテーカ ディ ブレーラ /

聖マリア・グラツィエ教会(ミラノ)(せいまりあ・ぐらつぃえきょうかい(みらの)) Chiesa di Santa Maria delle Grazie *f.* / キエーザ ディ サンタマリーア デッレ グラーツィエ /

『最後の晩餐』(さいごのばんさん) Cenacolo *m.* / チェナーコロ /

総督宮殿(ヴェネツィア)(そうとくきゅうでん(べねつぃあ)) Palazzo Ducale *m.* / パラッツォ ドゥカーレ /

アカデミア美術館(ヴェネツィア)(あかでみあびじゅつかん(べねつぃあ)) Gallerie dell'Accademia *f.pl.* / ガッレリーエ デッラッカデーミア /

ウッフィーツィ美術館(フィレンツェ)(うっふぃーつぃびじゅつかん(ふぃれんつぇ)) Galleria degli Uffizi *f.* / ガッレリーア デッリ ウッフィーツィ /

ピッティ宮殿(フィレンツェ)(ぴってぃきゅうでん(ふぃれんつぇ)) Plazzo Pitti *m.* / パラッツォ ピッティ /

パラティーナ画廊(ぱらてぃーながろう) Galleria Palatina *f.* / ガッレリーア パラティーナ /

バルジェッロ美術館(フィレンツェ)(ばるじぇっろびじゅつかん(ふぃれんつぇ)) Museo di Bargello *m.* / ムゼーオ ディ バルジェッロ /

ヴァチカン美術館(ローマ)(ばちかんびじゅつかん(ろーま)) Musei Vaticani *m.pl.* / ムゼーイ ヴァティカーニ /

システィナ礼拝堂(ローマ)(しすてぃなれいはいどう(ろーま)) Cappella di Sistina *f.* / カッペッラ ディ スィスティーナ /

『最後の審判』(さいごのしんぱん) Giudizio universale *m.* / ジュディーツィオ ウニヴェルサーレ /

ボルゲーゼ美術館(ローマ)(ぼるげーぜびじゅつかん(ろーま)) Museo Borghese *m.* / ムゼーオ ボルゲーゼ /

国立考古博物館(ナポリ)(こくりつこうこはくぶつかん(なぽり)) Museo archeologico nazionale *m.* / ムゼーオ アルケオロージコ ナツィオナーレ /

病院　ospedale *m.* /オスペダーレ/

- 医者　dottore(-essa) *m.(f.)* /ドットーレ(-トレッサ)/　㈱ doctor
- 看護師　infermiere(-a) *m.(f.)* /インフェルミエーレ(-ラ)/　㈱ nurse
- 薬剤師　farmacista *m.f.* /ファルマチスタ/　㈱ pharmacist, druggist
- 患者　paziente *m.f.* /パツィエンテ/　㈱ patient, case
- 病人　malato(-a) *m.(f.)* /マラート(-タ)/　㈱ sick person
- 怪我人　ferito(-a) *m.(f.)* /フェリート(-タ)/　㈱ injured person
- 診察室　sala visita *f.* /サーラ ヴィーズィタ/　㈱ consulting room
- 病室　camera di ospedale *f.* /カーメラ ディ オスペダーレ/　㈱ hospital room
- 薬局　farmacia *f.* /ファルマチーア/　㈱ pharmacy
- 手術　operazione *f.* /オペラツィオーネ/　㈱ operation
- 内科　medicina interna *f.* /メディチーナ インテルナ/　㈱ internal medicine
- 外科　chirurgia *f.* /キルルジーア/　㈱ surgery
- 歯科　odontoiatria *f.* /オドントイアトリーア/　㈱ dentistry
- 眼科　oculistica *f.* /オクリスティカ/　㈱ ophthalmology
- 産婦人科　ostetricia e ginecologia *f.* /オステトリーチャ エ ジネコロジーア/　㈱ obstetrics and gynecology
- 小児科　pediatria *f.* /ペディアトリーア/　㈱ pediatrics
- 耳鼻咽喉科　otorinolaringoiatria *f.* /オトリノラリンゴイアトリーア/　㈱ otorhinolaryngology
- 整形外科　ortopedia *f.* /オルトペディーア/　㈱ orthopedics
- 皮膚科　dermatologia *f.* /デルマトロジーア/　㈱ dermatology
- 精神科　psichiatria *f.* /プスィキアトリーア/　㈱ psychiatry

ホテル　albergo *m.* /アルベルゴ/　hotel *m.* /オテル/

- フロント・受付　reception *f.* /レセプション/　㈱ front desk
- 予約　prenotazione *f.* /プレノタツィオーネ/　㈱ reservation
- シングルルーム　camera singola *f.* /カーメラ スィンゴラ/　㈱ single room
- ツインルーム　camera doppia *f.* /カーメラ ドッピア/　㈱ twin room
- ダブルルーム　camera matrimoniale *f.* /カーメラ マトリモニアーレ/　㈱ double room
- 鍵　chiave *f.* /キアーヴェ/　㈱ key
- 勘定(書)　conto *m.* /コント/　㈱ bill
- ロビー　hall *m.* /オール/　㈱ lobby
- エレベーター　ascensore *m.* /アシェンソーレ/　㈱ elevator
- 化粧室　bagno *f.* /バーニョ/　㈱ rest room
- 非常口　uscita di sicurezza *f.* /ウシータ ディ スィクレッツァ/　㈱ emergency

exit

非常階段 scala antincendio *f.* /スカーラ アンティンチェンディオ/ 英 emergency staircase

ペンション pensione *f.* /ペンスィオーネ/ 英 tourist home

ユースホステル ostello della gioventù *m.* /オステッロ デッラ ジョヴェントゥ/ 英 youth hostel

野菜 verdure *f.pl.* /ヴェルドゥーレ/

キャベツ cavolo *m.* /カーヴォロ/ 英 cabbage

芽キャベツ cavolini di Bruxelles *m.pl.* /カヴォリーニ ディ ブルクセル/ 英 Brussels sprouts

タマネギ cipolla *f.* /チポッラ/ 英 onion

キュウリ cetriolo *m.* /チェトリオーロ/ 英 cucumber

ニンジン carota *f.* /カロータ/ 英 carrot

カブ rapa *f.* /ラーパ/ 英 turnip

ラディッシュ ravanello *m.* /ラヴァネッロ/ 英 radish

ビート barbabietola *f.* /バルバビエートラ/ 英 beet

セロリ sedano *m.* /セーダノ/ 英 celery

レタス lattuga (a palla) *f.* /ラットゥーガ (アッパッラ)/ 英 lettuce

ピーマン peperone verde *m.* /ペペローネ ヴェルデ/ 英 green pepper

パプリカ paprica *f.* /パプリカ/ 英 paprika

ニンニク aglio *m.* /アッリォ/ 英 garlic

ブロッコリー broccolo *m.* /ブロッコロ/ 英 broccoli

パセリ prezzemolo *m.* /プレッツェーモロ/ 英 parsley

アスパラガス asparago *m.* /アスパーラゴ/ 英 asparagus

エンドウマメ pisello *m.* /ピゼッロ/ 英 (green) pea

サヤインゲン fagiolini *m.pl.* /ファジョリーニ/ 英 green bean

トウモロコシ granturco *m.* /グラントゥルコ/ mais *m.* /マイス/ 英 corn, maize

キノコ fungo *m.* /フンゴ/ 英 mushroom

オリーブ oliva *f.* /オリーヴァ/ 英 olive

トマト pomodoro *m.* /ポモドーロ/ 英 tomato

ナス melanzana *f.* /メランツァーナ/ 英 eggplant, aubergine

ジャガイモ patata *f.* /パタータ/ 英 potato

サツマイモ batata *f.* /バタータ/ patata dolce *f.* /パタータ ドルチェ/ 英 sweet potato

ヤマイモ igname *m.* /イニャーメ/ 英 yam

カボチャ zucca *f.* /ズッカ/ 英 pumpkin

ホウレンソウ　spinaci *m.pl.* /スピナーチ/ 🇬🇧 spinach
カリフラワー　cavolfiore *m.* /カヴォルフィオーレ/ 🇬🇧 cauliflower

ヨーロッパ　Europa *f.* /エウローパ/

イギリス　Inghilterra *f.* /イングィルテッラ/ 🇬🇧 England
ロンドン　Londra *f.* /ロンドラ/ 🇬🇧 London
フランス　Francia *f.* /フランチャ/ 🇬🇧 France
パリ　Parigi *f.* /パリージ/ 🇬🇧 Paris
ニース　Nizza *f.* /ニッツァ/ 🇬🇧 Nice
スペイン　Spagna *f.* /スパーニャ/ 🇬🇧 Spain
マドリード　Madrid *f.* /マドリッド/ 🇬🇧 Madrid
ポルトガル　Portogallo *m.* /ポルトガッロ/ 🇬🇧 Portugal
リスボン　Lisbona *f.* /リズボーナ/ 🇬🇧 Lisbon
ベルギー　Belgio *m.* /ベルジョ/ 🇬🇧 Belgium
ブリュッセル　Bruxelles *f.* /ブルクセル/ 🇬🇧 Brussels
スイス　Svizzera *f.* /ズヴィッツェラ/ 🇬🇧 Switzerland
ジュネーブ　Ginevra *f.* /ジネーヴラ/ 🇬🇧 Geneva
チューリヒ　Zurigo *f.* /ズリーゴ/ 🇬🇧 Zurich
ドイツ　Germania *f.* /ジェルマーニァ/ 🇬🇧 Germany
ベルリン　Berlino *f.* /ベルリーノ/ 🇬🇧 Berlin
ミュンヘン　Monaco *f.* /モーナコ/ 🇬🇧 Munich
オーストリア　Austria *f.* /アウストリア/ 🇬🇧 Austria
ウィーン　Vienna *f.* /ヴィエンナ/ 🇬🇧 Vienna
デンマーク　Danimarca *f.* /ダニマルカ/ 🇬🇧 Denmark
コペンハーゲン　Copenaghen *f.* /コペナーゲン/ 🇬🇧 Copenhagen
フィンランド　Finlandia *f.* /フィンランディア/ 🇬🇧 Finland
ヘルシンキ　Helsinki *f.* /エルスィンキ/ 🇬🇧 Helsinki
ノルウェー　Norvegia *f.* /ノルヴェージャ/ 🇬🇧 Norway
オスロ　Oslo *f.* /オーズロ/ 🇬🇧 Oslo
スウェーデン　Svezia *f.* /ズヴェーツィア/ 🇬🇧 Sweden
ストックホルム　Stoccolma *f.* /ストッコルマ/ 🇬🇧 Stockholm
ロシア　Russia *f.* /ルッスィア/ 🇬🇧 Russia
モスクワ　Mosca *f.* /モスカ/ 🇬🇧 Moscow
ポーランド　Polonia *f.* /ポローニァ/ 🇬🇧 Poland
ワルシャワ　Varsavia *f.* /ヴァルサーヴィア/ 🇬🇧 Warsaw

レストラン　ristorante *m.* /リストランテ/

揚げ　fritto *m.* /フリット/　🇬🇧 fried
炒め　al salto /アル サルト/　🇬🇧 stir-fried
焼き　saltato(-*a*) sulla padella /サルタート(-タ) スッラ パデッラ/　**arrosto(-*a*)** /アッロスト(-タ)/　🇬🇧 grill, broil
おすすめ　specialità *f.* /スペチャリタ/　🇬🇧 recommended
お取り寄せ　da ordinare /ダ オルディナーレ/　🇬🇧 (back) order
テイクアウト　da asportare /ダ アスポルターレ/　🇬🇧 takeout, carryout
店内で　da mangiare qui /ダ マンジャーレ クィ/　🇬🇧 in the store
満席　pieno(-*a*) /ピエーノ(-ナ)/　**completo(-*a*)** /コンプレート(-タ)/　🇬🇧 full house
カウンター席　bancone *m.* /バンコーネ/　🇬🇧 bar
座敷席　sala giapponese *f.* /サーラ ジャッポネーゼ/　🇬🇧 Japanese style tatami room
喫煙席　sala fumatori *f.* /サーラ フマトーリ/　🇬🇧 smoking room
禁煙席　sala non fumatori *f.* /サーラ ノン フマトーリ/　🇬🇧 nonsmoking room
メニュー　menu *m.* /メヌ/　🇬🇧 menu
勘定　conto *m.* /コント/　🇬🇧 check
食券　ricevuta *f.* /リチェヴータ/　🇬🇧 meal ticket

2017年9月10日　初版発行

デイリー日伊英辞典　カジュアル版

2017年9月10日　　第1刷発行

編　者　三省堂編修所
発行者　株式会社三省堂　代表者 北口克彦
印刷者　三省堂印刷株式会社
発行所　株式会社三省堂
　　　　〒101-8371
　　　　東京都千代田区三崎町二丁目22番14号
　　　　電話　編集　（03）3230-9411
　　　　　　　営業　（03）3230-9412
　　　　http://www.sanseido.co.jp/

落丁本・乱丁本はお取り替えいたします。

ISBN978-4-385-12281-6

〈カジュアル日伊英・912pp.〉

本書を無断で複写複製することは、著作権法上の例外を除き、禁じられています。また、本書を請負業者等の第三者に依頼してスキャン等によってデジタル化することは、たとえ個人や家庭内での利用であっても一切認められておりません。

三省堂 デイリー3か国語辞典シリーズ

シンプルで使いやすい
デイリー3か国語辞典シリーズ

B6変・912頁(日中英は928頁)・2色刷

★ 日常よく使われる語句をたっぷり収録
★ 仏～韓の各言語と英語はカナ発音付き
★ 日本語見出しはふりがなとローマ字付き
★ 付録に「日常会話」(音声ウェブサービス付き)と「分野別単語集」

デイリー日仏英辞典　　デイリー日西英辞典
デイリー日独英辞典　　デイリー日中英辞典
デイリー日伊英辞典　　デイリー日韓英辞典

コンパクトで見やすい
デイリー3か国語会話辞典シリーズ

A6変・384頁・2色刷

★ かんたんに使える表現1,200例
★ 仏～韓の各言語はカナ発音付き
★ 実際の場面を想定した楽しい「シミュレーション」ページ
★ コラム・索引・巻末単語帳も充実

デイリー日仏英3か国語会話辞典
デイリー日独英3か国語会話辞典
デイリー日伊英3か国語会話辞典
デイリー日西英3か国語会話辞典
デイリー日中英3か国語会話辞典
デイリー日韓英3か国語会話辞典

■ 数詞

1 uno ウーノ	11 undici ウンディチ	21 ventuno ヴェントゥーノ	31 trentuno トレントゥーノ
2 due ドゥーエ	12 dodici ドーディチ	22 ventidue ヴェンティドゥーエ	33 trentatré トレンタトレ
3 tre トレ	13 tredici トレーディチ	23 ventitré ヴェンティトレ	38 trentotto トレントット
4 quattro クァットロ	14 quattordici クァットルディチ	24 ventiquattro ヴェンティクァットロ	40 quaranta クァランタ
5 cinque チンクェ	15 quindici クィンディチ	25 venticinque ヴェンティチンクェ	50 cinquanta チンクァンタ
6 sei セーイ	16 sedici セーディチ	26 ventisei ヴェンティセーイ	60 sessanta セッサンタ
7 sette セッテ	17 diciassette ディチャッセッテ	27 ventisette ヴェンティセッテ	70 settanta セッタンタ
8 otto オット	18 diciotto ディチョット	28 ventotto ヴェントット	80 ottanta オッタンタ
9 nove ノーヴェ	19 diciannove ディチャンノーヴェ	29 ventinove ヴェンティノーヴェ	90 novanta ノヴァンタ
10 dieci ディエーチ	20 venti ヴェンティ	30 trenta トレンタ	100 cento チェント

■ 疑問詞

1. **Chi?**「誰が／誰を」：**Con chi?**「誰と（一緒に）」
2. **Che cosa? / Cosa? / Che?**「何を／何が」
3. **Quale?**「どれ（どの〜）」＊名前，住所，電話番号にも．
4. **Quanto?**「どれだけ」＊語尾は名詞の性・数に対応．
5. **Dove?**「どこで（へ）」：**Da dove?**「どこから」
6. **Quando?**「いつ」：**Da quando?**「いつから」
7. **A che ora?**「何時に」：**Fino a che ora?**「何時まで」
8. **Come?**「どのように／いかに」
9. **Perché?**「なぜ／どうして」＊「なぜなら〜だから」にも．